미군정기 지배구조와 한국사회

해방 이후 국가-시민사회 관계의 역사적 구조화

2009년도
대한민국학술원
기초학문육성
"우수학술도서"
선정

이 연구는 2006년도 경상대학교 연구년제연구교수 연구지원비에 의하여 수행되었음.

미군정기 지배구조와 한국사회

초판 1쇄 발행 2008년 12월 1일
　　 2쇄 발행 2009년 10월 5일

저　자　이혜숙
펴낸이　윤관백
펴낸곳　

제　작　김지학
편　집　이경남·장인자·김민희
교정교열　김은혜·이수정
표　지　정안태
영　업　이주하

등록　제5-77호(1998.11.4)
주소　서울시 마포구 마포동 324-1 곳마루빌딩 1층
전화　02)718-6252 / 6257
팩스　02)718-6253
E-mail　sunin72@chol.com

정가·40,000원
ISBN·978-89-5933-146-8　93300

· 저자와 협의에 의해 인지 생략.
· 잘못된 책은 바꿔 드립니다.

미군정기 지배구조와 한국사회

해방 이후 국가-시민사회 관계의 역사적 구조화

이 혜 숙

책을 내면서

　이 책은 한국 정치사회적 변동의 배경이 되는 해방 이후 미군정기에 대한 이해와 그것이 한국사회에 미친 영향을 정리하기 위한 목적으로 쓰여졌다.
　지금까지의 미군정기에 대한 연구는 정치세력들을 중심으로 한 분단국가 형성과정이나 미국의 전반적인 대한정책을 중심으로 이루어졌고, 미군정의 점령정책에 대해서는 연구분야별로 개별적으로 다루는 것이 대부분이었다. 필자는 이러한 기존의 연구를 종합하여 한 권의 책에서 미군정기 지배구조와 점령정책, 한국사회에 미친 영향 등을 국가와 시민사회의 관계 속에서 역동적으로 정리하고 싶었다. 당위론적 해석을 떠나 현실적인 입장에서 미군정의 지배구조와 성격을 점령정책을 통해 살펴보고, 그 결과가 한국의 국가와 정치사회구조에 어떤 영향을 미쳤는가를 살펴보고자 하였다. 이렇게 할 때 건국담론과 분단담론의 일면적이고 결과론적 접근의 한계를 극복할 수 있을 것이다. 그러므로 이 책은 미군정기 점령정책을 중심으로 다루지만 미군정기 지배구조, 국가와 시민사회 관계의 기원, 미군정기 사회변동과 그 정치사회적 결과에도 관심을 두고 있다.
　이 책은 전체가 모두 9장으로 이루어져 있다. 우선 제1장에서는 연구의 목적과 연구방법을 다루었으며 근대국가의 형성과정, 국가정책, 국가능력 등 이론적 자원들을 검토하여 분석틀을 구성하였다. 제2장 전후 세계의 재편과 한국사회 부분에서는 냉전체제의 형성과 미국의 대한정책, 해방 직후 한국사회의 성격, 미군정의 수립과 점령정책을 다루었다. 제3장 미군정기 조직구조와 자원에서는 행정부, 입법부, 사법부를 중심으로 조직구조를 검토하였고, 경찰·군대 등 강제적 자원을 살펴보았다. 물적 자원은 재정구조, 귀속재산, 원조를 중심으로 살펴보았으며 조선농회나 금융조합 같은 미군정기 하부구조적 권력의 형태도 살펴보았다. 제4장에서 제6장까지는 미군정기 점령정책의 형성과 집행에 대한 검토로 귀속재산의 처리, 경제정책, 사회정책 등을 통하여 살펴보았다. 제7장에서는 미군정기 사회운동을 다루었는데 농민운동, 노동운동, 청년운동, 여성운동 등을 중심으로 살펴보았다. 제8장에서는 미군정기 사회변동을 사회경제구조의 변화와 자본주의 사회의 형성, 시민사회의 팽창과 재편, 지배세력의 형성과 한국국가의 수립의 측면에서 살펴보았다. 제9장은 맺음말로 미군정의 구조와 국가능력, 미군정기의 정치사회학적 의미를 살펴보았다.

이 책은 「미군정의 경제정책에 대한 정치사회학적 연구」(1992)라는 필자의 박사학위 논문과 그 이후 발표한 관련된 논문들(참고문헌 참조)의 내용을 좀 더 수정·보완하여 다시 쓴 것이다. 학위논문을 준비하는 1980년대 중반은 한국현대사 및 해방전후사에 대해 학계의 관심이 많았고, 특히 커밍스의 『한국전쟁의 기원』이 국내에 소개됨으로써 분단과 한국전쟁의 기원에 대한 관심이 높아지고 미국에 있는 자료에 대한 관심도 컸다.

필자도 그러한 분위기에서 한국현대사 연구를 시작했지만, 분단국가의 형성과정이나 기원보다는 권위주의적인 성격이 강한 한국국가의 역사적 기원에 대한 관심에서 출발하였다. 또한 실제 해방 당시에 어떤 일이 있었는지를 자료를 통해 구체적으로 살펴보고 싶은 마음도 강하였다. 그 이후로 많은 시간이 흘렀지만 그때 가졌던 문제의식은 여전히 유용하다고 생각한다.

도서관의 자료 검색시스템이 지금처럼 온라인으로 되어 있지 않은 상태에서 일일이 독서카드를 넘겨 가며 자료를 수집하고 정리했던 일, 국립중앙도서관, 국회도서관 등 도서관을 일일이 방문하면서 자료를 복사했던 기억이 새롭다. 또 구하기 힘든 1차 자료를 얻기 위해 직접 연구자들의 연구실을 일일이 방문했던 기억도 난다.

당시만 해도 한국국가에 대한 관심보다는 분단국가형성에 대한 관심에서 출발하는 미군정기 연구가 많았고, 농지개혁과 귀속재산에 대해서도 경제학적 접근이 대부분이었다. 또 이에 대한 미국의 자료가 국내에 많이 소개되지 않았다. 그래서 어느 정도 자료를 모으고 학위논문의 구상을 이룬

상태에서 미국 워싱턴에 있는 국립문서기록보관소를 방문하여 자료수집을 했는데, 관련 1차 자료를 일일이 직접 복사해야 하는 수고로움에도 나름대로 자료 찾는 보람을 느꼈다.

학위논문을 통해 미군정의 개별정책들을 점령정책이라는 큰 틀에서 살펴보고 점령국가로서의 미군정의 지배구조와 제도적 도구, 한국국가에 미친 영향 등을 살펴보고 싶었다. 또 그러한 과정을 당시의 사회운동과 관련하여서 역동적으로 검토하고 싶었다. 그러나 논문의 형식상 제약과 시간적인 한계 등으로 인해 경제정책을 중심으로 논문을 쓰게 되었고, 때문에 권위주의적인 한국국가의 역사적 기원에 대한 문제의식은 충분히 다루지 못하였다. 따라서 자료를 보완해서 미군정기에 대한 종합적인 정리를 언젠가는 꼭 하고 싶었다.

최근에는 미국에 흩어졌던 1차 자료가 많이 수집되어 정리되었고, 분단국가에서 한국국가로 관심을 갖는 연구도 활발해졌으며, 행위자로서의 미군정 실체에 대한 관심도 점차 커지고 있다. 정치, 경제뿐 아니라 언론, 교육, 공보, 구호, 여성정책 등 다양한 개별정책에 대한 연구도 활발하고, 미군정의 법적 지위나 제헌 헌법에 대한 연구도 다양하게 이루어지고 있기 때문에 이번에 책을 쓰면서 이 같은 최근의 연구결과를 많이 이용하였다. 미군정기에 대한 한국현대사 연구자들의 관심과 자료정리, 최근 진척된 다양한 개별적인 연구들이 이 책을 지금이라도 출판하고자 하는 데 많은 용기를 주었다. 마침내 이 책을 세상에 내보내려 하니 마치 오랫동안 밀렸던 숙제를 끝내는 느낌이다. 그러나 여전히 부족한 점이 많아 아쉬움과 부끄러움을 느끼게 된다.

이 책이 나오기까지 여러 분들의 도움이 컸다. 대학원 시절 사회사 연구의 중요성을 깨우쳐 주신 신용하 선생님과 이 주제에 관심을 가졌던 초기부터 필자를 격려해 주시고 논문을 지도해 주신 임현진 선생님께 감사함을 전하고 싶다. 2006년 7월부터 연구년제로 1년간 미국 워싱턴 대학교에 머물게 되면서 좀 더 자료를 보완하여 집필을 시작할 수 있었다. 워싱턴 대학교 사회학과로 초청해 준 게리 해밀턴(Gary Hamilton) 교수께도 감사드린다. 이 책의 집필을 위해 번거로운 표 작업을 도와준 경상대 사회학과 안

주현 양과 어려운 출판 환경에서도 흔쾌히 출판을 해 준 선인 출판사에도 감사함을 전하고 싶다. 무엇보다 부족한 딸을 항상 자랑스럽게 여기고 한결같이 지원해 주시는 부모님, 늘 쫓기는 필자의 생활에 잘 적응해 주는 가족들에게도 깊은 고마움을 전하고 싶다.

  2008년은 대한민국 정부수립 60년을 맞아 한국역사와 사회에 대한 여러 가지 행사가 많았던 한 해였으며, 그만큼 한국현대사를 둘러싼 논쟁도 뜨거웠다. 역사에 대한 기억과 해석 등 과거의 역사는 언제나 현재진행형이고 현재의 관점에서 재해석된다고 할 수 있다. 부족한 점이 많지만 이 책이 미군정기와 한국사회에 관심을 갖는 모든 분들에게 조금이라도 도움이 되기를 바란다.

2008년 11월
이혜숙

차 례

책을 내면서 ··· 4

제1장 머리말

1. 연구의 범위와 목적 — 19
2. 이론적 자원과 분석틀 — 28
   1) 근대국가의 형성과정과 시민사회 / 28
   2) 국가정책에 대한 이론적 관점들 / 32
   3) 국가정책과 국가능력 / 38
   4) 분석틀 / 40
3. 연구방법과 자료 — 44
   1) 국내자료 / 52
      (1) 신문 / 52
      (2) 잡지 / 52
      (3) 연감, 일지, 연표류 / 52
      (4) 각종 자료집 / 53
      (5) 기타 각종 공식, 비공식 기록, 회고록, 전기, 단행본들 / 53
   2) 국외자료 / 54

제2장 전후 세계체제의 재편과 미군정의 점령정책

1. 냉전체제의 형성과 미국의 대한정책 — 61
   1) 미국의 대한정책 형성기구 / 61
   2) 미국의 대한정책 / 70
      (1) 신탁통치안과 현상유지정책 / 70
      (2) 중도정책의 형성과 성격 / 76
      (3) 자본주의체제의 확립과 단정수립 / 80
2. 해방 직후 한국사회의 성격 — 100

차 례

3. 미군정의 수립과 점령정책　　▌111
　1) 미군정의 수립 / 111
　2) 미군정의 지위와 성격 / 122
　3) 미군정의 재량권과 점령정책 / 129

제3장　미군정기 국가구조와 자원

1. 조직구조　　▌135
　1) 행정부 조직 / 135
　2) 입법부 조직 / 141
　3) 사법부 조직 / 142
2. 강제적 자원　　▌145
　1) 군대 / 146
　2) 경찰 / 151
3. 물적 자원　　▌154
　1) 재정구조 / 154
　　(1) 세입과 세출 / 157
　　(2) 적자재정과 통화발행 / 159
　2) 귀속재산 / 165
　　(1) 귀속사업체와 귀속농지 / 167
　　(2) 귀속재산의 가치 / 169
　3) 원조 / 170
4. 하부구조적 국가기구　　▌172
　1) 조선농회 / 174
　2) 금융조합 / 176
　3) 신한공사 / 178
　4) 조선생활품영단 / 178

5) 조선물자통제회사 / 179
   6) 성인교육협회 / 180

제4장 귀속재산의 처리
   1. 구일본인 재산의 접수와 규모　　　　　　　　　❘ 183
      1) 구일본인 재산의 접수과정 / 183
      2) 귀속재산의 규모 / 200
         (1) 귀속사업체 / 200
         (2) 귀속농지 / 202
         (3) 귀속재산의 추정가치 / 204
   2. 귀속기업체의 관리와 매각　　　　　　　　　　❘ 205
      1) 귀속기업체의 관리 / 205
         (1) 귀속재산의 관리조직 / 205
         (2) 관리인의 선정과 지위 / 211
         (3) 관리 실태 / 214
         (4) 관리인제도의 변화 / 222
      2) 귀속기업체의 매각 / 226
   3. 신한공사의 설치와 운영　　　　　　　　　　　❘ 251
      1) 신한공사의 성립과 조직 / 251
         (1) 신한공사의 성립 / 251
         (2) 신한공사의 조직 / 256
      2) 신한공사의 운영과 활동 / 261
         (1) 소작료 수집과 식량공출 / 261
         (2) 농지개혁 문제 / 267
         (3) 운영실태 / 269

제5장 경제정책의 형성과 집행
   1. 경제정책과 제도적 도구　　　　　　　　　　　❘ 271
      1) 중앙경제자문위원회(Korean Economic Advisory Board) / 273
      2) 중앙경제위원회(the National Economic Board) / 274
      3) 중앙식량행정처(National Food Administration) / 276

4) 중앙가격행정처(National Price Administration) / 277
　2. 소작료 감하와 토지정책　　　　　　　　　　　　　　▎277
　　1) 3·1제 소작제의 공표 / 280
　　2) 농지개혁안과 귀속농지의 매각 / 285
　3. 식량정책　　　　　　　　　　　　　　　　　　　　　▎315
　　1) 미곡의 자유시장화 / 316
　　2) 식량공출제 / 321
　　　(1) 식량공출제의 실시 / 321
　　　(2) 식량공출 실태 / 332
　　　(3) 식량공출정책의 성격 / 338
　　3) 식량수입과 식량증산정책 / 344
　4. 노동정책　　　　　　　　　　　　　　　　　　　　　▎349
　　1) 초기의 노동정책 / 349
　　2) 노동정책의 전환 / 354
　5. 무역 및 원조정책　　　　　　　　　　　　　　　　　▎360
　　1) 무역정책 / 360
　　2) 원조정책 / 365

제6장 사회정책의 형성과 집행

　1. 언론정책　　　　　　　　　　　　　　　　　　　　　▎373
　　1) 언론정책의 성격과 흐름 / 373
　　2) 언론통제정책 / 374
　　3) 검열정책 / 382
　　4) 방송정책 / 386
　2. 공보 및 선전정책　　　　　　　　　　　　　　　　　▎389
　　1) 공보 및 선전정책의 수립과 전개 / 390
　　2) 공보 및 선전기구의 구성과 개편 / 394
　　3) 공보 및 선전활동 / 401
　　　(1) 출판활동 / 403
　　　(2) 라디오 / 406

    (3) 영화활동 / 406
    (4) 연설반활동 / 407
  3. 교육정책   ❘ 407
    1) 교육정책의 기본 성격 / 407
    2) 교육정책 담당기구 / 411
    3) 학교교육 / 414
    4) 성인교육 / 421
  4. 구호정책   ❘ 424
    1) 구호사업의 실태 / 425
    2) 구호행정기구와 구호재정 / 431
    3) 미군정과 구호운동의 제도화 / 435
  5. 여성정책   ❘ 437
    1) 공창제 폐지와 국가규제주의의 형성 / 437
    2) 부녀국의 설치와 부녀계몽교육 / 442
    3) 여성참정권의 실현 / 448
    4) 미군정기 여성정책의 성격과 결과 / 451

제7장   미군정기 한국사회와 사회운동
  1. 농민운동   ❘ 453
    1) 해방 전후 농민운동과 전농의 조직화 / 453
    2) 식량공출과 농민 / 466
    3) 대한농총의 결성 / 471
  2. 노동운동   ❘ 472
    1) 자주관리운동 / 473
    2) 전평의 결성과 운동노선 / 475
    3) 대한노총의 결성 / 490
  3. 청년운동   ❘ 495
    1) 청년 치안단체들의 노선과 활동 / 496
    2) 좌익 청년단체 / 497
    3) 우익 청년단체 / 500

4. 여성운동 ┃508
　1) 해방과 여성 / 508
　2) 미군정기 여성운동의 전개 / 509
　　(1) 좌익여성단체의 조직과 활동 / 509
　　(2) 우익여성단체의 조직과 활동 / 513
　3) 미군정기 여성운동의 성격과 결과 / 517

제8장　미군정기 한국사회와 사회변동

1. 사회경제구조의 변화와 자본주의 사회의 형성 ┃519
　1) 계급구조의 변화 / 519
　2) 경제구조의 재편 / 529
2. 시민사회의 팽창과 재편 ┃542
　1) 시민사회의 팽창 / 542
　2) 시민사회의 재편 / 551
3. 지배세력의 형성과 한국국가의 수립 ┃558
　1) 반공체제의 형성과 단정수립 / 558
　　(1) 미군정의 수립과 보수세력의 형성 / 558
　　(2) 미소공위의 결렬과 보수체제의 확립 / 563
　　(3) 반공체제의 구축과 단정수립 / 565
　2) 자유민주주의의 제도화 / 567
　3) 권위주의국가의 형성 / 575

제9장　맺음말

1. 미군정과 점령정책 ┃589
2. 미군정의 구조와 국가능력 ┃601
3. 미군정기의 정치사회학적 의미 ┃606

참고문헌 ……………………………………………………… 609

찾아보기 ……………………………………………………… 667

표 차례

〈표 2-1〉 남한의 토지소유 상황 총괄표(1945년 말) / 102
〈표 2-2〉 농민의 토지소유 상황 / 103
〈표 2-3〉 산업별 노동자 수와 구성비 / 104
〈표 2-4〉 미군정 국가기구 개편의 일지 / 117
〈표 2-5〉 미군정청 인력현황 / 118
〈표 2-6〉 미군정법령현황(법령개정 등 제외) / 123
〈표 3-1〉 점령 비용 / 155
〈표 3-2〉 세입의 구성 / 157
〈표 3-3〉 세출의 구성 / 158
〈표 3-4〉 미군정 3년간의 본예산세출·세입 개관 / 160
〈표 3-5〉 통화증발의 지배적 요인 / 161
〈표 3-6〉 귀속재산의 추정가치 / 169
〈표 3-7〉 성인교육협회 상황(1947년 3월 31일 현재) / 181
〈표 4-1〉 귀속사업체 일람표(1948년 12월 현재) / 200
〈표 4-2〉 업종별 관할별 귀속공장 숫자 / 201
〈표 4-3〉 공장의 운영형태별 노동자 수 및 공산액 / 201
〈표 4-4〉 신한공사가 관리한 토지의 면적(1948년 2월 10일 현재) / 202
〈표 4-5〉 신한공사 관리농지 / 203
〈표 4-6〉 남한 전체 농지 중 신한공사 소유농지의 점유비 / 203
〈표 4-7〉 남한 총경지 면적 중 신한공사 소작농이 경작하는 농지의 비율 / 204
〈표 4-8〉 귀속재산의 가치 / 205
〈표 4-9〉 상무부 귀속사업국 정원 / 211
〈표 4-10〉 귀속공장 및 민영공장별 공장 수, 종업원 수 및 공산액
(1948년 현재) / 215

〈표 4-11〉 귀속공장, 민영공장의 규모별 공장 수(1948년 말 현재) / 216
〈표 4-12〉 제조업체 현황(1947년 9월 현재) / 217
〈표 4-13〉 귀속공장 운영상황(1948년 6월 현재) / 217
〈표 4-14〉 1941, 1944, 1947년도 세출과목 비율대조표 / 221
〈표 4-15〉 귀속사업체의 경영형태 / 224
〈표 4-16〉 임대귀속재산의 실태 / 225
〈표 4-17〉 산업조직정책에 관한 정치세력들의 구상 / 233
〈표 4-18〉 미군정기의 귀속재산불하(1945년 8월 15일~1948년 10월 12일까지의 누계) / 243
〈표 4-19〉 미군정기의 귀속재산 불하 / 244
〈표 4-20〉 신한공사 직원 수 / 258
〈표 4-21〉 신한공사 농장 관리구역 일람표 / 260
〈표 4-22〉 신한공사 측 소작인과 일반 농민들에 대한 할당량 대비 실적표 (1947년 1월 20일) / 265
〈표 4-23〉 신한공사의 수입, 지출관계 / 269
〈표 5-1〉 500석 추수 이상 대지주 도별 조사표 / 303
〈표 5-2〉 소작지 방매 시기별 분포(면적별) / 304
〈표 5-3〉 귀속농지의 수배농가 추이 / 309
〈표 5-4〉 미군정의 귀속농지 매각실적(1948년 9월 15일 현재) / 310
〈표 5-5〉 자유시장 미가와 정부수매 공정미가 비교(1945~1949) / 328
〈표 5-6〉 미곡 수집 불응에 의한 수형자 일람표 / 336
〈표 5-7〉 응답자들의 최근 화제 / 337
〈표 5-8〉 년도별 양곡수입량(1946~1948) / 346
〈표 5-9〉 비료 수입량 / 348
〈표 5-10〉 노동단체 취급에 관한 지시(SWNCC 376) / 358
〈표 5-11〉 해방부터 동란까지의 수출입 추이 / 363
〈표 5-12〉 수출입 상품구조(1946~1949) / 364
〈표 5-13〉 총수출입 중 원조수입의 비중 / 367
〈표 5-14〉 GARIOA 계획 및 OFLC 계획에 의한 원조 총괄표(1945년 9월~

　　　　1948년 12월) / 370
〈표 6-1〉 미군정의 신문에 대한 정간, 폐간 내용 / 377
〈표 6-2〉 미군정의 주요 언론통제 현황 / 378
〈표 6-3〉 한국에서 검열된 기사목록 / 385
〈표 6-4〉 미군정 공보기구의 활동 목표 / 398
〈표 6-5〉 투표이유와 투표방법 / 402
〈표 6-6〉 선전 목표와 메시지 / 403
〈표 6-7〉 교육방침 / 409
〈표 6-8〉 성인교육정책 추진 개요 / 423
〈표 6-9〉 귀국 한국인의 생활태도 / 426
〈표 6-10〉 요구호자 일람표(1945년 8월 15일~1946년 12월 31일까지) / 426
〈표 6-11〉 일반구호 상황(1948년 3월 현재) / 428
〈표 6-12〉 각 연도 보건후생부 예산 비율 / 432
〈표 6-13〉 피난민의 구호단계별 각 기관의 직무 / 433
〈표 6-14〉 공창분포실태(1947년 10월 20일 현재) / 438
〈표 6-15〉 공창제도등 폐지령(1948년 3월 19일) / 440
〈표 6-16〉 부녀국의 직능 및 임무 / 443
〈표 6-17〉 서울시 부녀과의 부녀계몽교육활동 / 445
〈표 6-18〉 선거계몽교육 관련 내용 / 447
〈표 6-19〉 선거 홍보용 캠페인 / 449
〈표 6-20〉 제헌국회의원 선거 여성입후보자 경력 / 450
〈표 7-1〉 농민조합 조직 상황(1945년 11월) / 456
〈표 7-2〉 전농의 활동 / 462
〈표 7-3〉 장차 수립될 임시정부의 정체와 정책에 대한 여론 조사 / 465
〈표 7-4〉 미군정기 유형별 소요건수 / 469
〈표 7-5〉 전평의 조직 상황(1945년 11월 4일 현재) / 476
〈표 7-6〉 미군정기 월별·도별 노동쟁의 상황 / 479
〈표 7-7〉 전평관계 파업통계 / 480
〈표 7-8〉 10월항쟁의 원인 / 486

〈표 7-9〉 산업별 노동조합 및 조합원 수(1947년 9월 현재) / 492
〈표 7-10〉 미군정기 좌우 청년단체 / 506
〈표 7-11〉 조선부녀총동맹의 강령과 행동강령 / 511
〈표 7-12〉 독립촉성애국부인회의 강령과 결의문 / 515
〈표 8-1〉 남한의 농가 유형별 농가 호수(1948년 8월) / 521
〈표 8-2〉 자작지·소작지의 변화 / 521
〈표 8-3〉 자작·소작별 농가호수의 변화(1945~1949) / 522
〈표 8-4〉 농가수지상황(1947년 4월~1948년 3월) / 526
〈표 8-5〉 미군정하 한국공업의 위축상황 / 532
〈표 8-6〉 남한공업의 업종별 생산위축상황 / 532
〈표 8-7〉 외국산 원면의 도입실적 / 538
〈표 8-8〉 해방 후 원면 소비실적(방적사 생산) / 539
〈표 8-9〉 국산면의 공급실적(1944~1948) / 539
〈표 8-10〉 미군정기 '서울운동장'에서 개최된 주요 집회와 성격 / 546
〈표 8-11〉 미군정기에 발표된 집합행동에 관한 법령과 규제 / 550
〈표 8-12〉 1948년 국회의원 선거 정당 및 사회단체별 당선자 및 득표 비율 / 572

그림차례

〈그림 1-1〉 미군정기 지배구조와 한국사회 검토를 위한 분석틀 / 45
〈그림 2-1〉 미군정 점령정책의 결정 및 집행과정 / 69
〈그림 2-2〉 주한미육군총사령부의 하부조직(1945년 12월 현재) / 116
〈그림 2-3〉 미군정기의 법적구조 / 123
〈그림 3-1〉 남조선과도입법의원(1948년 1월 현재) / 143
〈그림 3-2〉 미군정시대의 사법기구(1946년 11월 현재) / 144
〈그림 3-3〉 조선국방경비대의 조직(1946년 1월 현재) / 150
〈그림 3-4〉 조선경비대의 조직(1948년 8월 현재) / 150
〈그림 3-5〉 미군정의 국세체계(1948년 7월 현재) / 165
〈그림 3-6〉 조선생활품영단 기구표(1947년 말 현재) / 179
〈그림 4-1〉 지방의 귀속재산 관리조직 / 207
〈그림 4-2〉 자금대부를 통해서 본 귀속재산 관리조직 / 209
〈그림 4-3〉 생산위원회 기구표 / 210
〈그림 4-4〉 신한공사 조직 / 259
〈그림 5-1〉 군정청 기구도(1946년 8월 31일) / 273
〈그림 5-2〉 경제통제법하의 식량관리기구 / 278
〈그림 5-3〉 미군정기의 노동쟁의 조정절차 / 352
〈그림 5-4〉 노동부행정기구표(1947년 6월 현재) / 357
〈그림 6-1〉 공보부 직제(1948) / 396
〈그림 6-2〉 조선교육심의회의 활동경로 / 412
〈그림 7-1〉 전농조직 계보 / 457

제1장 머리말

1. 연구의 범위와 목적

　해방 후 한국의 정치사회적 변동은 그것을 바라보는 입장의 차이에 따라 해석에 있어서 다양한 편차를 보여 왔으나, 그 과정에서 국가가 중요한 행위자였다는 점에 대해서는 대부분 의견의 일치를 보이고 있다. 그러한 공동적 인식을 바탕으로 한국에 있어서 국가의 성격에 대한 여러 가지 논의가 진행되어 왔으며 민주화 과정 이후에는 시민사회 동향에 대한 관심도 커졌다. 이는 오랫동안 한국사회가 '권위주의국가와 저발전의 시민사회'(윤충로, 1999), 또는 '강한 국가와 투쟁하는 사회'(Koo, 1993)라는 역사적 특성을 지니고 있었기 때문일 것이다. 한국사회에서 민주화는 시민계급에 의한 근대 국민국가건설이라는 서구의 경험을 갖지 못한 채 서구식의 근대국가 건설을 시작한 한국사회가 뒤늦게나마 국민국가의 내실을 기하려는, 그리하여 국가와 시민사회의 조응성을 확보하려는 시도를 의미하는 것이다(박광주, 2000: 1).
　그러나 한국의 국가와 시민사회의 역사적 기원에 대한 연구는 많지 않다. 한국에서의 국가연구는 산업화 과정에서의 국가의 역할이나 자본축적 기제로서의 국가 등과 같이 현대 한국의 국가를 주어진 것으로 보고 진행되어온 것이 일반적인 경향이다(이혜숙, 2001: 8). 따라서 근대국가의 역사적 발전과정을 체계적으로 분석한 연구는 거의 없었다. 그러나 한국의 정치사회적 변동을 이해하기 위해서는 그 역사적 배경을 살피는 것[1]이 무엇보다 중요하다.

　이 글은 이러한 배경에서 한국에서의 국가와 시민사회의 관계, 그에 따른 국가의 성격에 대한 보다 타당한 이해의 바탕을 마련해 보고자 한다. 이를 위해 이 글은 현재 한국국가의 성격 형성에 중요한 영향을 미쳤다고 할 수 있는 미군정기를 직접적인 연구대상으로 삼고자 한다. 해방 직후부터 정부 수립까지의 미군정이 존재했던 시기는 비록 3년이라는 짧은 기간이었지만 한국사회구조가 재편되고 새로운 국가권력이 형성됨으로써 국가와 시민사회의 관계가 구조화된 시기였기 때문이다.

　한국현대사에 있어서 미군정기는 국가권력의 우위성이 집약적으로 작용한 시기이며 미군정기 한국사회의 변동을 이해하기 위해서는 미군정 국가권력의 역할에 주목하지 않을 수 없다. 미국은 해방 직후 38도선 이남을 군사점령하고 직접 통치하였기 때문에 미군정은 시민사회 영역에서의 내재적 발전의 결과로서 국가권력이 성립된 것이 아니라 외부로부터 이식된 것이다. 미군정은 최종적이고 배타적인 최고권력 즉 주권을 행사하는 '사실상의 국가'로서 기능했으며 이러한 권력을 행사하기 위한 점령통치 기구를 전술군과 군정 요원을 동원하여 수립하고 이를 통해 자신의 이해를 관철시키기 위한 점령정책을 수행하였다(박찬표, 2007: 24). 점령권력은 점령지역의 사회관계를 본국의 이해관계에 따라 재편한 후 자신들의 전략적 목표를 수행해 줄 지원세력을 국내 지배세력으로 육성하여 그들에게 국가권력을 이양하고자 한다. 따라서 해방 이후 한국사회를 올바로 이해하기 위해서는 미군정의 구조와 역할에 대한 분석이 이루어져야 할 것이다.

---

[1] 한국에서 근대국가의 기원과 형성과정에 대한 연구로는 19세기 한국의 근대국가 형성문제를 입헌공화국 수립운동과 연관시킨 신용하(1986a)의 연구가 대표적이며, 박명규(1997)는 근대국가를 지향한 사회세력의 성격과 성장과정을 밝혀내고 그들의 노력이 안팎의 조건들과 어떻게 상호작용하였는지, 그리고 결과적으로 어떤 과정을 거쳐 실패하게 되었는지를 농민의 역할과 관련하여 구조적으로 검토하였다.

미군정기는 국가와 시민사회의 관계가 불분명하며 독립된 한국정부가 세워지지 않음으로써 일반적으로 국가형성기로 이해된다. 그러나 미군정하 한국의 국가형성과정은 단순히 백지상태에서 이루어진 게 아니다. 사실상 미군정은 해방 이후 한국사회에 외삽된 일종의 '점령국가'로서 국가권력을 장악하고 한국의 국가형성과 시민사회의 재편에 중요한 영향력을 행사한 것이다. 또한 해방 직후는 시민사회가 급속히 팽창되었던 시기로(최장집, 1989 ; 진덕규, 1992 ; 김호기, 1999) 제도적·형식상으로 시민사회의 틀을 갖추게 된다. 따라서 해방 후 한국사회를 이해하기 위해서는 현대 한국사회의 국가와 시민사회 관계의 기본적 구조가 형성되었던 미군정기 사회변동의 총체적 모습을 검토해야 한다.

해방 직후 국가의 성격과 관련한 몇몇 연구를 살펴보면 세계체제론적 국가론을 적용한 김성국(1984), 임현진 외(1984)의 연구와 과대성장국가론과 국가다원주의를 적용한 최장집(1987)의 연구가 있다. 이들은 모두 서구와는 역사적 경험을 달리하는 한국국가의 성격을 단순히 기술하는 것이 아니라 분석적으로 접근했다는 점에서 의의가 있다. 그러나 세계체제론적 국가론에서는 국내 제세력 및 그들 간의 갈등과 같은 대내적 요인들이 거의 고려되지 않았다는 점에서, 과대성장국가론에서는 미군정을 당시의 한국사회 내부의 관련성 속에서만 논의하고 시민사회에 비해 과대성장된 국가로만 파악함으로써 국제 환경적 요인을 간과했다는 점에서 각각 한계를 지니고 있다. 그리고 이들의 연구에서는 국가권력의 성격을 실제의 정책 주체라고 할 수 있었던 미군정 자체의 구체적 연구를 통해 논하지 않고 있다. 임현진(1986)은 초기 국가형성의 경험 속에서 과대성장된 국가기구와 국가의 물질적 기반, 헤게모니와 권력블럭의 취약성, 피지배계급의 배제 등과 관련하여 국가의 자율성의 문제를 언급하고 있으나 그 부분에 대해서 집중적으로 검토하지는 않고 있다.

안진(1990, 2005)은 미군정기 국가기구 형성과정에 대한 경험적 연구를 통해 이 시기의 국가권력이 시민사회의 계급관계를 구조화시키는 행위자로 나타날 수 있다는 점을 시사하고 있지만, 구체적으로 국가와 시민사회의 관계, 국가의 성격에 대한 논의로까지는 나아가고 있지 못하다. 다만 신병식(1988)이 토지개혁을 중심으로 미군정의 국가성격을 논하고 있으며, 최봉대(1994)는 미군정의 농민정책이 한국의 국가형성과정에 미친 영향을 살펴보고 있다. 필자(Hyesook Lee, 1997 ; 이혜숙, 2003)는 미군정기를 통해 한국 권위주의국가의 기원의 문제를 검토했으나, 이에 대한 논의는 아직 충분히 규명되지 못하고 있다. 한편 전상인(1991)은 해방 직후 남한에서의 국가건설 과정을 분석하고 그것의 역사사회학적인 의미를 평가하였다. 왕조 시대의 한국의 국가는 약체국가였으며 일제의 식민지를 거치면서 근대적인 강력한 국가로 형성되었다는 것이다. 그러나 이러한 근대적 국가는 해방된 사회에서 패권적 정당성을 구비한 '대안 국가'로 기능할 수 없었기 때문에 미군정에 의한 현대 국가형성과정에서 시민사회에 대해 고도의 자율성과 강력한 능력을 갖는 근대국가로 생성되었다는 것이다. 이처럼 전상인은 해방 직후를 중심으로 한국에 있어서 근대국가의 생성과 역사적 추이를 전반적으로 살펴봄으로써 한국국가의 성격을 논하고 있다. 그러나 미군정 자체에 대한 구체적인 검토가 좀 더 필요하다고 하겠다. 김석준(1996)은 미군정 시대의 분단국가의 형성과 국가기구의 형성 및 국가활동의 성격을 종합적으로 검토하였으며 미군정 국가의 성격을 '정치적 안보국가'로 보며 국가이념과 지배연합, 국가관료제 등을 검토하고 있다. 윤충로(2005)는 해방 이후 한국과 베트남을 반공독재국가형성사라는 맥락에서 비교하고 있으며, 그 외 미군정의 구조와 성격(이혜숙, 1995), 정치행정체제와 통치체제에 대한 연구(신상준, 1997 ; 조기안, 2003 ; 김수자, 2005)가 있다.

  기존연구들을 구체적으로 살펴보면 초기에는 주로 미국의 전반적인 대한정책이나 국내 정치세력을 중심으로 한 분단국가 형성과정을 다룬 연구가 대부분이었으나, 최근에 와서는 미군정의 점령정책에 대해서 정치, 경제뿐 아니라 선전, 교육, 문화 등 다양한 개별분야에 대해서도 어느 정도의 연구가 진척되고 있으며 다양한 부분으로 연구관심이 확대되고 있다. 특히 행위자로서 미군정에 초점을 맞추며 분단국가형성론에서 한국국가형성론으로 관심이 이동하고 있으며, 미군정기를 보다 역동적으로 살펴보고 있다. 박명림(1995)과 박찬표(2007)는 해방 후 한국의 국가형성을 자유민주주의의 제도화로만 보는 하나의 시각과 그것을 반공독재의 제도화로만 보는 다른 하나의 시각을 지양하여 반공체제의 구축과 그 내에서의 자유민주주의의 제도화 과정을 분석의 대상으로 삼고 있다. 정용욱(2003b)은 해방 전후 미국의 대한정책의 변화를 구체적인 자료에 기반하여 역동적으로 살펴보고 있다.

이처럼 미군정기에 대한 다양한 연구가 축적되고 있으나, 미군정기 사회경제 상황의 변화나 실질적으로 통치를 담당했던 미군정 자체의 구조와 성격이라든가 점령정책에 관한 보다 총체적인 이해가 요구된다. 그러므로 미군정기에 대한 기존 연구는 그 연구성과에도 불구하고 여전히 다음과 같은 점에서 보완을 필요로 하고 있다.

첫째, 점령정책에 대한 본격적인 연구들은 점령정책 등에 대해 개별적으로 연구함으로써 부문 간의 상호관련성 등을 검토하는 데는 한계를 지니며 전체 사회구조의 파악을 어렵게 하고 있다. 개별정책은 그 자체가 고립적으로 전개되는 것이 아니라, 전반적인 점령정책과의 관련성 속에서 하나의 부분으로 위치하면서 전개되고 미군정기의 점령정책 및 구조에 의해 한국 국가의 성격과 한국사회의 구조화가 성격지어졌다고 본다면 보다 총체적이고 종합적인 시각에서 연구가 이루어져야 할 것이다. 사회경제적 갈등과 식량부족의 해소라는 심각한 과제를 안고 있던 미군정은 실질적으로 남한을 통치하는 권력으로서 다양한 사회, 문화, 교육적인 역할도 수행해야 했다.[2] 따라서 전체 점령정책의 맥락에서 개별정책들 간의 동태적인 상호관계를 밝혀야 한다. 또 미군정의 점령정책을 검토함에 있어서 다차원적인 분석단위와 수준을 활용해야 한다.

둘째, 대부분의 연구가 미군정 개별 점령정책의 목표 및 의도, 그 결과 등에 주된 관심을 두며 정책이 형성되어 가는 구체적 과정이나 정책이 가져온 여러 가지 효과 등 정책 전체의 전개과정과 다양한 측면에 대해서는 상대적으로 소홀히 취급하고 있다. 점령정책을 해방 3년의 사회 변동 속에서 입체적으로 살피는 데 미흡한 것이다. 특히 점령정책에 대한 기존의 논의들은 법령 분석을 중심으로 이루어졌다. 그러나 정책이 집행되는 과정을

---

2) 만(Mann)은 사회는 상호교차적인 권력의 망으로 덮여 있다고 보고, 이러한 사회에서의 권력의 근원은 이데올로기, 경제, 군사, 정치로 보고 있다(Mann, 1986: 1~33).

함께 분석해야만 정책의 목표가 집행의 과정에서 어떻게 적용되었는가 하는 정책실현의 기제를 파악할 수 있다. 따라서 점령정책을 검토함에 있어서도 단편적인 측면만을 강조하는 데서 탈피해서 좀 더 거시적인 관점에서 점령정책의 형성과정과 집행과정, 그 결과에 대해서 보다 통일적으로 검토해야 할 것이다.

　셋째, 점령정책의 형성과정을 설명함에 있어서 미국의 대한정책이나 사회계급의 힘, 정치세력의 활동 등이 단편적으로 강조되었고 실제의 정책주체였던 미군정 자체의 연구는 드물다는 점이다. 따라서 외적 변수와 내적 변수를 기계적으로 결합하는 결과를 낳기도 했다. 그러나 미군정이 엄연히 국가권력을 장악함으로써 실제적인 국가기능을 수행했다고 볼 때 미군정의 점령정책은 국가권력과 관련한 정치사회학적 시각에서도 살펴볼 필요가 있는 것이다.

　넷째, 점령정책의 구체적 검토를 통해 미군정기를 거치면서 형성된 국가－시민사회의 역사적 구조화 과정을 파악해야 한다. 미군정기에 대해서 '민족적', '계급적' 관점을 중시하는 기존의 연구들은 나름의 질서와 기반을 갖추어가고 있던 '국가'와 '시민사회'의 실체나 의미에 대해서 소홀히 하는 경향을 보여 왔다. 기존에는 미군정을 주로 일시적인 점령 당국으로서 '제한권력'으로 이해하거나 정치투쟁의 장에 참여한 하나의 행위자 정도로 이해해 왔다. 그렇지만 미군정은 권력행사에서의 제한성에도 불구하고 현실적인 '국가권력'으로서 사회를 조직하고 통제하며 이를 위해서 대중을 억압, 배제할 뿐만 아니라 동원, 포섭하려는 면을 가진다(이용기, 2000: 26). 그러므로 국가권력을 둘러싼 정치경쟁의 지형과 규칙 등이 제도화됨으로써 한국의 국가－시민사회 관계의 틀이 구조화된 미군정기 시기에 대한 국가론적 연구가 필요하다.

　이 글은 그동안의 연구결과들(전상인, 1991 ; 진덕규, 1992 ; Hyesook Lee, 1997 ; 김호기, 1999 ; 유석춘·최복천, 1999 ; 이혜숙, 1992·1995·2003 ; 정용욱, 2003b ; 박찬표, 2007)을 토대로 미군정기를 거치는 동안의 한국의 정치사회적 변동을 국가구조와 시민사회를 중심으로 살펴보고 미군정기의 의미를 한국에서의 국가－시민사회 관계의 역사적 구조화의 측면에서 살펴보고자 한다. 따라서 이 글에서는 미군정이라는 국가권력의 현실적 존재를 인정하고 당시의 폭발적인 사회의 움직임에 대해 시민사회 개념을 사용하여 미군정기를 국가-시민사회의 틀로 검토할 수 있다는 입장에서 출발한다.

일제의 패망이라는 조건에 대응한 대중의 폭발적인 정치적 진출을 시민사회의 분출로 설명하는 것은 역사적 현실과 부합하지 않는 것으로 보는 입장이 있듯이(한홍구, 2002: 19) 미군정의 경우 국가뿐 아니라 시민사회의 개념을 적용하는 것도 논란이 있을 수 있다. 그러나 미군정기를 이해하는 데 시민사회는 분석적 개념으로 사용가능하다고 본다.[3] 그리고 미군정기를 거치면서 형성된 국가-시민사회 관계의 역사적 구조화 경험을 그 이후 한국사회에서의 국가의 우위 현상과 권위주의국가, 시민사회의 저발전 등과 관련지을 것이다.[4] 실제로 1950년대 이승만 통치의 시기는 제도와 지향, 가치로서의 민주주의와 관행과 문화, 현실로서의 권위주의 사이의 구조적 불일치와 충돌이 항상적 긴장을 불러일으킨 시기였으며, 이 특징적 출발은 그 후 오랫동안 한국사회를 규정지었다(박명림, 1998: 73). 최근 자유주의의 기원과 건국담론이 부상하고 있지만(문지영, 2005) 국가우위적 요소는 현재의 국가와 사회 관계 사이에도 여전히 침윤되어 있다.

그러므로 이 글은 국가와 시민사회의 관계를 하나의 권력관계로 파악하고 이들의 세력관계를 역사구조적으로 접근하고자 하는 것이다. 미군정기 검토를 통해 국가와 시민사회 간의 편향된 세력지형, 권력관계가 발생하게 된 역사적·구조적 맥락은 어떤 것인가, 국가와 시민사회 관계의 기원, 그것이 낳은 정치사회적 결과는 무엇인가를 살피고자 한다. 이렇게 접근한다면 분단담론과 건국담론[5]의 일면적 접근의 한계를 극복할 수 있을 것이다.

---

3) 미군정기 시민사회의 연구로는 진덕규(1992), 김호기(1999)의 연구를 들 수 있으며 해방 이후 한국사회의 변동을 국가-시민사회의 맥락에서 연구한 것으로는 최장집(1993), 윤충로(1999), 박광주(2000)의 연구가 있다.
4) 박찬표(2007)는 자유민주주의 초기 제도화 과정의 특징을 규명함으로써 '반공=자유주의' 등식을 극복하고자 했는데, 냉전 반공체제와 독재정권 아래서도 정치의 역동성을 가능케 한 절차인 민주주의의 적극적 의미를 규명하고자 했다는 점에서 이 글의 문제의식과는 차이가 있다.

일반적으로 국가의 성격은 국가가 행한 구체적인 정책분석을 통해 경험적으로 잘 살펴 볼 수 있다. 이 글은 국가권력의 성격, 국가기구와 정책을 둘러싼 이론적 논의들과 관련하여 해방 직후 38도선 이남에 존재했던 미군정의 주요 점령정책의 구체적 내용을 분석하고 그것이 어떠한 과정을 거쳐 형성되고 집행되었으며 또한 그 결과는 무엇인지를 살펴보고자 한다. 그리고 이러한 과정을 국가-시민사회 관계의 역사적 구조화 과정과 연결시킬 것이다. 우선 당시 남한 재산의 막대한 부분을 차지하고 있던 구일본인 재산을 어떠한 세력이 장악하여 어떤 방식으로 운영해 나아가는가 하는 문제는 농지개혁의 문제와 더불어 한국사회의 진로를 방향지우며 경제체제를 확정하는 것이었는데, 해방 이후 좌우익 어느 세력이든 간에 이 문제들에 커다란 관심을 둔 것도 그 때문인 것이다. 이처럼 해방 이후 사회구조의 재편과정에서 결정적인 의의를 가졌던 것은 구일본인 재산의 처리문제와 토지문제였다고 할 수 있는데 이와 함께 식량, 노동, 원조, 무역문제 등도 당시에 첨예한 쟁점이 되었던 것으로 그 후의 한국사회구조를 결정한 중요한 계기가 되었다고 하겠다.

실제로 경제정책은 여러 계급의 이해갈등을 잘 표출해 주며 자원을 재분배한다는 점에서 하나의 정치적 과정이라고 볼 수 있으며 국가행위의 일반적인 틀 안에서 이해될 수 있다(Hall, 1986: 305). 미군정의 경제정책에 대한 검토는 제2차 세계대전 이후 세계체제의 재편성이라는 조망하에 당시 일제 식민지의 정치적 사회경제적 잔재는 어떠했으며, 새로운 국가권력과 사회질서를 형성함에 있어서 그것을 둘러싼 여러 계급의 이해가 미군정기를 거치는 동안 어떠한 과정을 거쳤고, 또 어떠한 결과를 가져 왔는가를 잘 보여 준다고 하겠다.

그런데 새로운 국민국가의 수립이라는 문제는 그 최상층의 정치적 지배권력을 누가 소유할 것인가라는 점과 함께 민족적·사회적 통합의 문제

---

5) 분단담론이 이승만에게 분단의 책임을 귀착시키는 '이승만 악마화'에 충실하였다면 건국담론은 건국의 업적을 그에게 귀일시키는 '이승만 신화화'에 주력하였다(박명림, 2008b). 한국근현대사를 둘러싼 이 같은 상이한 입장은 현실정치와 엇물리면서 학계뿐 아니라 언론과 정치권에서도 뜨겁게 달아올랐다(정일준, 2007).

를 제기하는 것이었다. 즉 사회적 통합에 실패한 국민국가는 존립할 수조차 없으며 정치적 지배는 이 과정과 직간접적으로 연결되어 있는 것이다. 사회구성원들을 '국민'으로 만들지 않고 국민국가는 존재할 수 없으며, 국민국가의 형성은 곧 '국민'의 형성이기도 한 것이다. 미군정을 국민국가로 볼 수는 없겠지만 미군정기에 이루어진 사회적 통합과정은 국민국가의 그것에 준하는 것이었다고 할 수 있다. 이러한 국민국가적 수준에서의 사회적 통합과정은 권력과 담론의 기능을 빼놓고 설명하기 어렵다. 근대사회에서 권력은 고도의 지적 장치들을 발전시켜 왔다. 이전 시기와는 비교하기 힘들 정도로 권력은 과학적 지식들을 통해 복잡하고 정교한 지배체제를 구축해 왔다. 이러한 권력-지식의 복합체는 국민국가를 단위로 하여 탁월한 지배기제를 작동시킨다고 할 수 있다(황병주, 2000: 77).

그러므로 미군정이 남한에서 미국의 장기적인 영향력을 확보하거나 미국에 유리한 새로운 지배이데올로기를 구축하기 위해 시민사회의 여러 기구들 또는 이데올로기 장치들의 재구성에 많은 노력을 기울인 것도 사실이다. 미군정은 그 기본 목표에 부합되게 교육제도와 교육내용을 대폭 수정, 개편했으며 점령지 내의 신문, 방송, 영화 등 여러 매체들에 대한 엄격한 통제를 통해 좌익 언론 활동을 봉쇄하고 우익정치세력의 발언창구를 확장시켰다. 이러한 작업과 병행하여 미군정은 다양한 선전활동을 적극적으로 펼쳐나갔던 것이다. 그러므로 이 글은 우선 미군정기 국가구조와 자원을 살펴보고 구체적으로 미군정의 점령정책은 귀속재산의 처리, 경제정책뿐 아니라 다양한 사회정책 등을 통해서도 살펴볼 것이다.

한편 해방 직후 한국사회의 변동이 외부로부터 부과된 힘에 의해 일방적으로 구조화되었다고만 볼 수는 없다. 실제로 해방 직후는 시민사회가 급속히 팽창되어 있었으며 제세력의 국가권력을 장악하려는 움직임이 활발하였다. 점령지역에서의 사회구조의 변화는 점령권력의 강한 영향력 아래서 이루어지지만 구체적으로 그 이해관계가 관철되는 방식은 점령지역의 사회적 조건의 영향을 받는 것이다. 미군정기 한국의 정치사회적 변동을 이해하기 위해서는 외부의 영향력과 내부의 구조적 조건의 상호작용을 파악하는 것이 중요하다. 그러므로 이 글은 미군정기 사회운동인 농민운동, 노동운동, 청년운동, 여성운동을 검토하여 미군정기를 총체적으로 이해하고자 한다. 이러한 검토를 통해 미군정기 한국사회변동을 사회경제구조의 변화와 자본주의 사회의 형성, 시민사회의 팽창과 재편, 지배세력의 성격과 한국국가의 수립으로 살펴보려 한다. 끝으로 이와 같은 논의를 통해 미군정의 점령정책의 성격을 정리하고 미군정의 구조와 국가능력, 미군정기의 정치사회적 의미를 살펴볼 것이다.

2. 이론적 자원과 분석틀

1) 근대국가의 형성과정과 시민사회

우선 이 글의 논의를 위해 민족(Nation)과 나라(Country), 국가(State)라고 하는 개념을 구분하여 정리하고자 한다. 민족이란 자연적인 혈연적 공통성을 기초로 하면서도 일정한 복합적인 문화적 공통성(언어, 종교, 정치, 경제, 역사적 전통)을 중심으로 하여 자발적으로 형성되며, 이에 대응한 일정한 공속적 감정 내지 의식을 갖고 있는 비교적 넓은 범위의 기초 집단이다(신용하, 1984). 나라는 이러한 민족을 포함한 지리적·공간적인 총체를 지칭하는 개념이다. 흔히 조국이라고 할 때에는 이 나라를 뜻하는 것으로서 동일한 주권이 미치는 범위 내의 모든 자연적·인문적 내용을 포괄하는 개념이다. 국가는 이러한 나라의 통치기구를 지칭하는 개념이다. 따라서 국가란 일정한 나라 안에서 물리적 강제력을 갖고 민족에 대한 지배를 수행하는 통치기구인 것이다. 그런데 이러한 국가개념은 추상성의 수준에 따라 다르게 이해됨으로써[6] 많은 이론적 문제와 오해를 야기시키고 있다. 그러므로 구체적으로 분석하고자 하는 주제에 따라 그것에 맞는 수준에서 국가문제를 접근하는 것이 바람직하다. 여기에서는 시민사회의 관계 속에서 일

---

[6] 이러한 추상성의 수준에 따른 국가개념에 대한 논의로는 손호철(1991: 18~21)을 참조하라.

정한 성격을 지니고 지배를 수행하는 구조로서 국가는 일정한 영토 안에서 상대적으로 안정적이며 배타적으로 강제력을 독점하며 중앙집중화된 권력을 행사하는 제도적 실체로서 본다. 따라서 국가는 지속성이 있는 체계이며 국가기구를 관리할 뿐만 아니라 국가와 시민사회와의 관계, 시민사회 내부의 관계들을 구조화하려고 하는 것이다(Stephan, 1971: 26~27).

역사적으로 볼 때 이러한 근대국가는 16세기 이후 유럽에서 형성되기 시작하여 근대사회의 보편적인 지배양식의 하나로 확대된 것이었다(Labasz(ed), 1964 ; Poggi, 1978 ; Held et al, 1983 ; Tivey(ed), 1981). 그런데 근대국가 형성과정은 모든 지역에서 동일하지 않으며 특정의 역사적 혹은 구조적인 환경에서 발전된 독특한 현상이다. 서유럽의 국가형성은 대개 내적 요인들의 지속적이고 내부적인 발전의 결과였으며, 민족형성과 국가형성이 거의 같은 시기에 진행되었고, 역사적으로 자본주의 사회의 출현과 밀접한 관련성을 가지는 게 사실이다(Badie, B & P. Birnbaum, 1983).

그러나 국가 형성과정은 모든 지역에서 동일하지 않다. 근대국가의 형성은 세계체제 안에서의 초국가적 외적 관계와 시민사회 구조 속에서의 내적 관계에 의해 복합적으로 결정된다고 하겠다(이혜숙, 1990: 150). 대개 국가형성의 동력은 선발형일수록 내인적이고 후발형일수록 외인적이다. 서구의 국가형성은 대개 내적 요인들의 지속적이고 내부적인 발전의 결과였으나, 서유럽의 경우를 빼고는 국가형성에 영향을 준 요인으로 외적 영향력이 큰 것이다.

실제로 제국주의의 침입에 의한 식민지사회에서의 국가형성은 그 사회의 내재적 조건과는 무관하게 외부로부터 일방적으로 주어진 것이라고 할 수 있다(Badie, B & P. Birnbaum, 1983: 6장). 19세기 후반 이후 제국주의 자본이 본격적으로 식민지에 진출함에 따라 아시아, 아프리카 및 라틴 아메리카의 대부분의 나라들은 식민지 상태에서 파행적인 자본주의화의 과정을 겪게 된다. 이때의 자본주의화란 철저히 식민지 본국의 필요성에 의해 추진되는 것이라고 할 수 있는데, 식민지에 이식된 국가가 이러한 것을 매개해 주는 것이다. 스미스(A. D. Smith)가 식민지국가와 그 구조는 유럽에서처럼 사회의 산물이 아니라, 그 자체의 목적을 위하여 토착적인 근원과 그 지향성을 변형시키고 다시 형성시키려는 전식민지적인 문화 및 사회와는 때로는 잠재적이며 때로는 공공연한 투쟁관계에 놓여있는 그런 낯설은 부과물이었다고 평가하고 있는 것도 이 때문이다(Smith, 1983: 32~58).

이처럼 식민지 경험을 가진 사회에서의 국가형성은 중심부 국가의 개입에 의해 구조적으로 조건 지어진다. 그리고 이러한 규정력은 주변부사회의 국가구조뿐 아니라 국가형성의 주도세력을 육성하고 결집시킨다. 국가는 시민사회의 반영물로서 형성되는 것이 아니며, 오히려 국가가 사회의 기본적인 구조를 재편성하게 된다. 이러한 식민지 사회에서의 지배계급은 국가의 산물이라는 측면이 강하며 국가는 사회변동에서 독자적인 행위자로서 훨씬 중요한 역할을 수행하고 있다. 따라서 근대국가 형성과정과 그에 따른 국가의 성격에 대한 본격적인 연구를 하기 위해서는 구체적인 사실에 바탕한 개별 국가들의 역사적 조건에 대한 경험적 연구가 여러 차원에서 이루어져야 하는 것이다.

한국은 민족과 국가의 형성이 자본주의의 발전과 더불어 함께 진행된 중심부의 국가형성 경험이나 일단 국가가 형성되고 그것을 중심으로 민족이 형성 중에 있는 아프리카 등의 경험과는 달리 근대 이전에 이미 민족국가의 역사적 경험을 갖고 있다. 즉 한국민족은 통일신라에 의하여 전근대 민족이 성립되어 발전하다가 19세기 후기에 이르러 근대민족으로 더욱 발전하게 되었으며(신용하, 1984: 45), 일찍부터 통일되고 강력한 관료화된 중앙집권적 형태를 띤 국가가 존재했다는 면에서 국가형성의 역사는 길다고 볼 수 있다. 한국은 오랫동안 동질적인 민족공동체와 독립된 전통국가를 형성하고 있었던 것이다. 그러다 19세기 후반 외압에 의해 세계질서 속에 편입되면서 근대국가 형성을 위해 끊임없이 노력해 왔다. 그러나 그것이 구체적으로 완성을 보기 이전에 일본이라는 외세에 의해 그 질서 아래 편입된 것이다. 결국 한국에 있어 근대적 의미의 민족국가 형성은 19세기부터 근대국가 수립을 위한 우리 민족의 여러 운동이 계속되어 왔음에도 불구하고(신용하, 1986) 일제에 의한 식민지화로 말미암아 제2차 세계대전 이후로 지연되었으며, 더욱이 미소에 의한 분할점령으로 통일된 민족국가의 형성을 여전히 과제로 남겨 둔 채 분단국가로 귀결되었다. 이러한 일련의 근대적인 민족국가를 형성하는 과정에서 해방 직후 남한에 수립된 미군정은 중심국 미국의 이해를 반영하는 점령국가로서 사회통치를 위해 고도로 발달된 조선총독부의 기구를 거의 그대로 이어받았으며, 미군정활동 자체도 국가통치구조를 강화하는 역할을 담당하였던 것이다.

근대국가가 주어진 영역 내에서 물리적 강제수단에 대한 독점적 사용을 합법적으로 주장할 수 있는 조직체라면 시민사회는 국가통제의 외부에서 개인 또는 집단들이 이해관계에 따른 교환이나 자발성에 기초한 연대에 따라 생활하는 영역이라 할 수 있다(Held, 1989: 181).

근대사회 이전에 시민사회는 자연상태의 야만에 상대되는 개념으로 문명화된 사회 혹은 법치국가와 동일한 의미를 지녔다. 즉 시민사회와 국가가 분리되지 않았던 것이다. 그러다가 근대 계몽주의에서 시민사회는 국가와 분리되어 국가의 절대체제에 저항하여 시민의 자유와 권리를 옹호하는 주체 또는 공간으로 등장하였다. 시민사회의 등장은 봉건적 구속과 절대권력으로부터의 자유를 옹호하였기 때문에 근대국가와 자본주의의 발전과 밀접한 관련이 있다. 시민사회는 역사적으로 봉건사회 이후의 시민적 생활양식과 의식구조를 내포하고, 국가와 개인 사이의 다양한 자율적 결사체 영역이라고 할 수 있다(박상필, 2003: 217).

이처럼 시민사회의 개념은 서구사회의 발전과정에서 등장한 개념으로 국가와 관련하여 여러 가지 입장으로 나눌 수 있는데, 이 글에서는 서구 자본주의 사회의 경우처럼 중심적인 사회계급으로서 부르조아지가 헤게모니를 획득하는 사회적 조건을 강조하지 않고 국가에 대한 대칭적 개념으로서 사용한다. 따라서 국가와 분리된 시민들의 자율적 영역으로서 개인의 시민적 자유가 독점적 사용기구로서의 국가에 의해 제약됨이 없는 사회적 조건을 의미한다.[7]

---

7) 헬드(Held)와 킨(Keane)은 시민사회를 "법적으로 보장되고 민주적으로 조직된 다양한 사회제도로 구성되는 비국가적 영역"으로 정의하고 있다(Held and J. Keane J., 1984: 38). 스테판(Stephen)도 시민사회를 "다양한 사회운동들과 모든 계층으로부터 나온 시민조직들이 그들의 이익을 내세우고 자신들을 표출시킬 수 있도록 그들을 구성하고자 하는 바로 그 영역"을 의미한다고 하고 있다(Stephen, 1971: 26). 최장집도 시민사회란 시민자유(Civil Freedom)라고 하는 기본 권리로부터 파

미군정기의 전반적인 사회구조는 유럽의 시민사회적 성격과는 차이가 있다. 그러나 중간계층과 노동자, 농민의 정치적 지향이 근대적 시민사회적 성격을 추구하였던 일면을 보여주었다(진덕규: 1992). 따라서 일제식민통치로부터 해방된 그 시점에서 보면 시민사회가 소생되어 출현하였으며, 새롭고 보다 정의로운 정치질서를 수립하기 위한 기초가 놓여져 있었다고 할 수 있다(최장집, 1993: 156).

2) 국가정책에 대한 이론적 관점들[8]

국가에 의해 행해지는 구체적인 정책에 대한 관심은 국가의 성격에 대한 일반적인 이론적 논의와 관련하여 오늘날 서구뿐 아니라 뒤늦게 산업화를 추진하고 있는 제3세계 사회와 국가에 대한 연구에서 많이 나타나고 있다.

대부분의 국가정책에 대한 기존의 이론적 관점들은 주로 독립국가를 전제한 논쟁이며 미군정과 같은 점령국가에서의 논의가 아니다. 따라서 기본적으로 독립국가에서의 국가와 시민사회의 관계를 반영하고 있다. 그러나 그렇다고 해서 거기서 아무런 실마리를 끄집어 낼 수 없는 것은 아니다. 서구와는 역사적 경험이 다른 점령국가의 정책을 분석하고자 할 때도 그 개념을 보완해서 사용할 수 있는 것이다.

일반적으로 국가정책을 둘러싼 이론적 관점은 단순화의 위험을 무릅쓴다면 크게 세 가지로 나눌 수 있는데(강민, 1989: 7~26), 첫 번째가 사회중심적 국가론의 입장이다. 대표적인 것으로 마르크스주의 국가이론을 들 수 있는데 이들은 대부분 정치현상을 경제적 지배계급의 이해와 자본의 요구에 의해 설명하고 공공정책은 자본가들의 집행기관인 국가의 정책일 뿐이라고 본다(Miliband, 1969).[9] 결국 이 입장들은 모두 국가는 주어진 계급구

생하는 사회 내 각 그룹 또는 계급이 강권력의 독점적 사용기구로서의 국가 또는 제3자에 의해 정치적, 불법적, 임의적으로 제약됨이 없이 그들의 공동이익을 표출하고 구현하는 데에 자유로이 조직될 수 있는 상태와 그들이 집단적 선택을 만들기 위하여 자유로이 정치과정에 참여할 수 있는 파당적 경쟁이 가능한 사회적 조건을 지칭하는 개념이라고 보고 있다(최장집, 1989: 111).
[8] 이 부분은 필자(1992)의 글을 주로 참조했다.

조나 사회구성체의 제약 속에서 운영된다고 보며 계급투쟁의 역동성이나 자본의 필요에 의해 국가형태나 국가기능이 결정된다는 입장에서 출발하고 있는 것이다. 이처럼 이 입장에서는 정책이 형성되는 사회구조적 맥락과 정책형성에 영향을 미치는 사회계급을 강조하고 있다(Offe, 1975). 그러므로 이들 국가론의 내용을 이루는 구체적 물음에 대한 답은 결국 자본주의체제의 재생산이라는 국가의 기능으로 귀결되며 국가의 성격 및 활동에 대한 경험적이고 구체적인 분석을 어렵게 한다.

사회중심적 국가론의 다른 입장으로 자유주의적 다원론에 입각한 이익집단론이 있는데, 이들은 공공정책을 특정의 정책결정을 둘러싸고 벌어지는 조직집단 간의 경쟁적인 투쟁으로 본다. 공공정책이란 집단들의 변화하는 연합세력의 산물이며 정책 결과는 정책결정에 효과적이고 조직적으로 참여한 집단들의 이해관계와 다원적인 경쟁에서 결정된다는 것이다(Truman, 1951 ; Dahl, 1963 ; Bentry, 1980). 이 입장은 국가의 제도 및 조직들이 사회집단들의 경쟁영역을 제공한다고 보아 사회 집단들의 이해 및 정책참여를 보다 넓은 사회구조와 연관시켜 보지 않으며 사회를 갈등보다는 합의체계로 전제한 위에 국가 혹은 정부를 다양한 이익집단들의 정치적 참여와 합법적 절차에 의한 중립적 중재기관으로 본다는 점에서 마르크스주의 국가이론과는 차이가 있다. 그러나 국가의 독자적인 이해나 자율성을 상정하지 않으며 정책을 사회세력과의 관계 속에서 주로 살핀다는 점에서 이들은 모두 사회중심적 국가론의 입장에 있다고 하겠다.

이러한 입장에서의 대부분의 연구는 기본적인 정치과정에 관심을 별로 기울이지 않는다. 즉 정치부문의 자율성에는 그다지 중점을 두지 않으며 이를 기본적인 경제세력의 이해나 이익집단 간의 자유로운 경쟁에서 찾는 것이다. 결국 이처럼 사회계급이나 사회집단에 주로 분석의 초점을 맞추려

---

9) 구조주의적 입장에서는 이러한 도구주의적 국가론의 경제적 토대와 상부구조 간의 기계론적 해석을 비판하고 정치영역의 상대적 자율성을 강조하기도 하지만(Poulantzas, 1973), 그 자율성이란 체제 전체의 요구들로부터의 자율성을 의미하는 것이 아니라 자본가계급의 직접적인 압력으로부터의 정책적 자율성을 의미할 뿐이며, 국가의 이해가 기본적으로 자본주의체제의 총체적인 구조 속에서만 가능하다는 점에서 도구주의적 국가론과 일치하고 있다.

는 접근 방법은 자율적인 행위자로서의 국가를 고려하지 않음으로써 국가 자신이 할 수 있는 독자적 기능에 관한 논의의 가능성을 배제하며 사회세력과 국가 간에 놓인 복잡한 조직이나 제도적 영역을 무시하게 된다. 사실상 근대사회에 대한 기존의 논의들은 자유주의적 전통에 입각하건 마르크스주의적 전통에 입각하건 모두 시민사회에 그 주된 관심을 기울였고 상대적으로 국가에 대한 논의는 경시되어 왔다.

그런데 이와 같은 입장은 국가의 형성이 대개 내적 요인들의 지속적이고 내부적인 발전의 결과였으며, 이에 대응할 시민사회가 어느 정도 확립되어 있는 서구사회의 분석에서는 상대적으로 설득력을 가질지도 모른다. 이럴 경우 국가의 정책은 시민사회의 성격을 반영한다고도 하겠다. 그러나 미군정의 정책을 이와 같은 사회중심적 국가론의 입장에서 주로 접근하고자 하는 데는 여러 가지 무리가 있음을 알 수 있다. 미군정은 점령지역의 사회적 관계를 자신의 목적에 맞게 물리적으로 재편할 뿐 아니라, 자신의 지배를 정당화할 수 있는 이데올로기의 보편화를 시도한 외부로부터 이식된 국가였기 때문이다. 따라서 이때에 국가의 모습은 계급관계의 구조화의 결과로서 나타나는 측면보다는 오히려 계급관계 재편성의 행위자로서의 측면이 강하게 나타난다고 하겠다.

일반적으로 서구의 논의에서는 국가에 대한 사회중심적 국가론이 커다란 한 흐름을 대표한다. 그러나 사회중심적 국가론은 시민사회 수준에서 활동하는 여러 세력들의 움직임을 고려할 수 있는 이점이 있지만 식민지국가나 점령국가에 의한 정책을 검토하는 데는 기본적으로 한계가 있다. 국가나 정부를 중립적으로 보는 다원주의 국가이론은 전혀 설득력이 없으며 국가의 계급적 성격을 강조하는 마르크스주의 국가이론의 경우에도 여러 가지 문제점이 있다고 생각된다. 물론 점령국가도 당시 사회수준의 특정 지배계급이나 사회세력과 어느 정도의 연합관계를 이루지 못하면 점령지역에서 지배를 유지하기가 어려우며 실제로 그러한 계급이나 세력들을 지원하며 이용하기도 한다. 그러나 그렇더라도 시민사회 내의 어떤 특정세력이 국가권력을 완전히 장악할 수는 없으며 또 자본가 계급이 헤게모니를 가진 것도 아니다. 그러므로 사회가 내재적으로 변화하지 않고 국가권력이 외부로부터 이식되어 사회재편을 주도하게 되는 이러한 사회에서의 국가, 사회 관계나 정책을 검토할 때 사회중심적 국가관만으로 설명하기에는 여러 가지 무리가 있다고 보여진다.

두 번째로 국가중심적 국가론의 입장에서는 국가를 자체의 존립목적을 지니고 목적달성을 위한 수단과 절차를 지닌 자율적인 실체로 인식하며 국가는 자체의 형태 및 기능을 결정할 수 있는 고유의 정치과정과 이해과정, 그리고 힘을 지니고 있어 사회세력으로부터 중요하고도 독자적인 자율성을 가진다고 본다(Skocpol, 1985). 이 이론에 따르면 국가의 목표는 사회세력들의 이익을 단순히 반영하는 것이 아니며, 국가는 자율적으로 정책적 선호성을 발전시킬 수 있으며 이것을 집행할 수 있고, 국가의 조직적 구조는 개인이나 사회집단들의 이해와 힘, 능력에 폭 넓은 영향을 미침으로써 국가는 독립적인 영향력을 행사할 수 있다는 것이다. 이러한 입장은 국가구조의 역동성 및 조직구조가 정책결과에 미치는 영향에 관심을 두는 것으로서 지배와 권력의 문제를 다른 것으로 환원될 수 없는 독자적인 것으로 보며 국가를 사회를 형성해 가는 제도적 구조로서 보는 베버(Weber)의 개념에 근원을 두고 있다.[10] 이런 점에서 국가중심적 국가론은 국가 목표를 사회집단 이익의 반영으로 보는 다원론적 접근법이나 국가 목표를 지배계급의 이해나 자본주의 생산양식의 유지라는 맥락에서 주로 파악하고자 하는 마르크스주의 이론과는 구분되는 것이다. 국가중심적 입장에서의 국가는 사회세력의 이익과는 구분되는 국가이익을 지니고 있으며 사회세력들과의 경쟁을 통해서 국가의 통제력을 확보하고자 하는 자율적 행위자인 것이다(Krasner, 1978 ; Mordlinger, 1981).

스카치폴(Skocpol)은 이러한 국가자율성을 "영토와 국민에 대한 통제를 주장하는 조직체들의 집합인 국가가 사회집단이나 계급, 사회전체의 요구나 이익을 단순히 반영하지 않는 국가 목표를 설정하고 이것을 추진할 수 있는 정도다"(Skocpol, 1985: 9)라고 정의하고 있는데, 이 같은 정의에서 국가는 권력을 유지하고자 하는 자율적인 행위자로 전제되는 것이다.

---

10) 베버(Weber)에 의하면 국가란 물리적 강제의 정당한 독점을 성공적으로 보유하고 있는 일련의 조직이다(Weber, 1968: 53~56).

이와 같은 국가중심적 국가론의 입장은 정책의 공급 측면을 살펴봄으로써 국가구조가 때로는 정책과 관련된 지원 및 정책결정의 참여과정에 중요한 영향을 끼칠 수도 있다는 점을 고려할 수 있다. 또 정책의 형성과정뿐 아니라 집행, 그 결과 등 정책의 전 과정을 살피는 데 있어 유용한 점이 있다 하겠다. 이러한 점에서 볼 때 국가중심적 국가론은 그것이 기본적으로 식민지국가나 점령국가에 대한 논의가 아니고 많은 한계를 지니고 있음에도 불구하고 미군정기 점령정책을 검토하는 데 유용한 시각을 제공해 준다고 할 수 있다. 즉 시민사회 영역에서의 내재적 발전의 결과로서 국가 혹은 정치권력이 성립된 것이 아니라 세계체제의 외적 규정력을 크게 받으면서 이식된 국가가 시민사회 내의 지배계급의 이해관계를 단순히 반영한다기 보다는 국가기구나 물적 자원을 통제함으로써 사회 계급구조의 편성과 재편에 능동적인 역할을 담당하고 어떻게 사회를 재조직하고 재편했는지를 설명해 줄 수 있는 것이다.

 그렇다고 사회내적 동력이 없었거나 그것을 무시한다는 것은 아니다. 실제로 이 글이 다루고자 하는 해방 직후는 시민사회가 급속히 팽창되어 있었고 제계급의 국가권력을 장악하려는 움직임이 광범위하였다. 다만 점령군이 국가권력을 장악하고 있는 점령국가의 정책을 분석하기 위해서는 기존의 사회중심적 국가론만으로는 한계가 있으며 그것이 국가중심적인 국가론에 의해 보완될 때 보다 더 적합하고 타당한 분석에 도달할 수 있다는 것이다. 그러나 국가중심적 국가론이 국가의 독립성과 자율성에 한계와 제한을 가져오는 시민사회의 사회구조적인 조건들과 국제적 맥락을 소홀히 하고 있음은 지적될 수 있겠다.

 그런데 서구사회를 논의한 대부분의 국가정책 논의에는 국가에 대한 외부의 규정성 문제가 빠져 있으며 더욱이 중심부 국가의 이해를 기본적으로 반영하는 외부로부터 이식된 점령국가의 정책을 분석하는 데는 한계를 갖는다. 따라서 점령국가의 정책을 분석하기 위해서는 기본적으로 중심부 국가인 점령 본국의 성격을 살펴보지 않을 수 없다.

 이러한 점과 관련하여 볼 때 국가정책에 관한 세 번째 관점으로 세계체제론의 입장을 들 수 있겠다. 우선 왈레스타인(Wallesatein)은 세계적 맥락에서 국가를 연구하는 국가이론의 새로운 지평을 열고 있다고 하겠다. 그는 16세기 이미 유럽 전체가 하나의 세계경제체제를 이루고 있다고 보며 그 경제적 분업구조 내에서 중심, 주변, 반주변부의 세 가지 구조적 위치는 정치적으로 이에 상응하는 국가유형과 결부된다고 본다(Wallestein, 1974).

이는 국가의 문제를 자본주의적 세계분업의 구조적 제한성 안에서 파악하는 것이다. 국가는 세계체제의 독립적 단위라기보다는 체제로부터 파생된 것이며, 자본주의 세계경제의 계속적인 확장은 국가체제의 확장을 가져오는 것으로 보는 것이다. 그러므로 왈레스타인은 세계체제 내에서 국가의 역할이란 자본주의 경제의 확대재생산을 정치적으로 유지하는 보완적 기능을 가지는 것으로 본다. 결국 이와 같은 입장은 근대국가의 출현을 발생론적으로 검토하는 것이 아니라 목적론적, 기능론적으로 설명하게 된다.

그러나 근대국가의 맹아적 구조들은 이미 자본주의 출현 이전에도 존재하고 있었다는 기록들도 있고, 서구를 제외한 다른 지역의 근대국가 형성과정을 살펴본다면 국제정치적 측면을 무시할 수 없음을 알 수 있다. 이에 앤더슨은 16세기 이후 유럽이 하나의 세계경제체제를 갖추면서 동유럽이 서유럽의 반주변부로 편입되기 시작했다는 왈레스타인의 주장을 비판하면서 세계국가체제(International States-System)의 개념을 정립하고 있다(Anderson, 1974). 국가체제는 그 속에 세계적인 차원의 정치조직이 제도화되어 있는 초국가적인 구조인데, 국가는 서로 경쟁 또는 지지하는 국가 간 체제의 주요한 구성분이라는 것이다(Modelski, 1978: 214~235 ; Meyer, 1980). 이러한 세계국가체제는 그 역학 면에서 세계경제체제와 밀접히 연관되어 있지만 독자적인 논리를 가지며, 국가들 사이의 정치적·군사적 경쟁은 그들의 지정학적 위치와 관련하여 국가의 발전 형태에 큰 영향을 미친다는 것이다(Anderson, 1974: 199). 이와 같은 입장들은 모두 국가의 형성이 각 국가 간의 상대적 위치와 전체 세계체제 속에서의 그들의 위치에 의해서도 크게 영향받고 있음을 논하고 있는데, 이는 미군정의 정책을 검토하는 데 있어서 유용한 관점을 제공해 주고 있다.

3) 국가정책과 국가능력

국가를 독립된 의도를 가지는 행위자로 이해하는 사회학적 전통은 국가의 제도적 특성을 강조했던 베버로부터 시작되어 1970년대 후반 이후 본격적으로 제기된 '국가중심적 접근'을 통해 체계화되었다. 특히 스카치폴은 국가자율성과 국가능력을 개념적으로 구분하면서 국가자율성을 "국가가 사회집단이나 계급, 혹은 사회의 이해나 요구로부터 자유롭게 목표를 추구할 수 있는 능력"으로 국가능력을 "국가가 실질적인 정책집행 과정에서 다른 행위자들의 저항과 반대에도 불구하고 자신의 공식적인 목표를 성취할 수 있는 능력"으로 각각 정의하였다(Skocpol, 1985: 9). 이는 정책결정 과정에서의 자율성이 집행과정에서의 능력을 의미하는 것은 아니며, 따라서 이 개념들은 상호보완적 관계로 이해해야 함을 시사하고 있다고 하겠다.

이처럼 국가정책에 대한 국가중심주의적 입장은 국가형성과 시민사회의 발달이라는 역사적 과정 속에서 각기 다르게 나타날 수 있는 국가능력의 사회적, 역사적 측면을 강조한다. 국가능력이란 관료들에 의해 대표되는 행위자로서의 국가가 사회집단들의 요구와 상관없이 국가정책을 수립하고 사회집단들의 입장과 상관없이 이를 성공적으로 실행할 수 있는 능력을 지칭한다. 이런 국가능력에 대한 분석은 국가 자체를 하나의 행위자로서 또한 그 자체가 사회적·역사적으로 형성되는 제도로서의 국가에 의해 규정되는 변수로서 분석할 수 있는 준거틀을 마련했다는 점에서 사회중심적 시각과 구별되는 유용함을 제공한다. 그리고 '강한' 국가를 가능하게 하는 조건으로 일정한 영토 내에서 안정적인 행정과 군사적 통제능력, 충성심이 강하고 잘 훈련된 관료집단의 존재, 풍부한 국가의 재정적인 자원 등을 제시한다(Skocpol, 1985: 16).

그러나 거시적인 수준에서 국가능력에 대한 서술은 국가능력에 대한 유용한 출발점을 제공할 수 있지만 동시에 이런 거시적 접근은 문제가 있다. 첫째, 강한 국가 대 약한 국가라는 단순한 이분법적 분류를 초래할 위험이 있다. 둘째, 한 사회 전반에 걸친 거시적 수준의 국가능력의 분석만으로는 제도적 수준에서의 국가가 행위자로서의 국가를 어떻게 제한하고 규정하는가를 구체적으로 파악하기 힘들다. 셋째, 일반적인 수준에서의 국가능력과 특정 정책분야에서의 국가능력은 경험적으로 차이가 있을 수 있다. 즉 국가능력은 정책분야별로 불균등(uneven)하게 나타날 수 있는 것이다. 그러므로 한 국가의 능력이 모든 정책분야에서 같은 정도로 강하거나 약하다는 것으로 선험적으로 가정해야 하는 어떠한 근거도 존재하지 않는다(Skocpol, 1985: 17).

　국가능력을 한 사회의 특성을 이해하기 위한 개념적 도구로 사용하기 위해서는 특정한 정책 영역에서 발휘되는 국가능력과 그 사회, 역사적 조건을 밝히고 더 나아가서 다른 정책 영역에서 나타나는 국가능력과 그 조건들을 비교하는 분석이 유용하다. 이는 국가능력이 사회집단들과 사회적 조건들과 분리되어 연구될 수 없음을 강조한다는 점에서 국가와 시민사회 관계에 대한 새로운 이해의 한 출발점을 제공하고 있다.

　이러한 국가능력 개념은 한국의 국가형성과정에서 중요한 행위자였던 미군정에 의한 사회적 행위가 구체적으로 어떻게 진행되었고, 어떤 결과를 가져왔는지를 밝힐 수 있는 유용한 도구가 될 수 있다(김재영, 2000 ; 윤충로, 2005). 점령국가로서의 미군정은 통치기간 중 대외적으로 유일한 합법적인 정치체로서, 그리고 제도적 실체로서 사회관계에 깊숙이 관여하였기 때문이다.

　초기 미군정 국가기구는 효율적인 행정기구가 마련되지 않았으며 능력 있는 관료 또한 부재했으며 게다가 충분한 인력 또한 도착하지 않았기 때문에 내적 응집성과 행정력은 매우 약했다고 평가된다(김재영, 2000: 45). 따라서 중앙집중화된 국가기구를 통해 지배력을 독점적으로 확보하고 사회의 안정을 도모하기 위해 미군정은 지방적 수준에서 국가의 역할을 담당하고 있던 지방인민위원회와 경쟁을 하게 되고 결국 국가기구를 완성하고 국가권력을 집중시키게 된다(김재영, 2000: 62).

　1946년 1월 주한 미군정이 조직되어 지방의 군정부대는 전술군 지휘계통에서 벗어나 해당 지역 군정책임자의 지휘계통에 의해 일괄적으로 포함되어 단일한 지휘계통이 확립된다. 따라서 지방 군정의 지역별 편차는 소멸되고 중앙집권적인 국가기구를 통해 지방에 대한 완전한 통제체제를 구축하였다(김재영, 2000: 63). 그러나 미국의 대한정책은 미군정의 정책 능력에 영향을 끼치지만 그것이 모든 구체적인 정책에 있어서 균등하게 작용하는 것은 아니다. 그리고 때로는 정책을 놓고 미국무부와 미군정 간의 갈등이 발생하기도 했다.

만(Mann)은 정책분야 간에 나타날 수 있는 국가능력의 차이를 개념화하기 위한 유용한 출발점을 제공한다. 그는 분석적 측면에서 국가권력을 전제적 권력(despotic power)과 하부구조적 권력(infrasturctural power)으로 구분한다. 전제적 권력이란 국가가 시민사회에 대해 행사하는 분배적 권력이다. 이 권력은 근본적으로 국가가 그 영토 내에 유일한 집중화된 권위라는 것에서 비롯된다. 하부구조적 권력이란 국가가 사회기반시설을 통하여 사회집단들을 조정하는 사회를 통한 권력이다. 즉 국가 행위자들이 자신들의 정책 목표를 성취하기 위해서 각 정책분야에서 중요한 자원과 이에 관련된 제도를 소유 또는 통제함으로써 사회 행위자들에게 행사하는 제도적 능력인 것이다. 하부구조적 권력은 일정한 영토 안에서 시민사회를 실질적으로 투과할 수 있는 국가의 능력이라 하겠다. 이러한 하부구조적 권력에 대한 만의 개념은 한 국가 내의 정책분야 간에 나타나는 국가능력의 차이를 설명하는 데 유용하다.

4) 분석틀

미군정은 점령군이 직접 정치에 참여하는 직접 통치의 성격을 띠었다. 미군정은 모든 상황의 전개과정을 통제한 중요한 정책 주체로서 식민지 경찰 및 미군의 물리력을 토대로 일제 식민지의 국가기구를 재구축했으며 각종의 국가기능을 수행하였다. 미군정은 국가기능을 수행한 주요한 정책 주체였던 것이다. 이처럼 미군정은 비록 일시적이고 한국사회의 내적 힘의 갈등과 요구로부터 유리되어 있는 외부로부터 이식된 것이긴 하나 제도화된 행정조직을 통하여 이데올로기적 상징과 물리적 폭력을 독점적으로 사용하며 공적 결정을 수행한다는 점으로 볼 때는 해방 직후 38도선 이남에 존재한 실제적인 통치기구인 국가였다고 할 수 있다. 미군정기에 국가권력

장악의 문제가 크게 제기되었던 것도 이 때문이다. 당시 우리의 과제는 우리 민족이 주권을 갖는 자주적인 민족 독립국가의 건설이었다.

미군정은 우리 민족의 의사와는 무관하게 외부로부터 이식된 국가(Extrapolated State)였다. 그러므로 국가로서의 미군정의 성격을 올바로 인식할 때 당시 한국사회를 재편하는 데 있어서 압도적인 영향력을 발휘했던 미군정의 실체를 분석의 수준으로 끄집어 낼 수 있으며 그것의 실체에 보다 더 잘 접근해 갈 수 있다. 해방 직후의 문제들을 다룰 때 미군정의 존재와 성격에 주목하지 않을 수 없는 것이다. 독자 주권과 대안국가를 선언했던 국내 정치세력들에게도 미군정의 규정력은 거부할 수 없는 현실이었다.[11]

따라서 해방 직후 미군정기를 분석하기 위해서는 기존의 국가개념만으론 부족하다. 앞의 근대국가의 특징은 기본적으로 독립국가를 분석하기 위한 개념인데, 미군정은 외부로부터 이식된 국가이기 때문이다. 따라서 지역적인 영역 내에서 다른 기구들로부터 독립되어 있을 뿐 아니라, 영역 외부의 다른 국가들로부터도 독립을 주장할 수 있는 독립국가와는 다르다. 이 글에서는 미군정기 지배구조와 정책, 한국사회변동을 연구하기 위한 분석적 개념으로서 미군정을 점령국가로 개념화하고자 한다.[12] 점령국가는 중심부 국가가 군사정부와 같은 형태를 띠면서 과도기적으로 점령지역의 사회관계를 본국의 이해에 따라 재편하고 그 지역의 지배세력의 형성에 직간접으로 관여하고자 할 때 발생하는 국가라고 하겠다. 따라서 점령국가의 경우 그들의 통치구조를 뒷받침하기 위해 동원하는 자원들, 즉 정치적 세력기반의 창출과정이 내부의 조건에 달려 있는 만큼 내부의 주체적 행위자들 중에서 일정세력을 선택한다(오유석, 1997: 34).[13] 국제관계상 영구점령은 사실상 어렵기 때문에 점령국가의 국가권력은 우선 일시성을 그 특징으로 하며 기본적으로 점령시기가 끝난 다음의 시기에 대한 지배력의 확보를

---

11) 극좌세력의 신전술 역시 미군정의 권위를 근본적으로 부인하지는 못했다(김광욱, 1998: 289~293).
12) 최장집은 이러한 미군정기 국가를 외삽국가(外揷國家)로 보고 있는데(최장집, 1989: 127), 여기에서는 이식된 국가인 식민지국가와의 차별성을 고려하여 '점령국가'라는 개념을 사용한다.
13) 최장집은 이를 '국가다원주의 정책'으로 설명하고 있다(최장집, 1989: 114~165).

주된 점령의 목적으로 삼는다.14)

이 글에서 다루고자 하는 미군정의 경우는 점령국가로서 미국의 대한정책의 테두리 안에 있으며 세계체제로부터의 규정성이라는 외적 요인이 크게 작용하였다. 미군정은 점령국가로서 다른 일반적인 주변부 사회에서의 국가와는 다른 특수한 성격을 가지고 있으며, 이러한 점령국가는 시민사회와의 관계에서 보면 국가가 일방적인 우위를 가지며 정책이 그로부터 결정되고 발생하는 특징을 지닌다. 사회세력들의 활동과 행위가 국가에 의하여 크게 제약되며 점령국가의 요구와 행위는 일차적으로 중심부 모국가의 목표와 이익으로부터 도출된다고 볼 수 있기 때문이다(최장집, 1989: 115).

또한 이 글은 독립국가를 전제한 국가정책에 대한 기존의 논의들이 모두 정책의 한 측면만을 강조함으로써 평면성과 정태성, 환원주의적 혹은 결정론적 성격을 가진다고 보아 국가정책을 연구함에 있어 시민사회와 국가를 이분법으로 나눔으로써 이를 배타적으로 보지 않고 시민사회와 국가를 다 같이 고찰하는 절충적이고 종합적인 접근방법을 사용할 것이다. 해방 후의 한국사회를 분석하기 위한 유용한 분석틀로서 정치적 사회적 집단으로 조직되는 시민사회를 한편으로 하고 사회의 지배체계 또는 중앙통치체계로서 시민사회의 대칭점에 서 있는 국가를 다른 한편으로 하여 대비시켜 볼 수 있는 것이다(최장집, 1993: 155).

점령국가로서 미군정의 정책은 외적 요인에 의해 규정된다. 그러나 미군정기는 시민사회 내에서 격렬한 움직임이 나타난 격동기였으며(진덕규, 1992), 외적 요인의 중요성을 고려하는 것이 시민사회 내의 여러 세력들의 이익갈등과 이들 세력 간의 역동적 변화와 그 결과로서의 사회변화라는 사회의 내적 역동성을 과소평가하거나 무시한다는 것은 아니다. 또한 미국 정부는 점령정책에 관하여 기본 방침만을 지령할 뿐, 구체적인 것은 미군정에서 그 지령의 범위 내에서 시정하는 체계로 되어 있었다.15) 그러므로 미군정의

---

14) 이런 점에서 점령국가는 식민지의 직접적이고 영구적인 지배를 목적으로 하는 식민지국가와 일정한 차별성을 갖는다.
15) 이를테면 맥아더는 미 점령지역에서의 공산주의의 위협에 대한 현지 하지 중장의 보고를 접하고 "어떤 조치를 취할 것인가에 대해서는 귀관의 최선의 판단에

정책은 중심부 국가의 이해뿐 아니라 시민사회 내의 제계급과 세력의 힘관계라는 상황 속에서 동시에 설명되어야 한다. 결국 외적인 세계체제적인 요인들은 시민사회의 내적 요인과의 상호작용 속에서 역동적으로 파악해야 하며 미군정 시기에 대한 인식도 이 같은 역동적인 힘의 교차 관계에 대한 이해를 기초로 해야 하는 것이다. 이렇게 할 때 미군정의 점령정책은 시민사회와 국가, 그리고 세계체제의 상호작용을 고려하면서 해방 3년의 사회 변동과의 관련성 속에서 입체적이고도 역동적으로 살펴 볼 수 있는 것이다.

결국 이 글은 미군정의 점령정책이 시민사회 내의 계급의 힘관계와 중심부 국가의 이해라는 상황 속에서 동시에 설명되어야 한다는 것을 기본적으로 인정하면서 거기에 덧붙여 구체적인 정책이 실시되는 과정에서는 그것을 시행하는 국가도 살펴야 한다는 입장에서 출발한다. 세계체제의 규정성, 시민사회의 모순과 더불어 이를 매개한 미군정의 구체적인 역할에 주목한다는 것이다. 이는 국가를 일단 분석적으로 분리하여 놓고 출발함을 의미하는데, 이렇게 할 때 구체적인 정책의 형성과정과 집행과정, 그 결과를 보다 역동적으로 살필 수 있고, 국가의 성격에 대한 환원론적·목적론적·기능론적 설명방식을 피할 수 있다고 보기 때문이다. 또한 이는 세 구조적 변수들이 복합적이며 상호작용적인 관계를 이룬다고 보기 때문이다. 국가와 시민사회, 세계체제라는 변수들은 상호 간에 독립적이라기보다는 대체로 각각이 상호작용하면서 발전과정에 영향을 미치는 것으로 이들 변수들 중에서 하나만 다루게 되면 각 요소가 영향을 미치는 역사적 변동의 구체적 과정을 파악하지 못하게 되는 것이다. 국가정책의 이론구성을 위해서는 분석단위의 위계적 복합성과 상호의존성, 동태적 상호작용 관계를 입체적으로 조명하여 다차원적인 분석을 해야 한다. 그래야 국가의 역할에 영향을 미치는 중요한 변수들 간의 유기적 관계와 구체적인 정책분야와 시기에 따른 국가행위의 가변적 성격을 살필 수 있을 것이다(Rueschemeyer

맡길 것임, 본관은 귀관에게 적절히 조언할 만큼 지역에서의 상황을 충분히 숙지하고 있지 못하지만 이 문제에 대해서 귀관이 내리는 결정은 어떠한 것이든 이를 지지할 것임"이라고 했다. 『미국무성 비밀외교문서』(김국태 옮김, 1984: 155).

and P. Evans, 1985: 47~48). 그러므로 이 글은 정책의 배경, 형성과정뿐 아니라 정책의 집행과정을 국가와 시민사회, 세계체제 간의 상호관계를 중심으로 살필 것이며, 정책의 내용과 그들 간의 관련성, 정책의 결과를 여러 가지 측면에서 검토할 것이다. 또한 국가능력은 특정 정책분야나 시기마다 차이가 나므로 각각의 정책과 시기마다 상이한 국가능력을 비교, 검토할 것이다. 그리고 이의 진행과정을 당시의 사회운동과 관련하여 살펴볼 것이다. 이러한 맥락에서 미군정기의 의미를 한국에서의 국가-시민사회 관계의 역사적 구조화의 측면에서 살펴보고자 한다. 분석틀은 〈그림 1-1〉과 같다.

3. 연구방법과 자료

이 글은 한국의 국가와 시민사회에 대한 관심에서 미군정기를 연구한다. 시간적으로는 1945년 해방 이후부터 남한에 단정이 수립되는 1948년 8월 15일까지를, 공간적으로는 미군정이 지배하였던 남한만을 대상으로 한다. 국가를 "강제력을 사용할 권리의 유일한 원천으로서 주어진 영토 내에서 물리적 강제력의 정당한 사용을 독점하고자 주장하는 유일한 인간공동체"(Weber, 1968: 53~56)라고 할 때, 1948년 한국의 국가는 국가성(stateness)에서 크게 결여되어 있지 않았다.[16] 이런 점에서 한국국가의 성격과 형성과정에 대해서 살펴볼 수 있다.

이 글은 각종 공식, 비공식 기록과 역사적 자료를 활용하여 미군정 점령 정책의 내용과 형성과정, 그 결과를 살펴봄으로써 한국의 국가와 사회구조가 재편되는 과정을 검토할 것이다. 그리고 이러한 국가-시민사회 관계의 역사적 구조화 경험을 그 이후 한국사회의 국가의 우위현상과 권위주의국가, 시민사회의 저발전 등과 관련지을 것이다. 연구방법을 구체적으로 살

---

[16] 국가성은 "통치의 기구들이 여타 조직들과는 구별되며 중앙집권화 되어있고 자율적이며 상호 간에 공식적으로 조정되는 정도"이다(Nettl, 1994: 9~36).

〈그림 1-1〉 미군정기 지배구조와 한국사회 검토를 위한 분석틀

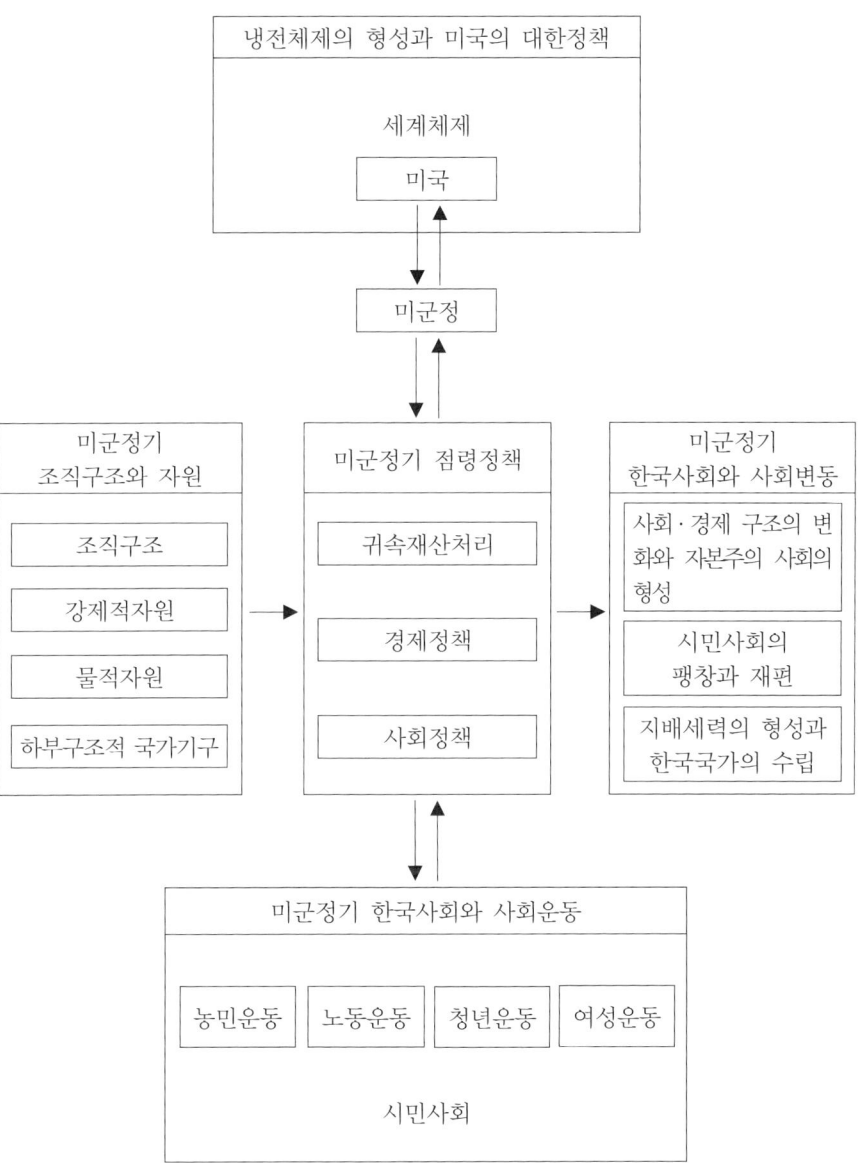

펴보면 다음과 같다.

첫째, 이 글은 미군정의 점령정책을 검토하고 분석함에 있어서 국가권력과 시민사회, 세계체제의 세 수준의 변수들을 모두 고려하는 절충적이고 종합적인 접근방법을 취한다. 즉 국가권력이 시민사회나 세계체제에 대해서 자율적인가, 아닌가라는 양자택일적 질문을 하기보다는 이들 간의 상호작용의 정도를 구체적으로 검토할 필요가 있다는 입장에서 출발하는 것이다. 또한 이는 세 구조적 변수들이 복합적이며 상호작용적인 관계를 이룬다고 보기 때문이다. 국가권력과 시민사회, 세계체제라는 변수들은 상호 간에 독립적이라기보다는 대체로 각각이 상호작용하면서 발전과정에 영향을 미치는 것으로 이들 변수들 중에서 하나만 다루게 되면 각 요소가 영향을 미치는 역사적 변동의 구체적 과정을 파악하지 못하게 되는 것이다. 즉 국내적·국제적 요소의 상대적 규정성을 가늠하는 것이 이 글의 주된 관심이 아니다. 이 글은 양자가 어떻게 상호작용했는지 양자의 관계가 어떻게 구조화되었는지 그리고 그것이 해방 이후 한국사회의 전개과정에서 어떤 영향을 미쳤는지를 살펴보는 것이라 하겠다. 그러므로 이 글은 정책의 배경, 형성과정뿐 아니라 정책의 집행과정을 국가권력과 시민사회, 세계체제 간의 상호관계를 중심으로 살필 것이며 정책의 내용과 그들 간의 관련성, 정책의 결과를 여러 가지 측면에서 검토할 것이다. 그리고 이를 국가와 시민사회 관계의 구조화, 권위주의국가의 기원의 문제와 관련지을 것이다.

둘째, 이 글은 미군정 점령정책을 검토함에 있어서 외적 영향력으로 작용한 중심국 미국과 한국사회에 대한 그것의 구체적 실현체인 미군정을 개념적으로 분리하여 접근한다. 물론 미군정기는 외세에 의한 지배구조로서의 정치사회적 성격을 지니고 있었으며, 실제로 해방 직후의 한국현대사는 주로 미국이라는 중심부 국가에 의해 크게 영향받았다. 제2차 세계대전 이후 미국은 38도선 이남을 군사 점령하고 직접 내정까지 장악함으로써 중요한 영향력을 행사하였던 것이다. 그러므로 미군정의 점령정책을 살펴봄에 있어서는 미국이라는 중심부 국가의 이해를 적극적으로 고려해야 되는 것이다. 미군정의 점령정책은 미국의 대한정책과 분리된 독자적인 정책으로 볼 수 없으며, 미군정의 점령정책은 미국의 대한정책 전반 또는 미국의 대한 점령정책의 테두리 내에서 일차적으로 이해되어야 하기 때문이다. 그러나 그렇다고 해서 해방 후 한국사회의 변동이 외부로부터 부과된 힘에 의해 일방적으로 구조화되었다고만 볼 수는 없다. 어떤 사회든지 그 발전과정은 내재적인 모순과 외적 영향력의 상호작용으로 나타나기 때문이다. 그렇다면 내적 모순의 자기전개와 외부의 힘 사이의 대립구조를 파악하는 것이 한국현대사를 이해하는 데 있어서는 무엇보다도 중요한 점이며, 이때 초점이 되는 것은 내적 모순과 외부 영향력 사이를 매개한 미군정이라 하겠다. 그동안에 미군정 자체에 대한 연구가 부족했던 것은 무엇보다 자료의 부족에 일차적 원인이 있었다고 보지만, 이론적·방법론적으로 미군정은 미국의 대한정책을 분석함으로써 그 성격이 자동적으로 평가될 수 있다고 보았기 때문이다.

분석 수준을 높이고 추상성과 일반성 수준을 높인다면 중심부 국가의 정책만을 분석하여 점령권력의 성격을 파악할 수 있다고 본다. 그러나 이는 정책의 전개과정이나 구체적인 내용을 평가하는 데는 미흡하며, 당시에 미군정이 현지에서 처한 현실적 이해를 놓치기 쉬운 것이다. 이것은 연구자의 관심과 분석의 수준과도 연결된다고 하겠지만, 현지에서 진행된 구체적인 정책의 내용과 그로 인한 구체적인 결과를 분석하기 위해서는 세계체제의 수준과 시민사회를 매개한 미군정 국가권력의 구체적인 역할에 주목해야 하는 것이다. 실제로 식민지권력인 조선총독부 국가권력이 식민지 내에서 사회·정치세력 간 대립의 배경이나 단순한 개입자가 아니었듯이 미군정도 점령지 내에서 정치사회 세력을 재편성시켜 나간 중요한 결정자였으며 정책주체였던 것이다. 이런 점에서 미국의 대한정책의 본질을 점령지사회에서 실현해 나간 미군정의 실체에 대해 보다 구체적인 분석과 평가를 할 필요가 있는 것이다. 이러한 맥락에서 이 글에서는 점령권력의 성격이 기본적으로 중심국 본국의 성격에서 파악된다는 입장을 견지하면서도 점령권력의 구체적 행위의 측면에 주목한다. 즉 구체적인 제도형성자로서의 미군정, 직접적 행위자로서의 미군정의 역할에 초점을 맞춘다.

현지 상황과 관련하여 또 점령권력이 현지에서 통제할 수 있는 자원의 종류에 따라 점령권력의 구체적인 정책이 중심부 본국의 정책에서 언제나 그대로 도출될 수는 없다고 보기 때문이다. 그러므로 상부의 대한정책과 관련하여 현지의 점령 당국이 어떻게 미국의 전략적 이해를 현지에서 적절하게 집행하였는지, 그리고 상부의 지침으로 해결할 수 없는 문제는 어떤 방식으로 해결하였는지를 구체적으로 또 실증적으로 검토하여야 할 것이다.

또 그간의 이에 대한 대부분 연구들이 미군정의 정책을 관계법령을 중심으로 단순히 기술하거나, 미군정의 성격은 중심국 미국의 일반적인 대한정책을 검토하면 자동적으로 파악될 수 있다는 입장에서 대부분 출발함으로써 그 상호작용의 측면과 역동성을 무시했다고 보기 때문이다. 그러나 미국의 대한정책이라는 커다란 테두리 안에서 구체적인 것은 미군정이 결정해야 했고, 구체적인 점령정책이 형성되고 그것이 집행되기 위해서는 현실적으로 그것이 가능할 수 있는 제반 조건이 마련되어야 한다. 또 미군정은 사회의 내적 요구로부터 유리되어 있었고 외부로부터 이식된 점령국가이긴 하지만, 시민사회의 영향력을 완전히 무시할 수는 없기 때문이다. 따라서 미군정을 이와 같이 개념적으로 분리해 낼 때 미국의 대한 점령정책이 미군정에 의해서 구체적으로 어떻게 시행되었나? 미군정의 점령정책의 형성에 대한 시민사회의 영향력은 어느 정도였고 어떻게 반영되었나? 미군정은 그러한 것을 집행할 국가능력이 있었는가? 구체적으로 시행된 정책의 내용과 그 결과는 무엇인가? 등등을 검토하는 데 유리하다고 본다. 이와 같은 입장은 미군정기를 포괄적으로 이해하기 위해서 필요하다. 미군정에 대한 환원론적·결과론적 인식태도를 극복하고 역사주의적 시각을 확립하는 데 유용한 것이다(정용욱, 2003: 7). 그러므로 이 글은 하나의 독자적 분석단위로서 미군정의 존재와 그 활동에 주목할 것이다.

역사제도주의 시각에서는 행위자들의 이해관계에 영향을 미치는 동시에 행위자들 간의 권력 관계를 구조화 시키는 국가와 사회의 모든 행위를 '제도'의 정의에 포함시키고 있다(Thelen and Steinmo, 1992: 6). 따라서 역사제도주의에서 국가를 바라보는 시각은 다른 사회 영역과 절연된 독립적인 실체로서의 국가라기보다는 전반적인 국가-사회 관계 속에서 파악할 수 있는 국가의 의미를 중시한다는 데 그 특징이 있다. 결국 역사제도주의에서는 자율적인 독립적인 행위자로서 국가를 상정할 뿐만 아니라, 보다 중요하게 국가와 사회를 연결하는 제도적 관계에 초점을 맞추고 있는 것이다. 미국의 대한정책은 미군정의 활동과 점령정책을 매개로 하여 전개되었고, 그것의 관철 여부는 한국의 내부정세에 따라 좌우되었다. 그러므로 이 글은 미군정 자체의 구조검토를 통해 점령국가로서의 미군정의 성격을 검토하며 점령정책의 정책집행기구, 점령정책변화의 동인, 점령정책 수행에 필요한 정책수단의 문제, 점령국가의 제도적 특성 등을 자세히 검토할 것이다.

셋째, 미군정의 점령정책에 대한 역사적 접근을 함에 있어서 구조적 수준의 분석뿐 아니라, 행위자 수준의 분석을 강조한다. 이는 곧 인간행위 수행의 수준과 구조의 수준을 모두 적절하게 설명하는 것이 필요하다는 입장(Giddens, 1979)에서 출발한다는 것인데, 구조적 수준만의 분석은 정책의 다양한 측면에 대한 분석이 어렵고 정책형성에 직접 또는 간접으로 개입되는 여러 세력 간의 상호작용을 역동적으로 분석하기 힘들다. 반면에 구체적인 정책에 관한 각 행위자들의 분석은 정책의 형성과정과 집행과정에 직접 관계되는 세력들이 각기 처한 물적·상황적 조건하에서 어떻게 각각의 이해를 관철하려 하는지 구체적인 권력구조를 분석할 수 있고, 그 정책의 내용과 결과 등에 대해서 평가를 할 수 있는 이점이 있다. 따라서 구조적 수준에서의 미군정의 점령정책에 대한 것은 전후 세계체제의 재편과 관련된 세계체제의 영향력과 당시 시민사회의 사회경제적 조건을 살펴보고 아울러 정책의 목표와 내용, 형성과정은 정책결정기구의 활동에 대한 구체적인 자료를 통해 세밀히 검토한다. 시민사회에 대해서는 구조적 수준으로 해방 직후 사회경제구조를 살펴봄과 동시에 여러 사회운동의 활동을 통해 검토한다. 시민사회 내 제세력들의 움직임이 어떠했는가를 정치세력들 중심으로 접근하기보다는 농민운동, 노동운동, 여성운동, 청년운동 등 사회운동을 통해 검토할 것이다. 또한 점령정책과 국가구조와의 관련성은 미군정의 행정관료조직과 강제적·물적 자원, 하부구조적 국가기구에 대한 검토를 통해서 살펴본다.

넷째, 정책의 형성과정과 집행과정, 그 결과 등 정책의 전 과정을 통일적이고 종합적으로 검토하며 해방 3년의 사회변동과의 관련성 속에서 입체적이고 역동적으로 살펴본다. 구체적으로 점령정책의 목표와 내용은 무엇이며 어떻게 형성되었고, 미군정의 점령정책은 당시의 정치사회 상황의 변화와 어느 정도 관계가 있었으며, 의도된 목표와 결과는 어느 정도 일치하는지를 살피며 점령정책의 결과를 다양한 측면에서 살펴본다. 이와 같은 것을 살펴보기 위하여 개별정책들을 고립적으로 다루지 않고 점령정책이라는 커다란 맥락하에서 상호관련성 등을 전반적으로 검토한다. 개별정책은 그 자체가 고립적으로 전개되는 것이 아니라 전반적인 점령정책과의 관련성 속에서 하나의 부분으로 위치하면서 전개되므로 전체적인 시각에서 총체적으로 연구가 되어야 하기 때문이다. 따라서 이 글은 미군정의 점령정책을 살펴봄에 있어서 정치경제적 측면뿐 아니라 문화, 이데올로기, 담론의 측면을 고려한다. 즉 민족적 사회적 통합문제, 권력과 담론의 중요성이 크다고 보는 것이다. 따라서 점령정책으로는 귀속재산의 처리, 경제정책 전반뿐 아니라 교육, 언론, 구호, 공보 및 선전, 여성정책 등도 아울러 검토한다.

또 개별 점령정책의 형성과정에 대한 미국과 미군정의 구체적인 정책, 제 사회세력 간의 갈등, 집행과정의 강도와 국가권력의 개입정도를 비교하며 그들의 특성이 무엇인지를 살펴본다. 또 당시 미군정은 개별 정책을 전체 점령정책의 틀 속에서 어떻게 파악했는지 살펴보며, 당시 활동했던 사회운동도 이러한 점령정책과 관련하여 검토한다.

다섯째, 점령정책의 형성과 결과를 연구함에 있어서 당위론적, 결과론적, 목적론적 해석을 지양하며 현실주의적 관점(Koehance(ed), 1986)을 취한다. 역사에 있어서 어떤 가정이나 선험적인 판단보다는 구체적인 사실에 기반한 분석을 할 때 보다 균형적이고 객관성을 유지할 수 있다고 보기 때문이다. 따라서 점령정책에 대한 각 행위자들 간의 상호작용을 세밀히 추적하며 외부적 영향력과 내적 요인과의 상호작용을 입체적으로 살펴본다. 방법론적으로 역사제도주의적 관점을 취하는데, 역사제도주의에서는 인과관계를 설명할 때 다양한 요인 사이의 결합(conjuncture)을 중시하며 변수 간의 인과 관계는 항상 사회역사적 맥락 속에서 형성됨을 강조한다. 즉 역사제도주의에서는 개별 독립변수의 영향력이 아니라 변수들의 결합을 중요하게 보고 있으며, 또한 동일한 변수들의 결합이라 할지라도 이들 요인이 결합되는 역사적 시점(timing)과 상황(circumstance)에 초점을 맞추는 데에 그 특징이 있다(하연섭, 1999: 30~31).[17] 이런 점에서 이 글은 일정한 시간이 경과한 후에 나타난 결과는 어떤 특수한 초기 조건에 의해 결정되는 것이 아니라 확률론적으로 관련되어 있을 뿐이며, 그 과정은 결과와 초기 조건 사이에 발생하는 다양한 매개적 사건에 의존하고 있다고 보는 역사사회학의 '경로의존적(path dependence) 설명방식'(전상인, 2001 ; Goldstone, 1998)을 취한다.

끝으로, 미군정의 점령정책을 살펴봄에 있어서 음모이론만으로 당시의 상황을 해석한다면 당시의 복잡한 현상을 너무 단순화 시키고 해석상의 자의성이 따른다고 보아 문헌을 통해 구체적 내용을 정확하게 밝히는 데 관심을 두며 이론과 사실의 연결을 강조한다. 즉 일반이론적인 개념적 도식에 입각하여 이루어지는 논의들을 실제적인 역사적 맥락에서 경험적으로 보다 더 구체화 시킨다는 것이다.

한국현대사 연구에 있어서 이론과 방법론의 확립(강정구, 1988 ; 손호철, 1989 ; 이삼성, 1989)도 중요한 연구과제임에 틀림없으나, 보다 충실한 사실 발견과 이것의 집적도 요구되는 실정이라는 것을 부인할 수 없을 것이다. 또 객관적 자료의 뒷받침 없는 관점이나 해석의 강조는 그 설득력의 측면에서 한계가 있을 수밖에 없는 것이다. 따라서 기존에 이미 어느 정도 연구가 진척된 것은 2차 자료로서 적극적으로 이용하면서도 가능하면 1차 자료들을 적극적으로 발굴, 활용하여 그것을 체계적으로 검토하는 실증주의적인 입장을 취한다.[18] 주된 자료는 다음과 같다.

---

[17] 역사제도주의에서는 변수들 간의 결합이 인과관계를 설명하는 데 중요하다고 본다. 따라서 사회현상을 설명하기 위한 모형을 몇 개의 독립변수로 분할하고 이들 독립변수들 각각의 영향력을 측정하는 것은 별 의미를 갖지 못한다고 본다. 또한 인과관계의 설명에서 사회적 맥락의 중요성을 강조하기 때문에 이론적 일반화의 가능성은 대단히 낮아지게 된다. 따라서 역사제도주의에서는 보편적인 인과관계의 모형을 찾는 것보다는 특정한 역사적 현상을 해석하는 데 주안점을 두게 된다(Immergut, 1998: 19).

1) 국내자료

(1) 신문

신문은 당시 사회 상황을 집약적으로 보여주는 유용한 기초 자료 가운데 하나인데, 중앙지 중심으로 보면 우익지로서 『동아일보』, 『조선일보』, 『한성일보』 등이 있으며 좌익지로서 『노력인민』, 『독립신보』, 『조선인민보』, 『조선중앙일보』, 『청년해방일보』, 『해방일보』 등이 있고 중립지로서는 『경향신문』, 『서울신문』, 『자유신문』, 『중앙신문』 등이 있다. 미군정기에 발행된 신문은 중립·우익지의 경우에는 국사편찬위원회 편(1968)의 『자료 대한민국사』(1~7권)에, 좌익지의 경우에는 『독립신보』, 『조선인민보』, 『청년해방일보』의 일부와 『노력인민』, 『해방일보』의 거의 전부가 김남식, 이정식, 한홍구(1986)가 돌베개에서 펴낸 『현대사 자료총서』(3~5권)에 수록되어 있다. 또한 전평의 기관지였던 『전국노동자 신문』도 주요한 자료이다.

(2) 잡지

당시 간행된 잡지는 몇 번 발간되지 못한 것도 있으나, 종류로는 수백 종에 이르렀다. 우익지로서 『건국공론』, 『대중공론』, 『민주조선』, 『조광』 등이 있으며 좌익지로서 『과학전선』, 『민고』, 『민주공론』, 『인민과학』, 『학병』, 중립지로서 『개벽』, 『대조』, 『민성』, 『새한민보』, 『신천지』, 『춘추』 등이 있다. 이들은 앞에서 언급한 『현대사 자료총서』(6~9권)에 대부분 수록되어 있다.

(3) 연감, 일지, 연표류

조선은행조사부의 『조선경제연보』(1948), 『경제연감』(1949), 『조선경제통

---
18) 이 글은 직접인용의 경우에도 꼭 필요한 경우를 제외하고는 한자는 대부분 한글로 고쳐 인용하였다.

계요람』(1949), 조선통신사 편의 『조선연감』(1947, 1948), 농림신문사 편의 『농업경제연보』(1949), 한국은행조사부의 『경제연감』(1955), 한국산업은행 조사부의 『한국산업경제십년사』(1955), 그 외 민주주의민족전선에서 나온 『조선해방1년사』(1946), 김천영 편의 『연표 한국현대사』(1985) 등을 들 수 있다.

(4) 각종 자료집

해방 전후 자료들을 정리하여 놓은 대표적 자료집은 김남식, 이정식, 한홍구 편(1986)의 『현대사 자료총서』이다. 전체가 15권으로 되어 있는데, 신문·잡지뿐 아니라 당시 간행된 단행본들도 수록되어 있어서 미군정기 연구를 위해서는 필수적인 자료집이라 하겠다. 농업정책 부분에 대해서는 농촌경제연구원에서 나온 『농지개혁사관계자료집』(1~6집)이 중요한 자료집인데, 특히 5집은 농지개혁에 관계되는 신문기사를 주제별로 편집해 놓은 자료집이다. 이와 함께 같은 농촌경제연구원에서 나온 『농정사관계자료집』(1~3집)은 당시 발간된 잡지 중 농업관계 부분을 발췌해 놓았다. 이들은 모두 미군정기 농업관계뿐 아니라 당시의 전반적인 사회상을 파악하기 위해서도 기본적인 자료집이라 하겠다. 심지연의 『한국민주당연구 1』(1982), 『해방정국논쟁사 Ⅰ』(1986), 『조선혁명론』(1987), 『조선신민당연구』(1988), 『인민당연구』(1991), 김남식·심지연 편(1986)의 『박헌영 노선비판』은 당시의 정치세력과 관련한 주요 자료들이 수록되어 있다. 그 외 김남식(1974)의 『남로당 연구자료집』, 한백사 편집실 엮음(1989)의 『분단자료집』 등도 미군정기 전반의 정치 사회상황의 이해를 위해서는 유용한 자료집이다.

(5) 기타 각종 공식, 비공식 기록, 회고록, 전기, 단행본들

자세한 것에 대해서는 참고문헌에 정리하였다.

2) 국외자료

미군정기에 대한 총체적이고도 객관적인 이해를 위해서는 국내 자료뿐 아니라 당시 남한에 군정을 직접적으로 실시했던 미국 측의 자료가 이에 못지않게 중요하다. 주요 자료는 다음과 같다.

(1) 미국의 대외관계 외교 문서(U.S. Department of State, Foreign Relations of the United States: FRUS): 남한의 미 주둔군 사령부와 본국 정부 사이에 교신된 전문이나 정책 건의서 등이 수록되어 있다. 1945, 1946년의 한국 관계 부분은 김국태(1984)에 의해 돌베개에서 번역되었다.

(2) 주한 미군사령부, 제6보병 사단, 제7보병 사단의 정보참모부(G-2)가 작성한 일일 보고서 및 주간 보고서(Headquarters, United States Armed Forces in Korea, G-2 Periodic Report & Weekly Summary): 여기에서는 미군정 기간 동안 남한의 제반 상황들과 중요 사건들을 기록하고 있는데, 정치상황 외에도 하곡, 추곡 수집 현황, 물가 현황 등 경제문제에 관한 사항도 폭 넓게 분석하고 있다. 특히 농업관련 부분은 농촌경제연구원(1987)에서 『농정사관계자료집』(제6집)으로 번역되었다.

(3) 미군이 매월 당시 상황을 묘사한 보고서: 1945년 10월의 1월호부터 1946년 2월의 5호까지는 일본의 연합국 최고사령부에서 일본의 한 부분으로 간주하여 "일본과 한국에서의 비군사적 활동에 관한 요약(Summation of Non-Military Activities in Japan and Korea)"이라는 제목으로 간행되었고, 1946년 3월의 6호부터 1947년 7월의 22호까지는 "주한 미군에서 주한 미군정 활동 요약(Summation of U.S Army Military Goverment Activities in Korea)"이라는 제호로 간행되었다. 1947년 8월호부터는 "남한과도정부의 활동(South Korean Interim Government Activities)"이라는 제호로 간행되었으며, 그 후 "대한민국 경제요약(Republic of Korea Economic Summation)"이라는 제호로 1948년 9, 10

월호까지 간행되었다. 이는 미군정 기간 동안의 비군사적 부문에서의 각종 통계자료들이 분야별, 시기별로 수록되어 어느 정도의 체계를 갖추고 있어 당시의 전체 사회상을 이해하는 데 유용한 자료이다.

(4) 정세분석(Political Trend)과 여론 동향(Opinion Trend): 주한 미군사령부 공보과(HQ USAMGIK, Department of Public Information)에서 작성했으며, 이들은 각각 남한의 전반적인 정세 동향과 남한 주민들의 정세관에 대해서 비정기적으로 분석하고 있다.

(5) 유엔 임시 한국위원회 보고서(Records relating to the United Nations Temporary Commission on Korea): 한국의 선거 준비에 관한 문서들, 정보 개요, 메시지, 선거 관리 및 한국민들의 여론에 관한 보고서들, 보도 자료들, 제한된 수의 특별 보고서들을 포함하고 있다.

(6) 주한미군사(History of the United States Armed Forces in Korea)(HUSAFIK)[19]: 주한 미군의 정보 담당 부서 수석 군사관 라슨(Harold Larson) 박사가 책임, 편집하고 G-2에 소속된 군사실 관리들이 분담, 집필한 것이다. 전체가 3부로 구성되어 있는데, 제1부는 군사부문, 제2부는 정치, 제3부는 행정·경찰·사법·농업·교육에 관한 내용이 수록되어 있다.

(7) 주한미군정사(History of the United States Army Military Government in Korea(HUSAMGIK): 1945년 9월부터 1946년 6월까지 미군정의 시정을 기술한 것으로 주한 미군정의 군사담당자가 작성하였다. 제1편에는 기본적인 군정의 구조와 한국인과의 관계, 신문, 방송, 정당과 지도자들, 소련과의 관계 등이 서술되어 있는 개괄 부분이며 제2편에는 군정의 구체적 부서가 언급되어 있으며 당시 군정의 국장, 과장 명단

---

19) 이에 대한 자세한 설명은 정용욱 외(2003a)를 참조하라.

이 나와 있다. 제3편에는 지방에서의 군정 실시에 대한 것이 서술되어 있다.

(8) 미군정청 관보(Official Gazette): 각종 포고령, 군정법령, 남조선과도정부법률, 행정명령, 각 부령, 인사행정통보 등이 수록되어 있는 기초자료이다. 원주문화사(1991)에서 복간하였다.

(9) CIC 보고서: 주한 미군방첩대(HQ, USAFIK, Counter Intelligence Corps: CIC)의 정보보고서 자료들이다(한림대학교 아시아문화연구소, 자료총서 7, 1995).

(10) 하지 문서집: 초대 미군사령관으로 부임하여 해방 직후 한국사회 변화에 큰 영향력을 행사한 육군중장 하지의 편지 및 대담기록, 성명서 등을 한곳에 모은 것이다. 여기에는 하지가 본국에 보낸 공문뿐 아니라 북한에 주둔한 러시아군 사령관에게 보낸 공문도 포함하고 있으며 본국의 여러 관련 부서로부터 받은 공식문서들도 포함하고 있다(한림대학교 아시아문화연구소, 자료총서 9, 1995).

(11) 노동관련보고서: 1945년 9월부터 1950년 4월까지 미군정기를 포함하여 해방 직후 5년 동안 주한미군방첩대(CIC)가 수집한 자료 중에서 남한 노동상황에 관한 보고서 등을 한곳에 모은 자료집이다(한림대학교 아시아문화연구소, 자료총서 8, 1995).

(12) 해방 직후 한국소재 일본인 자산 관련 자료: 해방 직후 남북한 지역에 남겨졌던 일본인 해외자산에 관한 자료로 미국 국립문서보관서에서 수집한 것을 정리한 것이다(한국학중앙연구원 편, 2005).

(13) 해방 전후 미국의 '대한인식' 자료: 1940년대에 한국의 정치, 사회, 경제, 문화 등 각 부문에 대해 미국인들에 의해 쓰여진 자료이다. 총 46

명의 글이 실려 있다(한국정신문화연구원, 2001).

(14) 미군정기 한국 교육사자료집: 1945년 9월 9일 이후 1948년 8월 15일까지의 3년간에 걸쳐 주한 미군정청에서 작성 통용된 학무국의 내부 문서로 원전과 번역이 같이 나와 있다(정태수 편, 1992).

(15) 미국의 국립문서보관소(National Archives)의 외교분과(The Diplomatic Branch)와 현대군사분과(the Modern Military Branch), 국립문서보관소의 분관인 워싱턴 국립사료관(Washington National Record Center)의 일반문서부(the General Archives Division)의 자료들이 있다.[20]

* 국무부 십진분류 문서군의 일반 자료들(General Records of the Department of State, Decemal File 1945~1949)(이하 RG 59라 함): 외교관들과 영사관 관리들에 대한 지시 사항과 그들로부터의 급송 전문들, 국무부와 주미 외교관들 사이에 교환된 각서들, 국무부 관리들에 의해서 준비된 비망록들, 행정부의 다른 부처들, 개인들과의 통신물을 포함하고 있다.

* 웨드마이어 사절단이 한국과 중국을 방문한 기록(Record of Wedemeyer Mission to China and Korea)(RG 59): 11개의 문서 상자들 중 4개가 한국에 관한 자료들인데, 이 중 2개의 문서 상자는 한국의 정치 및 경제 사정에 관한 자료와 미군정의 활동에 관한 보고서들을 포함하고 있다.

---

20) 이 글에서 인용된 1차 자료들은 필자가 박사학위 논문을 준비하는 과정이었던 1991년 1월 한 달 동안 워싱턴에 있는 미국 국립문서보관서(NARA: The Tational Archives and Records Administration, 이는 국립문서기록관리청, 미국립문서기록청, 국립공문서관 등으로도 번역되고 있다)의 본관 및 분관에서 수집한 자료들이다. 'RG 숫자'는 문서군(Record Group) 번호, 'Box 번호'는 문서상자 번호를 의미한다. 2008년 현재 자료 분류방법의 변화 여부는 일일이 확인하지 못했으며, 인용된 문서군과 문서상자 번호는 1991년 당시의 것이다. 이하 이 글의 인용에서 문서군과 문서상자 번호가 나오는 것은 모두 미국 국립문서보관서에서 수집한 자료를 의미한다. 이들 자료에 대한 간단한 설명으로는 Saunders(1983), 방선주(1986), 정병준(2002), 이완범(2007), 키미야 타다시(2007) 등을 참조하라.

* 국무부, 전쟁부, 해군부 삼부조정위원회와 그 후의 사부조정위원회 관계 문서(The State-War-Navy Coordinating Committee and State-Army-Navy-Air Force Coordinating Committee Subcommittee and Departmental Files, 1944~49)(RG 59): 이들 문서군은 회담의 의사록과 토의, 안건, 위원회의 결정 사항, 보고서 비망록, 그리고 전문들을 포함하고 있으며 한국의 군사적 점령과 미국의 대한정책의 전개를 보여주는 중요한 자료이다. 이것들은 개인회사(Scholarly Resources Inc.)에 의해서 편집 촬영되어 마이크로 필름으로 출판되었다.

* 전쟁부 일반 참모본부 및 특수 참모본부 민간업무국의 문서들(Records of the War Department General and Special Staffs, Civil Affairs Division, 1943~54)(이하 RG 165라 함): 민간 업무국은 민간 업무와 군정의 모든 측면에 직접적으로 관계를 가지고 있는데, 그것은 군의 모든 민간업무 활동을 위한 중심적인 조정기관이었으며 그 권위는 삼부조정위원회를 포함한 많은 민간 고문단 및 군사고문단들에게 반영되었다. 또한 민간 업무 계획과 정책들을 준비하고 군 지휘관들에게 점령활동에 관하여 조언하고, 민간 업무 계획의 수행에 있어 군대의 성공 여부를 평가하며, 민간 업무 보고서들을 접수하고 분류하는 책임을 지고 있었다. 따라서 민간업무국 문서들은 군정의 계획 수립과 전개, 그리고 활동에 관련된 문서들의 수집물이며 색인이 비교적 잘 되어 있다.

* 미합동 참모본부 문서들(Records of the United States Joint Chiefs of Staff(JCS) 1942~59)(이하 RG 218이라 함): 합동참모 본부는 대통령에게 방위 편제에 관한 견해를 제시하고 미국 방위정책의 수행을 조정하였는데 합참본부의 한국 관계 문서들은 대체로 주한 미군 사령관인 하지(Hodge) 장군과 연합군 최고 사령관인 맥아더(MacArthur) 장군의 보고서들에 토대한 군사 점령정책의 전개를 보여 준다. 합참본부 문서들은 정책 초안, 초안에 대한 논평 및 정책 성명서, 군 사령부들로부터 접수된 메시지와 비망록, 보고서, 전문 등을 포함하고 있으며 삼부조정위

원회 등 기타 정책결정기구들의 견해를 나타내는 문서들도 포함하고 있다.

* 육군 참모본부 기획작전국 문서들(Records of the Army Staff Plans & Operations Division, Decimal file 1946~48)(이하 RG 319라 함): 일반적으로 작전국은 육군의 병참 및 작전 계획을 준비했으며 군정과 민간업무 영역에서 민간업무국과 함께 계획 수립에 대한 책임을 분담하였다.

* 1942~1952년의 태평양 미육군 극동사령부 및 연합군 최고 사령부 문서들(Records of the Supreme Commander or the Allied Powers)(SCAP)(이하 RG 331라 함): 여기에는 주로 일본관계 자료가 대부분이나 한국관계도 일부 포함되어 있다.

* 미국의 전 전투지역, 2차 대전, 주한 미육군 제24군, G-2 역사과 문서들(Records of U.S. Theaters of War, World War II, USAFIC, 24th Corps, G-2 Historical Section)(이하 RG 332 라 함)[21]: 제24군 군사실의 역할은 주한 미군사, 주한미군군정사, 각 부대사의 편찬, 자료수집, 인터뷰, 군사에 관련된 사항의 대외협조 등이었다. 군사실에서는 제24군 각 부처와 군정 각국 각과를 상대로 국사, 과사, 부대사를 쓰게 하고 이것들을 수정하여 야심적인 군정사를 작성하고 있었는데, 미군 철수와 함께 군사실도 철수하였고 소속자료는 모두 육군부를 거쳐 최종적으로 워싱턴 국립사료관에 소장되었다. 그러므로 이 자료에 대한 검토는 미군정기 연구를 위해 필수적이라 하겠다.

---

21) 이에 대한 설명으로는 방선주(1987), 정용욱(2003a)을 참조하라.

제2장 전후 세계체제의 재편과 미군정의 점령정책

1. 냉전체제의 형성과 미국의 대한정책

1) 미국의 대한정책 형성기구

  2차 세계대전 후 초래된 세계 정세의 변화는 한편으로는 소련을 정점으로 하는 사회주의권의 확립과 민족해방운동으로 인한 식민지체제의 붕괴라 할 수 있으며, 다른 한편으로는 자본주의의 불균등 발전과 미국 주도권의 확립이라고 할 수 있다. 특히 미국을 중심으로 하는 자본주의권과 소련을 중심으로 하는 사회주의권과의 대립은 이후의 세계사를 이전의 단계와 구분하는 중요한 기점이 되며 이른바 냉전체제가 형성되었던 것이다. 이러한 냉전의 기원에 대해서 전통주의적 시각에서는 그것을 기본적으로 소련 공산주의 세력의 유럽에서의 세력확장을 위한 노력에서 찾으며 이에 대한 미국의 불가피한 대응이 냉전을 격화시켜 나간 것으로 설명하고 있다(McCune, G. M and A. L. Grey, 1950). 반면 수정주의적 시각에서는 전후 냉전의 기원을 오히려 미국 자본주의의 세계적 확장과 이에 대응한 소련을 중심으로 하는 사회주의 세력의 반발에서 찾고 있다(Cumings, 1981). 어쨌든 2차 대전 종전 후 구체적으로 진행된 역사적 전개과정을 살펴보면 전후 세계질서를 위한 미소 간의 협조가능성은 점점 냉전체제로 전환되고 있음을 알 수 있다(하영선, 1986: 39~44). 특히 동유럽의 장래문제를 둘러싸고 표출되기 시작한 미소 간의 갈등은 독일문제로 인하여 더욱 악화되고 급기야는 유럽의 분할, 즉 동서냉전을 불가피하게 했으며 한반도 냉전의 국제적 환경을 구성하게 되었다. 이러한 과정 속에서 냉전의 기원을 어느 한쪽에 두는 것은 그렇게 단순한 문제는 아니라고 생각되나 여기에서는 미국을 중심으로 살펴보기로 한다.

2차 세계대전 후 미국의 대외정책은 흔히 세계 자본주의의 유지와 재편에 있었다고 말해지는데, 세계 자본주의 유지란 소련을 중심으로 한 사회주의 세력의 팽창과 제3세계의 민족 혁명의 발발을 저지하는 것이고 세계 자본주의의 재편이란 2차 세계대전 이전의 제국주의 국가 간의 블록 경제를 타파하고 초강국 미국이 자국 산업의 우월한 경쟁력으로써 세계자본주의를 지배한다는 것이었다. 이러한 세계자본주의의 재편은 배타적인 무역블럭의 해체와 낮은 무역장벽을 통한 자유무역의 확대를 전제로 하였다. 미국의 이런 구상은 1944년 7월 브레튼 우드 회의(Bretton Woods Conference)에서 결정된 국제통화기금(International Monetary Fund: IMF)과 국제부흥개발은행(International Bank of Reconstruction and Development: IBRD)으로 구체화되었다. 국제통화기금은 표면상으로는 국제 금융질서의 유지를 위한 기구였으나 실제로는 세계 금융통화의 대부분을 통제하고 그 자본금의 상당 부분을 공급할 수 있는 미국의 힘이 반영되어 있었다. 국제부흥 개발은행도 자유 무역주의를 그 이념적 토대로 하고 있었지만 후에 미국의 이익이 될 사적 자본 투자를 정부 차원에서 보장하는 것이 주요 임무였다(Kolko, J & G. Kolko, 1972: 11~28). 이것은 기본적으로 사회주의의 위협으로부터 자본주의권을 방어·유지해야 한다는 데에서 출발한 것이었으며, 따라서 패전국의 점령지에 대한 미국의 정책은 대전 직후 식민지체제의 붕괴와 민족 해방운동의 승리, 사회주의 국가의 다수 출현 등과 같은 세계 자본주의체제에 대한 전반적 위기의 심화에 대응한 세계 자본주의의 수호자로서의 미국의 입장과 이해 관계의 한 표현으로 파악될 수 있다.

그러므로 2차 대전 중 미국이 앞으로 점령할 영토에 관하여 공식화 시킨 정책들은 일본 및 독일의 패망과 더불어 정권을 장악할 것으로 보이는 다양한 저항운동체의 성격에 대한 정보분석을 반영한 것이었다. 네덜란드령 동인도제도에 있어서처럼, 새로운 국가의 경제적 자산을 구식민지 종주국의 손으로부터 미국의 손으로 이전시켜 줄 가능성이 높은 보수적 민족주의 세력이 다른 저항세력보다 우세한 경우에는 미국은 반식민주의의 입장을 취했고 독립에 찬성했다. 그 반면 인도차이나에 있어서처럼, 좌익이 저항세력을 지배하고 대중적 기반을 갖고 있다고 판단되는 곳에서는 신탁통치나 혹은 식민주의의 유지를 원했다(Kolko, J and G. Kolko, 1972: 277). 따라서 전후 미국의 극동정책의 핵심도 극동지역에 있어서 공산주의 및 급진적 민족주의 운동과 대결하고 이 지역을 자국의 지배 아래 둔다는 것이었다.[1] 이러한 맥락에서 미국은 극동지역에서 중국과 일본을 우선시하였고 중국 대륙에서 공산세력의 팽창을 견제함과 동시에 일본의 군국주의적 체제의 해체에 관심을 집중시키고 있었다(차기벽, 1987: 57~70). 그러므로 미국의 대한정책은 기본적으로 중국, 일본과 관련한 대극동정책의 맥락에서 이해될 수 있는 것이다.

한국[2]문제에 대한 본격적인 논의가 삼부조정위원회에서 토의되기 시작한 것은 1945년 2월의 얄타 회담에 대한 대비책으로 마련된, 이른바 '전후 한국의 지위'에 대한 보고에서였다. 이 보고서는 한국의 전략적 위치 및 한국독립의 잠재성 검토, 한국의 현실적인 정치 등을 기록하고 있는데 미 국무부의 정책적인 의도는 다음의 글에서 살펴 볼 수 있다.

---

1) 아시아 국가들에 대한 미국의 관심은 이미 19세기 말부터 시작되었는데, 중국이나 일본을 포함한 아시아 국가들의 시장개방을 요구하는 문호개방정책을 추구하며 아시아 국가들의 식민지화를 시도하였다. 1878년 사모아 섬의 파고파고 항을 군사기지로 확보하여 1899년 이를 미국 영토화하고 1898년 하와이를 합병하였다. 또한 같은 해 미국은 스페인-미국 전쟁을 일으켜 필리핀을 점령하고 필리핀을 발판으로 중국시장을 중심으로 하는 아시아 시장 쟁탈에 본격적으로 참여하였다. 1905년 미국은 카스라-테프트 밀약을 맺어 한국에 있어서의 일본의 배타적인 기득권을 인정하고, 그 대신에 일본은 필리핀에서의 미국의 배타적인 기득권을 인정하였다.
2) 당시에는 '조선'이라 불리었으나, 여기서는 특별히 필요한 경우가 아닌 경우에는 '한국'으로 표기한다.

한국에 대한 군사적인 점령이 이루어진 후 만일 한국에서 전후에 실시하기로 결정된 정치적 조치가 신탁통치이거나 또는 과도기적인 국제적 임시정부의 수립이거나 간에 그것이 결정될 경우, 여기에 어떠한 나라가 참여해야 하는가의 문제점에 대해서는 영국정부와 중국정부 그리고 앞으로 관련을 맺게 될 소련과의 충분한 이해가 이루어질 필요가 있게 된다.3)

즉 미 국무부는 한국에 대한 군사적인 점령이 이루어질 경우 어떤 나라들이 그 점령의 당사자가 되어야 하는가를 사전에 충분히 고려하여야 한다고 적고 있는 것이다. 또 한반도가 소련의 지배하에 놓이게 될 경우 미국의 태평양 안보를 크게 위협받게 될 것이라는 것이 지배적이었는데 이는 1944년 3월 미 국무부에 의해 작성된 문서에서도 그 근거를 찾을 수 있다. 이 문서에는 소련의 극동지방에 소비에트식 통치방식과 이데올로기로 철저하게 무장한 한국인 3만 5천여 명이 활동하고 있으며 소련이 이들을 이용하여 한반도를 지배하려 들지도 모른다는 점에 대한 우려를 표명하면서 일차적으로 한반도에 대한 부분적이거나 전체적인 군사점령의 필요성을 언급하고 있다(*FRUS*, Vol. V, 1945: 1226~1228).

이와 더불어 점령지에 대한 미국의 정책은 앞에서 언급했듯이 대전 중 점령지에서의 민족해방 저항운동 세력의 성격에 대한 평가에 입각하였는데, 1945년 6월의 정책보고서에 따르면 일제하의 착취와 억압하에서 한국인의 혁명의식은 고양되어 있었고 이들의 저항운동은 그 당시 타 점령지에서의 그것과 비교할 때 상당히 잘 조직화되어 있었다고 평가되었다. 따라서 미국은 이미 조직된 이러한 저항운동 세력이 일제의 패망과 함께 조만간 공식적인 권력을 획득하리라고 평가했다.

한국의 해방과 함께 소작농민들은 틀림없이 전면적인 농지개혁을 요

---

3) U.S. Department of State(1945), "'Post-war Status of Korea', Briefing Book Paper on Inter-Allied Consultation Regarding Korea", *Foreign Relations of the United States* (이하 '*FRUS*'이라 함), Conferrnces at Malta and Yalta, pp.358~361.

구할 것이며 …… 한국의 경제적 정치적 상황은 한국의 전후 공산주의 이데올로기를 수용하는 데 좋은 조건이 될 것이다. 한국인들은 보통 소련에 대해 호의적이지 않음에도 불구하고 소련의 후원을 받는 한국 내 사회주의 정권의 정책과 활동은 대중의 지지를 쉽게 확보할 수 있을 것이다(FRUS, Vol. V, 1945: 561~563).

세계자본주의를 수호하려는 전후의 미국 대외정책의 시각에서 볼 때, 한국안에서의 급진적 세력은 미국을 중심으로 한 자본주의체제의 이익을 심각하게 위협하는 것으로 받아 들여졌으며 이러한 배경에서 그 후 미국의 대한정책의 기조가 결정되었다고 보아야 할 것이다. 그러므로 미국의 대한정책의 기본은 한반도가 중국 또는 소련 일국의 지배하에 놓이는 것을 저지하고 한국에 서구식의 정치체제와 경제질서를 수립하여 세계적 규모로 확대된 미국의 이익을 확보하고 도움이 되게 하는 것이었다. 미국은 한국을 사회주의 세력에 대항하는 방파제로 삼으려 했던 것이다. 실제로 카이로 회담에서 얄타 회담을 거쳐 포츠담 회담에 이르기까지 미국의 대한정책은 한국의 독립을 뒤로 미루고 신탁통치를 실현함으로써 소련의 단독 지배를 저지하려는 것이었고, 38도선은 전쟁 후 한반도 전체가 소련의 세력권 안에 들어갈 것을 염려한 미국 측의 제의와 소련의 수락으로 확정된 것이었다(이완범, 2001).[4] 역사적으로 볼 때도 한반도에 대한 외세의 지배형태로서 분할지배의 가능성은 그 이전에도 관계국 사이에서 여러 번 제기된 바 있었는데,[5] 이러한 맥락으로 보아도 신탁통치의 구상 및 분할점령의 결정을 단순히 군사적 편의주의[6]로 볼 수만은 없는 것이다.

---

[4] 미국의 제안을 소련이 받아들인 이유로서 진석용은 첫째, 관동군의 전력을 과대평가했을 가능성, 둘째, 일본 본토의 점령 및 관리에 참여할 것을 가정하고 미국과 우호적인 분위기를 조성할 필요성을 들고 있다(진석용, 1986).
[5] 1593년에 명과 일본, 1894년에 청과 일본, 1896년과 1903년에 일본과 러시아 사이에서 한반도 분할안이 제기된 바 있었다(노계현, 1963: 7~18 ; 신용숙, 1959: 29~30).
[6] 이는 당시 미소 간에 한국에 대한 연합국 공동의 신탁통치가 합의되어 있었기 때문에 어느 나라의 군대가 한반도에 진주하느냐 하는 것은 문제가 되지 않았고, 양군의 진주는 오로지 일본군의 무장해제를 위한 것이었다는 미국의 공식적 입장이다.

이처럼 미국은 일찍이 2차 대전 이후 세계질서의 재편대상 속에 한국을 포함시키고 신탁통치 방안을 비롯하여 한국에 관한 제반 연구를 진행하고 있었다.[7] 그리하여 적어도 한국을 어떠한 정치·경제 체제로 만들어야 할 것인가 하는 기본 구상은 갖고 있었던 것이다. 결국 미국으로서는 한국의 해방이란 것이 한국 내부의 식민지체제의 해체로서의 계기보다는 소련 공산주의의 위협을 저지한다는 대소봉쇄기지의 확립으로서의 의미가 더 소중했다. 실제로 1942년 이래 주중 미대사 가우스(Gauss, C. E.)나 국무부 당국은 소련의 대일 참전에 의해서 한국에서 소련의 괴뢰정권이 수립되는 것을 두려워하고 있었고, 이러한 공산화에 대한 위협이라는 관점이 도입되어 1944년 3월에 국무부의 전문가들은 유자격 한국인이나 적당한 인원이 없는 경우 기술적 자격이 있는 일본인을 이용할 것을 권고하고 있었다(Kolko, 1969: 602). 이처럼 2차 대전 후 한국은 중국, 일본과 함께 동북아시아에서 공산주의 세력을 저지하기 위한 완충지대로 설정되었으며, 이에 어떻게 하면 한국이 공산주의와 소련의 궤도를 향해 나아가는 것을 막고 그 곳에 친미적인 정부를 수립할 수 있느냐 하는 것이 미국으로서는 중요한 문제였던 것이다.

그러므로 해방 후 남한에 진주한 미군이 한반도에서 갖는 중요한 의미는 경제적인 면보다는 세계적 차원에서 소련에 대한 방어권이라는 정치적·군사적인 역할에 있었다고 할 수 있다. 세계체제와의 관계에서 볼 때 중남미 국가들이 중심부 자본주의에 대해 직접적인 경제적 종속하에 놓여 있었다면 2차 대전 후 한국은 대만과 함께 그 대외관계가 일차적으로 경제적 이해관계보다는 정치·안보적 이유에 의해서 규정되는 성격이 강했던 것이다(구해근, 1983 ; 박종철, 1988 ; 임현진, 1986). 따라서 일제와는 달리 미국은 당시 한국의 자원이나 시장 노동력에 그다지 큰 매력을 느끼지는 않았다. 실제로 당시 미군정 측의 노력도 있었지만(김천영, 1985: 257), 미국 자본의 본격적인 진출은 거의 눈에 띄지 않았다. 미국은 자본에 의한 즉각

---

[7] 예를 들면 'CIC Area Study(August 1945), *Korea*, RG 332, Box 51'가 있는데 이것은 남한 진주에 앞서 미군이 한국에 관한 예비지식을 가지려고 CIC 각 지대(支隊)에 편찬시킨 것이다.

적이고 직접적인 수탈을 추구했다기보다는 장기적인 전망하에서 또한 동아시아 지배의 주요 부분으로서 남한에 대한 지배력을 확보하려 했던 것이다. 즉 한편으로는 세계자본주의의 유지와 재편이라는 경제적 목적이 추진되면서도 정치적·군사적 목적이 강조되었고, 그러한 목적을 수행하기 위해서 무엇보다도 체제의 안정과 질서유지가 요구되었던 것이다. 그러면 이와 같은 미국의 대한정책이 결정되는 기구 및 과정은 어떠했는가?

1944년 초 전후의 세계 정치와 경제를 고려하여 종전 후의 세계 질서를 미국의 주도하에 재편하기 위해 미 국무부과 육군에서 전후의 정치와 외교정책을 수립하는 전문가 집단으로 구성된 전후 계획위원회(Postwar Programs Committee: PPC)와 민간업무국(Civil Affairs Division: CAD)이 조직되었고 이것이 삼부조정위원회(State-War-Navy Coordinating Committe: SWNCC)로 되었는데[8] 전후의 경제, 외교, 국방 정책의 핵심 세력으로 활동하였다. 즉 삼부조정위원회는 미 국무부, 전쟁부, 해군부의 삼부 사이에 점령 지역의 군사, 정치, 정책 조정의 검토 기구였으며 모든 점령지에 관련된 문제들을 군사 작전상의 체계적인 문서 형태로 작성하여 최고 정책 결정자에게 보고하였고 모든 문서는 문제점, 문제점의 현실적 성격, 문제해결을 위한 토의, 결론, 정책적 건의의 순서로 작성되었다(Hoag, 1970: 28).

극동소위원회(Subcommittee on the Far East: SFE)는 삼부조정위원회의 하부 기관으로 1945년 1월 13일에 창설되었는데, 정부 문서의 기초가 이 극동소위원회의 임무였으며 한국과 일본을 포함한 동아시아 지역의 전후 미국정책을 결정하였다. 여기에서 결정된 정책이 바로 미국정부에 의한 극동정책의 기본이 되었던 것이다. 문서 기초에 있어서 정치적인 문제에 관해서는 '국무부'의, 군사적인 문제에 관해서는 '합동참모본부(The Joint Chief of Staffs: JCS)'의 의견을 참작하게 되어 있었다. 기초된 문서는 삼부조정위원회의 승인을 얻어서 국무장관을 경유하여 대통령에게 보내졌고 대통령

---

[8] 이러한 삼부조정위원회는 1947년 9월 국가 안전보장법 통과 후에 공군부(Department of the Air Force)가 덧붙여진 사부조정위원회(State-Army-Navy-Air Force Coordinating Committee: SANACC)가 되었다. 전쟁부(Department of War)는 사부조정위원회로 바뀌면서 육군부(Department of the Army)로 되었다(Casussen(eds), 1978: Introduction).

의 승인을 얻은 정책 문서는 백악관의 지시에 따라 동경의 극동군 최고 사령관에게 보내졌으며 서울 미군정청에 전달되었다(80th Congress 1st Session Senate Committee Print, 9 September 1947: 28).[9]

　전쟁부 일반 참모본부 및 특수 참모본부 민간 업무국(The War Department General and Special Staffs, Civil Affairs Division)은 민간 업무와 군정의 모든 측면에 직접적으로 관계를 가지고 있었다. 그것은 군의 모든 민간 업무활동을 위한 중심적인 조정 기관이었으며, 그 권위는 삼부조정위원회를 포함한 많은 민간 고문단 및 군사고문단들에게 반영되었다. 또한 민간업무 계획과 정책들을 준비하고, 군 지휘관들에게 점령활동에 관하여 조언하고, 민간 업무 계획의 수행에 있어 군대의 성공 여부를 평가하며, 민간 업무 보고서들을 접수하고 분류하는 책임을 지고 있었다. 또 전쟁부 작전국[10](The Operations Division)은 육군의 병참 및 작전 계획을 준비하였고 민간 업무국과 함께 계획 수립에 대한 책임을 분담하였다(Saunders, 1983: 509~510). 한편 1947년 이후 냉전시대를 본격적으로 맞이하면서 미국은 이에 맞도록 국가기구를 개편하였다. 즉 1947년 7월 국회를 통과한 국가안전보장법에 의거하여 모든 첩보 및 정보수집활동을 총괄하기 위한 중앙정보국(Central Intelligence Agency: CIA)을 신설했으며 군대를 육군, 해군, 공군으로 재편성하고 이들을 통합, 조정하기 위하여 국방부(Department of Defence)를 신설했다. 또한 대통령의 직속 아래에 국내외 안보문제를 자문하고 결정할 최고 협의체로서 국가안보회의(National Security Council: NSC)를 설치하였다. 초기를 중심으로 하여 미군정 점령정책의 결정 및 집행과정을 간단히 조직표로 그려보면 다음 〈그림 2-1〉과 같다.

---

[9] 한편 미군정은 한국에 대한 보고를 매달 20일쯤 맥아더 사령관에게 제출하였는데, 1947년 7월 26일 이후부터는 민간업무와 군사업무에 관해서 합동참모본부에 직접 보고하였다. 단 군사적인 업무에 관해서는 동경의 사령관에게 계속 보고하였다(Mitchell, June 1949: 252).

[10] 작전국은 1946년에 군부의 재조직화 과정에서 참모차장보 휘하의 기획 작전국(The Plans and Operations Division)이 되었다.

제2장 전후 세계체제의 재편과 미군정의 점령정책 69

<그림 2-1> 미군정 점령정책의 결정 및 집행과정

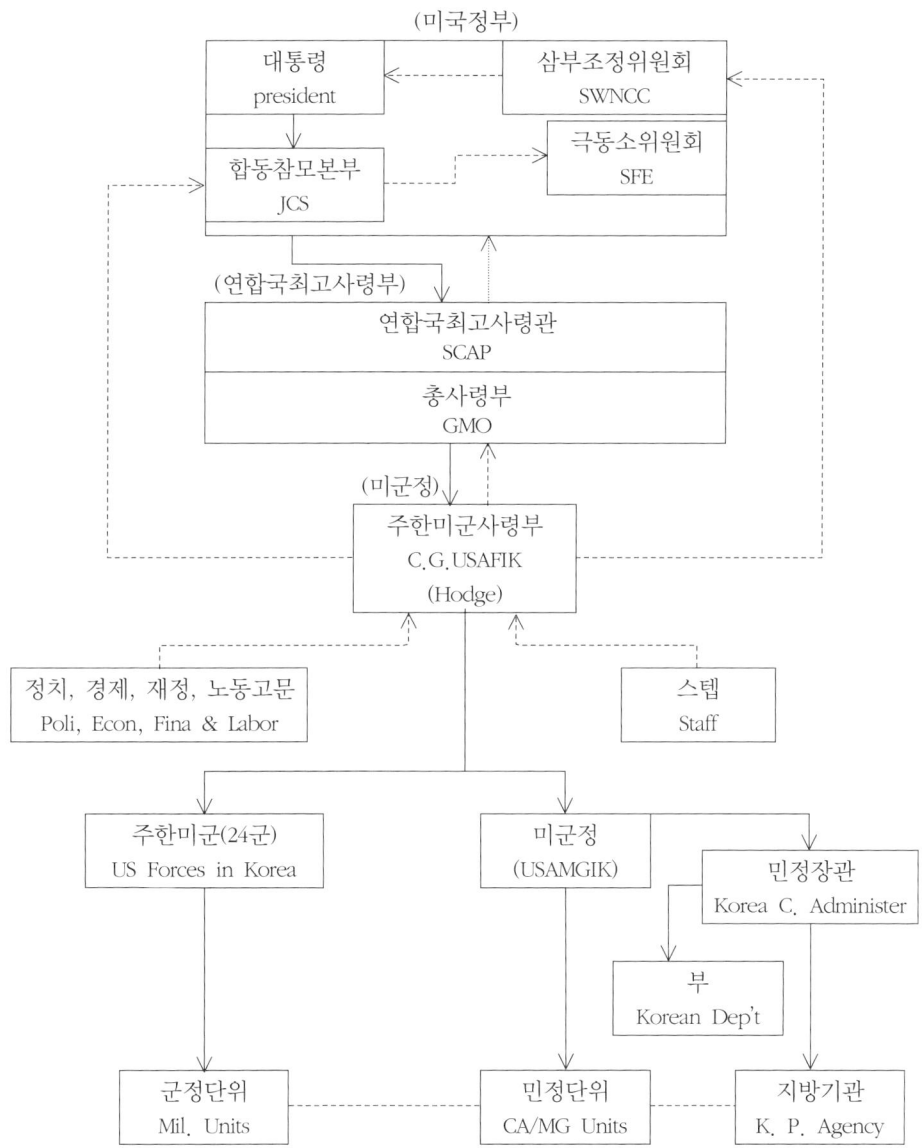

* 비고: 직선 화살표는 명령계통을, 점선 화살표는 영향력 관계를 의미함.
* 자료: "Highlights of Politico-military Organization for Occupied Areas in Japan & Korea"(15 November 1947), RG 319, Box 117의 조직표를 참고하여 작성.

2) 미국의 대한정책

미국의 대한 점령정책은 기본적으로 미국의 대외정책과 당시의 미소관계의 변화, 남한 내부의 움직임 등과 관련한 전반적인 미국의 대한정책 변화의 틀 내에서 이해될 수 있다. 여기에서는 이러한 내외적 조건들과 관련지으면서 미국의 대한 점령정책의 전개과정을 살펴보기로 한다.

(1) 신탁통치안과 현상유지정책

남한에 대한 확실한 정보나 정책 방안을 갖지 않고 1945년 9월 8일 남한에 진주한 하지 중장 휘하의 미군은 많은 정책적 혼선을 일으켰다. 그러나 소련의 팽창을 저지한다는 기본 노선은 견지하고 있었고, 따라서 남한 내 좌익 세력에 대한 탄압이 시작되었다. 점령 초기의 미국의 대한정책의 기본 입장은 38선 분할로 발생한 문제들에 대해 미소 간 협의하고, 군정을 조속히 종식시키고, 4대국의 신탁 통치를 실시하며, 이 신탁통치는 유엔의 관리하에 둔다는 것이었다(*FRUS*, Vol. VI, 1945: 1113~1114). 미군정에게 보내진 국무부의 최초의 체계적인 지령은 1945년 10월 13일자의 SWNCC 176/18인 '대한 초기 기본지령'이었다.

> 기본적인 공공사업, 금융, 재정, 수출입 및 필수품의 생산과 분배를 포함한 한국의 경제활동과 관련하여 다음과 같은 목적상 필요한 통제가 이루어져야 할 것이다.
> 1. 점령군의 수요충족
> 2. 식량, 기타 한국경제에 매우 중요한 상품들의 정상적인 전 잉여품목의 생산 극대화
> 3. 한국의 경제생활에 대한 일체의 일본통치 잔재 일소
> 4. 한국을 일본에 대한 경제적 의존으로부터 독립시킬 여건의 조성
> (『미국무성 비밀외교문서』, 1945: 93~94).

미국은 우선 한국에 대한 일제의 정치적 경제적 지배가 남긴 잔재를 척결할 것을 촉구하는 등 일본의 경제적 지배를 제거하고 일본에 대한 경제적 의존으로부터 한국을 분리시킴으로써 그 영향력을 청산하고자 했던 것이다.[11]

따라서 초기지령은 승리한 연합군의 입지를 강화시키는 것이었으며[12] 한국인의 복지나 그것을 위한 어떠한 경제적 원조의 필요성 등에 대해서는 논의하지 않았다.[13] 또한 초기지령은 남한 내에서 민주적인 정당들을 적극 지원하되 정책목적에 부합되지 않는 세력들은 단호히 제거할 것이며, 어떤 형태의 정치적 조직에 대해서도 이를 공식적으로 인정하거나 활용하지 말 것을 강조하고 있다(『미국무성 비밀외교문서』, 1945: 92~93). 즉 미국은 한국 임시정부(모스크바 협정에 따라 구성될 임시정부를 의미함: 필자) 구성 이전에는 어떠한 주요한 개혁도 추진하지 않는다는 입장을 강력히 고수하고 있었던 것이다(Matray, 1985: 103). 이는 1946년 1월 29일자 삼부조정위원회의 외교문서를 보아도 알 수 있다.

> 미소공동위원회의 미국측 위원들은 한국의 임시정부 수립을 위한 계획 작성을 제일의 긴급한 정치적 임무로 간주하여야 한다. 다음 지시가 있을 때까지 그들은 상기 4a(2)[14]에 해당하는 문제를 토의해서는 안된다(『미국무성 비밀외교문서』, 1946: 210).

이처럼 초기에는 적극적인 경제정책은 없었으며 현상을 유지하고자 했

---

11) 이와 같은 입장은 그 뒤 삼부조정위원회, 극동소위원회의 비망록에서도 나타나고 있다. JCS 1483/16(24 November 1945), "Joint Chiefs of Staff United States Policy with Respect to Korea", Memorandum by the State-War-Navy Coordination Subcommittes for the Far East(이하 'SFE'라 함) RG 218, Box 659, pp.135~136.
12) "The Economic Situation of South Korea"(4 October 1947), Seoul, Korea, RG 332, Box 62.
13) "History of the National Economic Board", Part 2, p.1.
14) "한국 임시정부와 협력하여 한국인의 정치적·경제적 및 사회적 발전을 도모하며 민주주의적 자치정부를 발전시켜 한국을 독립국가로 육성할 방안을 세울 것"을 말한다.

는데, 이는 당시 미국이 한반도에 대한 신탁통치를 전제하고 있었다는 점과 관련하여 이해해야 한다고 본다. 즉 당시에는 미소 간의 합의가 이루어지리라는 전제 위에서 경제관계 정책들이 기초하고 있었다.15) 따라서 적어도 이 시기까지는 미국은 신탁통치안의 맥락에서 자신의 영향력을 최대한 발휘하려 했다고 평가할 수 있다. 사실상 신탁통치의 실시를 통해 궁극적으로 남북한을 통한 단일정부를 수립하기 위해서는 미소양군 임시정부 수립 때까지 각자의 점령지역에 대해 정치적, 사회적 공백을 취함으로써 남북한의 이질화를 막아야 한다. 1946년 1월과 2월 서울에서 열린 미소공동위원회에서 미국 대표가 전국적인 기반에서 주요 경제적 문제들을 다루자고 강조하고 있는 것도 이와 같은 맥락이라고 보여진다.16)

모스크바 협정에서 연합국들은 한국의 궁극적 독립을 이루는 과정으로, 먼저 민주주의적인 임시 정부를 세우고, 미·영·중·소 4대국에 의한 5년 간의 신탁통치 기간을 거친 다음에 완전히 독립시킨다는 데 합의하였다. 또 이를 위해 미국과 소련은 공동위원회를 구성하여 한국의 민주적 정당 및 사회 단체들과 협의를 하며, 이와 별개로 양국의 군 사령부 대표 회의를 2주 내에 개최하기로 합의하였다. 그러나 1945년 12월 말 한반도의 신탁통치를 결정한 모스크바삼상회의의 결과가 한국민에게 알려지자 정국은 즉시 혼란의 소용돌이에 빠졌다. 이는 좌익이 약화되고 우익이 득세하게 된 결정적인 계기가 되었다. 또한 하지는 근본적으로 반공적인 봉쇄주의자로서, 취임 초부터 한반도에 대한 신탁 통치안의 실행은 어렵고 바람직하지 않다는 생각을 가지고 있었다.17) 모스크바 결정에 따라 제1차 미소공동위원회(이하 '미소공위'로 함)가 열렸던 1946년 3월경 미국과 소련의 협상은 여러 면에서 어렵게 되어 있었다. 미군정은 사실상 신탁통치안을 폐기한 상태였고, 트루먼(Truman) 대통령은 소련에게 더 이상 양보하려고 하지

---

15) USAMGIK, National Economic Board, "Summary Review and Action Program for the Economy of South Korea as of 10 December 1946", RG 165, Box 249, p.6, p.33.
16) U.S. Repartment of State, Office of Intelligence Coordination and Liasion Policy and Information Statement(1946), *Korea*, Washington, R & A Report 3709.
17) 1945년 11월 20일에 작성된 정치고문 랭던(Langdon)의 보고서는 이미 신탁통치안의 폐기를 주장하고 있다(김지민, 2002: 174).

않았다. 더욱이 남한에서의 격렬한 반탁운동은 미국의 입장을 특히 어렵게 했고, 모스크바 협정의 준수를 불가능하게 만들었다. 그러므로 미국은 1946년에 들어오면서 남한의 경제개혁에 관심을 갖기 시작했고, 그 해 2월의 국무부의 장기적인 대한정책 지침은 토지와 재정에 대한 점진적 개혁을 실행할 수 있는 진보적 세력을 지원하라는 것이었다.

> 현재로서는 어렵다고 느껴지겠지만, 한국에 대한 확고하고도 발전적인 계획을 추진할 김구 일파와도 연결되지 않으면서 소련의 조종을 받는 세력과도 연결되지 않은 그러한 지도자들을 우리의 지역내에서 물색해 내기 위한 모든 노력이 경주되어야 할 것이다. 이러한 세력은 4대 자유를 강조하며, 광범한 한국민중에게 설득력 있는 근본적인 토지 및 재정의 개혁을 강조하는 내용의 진보적인 강령을 면밀히 검토하여 만들어 내도록 격려를 받게 될 것이며, 또한 지금으로서는 공산주의적 강령만이 가장 희망을 주고 있다고 믿고 있는 민중들을 그와 같은 진보적 강령에 끌어들이려는 목표를 갖고 동 강령을 수립해야 할 것이다. 우리는 소련의 지지를 받는 공산주의 세력에 대항하기 위하여 그러한 세력에 대해 전폭적인 지지를 보낼 준비를 하게 될 것이다(『미국무성 비밀외교문서』, 1946: 236).

즉 대소협상에서 미국의 입장을 강화시키고 한국인의 지지를 획득하기 위한 한 수단으로서 포괄적인 개혁정책에 대한 관심이 드러나 있으며, 미소공위가 무산될 경우 미 행정부는 남한만에서라도 이 한국화 계획을 수행할 의도였던 것이다(Matray, 1990: 81). 그리고 1946년 5월 미소협상이 결렬되자 미행정부는 남한 단독의 입법기구의 수립에 대하여 고려하기 시작한다.[18] 이는 신탁통치를 전제한 초기의 점령정책을 전면적으로 수정한 것으로써 한국에 대한 적극적·공세적인 차원에서의 기본노선이 시작되었음을

---

[18] 이와 같은 것의 타당성에 대한 미군정 법률고문의 논의로는 Emery J. Woodall Ll. B., Ph D. Chief Legal Advisor to American Occupation Forces in Korea, from their Landing in September 1945, until July 1946, "Supporting Brief for Proposed Interim Government for South Korea", RG 59, Box 2.

의미한다. 미국의 정책에 대한 한국인의 지지를 얻고 앞으로 소련과의 협상에서 미국의 위치를 강화시킨다는 목적을 가지고 있는 것이다. 즉 미소공위의 실패로 인하여 미국의 한국에 대한 정책은 재평가가 요구되었으며, 미국의 태도에 근본적인 변화가 일어난 것이다.[19] 미소공위의 실패로 인하여 미군정도 미국도 새로운 상황에 직면하게 된 것이었다. 즉 신탁통치를 통한 한국문제 해결방안은 대소봉쇄정책으로 바뀌었으며, 분단의 결정적 계기가 마련된 것이다. 따라서 1946년 6월 6일의 대한정책은 남한의 정치적 재편성을 지령한 것으로 극동전략의 시각에서 한국의 독립이 왜 중요한지가 언급되고 있으며 한국전체에 관련된 미국의 기본 목표를 제시하고 있는데, 이러한 개혁정책들이 당시의 민주의원을 대치하여 국민의 선거를 통해 구성될 자문입법단체에 의해 제안될 수 있도록 하라고 지시하고 있다.

> 우리는 이제 한국에서의 우리의 기본목표가 무엇이며 현 상황하에서 어떻게 이를 달성할 수 있을 것인가를 결정하기 위하여 한국에 관한 미국의 정책을 재검토할 필요가 있다고 생각한다. 한국과 관련된 미국의 근본적인 목표는 간단히 말해 한국의 독립이다. 한국 독립은 한국인들 자신을 위해서 중요할 뿐만 아니라, 극동지역의 정치적 안정을 확보하는 수단으로서도 매우 중요하다. 왜냐하면 일본이나 소비에트 연방에 의한 한국지배는 나아가서 만주에 대한 중국의 지배를 위태롭게 할 것이며, 그리하여 극동의 항구적인 정치적 안정에 필수불가결한 강력하고도 안정된 중국의 수립이라는 전망을 흐리게 할 것이다(『미국무성 비밀외교문서』, 1946: 296~297).

미국의 정책에 대한 한국인의 대중적 지지를 획득하며 그리하여 소련과의 장차의 회담에서 미국의 입장을 강화시키기 위한 또 다른 수단의 하나로서 주한 미군사령관은 한국 내에 강력하고도 지속적인 민주주의적 제도를 발전시키는 데 유리한 조건을 형성하기 위하여 광범한 남한의

---

[19] Politico-Military Survey Section /2971, LT. Col. Dupuy/gb/3-E-787, OPD 091 Korea(7 June 1946), Memorandum for Record(13 June 1946), "Policy for Korea", RG 165, Box 787.

건설적인 경제 및 교육개혁 계획의 구성을 지원하며 그 실행을 위한 입법초안을 주도할 때 지도를 받도록 고무될 것이며 가능하다면 모든 주요 개혁들이 입법자문기구에 의해 주도되도록 할 것이며 동 기구와의 협의 하에 더 나아가서는 동 기구의 지지를 얻은 후에 주요 개혁들이 추진되어야 할 것이다. 미군사령관의 지도를 위해 그러한 경제 및 교육개혁 계획의 특수적 요점에 관한 다음의 지시를 미국정부가 제공할 것이다(『미국무성 비밀외교문서, 1946: 294).

더구나 미소공위를 앞두고 통일이 미소공위의 노력에 의하여 결과할 것이라 보아 경제재건 프로그램은 고려되지 않았다.[20] 그러나 미소공위가 실패하고 연기되자 보다 적극적인 시도를 하고자 하였다. 1946년 여름을 지내면서 안정화 계획이 포괄적인 규모에서 공식화되었으며 남한사회의 재편과 관련한 일련의 경제계획들이 모색된 것이다.

> 1946년 여름동안 안정화 계획이 포괄적인 규모에서 공식화되었다. 1946년 5월 미소공위가 연기될 때까지 한국은 통일될 것이라 일반적으로 가정 되었다. 따라서 계획은 단기간이었다. 경제의 재통합에 손상을 주는 포괄적인 변화는 수행되지 않았다. 그러나 1946년 여름이 되자 통일은 더 이상 가깝지 않았고 남한의 경제를 재건시키는 계획들이 만들어졌다. …… 지난해 동안 이 목적들은 거의 실현되지 않았다. 가장 성공적인 수행과 유일한 안정적 요소는 1946년의 곡물수집 프로그램이었을 뿐이다.[21]

미소공위가 교착되고 5월에 끝나자 미군정은 이전의 프로그램과 정책을 완전히 재검토하지 않을 수 없었으며, 최소한 한반도 전체로서의 한국에 대한 정상적인 경제생활을 위한 모든 계획들은 포기되어야 했던 것이다.[22] 그리고 이것은 곧 남북한 사회의 이질화를 가져옴으로써 남북 분단의 사회

---

20) "History of the National Economic Board", part 2, p.2.
21) "The Economic Situation of South Korea", pp.25~26.
22) "Summary Review and Action Program for the Economy of South Korea as of 10 December 1946", p.6.

적 기초를 마련하는 것이었다. 미군정도 이 점을 시인하고 있다.

> 미소공위가 급속히 다시 재개되어 한국 임시정부를 세우지 않는다면 미군은 남한을 위한 임시정부를 세우는 게 필요하다. 미군정은 고갈된 스텝을 가지고 계속 효과적으로 기능할 수 없다. 경제정책에 관한 결정들이 만들어져야 할 것이다. 이것은 미국인에 의해서가 아니라 한국인에 의해서 만들어져야 한다. 이 결정들은 이 나라의 탈구(Dislocation)를 반영할 것이다.[23]

> 우리의 현재의 정책은 군의 안전에 중요한 최소한의 공급을 제공하는 것이다. 이 정책은 한국통일 전까지의 잠정적인 조치였다. 따라서 공급된 원조는 경제적 붕괴와 정치적 불안을 방해하는 데 충분하지 않았다. 적극적인 재건 프로그램이 요구된다.[24]

당시 군정장관 대리 헬믹(Helmick)도 기존문제들을 다루기 위한 입법활동을 요구하면서 건전한 재정정책과 산업재건을 통한 경제적 부흥, 일본인 자산의 처분, 철도의 재건, 식량생산의 증가 등 개혁조치를 제안하였다.[25] 이러한 맥락에서 미군정은 1946년 5월 강력한 경제통제령을 공표하고 보다 강력하고 체계적인 통제에 임하게 되었다.

(2) 중도정책의 형성과 성격

사실상 점령 초기는 일시적인 군사적인 점령이라고 간주되어 곧 임시정부하에서 통일될 것이라고 보기도 했다. 그러나 1946년 미소공위가 실패하고 남한에 주둔한 미군과 소련군 사이에 적대감이 증가하게 되자 이때까지

---

23) 위와 같음.
24) "Justification For A Grant-in-aid Program for Fiscal Year 1948 For the Rehabilitation of South Korea(15 May 1947)", RG 165, Box 787, p.1.
25) General Headquarters, Commander in Chief, United States Army Forces, Pacific, *Summation of U.S. Army Military Government Activities in Korea* (이하 *Summation* 이라 함), No. 16, pp.16~20.

의 경제적 계획의 기반은 더 이상 타당한 것으로 볼 수 없었고 상황의 실제현실과 밀접히 관련한 새 이론이 정교화 되어야 했다. 한국에 대한 미국의 입장이 잠정적이고 단기적인 것에서 장기적인 것으로 갈 수밖에 없었던 것이다.

1차 미소공위 결렬 이후 군부와 점령 당국은 정책수단 부족을 이유로 조기철수를 요구하면서 이를 위한 조기 정부 수립 즉 단정 수립을 요구했다. 그러나 국무부는 대소협상 노선을 포기하지 않으면서 남한에서 미국의 지지기반을 확대하고, 또한 소련과의 타협이 가능한 기반을 구축함으로써 2차 미소공위의 성공을 위한 기반을 마련하고자 했다. 그 내용은 경제안정화 및 부흥, 국가기구 개혁, 중도파를 중심으로 하는 정치세력의 통합, 사회경제적 개혁 등으로 특징지어지는 개혁, 통합정책이었다. 이는 1946년 초반 일단 '반공블럭 구축'이라는 미국의 일차적 목표가 확보된 상태에서 남한 국가를 좀 더 자유주의적 체제로 개편하기 위한 시도였다고 할 수 있다(박찬표, 2007: 422).

실제로 미국의 배상위원장 폴리(Pauley)는 트루먼의 특사로서 남북한의 상태를 조사하고 남한에 있어서 미군정 정책의 수정을 촉구하는 보고서를 보냈으며, 이 보고서에 답하여 트루먼은 한국이 아시아에서의 그들의 성공 전체가 달려 있을지도 모를 이데올로기적 전쟁터라는 데 동의하고 있다. 그리고 미국의 대한정책의 주요 목적을 밝히고 있는데, 앞에서 언급한 남한에 있어서 선거에 의한 입법의원의 창설, 자유롭고도 재건된 교육제도, 강력하고도 독립적인 경제체제, 광범위한 경제개혁 등 미국의 대한정책의 주요 목적을 재확인하고 있다.

ㄱ) 점령의 전반적인 목적의 달성을 추진하는 것.
ㄴ) 정치적 독립을 위한 필요한 기반으로서 일본이나 다른 외국세력의 지배로부터 벗어난 강력한 독립적인 경제를 수립하는 것.
ㄷ) 한국인에게 그들의 자원과 기술발전이 허용하는 한 높은 생활 수준과 경제적 안정을 보장해 주는 경제를 발전시킬 수 있도록 돕는 것.
ㄹ) 안정된 민주적 제도를 장려하는 광범위한 국내 경제개혁 계획을 실시할 수 있도록 한국인을 돕는 것이다.[26]

한편 주한 경제고문 번스(Bunce)는 여운형이 공산주의자들로부터 갈라져 나와서 좌우합작에 참가하는 데 동의하였기 때문에 당시의 정치정세를 희망적으로 보면서 국무장관에게 미국의 고위당국자, 가능하다면 대통령으로 하여금 미군정이 농지개혁과 같은 긴급한 사회·경제적 문제의 해결을 향해 나아가고 있다는 성명을 발표하도록 요청했다. 그리고 그는 "이러한 성명이 민족주의 좌파들을 소련의 조종을 받는 공산주의자로부터 분리시켜내는데 도움이 될 것"(『미국무성 비밀외교문서』, 1946: 315~343)이라고 하였다. 따라서 9월 4일 미 국무장관 대리 에치슨(Acheson)은 다음과 같은 대한정책을 발표하였다.

1. 소비품의 부족을 경감하기 위하여 생산을 촉진시키는 것.
2. 전국민이 충분히 먹고 기타 물품을 균등히 받도록 식량 기타 필수품의 공정한 수집 及 배급을 확보할 것.
3. 조선이 일본과 분리하여 건전한 경제상태를 발족시키도록 조선과 기타 각 단체간의 통상관계를 부활시키는 것.
4. 민주주의적 노동기구의 발전과 노동조건의 향상을 위하여 노력할 것.
5. 토지개혁을 실시하여 광범한 소작권을 농민의 소유로 하자는 조선인의 희망을 들어 줄 것.
6. 농민과 기타 사회인간의 공평한 균형을 취하기 위하여 화폐와 물자를 안정시킬 것.
7. 개인의 독점적 기업을 말소시키고 특히 일본인 철퇴로 인하여 거재를 획득한 모리배들 수중으로 불건전히 재산이 집중되는 것을 방지할 것.
8. 교육을 보급시키고 국민문화의 발전에 협력할 것.
9. 중립적 사법기관을 설치하여 조선경찰로 하여금 어느 단체나 또는

---

26) SWNCC 176/23(14 August 1946), "Interim Directive for Military Government in Korea", RG 218, Box 144, p.148. 이것은 그 후 수정되어 1947년 7월 23일 SWNCC에 의해 승인되었고(SWNCC 176/29), 7월 24일 미군정에 송부되었다(*FRUS*, Vol. VI, 1947: 714~731). 1946년 7월 13일 국무장관 대리 에치슨도 주소련 대사 스미스에게 한국에 관한 잠정명령이 삼부조정위원회에서 심의 중에 있음을 알렸다(『미국무성 비밀외교문서』, 1946: 315~316).

일파의 지배하에 있지 않도록 할 것.

(국사편찬위원회, 제3권, 1968: 280~281)

이를 경제정책과 관련하여 정리해 보면 한국에 대한 일제의 식민지적 독점적 영향력을 타파하며 민주적인 제도를 수립하고 경제개혁을 실시한다는 것이었다. 더욱이 남한을 방문하였던 올리버(Oliver)가 "우리는 남조선의 경제적 부흥을 물질적으로 원조하지 않으면 안된다. 현재 시점은 조선인에게 대하여 극도로 불행과 절망을 주고 있다"(『조선일보』, 1946.11.12)고 논평하고 있듯이 당시 상황은 악화되고 있었다. 이에 따라 미군정은 이제까지의 극우파들과의 유대를 완화시키고 온건파 내지는 비교적 진보적인 한국인들과의 유대강화를 시도할 것을 결정했던 것인데, 당시 미군정의 지원과 함께 진행된 좌우합작은 이러한 맥락에서 이해될 수 있다(서중석, 1991 ; 윤민재, 2004). 경제개혁을 담당할 정치세력의 구축이 필요했던 것이다.

미국이 중도파를 부상시키려 한 데에는 중도 개혁세력을 친미세력으로 키워 모스크바삼상회의 결의를 실행에 옮기려 하는 데에 일차적인 목적이 있었다. 미국 측의 좌우합작 지원은 중도파 좌우 정치세력을 중심으로 하여 재개될 미소공위에서 임시정부를 구성하게 하고, 또한 이들이 단합하여 과도입법의원에 참여해 민주적 개혁안을 만들고 실천함으로써 일반 대중이 미국정책을 적극 지지하게 되고 이에 소련이 압력을 느껴 미소공위에서 미국 측 주장을 따르게 한다는 데 목적이 있었던 것이다(이정식, 1987: 673). 이와 함께 미국의 좌우합작 지원에는 소련과의 협상이 여의치 않을 경우 단독정부를 수립하는 문제도 고려되었을 것이다. 이 시기는 중도 및 중도좌파까지를 포함하는 정치세력이 국가권력 집단 내로 진출함으로써 국가권력의 사회적 기반이 좀 더 확대되는 동시에 좀 더 개방적인 체제가 수립될 가능성이 존재했으며, 또한 국가기구의 개혁을 통해 구식민지 잔재를 청산할 수 있는 가능성이 존재했던 시기였다. 그리고 이를 둘러싸고 군정 내 강경파, 우파 연합 대 군정 내 소수개혁파, 중도파 연합 사이의 갈등이 전개되기도 했다.

그러나 미군정이 좌우합작을 통하여 얻으려고 했던 중요한 것은 공산주의자들의 세력을 약화시키는 것이었다는 점에서 처음부터 모순을 가지고 있었다. 미군정은 좌익을 분열시키고 공산당을 약화, 파괴하기 위해 좌우합작을 지원하였던 것이다(서중석, 1991: 398~399). 결국 좌우합작은 미군정과 한국인 간의 갈등과 불신의 심화, 한국정치의 양극화, 정책 자체의 시의성 문제 등으로 인하여 실패하였고, 이 실패는 미소공위를 통한 통일정부 수립의 가능성을 더욱 희박하게 만들었다.

남한만의 단독정부를 수립하여 점령정책에서는 통합·개혁 정책을 수행함으로써 우파 중심의 기존의 남한 권력구조에서 벗어난다는 국무부의 구상은 실현불가능한 것이었다. 첫 번째 이유는 2차 미소공위 결렬 이후 단정수립으로 나아가게 되면서 국내정치가 양극화됨에 따라 중도세력의 근거가 사라졌고, 이에 따라 중도세력 중심의 통합정책 역시 그 존립근거를 상실했기 때문이다(박찬표, 2007: 283). 국무부의 장기 개입, 통합정책이 단정수립 측면에서 실현될 수 없었던 두 번째 이유는 정책수단의 미비였다. 경제 부문에서 즉각적인 경제정책을 수행하기 위해 필요한 예산이 의회에서 거부되었던 것이다.

이처럼 국무부의 개혁, 통합 노선이 결국 폐기된 원인은 정책 수단의 한계, 남한 내 정치세력의 양극화 등 여러 가지가 있었지만 1947년 전반 미국의 동아시아정책의 전환도 중요한 요인이었다. 즉 중국 중심주의의 폐기, 동아시아 반공 블록의 중심으로서 일본의 부상과 이에 따른 대일점령정책의 전환 등을 들 수 있다(박찬표, 2007: 422).

(3) 자본주의체제의 확립과 단정수립

1947년이 되자 남한의 미군은 경제적 행정에 있어서 세 가지 대안에 직면해 있었다. 첫째는 미국으로부터 기존의 경제원조의 실제적인 삭감인데, 이것은 경제적 정치적 불안정의 상태로 이끌어 미군의 위치를 위험하게 할 것이라 보았다. 둘째는 질병과 위협을 막는 정도의 기존의 경제원조의 지속인데, 이것은 자기충족적 경제를 만들지는 못할 것이며 비용만을 계속

증가시킬 것으로 보았다. 셋째는 재건 프로그램이었는데, 이를 통해 남한이 자기충족적으로 된다면 미국으로부터 요구되는 경제원조와 지원을 궁극적으로 줄이게 될 것으로 보아 이 프로그램을 건의하였다. 그리고 이것은 첫째로는 미소공위는 실패하고 남과 북의 철의 장막은 계속 남을 것이며, 둘째로는 미국은 불확실한 기간 동안 남한에 대한 계속적인 책임을 가질 것이며, 셋째로는 미국이 계속적인 책임을 가지는 한 극동에서 미국의 지위를 위험하게 하는 정치경제적 불안정이 될 지점까지 남한의 생활수준이 악화되는 것을 허락하지 않을 것이라는 전제에 기반하였다. 따라서 미군정은 이 계획의 성공적인 이행을 위해서는 인적 충원과 주택문제의 해결, 워싱턴으로부터의 적극적인 지지가 필요하며 1949년 회계년도로부터 바로 실시되어야 할 것으로 보았다.[27] 이처럼 미군정의 경제정책은 좌익세력과 소련세력을 억제한다는 최우선적 정책의 테두리 내에서 존재했다.

1947년은 하지가 육군에 전문을 보내 남한에는 인플레이션과 전력부족, 식량부족으로 인하여 경제위기가 심각하며 이것이 미군정의 위신을 손상시키고 국내적 폭동들을 유발시키는 주요 원인이라 보고했음[28]에서도 알 수 있듯이 남한의 미군정은 심각한 위기에 처해 있었다. 따라서 1947년 초 미국의 정책결정자들은 한국에 대한 보다 적극적인 정책결정을 확고히 하지 않으면 많은 문제점들이 발생할 것이라는 것을 인식하게 되었다. 따라서 미행정부는 육군이 당면한 압박을 완화하기 위해서는 미군 점령 지역에서의 정치적·경제적 붕괴를 저지할 수 있는 재정 지원이 필요하다고 보았으며, 삼부조정위원회는 일본·중국·유럽과의 관계 속에서 대한정책을 재정립하기 위해서 '부처간특별위원회(Special Interdepartmental Committe)'를 구성하여 대한 원조 특별 계획을 구상하였다.

1947년 2월 부처간특별위원회는 한국문제에 대한 보고서[29]를 완료했는

---

27) USAFIK, APO 235(1 September 1947), "Rehabilitation Program for South Korea", RG 59, Box 2.
28) Memorandum for Mr. Petrerson(23 January 1947), "Condition in Korea", RG 319, Box 37.
29) 돕스(Dobbs)는 이 보고서가 한미관계에 전환점을 가져온 것이라 평가하고 있다 (Dobbs, 1981: 93).

데, 이 보고서는 미국이 기존의 정책을 계속 그대로 유지한다면 주한 미군의 입장은 무척 어려운 상황에 처할 것이라고 결론짓고 있다. 그러므로 남한에서 미군정이 당면한 최대의 문제점은 재정의 부족과 현지 주민들의 비협조이므로 이 위원회는 이를 타개하기 위해 앞으로 3년간에 걸쳐 6억 달러, 초년도(1949년)에 2억 5,000만 달러의 대한 경제원조를 제공할 것을 제의했는데[30] 이 계획의 최종안에 의하면 미국은 남한 임시정부에 3년간에 걸쳐 5억 4,000만 달러, 초년도에 2억 1,500만 달러를 원조하기로 하고 의회의 동의를 얻은 후 3개월 내에 민간인 고문들로 군정청 관리들을 대체하면서 남한정부에 한국인들의 참여를 확대시킨다는 것이었다. 따라서 1947년 4월 이 같은 남한에 대한 장기적인 계획은 워싱턴에서 동의를 보았다.[31] 소련이 협상 재개를 거부한다면 미국은 남한에 대한 원조 계획을 착수할 것이며 모든 문제를 유엔에 회부할 태세였던 것이다.

이미 1947년 1월에 국무장관 마샬(Marshall)이 극동국장 빈센트(Vincent)에게 일본과의 경제적 연계를 고려한 남한 단정수립 문제를 검토하도록 지시하고 있는 것도 이 때문이었다(*FRUS*, Vol. VI, 1947: 603). 이에 대해 빈센트는 한국문제 해결을 위한 최상의 방법은 소련과의 협상을 재모색하면서 남한에 원조와 고문관을 제공하는 것이지만, 협상과정에서 사실상의 정부를 수립할 것을 주장하고 있다. 이는 미국이 10월항쟁의 충격을 받아 한편으로는 미소공위로서 한반도 문제에 관한 미소 간의 협약을 지키는 듯한 태도를 취하고, 다른 한편으로는 원조를 통하여 남한의 경제적 위기를 약화시킴으로써 단독정부체제로의 이행을 도모하는 정책을 취하게 된 것이라 할 수 있다. 즉 미국이 한국의 단독정부 수립을 적극 고려하여 궁극적으로 이것을 유엔으로 이관하려 함을 보여주는 것이다. 정부 차원에서 미소공위 노력을 표시하고 이에 의해 재개된 미소협상이 또다시 실패한다면

---

30) "실질적인 원조가 건전한 정치, 사회적 발전을 위해 중요한 건전한 경제조건의 발전을 가능하게 하는 데 필요하다"는 것이었다. "Report of Special Interdepartmental Committee on Korea"(7 March 1947), RG 165, Box 787. p.12.
31) 그러나 1년에 해당되는 것만을 의회에 회부하기로 결정하였다. Department of State. U.S. *United States Policy Regarding Korea: 1834~1950*, Part III, p.41.

그 책임을 소련 측에 전가하여 한국문제를 유엔으로 이관하려는 명분을 얻으려 한 것이다. 1947년 초를 지내면서 미국은 '한반도에 대한 잠정적인 지배권 확보'에서 '남한만의 안정적 확보'로 그 목표를 재설정했던 것이다.

사실 남한의 미군정도 부처간특별위원회의 건의와 유사한 결론에 도달해 있었으며 김규식의 지도 아래 입헌 대의 민주정부를 수립할 것을 주장하고 있었다. 한국화 계획과 병행하여 경제원조 계획이 집행되면 중도 정치세력이 다수파로 대두하는 것을 촉진할 것이라 본 것이다. 하지는 적극적인 이 계획에 대한 지지를 확보하기 위해 1947년 초 워싱턴을 방문하였으며 2월 24일에는 패터슨(Patterson) 육군장관과 함께 트루먼 대통령을 방문하고 "조선의 임시정부를 수립하려는 미소 양측의 교섭은 실패하였다는 점"(국사편찬위원회, 제4권, 1968: 326~327) 등 남한정세에 관한 전반적 보고를 행하고 정부지출금(appropriation)을 청원하였다.[32] 미군정은 경제원조를 통한 신중하고 장기적인 재건계획을 시작하지 않는 한 한국에 있어서 경제적 문제점은 치유될 수 없다고 보았으며, 이에 1947년 2월 25일 번스는 국무부에 전체 7억 9,100달러를 요구하는 「한국재건을 위한 3년 프로그램」[33]을 제출하고 있다.

그러므로 1947년 2월 이후 한국문제에 대한 미국의 정책은 중대한 변화를 하게 되었다. 이제 미국의 전략은 미소공위 재개를 위한 미소 간의 대화창구를 정부 차원으로 격상시키고, 남한에 대한 막대한 군사적 및 경제적 원조제공을 시사함으로써 소련을 저자세로 만들어 협상을 이끌어낸다는 것으로 바뀐 것이다. 그런데 이처럼 1947년 초 미국이 대소 강경노선으

---

32) 이에 대한 논의로는 The Foreign Service of the United States of America, Office of Advisor to the Commanding General USAFIK, A.P.O 235(25 April 1947), "Justification of Grain-in-Aid Funds", RG 59, Box 2. "Justification For a Grant-in-Aid Program for Fiscal Year 1948 For the Rehabilitation of South Korea"(15 May 1947), RG 165, Box 787. 군정장관 러취(Lerch)도 한국의 원조를 요구하기 위해 6월과 7월을 워싱턴에서 보냈다. "Verbatim Transcript of General Hodge's Discussion with Wedemeyer Mission"(24 August 1947), RG 332, Box 44, pp.16~17.

33) The Foreign Service of the Unites States of America, Office of Advisor to the Commanding General, USAFIK, A.P.O. 235(25 February 1947), "Proposed Three-Year Program for the Rehabilitation of South Korea", RG 59, Box 2.

로 바뀐 데에는 1946년 한 해 동안 미소관계가 세계적으로 크게 악화된 데도 그 원인이 있었다. 1947년 3월 12일 미국의 트루먼 대통령은 트루먼 독트린을 통해 반공 이데올로기를 봉쇄정책으로 구체화시켰던 것이다. 트루먼 독트린은 그리이스와 터어키가 공산당의 무장 반란으로 인한 위기에 직면하여 미국에 원조 요청을 해오자 트루먼이 민주주의를 수호하고 공산주의를 봉쇄하기 위하여 이 두 나라에 대한 군사원조 지출 및 군사고문단의 파견을 의회에 승인 요청하면서 발표한 전후 미국 대외정책의 새로운 이정표였다. 이는 곧 혁명적인 세력의 진출이 강화되어 구지배세력이 괴멸의 위기에 처한 나라들에 대한 세계적인 수준에서의 미국의 정치적·군사적 개입의 확대를 그 본질로 하는 것이었다.[34]

그러나 전후 동원체계의 해체와 균형예산에 대한 국내적 압력으로 미 행정부의 정책 선택의 폭은 심각하게 제한되어 있었다. 당시 의회는 남한에 대한 군사경제적 원조를 달가워하지 않았고 행정부로서도 한반도의 중요성이 그리이스나 터어키의 그것에 못지않다고 믿지는 않았다. 국가적 안전의 관점에서 미국의 대외원조를 재검토해 본 합동전략위원회의 4월 29일의 보고도 원조필요의 긴급성이라는 관점에서는 한국을 18개 원조 대상국 가운데서 그리이스, 터어키, 이탈리아, 이란에 이어 5번째로 꼽고 있었으나, 미국의 안전을 위한 원조의 중요성이라는 관점에서는 16개 국 가운데서 15번째로 꼽았을 따름이었다(小此木政夫, 1986: 17). 또 부처간특별위원회의 건의는 의회의 승인을 필요로 하는 것이었는데, 의회는 세금 감면을 위한다는 명목으로 이미 예산 안에서 60억 달러를 삭감, 행정부의 우려를 자아내고 있었다(Matray, 1985: 135). 더욱이 이러한 상황에서 트루먼 독트린을 발표한 후 미국은 점차 한반도에서의 철군을 고려하게 된다(이원덕, 1990). 유엔에서의 긴장이 고조됨에 따라 미국은 2차 대전 이후의 급속

---

[34] 세계 어디에서건 소련이 관련된 활동을 소련의 팽창주의의 일환으로 파악하고 미국은 자유세계를 수호하겠다는 냉전논리가 전형적으로 표출된 연설이었다. 이 원칙은 마샬 플랜(Marshall Plan)과 미주기구(OAS)의 설치, 북대서양 조약기구(NATO)의 결성과 포인트 포 계획(Point Four Program) 등으로 체계화되었으며 이후 미국 외교정책의 기조를 이루었다.

한 동원해체에 따른 병력 부족 현상을 보완하고 효율적인 운영을 위해 동북아시아에서의 미군 주둔에 따르는 이익과 손실을 계산하기 시작한 것이다. 철군에 대한 최초의 건의는 전쟁부 장관인 패터슨이 1947년 4월에 마샬 국무부 장관에게 보낸 각서에서 보여진다. 그는 "한국은 유지하기에 가장 어려운 점령지역이며 미군이 빠른 시일 안에 철군하는 것이 바람직하다"(FRUS, Vol. Ⅵ, 1947: 625~628)고 상의하고 있으며, 같은 달 합동전략조사위원회가 합동참모본부에 보낸 보고서에도 "한국은 전략적 가치가 거의 없으며 미국의 안전 보호에 하등의 도움을 줄 수 없다"(Etzold, T. H & J. C. Gaddis(eds), 1978: 71~83)고 주장하고 있다.

그러나 미 행정부는 적극적인 조치 없이 남한에서 군사적으로 철수하는 것은 미국의 세계적 지위를 심각하게 손상시킬 것이라 보았다. 따라서 남한 주민들로부터 광범위한 지지를 얻을 수 있는 적극적인 계획을 구상하고 있었다. 그리고 한국인들이 독립된 정부와 경제회복으로부터 나타날 이득을 향유하기 시작하면 한국의 민주주의와 개인 기업을 기초로 하여 안정된 기반을 갖게 될 것이라 믿었다. 실제로 1947년 3월 미국무장관 대리 에치슨은 한국사태를 일층 상세히 검토 중이라고 하였는데 이는 미 국무부가 더욱 적극적인 대한정책을 진척시키고 있음을 의미했다. 또한 이는 곧 미 정부가 남한 단독정부 수립을 현실적으로 고려하는 것을 의미했던 것이다(국사편찬위원회, 1968: 408~409). 실제로 이러한 미국의 대한정책의 변화과정에 따른 한국 원조계획은 유럽에서 실시된 마샬 플랜의 정치적 함의와 동일한 결과를 초래하게 된다. 즉 양 계획은 유럽에서는 독일의 분할을, 아시아에서 한반도의 분할을 의미하는 것이었다(오재완, 1990: 71).

그런데 군부 역시 의회의 예산 삭감 압력하에서 남한에서의 군사주둔 자체를 사치라고 보는 경향이 농후했다. 다만 합동참모본부의 한 연구 보고서에서 지적하고 있듯이 한국은 미국의 국가 안보에 있어서 전략적으로 그리 중요하지 않게 다루어지고 있었지만, 남한에 대한 원조계획의 채택을 다음과 같은 이유에서 강력히 주장하고 있었다.

한국은 우리가 적과 직접 대결한 가운데 우리 혼자의 힘으로 거의 2년

동안 이데올로기적 전쟁을 수행해 온 나라이다. 따라서 이 전쟁에서의 패배는 미국의 위신에 심각한 손상이 될 것이며 이 결과 전 세계적으로 미국의 안보를 심각히 해칠 것이다. 이 투쟁을 포기한다는 것은 미국이 세계 문제에서 지도국으로서의 책임과 의무를 진정 받아들이려 하지 않는다는 의구심을 확인시켜 주는 것이 될 것이며 이것은 미국의 안보에 주된 관심사이며 필수적으로 중요한 서유럽 국가들을 고무하려는 우리의 노력을 저해하게 될 것이다(FRUS, Vol. VI, 1947: 818).

군사적 안전의 관점에서 볼 때 한국에 현재의 군과 기지를 유지하는 것에는 거의 전략적 이익이 없다. …… 그러한 환경하에서 갑작스러운 군대의 철수는 미국의 군사적 위신을 떨어뜨릴 것이며 아마도 미국의 안전에 좀 더 중요한 다른 지역에서의 협력에 불리한 영향을 끼칠 것이다.[35]

전략적 가치가 없는 한반도로부터 미국이 빠져나와야 한다는 군사적 관점은 한반도에서 미국이 소련과의 이데올로기적 전쟁에서 패배해서는 안된다는 정치적 관점과 타협하지 않을 수 없었던 것이다. 따라서 부처간특별위원회의 보고서는 이 문제를 다음과 같이 지적하고 있다.

현재 한국은 세계에서 미국과 소련이 맞부딪치고 있는 유일한 장소이다. 그것은 소련의 이데올로기와 비교하여 미국식 민주주의 개념의 효율성를 검증하는 기반이다.[36]

한국은 그 군사적 가치가 크지 못하였지만 아시아 지역에서 독특한 위치를 점하고 있다고 판단되었는데, 그것은 38도선을 경계로 미소가 분할점령하여 양국이 군정을 실시하고 있다는 점에서였다. 그러므로 한국에서의

---

[35] JCS 1483/44(22 September 1947), "Report by the Joint Staff Planners(in Collaboration with the Joint Strategic Survey Committee) to the JCS in Military Importance of Korea", RG 218, Box 145, pp.368~369.
[36] "Report of Special Interdepartmental Committee on Korea", p.19.

실패는 미국의 위신을 심각하게 손상시키는 것이었다.37) 한국에서의 봉쇄는 이처럼 군사적·전략적 요소만큼 이데올로기적·외교적 이유에서도 필수적인 것이었다. 앞에서 보았듯이 군부는 한국을 전후 전략적 고려에서 주변부적으로 분류하고 있었다. 그럼에도 불구하고 이들은 미군이 남한에서 철수하기 전에 경제적·정치적 안정을 이룩하기 위한 진정한 노력을 기울여야 한다는 국무부의 의견에 동조하고 있었다. 이에 1947년 6월 3일 1948 회계 연도의 대남한 원조계획으로 2억 1,500만 달러를 승인했다(Matray, 1985: 145~146). 따라서 1947년 8월 국무부 보고서에도 다음과 같이 적혀있다.

> 지금까지 남한에 있어서 미국의 경제적 프로그램은 오직 민간인을 위한 생계유지만을 제공했다. 이 프로그램하에서 미국은 미점령군을 방해하는 조건의 발전을 막는데 절대적으로 중요한 수입품만을 제공했다. 이 정책은 제한된 양의 음식, 의복, 의료품, 비료 등의 수입을 제공했다. 그러나 남한경제의 심각한 인플레이션과 점차적인 악화를 막는 데는 충분하지 못했다.38)

이에 공화당 출신의 아써 반덴버그(Arthur Vandenberg) 상원의원은 6월 27일 에치슨에게 잔여 의회 기간 내에는 어떠한 대외 원조의 승인도 반대한다고 통고하고 있다.39) 그러나 1947년 7월 초에 제2차 미소공위가 사실상 결렬되고 소련과의 교섭 불가능성이 확인되자 미국정부는 대한정책의 전면적인 재검토에 착수하지 않을 수 없었다. 그 구체적 움직임이 삼부조정위원회의 하부기관으로 발족한 7월 23일의 한국특별위원회의 설치였는데, 이것은 한국문제의 유엔상정과 남한 단독정부의 수립에 이르는 정책의 골자를 적은 각서에 기초하고 있다. 이 문서는 모스크바 협정에 규정된 대국(미·영·중·소)이 미소 두 점령지역 안에서 자유선거를 실시하여 인구

---

37) United States Central Intelligence Agency(1947), "Korea", SR 2, Washington D.C. p.1.
38) U.S. Department of State, Office of Public Affairs(August 1947), Foreign Affairs, *Background Summary Korea*, "Korea", RG 218, Box 787, p.15.
39) Department of State U.S., *Unites States Policy Regarding Korea*, part Ⅲ, pp.41~42.

비례에 의한 통일 임시정부를 수립하고 이 정부와 경제원조의 내용을 협의하며 그것을 기초로 외국 군대를 철수시킨다는 것이었는데, 소련이 이를 거부할 경우에는 문제를 유엔에 제출할 것을 예정하고 있었으며 기본적인 경제계획에 대해 논하고 있다(FRUS, Vol. VI, 1947: 734~736). 이것은 국무부를 중심으로 하여 추진되어 온 한국 원조계획과 육군으로 대표되는 주한미군의 조기 철수요구, 곧 개입과 철수라는 두 가지 요구의 조화를 기도한 시도였다고 할 수 있다.[40]

그러므로 1947년 7월 29일자로 미군정에 보내진 잠정명령[41]에는 2년 동안의 점령경험을 표현하고 한국에 대한 미국의 정책의 주목할 만한 변화를 반영하고 있는데, 한국을 해방된 국가로 간주하고 본격적으로 건전한 경제를 수립하도록 도울 것을 지시하고 있는 것이다. 즉 한국인들을 돕고 독립적이고 민주적인 국가를 위해 필요한 적절한 교육체계를 세우며 이 목적을 성취하기 위해서는 생활수준이 향상돼야 하고, 경제적 안정이 유지되어야 하며, 국가의 지원과 기술적인 발전이 있어야 한다는 것이었다. 이 새로운 지령은 새로운 상황에서 새로운 정책을 발표한 것이라 할 수 있다. 이 명령은 반일본적 조치들을 약간 언급하고 경제분야에서 일본이나 다른 외국 권력의 지배로부터 자유롭고 강한 독립된 한국경제의 건설을 요구하고 있으며, 한국인을 광범위하게 행정에 이용하고 경제적·교육적 개혁의 보다 넓은 프로그램을 요구함으로써 사회적 불안을 막는 정도의 소극적 정책에서 실질적인 원조프로그램으로 정책이 변화했던 것이다.[42]

물론 이것은 한국을 자립경제로 만들려 했다기보다는 남북분단이 기정사실로 굳어진 상황에서 미국의 남한 중시정책이 결정되고 다액의 원조의

---

40) 오꼬노기 마사오(小此木政夫)는 미국의 대한정책에서 볼 수 있는 특징을 목적과 수단의 괴리에서 생기는 '개입'과 '철수'라는 두 가지 요구 사이의 대립과 타협으로 보고 있다(小此木政夫, 1986: 14).
41) JCS 1483/40(29 July 1947), "Note by the Secretaries to the JCS on Interim Directive for Military Government in Korea", RG 218, Box 146에서 참조.
42) 그러나 이 명령은 남북이 일찍 통일된다는 개념하에 있었다. 따라서 미국 원조는 식량이나 비료, 중요한 원료에 주로 한정되었다. 또 이 명령은 일본으로부터의 수입에 관한 것을 포함했다. "History of the National Economic Board", part 2, p.2.

제공이 거의 확실시되는 시점에서 미군이 철수하더라도 남한체제가 전복되지 않고 버텨낼 수 있도록 하려는 것이었다. 따라서 1947년 7월 미국의 유럽지역과 비유럽 지역에 대한 원조형태의 구분을 규정한 문서에서도 예외적으로 한국과 일본을 유럽지역과 유사한 형태의 원조가 제공되어야 할 지역으로 꼽고 있다(Etzold, T. H. and John Lewis, 1978: 112~113). 모든 국민의 경제생활을 재건하는 것이 급진세력에 대항하는 유력한 방법이라는 판단에서였다.

그러나 1947년 여름 미행정부는 의회가 새로운 국제공약에 대한 재정지원을 주저함에 따라 한국에서 봉쇄정책의 적용을 잠정적으로 연기해야만 했다. 다만 1947년 8월 초 워싱턴 당국은 한국에 대한 신탁통치안을 포기하고 남한만의 단독정부를 수립하기로 결정하였고, 유엔으로 하여금 미국 대신 이 일을 떠맡게 하면 한국의 사태는 현저한 개선을 이룩할 것이라고 예상하고 이를 참을성 있게 기다렸다(Matray, 1985: 156). 당시 미국의 대한 정책은 소련세력 침투의 여지를 주지 않고 남한에서 미국이 군사적으로 철수할 수 있는 전략을 모색하는 것이었다. 미국의 입장에서 보아 소련 지배로부터의 완전한 자유가 한국의 완벽한 독립보다 중요한 것이었기 때문이다(Cuming, 1983: 17).

한편 1947년 여름 중국에서 공산당이 승리를 거둠에 따라 미국이 유엔으로부터 이 제안에 대한 승인을 얻어 내는 문제는 긴급을 요하게 되었다. 미국 극동정책의 목표는 국민당을 중심으로 한 중국을 강화시켜 중국으로 하여금 패전 일본의 재기를 견제하게 하고, 아시아 특히 극동에서의 지도권을 확보하는 데 있었던 것이다. 이와 같이 미국이 중국을 중시하는 까닭은 광범한 중국시장에 진출하고자 하는 미국자본의 기대와 일본이 군사화될 경우 극동을 안정화시키려는 미국의 동아시아 전략에 의한 것이었으며, 따라서 중국에 친미적 정부를 수립하는 것은 미국의 동아시아정책 실현의 성패를 가늠하는 중요한 과제였던 것이다. 따라서 중국에서의 정치적 불안이 남한 주둔 미군의 안보에 또 다른 심각한 위협요인으로 대두된 것이다. 트루먼은 중국과 한국에서의 사태 간에 정치적·전략적 연관성이 있음을 인정하고, 아시아에서 미국의 정책을 전체적으로 재평가하기 위해 1947년

9월 웨드마이어(Wedemeyer) 중장을 양국에 파견하여 현지의 사정을 조사하게 했다.[43] 남한에 대해서는 특히 경제적 조건과 관련하여 남한 상황을 평가하고 한국임시정부 조직에 관한 미소 간 교섭의 정돈상태를 분석하여 그 상황이 남한에 대한 일방적 계획추진이 필요할 정도로 중대한가를 발견하고자 하였다(김천영, 1985: 73).[44]

웨드마이어는 중국에 도착 직후 마샬에게 소련은 아시아 전역을 장악하기 위한 거대한 계획을 수행하고 있다는 내용의 전문을 보냈다. 그의 경고는 소련의 정복에 유리한 상황이 전개되는 지역이면 어디에나 스탈린(Stalin)은 영향력을 확대시키려 한다는 것이었다. 웨드마이어는[45] 남한에 관한 보고에서 "세계 여러 지역에서 볼 수 있듯이 민주화와 전후 부흥을 위한 계획에 대항하는 악한 힘이 남한에도 존재하고 있다"[46]고 경고했다. 웨드마이어로서는 한국으로부터 어떠한 이데올로기적 후퇴도 아시아에서 소련의 위신을 높여주고 일본에서 미국의 지위를 약화시키기 때문에 받아들일 수 없는 것이었다. 그는 남한을 버릴 경우 "한반도 전역에 걸친 소련의 위성국가가 생겨날 것이며 그것은 아시아 주민 특히 일본국민에 대해 미국이 엄청난 도덕적 위신을 잃게 되는 결과를 초래할 것"[47]이라고 경고했다. 그리

---

43) 하지와 웨드마이어와의 대담기록은 "Verbatim Transcript of General Hodge's Discussion with Wedemeyer Mission of Generad Hodge's Discussions"를 참조하라.
44) Incoming Message 121805/I(aug. 47), RG 332, Box 4. HQ, XXIV Corps, APO 235(19 August 1947), RG 332, Box 44 참조.
45) 당시 웨드마이어 일행은 남한상황에 대한 보고를 들었으며 춘천, 인천, 삼척, 부산, 수원 등에서 현지조사를 하였다. "General Wedemeyer Visit, G-2 Estimate the Situation", RG 332, Box 44. The Wedemeyer Mission Presentation, "Economic Conditions in South Korea", RG 59, Box 2. HQ, USAFIK APO 235, "Schesule for Visit of General Wedemeyer and Group", RG 332, Box 4 참조.
46) Albert C. Wedemyer(9 September 1947), "The Wedemeyer Report on China and Korea", Summitted to the President of the United States. 웨드마이어는 즉각적인 남침은 있을 것 같지 않다고 생각했으나 남한이 소련이 후원하는 침투와 전복의 음모에 대항하여 싸우기에 충분한 군사력을 키워야 할 것으로 믿었다. 소련과 그 이상의 협력을 추구한다는 것은 무용한 짓일 뿐 아니라, 정치적 팽창과 경제적 노예화라는 소련의 전략에 도움을 주는 일이라고 여겼다.
47) 위의 글, p.83.

고 미국이 막대한 경제원조를 제공하고 미군 장교가 지휘하는 남한 스카우트 부대를 창설한다면 남한은 아시아에서 사실상의 자유의 보루로 떠오를 수 있을 것으로 생각했다. 다만 남한에 대한 1년 동안의 경제원조는 1억 5,000만 달러에 한정하는 구호프로그램이어야 하고, 자본재가 아니라 경제를 안정시키기 위한 원조나 비료를 공급해야 한다고 보았다. 따라서 이와 같은 것으로 경제자립을 성취시키지는 못하지만 정치적·전략적 고려에서 그것은 정당화될 수 있다고 보았다.[48] 그런데 당시 남한에서의 미국의 위치는 급속도로 악화되어 가고 있었는데, 미국의 대극동전략의 맥락에서도 한국에 대한 보다 적극적인 조치가 요구되었던 것이다. 이 점은 1947년 여름 남한을 방문하였던 볼드윈(Baldwin)에 의해서 다음과 같이 기록되고 있다.

> 남한에 있어서 미국의 정책이 변화하지 않는다면 우리는 또 한 나라를 소련의 힘 아래 넘겨주는 것이 될 것이다. …… 현재의 조건 아래서 점령군이 철수한다면 남한에서는 내전이 일어날 것이다(Baldwin, 2 February 1947: 103).

더욱이 동아시아에 있어 일본은 미국을 위한 중요한 지역이었다. 따라서 일본을 미국과 밀착된 우방으로 확보하는 것은 이 지역에서 미국의 중요 목표가 아닐 수 없었는데, 남한은 특히 중국대륙이 공산화되고 있는 마당에 있어서는 일본의 안정을 지키기 위한 디딤돌이었던 것이다(Holborn, February 1947: 103). 실제로 한국과 일본의 지리적 근접성으로 인하여 미국은 역사적으로 이 두 나라를 동일선 상에 놓고 보아왔는데, 1940년 말 이래로 미국의 대아시아정책은 한반도와 일본을 이용하여 중국과 소련의 막강한 힘을 견제하고 동시에 아시아 태평양 지역에 대한 미국의 주도권을 확보해 줄 수 있는 군사적 및 경제적 세력을 배치하려고 노력하여 왔던 것이다(Bix, 1973: 179~181).

원래 중국의 자원과 일본의 자본을 주축으로 하여 아시아를 자본주의 세계체제 내로 편입시키는 데에 그 주된 목적을 두었던 미국의 극동정책은

---

48) Department of State, *United States Policy Regarding Korea: 1834~1950*, p.42.

아시아 경제와 군사의 중심으로 일본을 설정하고 여기에 한국을 국지적으로 편입시키는 새로운 방향으로 변화하게 된 것이다. 지역통합전략이라고 명명되는 이러한 기본전략은 미국에 의존한 일본의 공업화와 궁극적으로 일본의 원조를 통한 한국의 근대화를 완성하여 이들 두 나라가 극동지역에서 강력한 반공보루로서의 역할을 수행하도록 진행되었다. 미국의 극동정책은 중국에서 사회주의가 진전됨에 따라 아시아 경제, 군사의 축으로 일본을 설정하고 이에 한국을 국지적으로 편입시키는 지역통합전략으로 변화하게 된 것이다. 한국과 일본의 경제부문의 책임자인 마틴(Martin)이 "만약 우리가 지원을 주저하면 극동에서의 우리의 판을 고려한다는 것 자체가 바보같은 짓일 것"(Robinson, 1947: 254)이라고 말하고 있는 것도 이 때문이다. 맥거번(McGovern)도 일본·중국·한국 세 나라는 서로 연결되어 있어서 한 나라가 공산주의로 빠지면 다른 두 지역도 같은 운명을 겪을 가능성이 있고 유럽의 부흥도 극동의 발전에 의존한다고 보았다.

> 따라서 중국과 일본을 원조하고 부흥시키려는 모든 노력은 미국이 남한을 포기한다면 무의미하다. 이러한 전략적, 정치적 관점에서 볼 때 재정적인 희생을 수반하더라도 한국에서 우리의 지위를 유지하는 것이 필수적이다(McGovern, March 1948: 25).

이 점은 CIA 보고서에서도 나타나는데, 한반도에 대한 소련의 통제는 태평양을 통한 모든 미국의 안보 계획을 위협하는 것이기 때문에 장기적인 관점에서 볼 때 한국은 미국의 안보에 중요하다는 것이었다.[49] 따라서 미국의 대극동전략의 맥락에서도 한국에 대한 보다 적극적인 조치가 요구되었던 것이다.

그러므로 미국의 대한 경제정책의 전개에 작용하는 요소들은 단순히 경제적인 것 뿐 아니라, 미소관계나 극동정세의 변화에 따른 당시 정치상황의 변화가 크게 작용했음을 알 수 있다. 한반도에는 천연자원이나 시장잠재력이 결여되어 있었으며 미국의 자본을 끌어들이기에는 한국의 정세가

---

49) United States Central Intelligence Agency(1947), p.1.

너무나 불안했던 것이다.50) 이와 같은 배경과 함께 냉전이 점점 심화되자 미국은 미소공위에서 합의에 도달하지 못하면 구체적으로 어느 정도로 남한에 대해 개입해야 하는가를 결정하는 문제에 정면으로 부딪칠 수밖에 없었다. 이는 다음의 글에서 잘 표현되고 있다.

> 그 지역에 대한 소련의 지배를 직접적으로 가져오는 환경하에서 남한으로부터 미군을 철수한다는 것은 미국의 위신에 심각한 손상을 줄 뿐만 아니라 극동 및 전세계에 대한 미국의 이해에 큰 손상을 주는 것이다.
> (……)
> ㄱ. 궁극적으로 한국에 있어서의 미국의 위치는 상당한 자금과 노력을 가지고도 유지하기 어렵다.
> ㄴ. 극동을 비롯한 전세계에 있어서 상당한 정치적 지위와 위신의 손실을 가져오면서 한국으로부터 벗어날 수는 없다.
> ㄷ. 가능한 한 나쁜 결과를 최소화하면서 한국으로부터 철수하는 식의 한국문제 해결방안에 대한 정부의 노력이 모든 적절한 수단을 통해서 행해져야 한다.51)

당시 상황에서 미국은 세 가지 가능한 대안들이 있었다. 첫째는 한국을 포기함으로써 소련 지배하에 두는 것이었는데, 이는 극동을 통한 미국의 위신과 영향력에 치명적으로 손해를 미치는 조치였다. 둘째는 다른 극단적인 것으로 필요하다면 미국이 한국에 대해 계속적으로 직접적인 정치적·경제적·군사적 책임을 부담하는 방침이었다. 셋째는 중간 방침으로 실질

---

50) 그러나 장기적으로 볼 때 경제적인 이해가 전혀 없었다는 말은 아니다. 부처간 특별위원회는 이 점을 다음과 같이 지적하고 있다. "한국은 미국에 있어서 통일되고 재건된 독립된 국가로서 중요한 경제적 중요성은 지니고 있지 않지만 특히 면화나 잡다한 제조품에 대해서 작은 미국의 수출시장이 될 것이다. …… 안정된 한국은 약간의 미국 자본의 투자를 위한 지역이 될 것이다. …… 이 지역이 비우호적인 권력 통제권에 들어가는 것은 위험한 의미를 포함할 것이다. "Interdepartmental Committee on Korea", p.21.
51) JCS 1483/49(15 January 1948), "Note by the Secretaries to the JCS on United States Policy in Korea(Reference: JCS 1483 Series)", RG 218, Box 145, pp.396~400.

적인 한계 내에서 남한에 수립된 정부를 지원하고, 미군 철수의 결과 남한이 소련의 지배하에 가는 기회를 최대한 극소화시킨다는 것이었다. 이 중에서 미국은 남한에 있어서 현재의 미군 주둔을 유지하는 것에는 거의 전략적 이익이 없다는 군사당국의 판단을 포함한 여러 가지 요인들을 고려한 후에 중간 방침을 채택하였던 것이다.[52]

따라서 농업과 산업의 재건을 가능하게 하고 적절한 정부지출금의 공급 및 훈련된 프로그램의 수행이 요구되는 중간 방침이 착수되었고[53] 이렇게 할 때 극동에서 이데올로기적 공격에 대한 방파제로서 상대적으로 안정된 사회를 세우는 것이 가능하다고 보았던 것이다. 결국 이러한 과정을 거치면서 미국은 9월 17일 한국 독립문제에 관한 토의를 유엔 총회의 의제로 신청하였고 한국에 대한 원조를 고려했던 것이다. 즉 남한에 단독정부를 세우고 유엔을 한국에 끌어들임으로써 새로운 정부에 대한 국제적 지지를 획득하고 미국의 직접적인 군사동원 없이도 지배 가능한 국가로 만들며 직접 개입에 따른 비용과 위험을 줄이자는 것이었다. 미 국력의 무조건적인 투입 없이 아시아에서 미국의 위신을 유지하면서 남한으로부터 명예롭게 (Gracefully) 탈출할 수 있는 길을 모색하기 시작한 것이다.

실제로 당시 남한의 경제사정은 매우 불안정 했으므로[54] 하지는 국무부의 이러한 입장을 강력히 지지하고 나섰다. 9월 말 하지는 현지 조사차 남한을 방문한 신임 육군 차관과의 회담에서 웨드마이어의 건의를 실천에 옮길 것을 강력히 요망했으며[55] 9개월에 걸친 단계적 철수안을 지지했다(Matray,

---

52) Department of State, Policy Statment(31 January 1949), "Korea", RG 59, Box 3441, p.3. 오랜 기간 동안 상당한 비용이 들더라도 한국에 주둔하는 것과 소련의 위성국이 되더라도 가능하면 한국으로부터 철수하는 것 중 어떤 것이 미국의 이익인지를 결정하는 문제에 대해 토론하면서 한국이 소련의 위성국이 되는 것을 막는 것이 미국의 이익이라고 결정해야 하며, 이 이익은 상당히 중요한 것이므로 그것은 경제적·정치적 재건과 부흥의 활발한 프로그램의 채택을 보증해야 한다는 등의 건의를 하고 있다. Office Memorandum(11 September 1947), RG 59, Box 3441, pp.3~4.
53) Department of State, "Korea", p.3.
54) JCS, Info Memo 562(24 October 1947), RG 218, Box 145.
55) "Organization for Undersecretary of the Army, Draper, and Party by Lt. Gen Hodge at

1983: 179). 그리고 하지는 또한 남한의 생존을 위해서는 경제적 자립이 중요하므로 남한을 위한 5개년 재건계획을 수립할 것을 주장했다. 이제 남한에 대해 10억 달러 상당의 5개년 원조계획을 밀고 나가야 하며 이로써 미국은 안전하게 철수할 수 있다는 것이다. 즉 미군은 각 부 간의 조정과 의회의 협조를 통해 아시아 본토에 이데올로기의 교두보를 건설할 수 있다는 주장이었다. 이 계획이 수행된다면 충분한 인원을 갖춘 미국 대사관이 남한에서 감독 역할을 수행하면서 동시에 재건 사업의 진전 과정에 대해 정기적인 보고를 워싱턴에 할 수 있을 것이라고 보았다.[56]

그러면 경제정책의 보다 구체적인 측면에 대한 미국의 정책을 간단히 살펴보기로 하자. 우선 농지개혁을 포함한 경제개혁들은 남한 과도입법의원이 계획하도록 추진되었는데, 1947년 7월 24일자 미군정에 대한 잠정명령은 이와 같은 입장을 확실히 하고 있다.

> 장차 한국 임시정부 수립에 따라 남한 지역에서 정치, 경제, 사회적 개혁의 기초로 활동될 법안을 제시할 임무를 지닌 과도입법의원을 계속 활성화해야 할 것이다. 그 법안은 미국의 기본 목적과 모스크바 협정에 위배되는 경우를 제외하고는 시행될 것이다. …… 모든 주요 개혁은 가능한 한 입법 자문기관에 의해 추진되도록 하고, 정상적으로 어떠한 주요 개혁도 이 기관과의 협의없이 실시되어서는 안되며, 또 지지를 얻은 후에 실시하는 것이 바람직하다(FRUS, Vol. Ⅵ, 1947: 717~718).

따라서 랭던과 웨드마이어 장군의 보고서가 밝히고 있듯이 기본적인 경제개혁들은 적어도 미소공위 협상 때까지는 연기되고 있었다.

> 농지개혁, 부일협력자 규정, 산업시설 소유와 가동 등과 같이 미국 대표단이 매우 중요하게 여기고 있을 뿐 아니라 대다수 한국인의 복지에

0900", (23 September 1947), RG 332, Box 29.
56) 그러나 1948년 7월부터 시작하여 6억 4,700만의 재정적 지원을 요구하는 이 계획은 실행되지 않았다. Repartment of State, U.S., *Unites States Policy Regarding Korea*, p.42.

중요한 기본적인 문제해결은 이후 구성될 한국정부의 광범위한 기능 속의 한 부분으로 다뤄져야 되고 이는 범국가적으로 선출된 입법부의 토론 이후에 최종 결정되어야 될 것으로 예견된다(FRUS, Vol. Ⅵ, 1947: 672).

한편 남한 단정구성에 관한 문제가 분명하게 되자(Gordenker, 1958) 자본주의체제의 확립을 위한 구체적 계획들이 본격화되었다. 단정이 불가피하다는 가정 아래에서 한국특별위원회는 1947년 8월 4일 보고서에서 다음과 같은 문제를 제기하고 있는 것이다.

> 한국 내 혼란된 정치상황이 더 이상 심각하게 악화되는 것을 막기 위해 미국정부가 제시한 법령을 시급한 문제로서 시행할 것 …… 웨드마이어의 보고서 접수 후 삼부조정위원회 내의 극동 소위원회는 남한에 독립을 부여하는 일이 필요하게 될 경우 연관되는 정치, 경제적 문제들을 연구하도록 제의 받았다(FRUS, Vol. Ⅵ, 1947: 738~741).

또한 미군 철수 이전의 귀속재산의 매각은 그 당시 지배적 경향이었던 국유화에 반대하고 사적 소유와 자본주의 발전을 위한 확고한 기반을 조성하는 것이었다. 미군이 철수한다면 공산주의 지배를 가져올 것으로 보았던 것이다.[57] 이와 함께 웨드마이어는 트루먼에게 보낸 보고서에서 "또한 그렇게 긴박한 농지개혁안의 수행 실패는 남북통일이 되어 한국 임시정부가 국가전체를 위한 전체적 계획을 수립할 때까지 기다려야 한다는 희망의 주장 때문이라고 할 수 있겠다. 통일이 불확실한 미래의 문제로 나타나는 지금 시점에서는 가능한 한 속히 그러한 계획안을 실행하기 위한 조치가 취해져야 한다"(FRUS, 1947, Vol. Ⅵ: 801)고 적고 있으며 1947년 11월 미군정에 다음과 같은 전문을 보내고 있는 것이다.

> 요구되는 개혁에 대한 지원 대책으로 농지개혁, 귀속재산 불하, 관개

---

57) SANACC 176/38(24 February 1948), "United States Policy in Korea(Reference: SANACC 176/35)", RG 218, Box 24. p.286.

시설 등과 같은 필수 과제들을 미군 철수 전에 완수해야 한다(FRUS, Vol. VI, 1947: 856).

또한 육군부 관리들은 계속 남한의 경제적·정치적 안정을 보강하기 위해서는 광범위한 경제적 원조와 외부의 지원이 요구된다고 보고 있었다.

> 미국의 원조프로그램은 물질적으로 경제의 안정에는 기여했지만 질병과 불안을 막는 임시변통적 조치였지 재건 프로그램이 아니었다. 그러므로 그것은 남한경제의 중요한 약점을 막지 못했다. 남한경제의 완전한 재건은 장기적이고 광범위한 계획이어야 한다. …… 남아있는 제한된 시간 동안에 그러한 남한의 재건을 위한 어떤 조치가 취해져야 하며 그것은 커다란 직접적인 효과와 경제의 전반적인 개선을 가져올 것이다.[58]

> 경제적 원조, 경제적 사회적 개혁을 포함한 적극적인 프로그램이 특히 경제안정화와 관련하여 …… 정치적 군사적 조치들의 중요한 대응물이다. 특히 선거전에 귀속농지 처리를 포함한 입법조치는 그러한 온건한 정치적 요인들을 강화하는 데 공헌할 것이다. 더구나 그러한 조치는 소비에트 지향의 선전을 제거하고 UN 위원단의 점령비판의 가능한 원인을 제거할 것이다.[59]

따라서 국무부는 남한에 대한 상세한 재정 원조계획을 완성하도록 강력히 요망하기 시작했다. 이들은 의회가 원조 계획안을 접수하지 못하면 미군 철수는 예정대로 진행될 수 없을 것이라고 주의를 환기시켰다(Matray, 1983: 181). 따라서 1948년 3월 25일 트루먼은 미국의 한국정책에 관한 최종 보고서를 받았다. "NSC-8"이라고 명명된 이 보고서는 미국의 한반도에 관한 입장을 동북아 전체와 관련된 미국의 정치·경제·군사적 이해의 시각에서 검토하고 있는데, 앞에서 논의한 것처럼 현실적인 차원에서 볼 때

---

58) Civil Affairs Division, Special Staff, Department of the Army, "Korea-Problems of U.S. Army in Occupation 1945~1947", RG 218, Box 787, p.19·26.
59) JCS 1483/49(15 January, 1948).

유엔 또는 미국의 지원하에 설립된 정부를 포기하거나 또는 군사력으로써 대외적 공격이나 대내적 전복에 대항해서 남한의 정치적 독립이나 영토적 일체성을 보장한다는 것에는 어려움이 따르므로 미국은 한반도에 개입되어 있는 인력을 조속히 처리하기 위한 방법으로써 남한에 세워질 정부를 지원할 수 있는 여건을 현실적이고 가능한 한계 내에서 만들어야 한다는 것이었다(FRUS, Vol. VI, 1948: 1164~1169). 따라서 남한에서 단독정부 수립을 위한 단계를 설명하고 있는데, 미군 점령지역은 경제적 취약성을 안고 있으며 소련이 후원하는 북한 정권은 군사적 남침의 위협성이 있다고 보았다. 더구나 남한을 공산주의자들의 지배 아래 포기하는 것은 중국과 일본에 대한 소련의 정치적·전략적 입장을 향상시킨다는 것이었다. 따라서 NSC-8 보고서는 미국이 1949년 회계연도에 남한에 1억 8,500만 달러의 경제원조를 제공할 것을 제의했는데(FRUS, Vol. VI, 1948: 1168~1169), 국가안보회의에서 NSC-8을 검토하고 이를 승인하였다. 즉 미국은 앞에서 언급한 것처럼 궁극적으로 철수하면서도[60] 공산주의 지배를 막기 위하여 경제원조 등을 한국정부에게 제공하는 정책을 유지했던 것이다.[61] 미국은 군사적인 면에서의 전면개입은 피하고, 다만 정치경제적 지원을 통하여 미군 철수 후에도 그 지배력을 행사하려 했던 것이다.

따라서 그 해 4월, 육군위원회 소속 드레이퍼(Draper)는 구체적인 원조계획 수립을 위해 필요한 정보 수집 차 4명의 미국 경제전문가를 대동하고 남한을 방문했다. 이들은 서울에서 3일간 남한의 경제계 및 정계 지도자들과 토론한 후 최소한 1949년 회계년도까지의 경제원조를 통한 재건프로그램을 지지하고 있는데 이 육군 위원회는 그 보고서에서 남한의 상황을 다음과 같이 평가하고 있다.

> 미군이 철수한 후 얼마동안은 …… 이 신생 한국정부는 최소한 현재 수준의 식량배급을 유지하고 필요한 경제재건과 정부의 효능성을 유지

---

[60] NSC-8의 구체적 실현과정으로서 미국은 한계 내에서의 경제 및 군사적 지원을 진행하면서 1949년 중반까지 주한미군 철수를 완료하였다.
[61] Department of State, "Korea", RG 59, Box 3441, p.4.

하기 위해서 미국의 원조와 자문, 식료품 및 원자재 등을 필요로 할 것이다. 우리는 이 같은 원조가 적절하게 사용될 수 있도록 필요한 조치들을 취하면서 남한에 대해 잠정 기간 동안 원조제공을 계속해야 한다고 느낀다.[62]

국무부는 육군 위원회가 작성한 이러한 건의를 크게 환영했다. 따라서 미 행정부는 재정원조를 계속하기로 결정한다(FRUS, Vol. VI, 1948: 1179~1180). 한국정부의 안정성은 미군정에 의해 수립된 경제정책의 지속에 의존한다는 것이었다.[63]

한편 미국은 점령의 최종 국면에서 단정 수립을 어떻게 정당화할 것인가라는 문제에 부딪혔다. 이에 대해 미국은 외적 정통성은 유엔 개입을 통해, 내적 정통성은 단선에로의 광범위한 국민동원을 통해 확보하고자 했다. 이러한 시도는 결국 자유민주주의 제도와 이념의 이식을 가져오는 계기가 된다. 자유민주주의 제도 이식은 의회제도와 보통선거제의 도입으로 본격화되었다. 자유민주주의를 위한 미군정의 시도는 장차 남한의 국가권력을 장악하게 될 우파의 반발 속에서 진행되었는데(박찬표, 2007: 423~424), 미국은 자유민주주의 제도를 이식했을 뿐 아니라 이 제도의 우월성을 남한 주민에게 인식시키기 위해 선전과 홍보작업을 하였다.

---

[62] Johnston, Percy H. Chairman, Committee Invited by the Secretary of the Army to Inquire into Economic Problems of Japan and Korea(26 April 1948), "Report on the Economic Position and Prospects of Japan and Korea and the Measures Required to Improve them", U.S. Department of the Army Public Information Division Press Section, RG 165, Box 787, p.22.

[63] Department of State, Division of Research for Far East(17 August 1948), "The New Government in South Korea: its Form and Change for Survival", OIR Report No. 4734, Summary 부분.

2. 해방 직후 한국사회의 성격

　일제의 식민지 지배는 농업에 있어서는 반봉건적 지주, 소작관계를 공업에 있어서는 식민지적 경제관계를 남겨 놓았다. 일본 제국주의의 가혹한 수탈과 민족 자본에 대한 억압으로 해방 당시 한국사회는 반봉건적 기생지주제에 입각한 농업과 일본에 종속된 구조를 가진 공업을 그 내용으로 하고 있었다. 더구나 해방이 되자 당시 사회 상황은 일제의 퇴각으로 인한 일본인 자본 및 기술자의 철수, 남북 분할점령으로 인한 생산 체계의 단절, 피난민, 전재민들로 인한 인구의 급증으로 전반적인 생산위축과 물가상승, 실질임금의 하락 등을 가져옴으로써 더욱더 어려움 속에 있게 되었다.

　미군정기는 사회이동이 많았으며(이동원 외, 1997), 해방 후 남한인구는 급격한 증가추세를 보인다. 해방된 해인 1945년의 인구는 1,614명으로 추정되는데 1949년의 인구센서스 결과는 1945년의 인구보다 무려 25.0%가 증가한 20,167만 명으로 집계되었다. 이 같은 급속한 인구증가는 자연증가보다는 주로 해외로부터의 대규모 귀환이동과 북한인구의 대량유입에 기인하는 것이다. 이 기간에 해외 및 북한동포의 유입으로 인한 인구증가는 2,778만 명에 달하는 것으로 추정된다. 해방 후 해외로부터 귀환한 이동자 중에는 남자인구가 여자인구보다 월등히 많고 연령적으로는 청장년층에 집중되는 경향을 보였다. 특히 일본으로부터의 귀환이동은 젊은 미혼남자의 단독이동이 많았다. 이에 비해 북한으로부터 유입된 인구는 상대적으로 가족단위의 이동이 많았고 특정 성이나 연령에 따른 선택성을 나타내지는 않았다(김두섭, 1999: 164).

　미군정기의 대규모 인구유입으로 인한 도시화는 다양한 도시문제들을 조장하게 되었다. 해방 후 사회적 무질서 및 혼란의 상황에서 진행된 단기적인 대규모 인구유입은 도시빈곤, 식량문제, 주택문제, 실업문제 등을 극도로 심화시킨 주요한 요인으로 작용했고, 역으로 유입된 인구는 그 같은 문제들로 인해 가장 큰 고통을 겪은 사람들이기도 했다. 무엇보다 대부분의 귀환자들은 생활대책을 마련하지 못한 상태에서 귀국했으며, 귀국한 이들 앞에는 살인적인 물가고와 식량부족, 실업사태, 심지어 홍수와 전염병까지 기다리고 있었다(강인철, 1998: 188).

광범위하게 존재했던 실업자군과 해외로부터 특히 38도선 이북으로부터 넘어온 많은 유입인구의 존재는 당시 좌·우익 청년단체 형성의 사회적 기반이 되었다. 이들은 곧 엄청나게 확대된 정치적 공간에서 대중정치의 주역이 되었으며, 특히 지방정치 역동성의 중요한 부분을 차지하게 되었다. 월남자를 제외한 해방 후 남한의 농촌 및 그 주변지대로 귀환한 인구는 압도적 다수가 좌경적인 정치의식의 소유자들일 가능성이 높았다(강인철, 1998: 190~191).

미군정기는 '광장의 정치'[64] 시대였으며 서울운동장은 대규모 집회의 공간으로 가장 선호되었다. 1945년 말에 시작된 신탁통치 논쟁으로 1946년의 3·1절 행사 등에서 좌우대립과 충돌이 발생했으나, 광장의 정치에서는 여전히 좌익이 우세했다. 1946년 하반기에 이르면 좌익은 강경투쟁 노선을 채택하고 좌우합작 반대 및 미군정 협조거부, 그리고 9월 총파업, 10월항쟁 등을 전개한다. 이에 대해 미군정은 집합행동의 규제와 통제를 내용으로 한 법령의 제정과 규제를 10여 차례 이상 발표했다(정호기, 2008: 161). 당시의 정치·경제적 상황과 사회구조의 성격에 대해서 좀 더 구체적으로 살펴보자.

우선 해방 당시 남한에는 비교적 대규모 공장이 남아 있었으나 일본시장을 대상으로 하던 생산활동은 거의 중단될 수밖에 없었다. 뿐만 아니라 일제하에 그나마도 기형적으로 발달된 근대적 산업마저 일본자본과 기술진의 총퇴거로 인하여 조업이 중단되지 않을 수 없었다. 따라서 기업의 도태와 조업단축으로 공업생산이 크게 위축되었고, 물자의 부족 또한 심각하였다. 또 일제는 해방 직후 미군진주의 지연을 틈타서 군수회사에 대한 미불금 청산과 공공기관, 회사 등에 소속된 일본인에 대한 귀환수당 등 종전청산금 지불자금이라는 명목하에 약 15억 원, 그리고 퇴거 일본인을 위한

---

[64] '광장의 정치'는 공공 또는 사적 공간에서 특정한 세력들이 정치, 사회적 목적을 달성하기 위해 실행하는 행동과 관계의 양상들을 지칭한다. 광장의 정치가 이루어진 공간, 방식, 목적 등은 다양하지만 집합성, 가시성, 이데올로기, 이미지 등을 중요하게 고려한다는 점에서는 공통된다(정호기, 2008: 158).

예금 지불자금으로 약 22억 원을 남발함으로써 8·15 후 불과 20여 일 만에 통화 발행고는 배가되었다(한국산업은행조사부, 1955: 358). 이러한 일제의 통화남발에 의해 전쟁 중 잠재하였던 인플레이션은 해방 직후 폭발적으로 현재화되었고, 또한 생산의 위축으로 인한 공급부족으로 물가는 더욱 폭등세를 보였다(전국경제인연합회 편, 1975: 239~240).

일제에 의해 형성된 기형적이며 취약한 경제구조와 함께 분단에 의한 지역적 편재성은 남북 간의 경제적 유대를 단절시킴으로써 그 타격을 더욱 심화시켰다. 즉 천연자원과 공업시설의 분할, 산업의 지역적 편재 등으로 산업의 유기적 관계를 상실하게 된 것이다(McCune, January 1946). 해방 이후 한국사회는 일제 식민지유산과 미소 양국에 의한 남북한 분할점령이라는 것에 의해 조건 지워졌던 것이다.

이와 더불어 해방 직후는 기업의 도산 및 조업단축과 함께 해외동포의 귀환, 북한동포의 월남으로 실업이 격증되었다. 다시 말하면 외부로부터의 유입인구가 실업을 더욱더 증가시켰던 것이다. 이러한 실업에 대해 근본적 대책은 없었으며 전재민 수용소 설치나 전재민에 대한 식량배급이 실업대책의 거의 전부였다. 우선 농업상태를 다음의 표들을 중심으로 간단히 살펴보기로 한다.

〈표 2-1〉 남한의 토지소유 상황 총괄표(1945년 말)

(단위: 만 정보)

구분	논	밭	합계
총경지	128(100.0)	104(100.0)	232(100.0)
소작지	89(70.0)	58(56.0)	147(63.4)
전일본인 소유	18(14.5)	5(5.0)	23(9.9)
조선인 지주 소유	71(55.5)	53(51.0)	124(53.5)
5정보 이상 소유지주(5만 호)	43(33.6)	14(13.5)	57(24.6)
5정보 이하 소유지주(15만 호)	28(21.9)	39(37.5)	67(28.9)
자작지	39(30.0)	46(44.0)	85(36.6)

* 자료: 조선은행조사부(1948: I-29)

〈표 2-2〉 농민의 토지소유 상황

(단위: 천 호)

구분	호수	비율(%)	비고
총호수	2,060	100	
자작농	284	13.8	
1정보 이상 소유자 중 경영안정농가	88	3.2	안정된 자작농 3.2%
자작 겸 소작농	716	34.6	순소작농 또는 그에 가까운 농가 69.9% 토지를 소유하지 않은 농가 51.6%
자작부문50%이상	338	16.3	
소작부문50%이상	378	18.3	
소작농	1,009	48.9	
토지 불경작 농가	55	2.7	

* 자료: 『조선경제연보』(1949)에 의해 작성함. 여기서는 황한식(1985: 266)에서 재인용.

〈표 2-1〉과 〈표 2-2〉를 보면 전 경지면적의 63.4%가 소작지로서 소수의 지주 수중에 있으며 다수의 직접 생산자인 농민의 소유지, 즉 자작지는 36.6%에 지나지 않는다. 지주, 소작관계를 농가 호수 면에서 보면 소작농 및 토지를 경작하지 않는 농가, 즉 토지 없는 농가가 과반수 이상으로 총 농가 호수의 51.6%나 된다. 자작 겸 소작농의 비중은 전 농가의 34.6%이나 그중 소작 부분이 50% 이상인 농가가 전 농가의 18.3%로 순소작농 및 그에 가까운 농가가 전체의 69.9%를 차지하고 있다. 따라서 자작농은 전체의 13.8%인데, 그중에서 안정 경영의 농가로 볼 수 있는 것은 전 농가의 3.2%에 불과하며 나머지 자작농은 부단히 몰락의 위기에 직면하고 있는 것이다.

한편 1930년부터 일본의 대륙침략 및 태평양 지역 침략을 위한 군사적 중공업체제가 강화되자 그때까지 저조했던 공업은 상당히 발전되었고, 이러한 식민지에서의 자본주의적 관계의 발전은 노동자 계급의 양적·질적 성장을 가속화시키게 된다. 당시 일제의 병참기지화로 인한 식민지 중화학공업의 성장은 대량의 산업노동자를 생성하였던 것이다. 따라서 임금노동자의 정치·경제적 역할과 비중은 1930년대부터 자리 잡혀 왔다고 볼 수 있다. 1944년 말의 경우 산업별 노동자 구성을 살펴보면 전체 2백여 만 명 중에서 공장노동자가 전체 노동자의 27.9%를 차지하고 있고 토목건축업에 종사하는 노동자가 20.6%, 광업과 탄광업에 종사하는 노동자 수가 16.3% 를 차지하여 농림, 수산업의 25.8%를 넘어 자본주의적 관계의 발전을 뚜렷이 볼 수 있다.[65]

〈표 2-3〉 산업별 노동자 수와 구성비

산업별	노동자 수	구성비	비고
공장(공업)	519,494	27.9	1945년 1월 총독부 지도과 조사
토목건축업	437,752	20.6	
육상운수	179,544	8.5	
임업	205,911	9.7	1944년 10월 현재 총독부 조사
수산업	211,520	10.0	
광업	273,863	12.9	1944년 9월 현재 조선광산연맹 조사
탄광	72,561	3.4	1944년 9월 현재 조선총독부연료과 조사
농업	130,377	6.1	1943년 말 현재 지주 및 농업피용자 조사
해상운수	19,352	0.9	1943년 말 현재 총독부조사
합계	2,122,374	100.0	『산업노동시보』 제1권 2호 참조

* 자료: 조선은행조사부(1949b: 134).

이처럼 1930년대 이후 일본 독점자본은 대대적으로 한국으로 밀려들었고 그와 더불어 공산액, 공장 수, 노동자 수도 급격하게 증대하였던 것이다. 즉 공업화에 의해 노동자세력이 양적으로나 질적으로 급격하게 성장함으로써 노동계급이 일본 제국주의를 극복할 새로운 주체세력으로 형성, 발전되어 갔던 것이다. 해방 이후 전개된 정치적 격변도 일제 말에 이루어진 이 같은 급속한 공업화와 광범한 인구이동과 깊은 관련을 갖고 있었다고 할 수 있다. 그런데 일본 제국주의 독점자본의 한반도 진출과 그에 따른

---

[65] 미군정기 노동부장을 지냈던 이대위에 의하면 1944년 조선 내 노동자 수 합이 70만 명이고, 그 외 농업노동자, 어업, 점원 등을 합하면 400만 명이라고 한다 (이대위, 1947: 350).

자본주의적 관계의 발전은 그것이 갖는 식민지적 기형성으로 인해서 구조적 모순을 본질적으로 갖는 것이었다. 이처럼 한국자본주의가 스스로의 내적인 재생산구조를 갖추지 못한 상태에서 오는 구조적 모순은 일본 제국주의의 패망에 따른 식민지 국가권력의 철수, 그리고 그와 동시에 이어진 제국주의 독점자본의 철수로 인해 급격히 표면화되어 해방 직후 한국사회를 심각한 위기국면으로 몰아넣게 된다. 앞에서 살펴보았듯이 급격한 공업생산의 위축과 노동자 수의 감소, 실업의 증가와 악성 인플레이션의 만연, 그리고 식량의 부족 등 국민생활 전반을 위협하는 상황으로 치닫게 되는 것이다.

이와 같은 당시 상황으로 볼 때 해방이 우리 민족에게 부여한 과제는 식민지 경제의 유산을 청산하고 자립적 국민 경제를 이룩하는 길이었다고 하겠다. 또 광범한 대중을 주체로 하여 식민지 지배세력의 정치 참여를 배제하면서 민주주의적인 절차에 따라 자주적인 독립국가를 형성하는 길이었다고 하겠다. 해방은 일제 식민지 통치에 의해 왜곡되어 온 정치·경제적 모순을 극복하고 대중의 요구에 입각한 사회질서를 제도화하여 그간의 독립운동 과정에서 제기되어 온 요구가 실현될 수 있는 전기를 마련하였던 것이다. 그러므로 해방은 독립실현의 순간이었을 뿐 아니라 새로운 사회질서 선택의 기점이었다고도 볼 수 있다.

한편 한국의 국가가 근대국가의 제도적 형태를 갖추면서 강력한 행위주체로 등장한 것은 조선이 일본 제국주의에 병합되고 나서부터였다. 일제시대에 한국에 건설된 것은 물론 우리 민족에 의한 독립국가가 아니라 식민지국가였다. 그러나 근대국가 형성의 골격에 관한 한 일제통치의 유산을 지적하지 않을 수 없다(전상인, 1991). 일반적으로 식민지국가는 강력한 군사, 관료기구와 그들의 활동을 통해 자국의 사회계급들을 종속시킬 수 있는 메커니즘을 갖추고 있다. 따라서 이러한 국가권력에 의해 지배되었던 탈식민지사회는 식민지 모국과 같이 과대성장된 국가기구와 자생적 사회계급들의 활동을 규제하고 통제할 수 있는 제도화된 관례들을 물려받게 된다(Alavi, 1972). 이러한 국가기구의 과대성장성을 특징으로 하는 식민지국가 중에서도 한국은 일제하에서 특히 과대성장된 국가기구를 보유하고 있었다. 일제는 한국인의 저항을 통제하기 위하여 고도로 정교화된 국가기구를 이용하였으며 아래로부터 위까지 철저한 침투성을 갖는 명령체계를 확립하고 있었다. 일제통치는 이와 같이 억압적인 국가기구를 고도로 발달시킴으로써 한국사회를 결정적으로 압도하는 자율성을 확보하고 있었다(전상인, 1991). 그런데 2차 세계대전에서의 연합군의 승리는 일제 식민지 국가기구의 와해를 초래할 수밖에 없었고 어떤 변화의 단초를 제공하였던 것이다. 2차 세계대전에서 연합군이 승리함으로써 한국인들에게는 외국의 간섭 없이 새로운 형식의 정치, 사회, 문화를 재건하거나 창조할 수 있는 기회가 주어진 것이었다. 일본은 잿더미가 되었고 중국은 내전으로 황폐해졌으며, 소련은 승전국이긴 했으나 전쟁으로 피폐해 있었고 동유럽에 관심을 집중하고 있었던 것이다(Baldwin, 1973: 5).

해방과 더불어 시민사회의 급속한 팽창의 모습은 정치 사회 단체의 폭발적인 조직화에서 잘 나타난다(송건호, 1986 ; 최장집, 1987). 일본의 항복에 따른 국가권력의 공백상태는 다양한 정치사회세력들을 분출케 했던 것이다. 이 같은 현상은 해방과 더불어 어느 부문도 완전한 주도권을 장악하지 못한 상태에서 억압적 통치기제가 갑자기 제거됨에 따른 당연한 결과였고, 따라서 제국주의의 만행과 잔학한 탄압 속에서 억압되었던 한국인들은 해방이 되자마자 자신의 조국을 새로운 독립국가로 건설하는 데 참여했다. 비록 짧은 기간이었지만 이 시기는 일본총독부가 붕괴되고 미군정의 실제적인 권력장악이 부재한 상황 속에서 새로운 독립국가를 건설하기 위한 한국인들의 능동적 행동을 보여준 것이었다. 총독부 지배기구의 붕괴에 따른 권력의 진공상태는 아래로부터의 엄청난 정치변혁의 압력을 낳았던 것이다.

그러나 해방에 대한 기대는 사회계급에 따라 중요한 차이가 있었다. 일제하에서 지배계급의 일부를 형성했던 지주나 산업 자본가·관료 등은 바뀐 정세에 대처하기 위한 자구책을 모색하면서 현상의 부분적인 변화만을 기대하였던 반면, 농민·노동자계급은 해방을 그들의 절박했던 삶의 사회경제적 조건으로부터 벗어날 수 있는 결정적 계기로 삼고자 하면서 현상의 전면적인 변화를 원하였던 것이다. 전자는 일제의 지배구조 자체보다는 일본인의 추방만을 원하고 있었고 오히려 일본인이 차지하였던 지위까지 독점함으로써 지배계급의 지위를 유지하려 하였던 것이다. 반면 일제하에서 수탈당하던 농민·노동자계급의 경우는 전혀 다른 해방의 기대를 갖고 있었다. 이들은 해방이 자신들에게 토지와 정당한 임금을 주리라고 기대하고 있었으며, 이러한 요구는 현상의 급격한 변화없이는 실현될 수 없는 것이었다. 해방은 구질서를 해체시키는 결정적인 계기가 됨과 동시에, 새로운 사회가 어떠한 과정을 거쳐 어떠한 모습으로 형성될 것인가라는 문제를 제기하였고 사회계급에 따라 그 이해가 달랐던 것이다. 따라서 해방 이후 어떤 형태의 경제적 생산관계를 조직하느냐 그리고 어떤 정치적 통치구조를 형성할 것이냐 하는 문제를 둘러싸고 폭발적인 정치투쟁을 가져 올 수밖에 없었음은 당연하다 하겠다. 현상의 전면적 변화를 원하는 급진적 개혁주의자들과 현상을 그대로 유지하고자 하는 보수주의자들 사이의 권력투쟁은 이미 예견되어 있었으며[66] 실제로 이 시기는 격렬한 정치적 움직임이 나타난 격동기였다. 또한 이러한 정치적 움직임들은 새로운 경제질서를 어떤 방향으로 수립해야 할 것인가를 둘러싸고 전개된 경제주체들의 투쟁이었다고도 할 수 있다(이헌창, 1984). 특히 농지개혁 문제는 반봉건적 지주, 소작관계의 청산이라는 점에서 단순히 농민만의 문제가 아니라 전민족적 과제였으며 당시 남한 재산의 막대한 부분을 차지하고 있던 구일본인 재산을 어떠한 세력이 장악하여 어떤 방식으로 운영해 나가는가 하는 문제는 한국사회의 진로를 방향지우는 것이었다. 결국 미군정기는 이러한 문제와 관련하여 새로운 사회질서를 어떤 방향으로 확립해야 할 것인가를 둘러싼 여러 계급 간의 대항기였다고도 하겠다.

해방 직후 국내에는 다양한 정치세력들이 존재했었고 이들은 여운형을 중심으로 하는 세력, 박헌영을 중심으로 하는 재건파 공산주의 세력, 김성수, 송진우를 중심으로 한 토착세력, 김구를 중심으로 하는 임정세력, 그 외 이승만 세력 등으로 나눌 수 있는데(서중석, 1996 ; 도진순, 1997 ; 윤민재, 2004)[67] 해방 이전의 민족해방운동 경험이나 자신이 지지 기반으로 하

---

66) A. C. Bunce(19 April 1944), "The Future of Korea: Part I", *Far Eastern Survey*, Vol. XIII, No. 8. p.68.

는 계급, 미군정과의 관계에 따라 노선이나 행동 양식의 차이를 보이게 된다. 그런데 일제 식민지사회에서 지배층이었던 지주계급은 해방된 탈식민지사회에서도 여전히 지배층으로서의 정치적 정통성을 가질 수는 없었다. 또한 민족자본가의 성장은 거의 무시해도 좋을 정도로 미미한 상태에 있었을 뿐이었다. 반면 제국주의 독점자본과 식민지 국가기구의 억압과 지배 아래서 계속적인 저항을 전개해 온 노동자, 농민의 역량은 크게 성장하여 있었고 그들은 해방이 되자 반제반봉건의 과제를 수행하기 위해 광범위하게 동원되었다. 이러한 맥락하에서 노동자들은 생활권 옹호와 자주관리 운동을 전개하였고 농민들은 소작료 불납운동, 일본인 소유토지의 관리 및 분배운동 등을 전개하였다. 또한 해방 후 귀환동포의 대량 유입과 지방에서의 숨은 운동가들의 재등장은 해방 직후의 사회를 급격한 변화를 요구하는 혁명적 상황으로 몰고 갔다고 하겠다. 식민지 시대에 겪은 한국 대중의 피해, 토지와 식량에 대한 그들의 요구, 보수적 대일협력자들에 대한 증오, 독립국가를 재건하려는 결의, 식민지 국가기구의 붕괴 등으로 한국은 혁명의 소용돌이 속에 놓여진 것이다. 불과 수일 내에 전국 13개 도에 도 인민위원회가 구성되었으며, 8월 말까지는 전국 시·군의 반 정도에 해당하는 145개 지역에 인민위원회가 만들어졌다.[68] 커밍스에 의하면 면과 같은 말단 행정기구나 비정부기관의 것들을 포함할 경우 남한의 모든 지역에 최소한 한때나마 인민위원회가 설치되었다고 하는데, 그 활동은 지역마다 차이가 있었지만(Cumings, 1981, 하: 제8장) 일본 항복 이후 정부의 지배권을 수행하도록 충분히 잘 조직화된 것은 인민공화국(이하 '인공'이라 함)과 인민위원회였음을 부인하기는 어렵다(Genderson, 1968: 117 ; McCune, 13 February 1946: 36).

그리고 해방 직후의 경제적 위기, 정치적 과도기는 좌익사상이 일반 대

---

[67] 이들의 동향에 대한 미군정의 평가로는 The Historical Section, A C of S, G-2, XXIV Corps, "Brief History of Korean Political Developments", RG 332, Box 83. "Report on the Occupation Area of South Korea Since Termination of Hostilities"(September 1947), Part One, Political", RG 332, Box 29가 있다.

[68] 광주, 전남지방의 건준 및 인민위원회에 대한 연구로는 안종철(1991)을 참조하라.

중에게 쉽게 보급될 수 있는 여지를 마련하였다. 이는 좌익세력이 조직과 선전에 뛰어나기도 하였지만 당시의 경우 사회주의 내지 공산주의가 일반인들에게 큰 저항없이 받아들여졌을 뿐 아니라 항일운동과 유사한 의미로 받아들여지기도 했기 때문이다. 즉 해방 직후의 사회적·정치적 분위기나 일반인의 의식상태는 오늘날과는 다르고 사상 면에 있어서도 이론의 분화가 되어 있지 않았기 때문이다. 이에 조선건국준비위원회가 발전적으로 해체되고 선포된 인공을 공산주의자들이 어느 정도 지배했는가는 논쟁의 여지가 있지만 전반적인 리더십은 거의 급진적이었다고 할 수 있다.[69] 1945년 11월 2일에 하지가 맥아더 앞으로 보낸 전문에도 "공산주의자들의 활동은 만일 적극적인 조치가 취해지지 않을 경우, 그들이 통제권을 장악할 수 있을 만한 지경에 이르고 있습니다"(『미국무성 비밀외교문서』, 1945: 119)라고 하였으며 스노우(Snow)도 1945년 12월에서 1946년 1월에 걸친 현지답사를 통해 다음과 같이 기록하고 있다.

> 한국 전체의 지하운동은 혁명적 좌익 연합에 의해 이끌어졌는데 소수의 국내 사회주의자와 공산당이 지도했다. 소련의 원조가 없었더라도 우리가 개입하지 않았다면 전국적인 지배력을 곧 획득했을 것이다. 그러한 승리는 두 가지 이유 때문에 불가피한 것으로 보인다. 첫째, 국내에 필적할만한 효율적 지도력이 없다는 사실이다. 사회주의자와 공산주의자는 전시에 한국과 만주에서 독립운동에 참가했던 모든 노동자, 농민, 청년, 지식인들의 단체들을 조직하고 지도했었다. 만주에서는 수 만의 무장 빨치산들을 지휘했다. 따라서 그들은 독립군의 유일한 핵심을 휘하에 둔 것이다. …… 둘째 이유는 엄청난 양의 적산을 즉각 몰수, 관리하는 것이 경제의 주요 당면과제였던 나라에서 국유화가 가장 현실적인 방법이었다는 점이다. 한국 근대 공업의 85% 정도와 전체 근대기업의 95%가 일본인 소유였다는 특수한 사정이 있었다. 또한 농지에 있어서는 일본의 국유 자본과 사적 자본이 일제하 한국의 총 자산의 80%에 달하는 지배

---

69) 번스는 소작지 규모, 토지의 일본인 소유정도, 부의 불평등 등으로 남한이 북한보다 더 급진주의의 기반을 가지고 있었다고 평가하고 있다. A. C. Bunce, "Can Korea be Free?", RG 332, Box 51, p.6.

적 위치에 있었다(Snow, 1958: 394~395).

그러므로 해방정국에 있어서의 이데올로기 지형은 일제식민지하에서 누적된 반제반봉건적 혁명과제의 심각성 등으로 인해 좌익헤게모니의 주도 하에 상당히 좌경화되어 있었다고 볼 수 있다. 이 같은 현상은 한 사회의 사회성격에 있어서 가장 결정적인 역할을 하는 생산수단의 소유형태와 경제체제에 관한 당시의 논의에서도 잘 나타나고 있다. 식민지 시대를 통해 각 독립운동 단체들은 이미 국내자본의 절대적 비중을 차지하는 일본의 정부기관이나 법인, 개인소유 재산을 국유화하기로 정책을 세웠으며 상해 임시정부도 그 건국강령에서 생산기관과 운수사업, 은행, 전신, 교통기관 등을 일본 측 재산은 물론 한국인 소유까지도 대규모적인 것은 국유화할 것을 결정하고 있었다(진덕규, 1987c: 117~123 ; 신용하, 1990: 294~308). 또 해방정국에서 각 정파들의 정책강령을 통해 제시한 생산수단 소유형태와 경제체제 성격에 관한 입장들은 이 같은 이데올로기 지형의 좌경화를 보여주는 지표가 된다. 남로당, 북로당 등이나 흔히 중도우익, 중도좌익이라고 불리우는 여러 세력들은 말할 것도 없이 임협[70])이나 한국민주당과 같은 세칭 극우세력들까지도 소유형태에 대해서는 대기업의 경우 공유 내지 국유를, 중기업에 대해서는 국방산업 외 사유를, 소기업에 대해서는 사유를 주장하고 경제운영방식에 있어서는 통제경제를 주장하는 등 대체로 좌경적 입장을 견지하고 있었다(손호철, 1991: 9~11). 그 이유는 "노동자, 농민을 중심으로 한 민족운동이 크게 신장되었으며 소위 친일파, 대지주의 정당강령에도 어떠한 형태로든지 토지개혁과 중요 산업의 국유화를 내세우지 않는다면 정치적으로 존재할 수 없을 정도"(이기하, 1961: 63)였기 때문이다.

이는 미군정이 당시 8천여 명을 상대로 실시한 여론조사에 있어서 "자본주의, 사회주의, 공산주의 체제 중 어느 체제를 좋아하는가?"라는 질문에 자본주의로 응답한 사람은 13%에 불과하고 사회주의로 답한 사람이 70%, 공산주의로 답한 사람이 10%에 이르고 있다는 사실을 보아도 알 수 있다.[71]) 또 당

---

70) 임시정부수립대책협의회를 말함. 이는 한민당 등 1백 42개 정당, 사회단체로 결성된 연합체이다.

시 활동했던 2만 개 이상의 자발적 결사체의 성격을 분석해 보면 우파지향보다는 좌파지향의 경우가 점유하는 비율이 더 많음을 나타내고 있다(진덕규, 1992). 이처럼 해방 직후 한국의 사정은 사회혁명으로의 진전이 꽤 이루어졌었다고 볼 수 있다. 일제 국가기구의 몰락을 틈타 좌익세력의 리더십이 해방정국에서 일단 주도권을 잡으면서 대중적 지지를 얻었고 친일경력의 지배계급들은 새로운 정치상황 앞에서 힘없이 위축되었다. 이러한 좌경적 발전은 또한 밑으로부터의 시민사회의 폭발과 광범위한 연대를 확보하고 있었던 것이다.

3. 미군정의 수립과 점령정책

1) 미군정의 수립

미군정은 1945년 9월 8일 미군의 인천 상륙에서부터 시작하여 1948년 8월 15일 남한에 정부가 수립될 때까지 약 2년 11개월에 걸쳐 실시되었다. '군정'이란 넓은 범위로 정의하면 군인이라는 특수 신분의 인사나 집단이 바로 그 특수 신분의 성격을 통해서 정치적인 권력을 행사하는 것이다. 그러나 여기서 다루는 미군정의 경우는 한 나라가 다른 나라에 대해서 군정을 실시하는 경우에 해당된다. 이런 의미에서 볼 때 군정은 타국에 의하여 정복 또는 점령된 지역에서 군사력에 의한 통치권의 지배를 받는 것을 의미하는데(박문옥, 1968: 307~308), 일반적으로 다음과 같은 성격이 전제된다(진덕규, 1979: 36).

---

71) HQ, USAMGIK, Department of Public Information(10 September 1946), "Type and Structure of a Future Korean Government", 신복룡 편(1991) 『한국분단사 자료집 Ⅵ』, p.10. 이에 대한 평가로는 이성근(1985, 119: 131)을 참조하라. 1946년 5월 미군 정보부에 의한 여론 조사에서도 바람직한 정부형태로서 소비에트 공산주의 11%, 미국식 민주주의 37%, 양자의 혼합 34%, 어느 쪽도 아님이 18%였다. HQ, HUSAFIK, *G-2 Periodic Report*, 일월서각에서 복간(1986)(이하 '*G-2 Periodic Report*'라 함), 통권 제2권, p.356.

첫째, 군정은 대상지역의 주민을 군정의 지배대상으로 하고 있기 때문에 군정당국은 군림적이고 절대적인 지위를 향유한다. 군정당국자는 곧 지배자이지 지도자가 아니고 더욱이 대표자는 될 수 없다. 군정 당국자의 임명은 군정을 받고 있는 지역의 주민들이 보여주는 의사와는 전혀 관계가 없으며 무한대적인 권력을 행사하고 이 권력의 행사는 군정의 작전상 불가피한 일이라는 것으로 합리화된다.

둘째, 군정은 지배지역에 있어서 절대권을 행사하면서 이러한 지배권의 행사가 일차적으로 군부의 작전상 필요를 위하여, 그리고 자기들 국가의 대외정책의 추구나 국가이익만을 위하여 전개되는 것이기 때문에 사실상 군정 대상지역 주민들에게 있어서는 강압적인 통치로만 일관하게 된다.

셋째, 군정은 그것이 정상체제적 정치질서가 아니라 잠정체제적 성격을 가지고 있기 때문에 모든 것을 장기적인 측면에서의 지속적인 효과나 발전 등과는 사실상 무관한 것이 되고 만다.

이러한 성격을 가진 군정의 개념은 해방 이후 38도선 이남에 그대로 적용될 수 있다. 미군이 남한에 진주한 것은 전쟁이 종료된 후 20여 일이 지난 9월 8일이었다. 미군정의 성격은 9월 2일 서울 상공에 살포된 미 제24군 사령관, 하지 중장의 포고와 9월 11일의 맥아더 포고 제2호를 보면 잘 나타나는데 분명한 것은 일본 식민 통치를 이어받은 점령군의 고압적인 자세를 가지고 한국인 앞에 나타났다는 것이다.[72] 한국은 적국의 일부였고 한국인의 정치적 열망은 부차적이었던 것이다(Sarafan, 1946: 350). 이는 다음의 글에서 잘 표현되고 있다.

> 하지는 한국은 일본제국의 일부로서 우리의 적이며 따라서 항복조건들을 준수해야 하며 우리 군대는 이런 조건들의 준수를 위해 한국에 상륙하는 것이라고 말했습니다. 또한 적어도 초기에는 일본의 행정기구를 그대로 운영할 필요가 있으며 이 기간 중 일본인기구를 한국에서의 합법

---

[72] 예를 들면 포고 제2호에는 범죄 또는 법규위반에 관하여 사형처벌까지 규정되어 있다. USAMGIK(September 1945~September 1946), *Official Gazette*, 원주문화사에서 복간(1991), 『미군정청 관보』(이하 '*Official Gazette*'라 함), Part 1, pp.24~25.

적인 정부로 인정할 것이라고 말했습니다. 한국인들이 지위와 독립에의 희망을 가지고 있음을 인정했지만 자기가 아는 한 연합군은 이에 대한 어떠한 정책도 마련해 두고 있지 않다고도 말했습니다(Gayn, 1981: 109).

이처럼 미군은 점령 당초 한국을 완전히 일본의 일부인 것처럼 취급하고 패전국에 대한 전승국의 태도로 임했으며, 미군정은 점령 직후에 일본의 총독부 행정기구를 그대로 유지하였다. 미군정은 9월 9일 일제의 식민행정체계를 잠정적으로 유지시킨다고 발표하였고 또한 혼란상태가 진전될 때까지 일본인 관리들을 잔류시킨다고 하였다. 이 정책은 비판을 받자 곧 철회되었고 9월 12일 총독부를 군정청으로 대체하고 일본인 관리들을 해임시키도록 하였다. 미군은 남한도 일본의 경우처럼 기존의 총독정부를 이용하고자 했지만 민심의 항의로 군정실시로 방침을 결정하였던 것이다.[73] 또 트루먼도 한국에 있는 일본 통치기관을 완전히 폐지하고 이를 대행할 군정부를 설치하기로 결정하였다(『매일신보』, 1945.9.16).[74] 이렇게 하여 한국 군정에 대한 구체적인 훈련이나 준비는 부족하였지만 효과적으로 기능한 군정조직이 세워졌던 것이다(Tayler, 1948: 356).[75] 육군부와 해군부는 점령을 하면 민정을 담당한 관리가 필요하기 때문에 독자적으로 민정관리를 양성했다(Em, 1991: 100~103).

따라서 하지 중장은 곧 군정청 조직에 대해 발표하였는데, 여기서 그는 군정청이 한국인에 의한 정부 수립까지의 과도 기간에 있어서 38도선 이남

---

73) 하지에 따르면 남한도 일본의 경우처럼 기존 정부를 이용하라는 명령을 받았는데, 한국인의 저항이 있자 맥아더 사령부로 이에 대한 전보를 보냈고 그것을 대체하는 권한을 위임받았다고 한다. "Verbatim Transcript of General Hodge's Discussion with Wedemeyer Mission."
74) 이에 대한 당시의 논의들에 대해서는 SWNCC 176/4(11 September 1945), "The Basic Initial Directive to the Commander in Chief, U.S. Army Forces in the Pacific for the Administration of Civil Affairs- Korea South of 38 Degrees North Latitude", RG 218, Box 658.
75) 미국은 상황 판단을 위해 포로, 피난민의 심문, 한인과의 접촉, 간행물, 일기 등의 입수, 암호해독, 통신검열, 지역사회의 답사, 여론조사 등을 통해 각종 정보를 획득하였다(방선주, 1991: 7~15).

의 한국 지역을 통치, 지도, 지배하는 연합군 총사령관 아래서 미군에 의해 설립된 임시정부임을 밝히고 군정청은 남한에 있어서 유일한 정부이며 군정청 본부의 도·군·부를 통하여 각 기관을 운영할 것이라고 선언함으로써 남한을 직접 통치하게 된다. 점령 당국이 자신을 38도선 이남 지역의 유일한 정부라 했을 때 그것은 기본적으로 물리적 폭력을 합법적으로 독점한다는 것을 의미한다. 이는 미군정이 '폭력에 기초하며 일정 영토 내에서 물리적 폭력의 합법적인 독점적 행사로 특징지어지는' 국가의 역할을 했음을 의미한다. 따라서 초기 군정의 수립과정에서 최우선이 된 것은 무장력을 재건하고 합법적 물리력을 독점하기 위한 조치였으며 그것을 가능케 한 것은 7만여 명을 상회한 전술군의 존재였다(박찬표, 2007: 76). 실제로 미군정은 과도적인 성격의 정부이기는 하지만 유일한 정부임을 강조하였다(김광욱, 1998).

주한 미육군(the United States Armed Forces in Korea: USAFIK) 총사령관은 제24군 사령관과 동일인이지만 조직상으로는 주한 미 육군 총사령관 아래에 제24군과 주한미군정(the Unites States Army Military Goverment in Korea: USAMGIK)이 별도로 있었다. 따라서 주한 미육군에는 기본적으로 두 개의 하부 조직, 즉 38도선 이남 전반에 대한 감독과 전술적인 일을 맡아보는 주한 미육군 제24군과 점령의 민간 업무와 행정을 담당하는 주한미군정이 있었으며 그들 사이의 연락은 군정장관 비서처가 담당하였다.[76] 그런데 점령 지역의 민간행정에 책임이 있는 주한 미군정청(USAMGIK)은 1946년 1월 4일에 가서야 비로소 공식적으로 설립되었으며, 모든 미군정 단위에 대한 통제가 전술 부대로부터 미군정에게 이전되었다. 이때부터 훈련된 군정관료가 민간행정업무를 담당하게 되었고, 중앙으로부터 지방에 대한 직접 통제를 할 수 있게 된 것이다(Hoag, 1970: 150 ; Tayler, 1948: 361~363). 도에는 도 행정부가 있었고 도지사와 중앙정부는 직접 연결되어 있었으며(Robinson, 1947: 257) 지방의 군정청은 각각 미군의 사단에 속해 있었는데, 중앙의 군

---

76) General HQ, Supreme Commander for the Allied Powers(이하 'SCAP'이라 함), Monthly Summary of Non-Military Activities in the Administration of Civil Affairs in Occupied Korea, No 1(September~October 1945), RG 218, Box 147, p.5A.

정청과의 연락은 군정청의 관방을 통하여 행해졌다(森田芳夫, 1964: 292).

각 지방 군정부대의 파견 및 주둔은 1945년 10, 11월에야 본격적으로 진행, 완료되어 가고 있었다. 1945년 11월 당시 남한 각 지역에 배치된 미 제24군의 병력은 7만여 명에 이르렀고 이들의 존재는 미군정통치의 물리적 기반이 되었다. 미군의 편성은 서울의 제24군 사령부하에 3개 사단이 있었는데 경기도·강원도·충청남북도는 제7사단이 주둔하였고, 경상남북도는 40사단, 전라남북도는 6사단이 점령 주둔하였다. 점령 이후 군정의 확대는 크게 세 단계로 나누어 볼 수 있다. 첫 단계에서는 장교들로 구성된 탐색팀이 부산과 같은 주요 지역에 머물면서 미군 진주를 알리고 각 지방의 정치 정세 및 상황 등을 관찰하였다. 두 번째 단계에서는 전술부대에 의한 점령이 시행되었는데 어떤 지역에서는 1945년 12월에 가서야 완료되었다. 세 번째 단계는 완전한 군정통치를 위해 훈련과 장비를 갖춘 민간문제 담당팀이 진출한 시기이다. 이 민간문제담당팀은 1945년 말경 각 도에 배치되었다(김수자, 2005: 149). 따라서 그 이전에는 모든 군사정부 단위에 대한 통제를 군정장관보다는 전술사령관이 했고 그 때문에 여러 가지 혼란을 가져오기도 했다(Lucas, 1947: 8). 즉 배치과정에서 이미 점령군의 역할을 담당하고 있던 전술부대와의 역할 분담, 위계 등으로 마찰을 노출시킬 가능성들이 내재하고 있었다. 그리고 이러한 대립의 요인들은 초기 미군정의 정책에 그대로 드러났다고 할 수 있다(김수자, 2005: 154). 실제로 미군정은 초기의 어려움으로 "미군정에 대한 고위급 정책의 부재, 요원의 부족, 시간의 부족(정부를 수집, 분석, 계획 실행할 여유가 없었음), 재정의 부족, 언어문제"(김수자, 2002: 110) 등을 들고 있다.

그러나 1946년 봄에 이르면 군정은 중앙집권적 국가기구를 통해 지방에 대한 완전한 통제체제를 확립하게 된다. 1945년 12월 현재 주한미육군총사령부의 하부조직은 〈그림 2-2〉와 같다.

식민지 권력의 상징인 총독부가 물러간 자리를 민족 자주세력이 담당할 수 없게 된 가운데 외부세력인 미군정이 식민지 권력의 계승자로서 한국사회 내의 정치권력을 장악했던 것이다. 미군정은 아놀드 소장(A. V. Anold: 1945.9~1945.12), 러취 소장(A. L. Lerch: 1945.12~1947.9) 그리고 딘 소장(W.

〈그림 2-2〉 주한미육군총사령부의 하부조직(1945년 12월 현재)

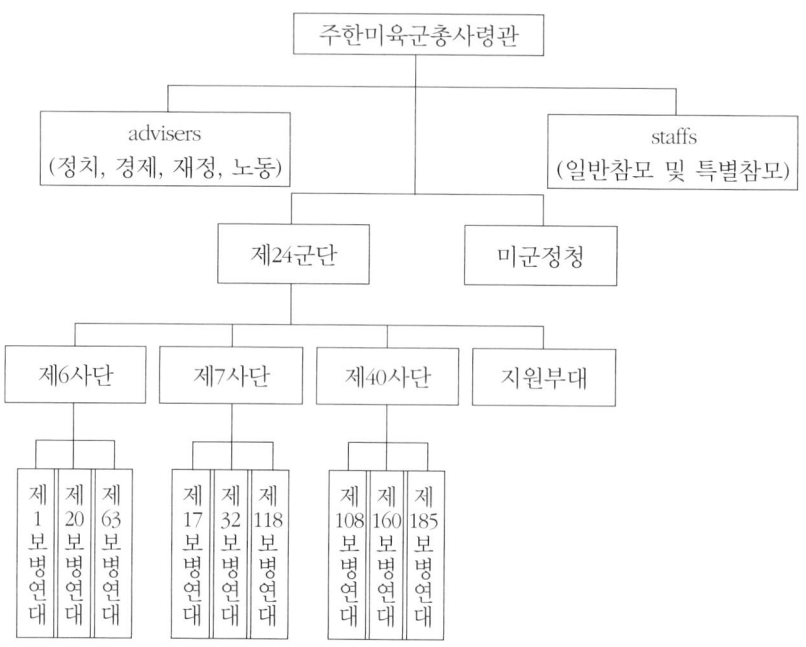

* 자료: 조기안(2003: 54).

F. Dean: 1947.11~1948.8)의 2년 11개월간에 걸친 군정장관하에 행하여졌다. 1년 8개월간은 미군정의 직접통치기였으며, 1년 3개월간은 미군정하에 입법, 사법, 행정을 갖춘 남조선과도정부(South Korea Interim Government: SKIG)가 존속하였던 준간접통치기였다. 중앙정부의 명칭은 처음에는 군정청이라 하다가 1947년 6월 3일부터는 남조선과도정부라 개칭하여 형식상으로는 한국인들이 정치를 하게 되었으나 과도입법의원의 의결내용에 대한 거부권은 군정장관에게 있었으니 실질적인 통치권은 물론이고 지배를 위한 권력구조는 미군에게 있었다고 하겠다.[77]

---

[77] 이와 같은 입장은 하지의 성명에서도 잘 나타나고 있다. "이는 조선인 입법의원이 충분히 기능을 발휘하고 정부 내 모든 부의 수뇌자가 조선인이 될 것을 의미하는 것이다. 그러나 조선정부는 미국의 지도하에 기능을 발휘할 것이며 이 정부의 행동은 의연 余의 승인을 받게 될 것이므로 이는 미국이 정부에 대한 관리

〈표 2-4〉 미군정 국가기구 개편의 일지

개편 연월일	국가기구 개편 내용
1945년 8월 17일	총독부 기구를 존속시켜 8개 국장에 미군 장교 임명
1945년 10월 5일	군정장관 고문관에 김성수를 비롯하여 한국인 11명 임명
1945년 12월	한국인, 미국인 양 국장제 실시
1946년 2월 14일	'남조선 대한국민 대표민주의원'이 주한 미군사령관 하지 중장의 자문 기구로 출범
1946년 5월	제1차 미소공동위원회 결렬 이후 좌우 합작 지원
1946년 12월 19일	김규식을 의장으로 하여 남조선과도입법의원 개원
1947년 2월 10일	과도입법의원인 안재홍을 민정장관으로 임명
1947년 4월 5일	중앙부처를 13부 6처로 확대 개편
1947년 5월 17일	양 국장제를 폐지하고 각 부처의 장이 한국인으로 임명되고 미국인은 고문관으로 물러남. 따라서 미군정청 한국인 기관을 남조선과도정부라고 개칭함.
1947년 9월 17일	한국 문제의 유엔 이관
1948년 8월 15일	한국정부 수립, 미군정 폐지

* 자료: 김광식(1987c: 57).

과도정부란 실제로 미군정청 내의 한국인 기관에 대한 호칭으로서 사실상 미군정 예하의 한인 행정조직에 불과했다. 또한 최종적 권한의 이관도 물론 아니었다. 미군사령부 및 군정장관이 중요 인사의 임명, 법령 포고, 주요 정책결정 등의 권한을 계속 보유했고 또한 각 부서의 미국인 고문들도 최종 결재권자로서의 권한을 행사했다. 특히 요원의 선발과 재정문제를 포함한 모든 주요 지침에 미국인 고문의 부서를 요구함으로써 실질적으로 통제권을 계속 행사했다(김운태, 1992: 277). 또한 재정, 적산관리, 원조물자 배분 등 미군정의 물적 기반에 대한 부분은 행정권 이양 대상에서 제외되어 추후까지 점령 당국이 직접 통제했다. 이러한 미군정기는 외삽국가체제라 할 수 있는데(진덕규, 1991: 233), 외삽국가체제는 권력의 안정성을 확보하기 위하여 기본적으로 억압적 통치양식을 사용하며 이때 이념적 통제와 국가공권력에 의한 통제 그리고 사회적 통제를 지배수단으로 동원하게 된

를 포기하는 것을 의미하는 것은 아니다"(국사편찬위원회 편, 1968: 331~332).

다(김석준, 1996: 57). 또 외삽국가체제의 속성을 지니면 정치적 지배세력은 국내의 전통적 계급이나 지배세력과 필연적으로 연계를 가지게 된다.

미군정의 인력현황을 보면 다음 〈표 2-5〉와 같은데 1946년 10월과 1947년 11월 사이에 미군정에 참여한 인력은 약 3배로 증가하였다. 미국인 인력은 장교, 사병, 민간인으로 구성되어 있는데 절대수에서 약 70%로 감소하였고 구성비에서도 7.1%에서 1.7%로 크게 줄어들었다. 이에 비하여 한국인 인력은 92.9%에서 98.3%로 증가하였다. 이는 미국인 인력을 점차적으로 한국인 인력으로 교체하는 미군정 당국의 한국화정책을 나타내고 있다(조기안, 2003: 149).

〈표 2-5〉 미군정청 인력현황

구분 \ 시기	1946.10	1947.11
미국인 인력	3,721명(7.1%)	2,626명(1.7%)
한국인 인력	48,949명(92.9%)	150,441명(98.3%)
계	52,670명(100%)	153,067명(100%)

* 자료: 조기안(2003: 149).

미국인 인력은 점령 초기에는 자질보다는 수적인 부족이 문제였으며, 지방에 배치되는 군정요원의 심각한 부족현상을 나타내었다. 미국인 인력 중 장교들은 군정경험이나 군정교육을 받은 사람들이 많았으나 사병들은 그렇지 못한 것으로 보인다. 군정교육을 받은 장교들도 미군정청이 요구하는 분야와는 일치하지 않는 경우가 많았고 특히 행정훈련을 받았거나 사업경험이 있는 장교와 광업분야와 같은 전문기술분야의 장교가 부족했었다. 고위급 정책에 대한 불확실성의 분위기 속에서 너무도 많은 실용적이고 즉각적인 결정이 이루어져야 했던 것이다(김수자, 2002: 125).

이러한 점에서 보면 미국인 인력의 군정 수행 능력에는 일정한 한계가 있었다고 할 수 있다. 또 인적 자원에 있어서의 큰 문제점은 미군정에 참여한 한국인 인력이 그 기능적 적합성에도 불구하고 친일적 보수우익적인 성향을 강하게 나타내고 있었다는 점이다(조기안, 2003: 185).

그런데 미국이 군정청을 설치하고 남한을 직접 통치한 이유는 무엇인가? 경제고문을 지냈던 번스에 따르면 미국은 남한에 대해 세 가지 대안들이 있었다고 한다. 첫째는 일제 통제를 질서있게 청산하고 일본인을 송환하기 위해 기존구조를 행정조직체로서 그대로 유지하는 것이었고, 둘째는 인공을 지지하고 그것을 임시정부로서 발전시키는 것이었고, 셋째는 임시적인 기반으로서 군정을 발전시키고 한국인으로 하여금 보다 적절한 정당체계를 발전시키도록 허용하는 것이었다. 처음에는 일본과 같은 정책이 한국에도 적용되어 기존구조를 그대로 이용하려 하였으나 한국인들의 강한 저항을 받아 즉각 포기할 수밖에 없었다. 두 번째 대안에 대해서는 몇 가지 문제점들이 있었다. 우선 미국이 인정하지 않았던 상해 임시정부가 있었으며 인공은 새로운 것이었고 당시의 정치고문은 그것이 소수의 공산주의에 의해 지배되어 있다고 보았던 것이다. 결국 미국은 남한에 미군정청을 세웠으며 인공은 정부가 아니라 단순히 정당에 불과한 것으로 취급했던 것이다.[78] 즉 미군이 도착했을 때 한국은 해방된 사회가 아니라 점령지역으로 취급되었고 곧 인공을 해체하고 군정을 세운 것이다. 명목상으로는 주한미사령관은 일본 극동군 최고 사령관인 맥아더 지휘 아래 있었으나, 미군정의 실질적인 행정은 하지의 관할하에 있었다(McCune, 1947: 188).

그런데 점령지에서 본국 정부의 정책 지침을 구체적으로 집행하는 것은 점령권력이다. 따라서 점령권력의 성격과 내부 구성은 점령정책의 내용을 결정하는 중요한 요소가 된다. 전후 미군 점령지의 점령권력은 크게 전술군, 군정부대, 국무부 고문 등 세 세력으로 구성되는데 독일, 일본과 비교할 때 남한은 국무부 고문들의 위상이 아주 취약했고 전술군이 완전한 헤게모니를 장악하고 있었다. 그러나 점령 초기에 비해 1946년 중반 이후에는 점령권력 내부에 국무부 고문과 문관 비중의 증가라는 변화가 나타났다(박찬표, 2007: 225).

남한에 주둔한 주한미군사령부 각 기관 가운데 정보수집을 총괄한 부서는 주한미군사령부 정보부(G-2)였다. 정보부는 예하에 몇 개의 정보기관을

---

78) A. C. Bunce, "Can Korea be Free?", pp.7~8.

두었는데 그 가운데 가장 중요한 기구는 방첩대(CIC, Counter Intelligence Corps)였다. 방첩대는 주한미군사령관 하지 장군의 두터운 신임을 받았고 미군정 각 기관들 가운데 남한 정치, 대북 첩보 수집 및 대북 공작활동을 벌일 수 있는 유일한 기관으로서 이들 활동을 전담했다고 해도 과언이 아니다(정용욱, 2007: 444). 한국 전지역을 포괄할 수 있는 정보, 수사기관은 방첩대가 유일했다고 할 수 있다.

미군 방첩대가 직접 전술부대의 지휘, 통제하에 들어가는 예는 드물었으나 주한미군 방첩대의 경우 한반도의 38도선 이남에 진주한 미 육군 24군단 사령부 정보부(G-2)의 지휘 통제하에 있었고 또 행정적으로는 동경에 있는 441파견대의 통제를 받았다. 애초 남한에 부임한 것은 방첩대 224파견대였으나 1946년 4월 971파견대로 교체되었다(정용욱, 2007: 478). 971파견대는 서울에 본부를 두었고 서울을 비롯해 전국 각지에 지부를 두었다. 본부에는 작전실과 행정실, 그리고 연락장교를 두었고 작전실과 행정실에는 여러 과를 설치해서 이들을 중심으로 조직의 운영과 활동 전반을 기획하고 관리했다. 본부와 본부의 각 과는 한국에서 미군 방첩대 활동을 전반적으로 지휘하고 통제하는 지휘부 역할을 하였고, 주한미군 방첩대의 실제 활동을 담당한 것은 전국 각지에 있었던 지부와 분소들이었다.[79] 이후 방첩대는 일제 각 기관들이 남긴 유산을 활용하면서 독자적인 정보망을 구축하였고 그 과정에서 일제의 사찰기관 특히 경찰과 연결망을 확보하였으며 작전 수행 과정에서는 우익 청년단체들도 활용하였다(정용욱, 2007: 445).

주한미군 방첩대는 주둔 기간 내내 요원 부족을 상부에 호소했지만 한국인 정보원들과 한국 경찰, 서북청년단을 비롯한 극우청년단체들을 적극 활용함으로써 남한에 있는 다른 어느 정보기관보다 광범하고 포괄적인 정보망을 구축할 수 있었다(정용욱, 2007: 479). 방첩대의 주 임무는 방첩 활동이었지만 주한미군 방첩대 「예규」에서 보듯이 주한미군 방첩대는 애초

---

[79] 상황변화에 따라 지부와 분소의 위치 역시 변하였는데, 시기별 지부와 분소의 변화를 보면 1946년 9월에는 9지부 3분소, 1947년 5월에는 9지부 9분소, 1948년 12월에는 13지부 6분소로 점차 증가하였다(정용욱, 2007: 478~479).

부터 점령지의 정치, 사회적 활동 전반에 대한 감시와 사찰을 자신의 고유한 임무로 삼았다. 방첩대의 활동은 방첩활동, 정치 사찰 및 좌익 탄압, 대북 정보 수집으로 나누어 볼 수 있다(정용욱, 2007: 463~478).

미군정기를 통해 남한에 적용된 법령은 태평양 미육군총사령부 포고(proclamation), 남조선과도정부법률(public act), 재조선미국육군사령부군정청법령(ordinance), 행정명령(executive order), 군정청 부령 및 각종 지령(order), 군정청 포고, 군정이 폐기하지 않은 총독부 법령, 한국의 전통관습법 등이 있었다. 입법의원이 개원한 뒤에는 입법의원이 심의, 의결하고 미군정 장관이 인준, 공표한 법률들 또한 효력을 발생하게 되었다(손희두, 2001, 127~128).

태평양미육군총사령부의 포고는 태평양미육군총사령관인 맥아더의 서명으로 공표된 최고의 법규범이다. 남조선과도정부법률은 남조선과도입법의원에서 제정하여 군정장관의 인준을 거쳐 공표된 법률이다. 협의의 미군정 법령은 군정장관의 서명 또는 민정장관의 건의와 군정장관의 인준을 거쳐 공표된 법령으로서 법률의 개폐효력을 가졌다. 행정명령과 부령(department order)은 법령에 의한 위임명령이거나 집행명령이다. 그러나 행정명령은 군정장관의 서명 또는 민정장관의 건의와 군정장관의 인준을 거쳐 공표된 군정장관의 명령이고 부령은 군정청의 부장(국장), 처장 등의 서명을 거쳐 공표된 명령으로서 여기에는 부령뿐만 아니라 국령, 처령과 부령에 상당하는 위원회규칙(regulation)도 포함되어 있다. 또 부령 및 지령이라고 할 때 부령이나 위원회 규칙 이외에 훈령(insturction), 지령 등이 포함된다(조기안, 2003: 125).

1946년 5월 29일 군정장관 지시(Directive)에서 군정청 중앙부처 및 지방군정청이 발하는 제반 법규의 심사, 승인, 공표 등에 관해 통일적이고 체계적인 규정이 확립되는데, 이에 따르면 군정청 중앙부처의 간부가 해당 부서의 범위를 넘어 일반적인 효력을 가지는 행정적·법적 형식과 효력을 가지는 명령, 훈령, 규칙 또는 공문서를 발하는 때에는 민정장관을 경유하여 군정장관의 승인을 받아야 한다. 또한 군정청 사법부의 심사를 거쳐야 한다. 즉 군정장관의 정한 정책이나 보다 상위의 지령을 이행하기 위하여 그 발포와 효력발생을 위한 법적 권한을 갖추고 있는가 하는 것을 포함하여 합법성, 용어, 형식을 심사하고 서면으로 승인해야 하는 것이다. 이러한 공문서는 권한자가 서명, 날인하고 공문서번호가 부여되고 또한 관보로 공표된 후에만 효력이 발생한다. 또한 군정장관, 부군정장관, 민정장관, 기타 중앙부처의 간부가 발한 모든 법령, 명령, 훈령 및 규칙은 서명, 날인되고 공문서로 등록되어 관보에 게재되어야 하며 그러할 때 남한의 민간인을 규율하는 법률과 규칙들의 통제된 틀이 확보된다고 하고 있다(문준영, 2007: 121).

미군정법령은 제1호부터 제219호까지 공표되었는데, 법령 제1호부터 제140호까지는 미군정청법령이고 법령 제141호부터 제219호까지는 남조선과도정부법령이었다. 그러나 법령의 공표는 미군정장관의 확인 혹은 인준을 마지막으로 거쳐야 했다는 사실에서 미군정 전반에 걸쳐 효력을 미친 법령은 미군정청의 점령목적을 달성하기 위한 수단이었으며 남조선과도입법의원들은 실질적인 입법기능을 가지지 못하고 미군정청법령에 대한 보조적 입법기능만을 가지고 있었음을 알 수 있다. 미군정기의 법적 구조는 〈그림 2-3〉과 같으며, 법령개정 사항이나 행정처분적인 사항 등을 제외한 미군정법령현황을 보면(〈표 2-6〉) 총 318건인데 미군정법령 중에는 협의의 미군정법령이 54.7%로 과반수를 차지하고 있고 부령 및 지령이 28.6%, 행정명령이 6.6%를 차지하고 있다.

2) 미군정의 지위와 성격

미군의 남한점령은 군사점령의 관점에서 볼 때 그 발단과 진행기간의 면에서 독특하다고 평가된다. 미군의 점령이 시작되었을 때 미군정은 협약상의 군사점령권뿐만 아니라 현대적인 정치형성상의 난제들을 해결해야 하는 일종의 정부로서도 기능했기 때문이다(조소영, 2004: 72).

미국의 남한점령이 갖는 특수한 성격과 미군정의 근본적 위상에 대한 문제의식은 기존의 현대사 연구에서는 소홀히 다루어져 왔다. 미군정의 위상에 대한 관심이 적었던 것은 '민족', '계급' 등을 기초로 사회구조적 분석

〈그림 2-3〉 미군정기의 법적구조

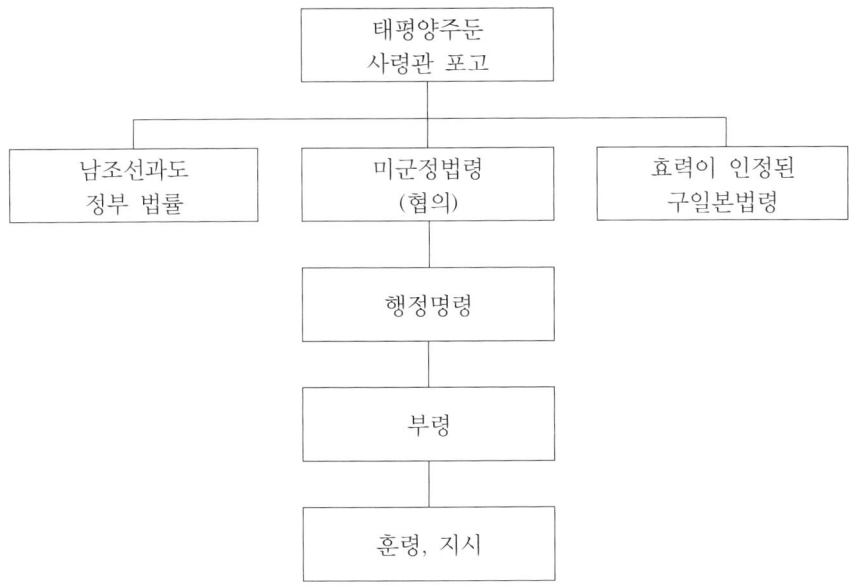

* 자료: 조기안(2003: 121).

〈표 2-6〉 미군정법령현황(법령개정 등 제외)

구분	건수(%)
태평양미육군사령부포고	3(0.9)
남조선과도정부법률	11(3.5)
미군정법령(협의)	174(54.7)
행정명령	21(6.6)
부령및지령	91(28.6)
군정청포고	6(1.9)
기타	12(3.8)
계	318(100)

* 자료: 조기안(2003: 129).

에 문제의식을 집중시켜 온 기존의 연구경향과도 관계를 갖는다. 그러나 미국이 미군으로 하여금 정부를 구성하고 점진적으로 한국정부로 발전시킨다는 전략에 따른 것이긴 하지만 미군정에 의한 직접통치를 선언한 것이었기 때문에(이승우, 2007: 176) 그에 대한 성격규명은 필요하다.[80]

미군정은 점령 초기에 점령지였던 남한이 무정부상태였기 때문에 점령국에 관한 국제법 규정과 총체적으로 일치될 수 없었던 특수한 점령 상황을 기반으로 하였다. 군사점령이 일반적으로 간접점령의 형태를 띠는 것은 헤이그 조약이 내재한 피점령지역 주권정부 존재의 인정이라는 원칙의 결과였다. 헤이그 조약에 따르면 피점령지역은 점령국의 영토가 아니며 피점령지역의 주권은 그대로 유지된다(Glahn, 1957: 231~237 ; Schindler, 1981).

헤이그 조약은 주권 정부를 대신하여 피점령지역을 통치해야 하는 점령국의 역할에 대해서 소극적으로 규정하고 있다. 헤이그 조약 43조는 점령국의 의무를 포괄적으로 규정하면서 "점령국은 피점령지역의 질서를 복구, 유지하기 위해 현존 법률을 존중하면서" 점령행정을 펴나갈 것을 규정하고 있다(Benvenisti, 1993: 7~31). 즉 군사점령이 군사적 목적과는 구분되는 피점령지역 내부 문제인 민사업무와는 무관하거나 최소한 민사업무 수행이 군사점령의 주요한 목표는 아님을 의미했다. 국제규약이 군사점령을 단순한 군사적 필요에 따른 것으로 규정하였기 때문에 군사점령하에서 발생할 수 있는 피점령지역 민간인들을 상대로 하는 민사업무는 점령법에서는 공백상태로 남게 되었다(고지훈, 2000: 211~221).

이탈리아, 오스트리아, 일본 등의 점령에서는 군사적 목적과 무관한 피점령 지역의 민사업무의 대부분이 그 지역의 자치정부 혹은 지방정부에 의해 이루어졌으며 점령 당국의 개입이 필요할 경우에도 피점령지역 행정체제를 통하는 간접적인 방식을 취했다. 남한점령은 주권정부 및 주권정부의 현실태로서 자치정부가 부정되었고 점령 당국이 이러한 역할까지 모두 담당하면서 이루어졌기 때문에 기존의 점령과는 다른 방식을 취할 수밖에 없었다.

---

[80] 미군정의 법적 지위와 관련된 쟁점에 대해서는 문광삼(1988), 나인균(2003)을 참조하라.

자치정부로서의 역할은 주권의 담지자로서 추상적인 주권정부와는 구분되는 실질적인 행정업무를 담당하는 현실의 정부를 의미한다. 점령역사를 통해 볼 때 흔치않은 직접점령의 형태를 띠었던 미국의 남한점령은 군사점령의 목적에 직접적으로 관련이 없는 민간행정 분야에 대한 피점령 주민의 자치를 부정한 것으로 점령 당국의 책임과 권한을 확장하는 결과를 낳게 되었다. 주한미군정은 이처럼 민사업무를 담당하기 위한 자치정부에 해당하는 것이었다(고지훈, 2000: 220). 남한에 진주한 미 제24군은 점령국으로서의 군사적 임무에 더하여 미정부가 확립해 놓았던 대한정책상의 논리에 따라 남한에 대한 '주권정부-자치정부'의 역할까지 떠맡았던 것이다.

미국의 정책적 판단에 따른 한국인 주권 보유 불인정은 '주권정부 없는 점령'이라는 특수한 점령형태를 창출하는 결과를 낳은 것이다. 이러한 사정으로 피점령지역 주권정부의 피점령지역에 대한 기득권을 인정하며 또한 주권정부의 대행자로서 자치정부의 존재와 활동을 묵인하는 헤이그 조약은 남한에서 적용될 수 없었다(고지훈, 2000: 217).

그러므로 법률심의국이 주한미군정의 주권적 지위와 관련하여 국제법적 근거를 제시할 수 없었던 것은 군사점령과 병합은 구분되어야 하기 때문이었다. 식민지 혹은 보호령이 아닌 한 주권을 대리한다는 것은 있을 수 없었으며 군사점령으로 주권정부의 존재가 부정되는 것도 아니었다. 한국의 주권귀속에 관한 연합국 성명의 발표가 유보되었던 이유도 결국 주권 귀속문제가 가진 어려움 때문이었으며 점령이 종료될 때까지 이 문제는 미정부에 의해서도 해결되지 못했다. 그럼에도 불구하고 점령 당국이 스스로를 남한의 주권정부로 자처하게 된 데에는 현실적인 필요성 때문이었던 것으로 보인다. 즉 점령 당국이 구왕조, 상해 임시정부, 인공 그리고 일본의 주권보유를 부정했지만 주권적 권리에 의거해서만 가능한 점령행정의 분야가 존재했던 것이다.[81] 남한의 주권을 주한미군정이 보유한다는 것이 대외적으로 인정받기 힘든 상황이었지만 현지 점령 당국은 점령행정상의 필요

---

[81] 주한 미군정이 스스로 주권적 권리를 보유하고 있다고 판정했던 대표적인 사건으로는 행정구역의 변경, 조약(차관도입 문제 등)체결, 군대창설 등을 들 수 있다(고지훈, 2000: 256~257).

로 국적판정의 원칙을 수립해야 할 처지에 놓이게 된 것이다(고지훈, 2000: 246~247).

포츠담 선언(1945.7.26)과 항복문서조인(1945.9.2)에 따라 한국은 일본제국으로부터 사실상 분리되었다. 하지만 그로 인하여 주권이 한국인이나 연합국으로 이전된 것도 아니었다(문준영, 2007: 116).[82] 그로 인한 '주권정부의 부재'라는 상황하에서 미국의 남한 점령이 이루어졌기에 그것은 당시 국제법이 예상하고 있던 군사점령과 달랐다.

법률심의국은 『사법부 유권해석선집』(Selected Legal Opionons of the Department of Justice)[83]에서 남한 점령에서 발생하는 이러한 복잡한 문제들을 해결하기 위해 활용가능한 모든 자료들을 다 동원했으며 이러한 해석의 축적으로 점령 당국의 권한은 더 확대되고 공고해졌다고 할 수 있다. 따라서 프랭켈(Fraenkel)은 남한의 점령 당국이 두 가지 기능, 즉 1907년 10월 18일 헤이그 육전법규 등 국제법에서 정한 군사점령국의 전통적인 기능과 남한 내의 현행법의 틀 내에서 남한 통치에 필요한 조치를 자유롭게 취하는 자치정부의 통상적 기능을 수행한다고 분석하였다(문준영, 2007: 117).

점령국의 피점령지역에 대한 정치질서의 인위적인 재편이나 부당한 개입을 금지하는 것으로 해석될 수 있는 규정인 헤이그협약 제43조(피점령지역의 법체제 유지의무)에 대해 법률심의국은 점령 당국의 선의에 개입에 관한 한 적용되지 않는다고 하였는데 이 예는 법전문가들로 구성된 법률심의국의 우선적인 판단근거가 무엇인가를 알 수 있게 해준다.

후에 미군정은 이러한 미군정의 지위를 정당화하기 위해 일본이 포츠담 선언을 수락함으로써 한국에 대한 주권(통치권)을 상실하였다는 점에서 한국이 일본제국으로부터 해방되었음을 인정하면서도 과거 일본이 가졌던 한국의 주권이 곧바로 한국민족에게 주어지는 것은 아니라고 주장하였다.

---

82) 실제로 1945년 8월 31일 미국무부에서 개최된 고위정책결정자 회동에서 확인된 입장이기도 하다(문준영, 2007: 116).
83) 이것은 미군정기에 사법부 소속의 법률전문가들이 1946년 3월부터 1948년 8월까지 당시 미군정 당국이 남한을 통치하면서 대면해야 했던 다양한 문제들에 대해서 유권적인 법적 해석과 판단을 내렸던 것들을 시대순으로 수록해 놓은 자료집이다(조소영, 2004: 71).

일제식민지로부터 해방된 한국은 주권을 갖지 못했기 때문에 미군에 의한 남한점령은 군사점령의 역사에서 독특한 경우이며 비정상적인 상황하에서의 군사정부에 의한 통치권의 행사가 필요하다고 주장하였다. 미국은 남한 점령을 국제법상으로 '임자없는 땅'을 점령한 것으로 간주하였으며, 국제법에는 주권이 없는 나라에 대한 규정이 없기 때문에 그 해결책으로 주한 미군사령관이 통상적인 군사점령권을 행사할 뿐만 아니라 통치권을 행사할 수 있게 한다는 것이다. 또 주한 미군사령관은 점령지역의 정부인 주한 미군정의 수뇌, 즉 군정장관에게 정부권력의 행사를 위임하게 한다는 것이다. 이와 같이 주한 미사령관은 주권정부가 없는 남한에서 종래의 주권정부 즉 조선총독부의 대리권한을 가질 수 있다고 스스로를 규정하였다(Fraenkel: 361~362). 그러므로 한국의 주권귀속 문제[84]는 점령이 진행되던 당시에는 해결되지 않았으며 점령이 종료될 즈음 주한미군정 당국에 의해 다음과 같이 법리적으로 해명되었다.

1. 주한미군 사령부는 주권의 보유자로서 남한의 배타적인 정부가 되었다.
2. 주한미군 사령부는 미국정부의 한 기관으로서 군사점령의 권한을 행사했다.
3. 주한미군 사령부는 남한의 사실상의 정부로서 지방정부의 법적 기능을 수행했다.
4. 주한미군 사령부는 위임된 재산의 소유자이자 관리자로서 미래의 한국정부의 수탁자로서 활약했다(Fraenkel: 366).

국가건설은 단순히 국가기구의 설립이 아니라 그 기구가 작동할 수 있는 권력의 근거를 세우는 것, 즉 주권의 확립을 말한다. 주권이란 정치공동체 내에서 배타적으로 인정되고 통용되는 최고의 권력인데 근대국민국가는

---

[84] 주권과 정당성에 관한 관련 학계의 입장은 아직 충분히 논의되거나 합의된 것이 없는 것으로 보인다(이창희, 2006 주 7) 참조). 남한지역에서의 미군정 설치를 과도적이고 임시적인 신식민지정부로 평가해야 한다는 입장은 이승우(2007: 177)를 참조하라.

1인의 세습통치자가 주권을 보유하는 군주주권으로부터 공동체의 구성원 개개인이 주권의 원천이 되는 국민주권 위에 설립되었다(오향미, 2005: 80).

일본이 패전하고 일본과 더불어 피점령국이 된 한국은 점령통치권하에 놓이게 되었다. 그러나 한국인들의 감정적인 지지와는 별개로 한국을 국제법상으로 대표하거나 점령통치권이 정권을 이양할 단일한 단체나 인물은 부재했다. 주권은 점령통치권하에서 비로소 수립되어야 했던 것이다(오향미, 2005: 81). 주권은 근대 이후 형성된 역사적 개념이므로 고정불변의 실체라 할 수는 없다. 실제로 모든 요소를 완비한 주권과 국가는 이념형으로만 존재하므로 다양한 행위자들의 참여와 관계 속에서 상호작용을 통해 형성되는 개념으로 파악해야 한다(김성주, 2005: 201 ; 이창희, 2006: 7쪽에서 재인용). 해방공간의 정치 역시 이러한 차원에서 접근해야 할 것이다.

1945년 해방과 함께 자주독립국가 건설의 과제를 안게 된 한국은 국민주권국가를 건설하기 위한 선결조건인 국가 자체, 즉 선주권국가마저 부재한 상황이었다(오향미, 2005: 85). 그런데 문제는 미군정 자신의 주권이다. 미군정은 한국인의 의사, 한국사회의 내부 동학과 무관한 외세였기 때문에 원천적으로 자치 요건을 충족할 수 없었다. "한국의 자율적 국가건설을 준비하고 이를 원조한다"는 군정의 규정이 공식 발표문에 명기되어 있었듯이 시기와 역할로 보아 한계는 명백했다. 실효 지배를 담당하고 있었으면서도 미군정의 임시 주권으로서의 한계는 다음과 같이 지적되고 있다(이창희, 2006: 9).

1. 물리적 강제력을 기반으로 통치를 수행한 '군정'이자 스스로 규정했듯이 '임시 주권정부'였기 때문에 민중의 동의보다 '강제'에 의지하는 편이 효율적이었고 합리적이었다.
2. 한국사회의 내부 동학과 매개가 없었던 외세였다.
3. 정당성을 구성원의 지지에 기반해야 하는 근대 국가의 주권 구성원리의 이념형과 달리 궁극적으로 미국 정부에 책임을 지고 있었다.
4. 이에 따라 미군정의 지배에 한국인들이 '주권자'로서 참여할 수 있는 경로의 제도화는 미군정에게는 성가신 일에 불과했고 실제로도 심하게 제약되어 있었다. 실효적 지배를 행한 '임시 주권정부' 미군

정의 불완전성은 사실상 해방공간이 '복수주권상황'의 시대였음을 의미한다.[85]

이런 점에서 타도 대상인 구체제와 도전 세력이 양립하는 전형적인 이중 주권이 아니라, 이미 구체제가 패망하고 미처 '주권국가'가 성립되지 못하거나 대안국가가 약한 상황에서 여러 세력이 경합하던 '다중 주권상황'으로 미군정기를 이해하기도 한다(이창희, 2006: 9).

한국이 해방된 이후의 이 시기를 주권이 정지되어 있다고 할 수는 없을 것이다. 다만 회복된 주권을 행사하여 줄 한국의 공식정부가 아직 형성되기 이전 시기였다고 할 수 있다. 그러므로 한국에 공식정부가 출범할 때까지 미군정이 그 권한을 대행하고 있었다고 할 수 있다.

주권은 국민의 총의에 의해 그 정통성을 보장받는 것이며 현실적으로 통치권을 행사한다고 해서 주권을 소유한다는 것은 아니다. 미군정이 임정과 인공의 정부적 성격을 부인했다는 관점에서 출발한다면 한국인에 의한 유효한 통일정부가 수립될 때까지 과도적 기간에 미군정이 남한지역 정부의 실체였으며 주권 또한 대리로 행사하고 있었다고 볼 수 있다(손희두, 1993: 20 ; 최경옥, 2003: 95).

3) 미군정의 재량권과 점령정책

미국의 남한 점령은 군사적이고 외교적인 측면에서는 준비되었지만 점령된 지역을 어떻게 다스리고 통치할 것인가에 관한 민간행정의 실시 측면에서는 '준비부족' 상태였다(조순경·이숙진, 1995: 6). 미군정의 정책을 제대로 실행할 수 있는 인력이나 재정, 근로 조건 등의 객관적인 조건도 갖추어지지 않았으며, 정책 수행의 말단에 있는 사병의 부족으로 인해 군정의 행

---

[85] 이창희는 "폭력을 성공적으로 독점한 정치공동체라는 근대국가의 기본 정의를 고려한다면 미군정기는 국가건설 이전의 복수주권 상황이었으므로 행위자들이 현실적으로 폭력을 동원할 개연성이 높았고 미군정을 포함한 어떤 행위자도 폭력의 정당성을 완벽하게 선점할 수 없었다"고 보고 있다(이창희, 2006: 2).

정 집행은 원활하지 못했다(조순경·이숙진, 1995: 69).

하지는 1945년 9월 13일 맥아더 총사령관에게 보낸 미군의 한반도진주 초기에 대한 보고서에서 한반도 내에서 작전 수행에 있어서의 두 가지 중요한 장애 요소를 지적하였다. 첫째는 병력과 행정요원의 절대적 부족으로 점령지역 전역에 군정을 확대하기 위한 시급한 필요성에 대응할 수 없다는 것이고, 두 번째로 미국이 한국의 미래를 위하여 필요한 정보와 정책이 부재함을 언급하였다. 점령 초기 발생한 상황들은 비교적 현지 점령 당국자들의 판단과 결정이 인정될 수 있는 분위기가 형성되고 있었다(고지훈, 2000: 22).

그러므로 미군정의 정책은 지침상의 혼란과 더불어 정책을 강력히 집행하여야 하는 행정인력의 부족으로 인하여 효과적으로 집행될 수 없었다. 행정요원들은 과다한 업무를 맡았고 그것도 한 가지 업무만이 아닌 여러 가지의 업무를 동시에 수행하여야 했기 때문에 그 어떤 것도 애초에 의도한 대로 수행하는 데는 어려움을 겪어야만 했다(조순경·이숙진, 1995: 134).

미군정은 초기 군사력을 기반으로 통치하는 강한 국가의 전형에 속할 수 있으나 국가권력이 지방의 말단 행정 조직까지 침투, 장악하기에는 군정 요원이 부족했을 뿐만 아니라 미군정의 정책 수행을 보좌할 수 있는 한국 군대나 경찰력이 재정비되지 못한 상태였다. 정치적 중심이 다분화됨으로써 국가에 의한 대국민 동원은 취약할 수밖에 없었던 것이다(차남희, 1997: 85).

이 점을 염두에 둔다면 점령 직후 3~4개월 동안 현지 점령 당국의 '자유재량권'은 대한정책의 전반적인 기조와 점령 당국의 행정적 능력이 아직 갖추어지지 않았다는 점으로 인해 잠재적일 수밖에 없었다.

특히 초기에는 가장 강력한 조직으로서의 인공이 유사정부활동을 하고 있었기 때문에(*HUSAFIK* 2권: 17 ; *G-2 Weekly Summary* 11권: 287) 미군정과 더불어 이중권력의 역할을 하고 있었다. 특히 지방의 경우 해방이 되자 농민조합이 곧 커다란 권위를 획득하였고 소작료 지불이나 식량운반 등에 대해서 유사정부적 서비스를 제공하고 있었으며, 미군정은 이들의 영향력에 대항했지만 점령 초기의 사회·경제적 불안정과 빈약한 의사소통, 경찰력의 부족으로 그것은 쉬운 일이 아니었다(Lucas, 1947: 41). 따라서 건준과 지방인민위원회는 지방에서 치안의 유지와 물자의 확보, 일제잔재의 청산과 소작료 3·7제 운동 등의 활동을 통해 일시적으로 실질적인 통치권을 행사할 수 있었다.

1946년 1월 4일 주한미군정의 설립은 남한 전역에 대한 행정통제가 전술군으로부터 군정부대로 구성된 주한미군정의 행정체제로 이양되었음을 의미하는 것이었다. 점령의 특수성으로 인해 점령군의 역할뿐 아니라 남한통치를 위한 사실상의 정부로 활동해야 했던 주한미군은 1946년 초반(4월)의 일련의 기구개편을 통해서 독자적인 정책의 입안과 집행을 위한 제도적 틀을 갖출 수 있게 되었다. 전문적인 통치능력을 갖춘 민사장교의 배치와 점령행정기구의 정비는 상황을 점차 변화시키게 된다(고지훈, 2000: 223). 현지 점령 당국의 자유재량권은 새로운 환경, 즉 점령행정기구의 정비와 자격을 갖춘 민정요원들이 충원됨에 따라 본격적으로 활용될 수 있는 조건이 마련되었다고 할 수 있다. 1945년 말까지는 관료와 경찰, 군대 등 기본적인 정치 골격이 짜여졌던 것이다. 실제로 미군정은 1946년 가을에 중앙집권적인 행정 조직을 완성하였는데, 일제가 남긴 고도의 조직되고 발전된 통제가 미군정에 의한 점령지 장악과 통제를 가능하게 했다.

미군정은 공식적인 차원에서는 반공 노선을 선언하지 않았지만 실질적으로는 강한 반공정책을 꾀하였으며,[86] 한국 내의 자생적인 국가권력 수립 기도를 억제하였고 식민지 국가기구와 법률을 그대로 계승하였다. 따라서 미군정의 봉쇄정책은 점령 초기부터 수행되는데[87] 안정을 최우선적인 점령정책의 지침으로 삼고 급격한 변화는 질서를 파괴하는 혼란요인으로 간

---

[86] 커다란 효율성을 확보하기 위해 일본인 관리들을 사용하였으며 공산주의자들은 제외하였다. United States Army Military Government in Korea(1946), *History of United States Army Military Government in Korea*, Washington D.C.(이하 '*HUSAMGIK*'이라 함), Part I, p.27.

[87] 1945년 11월 20일 미군정 정치고문 랭던은 국무부에 보낸 전문에서 신탁통치는 철회되어야 하며 행정위원회를 통해 정부를 구성하여 소련과의 협조가 이루어지지 않을 경우 38선 이남에서라도 정부를 수립할 것을 권유하고 있다(『미국무성 비밀외교문서』, 1945: 150~151).

주하였던 것이다. 이는 한국에 있어서는 2차 대전 이후 다른 주변부 지역과 달리 미소가 직접적으로 대치하는 독특한 상황이 전개되었기 때문이다. 그에 따라 한반도에는 공식적인 냉전정책이 선포되기 이전부터 남북한 점령 당국 사이에서는 실질적인 냉전상황이 진행되었던 것이다. 따라서 맥아더 극동군 최고사령관의 같은 점령 통치를 받았던 일본과 남한이 그 정책과 그로 말미암은 결과에 있어서 차이점을 보이게 되는 것이다. 미국의 점령정책에 있어서 일본의 경우에는 미군에 의한 강력한 민주화 개혁이 이루어졌지만(이혜숙, 2003: 109~150), 반대로 남한의 경우에는 그것이 그렇게 강력히 추진되지 못하고 대소전략적인 차원에서 이루어졌던 것이다. 미군 점령 전후 두 차례에 걸친 선언을 보면 그 주요한 표적이 첫째로 미군진주 직전에 수립된 인공 및 지방의 행정권을 장악해 가고 있던 인민위원회의 파괴, 둘째로 노동자 자주관리 운동에 대한 규제였음을 알 수 있다. 미군정은 미군이 진주하기 이전에 시작되었고 그 후에도 급격하게 진행되고 있던 그들의 목적에 부합하지 않은 변화에 제동을 걸 필요가 있었으며, 해방 직후의 상황은 미군정이 수립됨으로써 새로운 변화를 갖게 되는 것이다. 미군정사에도 미군의 임무는 "일본군 해제와 법과 질서유지, 미군정을 세우는 것" 이외에도 "한국의 일부를 점령하고 다른 어떠한 권력이 스스로 배타적으로 그 상황을 통제하지 못하도록 하는 것"이었다고 적혀 있다 (*HUSAMGIK*, 1946, Part I: 1). 호그가 적절히 지적했듯이(Hoag, 1970: 272) 초기 미군정이 한국정치에 직접 개입한 이유는 정부의 대권을 전제하는 인공과 임시정부의 노력을 억압하기 위해서 또 조선공산당(이하 '조공'이라 함)의 활동을 제거하기 위해서였다. 따라서 이러한 미군정의 출발은 대중의 의향과 결정적인 마찰을 일으키기 시작했으며, 이에 미군정은 미군과 미군방첩대(CIC), 식민지 시대의 관료 기구와 군대, 경찰 등 억압적 국가기구를 최대한 사용하였던 것이다. 또한 미군정은 구일본의 경제적 기관들을 그들의 통제를 위해 부활시켰다.[88] 미군정의 주요 점령정책은 총독부 관료체제의 부활과 친일관리의 재임용, 일제하 국립 경찰기구의 온존, 강화와 친일

---

[88] 예를 들면 신한공사, 조선생활품회사, 물자통제영단, 석유분배기관 등이 있다 (*HUSAMGIK*, Part I: 171).

경찰의 복귀, 한민당과의 협력 강화 등 우익과의 동맹강화와 인공의 불법화와 인민위원회의 강제해산 등 좌익에 대한 탄압이었던 것이다.

결국 미군정은 미국의 세계재편 전략에 부응하여 한국에 자본주의적 질서를 유지하고 급진적 사회주의 세력을 억압하며 나아가 한국에 대한 미국의 지배력을 확보한다는 테두리를 크게 벗어날 수는 없었다. 해방 직후의 사회운동은 자연스럽게 사회변혁적 요인을 포함하지 않을 수 없었으며 그것은 미군정의 입장과 모순되는 것이었다. 미군정의 정책과 보수세력의 형성이 급진적인 변화를 요구하고 있는 사회운동과 마찰을 일으킬 것은 당연하였다. 그것이 바로 구일본인 재산의 처리문제, 토지개혁 문제, 식량문제 등 미군정의 점령정책을 통해서 구체적으로 드러났다고 하겠다.

제3장 미군정기 국가구조와 자원

1. 조직구조

1) 행정부 조직

일반적으로 식민지 경험을 지닌 곳에서의 국가형성의 과정이 내재적인 사회 정치적 변화에서 비롯되지 못하고 식민지 본국의 통치구조와 형식을 이어받는 것처럼 한국도 일본 식민지 시대의 과대성장된 국가구조를 그대로 물려받았다. 이와 함께 미군정기를 거치면서 시민사회를 통제하는 보다 자율적인 국가구조를 성립시켰는데, 미군정은 이미 과대성장된 국가기구를 더욱 팽창시켰던 것이다. 일제시대에 기원을 둔 강력한 국가의 형태와 역할이 미군정기를 거치면서 더욱더 강화, 재편되었던 것이다. 즉 일제 식민지 시대가 남긴 관료제와 억압적 국가기구의 유산이 미군정기를 통하여 더욱 확대된 것이다.

미군정은 앞에서 살펴보았듯이 점령 직후에 일본의 총독부 행정기구를 그대로 유지하였다. 이 정책은 비판을 받자 곧 철회되어 군정청으로 대체되었지만 미군정은 일본인 관리들을 비공식 자문역으로 계속 불러들였으며 처음 2개월여 동안에는 총독부 일본인 관리들을 군정청 고문으로 유임시키고 총독부 기구에 새로 임명된 미군장교들에게 행정업무를 인계하게 하였다. 미군정은 총독부 정치의 기존질서와 행정기구를 그대로 접수하여 운용했던 것이다.

점령군으로서의 주한미군은 군정청에 대해서 여러 가지 통제수단을 가지고 미군정청의 업무에 관여했다. 주한미군총사령부는 군정청 각급기관의 장과 고위직에 미군을 직접 임명하였을 뿐 아니라 참모장(Chief of Staff) 및 정보부(G-2), 미군고문단의 설치·운영 등을 통해서 주로 미군정청의 최고위 정책결정에 관여했고 행정적·기술적인 사항에 대해서는 군정청관료가 독자적으로 처리했다고 할 수 있다(조석준, 1966: 114~116).

미군정은 군정업무 수행상 필요한 경우 적극적으로 새로운 조직을 신설하거나 기능 조정을 해 나갔는데, 미군정은 총 102건의 조직개편을 단행하였다(홍성만 외, 2007: 260). 미군정청은 초기에 조선총독부의 행정기구인 총독관방과 재무국, 교통국, 광공국, 체신국, 농상국, 법무국, 학무국, 경무국을 그대로 유지하면서, 다만 보건후생국과 공보국, 국방사령부를 신설하고 광공국을 상무국으로 개칭했을 뿐이었다. 그러나 미군정은 1945년 9월 24일 군정법령 제1호로써 조선총독부의 기구를 개편하기 시작하여 남조선과도정부가 수립되기까지 수차례에 걸쳐 기구개편을 단행하였다. 따라서 1946년 3월 29일에는 종래의 국을 부로, 관방의 과를 처로 승격하면서 11부 7처를 두게 되었고, 1947년 4월 5일에는 중앙정부기구를 13부 6처로 대폭 확대하고 개편하였다(김운태, 1992: 201, 252). 이처럼 미군정은 그들을 지탱해 줄 권력기반을 구축하면서 통치체제를 확립해 나갔는데, 이는 곧 미군정을 지원해 줄 인적, 물적 기반의 형성과정이었다.

그런데 행정인원의 충원과정은 총독부의 일본인 관리 또 한국에서 생활한 선교사의 후손 등의 자문을 통해 이루어지면서 총독부의 행정적 전통이 상당히 그대로 유지되었고 이러한 과정을 통해 충원된 관료들은 어느 정도 미국과 직접으로나 간접으로 관련이 있거나 한민당과 관련한 보수세력들이었다. 하급관료의 경우도 일본 총독부 통치시대에 관직을 가졌었던 인사들이 상당수 잔존했다. 그뿐 아니라 이들 하급관료들은 비워 놓은 중간급 관리직으로 경쟁없이 진급되기도 했다. 특히 미군정은 군정장관의 고문을 한국인 중에서 임명하였는데, 이렇게 임명된 고문 11명은 몇몇 인사를 제외하고는 대부분이 한국의 독립운동과정에서 적극적이라기보다는 소극적이었던 인사들이었다. 즉 대부분이 한민당 간부이거나 동조세력이었다. 따라서 이는 당시 남한에 있어서의 좌우파가 지녔던 영향력의 실상을 본질적으로 뒤집은 것으로써 한국인으로부터 지지를 받지 못하였다.

미군정의 지방정책을 보면 초기에는 일제시대의 잔재를 청산하기 위하여 지방분권제를 표방하고 나섰다. 그러나 1946년 중반에 이르러 중앙집권화로 그 정책을 선회하였다. 이러한 사실은 미군정하에서 지방 도에 있었던 중앙 직속 관공서를 보면 잘 나타나는데(박문옥, 1968: 350), 군정이 실시한 지방행정이란 지방주민의 손에 의해서 이루어지는 것이 아니라 중앙의 직속 관공서를 지방에 분산시켜 관리하는 중앙의 출장소로서의 성격을 지닌 것이었다. 이처럼 미군정은 모든 주요 국가활동을 광범위하게 통제하는 거대하고 복잡한 관료기구를 발달시켰다(Hoag, 1970: 467). 미군정 통치체제를 초중앙집권체제였다고 평가하는 것도 이 때문이다(신상준, 1976).

다만 초기에는 가장 강력한 조직으로서의 인공이 유사정부활동을 하고 있었기 때문에[1] 미군정과 더불어 이중권력의 역할을 하고 있었다. 더구나 초기 미군정은 그 점령을 완성하지 못했기 때문에 인원이 몹시 부족하였고 미 본국으로부터도 구체적인 정책지령을 받지 못했던 것이다(Gayn, 1981: 126). 점령지역의 민간행정에 책임이 있는 주한 미군정청(USAMGIK)은 1946년 1월 4일에 가서야 비로소 공식적으로 설립되었고 이때부터 모든 미군정 단위에 대한 통제가 전술 부대로부터 미군정에게 이전되었던 것이다. 따라서 훈련된 군정관료가 민간행정업무를 담당하게 되었고 중앙으로부터 지방에 대한 직접 통제를 할 수 있게 되었다(Hoag, 1970: 150 ; Tayler, 1948: 361~363).

주한미군정의 수립은 점령 통치에서 그 이전까지 군사적 점령통치체제가 가지고 있던 한계를 극복하고 통치의 효율성을 높이는 결정적 계기가 되었다. 주한미군정의 수립은 전국적·일원적 행정조직망의 재건을 의미

---

[1] 『주한미군사』 2(1988: 17)(돌베개에서 *History of the United States Armed Forces in Korea*를 복간. 이하 '*HUSAFIK*'이라 함).

했다. 이는 1945년 말까지 각 지역에 배치된 전술군 및 군정 부대에 의해 지역별로 복구된 행정, 치안 조직이 하나의 전국적인 망으로 연결되고 중앙집권적 통제로 통합되는 과정을 의미한다. 1946년 초에 이르러 미군정이라는 점령 통치기구가 완성되었다고 평가할 수 있으며 이후의 변화는 양적 팽창의 과정이었다(박찬표, 2007: 144). 미군정은 1946년 초에 이르러 전국적 조직망과 중앙집권적 체계를 갖춘 국가기구를 확립하게 됨에 따라 식량공출, 귀속재산관리 등의 점령정책을 지방 수준에서 구체적으로 실현할 수 있게 된다(박찬표, 2007: 157).

그러나 그 이전에는 모든 군사정부 단위에 대한 통제를 군정장관보다는 전술사령관이 했고 그 때문에 여러 가지 혼란을 가져오기도 했다. 군정청은 미군사령부의 지휘를 받고 있었으나 특히 지방의 경우 군정청의 명령이 미군사령부의 명령과 배치될 때도 있어 명령 계통의 혼란을 초래하기도 했던 것이다. 이에 지방의 경우 서울로부터의 지령 부족과 민간행정에 대한 전술지휘관과 군관료사이의 권위 수행에 있어서의 갈등, 법령이나 명령 등의 불명확한 전달 등의 문제점이 있었음이 지적되고 있다(Lucas, 1947: 31). 실제로 지방의 경우 해방이 되자 농민조합이 곧 커다란 권위를 획득하였고 소작료 지불이나 식량운반 등에 대해서 유사정부적 서비스를 제공하고 있었다. 미군정은 이들의 영향력에 대항했지만 점령초기의 사회적 경제적 불안정과 빈약한 의사소통, 경찰력의 부족으로 그것은 쉬운 일이 아니었다(Lucas, 1947: 41). 또한 빈번하고 복잡한 기구개혁의 단행, 미국인과 한국인의 이원조직으로 미군정 국가권력의 행정력, 집행능력은 취약하고 불안정했다고 하겠다.

해방 직후는 급격한 변화를 요구하는 광범위한 조직화가 이루어지고 있었다. 따라서 당시 남한 사회의 혁명적 상황에 접한 미군정은 체제유지를 위한 일련의 개혁을 더 이상 늦출 수 없다고 보았다. 그러나 1945년 말까지 미군정은 그 점령을 완성하지 못했기 때문에 인원이 몹시 부족하였고 미 본국으로부터도 구체적인 정책지령을 받지 못했다. 이러한 상황에서 미군정은 광범위한 많은 경제적 활동을 수행하였고 상호관련된 모든 활동을 조정해야 했다. 미군정의 첫 경제적 조치는 국가비상사태를 선언한 1945년

10월 30일의 법령 제19호였다. 이는 엄격한 긴급 통제를 하기 위한 첫 단계였는데[2] 법령은 성격상 일반적이었고 구체적인 조사나 기록, 집행 등을 목적으로 설립한 기관이 없었다.[3] 번스는 초기 단계에서 이러한 미군정의 약점을 다음과 같이 지적하고 있다.

1. 대부분의 쟁점과 문제점들이 성격상 경제적이었는데 경제학자들은 없었다.
2. 하위서열의 관료들은 대개 민간 행정보다는 군인으로서의 자질을 가졌고 군인서열 위계의 엄격성 때문에 상급 수준의 결정에 영향을 줄 융통성이 적었다.
3. 산업과 재산목록에 관한 유용한 자료가 없었고 이용할 만한 훈련된 인원이 없었다.[4]

이와 같은 행정적 어려움에 직면하면서 미군정은 일본인 재산을 귀속시켜야 했고, 가격통제를 시도하고 도시배급을 위해 식량을 수집해야 했고, 생산과 운송을 시작해야 했던 것이다. 이처럼 미국인들은 내적인 비효율성과 부적합성에 직면하고 있었다(Taylor, 1948: 370). 그러므로 미군정 초기에는 장기적으로 어떤 구체적인 정책을 수행하기에는 여러 가지 면에서 행정력이 미약하였다고 할 수 있다. 실제로 미군정은 점령 초기 실제의 재산상황에 대한 충분한 정보가 부족하였고(MuCune, 1950: 98) 그러한 재산에 대한 포괄적인 조사를 수행한 것은 점령 2년이 지나서였다.

그런데 미군정기 국가기구의 조직상의 중요한 특징은 중앙집권화와 기구의 비대화였다. 국가기구가 중앙집권화된 이유는 주둔군 사령관의 통제를 용이하게 하기 위해 중앙집권화를 조직의 원칙으로 삼았으며 조직의 자원이 된 식민지 통치기구 또한 중앙집권화 되어 있었기 때문이다. 일제 식민지 관료제는 총독이 입법, 사법, 행정 등 모든 권력을 한 손에 장악하고 있었는데 미군점령 후에는 이러한 총독의 권한이 군사점령권을 행사하는

---

2) Independent Agencis, RG 332, Box 15, p.2.
3) History of the National Price Administration, RG 332, Box 15, p.2.
4) A. C. Bunce, "Can Korea Be Free", p.13.

남한 미주둔군 사령관에게 이양되었다.

　1945년 12월에 들어서면서 군정청의 각 부서의 국장대리 또는 국장을 한국인으로 기용하여 미군과 한국인이 공동참여하는 양국장제도를 단행했다. 또 1946년 8월 24일부터 군정법령 제118호에 의해 조선과도입법의원을 창설하고 12일에 개원하였으며, 또한 1946년 8월 31일 미군사령관은 모든 군정 각 부장을 한국인으로 대치시켰다.

　1947년 2월 10일 민정장관이 취임하였으며, 1947년 3월 15일 법령 제135호로 한국인에게 인사행정을 완전히 이양하였고, 6월 3일 남조선과도정부가 되었다. 행정권 이양작업이 진행되었지만 재정문제와 귀속재산관련 문제, 식량문제, 민간물자의 운영문제 등은 행정권 이양작업과 관계없이 임시정부가 수립될 때까지 계속 미국인 책임자가 관리하겠다는 뜻을 여러 차례 언급했다(『조선일보』, 1946.11.20 ; 『서울신문』, 1946.12.26 ; 『경향신문』, 1947. 4.5).

　이처럼 미군정은 형식적으로 남조선과도정부를 발족시켜 입법, 행정, 사법의 3권 분립체계의 외양을 갖추었지만 조직구조상으로 조직규모의 비대화, 지휘감독체계의 복잡성, 강제력 동원조직에의 과다의존, 중앙집권적 통제 등의 문제가 있었다고 지적된다(조기안, 2003: 114). 한국인 사법부와 과도입법의원은 물론 과도정부의 민정장관까지도 군정장관의 전권과 거부권하에서만 존재할 수 있었다. 또한 미군 사령관과 군정장관은 행정부처의 간부들에 대해서 뿐 아니라 국방경비대와 군정경찰에 대한 최고지휘권과 통제권을 가지고 있었다. 이와 함께 미군정당국은 각종 행정위원회제도를 적극적으로 또 광범하게 도입, 운영하였다.

　이러한 국가기구의 형성과정에 충원된 인적구성의 두드러진 특징은 한민당계 인사들이 우대되었다는 점이다. 또 일제 때의 관료 경험과 영어 구사 능력이 중요한 고려사항이 되었다. 이로써 한민당은 중앙 관료조직은 물론 지방 관료조직까지 장악하게 됨으로써 미군정의 집권정당이 되다시피 하였고(심지연: 1982), 이 관료조직이 미국의 한반도정책과 미군정의 통치를 관철시켜 나가는 가장 중요한 기구가 되었던 것이다. 미군정은 남한 내부의 진보세력과 좌익세력을 견제하여 소련에 대한 방파제를 구축하려는 점령정책의 실현을 위해 기존 체제, 즉 일본 제국주의의 한국 지배과정에서 과대성장된 억압적인 국가기구들을 본질적인 변화없이 활용하였으며 이들 국가기구들을 친일 관료집단과 우익 정치세력으로 충원하였던 것이다. 이는 미군정이 자신들의 전략적 목표를 수행해 줄 지원세력을 지배세력으로 하는 국가를 형성하고자 했기 때문인데 이렇게 충원된 사람들이 공산주의자 내지 좌익계 인사들의 혁신적 정책들은 받아들일 수 없었음은 충분히 짐작할 수 있다. 또한 친일파의 제거를 부르짖고 전면적 변화를 요구하는 세력과의 연합이 불가능한 것임은 너무나 당연하였다.

더욱이 미군정은 중앙집권화된 식민지 국가기구를 단순히 활용하는데 그치는 것이 아니라 경찰기구의 경우에서처럼 그것을 더욱 확대하고 강화시켰다. 미군정은 점령 목적 달성의 본질적 한계로 인해 대중의 지지에 기반을 둔 합의에 의한 지배보다는 한민당계의 보수 우익 정치세력과의 동맹을 통해 관료체제를 비롯하여 국가기구를 장악하는데 역점을 두었는 바, 이러한 강압에 의한 지배전략은 경찰과 군, 사법부 등 억압적인 국가기구의 재편과정에서 더욱 철저하게 실현되었던 것이다.

2) 입법부 조직

미국의 대한정책에 있어서의 기본 방침은 한국문제에 있어 미국의 주도권을 유지하고 소련의 지배를 방지하는 것이었다. 미군정기의 자문기구와 입법의원은 모두 미군정의 주도하에 우익 및 일부 중도적 좌익을 포함하는 정치적 통합을 달성할 목적으로 설립되었다. 그것은 기본적으로 미국에 협조적인 정치세력을 중심으로 정치적 통합을 달성하려는 노력의 일환이었다(최경옥, 2003). 고문회의는 군정 초기 '인공'을 중심으로 좌익의 활동이 활발한 시점에서 미군정이 좌익을 견제하고 미군정 정책에 대한 지지를 확보할 목적으로 한민당의 청원에 따라 구성되었다. 민주의원은 미소공위를 앞두고 소련과의 협상에서 미국 측의 입장을 지지하는 기구를 형성할 의도로 우익의 비상국민회의 최고정무위원회 계획과 맞물려 추진되었다. 그리고 입법의원은 좌우합작과 과도정부 수립의 연장선상에서 구성된 것이다(손희두, 1993: 163).

　미군정청에 있어서 입법기관이라 할 수 있는 기구는 1946년 12월 12일에 출범하였던 남조선과도입법의원이었다. 입법의원은 총 90명으로 구성되었으며 그중 45명은 선거에 의해서 선출되는 민선의원이었고 나머지 45명은 주한미군사령관이 임명하는 관선의원이었다. 남조선과도입법의원의 주된 기능은 입법기능이었으며 심의된 법률안건이 33건, 통과된 법률안건이 18건, 공표시행된 법률은 13건이었다(조기안, 2003: 69). 완전한 의미의 근대적 의회제도는 아니더라도 불완전하나마 한국의 역사상 처음으로 의회정치제도가 시행된 것이 입법의원이었다.

　미군정기의 고문회의, 민주의원, 입법의원은 제헌의회로까지 이어지는 한국 의회제도의 형성과정을 보여준다. 즉 민주주의 이념이 한국에 수용되고 의회가 형성되는 계기는 탈식민의 내적 상황과 냉전이라는 외압에 접목되면서 마련되었다고 할 수 있다. 남조선과도입법의원의 구조는 〈그림 3-1〉과 같다.

3) 사법부 조직

　미군정의 사법기구는 처음에는 일제시대의 기구를 그대로 활용하였으나 점차로 이를 정비해 사법기구를 확충해 나갔으며, 말기에는 독립된 법원조직을 갖추게 되었다. 1946년 3월 29일에는 미군정청의 법무국을 사법부로 개편하여 그 기능을 확충하고 그 아래에 법원·검찰과 교도소를 두었으며, 군정 말기인 1948년 5월 4일에는 법원조직법을 공표하여 법원의 행정을 군정청의 사법부로부터 완전히 독립시켰다(조기안, 2003: 70~71). 그러므로 미군정 사법체계는 미사령관과 군정장관, 구체적으로는 군정 사법부에 직속되어 있었다. 사법체계의 핵심이라고 할 수 있는 법원 조직을 중심으로 사법기구를 살펴보면 〈그림 3-2〉와 같다.

　법원기구는 미육군점령재판소와 군정 사법부 예하의 한국인 재판소로 구성되어 있었는데, 후자는 군재판소의 일부로서 전자에 예속되어 있었다. 또 한국인 재판소는 법무국장이 감독하고 지시하는 국가기관의 일부로 구

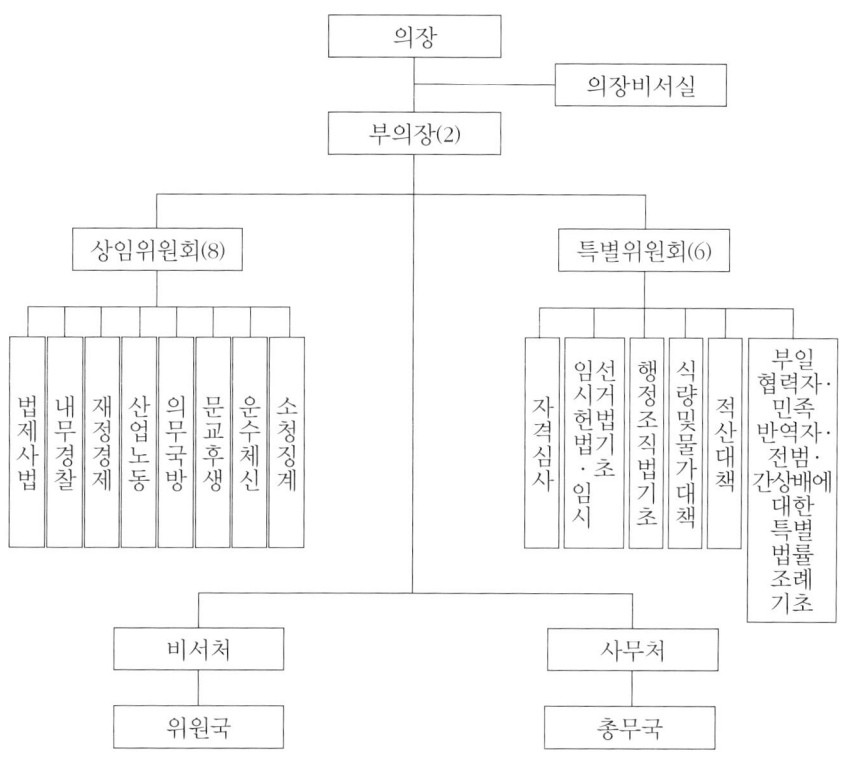

〈그림 3-1〉 남조선과도입법의원(1948년 1월 현재)

* 자료: 조기안(2003: 70).

성되었기 때문에 재판이나 예산, 인사 등의 면에서 사법권의 독립이 없었다. 이러한 특징은 법원이 군정청 사법부에 종속되어 있었고, 검찰과 변호사 제도가 법원에서 미분리되어 있었다는 사실에서도 드러난다(안진, 1990: 174~176). 또 군정 사법부는 행정부의 사법기관으로서의 권한을 가진 외에 재판소 등 사법기관 전반을 감독하며 판검사 및 변호사의 임명권까지 가짐으로써 사법권력이 집중되어 있었다. 또한 미군정 기간 중 법률체계와 판례는 구일본법과 군사점령 권한의 기득권에서 끌어낸 특별법 및 임시조치의 혼합체였다.

그런데 각종 재판소나 검찰청의 판검사는 거의 전부가 일제시대의 판검

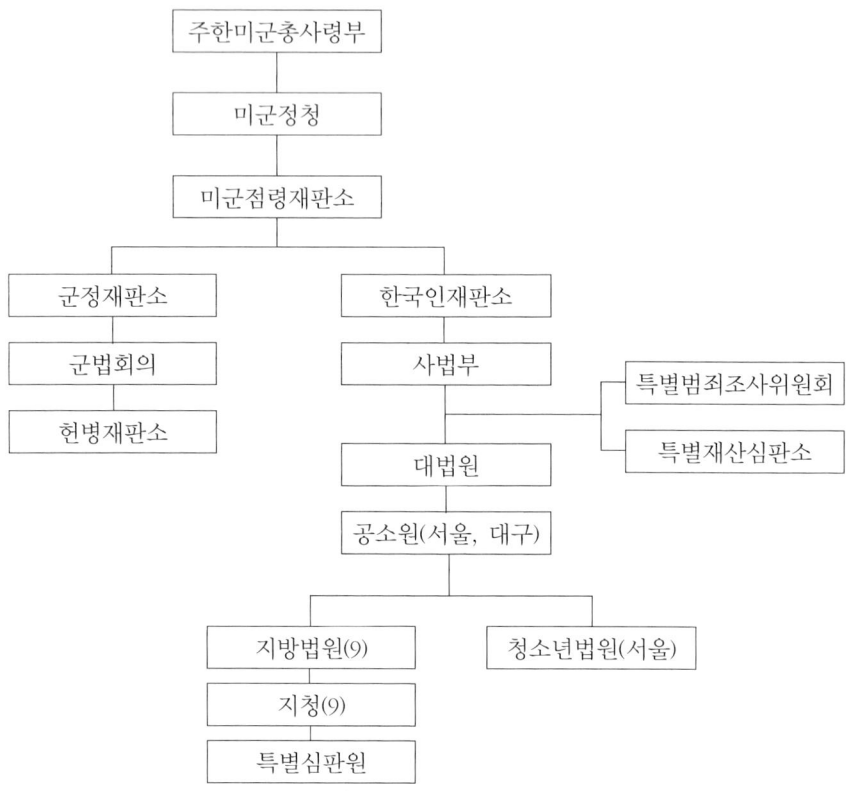

〈그림 3-2〉 미군정시대의 사법기구(1946년 11월 현재)

* 자료: 조기안(2003: 73).

사 출신과 변호사들이었다. 사법체계도 일제 식민지 시대의 기본구조를 활용하면서 기존의 친일 사법관료들과 우익 한민당계 인사들을 충원하는 방식으로 그 기구가 정비된 것이다. 경찰기구가 직접적 물리력의 행사에 의해 자생적 권력기구와 혁명세력들을 해체시키는 데 작용하였다면, 사법체제는 저항운동을 주도하는 주요 인물들을 사법처리하고 투옥함으로써 군정의 통치체제를 안정화시키는 기능을 하였다고 할 수 있다. 사법체계는 미군정 통치의 법적 근거와 그것의 집행을 보장해 준 것이었다. 사법부는 경찰과 더불어 미군정에 힘입어 친일파를 온존시켰던 두 개의 가장 중요한 부처로 성장했던 것이다.

　미군정기 입법, 행정, 사법기구의 어느 한 통치기구도 제대로 정립되지 못했던 그 공백의 공간 속에서 제왕적인 군정통치를 집행하고 구체화하기 위해 설립된 기관이 법무국 사법부였다. 사법부는 상부의 정책, 현지남한의 법체계, 그리고 국제규범 등의 조건들을 고려하여 구체적인 점령행정이 이러한 조건들과 부합하는지의 여부를 분석하고 조언하는 역할을 하였으며 사법부 내 법률심의국(The Bureau of Legal Opinion)이 그 중심적 역할을 담당하였다. 법률심의국은 때로는 현대국가에서의 행정입법이나 행정지시의 성격을 띠는 군정행정의 구체화 기능을 담당하였고 때로는 법원의 재판내용의 판단근거를 제시하거나 재판관할권 유무를 유권적으로 구분하여 인정하기도 하였으며 미군정청 내 기관 간의 권한쟁의적 갈등이나 위계질서 설정의 어려움에 관해서도 법리적이고 경험적인 근거를 통한 유권적인 판단을 했던 것으로 보인다(조소영, 2004: 105). 법률심의국의 『유권해석선집』은 언론과 집회통제를 포함한 표현의 자유를 비롯하여 귀속재산처리 문제, 점령비용과 정부비용, 주권의 귀속과 행사, 국적관련 문제, 민사상 법률문제 등을 다루고 있다(김웅규, 2004: 80).

2. 강제적 자원

　미군정이 해방 후 남한의 기본적 정치구조와 지배구조를 결정짓게 되는 점은 경찰과 군대 등 억압적인 국가기구의 형성과정을 살펴보면 잘 알 수 있다. 미군정기의 국가기구는 식민지 체험에 의한 강권적이고 억압적인 국가기구를 이어받았으며 미군정기를 거치면서 시민사회를 통제함에 있어 보다 자율적인 국가구조를 성립시켰다. 비대화와 중앙집권화를 그 특징으로 하는 통치구조로서 국가기구를 보다 강화시킨 것이었고, 이는 사회세력들의 관계를 재편성하는 역할을 담당하는 미군정의 조직적인 강제적 자원이었다. 국가기구의 제도적 장치가 어느 정도 확립되어 있느냐 하는 것은 특정 정책의 성패와 사회에 대한 국가권력의 통제력에 영향을 미치게 된다.

그러므로 미군정 국가기구의 활동에서 나타나는 중요한 특징은 국가기구가 당시 한국사회의 사회제세력의 힘관계를 반영한다기보다는 오히려 그것이 미국의 정책노선에 따라서 사회세력들의 관계를 변화시키고 구조화시키는 데 중요한 영향을 미쳤다는 점이다. 또한 미국을 중심으로 하는 세계체제 속에 남한을 묶어 두려는 미군정의 점령정책들은 이러한 억압기구의 활동 속에서 가능했던 것이다.

1) 군대

미군정은 1945년 말 군대를 창설하기 위해 기존의 군정청 기구에 군무국을 설치하고 그것을 기존의 경무국과 통합하여 국방사령부를 발족하고 여러 사회세력들에 의해 자생적으로 조직된 군사단체를 해체한 조선국방경비대를 창설했는데, 이와 같이 하여 창설된 국방경비대의 병력은 1948년 여름 소규모의 해안경비대를 포함하여 총병력이 5만을 넘어서고 있다(김광식, 1985: 162). 정부 수립 후 남조선과도정부하의 통위부는 국방부로, 조선경비대와 조선해안경비대는 육군과 해군으로 개칭되어 발족되게 된다.

여러 가지 변모와 조정의 과정을 거치게는 되지만 미군정의 한국군 창설계획은 해방 직후부터 확고한 구도를 지니고 있었다. 국내의 혁명적 조류의 억제 및 방어와 국내치안의 유지를 목적으로 하는 미군정의 정책 의지는 주권국의 국가 안보라는 본래적 의미의 군의 기능으로서보다는 국내 진보세력과 좌익세력을 진압하는 경찰예비대로서의 성격을 가지는 보조적 억압기구로서 군을 활용하게 한 것이다. 즉 미군정은 점령하에서 원칙적으로 국가방위군으로서의 국군의 창설이 용납되지 않는 상황에서 궁극적인 억압력으로서의 미군부대의 직접적인 개입보다는 그것을 간접적으로 대행할 보조기구로서 군의 조기 창설을 고안하게 된 것이다. 또 미군정은 경비대의 조직을 통해 남한에 흩어져 있는 각종 준군사조직을 흡수하고자 했던 것이다. 따라서 이러한 상황하에서 미군정은 군창설과 연관해서 주요한 최초의 법령인 제28호가 공표되기 이전부터 창설계획을 다각도로 모색하였으며[5] 미군정의 치안 총책임자였던 쉭크(Schick) 준장에 의해 군창설 계획이 건의되었다.

한국군의 창설계획은 한국에 주둔한 미군정 관리들이 주도적인 역할을 하면서 여러 가지 가능성을 미리 대비했다고 보여진다. 왜냐하면 위의 계획안이 쉬크 준장과 아놀드 장군을 오가며 준비되고, 하지 장군이 승인했다고는 하지만 맥아더 사령부와 미 본국, 구체적으로는 국무부와 합동참모본부에 의해 그 최종적인 결정이 내려지는 것임에도 불구하고 이 결정이 한국에 도달하기 이전에 이미 한국주둔 미군정은 한국군 창설의 예비단계로서 군사영어학교의 설치를 진행시키고 있었던 것이다(강문구, 1991: 103~104). 군정청 군사국이 제출한 조선경비대(Korean Constabulary) 창설의 기본계획은 미국의 삼부조정위원회에서 그 결정이 늦어지고 있었으며 1945년 12월 27일 신탁통치안이 결정될 무렵 합동조정위원회에서는 "미소공동위원회의 결정이 있기까지 조선경비대의 창설문제는 결정할 수 없다"[6]는 방침을 세우고 있었다. 미합동참모부는 미소공위가 재개되는 상황에서 미국이 남한에 군대를 창설하는 것은 소련과의 관계를 악화시키게 된다는 정치적 이유로 반대한 것이다(김석준, 1996: 273~274).

이미 맥아더로부터 군창설이 불가함을 통고받은 하지는 12월 20일 쉬크 준장의 후임자인 챔페니(Champeny) 대령에게 이전에 작성되었던 4만 5천 명 규모의 국방군 창설계획안의 대체방안을 강구하도록 지시했다. 하지는 쉬크 준장의 군 창설계획은 전체적으로 너무 복잡해서 승인되지 않을 것이라며 보다 현실적이고 소규모의 계획안을 입안시키라고 했던 것이다(강문구, 1991: 106~111).

이러한 원칙에 따라 1946년 1월 15일 경기도 태능에 제1연대를 창설하는

---

5) 남원의 인민위원회가 군청과 경찰서를 습격하자 이를 진압하는 과정에서 당시 경무국장 아고(Reamer T. Argo) 대령과 그의 고문격이며 후에 전북 경찰서장으로 임명받았던 김응조 사이에 논의가 시작되었다(국방부 전사편찬위원회, 1967: 160).
6) 국무부는 이 같은 행동이 소련과의 협상을 위험하게 할 것이라고 우려, 항의를 제기했다. 워싱턴 행정부는 미소공위의 토의가 개시되기까지 국방군에 대한 결정을 연기하기로 한다(Matray, 1985: 102~103). 그러나 패터슨 육군장관은 하지의 제안을 승인했다. 미국이 경비대를 조직, 그 장비를 지급한다면 주한 미점령군의 증강은 더 이상 필요치 않을 것이었기 때문이었다.

것을 필두로 조선국방경비대가 조직되었다. 1946년 3월 29일 군정청 기구 정비에 따라 국방사령부의 지위를 국내 경비부의 지위로 바꾸고 군정법령 제63호에 의해 경무부를 다시 독립시키게 되었다. 국방경비대는 1946년 말까지 각 도별로 9개 연대의 조직을 완료했으며 1947년 12월 1일에는 기존의 9개 연대가 3개 여단으로 조직되었고 1948년 5월에는 새로이 2개 여단 6개 연대가 설치됨으로써 더욱 증강되었다. 그리하여 정부 수립 전까지 모두 5개 여단, 15개 연대 규모에 이르게 되었다(안진, 1990: 143~144). 간부 요원의 충원은 주로 일본군, 만주군 출신이었으며 군사 영어학교 입교자들과 초기 경비사관 학교에는 학병 출신들도 참여하였다.

이처럼 한국군 창설의 초기 단계에서 미국행정부와 일본의 맥아더 사령부, 그리고 미군정 간에 정책수립과 실행이 일사불란하게 이루어지지는 않았고 어느 정도 선까지는 미군정이 독자적으로 정책계획을 수립하고 이행해 나갈 수 있는 여지도 생겨났으며 이러한 미군정의 독자적인 상황판단과 대응이 현실적으로 커다란 영향력을 행사해 왔던 것이다. 즉 군창설 문제에 관한 한 미 본국 정부가 어떤 일관되고 장기적인 정책이나 지침을 가졌다고는 보이지 않으며 어디까지나 그것은 대소협상을 위한 부수적인 안건 정도로 취급했다. 군의 창설문제는 오히려 한국에 주둔했던 미군정 관리들에 의해 주도적으로 구상되고 구체화되었다고 보인다. 이를 미군정 사령관 하지는 "한국의 치안문제에 미군이 일일이 개입해야 하는 불편을 없애고 우리가 한국정부를 수립한다는 사명을 완수했을 때를 대비해서 나는 군정 초기부터 한국군을 창설하는데 많은 관심을 두고 있었습니다. 그러나 이러한 계획에 대해 고위층에서 많은 반대가 있었습니다"[7]라고 쓰고 있다.

그러면 미 본국 정부와 일본의 맥아더 사령부의 제지에도 불구하고 미군정이 군대창설을 지속적으로 추진시킨 이유는 무엇인가? 그리고 이러한 추진과 시행과정에서 군의 위상과 역할에 관해서 어떠한 방침과 입장이 설정되었는가? 이는 미군이 남한에 진주하여 직면하게 된 혁명적 분위기에 대한 반응으로 미군정 통치를 유지하기 위해 경찰과 더불어 강제적 자원이

---

7) Ltr, Gen Hodge, to Maj Gen Orlando Ward(18 March 1952), 여기서는 Sawer(1962: 21)에서 재인용.

필요했기 때문이라고 보여진다. 무엇보다 미군정은 해방 이후 한국의 상황을 정치적으로 극히 혼란스러울 뿐 아니라 "점화되기만 하면 즉각 폭발할 화약통"(『미국무성 비밀외교문서』, 1945: 55)으로 인식했는데, 이것이 군 창설의 계기가 되었고 이러한 과정에서 한국군이 역할과 위상이 국방이나 혹은 대외적 안보의 방향과는 다른 길로 나아갔던 것이다.

국방경비대는 재정과 장비 등을 미국에 의존하고 있었으며 군대의 조직화 과정 자체가 미군정에 의해 주도되었고 미군정은 남한의 국가를 방위할 목적으로 경비대를 훈련시키는 것보다는 반란진압의 기술습득을 강조했다. 경찰을 지원하는 예비군으로 경비대를 파악했던 미군정의 장교들은 남한의 공산주의자들에 의한 혼란이나 게릴라 활동 때문에 전술적인 훈련이 가장 필요하다고 보았다. 그리하여 경비대와 경찰은 1946년에서 1950년까지 남한에서 일어난 각종 대중항쟁을 탄압하는 두 가지 수단으로 쓰여졌으며 1946년 9월 이후 고문관제도로 바뀐 이후에도 미국식 훈련의 주요 교육내용 중의 하나가 폭동진압법이었다(Cumings, 1981, 상: 287·297). 따라서 창군의 초기 단계에서 경비대는 정치적 중립의 준수나 국방이라는 군의 본연적 임무보다는 경찰의 임무를 수행해 나갔다고 보아야 할 것이며 이 과정에서 남조선 경비대는 이데올로기적 정향성과 정치적 도구성을 획득해 갔다. 이처럼 국방이나 대외안보가 아닌 대중항쟁이나 게릴라전에 대한 국가의 무기로서 군의 모체가 되는 경비대가 사용된 것은 이후 군의 이념적 위상이나 역할의 문제에 있어서 심대한 영향을 미쳤으며(강문구, 1991: 124~125) 국가의 지배도구로서의 위상이 구축되어져 나갔던 것이다. 해방 직후 미군정 관리들에 의해 주도적으로 구상되고 현실화된 한국군의 창설은 그 초기부터 소련과 연관된 공산주의 세력의 방파제 구축이라는 기본방침하에서 국내소요, 대중항쟁, 그리고 게릴라전에 적극 대처하기 위한 경찰예비대의 성격을 띠고 추진된 것이다. 그러나 국가기구의 핵심적 기능은 군정경찰에게 부여되어 있었다. 국방경비대의 역할은 상대적으로 적은 편이었고 장비수준과 교육 및 훈련은 군정경찰보다 낮은 수준이었으며, 병력규모도 군정경찰 보다 작았다. 조선국방경비대의 조직은 다음 〈그림 3-3〉, 〈그림 3-4〉와 같다.

〈그림 3-3〉 조선국방경비대의 조직(1946년 1월 현재)

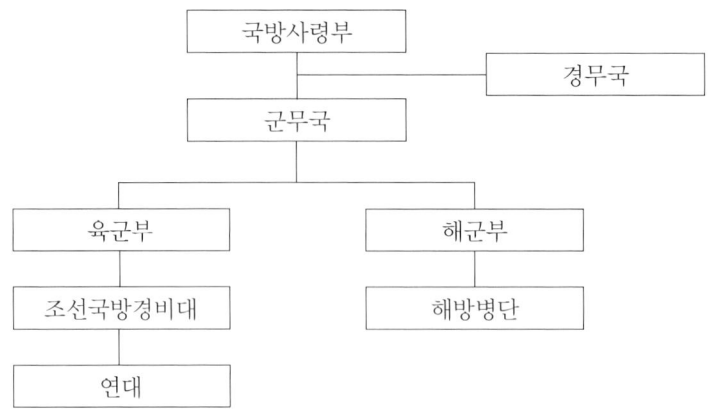

* 비고: 해방병단은 해상 및 해안 경비를 맡고, 후에 조선해안경비대로 변경되었음.
* 자료: 한용원(1982: 96~99). 여기서는 조기안(2003: 103)에서 재인용.

〈그림 3-4〉 조선경비대의 조직(1948년 8월 현재)

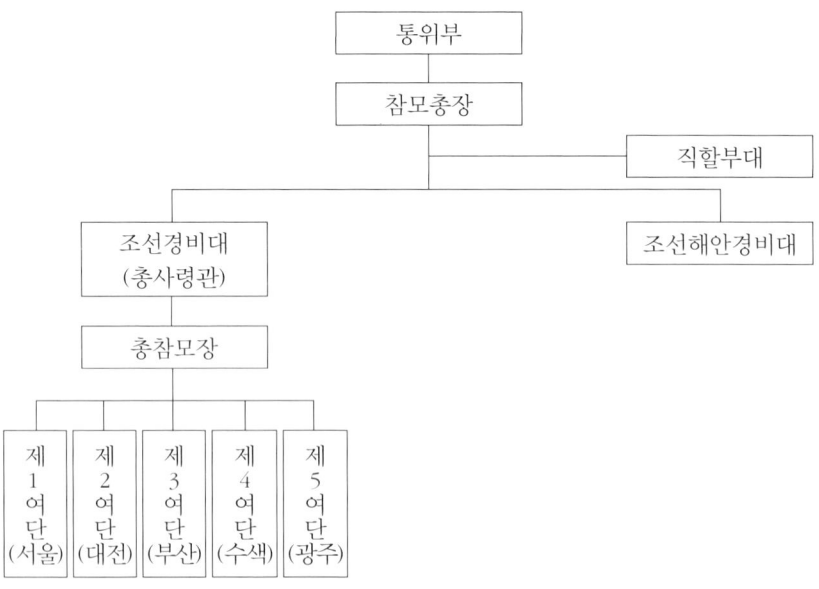

* 주: 조선해안경비대는 병력 3,000여 명, 함정 105척을 보유함.
* 자료: 한용원(1982: 105~121)의 재구성. 여기서는 조기안(2003: 103)에서 재인용.

2) 경찰

군정경찰은 해방 직후 전국적으로 조직된 자치적 치안조직을 해체하고 일제식민지 경찰 기구를 활용하여 그것을 재편하고 강화함으로써 성립되었다. 미군정은 인공과 임시정부 계열의 정치세력을 배제하고 해방 후 진보세력 진영에서 조직된 자치적인 치안조직을 불법화시켰으며 물리적 억압력의 핵심적인 기반으로서 기존 총독부 경찰체제를 재편하여 더욱 강화하였던 것이다. 따라서 경찰행정은 반공주의자와 우익 테러리스트 그리고 일본식 방식에 의해 광범위하게 훈련되었던 경찰 간부에 의해 운영되었다(Baldwin, 1947: 120). 미군정 경찰은 조직면에서 중앙집권적인 통제가 강화되었을 뿐만 아니라 규모면에 있어서도 비대화되었다.

미군정은 중앙에는 1945년 10월 21일 창설된 경무국을 두고 지방에는 도지사 예하에 경찰국장을 두어 재편된 경찰조직을 통제했으나 1945년 12월 27일 군정장관 명령으로 '국립 경찰의 조직에 관한 건'을 발표하여 도지자 권한하에 있던 경찰행정권을 분리시키고 각 도의 경찰부를 독립시켜 중앙 경무국의 직접적인 통제를 받게 했다. 1946년 9월 18일에는 서울에 수도관구 경찰청을 설치함과 동시에 각 도를 8관구로 나누어 군대편제와 비슷한 방식으로 조직을 개편했다. 1946년 9월 20일에는 서울, 대구, 전주, 세 지역에 경무총감부를 설치하여 도별로 조직된 각 관구경찰청을 더욱 용이하게 하향적으로 통제하도록 했으며 1947년 7월에는 각 관구 경찰청에 기동대를 설치하고 여자경찰서와 철도관구 경찰청을 신설하였다(안진, 1990: 109~112).

해방 직전에 남북한 통틀어 1만여 명이던 한국인 경찰관은 해방 후 불과 3개월 만인 11월 중순 남한 지역만 해도 1만 5,000명으로 급증하게 되며 10월항쟁 후인 1946년 말에는 2만 5,000명의 규모로 더욱 늘어나게 되고 대한민국 정부 수립 직전에는 4만 5,000여 명에 이르게 되는 것이다(안진, 1990: 112~113). 이처럼 미군정이 경찰을 재건하고 또 이를 발전시키고자 한 이유는 조직력과 힘을 통해 인공과 지방의 인민위원회를 견제할 수 있으리라는 믿음과 당시 경찰 이외의 어떠한 강제기구도 없었기 때문이다. 그리고 경찰간부와 요원들의 충원은 대부분 일제하에서 훈련을 받은 경찰 출신이 있고(Gayn, 1981: 104) 국립경찰조직의 최고지위인 경무부장의 조병옥과 수도경찰청장의 장택상은 모두 한민당에서 적극적으로 활동하고 있는 인물이었다.

이러한 경찰조직은 각 관할구역 내에서 도지사나 시장들의 통제를 받지 않았으며(Robinson, 1947: 136), 그 역할은 다른 민주주의 국가들에서처럼 소극적인 치안 유지나 시민의 생명과 재산 보호에 있는 것이 아니라 진보세력과 좌익세력을 제거하기 위해 무기를 들고 적극적으로 싸우는 것이었다. 또한 군정경찰의 경찰권은 미군의 군사 점령권에 의거한 것인 바, 군정정책의 수행에 필요한 준군사행동을 행사할 수 있는 전투경찰로서의 특수한 성격을 가지는 것이었다. 각 경찰서마다 반드시 사찰과를 설치하게 하여 정치, 사회 단체에 관한 정보수집과 집회, 집단행동에 대한 사찰과 폭동, 데모, 시위 등에 관한 사찰, 그리고 반군정 범죄에 관한 사찰 등을 맡게 되었다(역사문제연구소, 1989: 102).

전국적 조직을 기반으로 하여 군정경찰은 식량공출을 비롯하여 집회, 언론, 출판, 파업 등 모든 영역에 걸쳐 지배권을 행사하였으며 응집력이 높은 조직체로서 미군정 정책의 실행을 보장해주는 직접적인 강제적 자원으로 기능하였다.[8] 점령정책의 내적 한계로 인해 남한에서 대중적 지지를 얻을 수 없었던 미군정이 남한에서 진보세력과 저항세력을 통제할 수 있는 가장 효과적이고 필수불가결한 자원은 식민지 경찰체제였던 것이다. 실제로 경찰은 지방 인민위원회가 접수, 운영하고 있던 행정기관을 탈환하고 군정 통치기구들을 이식시키는데 핵심적 역할을 하였다

이처럼 미군은 군정경찰의 육성에 주력했는데, 행정관료와 더불어 경찰은 합법적 폭력이라는 자원을 소유하고 있으면서 그들의 이익을 위해 일정한 정치집단을 지지하게 되었다. 경찰력에 의하지 않는다면 거의 의존할 게 없을 정도로 미군정의 억압기구의 중추는 경찰기구였다.

미군정기의 경찰조직의 특징은 첫째로 군정통치기구 중 최대의 물리적 강제력을 보유한 국가기구였고, 둘째로 식민지경찰의 기구와 자원을 중심

---

[8] 이러한 당시의 경찰의 역할에 대해서는 Robinson(1947: 134~146)을 참조하라.

으로 하향식으로 조직화되었기 때문에 중앙집권화의 정도가 강하고 그 기구와 인력이 비대화된 조직이었으며, 셋째로 전투경찰로서의 군사적 특성과 보수우익세력을 지원하고 반공이데올로기를 정착시키는 정치적 특성을 지녔고, 넷째로 중하위직 간부와 일반경찰의 대부분이 일제식민지시대의 경찰 관료 출신들로 충원되었기 때문에 내적 응집성과 동질성이 강한 조직이었다(안진, 1996: 145~147).

미군정기의 경찰과 군을 비교하여 보면 첫째로 미군정기의 억압기구로서의 핵심적 역할은 경찰이 수행하였으며, 군은 경찰의 예비대로서 보조적인 역할을 수행하였다. 둘째로 군정경찰은 인력규모나 장비 및 교육훈련에 있어서 국방경비대보다 우월한 위치에 있었다. 군정경찰은 카빈소총 등으로 무장하였으나, 국방경비대는 일본군이 사용하던 99식, 38식 소총을 기본 장비로 하였고 훈련도 총검술과 폭동 진압법 정도에 그쳤다. 그러나 정부 수립을 전후하여 미군철수와 군사비용의 축소를 위하여 미국은 군 병력을 증가시켜 경찰보다 그 규모가 더 커지게 되었다. 셋째로 군정경찰도 일제시대의 경찰관료로 충원되고 군도 일본군·만주군계의 군인들로 충원되었지만, 군정경찰에 비하여 군은 출신계열이 다양하여 파벌이 많았기 때문에 내적 동질성이나 응집력이 낮았다. 넷째로 군정기간 동안 군정경찰과 군은 경쟁관계에 있었으며 이로 인하여 군경 간의 충돌사건이 발생하기도 하였다. 이는 군정경찰은 그 역할이나 병력수준에 있어서 현실적으로 우위에 있었던 반면에 군인들은 구한말과 일제식민지시대부터 민간 당국보다 우월하다는 전통적인 사고에 젖어 있었고, 군정경찰은 정치적 성향이 보수적인 데 반하여 군에는 좌익불순세력들이 일부 포함되어 있었고 정치적 성향이 상당히 진보적이었기 때문이다(조기안, 2003: 104~105).

그런데 미군정 말기 점령의 최종 국면에서 국가물리력의 대대적 확충과 이에 따른 치안, 국방비의 급증이 나타나는데 이는 두 가지 측면에서 해석된다. 하나는 분단국가 수립이 가져온 결과라는 점이다. 2차 공위 결렬로 단선, 단정이 확정되면서 좌파 세력은 단선, 단정 저지를 위한 본격적인 무력 투쟁 노선으로 나아가게 되었고 이후 2·7구국투쟁, 제주4·3항쟁, 5·10선거반대투쟁, 야산대 조직을 통한 무장빨치산투쟁 등이 이어지면서 사실상 내전 상태나 다름없는 상황에 들어서게 된다. 이에 따라 좌파의 무력 저항을 분쇄하기 위해 국가물리력의 엄청난 팽창이 이루어졌다. 다른 한편 단정 수립 과정에서 본격화된 물리력의 확대는 미군정기 남한국가형성과정이 국가의 지향점과 목표에서뿐만 아니라 국가형성의 물적 기반 자체도 외부에서 주어졌음을 반증하는 것이다. 즉 치안, 군사력의 급격한 확대는 미점령군 및 군정부대라는 외삽적 물리력의 철수를 메우기 위해 급격히 진행되었던 것이고 이는 거꾸로 그동안의 국가형성과정이 기본적으로 이들 외삽적 물리력에 의해 이루어졌음을 보여주고 있다고 하겠다(박찬표, 2007: 309).

군대와 경찰이 국가형성의 중요한 강제적 자원이었다면 서북청년회 같은 우파 청년단체 역시 급팽창하였고(신복룡, 2001: 185~191 ; 이경남, 1989, 상·하) 급속하고도 광범위하게 국가형성 기구와 세력의 외연을 확장해 나갔다.

3. 물적 자원

미군정의 물적 자원은 조세를 포함한 세입원과 화폐발행, 귀속재산, 미국으로부터의 원조물자 등에 있었다. 미군정기의 물적 자원은 근원적인 결핍상태 속에서 수급 불균형 현상을 나타냈다. 또한 국가재정보다는 미국으로부터 원조와 귀속재산이 더 큰 비중을 차지한 파행적 구조였다. 결국 재정상태로 본 미군정의 물적 기반은 취약했음을 알 수 있으며 미군정의 물적 기반은 귀속재산과 원조였다고 할 수 있다.

1) 재정구조

미군정은 별도의 일반회계와 점령비계정을 가지고 있었다(송병권, 1997: 400). 24군단과 주한미군정 모두 주한미군 산하에 편제되었지만 회계상 양자는 구분되었다. 이러한 구분은 점령비용이 패전국에 대한 전쟁배상의 형식으로 반환되어야 했기 때문에 필요했는데 군정의 많은 기구들이 이를 혼동하거나 구분할 수 없었다. 점령 당국이 자치정부가 담당해야 할 정부로서의 역할까지 맡고 있는 상황에서 점령업무와 민사업무를 구분하는 것은 사실상 어려웠는데 그럼에도 불구하고 점령 당국은 가능한 양자를 구분하고자 했으며 모호한 비용의 경우 이를 판단할 군정 내 기관을 확정했다(고지훈, 2000: 242). 따라서 대규모 전술군 및 군정 부대 유지에 소요된 엄청난 규모의 점령비를 포함해야 미군정 재정의 전체상이 드러난다. 점령비란 전술 점령군 및 군정 부대의 유지에 소요된 비용 및 점령 목적 달성을 위해 소요된 필수적 경비를 의미한다. 이외에도 점령 당국은 군정청 회계와 별도로 적산관계 계정(적산 임대 및 불하 수입) 및 민간물자 판매대금을 설정하고 있다.

미점령군의 점령 경비는 본국 정부의 예산에서 지출된 비용과 남한에서 현지조달된 비용으로 구분된다. 전술 점령군 및 군정 부대 유지에 필요한 기본 경비(급여 및 유지비)는 본국 예산에서 지출되었다. 이외에도 '질병과 소요를 막기 위한 구제 원조'였던 GARIOA 원조가 점령목적 달성에 필요한 점령비로 간주되어 본국 정부에 의해 점령 당국에 제공되었다. 이 양자를 합친 액수가 미국이 부담한 점령비가 되는데 1948년 5월까지의 점령비 규모는 다음 〈표 3-1〉과 같다.

〈표 3-1〉 점령 비용

(단위: 천 달러)

회계 연도	병력 급여	병력 유지비	GARIOA	총계
1946	89,000	85,500	27,800	202,300
1947	82,000	74,300	96,400	252,700
1948	84,300	67,500	92,700	244,500
총계	255,300	227,300	216,900	699,500

* 자료: Secretary of the Army(K. Royall) to Secretary of State(1948.5.1), 740,00119 Control(Korea)/5-148, Political Adviser's Reports, Roll 3. 여기서는 박찬표(2007: 314)에서 재인용.

다른 한편 전술군 유지 및 군정 수행을 위해서는 점령지 현지에서의 물자구입, 인력 및 서비스 고용, 시설 임대 등을 위한 비용이 소요되었다. 원화로 지불된 이 부분은 점령 당국이 현지에서 자체 조달해야 했다(박찬표, 2007: 325). 1947년 9월 현재 현지에서 원화로 지불된 점령 경비는 매달 4억 원에 이르렀고 1947년 9월까지의 누계는 총 50억 원에 이르렀다.

　미군정은 점령 초기 점령비를 일본에 전가하고자 하는 방침을 가지고 있었지만 과도지령 후 미예산에서 현금지불정책(pay-as-you-go policy)으로 선회하고 다시 1948년 1월 현지 자체조달 물자, 서비스 비용은 조선은행에서 차입하는 원화로 계속 지불하도록 했다. 이 누적적자를 철수에 앞서 해결해야만 했기 때문에 민수용 물자의 판매대금과 적산 불하자금으로 점령적자를 메우고자 하였던 것이다(송병권, 1997: 400). 그러나 민수용 물자를 민간인에게 판매한 대금을 관리하는 별도 계정의 액수는 1947년 9월 현재 20억 원에 불과했다. 점령 당국이 점령 적자 해소를 위해 더 기대를 건 것은 소규모 기업체 및 도시 가옥 등의 귀속재산을 불하하는 것이었다. 점령 당국은 이로부터 총 250억 원의 수입을 예상했지만 적산 불하는 원래 의도대로 수행되지 못했다. 미군정이 본격적으로 적산 불하를 시작한 것은 1947년 7월부터였고 그것도 미군정이 끝나가는 1948년 7월 이후에 미군정기 전체 불하건수의 44%, 전체 가치의 76%가 집중적으로 이루어졌는데 액수는 총 26억 원 정도에 불과했다. 하지가 기대했던 바의 1/10 정도에 불과했던 것이다(*Summation*, No 22: 13).

　점령 당국은 이 부분의 점령비용을 조달하는 방법이 없는 상태에서 군정청 재정 적자를 메운 방법과 같이 조선은행권 차용으로 이를 각출했다(박찬표, 2007: 315). 결국 점령 당국은 귀속재산 불하를 통한 점령 적자 해소에 실패했고 군정청 재정 적자의 1/3에 육박하는 100여 억 원이 점령 적자로 남게 되었다. 이는 '최초 한미협정'에 의하여 진주군비 대상금으로 한국정부에 인수되었다.

(1) 세입과 세출

일반적으로 국가의 중요한 물적 자원은 조세에 있다. 실제로 재정사와 조세사 연구는 국가 성격과 밀접한 관계를 가지고 있다. 여기서는 미군정청의 일반 회계를 중심으로 조세구조와 재정구조를 살펴보기로 한다.

〈표 3-2〉 세입의 구성

(단위: 백만 원)

	1940년도	비율	1946년도	비율	1947년도	비율	1948년도	비율
(1) 조세	149	17.2	722	6.1	3,600	18.5	5,058	14.6
직접세	80		228		1,565		2,104	
간접세	68		331		2,034		2,953	
(과년도 말납세)			(162)					
(2) 인지 수입	24	2.8	6	0.05	150	0.8	260	0.7
(3) 관업 및 관유 재산수입	454	52.4	6,870	58.2	11,065	56.9	19,712	56.3
전매	105		6,030		7,850		12,162	
운수	251		810		2,700		6,177	
체신	31		20		300		989	
관업제수입	30		8		196		281	
관유재산수입	34		—		19		101	
(4) 잡수입	7	0.8	414	3.5	610	3.2	526	1.5
(5) 차입금	—		3,786	32.1	4,010	20.6	9,459	27.0
(6) 공채	199	22.9	—		—		—	
(7) 전년도잉여금	17	2.0	—		—		—	
(8) 기타	14	1.8	—		—		—	
합계	866	100	11,800	100	19,445	100	35,018	100

* 자료: 한국산업은행조사부(1955: 360).

〈표 3-3〉 세출의 구성

(단위: 백만 원)

		1940년도	비율	1946년도	비율	1947년도	비율	1948년도	비율
(1)	관업비	448	52.9	3,991	33.8	7,498	38.6	13,823	39.5
	전매국	43		1,409		3,657		5,030	
	운수부	371		1,983		3,089		7,631	
	체신부	32		598		750		1,160	
(2)	치안비	55	6.2	2,382	20.1	4,020	20.6	8,984	25.7
	사법경무비	4		1,356		2,323		4,014	
	통위부	51		1,026		1,697		4,969	
(3)	문교후생비	26	3.0	802	6.8	2,527	12.8	2,630	7.5
	문교부	22		387		1,660		1,761	
	후생부	5		415		867		869	
(4)	산업행정비	193	22.3	1,957	6.6	2,871	14.8	3,286	9.4
	농무부	47		1,457		1,417		1,208	
	식량행정처	2		—		320		143	
	농사개량원	—		—		—		239	
	상무부	84		499		500		934	
	기타	6		—		190		—	
	토목부	55		—		614		730	
	노동부	—		—		—		29	
(5)	기타중앙행정비	26	3.0	219	1.0	577	3.0	1,154	3.2
(6)	지방행정비	43	5.0	1,887	16.0	1,399	7.2	1,356	3.9
(7)	임시적립금[1]	42	4.8	562	4.8	550	2.8	533	1.5
(8)	직원증급	—		—		—		3,328	9.2
(9)	기타	33	3.8	—		—		20	0.06
	합계	866	100	11,800	100	19,445	100	35,018	100

* 비고: 1) 차입금, 이자 포함함.
* 자료: 한국산업은행조사부(1955: 359~360).

〈표 3-2〉를 보면 총세입 중 조세의 비중이 낮은 편이고 관업수입이 큰 비중을 차지하고 있음을 알 수 있다. 즉 1940년에 관업 및 관유재산 수입의 비중이 52.4%로 과반을 점하고 있었는데 해방 이후에는 비중이 더 늘어나 1946년에 58.2%, 1947년에 56.9%, 1948년에 56.3%를 보이고 있다. 반면 조세의 비중은 극히 낮아 1940년에 17.2%였던 조세의 비율이 1946년에

6.1%로 크게 줄었고 그 뒤에도 1947년에 18.5%, 1948년에 14.6%를 기록하고 있을 뿐이다. 또 조세의 구성을 보면 간접세 수입이 직접세보다 많음을 알 수 있는데 이는 독점자본의 부담을 줄이기 위해 간접세 형태인 관업수입(특히 전매업)에 치중한 일제하의 조세구조가 그대로 유지되었기 때문이다. 관업수입은 주로 전매수입에 의해서였는데 그 비중은 1946년에 88%, 1947년에 71%, 1948년에 61.5%를 나타내고 있다. 군정청은 이러한 거액의 전매수입을 조달하기 위하여 수차례에 걸쳐 공공요금을 인상하였고 이러한 관영 요금인상율은 전체적으로 소매물가 상승율보다 높은 수준이었다.

세출의 구성(〈표 3-3〉)을 보면 관업비가 세출 중에서 차지하는 비중이 1940년에 52.9%였던 것이 1946년에는 33.8%로 줄어들었으며 그 후에도 40% 수준을 넘지 못하고 있다. 산업행정비의 비중은 1940년에 22.3%였던 것이 1946년에 6.6%, 1947년에 14.8%, 1948년에는 9.4%를 차지하고 있을 뿐이다. 반면 치안비의 비중은 1940년에 6.2%였던 것이 1946년에는 3배 이상 증가된 20.1%였고 1948년에는 25.7%를 차지하고 있다. 즉 생산적 지출이라 할 수 있는 관업비나 산업행정비의 비중은 크게 감소하였던 반면에 질서유지적 성격을 지닌 치안비의 비중은 크게 증가하였던 것이다.

(2) 적자재정과 통화발행

미군정은 이미 1945년 10월부터 1946년 3월 말까지 첫 회계연도에 세출이 11억 7,600만 원, 세입이 3억 2,800만 원으로써 약 8억 4,800만 원의 적자 예산을 운영하였다.

더욱이 1946년 1월부터 1948년 12월 사이에 물가는 9배 이상으로 폭등하였으므로 실질적인 재정규모는 동 기간에 오히려 크게 축소되었다. 따라서 예산상의 적자재정은 1946년도에는 세입총액의 32.1%, 1947년도에는 20.6%, 1948년도에는 27%에 달했다(전국경제인연합회 편, 1975: 242).

이러한 재정적자는 군정이 끝날 때까지 누증하여 일반회계 적자와 점령비를 합쳐서 총 400여억 원에 이르는 정도가 된다. 점령적자는 100여 억 원으로 미군정 일반회계 적자 290여 억 원의 1/3에 해당하는 양이었다(박

〈표 3-4〉 미군정 3년간의 본예산세출·세입 개관

(단위: 천 원)

년도	세출(결산액)	세입(결산액)	적자	비고
1945	1,176,675	328,095	848,580	1945.10.1~1946.3.31
1946	11,800,212	8,013,393	3,786,818	1946.4.1~1947.3.31
1947	17,719,164	15,434,854	2,284,309	1947.4.1~1948.3.31
1948	15,263,248	15,263,248	-	1948.4.1~1948.9.30
합계	45,959,299	39,039,590	6,919,707	

* 자료: 박문옥(1968: 372).

찬표, 1997: 318) 이러한 재정적자의 원인은 치안비의 증대와 낮은 조세수입으로 나타나고 있다(송병권, 1997). 이처럼 미군정기 기간 동안에는 막대한 재정적자를 면치 못하였는데 이는 해방 후 생산의 위축에 따라 조세세원으로서의 국민소득수준이 저하되어 세원이 크게 축소되었고 사회적·정치적 혼란으로 정상적인 조세제도가 운영되지 못했기 때문이다. 즉 일정한 기획과 통제가 없이 실시된 미군정의 행정력 빈곤으로 징세가 극히 부진하였던 것이다. 또한 인플레이션의 급격한 진행에 따른 세원의 급격한 변화와 재산이동의 성행은 세원포착을 더욱 곤란하게 하였던 것이다. 또 일제하에서의 과중한 조세부담에 따른 불만의 표출과 그로 인한 납세의 불이행, 조세의 인플레이션 현상에 대한 부적응과 실질적인 세율의 저하 등을 들 수 있다(장병순, 1973: 365~368). 따라서 미군정의 세무행정력은 극히 미약하였다. 한편 급조된 무수한 행정기구가 극도로 확장되고 중복되었으며 공무원 수도 일제하에 남북한을 합하여 만여 명이었던 것이 미군정하에서는 남한에만도 6만 명으로 증가하여 세출원이 늘어난 것도 적자재정의 한 이유였다고 볼 수 있다(박문옥, 1968: 372).

미군정은 이러한 재정적자를 전적으로 조선은행으로부터의 차입금 즉 통화증발에 의하여 보전하였다. 미군정은 이러한 부족액을 더 많은 통화를 발행함으로써 치유하려 하였는데 이는 화폐증발 인플레이션의 과정을 밟게 되는 것이다(조선통신사, 1948: 134). 즉 미군정은 미군점령비와 치안유지비, 미곡수집자금 명목으로 조선은행을 통하여 화폐를 남발하였고 따라서 통화량은 1945년 12월에 114억 원이었던 것이 1948년 9월에는 약 5배로 팽창하였던 것이다.[9] 그 외 여러 가지 요인들로 지속적인 통화증발이 계속됐는데 통화발행에서 가장 큰 비중을 차지하는 항목은 무엇보다도 계절적 곡물수집자금으로 전체의 약 39%를 차지하였고 그 다음으로 미군 주둔비를 선두로 하는 군정 및 과도정부의 적자재정대상금, 그 외 곡물수집에 대한 정부보상비, 해방 직후의 비상 시 대출금 등이 큰 비중을 차지하고 있다.

〈표 3-5〉 통화증발의 지배적 요인

요인	증가액(백만 원)	비율(%)
패전 일본정부청산자금	1,393	5
비상시 대출금	1,072	4
귀환동포 등에 대한 은행권 교환금	874	3
곡물수집에 대한 정부보상비	3,000	10
계절적 곡물수집 자금	11,104	39
일반대출 증가	531	2
재정 적자 등 기타	10,439	37
합계	28,413	100

* 자료: 농협중앙회(1965: 29).

특히 곡물의 수집과 배급은 큰 적자를 내면서 이루어졌는데 그것은 수집 가격에 비하여 배급 가격이 매우 저렴한 수준이었고 곡물수집에 대한 보상비를 농민에게 지급하였기 때문이다.[10] 따라서 곡물수집 방출에 따른

---

9) 따라서 미군정기 최대의 문제는 악성 인플레이션이 지속되는 것이었는데 그 원인은 크게 두 가지로 나누어 볼 수 있다. 그 하나는 해방 직후 사회경제 상황이다. 일제하에서는 식량공출과 가격통제, 자금통제와 수출입통제 등으로 인플레이션의 현재화가 방지되었지만 해방과 더불어 통제체제가 일시 붕괴되었으며 남북분단과 관리부실 등으로 생산이 현저히 위축된 것이 사실이었다. 다른 하나는 지금까지 살펴본 것처럼 미군정의 적자재정과 이에 대한 금융 측면에서의 지속인 통화증발이었다. 그러나 미군정은 이러한 인플레이션에 대하여 미봉적인 직접적 통제로써 대응하였을 뿐 이를 억제하기 위한 적극적인 조치는 거의 취하지 않았다(한국은행, 1961: 8).
10) 매년 농민으로부터의 구매가와 분배 소비자 사이의 차이를 메꾸는 보조금으로 3

통화증발액과 보상비 지불에 대한 통화증발액을 합하면 이 기간 동안의 통화증발액의 약 50% 가량을 점하고 있다.[11] 한편 1945년 8월부터 10월 사이의 약 3개월 동안 퇴거 일본인의 예금 전체 22억 원, 일제청산자금 14억 원 등 총 37억 원의 조선은행권이 남발됨으로써 인플레이션을 가속화 시키는 요인이 되었다. 1946년 말에 통화발행고는 1945년 8월 15일에 비하여 3.5배 팽창하였고 도매물가지수는 1944년에 비하여 92배로 등귀하였던 것이다 (재정금융삼십년사편찬위원회, 1978: 22). 이러한 조선은행권증발은 전면적인 물가등귀를 초래하였으며 필연적으로 막대한 군정예산을 불가피하게 했다. 이러한 통화증발의 문제점에 대해서는 미군정 스스로도 다음과 같이 기록하고 있다.

> 통화발행의 증가는 주로 정부의 적자재정에 기인하였다. 통화수축적인 요인들 중의 하나는 민간물자보급자금(Civilian Supply Deposit)에 있었다. …… 화폐를 발행함으로써 정부의 적자를 조정하려는 것은 바람직한 모습은 아니다. 그러나 이 상황하에서 미군정은 다른 대안이 없었다. …… 정부적자를 최소화하기 위한 유일한 방법은 정부세입을 증가시키는 것이다. …… 한국경제는 민간물자보급자금으로부터 오는 소득을 사용하지 않으면 견뎌내지 못할 정도의 심한 적자재정상태에 있다.[12]

미군정은 그 원인으로 국민세금의 수집 및 평가와 정부세입을 가져오는 정부기업체의 관리가 제대로 작용하지 못했으며 정책형성 기관과 집행기관 사이의 적절한 조정과 협력의 부족이 적절한 수행과 관리를 방해하였다고 보았다.[13] 따라서 미군정은 정부 지출을 줄이는 조치들로 은행대부의 선택적인 제약과 비경제적인 귀속공장의 청산 등을 제안하고 있으며 정부세입을 증가시키는 조치들로는 일부 귀속재산의 급속한 처분, 세금의 상향조정, 무역, 민간물자보급계획과 해외잉여물자위원회 차관 등을 제안하고

억 원을 썼다(McCune, 1950: 108).
11) 해방 후 계절자금 융자의 동태는 조선은행조사부(1948: I-297~308)를 참조하라.
12) "History of the National Economic Board", part 1, pp.30~31.
13) 위의 자료.

있다.14)

　따라서 미군정기 최대의 문제는 악성 인플레이션이 지속되는 것이었는데 그 원인은 크게 두 가지로 나누어 볼 수 있다. 그 하나는 해방 직후 사회경제 상황이다. 일제하에서는 식량공출과 가격통제, 자금통제와 수출입 통제 등으로 인플레이션의 현재화가 방지되었지만 해방과 더불어 통제체제가 일시 붕괴되었으며 남북분단과 관리부실 등으로 생산이 현저히 위축된 것이 사실이었다. 다른 하나는 지금까지 살펴본 것처럼 미군정의 적자재정과 이에 대한 금융 측면에서의 지속적인 통화증발이었다. 세입과 세출의 불균형으로 인한 적자재정은 국채나 공채를 발행한 것이 아니라 전액 조선은행권 차용에 의해서만 충당되었고 실제 예산의 집행과정에서 화폐가치의 저하, 세입감소 등 새로운 통화증발요인으로 작용함으로써 상태가 더욱 악화되었던 것이다. 이처럼 물가등귀와 재정팽창 및 재정적자는 서로 악순환을 거듭하며 인플레이션을 격화시켰다고 하겠다(재정금융삼십년사 편찬위원회, 1978: 24). 그러나 미군정은 이러한 인플레이션에 대하여 직접적 통제로써 대응하였고 세입증대를 위해서 세제개혁을 통한 조세증징을 계획하고 실행하였다.

　남한에 점령군으로 진주한 미군정은 일제시기의 총독부 국가기구와는 달리 한시적인 점령이었으므로 미군정의 세제개편은 직접적인 잉여유출보다는 대소 전진기지로서 남한을 재편하는데 필요한 재원을 현지에서 조달한다는 측면이 컸다. 미국의 세계재편 구상에 남한을 강제편입시키는 비용을 한국인들에게서 부담시켰던 것이다.

　미군정기에 실시된 세제 개정은 대체로 1946년도 후반기부터 시작되었다. 이 시기는 미소공위가 결렬된 후와 귀속재산의 일부가 매각되고 신한공사가 가지고 있던 농지가 매각되었던 시기와 일치한다. 남조선과도입법의원(1946.12), 남조선과도정부 수립(1947.10), 중앙집권적 군정경찰 강화(1946.

---

14) 재산관리관은 이에 대한 3만 1,621주택을 보고하고 있는데(현가 500만 원) 이 매각은 가장 낮은 가치의 주택부터 시작해야 한다고 보았으며 가능하면 연기나 관료적행정주의(red tape)를 피하기 위해 공매가 되어야 한다고 보았다. 위의 자료, pp. 14~18.

9), 국방경비대 도별 연대조직 완료(1946년 말) 등 국가기구들이 속속 설치되면서 세출이 급증할 수밖에 없었다(송병권, 1997: 413). 따라서 1947년 2월 6일 세제개혁위원회가 중앙경제위원회에 의해 구성되고 1947년 4월경 미국으로부터 조세전문가 2명이 파견되어 소득세와 지세를 중심으로 증징하겠다는 원칙을 세웠다(Sangmin Lee, 1991: 244). 그러므로 미군정은 통치 기간에 16차례의 세제개혁을 단행하였다(송병권, 1997: 409~410).

세입증대의 목적은 일차적으로 치안비의 확보였으며 여기서 재정정책의 정치, 군사적 성격이 드러난다. 직접세제보다 간접세제를 먼저 개정했던 것은 초기에는 징세기구의 미비와 세원포착이 미비하였기 때문이었다. 징세기구와 세원포착이 가능해지면서 직접세제를 개정하게 되었다. 조세수입액의 증대율이 물가지수보다 훨씬 높으며 조세수입 비중의 변화를 보면 소득세와 주세가 커다란 비중을 차지한다(송병권, 1997: 408). 소득세제 개정 결과와 납세층의 확대는 다음과 같이 정리할 수 있다.

    (1) 대중과세적 조세증징: 2차에 걸친 소득세제의 개정으로 소득세의 대조세 비중은 절대액으로나 비중으로나 상당히 증가했다.
    (2) 납세지주층의 하향확대: 지주뿐만 아니라 평균생계비 이하 소득층인 일반소규모 영세 자작농가까지 과세대상이 확대되었다.
    (3) 납세층의 임금소득자로의 확대.

(송병권, 1997: 423~433)

세제는 조세포착력이 약했던 초기의 간접세 중심에서 국가기구가 강력해짐에 따라 조세포착력도 점점 강화되어 직접세인 소득세 중심으로 개편되었다. 미국의 세계재편구도에 강제편입시키는 비용을 남한에서 현지조달 하고자 미군정은 대규모적 담세층 확대를 통해 소득세를 대중과세화하여 증징하였던 것이다. 이에 비해 귀속재산에 대한 과세와 매각에는 소극적이었는 데 매각비용도 현지조달 방식에 의해 나타난 점령비 적자를 보전하기 위한 것이었고 미군정 일반회계 적자보전에는 쓰이지 않았다. 1948년 7월 현재 미군정의 국세체계는 〈그림 3-5〉와 같다.

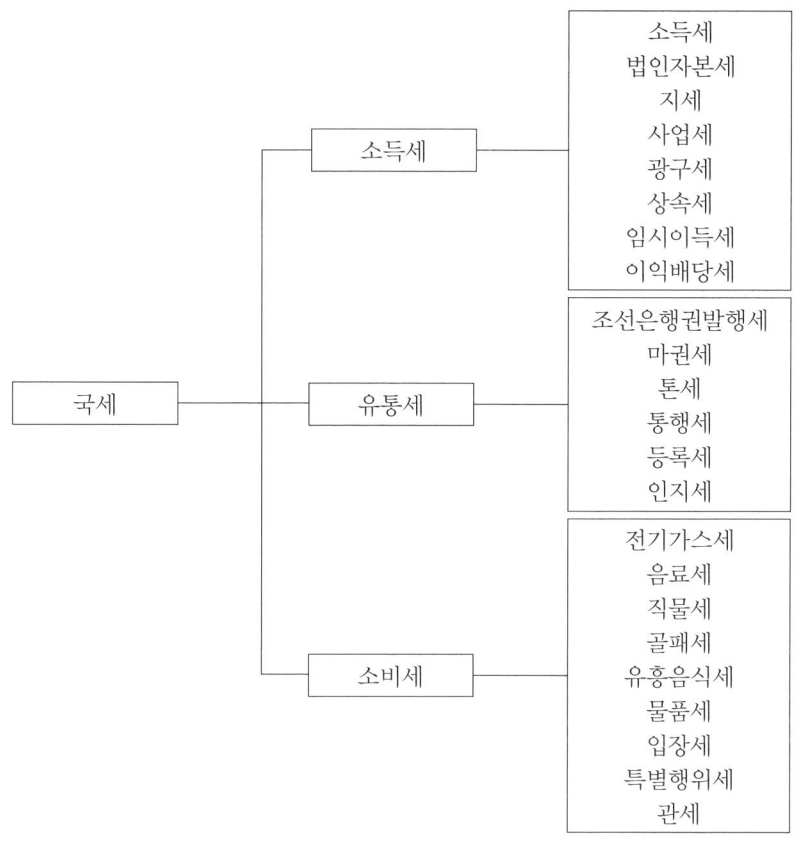

〈그림 3-5〉 미군정의 국세체계(1948년 7월 현재)

* 자료: 재무부(1979: 155)에서 작성.

결국 점령 당국은 철수에 앞서 점령지의 시민사회에 비해 과대성장한 강력한 반공 국가기구를 남겼지만 이는 물적·재정적 기반의 취약성을 안고 출발하게 되었다.

2) 귀속재산

귀속재산이란 1945년 8월 일본 제국주의가 2차 대전에서 패망하고 쫓겨 감에 따라 한반도에 남기고 간 재산으로 그 후 미군정과 한국정부에 귀속된 재산을 의미한다. 이러한 귀속재산의 처리문제는 노동자와 농민을 중심으로 하는 진보세력과 기존 지배세력 사이의 정치투쟁의 문제였으며, 귀속재산 처리방식은 새로 수립되는 독립국가의 지배세력의 형성과 밀접한 관련을 가지는 문제였다고 할 수 있다.

미군정은 12월 6일 남한 내 모든 공, 사 일본인 소유재산을 미군정이 접수한다는 법령 제33호를 공표하였고 군정청 취급 일본인 재산의 보고 및 재산의 경영, 점유 및 사용에 관한 관재령 제2호로써 일본기관이나 단체, 조합재산을 군정청의 소유로 했으며 공, 사유 일본인 재산을 접수하기 시작했다.

이처럼 미군정은 일단 일본인 재산을 접수하고 그 관리책임을 떠맡게 되었다. 미군정은 귀속재산의 관리자를 임명하였고 그에 대한 재정적인 통제를 수행한 것이다. 그런데 이것은 이전의 군사점령의 경험에서는 유례를 찾아 볼 수 없는 것이며 정상적인 통치과정에 포함되어 있는 것도 아니었다. 따라서 한국에 있어서 일본인 재산의 처리는 복잡한 법적 쟁점을 지니고 있었다.[15] 이러한 미군정의 구일본인 재산의 접수는 남한 내 대중세력과 진보세력을 배제하고 미군정이 남한에서 지배력을 확보해가는 과정의 일차적 조치였으며 미군정 지배의 중요한 물적 자원이었다고 할 수 있다. 미국은 귀속재산이 미국식 민주주의와 자본주의 이식의 물적 기초라는 점을 파악하고 있었다. 귀속재산은 남한을 자본주의 사회로 재편하는 데 있어서 중요한 물적 기반이며 그것을 인수할 정권의 성격이 분명하게 될 때까지 미국의 소유권으로 확실하게 장악해야 한다는 점을 인식한 것이다.[16]

---

15) 이는 일본인의 소유를 부정하는 것이었고 헤이그 육전법규의 사유재산 존중의 원칙을 부정하는 것이었기 때문이다. 헤이그 조약을 포함한 관행적인 국제법은 점령지역에서의 사유재산의 몰수를 금지하고 있다. 국제법의 관례는 영토의 이전이 사유재산에 영향을 주지 않는다는 것이기 때문이다. 또 이러한 국제법하에서 미군정은 그들 재산의 처리나 매각의 진행과정을 그 소유자에게 설명할 의무가 있는 것이었다. "Vested Property in Korea", RG 332, Box 38, p.1.

16) 이는 1946년 6월 폴리 대사가 한국은 작은 나라이며 따라서 우리의 전 군사력 중 작은 책임구역이긴 하지만 아시아에서는 우리의 성공 전체가 달려 있을지도 모

미군정은 1945년 12월 6일 법령 제33호를 발표하여 "조선 내 소재 일본인 재산에 관한 소유권은 1945년 9월 25일부로 조선군정청이 취득하고 조선군정청이 그 재산 전부를 소유함. 누구를 불문하고 미군정 허가 없이 그 재산에 침입 또는 점유하고 그 재산의 이전 또는 가치 효용을 훼손함은 불법"(*Offical Gazette*, 1945, Vol. I. Part 1: 168)으로 선언하였다. 이 법령으로 인해 기존의 자치적인 기관들이 접수, 관리하던 제반 경제적 자원들이 미군정에 의해 배타적으로 소유됨으로써 대중세력은 물적 기반을 파괴당한 반면, 미군정은 자신의 국가와 국가기구를 유지할 안정적인 물적 토대를 마련하게 되었다. 이러한 조치로 인해 미군정은 막대한 부를 소유하게 되었고 이는 조세와 함께 미군정의 재정기반이 되었다. 그러면 귀속사업체 및 귀속농지를 중심으로 귀속재산의 규모를 간단히 살펴보기로 한다.

(1) 귀속사업체와 귀속농지

귀속사업체는 공장, 광산, 은행, 상점, 음식점, 여관 등으로 나뉘어 지는데 대체로 가동 중인 전체 사업체의 4/5 정도가 공업부문이며 나머지 1/5이 상업, 농업, 해운업, 광업 부문에 해당된다.[17] 이 가운데 귀속공장의 경우는 반 이상이 지역적으로 서울, 경남에 분포되어 있으며 공장 수의 업종별 비중은 식품, 기계, 화학, 석유의 순으로 구성되어 있다(김기원, 1990: 30). 당시 남한의 공업이 일본경제와의 단절과 남북분단, 그에 따른 원료와 기술부족 등으로 제대로 가동되지 않았기 때문에 당시의 통계들이 부정확하지만 대체로 남한 전체 공장 중 귀속공장의 수적 비중은 전체의 1/4 정도, 노동자 수는 1/2 정도, 공산액은 1/3 정도에 이르고 있다(조선은행조사부, 1949: I-42~43).

르는 이데올로기의 전쟁터라고 역설하면서 트루먼 대통령에게 보낸 글에서도 잘 알 수 있는데 귀속재산의 처리가 의미하는 정치적 측면에 관한 인식이 드러나고 있다. 『미국무성 비밀외교문서』(1946: 307).

[17] USAFIK, *Republic of Korea Economic Summation*, No. 36(November~December 1948)(이하 '*Economic Summation*'으로 함), p.7.

귀속농지는 크게 동양척식회사의 소유농지와 구일본인 소유농지로 구분되는데 이들 모두는 1946년 2월 법령 제52호에 의해 공식적으로 창립된 신한공사에서 관할하였다. 신한공사는 무엇보다 동척을 기초로 하여 성립되었는데 초기에는 일본인 농장의 토지, 일본인개인의 소유토지뿐 아니라 기타 다른 작은 공장과 상공업시설을 포함했다(대한민국건국십년지간행회, 1956: 181). 그러나 이후 신한공사는 그 재산의 95% 이상이 토지가 되었으며 미군정은 거대한 지주의 역할을 담당했고 이러한 신한공사 토지의 운영과 관리는 성공적인 미군정의 운영과 밀접한 관계를 가지게 된 것이다.

미군정에 의한 소작료의 수집은 신한공사의 가장 큰 우선권을 가진 것 중의 하나였다. 미군정의 소작료 징수방법은 역사상 그 유례를 찾아볼 수 없는 일방적인 행정적 강제였는데 신한공사의 행정적인 훈련과 소작권 박탈을 위협으로 하는 강력한 통제는 좋은 수집실적을 가능케 했던 주요한 원인이 되었다. 또한 신한공사의 가장 성공적인 측면은 식량공출이었다(김성호 외, 1989: 265). 신한공사는 미군정 식량조달의 거의 1/3을 분담함으로써 식량위기에 시달리던 군정당국에 있어서 최소한의 안정을 보장할 수 있는 필수불가결한 통치수단이었다(Mitchell, June 1949: Preface V). 이는 신한공사가 소유한 경지면적은 남한 전체의 15.3%였지만 신한공사의 소작농이 경작하는 전체 경지면적은 남한 전체의 27.7%에 이르렀기 때문이다.[18] 따라서 신한공사의 영향은 그 소유지의 면적에 비해서 실질적으로 훨씬 더 컸다고 볼 수 있다. 중앙에서 결정된 정책이 2~3주 내에 신한공사 소속 소작인들에게 영향력을 발휘함으로써 신한공사는 다른 어떤 기관보다도 성공적으로 미군정의 정책을 그대로 농민들에게 전달하는 일을 수행한 것이다. 미군정은 신한공사를 통해 남한 통치의 물적 기반을 얻었던 것이며 미군정 국가기구들의 사회에 대한 행정력, 침투력의 취약성을 신한공사가 보완하고 있었던 것이다.

---

18) 이것은 이 소작농이 신한공사의 경지뿐만이 아니라 다른 지주의 경지를 소작하거나 자신의 소유 자작지를 경작하고 있었기 때문이다.

(2) 귀속재산의 가치

지금까지 귀속사업체와 귀속농지를 중심으로 귀속재산의 규모와 성격을 간단히 살펴보았는데 〈표 3-6〉은 귀속재산의 전체 가치를 미군정이 추정하여 나타낸 것이다.

〈표 3-6〉 귀속재산의 추정가치

(단위: 천 원)

종류	금액
기업체(1812개)	217,099,265
은행 및 金聯(9개)	5,871,883
화재해상보험회사(19개)	953,901
생명보험회사(19개)	309,204
주택영단	4,833,623
신한공사	19,991,271
조선생활품회사	1,821,621
물자통제영단	10,077
전매국	79,212
국제전화	725,000
임야	1,316,664
寺院	209,282
토지(농지제외) 및 건물	52,060,544
증권	41,848
독일재산	7,603
총계	305,331,089

* 비고: 1948년 10월 12일 귀속재산을 대한민국정부에 이관할 당시의 가치를 추정한 것임. 물가상승을 감안하여 계산한 것임. 금액은 총자산가치에서 부채를 뺀 순자산가치임.
* 자료: USAFIK(1948 September~October), *Republic of Korea Economic Summation*, No. 36, p.9에서 작성. 여기서는 김기원(1990: 37)에서 재인용.

농지 등을 포함한 귀속재산 전체를 가치액으로 살펴 볼 때 귀속재산 총가치액은 3,053억 원에 달하고 있다. 당시 남한재산 전체의 가치가 조사된 바 없으므로 이 표로서 귀속재산의 비중을 정확히 계산할 수는 없다. 다만 1948년도 예산의 세출이 350억 원이었으므로 이러한 가치는 세출의 약 9배에 달하는 액수임을 알 수 있다. 내부구성을 보면 기업체의 가치가 전체의 약 2/3로서 신한공사 재산가치의 11배에 이르고 있으며 농지를 제외한 토지 및 건물의 가치가 신한공사 농지의 2배 이상에 달하고 있다.[19]

이러한 귀속사업체, 귀속농지를 포함한 구일본인 재산의 처리문제는 신탁통치와 관련된 미소의 대한정책과도 밀접히 관련될 뿐 아니라 국제법, 연합국의 대일배상 문제와도 직접적으로 연결되는 복잡한 법적 쟁점을 지닌 것이었다. 사실상 미군정에 의한 구일본인 사유재산의 접수와 관리는 국제법적 관례가 없었던 것인데 실시되었던 것이다. 이것은 귀속재산이 남한을 자본주의 사회로 재편하는 데 있어서 중요한 물적 자원이었기 때문이다. 따라서 미군정기에는 귀속재산의 매각 비중은 크지 않으며 그것마저 미군정 말기에 집중되어 있다. 이에 미군정은 자신의 통치기간 동안 귀속재산을 통해 한국사회에 대한 지배력을 행사할 수 있었던 것이다.

3) 원조

원조란 일반적으로 전후 미국이 제3세계 및 서구 자본주의 국가들에게 각 종 물자 및 용역 또는 화폐자본을 무상으로 제공하는 것을 말한다.

원조가 제공되는 배경에는 민간자본의 수출에서와는 달리 강한 정치적 및 군사적 목적이 포함되어 있다. 실제로 2차 대전 후 미국원조는 서구 및 제3세계에 대한 소련의 침투를 저지하고 이들 지역을 미국의 영향권 안에 묶어 두기 위한 유력한 수단으로 제공된 것이었는데, 특히 한국의 경우에는 대공산권 방어기지를 구축하고자 하는 정치적·군사적 성격이 강하였다. 특히 원조는 미군정에 의해서 중요하게 고려되었는데 미군정의 작용을 효과적으로 유지시키기 위해서 긴급 구호프로그램을 요구하고 수입이 매우

---

[19] 당시의 귀속재산으로 파악된 것 중에는 실제로는 한국인 재산인 것도 포함되어 있었는데 1948년 8월 15일 현재 이와 관련되어 총 5,721건의 소송이 제기되어 있었다(*HUSAFIK*, 1948, Part III, Chapter V.: 130).

중요하다고 보고 있었다.[20]

　미군정은 초기 1년간 관영무역을 전개하면서 미국의 점령지역 구호원조인 GARIOA 원조를 통해 비료나 원면, 식량 등을 도입하였는데 그것은 미군정이 긴급히 필요한 물자를 본국에 청구하고 수입품의 대금결제는 우선 미국정부가 대불하는 형식의 원조무역이었다. 원조된 물자는 민간물자보급계획에 따라 물자통제영단에 의해 배급되었으며 그 후에는 원조자금을 가지고 수입품목 및 수입량, 가격에 대한 엄격한 통제하에서 미국으로부터 상품을 수입해 오는 형식이었다. 이와 같은 통제에 의한 원조무역은 국내경제, 특히 인플레이션하에서 가격에 미치는 영향을 고려하여 수입에 중점을 둔 정책이었으며 이에 따라 총수출입 중 원조수입의 비중은 미군정기 3년 내내 거의 80%에 이르고 있다(재정금융삼십년사편찬위원회, 1978: 40). 이처럼 이 시기의 원조는 대체로 구호물자였지만, 이 중 상당부분은 국가기구의 운영자금과 군사비로 사용된 것으로 알려지고 있다. 예컨대 조선국방경비대와 미군정 경찰 등 국가기구와 각종 우익청년단체를 중심으로 한 준국가기구들은 미군정의 정식 예산액 이외에도 미군정 주요 경제부서의 한국인 담당관리를 통하여 원조 및 배급물자를 불법으로 특혜배분 받기도 하였다. 또한 미국방부에서 주한 미군에게 직접 제공하는 예산과 원조 중 일부가 국방경비대 운영비용으로 지원되었던 점을 고려한다면 미군정 국가기구에 해당하는 예산과 비용은 훨씬 많은 액수였을 것으로 판단된다(류상영, 1986: 215). 특히 연도별 양곡도입량을 보면 1946년에는 국내생산량의 5.5%, 1947년에는 11.0%, 그리고 1948년에는 7.5%나 도입하였다(한국은행 조사부, 1955: 116). 이러한 외곡도입량으로 국내 총소비량 중에서 1946년

---

[20] 이 점은 "한국의 경제는 여기 첨부한 것에 있는 대부분의 요구가 가까운 장래에 한국에 조달되지 않는다면 심각하고 계속적인 퇴보를 할 것이라는 것이 나의 스텝진들 모두의 만장일치의 의견이다"라는 경제고문이었던 번스의 글에서 잘 나타나고 있다. Office of the Economic Advisor HQ XXIV Corps, Seoul, Korea, Emergency Relief Requirement for Korea, Memorandum of Import needs for South Korea, Bunce Mission Series No. 2, The State-War-Navy Coordinating Committee and State-Army-Navy-Air Force Coordinating Committee Subcommittee and Departmental Files 1944~49(RG 59)(March 11, 1946), LM 80, Roll No. 7.

의 경우 6.4%, 1947년의 경우 13.1%를 각각 충당하였다. 이것은 양곡수급 공출량의 1/3~1/2에 해당된다. 결국 이것은 비농가에 대한 식량배급량의 30~40%가 외곡에 의해서 충당되고 있음을 보여 주는 것이다(조선은행조사부, 1948: I-242).

　미군정은 당시의 상황을 인플레이션하의 경제적 혼란기로 파악하고 긴급구호를 통한 경제안정에 최우선의 정책중점을 둔 것이다. 미군정은 정치안정을 위한 민생안정의 차원에서 주로 최종소비재의 구호원조에 치중하였고 원자재나 기계설비의 원조는 거의 제공하지 않았던 것이다. 이처럼 원조는 해방 직후 당시 남한이 직면한 경제적 혼란과 급격한 생산의 저하, 악성 인플레이션의 만연을 극복하고 민생안정과 농업을 포함한 산업의 임시적인 보수 및 유지를 위해 제공된 것이었다. 미군정은 남한에 진보적인 체제가 들어서지 않도록 하기 위한 사회안정에 주된 관심을 두고 있었기 때문이다. 따라서 원조는 귀속재산과 더불어 미군정이 통제하는 중요한 물적 자원이었다고 하겠다. 미군정은 경제의 중심인 귀속재산 처분권과 원조물자의 배급과 관리를 맡게 됨으로써 사회로부터 자율적인 지배를 보장하고 물적 기반을 확보하고자 했던 것이다.

4. 하부구조적 국가기구

　만은 국가권력을 전제적 권력(despotic power)과 하부구조적 권력(infrasturctural power)으로 구분하고 하부구조적 권력이란 "국가가 실제로 시민사회에 침투해서 정치적 결정을 수행할 수 있는 능력, 또는 국가가 그 자체의 하부구조를 통해 시민사회의 행위에 침투하고 중앙집권적으로 조종할 수 있는 권력"으로 정의하고 있다(Mann, 1986). 미군정은 1946년 초부터 본격적으로 하부구조적 국가기구를 복원했고 이를 통해 시민사회 전반을 통제했다. 미군정은 1946년 들어 일제가 남긴 각종 사회경제적 통제기구를 복구했는데 이러한 경제통제기구는 점령지 시민사회를 생존의 현장에서부터 제어하는 사회적 통제 수단이 되었다(박찬표, 2007: 150~154).

미군정이 1946년 초 복원한 하부구조적 국가기구 중 중요한 것은 식량공출 및 배급체제의 확립과 관련한 것이었다. 미군정은 점령 초기 일제하 식량관리의 주 기관이었던 식량영단을 조선생활품영단으로 개칭해 일시적으로 식량관리 업무를 중지했다. 그러나 미곡의 자유시장체제가 급격한 미가앙등을 불러오자 1946년 1월 25일 '미곡수집령'(군정법령 제45호)을 발포하여 미곡에 대한 전면적 통제체제로 복귀했다. 미군정은 1946년 5월 중앙경제위원회 산하에 식량관리 업무를 전담할 중심기구로 중앙식량행정처를 신설했으며 실무 기관인 조선생활품영단으로 하여금 식량의 매입과 배급 업무를 대행케 했다. 틸리는 식량공급에 대한 중앙통제체제의 확립이란 생존수단에 대한 통제권을 장악하는 것으로서 국가형성과정의 중요한 한 측면이라고 지적한다(Tilly, 1975). 식량공출제 확립은 식량수급 차원을 넘어 미군정체제의 안정과 정당성에 직결된 문제였고, 따라서 식량공출제 확립에 국가의 모든 공권력이 동원된 것이다.

한편 미군정은 식량공출을 통해 수집한 하곡과 추곡 및 1946년 5월부터 원조물자로 들어온 막대한 식량에 대한 배급체제를 수립했다. 미군정은 식량공출 및 배급제를 통해 대중의 생존수단을 장악하고 이를 사회통제와 정치적 반대세력에 대한 탄압 수단으로 이용한 것이다.

또한 미군정은 일제의 전시물자 통제기구였던 조선물자통제회사를 이어받아 민간의 구제부흥물품, 잉여전쟁물품, 일제가 남긴 모든 동산 등에 대한 통제권을 장악했고 조선석유통제회사, 조선석탄통제회사를 통해 연료의 배급, 배분, 판매 등에 대한 통제권을 장악했다. 미군정은 일제의 농촌통제기구였던 조선농회, 금융조합도 재조직하여 이용했다. 도, 군, 읍, 면, 구의 각급 행정조직에 조응하여 수립된 농회 및 금융조합 조직은 농민을 통제하는 메커니즘으로 작동했다.

미군정은 일제가 남긴 동양척식주식회사(이하 '동척'이라 함)를 접수하여 신한공사로 개칭하고 신한공사로 하여금 일본인 소유 토지를 관할하게 했는데, 신한공사는 미군정의 가장 강력한 사회경제적 통제기구였다. 여기서는 이러한 미군정의 하부구조적 국가기구에 대해서 좀 더 구체적으로 살펴보기로 한다.

1) 조선농회

일제시대로부터 조선농회는 일제정치의 외곽단체로서 가축에 관한 사업, 농산물의 구입과 판매에 관한 사업, 소비품에 관한 사업 등을 하였다. 농회는 일제하의 관련 법규에 기초하여 1946년 초 재건되었는데 우선 도 및 군 수준에서 재건되었고 1946년 9월 이후 읍, 면 수준까지 조직이 확대되었다.

농회는 도군정관, 군수, 면장이 도 농회, 군 농회, 면 농회의 회장을 맡고 도, 군, 면, 읍의 관공리가 농회 사무를 겸무하는 등 각급 행정조직에 상응해 설치된 사실상의 정부 조직이었다(김종성, 2000: 285~286). 농회는 농민과 지주를 회원으로 하여 비료, 농약, 뽕나무 묘목, 도량형 기구, 농구 등 농사에 필수적인 물품의 배급, 판매 업무를 담당했으며 전국 농민에게 '조선농가독본'을 대량 제작하여 배포하였음에서 알 수 있듯이 미군정기 농민교육에도 일조를 한 것으로 보인다(이희수, 1997). 일제 말기에 '생산 지도 기관'으로서 기능보다 '말단 농촌 통제기구' 역할에 치중하여 공출에 앞장섰던 농회를 미군정은 가장 중요한 농촌 조직으로 평가했다(*HUSAFIK* 4권: 369~370).

남한의 모든 농민을 망라하는 이 농회는 쟁기나 의복 등 각종 물품을 도매 가격으로 구입하기 위해 제조업자들과 흥정하고 이를 통해 농민들에게 많은 이득을 주었다. 그리고 도나 지방 지부 등을 통해 유리한 조건의 대부를 받아 이를 개인들에게 배분하는 역할을 하였다. 또 조선농회는 중앙 판매망의 역할을 하며 수백 만의 농민과 정부 사이의 중재자 역할을 하였다(*HUSAFIK* 4권: 434~435).

군정 초기 농회는 농무부에서 제대로 굴러가고 있는 유일한 기관이었다. 미군정은 농회가 농민들에게 필요한 종자, 비료, 농기구 등을 보급했기 때문에 실질적으로 남한 내의 모든 농민들을 회원으로 포괄하고 있는 조직이라고 보았다. 미군정은 '조선농회의 광범한 조직망을 통하여' 농무부가 남한 농민들 개개인을 '지원'할 수 있었다고 평가했다(*HUSAFIK* 4권: 376).

미군정이 일제 말기 '농촌 통제기구'로 변질되었던 농회를 높게 평가하고 활용했던 까닭은 농정업무의 효율을 기하기 위한 것뿐만이 아니었다. 미군정이 볼 때 점령 초기 각 지역에서 인민위원회나 농민조합에 대항할 세력이 없었다. 따라서 군정은 농회가 농민들의 생산활동과 밀접히 관련된 부분을 취급하고 있음을 활용하여 농회를 집중적으로 지원하면 농민들의 지지를 획득할 수 있을 것으로 전망했다(허은, 1997: 382). 군정업무를 시작하면서 농사일의 일이 대부분 농회와 같은 조직을 통해 이루어졌다는 것을 알았고 전국적 조직인 인민위원회와 대응하기 위해 농회를 재생시켜 이들과 공식적 관계를 수립할 필요를 느낀 것이다(Meade, 1951: 190~194).

농회에 커다란 변화를 가져왔던 것은 '남조선과도정부 법령 제165호'의 공표였다. 미군정은 1948년 1월 31일 법령 제165호를 발표하여 농회를 행정체계와 분리시켰다. 법령 제165호가 관제기구로서의 농회 조직에 대한 개혁을 요구했으며 이 법령 실시 이후 농촌에서 농회의 위상과 활동은 기존과 커다란 차이를 보였다(허은, 1997: 377). 법령 제165가 공표되기 전까지 농회는 일제시기 공표된 농회령 8조에 의하여 행정관청이 회장, 부회장을 임명했다. 도지사, 군수가 지역 도, 군 농회의 장이 되었고 담당 직원도 행정직원이 겸임하는 경우가 대부분이었다. 법령 제165호는 각급 농회장을 모두 민선으로 하여 행정조직과 완전히 분리할 것을 지시했다. 미군정이 농촌 통제기구였던 농회의 위상 약화를 가져왔던 법령 제165를 발표할 수 있었던 배경은 농촌지역에서 더 이상 기존처럼 좌익 세력들이 영향력을 발휘할 수 없었다는 데서 찾을 수 있다. '10월 인민항쟁' 이후 농촌지역에서 좌익들은 본격적으로 제거되기 시작했고 1947년 후반기에 이르면 농촌은 거의 경찰과 우익 청년단체들이 장악하다시피 했다(허은, 1997: 383).

법령 제165호 발표 이후 농회는 조직체계를 정비하면서 '자주적 계통농회'로서의 존립 기반을 마련하고자 노력했다. 농회는 외형상 중앙농회를 정점으로 한 조직체계를 갖추었으나 중앙과 지방 간의 강력한 조직체계를 형성하지 못했다. 군정 초기 가장 중요한 조직으로 평가되었던 농회는 법령 제165호 공표 이후 농촌에서 그 위상이 약화되었다. 농회는 행정조직과 분리됨으로써 미군정의 공식적인 지원을 받을 수 없었다.[21]

2) 금융조합

미군정의 시급한 과제 중의 하나는 남한 경제 전반에 대한 통제력을 확보해야 한다는 것이었다. 미군정은 금융조합조직이 군정의 경제관계 행정에 효율적인 기능을 할 것이라고 보았다. 그리하여 미군정은 우선적으로 금융조합의 존속이라는 기본 방침을 세우고 해방 후 전개된 금융조합에 대한 농민대중의 움직임에 대응하였다(이승억, 1993: 7). 금융조합은 미군정기 중요한 농촌조직이자 농업금융기관이면서 다른 한편으로 농정대행기관적인 성격을 아울러 가지고 존재하였다(이승억, 1993: 2).

그런데 금융조합에 대한 대중의 움직임은 농민적 협동조직으로의 흡수, 재편운동으로 전개되었다. 이에 따라 점차로 미군정은 한국인 구 금융조합세력을 중심으로 하여 금융조합의 형식적인 운영 주체를 한국인으로 바꾸어 나갔다. 그리고 미군정은 일제시기 제정된 금융조합 관계법령을 유효화하였으며 미군정의 통제하에 금융조합의 운영주체를 한국인 구 금융조합세력으로 대체하였다.

미군정은 1946년 6월 20일 '남조선금융조합이사협의회'에서 한국인연합회장 임명, 지방금융조합에 대한 내부의 활동 감독권 등을 인가함으로써 금융조합에 대한 체제 정비를 일단락지었다. 미군정이 금융조합에 대해서 일제시기에 비해 상대적으로 자율권을 부여한 것은 이미 1946년 초부터 금융조합이 미군정의 행정에 효율적인 조직으로 운영되었기 때문이었다. 이로써 금융조합은 인적으로 구 금융조합세력에 의해 재편성되었으며 그 위상에서는 미군정의 행정대행 조직으로서의 역할이 부여되었다(이승억, 1993: 9~10).

미군정은 금융조합을 포함하여 금융기관의 여신업무를 제한하는 금융통제정책을 실시하였다. 미군정기 금융조합활동의 중심이었던 미군정행정 대행사업은 군정 당국이 지정한 통제물자의 수급과 미곡수집과정에서의 대

---

21) 결국 농회는 비료배급 업무를 1949년 금연에 이관당했고 결국 1951년 해산당하는 운명을 맞았다(허은, 1997: 384).

금지불이었다. 미군정의 물자통제는 1946년 4월 통제물자의 품목이 지정되면서 시작되었다(이승억, 1993: 12).

한편 금융조합은 군정의 양곡수집과정에서 양곡대금 지불업무를 대행하였다. 미군정은 성립 직후 일반고시 1호를 통해서 일제시기의 식량통제법령을 폐지하는 한편 '식량영단'을 '조선생활품영단'으로 개칭하였다. 1946년 6월 중앙식량행정처가 설치되고 여기에서 모든 식량정책의 수립과 집행을 담당하면서 체계적인 양곡공출을 실시하였다. 미군정의 물리적인 개입에 의해 수집양곡 공출의 책임이 지주에게 주어지고 금융조합을 매개로 그 대금이 지주에게 지불됨으로써 지주계급은 소작료를 보장받을 수 있었던 것이다(이승억, 1993: 12~14).

미군정기 금융조합은 미군정의 통제하에 통제물자의 배급과 양곡수집정책을 보조하면서 미군정이 경제에 대한 전반적 통제력을 확립하고 군정행정을 원활히 관철시키는 데에서 주요한 역할을 수행하였다(이승억, 1993: 1). 금융조합은 군정이 조합장을 임명하고 각 도의 재무국이 감독하는 준국가기관으로서 예금, 대부 등은 물론 상무부의 대행 기관으로서 면 의류, 비누, 견 의류, 성냥, 신발, 양말 등 농가에 각종 생필품을 공급하는 업무를 관장했다. 조합원은 남한에서만도 약 1,400만 명에 이르렀다. 이와 같이 도, 군, 읍, 면, 구의 각급 행정조직에 조응하여 수립된 농회 및 금융조합 조직은 농민을 생존 차원에서 통제하는 메커니즘으로 작동했다.

금융조합의 3대 특징은 고도의 중앙집권적 연합회 만능제, 조합원의 이익과 괴리 배치되는 조합본위의 운영, 재무부장관만이 건드릴 수 있는 관선고급간부(문정창, 1961: 292)였는데 이처럼 금융조합은 해방 후 미군정 경제정책의 가장 주요한 내용인 물자통제와 식량정책의 집행과정을 통해서 미군정이 남한 경제에 대한 전반적 통제력을 확립하고 군정행정을 원활히 관철시키는 과정에서 중요한 역할을 수행하였다. 이러한 금융조합의 역할은 미군정이 해방 후의 전반적인 물자 부족과 식량문제에 대처하려 한 점이 반영된 것이지만 한편으로 이는 노동자들의 자주적인 생산재건운동과 농민들의 반봉건개혁운동의 일환으로 전개된 농촌조직 재편운동을 저지하면서 진행된 것이었다(이승억, 1993: 14). 농회가 1945년 해방 후 급속히 약화된 데 비해 금융조합은 농업은행으로 재편되는 1958년까지 존속하였다(이승억, 1993: 1~2).

3) 신한공사

신한공사[22]는 남한 전체 농지의 15.3%, 남한 전체 농가의 28.5%를 지배하는 남한 최대의 지주였고 식량공출에서 신한공사가 관할하는 농지는 전체 농지의 30.5%에 이르렀다. 미군정은 "신한공사가 행사하는 농촌 주민 다수에 대한 강력한 행정력"을 통해 농민에 대한 직접적인 통제권을 행사할 수 있었다.

4) 조선생활품영단

경제통제법하에서 중앙경제위원회 산하에 중앙식량행정처가 식량관리의 중심기구였으며 조선생활품영단은 그 실무기관이었는데 식량의 매입과 배급업무를 대행하였다. 군정청은 1945년 12월 19일 미곡소매 최고 가격을 결정하는 일반고시 제6호를 발표하고 1946년 1월 1일부터 '미곡통제'를 실시하였는데 12월 24일 군정장관 아놀드는 농민들은 쌀을 시장이나 생활품영단에 팔아야 하며 생활품영단에서는 쌀을 판 농민에게 증서를 써 주고 농민은 그것을 가지고 생활품영단에 가서 원하는 생활필수품을 살 수 있도록 하였다(국사편찬위원회 편, 제1권, 1968: 663~664).

생활품영단은 각 도에 지부를 각 군에는 출장소를 두었으며 식량의 배급은 직영배급소와 소매상조합을 통해서 행하였다. 생활품영단은 1947년 2월에 본부는 생활품관리원으로, 도지부는 도 식량사무소로 개편하였고 1948년 10월 26일 다시 대한식량공사로 개칭되었다.

---

22) 신한공사에 대해서는 다음 4장 3절을 참조할 것.

〈그림 3-6〉 조선생활품영단 기구표(1947년 말 현재)

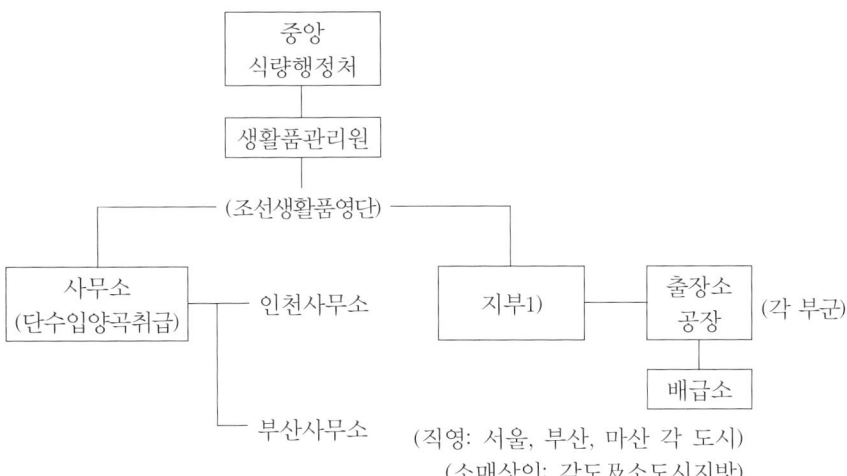

* 자료: 조선은행 조사부(1948: I-242).

5) 조선물자통제회사

미군정은 생필품에 대해 통제정책을 시행하였는데(허수, 1995), 1945년 11월 5일 법령 제24호를 공표하여 물자통제회사를 설립하였다. 이 회사는 일본군 재산 및 일본인의 포기 재산을 취급함과 동시에 귀속 재산 중 동산에 대한 관리 운영, 처분을 담당하였다. 물자통제회사는 민간의 물자부족 문제를 해결하고자 소유하고 있던 수많은 물자들을 배급 능력을 가진 한국인들에게 시중 가격보다 저렴한 가격으로 판매하였다. 산업파탄으로 인해 국내 물자만으로는 수요를 충당할 수 없자 미군정은 미국 내의 잉여물자를 원조라는 명목으로 국내로 들여와서 부족한 물자를 충당하고자 하였다. 1945년 말부터 생필품 배급을 부분적으로 실시하고 있던 미군정은 1946년 3월 초 전국적인 통제품배급안을 수립하고 원조물자를 배급하기 시작했다. 물자통제회사는 1946년 3월 이후 원조, 수입물자까지 취급함으로써 민간물자보급계획을 위한 공급 및 처분 기관으로서의 기능까지 담당하였다

6) 성인교육협회

　성인교육협회(Adult Education Associations)는 1946년 6월 중순 성인교육협회 총본부가 문교부 성인교육국 내에 설치됨으로써 본격적인 활동에 들어간다. 당시 일간지들에서는 그 성격을 '순민간단체'로 보도하고 있지만 문교부 내의 총본부를 정점으로 시, 도, 부, 군, 면, 동, 리에 각각 지회, 분회 등을 설치하는 등 철저한 하향식 조직으로 성인교육을 위해 동원된 정책수행기구였다. 성인교육협회는 사실상 '준국가기관'의 역할을 수행하였다는 점에서 단순한 민간단체로 볼 수 없다는 것이다.[23]

　해방 직후 1945년 10월에 성인교육 사업 단체가 서울을 비롯한 각 도에 조직되고, 이어 각 관할 시·군에 지부가, 읍·면에 분회가 설치되어 성인교육활동이 산발적으로 전개되기 시작하였다. 산발적으로 전개되던 성인교육활동을 조정하고 성인교육 시설, 교재, 기타 출판물의 간행 및 배포와 지도자 양성 및 계몽, 교화 사업 등의 원활한 추진을 목적으로 1946년 6월에 성인교육협회 총본부가 설치되었다.

　그리고 1946년 12월 말 현재로 문교부에 등록된 23개 교육 위원회 중 '성인교육중앙협회'가 등록되어 있었다. 성인교육협회 총본부를 중앙에 설치한 목적은 지방 단체의 사업 추진에 대한 원조와 각 지방 단체 간의 상호 연락 및 정보 교환과 사업 추진의 강화를 도모하고, 성인교육 관계시설, 교재, 기타 출판물의 간행 배포와 지도자 양성 및 계몽, 교화 사업 등의 추진에 있었다. 또 성인교육 사업을 재정 지원하는 것을 주된 업무로 하였다. 주요 사업 목표는 첫째 문해교육 및 교화 사업, 둘째 공민학교 및 고등 공민학교 설치 운영, 셋째 읍, 면 성인교육협회 결성 및 성인교육사 배치 등이었다.

　중앙에 성인교육협회 총본부가 결성되고, 이어서 각 도·시·군 별로 지회가 결성되었다. 예를 들면 1947년 현재 강원도에는 도 단위 성인교육협회 산하에 75개의 시·군·읍·면 지부가 조직되고 1,163개의 이동 분회가

---

[23] 이하 이희수(1996: 96~100)를 주로 참조함.

조직되었다. 이 단체에 가입된 회원 수는 80,518명에 이르렀다. 이들의 주요 사업 목표는 문해교육 및 교화활동, 공민학교 및 고등공민학교 설치 운영, 읍면 성인교육지도자 배치, 정기 간행물 출판, 각 지역단위 성인교육지도자 양성 등이었다. 강원도 성인교육협회는 특히 1947년까지 167회의 성인교육 지도자 강습회를 개최하여 여기에서 3,814명의 성인교육 지도자를 양성해 낼 정도로 그 활동이 활발하였다.

위의 개별 사례에서 보듯이 성인교육협회의 주요활동은 12세 이상의 남녀를 대상으로 한 문해교육 및 성인교육이었다. 성인교육협회 조직은 총본부를 교육부 성인교육국에 두고, 시·도·군·면·동·리에 각각 지회, 분회를 설치한 하향식 조직이었다. 임원은 관리 및 지방 유지들이었으며, 성인 문해교육 및 계몽운동에 주력하였다. 특히 총본부가 성인교육이 본격적으로 전개되기 시작한 1946년 6월에 조직되었다는 것은 문교부가 일단 체제 정비를 한 것으로 해석된다. 성인교육협회는 다음 〈표 3-7〉에서 보듯이 거대 조직이었다.

〈표 3-7〉 성인교육협회 상황(1947년 3월 31일 현재)

시도별	구읍면지부 수	동리분회 수	회원 수	비고
서울경기	214	4,479	259,277	
충북	105	1,469	157,922	
충남	164	2,532	175,117	* 주요 사업
전북				1. 문맹 퇴치 및 교화 사업
전남	240	5,247	461,979	2. 공민학교경영
경북				3. 읍·면 성인교육사 배치
경남	244	4,763	513,812	
강원	75	1,163	80,518	
제주				
계	1,042	10,653	1,684,625	

* 자료: 한국교육십년사간행회 편(1960: 113).

1948년 4월 30일 성인교육협회 이사회의 의결 사항은 이 협회의 실제활동을 어느 정도 보여준다. 이 회의에서 의결된 사항은 가까운 시일 내에 전국적인 성인 교육회의 개최, 이동교육반 계획, 동협회가 발간하는 월간 성인교육 배포 부수 확대, 마을문고 설치, 공장 성인 강습반 개최 고취 등이었다. 또한 성인교육협회는 공민학교 교재 발간 사업으로서 『공민학교 성인교육』을 발간·배포하였다. 문해교육을 고무시키는 데는 노래와 연극 외에 표어도 활용되었다. 성인교육협회 총본부에서는 성인교육 표어를 만들어서 배포하였다.

이 외에도 문교부 성인교육국 관할 교육위원회로서 '신생활연구위원회'가 있었다. 이 연구회는 성인교육국 지원 아래 국민 생활에 관한 각 방안, 특히 음식, 의복, 주택, 위생, 가정교육, 가정경제 등에 관한 생활을 개선하기 위한 것이며, 위원은 성인교육국에서 선발한 20명의 연구가로서 구성되었다.

성인교육협회는 민간단체로서 미군정기 성인교육 추진의 산파 역할을 한 것은 틀림없지만, 그 본부를 문교부 성인교육국에 두고, 명예 회장을 문교부장인 유억겸으로 하였으며, 공민학교 설치 및 교재발간 등을 하였다는 점에서 준 국가 기관으로 해석될 수 있다.

제4장 귀속재산의 처리

1. 구일본인 재산의 접수와 규모

1) 구일본인 재산의 접수과정

　귀속재산이란 1945년 8월 일본 제국주의가 2차 대전에서 패망하고 쫓겨 감에 따라 한반도에 남기고 간 재산으로 그 후 미군정과 한국정부에 귀속 된 재산을 의미하는 것인데 당시에 적산이라 부르기도 했다.[1] 귀속재산은 그 자산 성질로 보아 일본인 지주 소유의 농지, 광업, 공업을 비롯한 각종 사업체, 공공건물 및 주택, 점포, 대지, 임야 등 부동산류, 선박을 비롯한 운수기관, 금, 은, 주식, 채권 및 기타 재산상의 권리 등 동산류를 들 수 있 으며(이대근, 1983: 411) 소유주체 면에서는 공유재산과 사유재산으로 나누 어진다. 앞에서 언급한 것처럼 구일본재산의 처리방식은 새로 수립되는 독 립국가의 지배세력의 형성과 밀접한 관련을 가지는 문제였다. 우선 미군정 에 의한 구일본인 재산의 접수과정을 살펴보기로 한다.
　일제가 남기고 간 재산은 한국인의 피와 땀의 수탈에서 이루어진 것으

---

[1] 당시 미군들이 '에니미즈 푸로퍼티(Enemy's Property)'라고 부른 것이 그대로 '적 산(敵産)'으로 쓰여졌다(인천상공회의소, 1979: 342).

로 이는 해방 이후 자주적인 독립국가를 건설하기 위한 물적 기반이었다고 할 수 있다. 또 한국 대중의 귀속재산에 대한 높은 관심은 귀속재산이 국내 총재산에서 차지하는 커다란 비중 때문이었다. 이처럼 커다란 비중을 차지하고 있던 귀속재산을 기존의 어떤 세력이 장악하고 어떠한 방식으로 운영하고 처리하는가는 이후 한국사회의 진로를 규정한다는 점에서 매우 중요한 문제였던 것이다. 이 점에서 귀속재산의 처리문제는 자주적인 민족국가를 건설하는 데 있어서 중요한 현안의 문제로 제기되지 않을 수 없었다.

> 오늘날 조선경제를 재건하는 데 있어 소위 적산이란 일본인 기업체에 대한 정책 여하는 조선경제의 장래를 좌우할 수 있는 절대적인 비중을 가진 것이다. 즉 조선의 경제적 독립과 인민의 이익을 위하여 민주적인 재편성을 옳게 실시하느냐 혹은 어느 일부 특권계급의 수중에 들어가서 반인민적인 자본가, 지주층의 독점지배의 물질적 기초를 만들어 주느냐 하는 것은 앞날의 우리 경제발전, 따라서 민족 전체의 발전에 크나큰 영향을 줄 것은 두말 할 것도 없다. 하나는 튼튼한 독립을 얻는 길이 되는 것이요 다른 하나는 외세에 의한 예속이기 때문이다(이관형, 1948.8).

> 일본인 소유토지의 농토와 함께 이 적산기업체의 귀추와 그에 대한 정책여하는 곧 우리 민족의 운명과 사회기구의 성격을 결정짓는 관건이 되는 것이다. 즉 이것이 조선의 자주독립과 민주발전을 보장하고 근로인민의 이익을 위하는 방향으로 개편되느냐 그렇지 않으면 지주, 대자본가 등 특권계급의 소유로 되어 반인민적이며 반민주적인 자본가, 지주들의 전체 정권의 물질적 토대를 만드는 방향으로 재편성되느냐 하는 것은 전 민족의 운명에 관한 가장 중대한 문제이다. 따라서 적산기업체가 국유화되어서 인민의 이익을 위하여 민주적으로 운영되느냐 반대로 자본가들이 독점지배하여 근로인민을 착취하게 되느냐 하는 것은 곧 정권이 인민의 손에 장악되느냐 지주, 자본가들이 전횡하게 되느냐 하는 정권문제에서 결정되는 것이다(노동상, 1948: 545).

위의 글은 모두 당시의 한국인들이 귀속재산 처리문제를 이와 같은 점에서 인식하고 있었음을 잘 나타내주고 있다. 이처럼 해방을 맞이하자 대부분의 한국인들은 구일본인 소유였던 모든 것은 과거 일제가 한국에 침입하여 한국의 천연자원과 한국인의 피와 땀을 착취하여 그들의 소유로 만든 것이었기 때문에 해방 이후 한국 내에 남겨진 일본인 산업시설은 모두 한국인에게 소속되어야 한다는 것은 당연한 일이라고 생각하였다. 미군보다 앞서 8월 22일에 평양에 진주한 소련군 사령관 치스차코프 중장의 '조선 내에 있는 모든 시설과 설비는 전부 조선인 손에 돌려준다'는 포고가 남한에도 전해지자 더욱 이것을 확신하였었다(조선통신사, 1948: 173).

당시 미군정에서 실시한 경제운영 방식에 대한 여론조사에 의하면 당시 한국인 대부분이 정부 통제경제를 찬성하고 있으며 일부에서는 직접적인 정부 소유 경제체제를 지지하기도 하였다(*G-2 Weekly Summary* 11권: 422). 우선 좌익계열의 각 단체는 전부 적산의 몰수와 국유를 주장하였다. 1945년 9월 6일에 구성된 인공의 중앙인민위원회에서 발표한 시정방침에 의하면 "일본제국주의와 민족반역자들의 광산, 공장, 철도, 항만, 선박, 통신기관, 금융기관 及 기타 일체 시설을 몰수하여 국유로 함"(한태수, 1961: 45)이라고 언명하고 있다. 조공도 「현 정세와 우리의 임무」(소위 '8월 테제')(김남식·심지연, 1986: 179~195)라는 문건에서 동일한 입장을 표명하고 있다. 또한 1946년 2월 15일에 결성된 민전의 "강령"과 미소공위의 자문에 대한 답신서에서도 같은 견해가 개진되고 있다.[2] 이러한 국유화라는 목표는 좌익진영뿐 아니라 민족주의 진영에서도 그 행동의 핵심이 되고 있다.

하지는 1945년 9월 11일 시정방침을 발표하여 "한 국가의 독립은 경제적 독립이 없으면 성립될 수 없으며 …… 카이로 회담에서도 조선 내 일본의 세력과 모든 권리를 제거하도록 하였으므로 조선이 독립되면 조선안의 재산은 조선의 것"(『매일신보』, 1945.9.12)이라고 하였다. 그리고 25일에는 일본인 소유 재산권 이전에 관한 법령 제2호를 공표함으로써 일본인의 개인

---

[2] 민전의 강령에서는 "일본 제국주의자, 민족반역자, 악질 친일분자의 소유인 산업, 교통, 은행, 상업의 일체를 국유로 하는 동시에 이 민족산업경제의 중요 부문과 절대적인 비중을 민주정권이 합리적으로 운영하여 인민 전체의 물질적 행복을 증진케 하고 민족 경제발전에 그것이 주동성을 갖게 할 것이다"고 표방하고 있다. 『민주주의민족전선 결성대회 의사록』(김남식 편, 1974: 233).

재산에 대해 8월 9일로 소급하여 재산의 매매와 취득을 금지하였다(국사편찬위원회 편, 제1권, 1968: 149~150). 그러나 법령 제2호의 제3조에는 일련의 절차에 따른 판매를 허가하였다. 즉 적산거래를 미군정에 보고하되 60일 이내에 금지명령이 내려지지 않으면 그 거래는 성립된 것으로 인정한다고 했던 것이다.

따라서 10월 11일에는 일본인 재산 매매에 관한 양도 수속을 발표하여 한국인의 일본인 재산 구입을 허가하였는데 법령 제2호에서 언급한 것처럼 군정청의 승인이 필요하며 매수인이 지불할 재산의 대금은 전소유자에게 직접 지불하는 것이 아니라 군정청에서 보관하도록 조선은행에 예금해야 된다고 하였다(『자유신문』, 1945.10.11). 13일에 아놀드는 일본인 재산을 허가를 얻은 한국인이 매수할 수 있기 때문에 일부 특정인에게 독점될 우려가 있으나 법무국에 설치된 심사위원회에서 잘 사정할 것이라 하였다.[3] 이는 23일에 발표한 군정청 방침에서도 나타나는데 일본인 재산을 사는 경우에 법무국안에 적산관리국이 있고 적산관리재판소가 설립되어 있으며 적당히 법적으로 처리할 것이라 하였다. 이렇게 하여 일본정부 및 조선총독부에 소속되었던 재산은 군정청의 재산이 되었으나 일본인의 사유재산은 취득하는 것이 가능하게 되었는데 다음과 같은 점이 강조되었다.

1. 조선인은 일본인의 사유재산을 합법적으로 구입할 수 있으나 군정청에 발령한 규정에 따르지 않으면 안된다.
2. 일본인 사유재산에 대하여 정당한 가격으로 지불하지 않으면 안된다.
3. 일본인 사유재산에 대한 지불은 가장 가까운 은행 또는 우편국에 군정청 재산관리인의 구좌로 예금하여야 한다.

(『매일신보』, 1945.10.24)[4]

결국 미군정은 일본의 육해군 재산을 미군정 소유로 하고(김천영, 1985:

---

[3] "Press Conference", 16, October 1945, RG 332, Box 37.
[4] 그 외 『경성일보』, 1945.10.23, 10.25, 10.27, 10.30일자에 일본인 재산 매각 요령이 게재되어 있다.

33) 경성전기나 경성일보사 등 중요산업 시설을 접수하기 시작했으나(森田 芳夫, 1964: 293), 일본인 사유재산에 대해서는 비록 완전한 것은 아니었으나[5] 소유권을 인정할 뿐만 아니라 판매행위도 허락해 주었으며 이것은 군정당국의 발표에 의해서 거듭 확인된 바 있다. 이처럼 법령 제2호는 해방공간의 사회구조의 재편을 미군정이 직접 주도할 것을 밝힌 것이라 할 수 있다. 다만 포함되는 재산의 성격이나 형태, 정도 등은 명확하지 않았으며 거래의 타당성을 규정하는 절차도 불분명하였고 그것을 위한 구체적인 기구도 작용하지 않았다(Lucas, 1947: 19~20 ; McCune, 1950: 97).

그러나 12월 6일 미군정은 남한 내 모든 공, 사 일본인 소유재산을 접수한다는 법령 제33호를 공표하였고 군정청 취급 일본인 재산의 보고 및 재산의 경영, 점유 및 사용에 관한 관재령 제2호로써 일본기관이나 단체, 조합재산을 군정청의 소유로 했으며 공, 사유 일본인 재산을 접수하기 시작했다.[6] 그런데 이는 법령 제2호에서 인정되던 일본인의 사유재산권을 부정하고 모든 일본인 재산을 미군정에 귀속시키게 했던 것으로 더욱 혼란을 불러 일으켰다(Lucas, 1947: 19~20). 이러한 모순에 대해서는 군정청 법무국 특별재산심판소 오건일의 글에서 잘 드러나고 있다.

> 나는 이 문제에 대하여서는 궁금히 여기고 있다. 즉 법령 제2호에 의하여서는 일본인이 직접 그 재산을 조선인이나 연합국 측 사람과 매매에 대한 교섭을 할 때는 그 표시를 반드시 군정청에 제출하라. 그러면 군정청에서는 그 보고서를 보고서 60일 이내에 금지명령이 없는 때는 그 매매는 성립할 수 있다고 하고 그 후 11월 14일 재판관리인 '쫀, 비락뿌스리' 중좌가 공표한 관리령 제1호에 의하여 60일에 대한 법률적 해석을

---

5) 재산의 매매에는 군정청의 허가가 필요하였을 뿐 아니라 매매대금은 은행에 예치해 두고 적당한 생활비 명목으로서만 인출될 수 있었다(정광현, 제3편, 1948: 3).
6) 다만 군정청은 이것을 임시로 소유하고 있는 것이며 장차 한국정부에 이관한다고 발표하고 있다(이대근, 1983: 423). 귀속재산 외에 은행예금액이나 또 귀속되지는 않았지만 연합국 측의 이름으로 등록되어 있는 재산들은 중앙재산관리관의 책임하에 있는 것은 아니었지만 이들 재산을 다소 통제했다. "History of Office of Property Custody".

규정한 바도 있어 일본인 재산매매를 승인한 것도 사실인데 …… 돌연이 법령 제33호를 공표하여 일본인의 일체재산은 이를 군정청에서 접수, 취득한다고만 하였지 법령 제2호와 제33호와의 관계에 대하여서는 일체 지시가 없기 때문에 직접 적산심판의 일을 맡아 보는 우리도 아직 잘 모르는 실정이다. 물론 법령 제33호가 발령되었으니 우리도 쌍수를 들어 찬성하지만 새 법을 발령할 때에는 구법과의 관련을 선명히 하여 줄 것이 필요하다고 생각한다(『중앙신문』, 1945.12.20).

그런데 이러한 일련의 모순적인 과정은 다음과 같이 설명될 수 있다. 미군정은 일본인의 재산을 일본으로 이전하는 것에 대해서는 처음부터 금지 방침을 가지고 있었지만[7] 아직까지 일본인 재산에 대한 미국의 정책이 하달되지 않은 상태에서[8] 국제법에 따른 사유재산권을 존중하고자 했으며[9] 절차에 따른 일본인 재산의 판매를 허락한 것은 맥아더의 지령 때문이었다. 실제로 11월 6일, 아놀드는 "38선 이북에서는 일본인 재산을 몰수하고 매매를 금지하고 있는데 어찌하여 38선 이남에는 매매를 허락하는가"라는 기자의 질문에 "미국은 비록 적산이라 할지라도 사유재산권을 존중한다는 국제법을 준수하여 그대로 실행할 따름"이라고 말하고 있는 것이다(『매일신보』, 1945.11.7). 이와 같은 입장은 9월 7일 태평양 미육군 총사령부의 포고 제1호 제4조에 "주민의 소유권은 이를 존중함"이라 명시되어 있고 하지 중장과 아놀드 군정장관은 "여기서 말하는 주민에 일본인도 포함한다"고 하고 있음에도 잘 나타나고 있다(森田芳夫, 1964: 928).

따라서 10월 23일 아놀드는 "일본인 재산이 돈을 가지고 있는 일부 부유계급에게 점령된다는 것은 민주주의 정치로서는 법적 원칙"(『매일신보』, 1945.

---

7) 1945년 9월 11일에 하지와 16일에 아놀드는 '조선안의 재산은 조선의 것'이라고 발표하였다(『매일신보』, 1945.9.12, 1945.9.16).
8) 1945년 11월이 되서야 삼부조정위원회의 기본적인 초기 지령이 도착했다. 이는 미점령군 도착 2개월 후였다. "Vested Property in Korea"(March 1947), RG 332, Box 38, p.8. 따라서 초기지령이 도착하지 않은 상태에서 미군정은 정책을 수행해야 했다.
9) Message(21 September 1945), From CINCAFPAC ADV ECH(CA 52133) to CG XXIV Corps, RG 332, Box 37.

10.24)이라고 말할 정도였다. 이러한 미군정의 태도에 편승하여 일본정부는 11월 20일에 맥아더 사령부에 대해 "朝鮮在留邦人의 生命財産保護"를 요청까지 했었다(森田芳夫, 1964: 941). 그런데 법령 제33호로 일본인 재산은 모두 미군정에 귀속되게 된 것이었다. 그러면 미군정이 초기의 입장과 달리 법령 제33호를 공표하게 된 배경은 무엇인가? 이에 대해서는 관련자료를 찾을 수 없다는 지적도 있으나 실제로는 미군정에게 보내진 최초의 삼부조정위원회의 다음과 같은 지령 때문이었다.

> 귀하는 어떤 형태와 명의로 되어 있던 간에 한국내에 소재하는 모든 일본인의 공유 및 사유 재산을 찾아내 이에 대한 소유권을 확보해야 한다. 귀하는 귀하에게 보내질 세부지침에 따라 최종적으로 처분해야 할 그러한 재산에 관한 완전한 보고서를 합동참모부를 통해 본국정부에 제출해야 한다(『미국무성 비밀외교문서』, 1945: 103).

재산의 보존 및 유지에 대해서는 법령 제2호가 초기 지령을 받기 이전에 이미 효력을 발생하고 있었으므로 "모든 일본인의 공유 및 사유 재산을 찾아내 이에 대한 소유권을 확보해야 한다"는 지령이 관심사가 되었다. 따라서 미군정은 재산소유권과 관련하여 구일본인 재산을 모두 접수하기로 결정했는데 이는 상급 당국으로부터 온 일반적인 지침과 지령이 미군정에 의해서 현지의 실제적인 조건에 적용되는 효율적인 법령으로 바뀐 것이며 법령 제33호는 이러한 맥락에서 미국의 정책에 상응하고 현실의 조건에 맞는 프로그램을 공식화 한 것이었다.10) 그 후 일본인 재산의 몰수와 처리에 대한 정책들은 삼부조정위원회와 합동참모본부 지령, 또는 전쟁부 참모(War Department, Chief of Staff)로부터 오는 무선전보에 의해서였는데 미군정은 미국의 포괄적인 정책을 실제 작용될 수 있는 구체적인 법령으로 만들어갔던 것이다.

그러나 이러한 외적인 요인 외에도 미군정이 구일본인 재산을 접수하기로 결정한 것은 당시 전국적으로 광범위하게 형성된 노동자 자주관리운동

---

10) "Vested Property in Korea", p.7.

및 소작인의 일본인 소유 농지 접수운동, 그와 함께 세력을 더해가는 진보세력에 대응한 것이라고도 할 수 있다. 실제로 1945년 11월 전평의 행동강령을 보면 일본 제국주의자와 매국적 민족반역자 및 친일파의 일체 기업은 공장(관리)위원회에 보고하고 노동자는 그 관리하에 참여하자고 결정하였으며 전국 인민위원회에서도 국가 대표, 경영자 대표, 노동자 대표가 공동으로 기업을 관리하자고 주장하고 있는 것이다(김남식, 2집, 1974: 118). 이에 대한 미군정의 공식적인 시각은 "다수 무책임한 조선인 단체가 치안의 명의하에 일본인이 파괴치 못하고 지출하지 않은 재산을 보호한다는 이유로 가옥, 공장, 물자, 기타 재산들을 비합법적으로 무리하게 관리하고 있다. …… 여하한 소수집단은 사실 현재 정부에 소속된 재산을 파괴하고 있는 것"(『중앙신문』, 1945.11.18)이었지만 당시 상황에 대한 인식은 미군정 정치고문이 국무장관과 재일본정치고문에게 보내는 글에서 다음과 같이 표현되고 있다.

> 공산주의자들은 일본인 재산에 대한 당장의 압류를 주장하고 있으며 안녕질서에 위협이 되고 있습니다. …… 어쨌거나 이 그룹은 가장 공격적인 당파이며 그 기관지는 미국에 불리하게 해석될 수 있는 방식으로 미국의 점령방법들을 비교하곤 했습니다. 이러한 비교방법은 38도선 이북에서 일어난 일인재산의 완전몰수에 대해 특별히 언급하고 있습니다. (『미국무성 비밀외교문서』, 1945: 57, 80).

또한 당시 대부분이 일본인 재산의 매매금지와 재산몰수를 원하고 있었음을 무시할 수 없을 것이다. 이와 같은 분위기는 조선인민중앙위원회의 조선내의 일본인 재산에 대한 규정에서 잘 나타난다.

1. 조선내에 소재하는 일인재산에 대한 소유권은 8월 15일 이후 개인, 공공, 혹은 동산, 부동산을 물론하고 완전히 소멸되고 있다.
1. 일본인이 소유하는 재산은 전부가 일본제국주의의 식민지 경영에 의하여 취득된 것이므로 그것이 개인의 것이거나 공공의 것이거나 일본제국주의가 타도되는 날로부터 당연히 그 소유권이 부인된다.

1. 조선은 국제협정에 의해 독립국가로서 형성될 것을 승인받았으니 소유권이 부인된 일본인 재산은 그 전부가 8월 15일 이후 조선인민의 것이며 인민을 주권으로 한 조선국가의 소유로 된다.
1. '조선안의 재산은 조선의 것이다'라는 하지 사령관의 선언은 이 근본원리를 확인하였음에 불과하다. 그리고 연합군을 대표한 미국과 소련의 접수 관리는 전부가 이 소유권 변동의 원리를 현실적으로 실현하는 매개적 역할이라고 해석된다.
1. 따라서 8월 15일 이후 조선사람이나 외국사람이 일본인 재산을 매수한 것은 전기 원리에 위반되는 것으로서 전부 무근거한 것이고 계약 기타 일체의 행위는 무효이며 따라서 그 전부가 무상몰수된다. 특히 8월 15일 이전에 취득한 것으로 허위등기한 자는 엄중히 처벌을 할 것이다.
1. 국유로 된 동산, 부동산은 그 재산의 성질에 따라 조선인민공화국 조선사람의 단체 개인에도 적당히 배당될 것이다.
1. 다만 완전히 그것이 배분될 때까지 조선사람이 보관, 관리하는 것은 무방하나 일본인에게 임대료, 기타 권리금 등을 지불할 필요는 없다(『매일신보』, 1945.10.10).[11]

한국민주당 중앙집행위원회에서는 일본인 소유 부동산은 군정당국에서 접수하며 그대로 한국정부에 인계하여 정부가 처리하도록 결의하고 있으며 일본인의 사유재산을 사지말라고 경고삐라를 살포하기도 했다(『매일신보』, 1945.9.27 ; 『매일신보』, 1945.10.5). 국민당에서도 일본의 재산매매허가안은 임시편법이며 일본인 사유재산은 그 과도적 절차의 여하를 막론하고 국가에 회수하여 국가건설의 경제적 기초로 해야 한다고 주장하고 있다(『매일신보』, 1945.10.15). 그 외 각 정당 32개 단체 대표도 일본인 재산의 매매금지와 일본인 물자를 군정당국 또는 한국인이 접수하여 보관할 것을 주장하고 있는 것이다(『매일신보』, 1945.10.12).

그러므로 공표된 법령 제33호는 미군정에 의해서 구일본인 재산을 보존 ·

---

[11] 그 외 『해방일보』(1945.10.25)에도 '일체의 일본인 재산을 몰수하라'는 글이 실리고 있다.

유지·보호하고, 그러한 재산의 가치와 효율성에 손상을 주는 행위를 막기 위한 것이었으며 이것은 귀속재산에 대한 미군정 정책의 초석이 되었다. 따라서 미군정은 맥아더 사령부에게 첫째, 이 프로그램은 개인적인 도시 주택이나 가구 같은 항목들을 포함하느냐 아니면 산업적 상업적 기업체와 대규모 농업재산을 포함하느냐? 후자라면 미래의 경제개혁에 손상을 주고 특히 상대적으로 소수 부유한 한국인의 수중으로 토지소유권이 부당하게 집중되는 것을 막기 위해 어떤 조치들이 고려돼야 하나? 둘째, 그러한 판매를 재검토하기 위해 누가 책임을 맡아야 하나? 셋째, 어떤 종류의 조사가 일본인 소유권을 감추는 암거래를 막기 위하여 고려되어야 하나 등 세부적인 것에 대해서 묻고 있으며 맥아더 사령부는 다음의 지령을 받을 때까지 일본인 재산의 판매를 허가해서는 안되고 한국에 있어서 일본인 재산의 처리는 미래의 한국경제와 관련되며 일본인 본국송환에 대한 주요 쟁점들과도 관계된다고 보고 있었다. 또한 미군정은 송환하는 일본인들의 재산 이전을 막고자 하였으며 동결된 재산은 다음의 지령이 있을 때까지 유지되어야 한다고 보았다.[12]

한국에 있어서 일본인 사유재산의 귀속은 한국에서 일본인 지배의 제거를 의미하는 것이었다. 그런데 이러한 미군정의 일본인 재산의 접수는 미국의 대한정책에서 볼 때 새로운 것은 아니었다. 이미 1945년 6월의 국무부 정책보고서에서 한국에 대한 일제의 지배권 포기는 공공재산을 한국인에게로 이전하는 것과 많은 비중을 지니고 있는 일본인 사유재산을 가능한 한 몰수한다는 것을 포함하고 있었고(FRUS, Vol. Ⅵ, 1945: 563), 1945년 8월 29일자 미국의 대일 정책지침의 해외 일본재산에 관한 항목을 보아도 "일본에서 분리된 지역에 소재하는 일본의 재산은 점령 당국에 의해 발굴 보관 되었다가 연합국들의 결정에 의거하여 처분될 것"(Holborn, 1947: 214)이라고 되어 있다. 9월의 삼부조정위원회의 지시에도 "항복하에서 해외에 있는 일본인 재산은 점령 당국에 노출되어야 하며 연합국 당국의 결정에 따른 처리를 위해 유지되어야 한다"[13]는 지령이 있었다.

---

12) Radios(Incoming), "Japanese Property", RG 332, Box 37. Radio, SCAP to USAFIK 2123061(21 November 1945), RG 332, Box 37.

무엇보다도 이러한 법령 제33호의 성격은 그것이 미군정에게 주는 넓은 자유재량권이었다. 거의 모든 재산이 미군정에 의해서 몰수될 수 있었는데[14] 8월 9일 이전에 한국인에 의해 구입되었지만 미처 등록되지 않은 것도 미군정에 귀속되었다. 실제로 일본군 철수와 함께 대부분의 일본인 재산이 한국인에게 팔리기도 했는데 법적으로는 등록되지 않아 미군정에 의해 귀속되게 되었고 이 때문에 많은 불평을 낳기도 했다(Meade, 1951: 209).

또 사유재산권은 어느 정도 정부의 소유권과 혼합되어 있기도 했기 때문에 구일본인 재산에 대한 미군정 정책의 공식화를 복잡하게 했다.[15] 초기에는 회사나 그 외 법인의 소유재산이라도 그 속에 일본인의 이익이 조금이라도 섞여 있으면 그 재산은 귀속되어서 그 속에 섞여 있는 한국인의 이익은 전혀 고려되지 않았다(홍진기, 1950). 한국에서 조직되어 있었던 모든 주식회사의 재산은 일본인 소유의 주식 비율이 있으면 모두 귀속되었고 그에 따라 한국인 주식의 이익권은 전적으로 경시되었던 것이다.[16] 그러나 이런 처리에 대하여 한국인 측으로부터 강한 반발이 있었다(한국일보사, 1981: 51). 따라서 삼부조정위원회는 전체가 일본인 소유가 아닌 일본 법인에 속하는 모든 재산이 미군정에게 귀속되는 것을 피하기 위하여 한국에서 설립된 법인의 경우에는 그 법인의 일본인 권리 부분에만 적용되도록 하는 조치가 취해져야 한다고 보았다.[17] 이에 대해 미군정은 현실적으로 어떤

---

13) SWNCC 150/4(21 September 1945), p.7.
14) "Vested Property in Korea", p.10. 연합국 재산은 귀속재산이 아니라 원소유자에게 반환될 때까지 미군정이 유지, 보관하는 관리재산이었다. 일본군대의 재산은 미국의 소유가 되었다.
15) HQ, USAMGIK, Department of Finance(3 August 1946) "Most Pressing Problems of Department of Finance", USAMGIK, Seoul Korea, RG 165, Box 249 참조.
16) "History of Office of Property Custody".
17) Memorandum by the SFE, "Directive for Military Government in Korea", RG 218, Box 144, p.158. 1946년 4월 8일자 정책及전례 제1호로 미군정은 한국인과 일본인의 합작회사에 대해서는 일본인 소유주식만을 귀속시킬 방침을 제시하였다. "발행하게 될 지령에 구체화될 정책안에 의하면 법령 제33호에 의하여 군정청에 귀속되었다는 것은 법인의 자산이 아니라 일본인이 소유하던 주권임 …… 만약 소수의 주권을 일본인이 소유하였으면 군정청은 소수 주주의 지위에 처함."

재산이 일본인 권리에 해당되는지 결정하는 것이 어렵다고 보았다.[18] 그러나 미군정은 법인 중 그 주식이나 기타 소유권의 전부 내지 과반수가 군정청에 귀속된 법인을 귀속회사라 칭하고 이와는 달리 귀속에 기인하여 군정청이 그 주식이나 기타 소유권의 1/2 미만을 소유하지만 이를 관리 감독하는 법인은 접수회사라 칭하여 비록 관리 감독은 한다 하더라도 귀속회사와 접수회사의 차이를 두고 있었다(김기원, 1990: 23~25).

그런데 미군정은 법령 제33호 공표 이전에도 이미 매매가 안되는 적산은 군정청에서 접수한다고 밝힌 바 있고(『매일신보』, 1945.10.16), 실제로 경성전기를 비롯하여 각 탄광 및 조선공업협회, 조선서적인쇄주식회사, 조선은행, 매일신문사 재산 등 중요 산업이라고 인정되는 것, 일본인 소유자가 없어져 버린 것, 혹은 세금 지불능력이 없는 것들을 이미 접수하고 있었다(森田芳夫, 1964: 293). 헤이그 조약 제55조에 "점령국은 적국에 속하고 점령지에 있는 공공건물, 부동산, 삼림 및 농장에 대하여 그 관리자 및 용익권자로 간주될 뿐이다. 점령국은 이 재산의 원본을 보호하고 용익권의 규칙에 따라서 관리해야 한다"(Schindler, D & Jiri Toman(ed), 1981: 85)고 정하고 있었으므로 미군정은 별도의 법령없이 이 재산을 접수했던 것이다.[19] 이러한 과정을 거쳐 미군정은 법령 제33호를 공표하여 일단 일본인 재산을 접수하고 그 관리책임을 떠맡게 되었는데 이것은 이전의 군사점령의 경험에서는 유례를 찾아 볼 수 없는 것이며 정상적인 통치과정에 포함되어 있는 것도 아니었다(Fraenkel: 98). 이는 일본인의 소유를 부정하는 것이었고 헤이그 육전법규의 "사유재산 존중의 원칙"을 부정하는 것이었다.

헤이그 조약을 포함한 관행적인 국제법은 점령지역에서의 사유재산의 몰수를 금지하고 있다. 국제법의 관례는 영토의 이전이 사유재산에 영향을 주지 않는다는 것이기 때문이다. 이러한 규칙에 따르면 한국은 그 영토 위의 일본인 사유재산을 몰수할 권리를 가지고 있지만 그 재산에 대한 공평

---

[18] From CIMGENXXIV Corps Seoul Korea thru CINCAFPAC to War Department for WDSCA ES Nr. TFYMG 3200(3 December 1946), RG 218, Box 145.
[19] 다만 이 조약 규정은 소유권을 인정하고 있지는 않았으므로 이 접수 행위가 곧바로 미군정의 소유권의 확보를 의미하는 것은 아니었다.

한 보상을 해야 할 의무가 있다. 또 이러한 국제법하에서 미군정은 그들 재산의 처리나 매각의 진행과정을 그 소유자에게 설명할 의무가 있는 것이었다.[20] 국제법적 원리로 보아서는 미국은 일본인 사유재산 소유자의 권리에 대한 보상을 인정해야 하기 때문이다. 이처럼 한국에 있어서 일본인 재산의 몰수와 처리는 외교적인 측면을 지니고 있었고 복잡한 법적, 행정적 쟁점을 지니고 있는 것이었다(Hoag, 1970: 250 ; McCune, 1950: 96).

따라서 미군정에 의한 일본인 사유재산의 접수가 이 원리에 위배되는지 아닌지의 문제가 제기되었다. 초기부터 미군정에게는 일본인 사유재산을 귀속시킬 수 있는 법적 권위가 있는 것인지 아닌지 심각한 문제였던 것이다. 이에 대해 미군정은 우선 일본인 재산에 대한 완전한 몰수는 한국경제에 대한 일본의 방해를 막기 위해 필요하다고 보았으며(USAMGIK, III, Part.1, Chap. 2: 52) 그 후 헤이그 조약의 위반을 피하는 문제는 최소한 두 가지 측면으로 해결될 수 있을 것이라 보고 있었다.

첫째는 일본정부를 구일본인 사유재산을 위한 위탁자로서 고려하는 것이었는데, 이러한 절차를 통해 일본인 사유재산을 고려하고 그 몰수금지의 위반조항을 피할 수 있다는 것이다. 둘째는 9월 25일 현재 한국에서의 모든 일본인 사유재산을 공적재산으로 취급하는 것이었다. 그러면 1945년 9월 25일의 일본인 재산귀속은 헤이그 조약의 위반이 아니라 일본 공적 재산이 미국에 의해서 몰수된 것으로 볼 수 있다는 것이다. 이에 대해 미군정은 전자가 더 타당한 것처럼 보인다는 점을 시인하고 있지만 후자가 구 일본인소유자의 임대료나 이윤의 권리를 줄일 수 있으므로 후자의 입장을 건의하고 있다.[21]

이와 함께 미군정은 국제법도 새로운 조건에 직면했을 때는 새로운 선례를 만들어야 한다는 것으로써 그 귀속을 정당화하고자 했다. 카이로 선언에서 한국의 독립이 약속되었고 미군정의 정책은 이것을 성취하기 위하여 수행되고 있다는 것이다. 따라서 일본의 경제적 지배로부터 해방됨이 없이 한국의 독립은 성취될 수 없으며 또한 개인들은 그들 정부 정책의 결

---

20) "Vested Property in Korea", p.1.
21) Radios, "Korean Situation"(Outgoing, 1946), RG 332, Box 37.

과들로부터 자유로울 수 없다는 것이었다. 미군정은 한국에 있어서 사실상의 정부이며 재산의 접수는 비록 관례는 없다 하더라도 도덕적으로 법적으로 그 원리에 있어서 건전한 조치라는 것이다. 더구나 이 재산이 남한에서 차지하고 있는 비중으로 보아 이 재산에 대한 정상적인 사용을 위한 적절한 조치를 미루는 것은 군사점령 기간의 연장을 초래할 것으로 보았다. 그 외 보상을 할만한 한국의 능력도 상당히 제한적이라는 것이었다. 따라서 미군정은 다음의 요소들이 고려되어야 한다고 보았다.

ㄱ) 많은 재산의 준공공적 성격
ㄴ) 준 공공재산이 대부분 한국보다는 일본의 이익을 위해 관리되었다는 점
ㄷ) 일본에 대한 한국의 배상요구의 양(있다면)
ㄹ) 일본에 의한 35년 동안의 한국인과 지위에 대한 착취에서 오는 도덕적인 고려[22]

이렇게 하여 미군정은 국제법적 문제를 안고 있는 일본인 사유재산에 대한 접수는 정당화 될 수 있다고 주장하였던 것이다. 그리고 후에 "법령 제33호의 규정은 외국군대가 일국을 基압제자로부터 해방하고 此를 점령한 그 나라의 특이한 현상에서 제정됨. 무조건 항복은 실제상 조선이 일본으로부터 분리된 것을 의미함. 그러므로 미국이 조선을 점령한 것은 여하한 각도로 보든지 1907년 海牙(헤이그: 필자) 국제회의에서 제정한 군사점령과 동일시할 수 없음. 조선 내에 침투한 일본적 잔재를 조선서 일소하기 위하여 현금 조선에 특유한 상태에 적응한 제반 방책을 수립하고 그것을 실시함이 요청되고 있음"(정광현, 1948, 5편: 12)이라 하였던 것이다. 즉 "접수된 재산을 보유하고 관리하는 것은 미군의 승리와 한국으로부터의 일본의 분리가 가져온 필연적인 결과"(Fraenkel: 98)라는 것이다. 이러한 입장은 그 후 귀속재산 처리에 대한 극동소위원회의 보고서에서 다음과 같이 정리되어 나타나고 있다.

---

[22] "Vested Property in Korea", p.2.

ㄱ. 그러한 프로그램이 일본의 해외재산에 대한 일반적인 미국의 정책과 일치한다.
ㄴ. 특히 중국과 소련과 같은 다른 나라에서도 일본인 재산 소유자를 보상없이 귀환시키는 정책을 따르고 있다. 북한에서도 보상이 없기 때문에 남한인들도 보상하는 정책을 싫어할 것이다.
ㄷ. 일본인 해외재산이나 같은 가치의 소유권에 대한 최종적인 결정은 일반적인 배상결정이 공식화되고 연합군의 승인을 받을 때까지 결정되어서는 안된다. 한국인들이 한국에 위치한 모든 일본인 귀속재산을 보유해야 하고 그들이 궁극적으로 영원한 소유권을 가져야 한다는 것이 미국의 정책이다. 그러나 그러한 정책은 연합군의 승인을 받아야 한다.[23]

그러므로 법률심의국의 법률심의 489호는 군정의 사유재산 몰수정책과 점령법의 사유재산 보호라는 모순을 현지 점령 당국이 어떻게 비켜가고자 했는지 잘 보여준다. 헤이그 조약이 지방자치단체 및 과학, 종교, 예술관련 공공단체를 사유재산으로 인정하여 몰수할 수 없도록 규정하였지만 식민지하 조선의 공공단체는 전시체제를 거치면서 준공공(semi-public) 기구가 되었기 때문에 귀속이 가능하다는 것이 법률심의국의 해석이었다. 또 법률심의 1038호에서는 정부-준정부-개인 소유 여부를 불문하고 적국 재산 전체에 대해 전승국은 몰수의 권한을 보유했다고 해석하여 일본인 개인재산의 군정귀속 조치가 새로운 관례로서 이미 헤이그 조약을 대체하고 있음을 강조하고 있다. 귀속재산 문제에 관한 법률심의국의 입장은 상부지침이 점령법과 모순될 경우 재빨리 헤이그 조약으로부터 이탈하는 것이었으며 그 방식은 점령법에 대한 전면 부인이 아니라 새로운 선례를 창조함으로써 국제법의 외연을 확장한 것이다(고지훈, 2000: 234~235).

국제법으로 볼 때 군정장관은 재산관리관을 통해 적산을 보호할 책임을 지닌다. 그런데 이러한 미군정의 구일본인 재산의 접수는 단순한 '적산관

---

[23] SWNCC 265/1(27 September 1946), "Disposal of Japanese Property in Korea, Report by the SWNCC Subcommittee for the Far East, Appendix "C", Discussion, RG 218, Box 145.

리'와는 그 성질이 달랐다. 적산관리는 교전국의 한편이 그 국내 또는 점령지 내에 있는 적국의 공유 또는 사유재산을 억류하여 그것이 적국의 전쟁력에 공헌치 못하도록 감시하고 전쟁 종료의 경우에 있어서 배상의 담보로 한다던가 또는 보복 조치를 해야 하는 경우에 대비한다던가 또는 자국의 전시 경제력의 증강확충에 기하도록 통제활용하는 데 그 목적이 있는 것이다. 이런 점에서 볼 때 미군정이 한국 내에서 일본인의 재산을 처리한 것은 점령군으로서 전쟁 수행을 위한 것도 아니며 자국의 전투력 증강을 위해서 한 것도 아닌 것이다. 또 적산관리의 경우에는 그 재산에 대한 소유권은 적국민에 있게 되는 것이나 미군정의 처리는 그 소유권 자체가 이전되어 군정당국의 소유하는 바가 되었던 것이다(황세철, 1962: 101~103).

즉 구일본인 재산에 대한 미군정의 통제는 실제적인 보유권의 범위를 넘어선 것이었다. 최종적인 권위와 책임이 주한 미군 최고사령관에 있었고 재산관리처를 통하여 미군정이 귀속기업체의 지위자와 관리자를 임명하였고 대부분의 산업 부분에 대해서 대여 등을 통한 재정적인 통제를 수행했기 때문이다.[24]

또한 이는 동시에 일본인이 남기고 간 재산에 대한 한국인의 사실상의 접수를 부정하는 것이었다.[25] 기업체의 경우를 보아도 미군정이 관리인을 임명함으로써 기존의 자발적으로 조직되었던 노동자 위원회를 타파하고 스스로 운영권을 장악해 나갔던 것이다. 이것은 12월 8일 법령 제34호인 노동조정위원회 설립에 관한 건이 공표된 사실을 보아도 알 수 있는데[26] 구일본인 재산의 접수는 그 처리과정에서 나타나듯이 노동자와 농민 등 진보세력의 요구를 억압하고 그들을 국가형성과정으로부터 배제시키는 조치였던 것이다. 미군정의 구일본인 재산의 접수는 남한 내 대중세력과 진보세

---

[24] "Vested Porperty in Korea", p.11.
[25] 미군정 당국은 '협박하거나 강제적으로 일본인의 상점을 접수, 관리해 오던 조선인은 가까운 경찰서에 관리를 양도할 것'이라고 말하고 있다(국사편찬위원회 편, 제1권, 1968: 297).
[26] 이 노동조정위원회에는 노동자의 이익을 대표하는 구성원은 없었고 기업주와 전문지식인 만이 포함되었으며 심지어 중앙노동조정위원 5명 중 3명은 한민당 간부였다(역사문제연구소, 1989: 195).

력을 배제하고 미군정이 남한에서 지배력을 확보해가는 과정의 일차적 조치였던 것이다. 이것은 주한 미군정 군요원인 프랑켈(Fraenkel)의 글에서 다음과 같이 표현되고 있다.

> 일본인이 한국에서 물러간 뒤 일본인 자본을 멋대로 손에 넣으려는 기근때문에 야기될 지도 모르는 경제적 법률적 '진공상태'를 피하기 위하여 주한 미군정은 그 지휘의 영향력이 미치는 범위의 모든 일본인 재산에 관하여 법적인 권리를 장악하고 그 재산에 대한 관리를 담당하는 '적산관리자'를 임명하였다(Fraenkel: 98).

그러나 법령 제33호는 지방기구로 하여금 구일본인 재산을 규제하고 통제할 수 있는 규정을 포함하지 않았다(Lucas, 1947: 27). 또한 미군정의 전국적인 행정장악에는 상당한 시일이 소요되었고 미군정의 접수에 대한 반발이 있었기 때문에 1946년 초까지만 해도 접수 실적은 대상의 반에도 미치지 못했다.

한편 이 같은 일본인 재산의 처리는 일본의 배상문제와도 관련이 있는 문제였다. 12월 4일, 아놀드는 한국 내 일본인 재산의 배상문제 등에 대해 언급하면서 일본정부 재산은 군정청에서 접수하고 있는데 배상의 대상이 될 수도 있다고 하면서 군정청의 일반 방침은 한국 안에 있는 일본인 재산을 관리하고 확실한 처분안이 있을 때까지 보관하는 데 있지만 혹 배상의 대상이 될지도 모른다고 말하고 있다(『서울신문』, 1945.12.5).[27] 12월 6일에 폴리는 배상문제와 관련하여 일본 본토의 화학공업 제련 및 조선업 시설의 거의 전부 및 해외에 있는 일본재산 전부를 압수할 것을 트루먼 대통령에게 진언한다고 하면서 이 진언의 목적은 일본의 전쟁 재기도를 불가능하게 하는 한편 일본에 의하여 유린된 제국에 대하여 배상을 하는 것이라고 말하였다(국사편찬위원회 편, 제1권, 1968: 540). 이처럼 일본인 재산의 전면

---

[27] 사실상 일본에 대한 미배상 사절 폴리는 "전반 조선에 대한 일본자본을 미국이 일본에게 받게 될 배상의 일부에 충당할 것이다"라고 하였다(『서울신문』, 1945.12.4).

접수는 대일배상 문제와도 관계가 있었던 것이다.

2) 귀속재산의 규모

앞에서 해방 이후 미군정에 의한 구일본인 재산의 접수과정을 살펴보았다. 여기서는 귀속재산의 규모를 간단히 살펴보기로 한다.

(1) 귀속사업체

귀속사업체는 공장, 광산, 은행, 상점, 음식점, 여관 등으로 나뉘어지는데 대체로 가동 중인 전체 사업체의 4/5 정도가 공업부문이며 나머지 1/5이 상업, 농업, 해운업, 광업 부문에 해당된다.

〈표 4-1〉 귀속사업체 일람표(1948년 12월 현재)

공업	광업	은행	보험	농업	어업	상업	유흥	해운	수송	기타	계
1,901	69	48	—	85	30	127	23	79	—	85	2,447

* 자료: USAFIK(November-December 1948), *Republic of Korea Economic Summation*, No. 36, p.7에서 재작성.

이 가운데 귀속공장의 경우 반 이상이 지역적으로 서울, 경남에 분포되어 있으며 공장 수의 업종별 비중은 식품, 기계, 화학, 석유의 순으로 구성되어 있다.

당시 남한의 공업이 일본경제와의 단절과 남북분단, 그에 따른 원료과 기술부족 등으로 제대로 가동되지 않았기 때문에 당시의 통계들이 부정확하지만 대체로 남한 전체 공장 중 귀속공장의 수적 비중은 전체의 1/4 정도, 노동자 수는 1/2 정도, 공산액은 1/3 정도에 이르고 있다.[28]

---

[28] 앞의 통계와의 차이는 1년 동안 귀속기업체의 일부가 매각되었기 때문이며 또 제대로 가동 중인 공장의 실태를 나타냈기 때문이다.

〈표 4-2〉 업종별 관할별 귀속공장 숫자

	금속	기계	화학	요업	전기	섬유	식품	기타	합계
중앙	12	12	27	3	13	74	9	94	244
서울	13	120	147	10	22	60	60	183	615
경기	9	30	44	17	2	20	45	30	197
강원	2	3	2	0	0	11	22	20	60
충북	1	3	0	3	0	8	20	6	41
충남	1	20	12	11	3	11	77	25	160
전북	1	20	12	8	0	3	93	24	161
전남	1	21	20	8	1	8	62	8	129
경북	3	40	22	9	6	33	131	30	274
경남	27	89	63	27	4	56	146	46	458
제주	0	0	7	0	0	4	0	0	11
합계	70	358	356	96	51	288	665	466	2,390

* 비고: 중복기재된 것이나, 중앙관재총국 대장에는 있되 실제 존재하고 있지 않은 것은 제외하고 계산하였음.
  기타 업종은 제재, 목재, 인쇄, 토건, 공예 등을 포함함.
* 자료: 조선은행 조사부(1949), 『경제연감』 Ⅲ, 79~147쪽. 여기서는 김기원(1990: 30)에서 재인용함.

〈표 4-3〉 공장의 운영형태별 노동자 수 및 공산액

	공장 수	노동자 수	공산액(천 원)
중앙직할	183	37,779	11,636,925
지방관리	639	25,563	6,790,732
사영	2,986	67,774	34,219,483
합계	3,808	131,116	52,647,139

* 비고: 1948년 말 현재의 상황임.
* 자료: 조선은행조사부(1949), 『경제연감』, I-42~43쪽에서 작성. 여기서는 김기원(1990: 32)에서 재인용.

(2) 귀속농지

귀속농지는 크게 동양척식주식회사의 소유농지와 구일본인 소유농지로 구분되는데 이들 모두는 1946년 2월 법령 제52호에 의해 공식적으로 창립된 신한공사에서 관할하였으므로 다음의 신한공사의 보고서에서 그 규모를 알 수 있다.

〈표 4-4〉 신한공사가 관리한 토지의 면적(1948년 2월 10일 현재)

지점	도	논	밭	대지	기타	과수원	桑田	임야	합계
경성	경기도	23,634	9,658	650	1,706	591	43	19,267	55,549
	강원도	819	1,055	88	16	18	11	15,598	17,605
	소계	24,453	10,713	738	1,722	609	54	34,865	73,154
대전	충북	4,927	3,971	427	415	112	1*	2,832	12,685*
	충남	24,035	7,053	770	1,796	332	139*	–	34,125*
	소계	28,962	11,024	1,197	2,211	444	140*	2,832	46,810*
대구	경북	13,499	6,503	375	463	1,462	244	–	22,546
부산	경남	26,084	7,327	452	2,801	365	49	–	37,078
이리	전북	57,905	8,496	478	1,392	301	104	–	68,676
목포	전남	55,068	17,663	102	1,906	421	219	–	75,379
본사	제주도	17	905	1	23	15	–	–	961
	합계	205,988	62,631	3,343	10,518	3,617	810	37,697	324,604*

* 비고: 대전지점의 뽕밭 면적은 1947년 소작농조사보고서에서 추정한 것임.
* 자료: 농촌경제연구원(1986: 97)에서 재인용.

그러면 도별, 논밭을 중심으로 이것을 남한 전체와 관련하여 살펴보기로 하자. 정치적으로 중요한 의미를 지녔던 논의 경우를 살펴보면 전북(28%), 전남(26%) 지역에 집중되어 있고 다음으로 경남, 충남, 경기가 10%를 약간 넘는 수준을 유지하고 있다(〈표 4-5〉 참조). 또한 신한공사 소유 논의 비율을 남한 전체 논과 비교해 볼 때 전북의 경우 37%, 전남의 경우 29.1% 등 높은 수준을 유지하고 있다(〈표 4-6〉 참조). 이것은 동척 및 일본인 소유토지가 남한의 곡창 지대에 그것도 미작 지역에 집중되어 있었던 것을 반영

〈표 4-5〉 신한공사 관리농지

(단위: 정보, 괄호안은 %)

지점	도	논	밭	소계
서울	경기	23,634(11.5)	9,685(15.4)	3,292(12.4)
	강원	819(0.4)	1,055(1.7)	1,874(0.7)
	소계	24,453(11.9)	10,713(17.1)	35,166(13.1)
대전	충북	4,927(2.4)	3,917(6.3)	8,844(3.3)
	충남	24,035(11.7)	7,053(11.3)	31,088(11.6)
	소계	28,962(14.1)	11,024(17.6)	39,986(14.9)
대구	경북	13,499(6.6)	6,053(10.4)	20,002(7.4)
부산	경남	26,084(12.7)	7,327(11.7)	33,411(12.4)
이리	전북	57,905(28.1)	8,496(13.6)	66,401(24.7)
목포	전남	55,068(26.7)	17,663(28.2)	72,731(27.1)
본사	제주도	17(0.0)	905(1.4)	922(0.3)
총계		205,988(100.1)	62,631(100.0)	268,619(99.9)

* 자료: 『농지개혁사관계자료집』 제4집(97)에서 작성.

〈표 4-6〉 남한 전체 농지 중 신한공사 소유농지의 점유비

(단위: %)

	논	밭	전체
서울	10.0	15.9	13.4
대전	14.5	9.6	12.7
대구	7.6	4.6	6.4
부산	16.7	5.7	14.2
이리	37.0	9.2	27.2
목포	29.1	11.2	23.8
전체	18.3	8.7	15.3

* 자료: 『농지개혁사관계자료집』 제4집(1986: 114~115)에서 작성.

하고 있다. 그렇다면 신한공사의 통제하에 있던 소작농들은 어떠한 상황하에 있었는가? 먼저 신한공사가 소유한 경지면적은 남한 전체의 15.7%였지만 신한공사의 소작농이 경작하는 전체 경지면적은 남한 전체의 27.7%에

이르게 된다는 점에 주목하여야 한다. 이것은 이 소작농이 신한공사의 경지뿐만이 아니라 다른 지주의 경지를 소작하거나 자신의 소유 자작지를 경작하고 있기 때문이다.

〈표 4-7〉 남한 총경지 면적 중 신한공사 소작농이 경작하는 농지의 비율

(단위: %)

	논	밭	전체
서울	19.8	29.4	25.7
대전	26.1	23.5	24.7
대구	15.2	8.5	12.7
부산	30.8	13.7	28.0
이리	52.0	19.5	41.5
목포	46.1	23.4	42.4
합계	30.5	18.5	27.7

* 자료: 『농지개혁사관계자료집』 제4집(1986: 114~115)에서 작성.

(3) 귀속재산의 추정가치

지금까지 귀속기업체와 귀속농지를 중심으로 귀속재산의 규모를 간단히 살펴보았는데[29] 〈표 4-8〉은 이것의 전체 가치를 미군정이 추정하여 나타낸 것이다.

농지 등을 포함한 귀속재산 전체를 가치액으로 살펴 볼 때 귀속재산 총 가치액은 3,053억 원에 달하고 있으며 그 내부 구성상 기업체의 가치가 전체의 약 2/3로서 신한공사 재산가치의 11배에 이르고 있으며 농지를 제외한 토지 및 건물의 가치가 신한공사 농지의 2배 이상에 달하고 있다.[30]

---

[29] 기타 재산들의 경우는 주택이 84,058건, 점포가 17,250건, 공용건물 및 창고가 6,193건, 선박이 2,241건 등으로 되어 있다(재무부, 1958: 128~139).

[30] 당시의 귀속재산으로 파악된 것 중에는 실제로는 한국인 재산인 것도 포함되어 있었는데 1948년 8월 15일 현재 이와 관련되어 총 5,721건의 소송이 제기되어 있었다(*HUSAFIK*, 1948, Part III, Chapter V: 130).

〈표 4-8〉 귀속재산의 가치

(단위: 천 원)

종류	금액
기업체(1812개)	217,099,265
은행및 金聯(9개)	5,871,883
화재해상보험회사(15개)	953,901
생명보험회사(19개)	309,204
주택영단	4,833,623
신한공사	19,991,271
조선생활품회사	1,821,621
물자통제영단	10,077
전매국	79,212
국제전화	725,000
임야	1,316,664
寺院	209,282
토지(농지제외) 및 건물	52,060,544
증권	41,848
독일재산	7,603
총계	305,331,089

* 비고: 1948년 10월 12일 귀속재산을 대한민국정부에 이관할 당시의 가치를 추정한 것임. 물가상승을 감안하여 계산한 것임. 금액은 총자산에서 부채를 뺀 순자산 가치임.
* 자료: USAFIK(1948 September-October), *Republic of Korea Economic Summation*, No. 36, p.9에서 작성.

2. 귀속기업체의 관리와 매각

1) 귀속기업체의 관리

(1) 귀속재산의 관리조직

미군정은 처음에 귀속재산을 재무국 내의 서무과(General Affairs Division)

의 2명의 관리가 담당하도록 하였다. 그러나 곧 개별적인 기관의 설치가 미군정의 목적을 달성하는데 바람직하다고 보아 1945년 10월 1일 재산관리과(Property Custody Section)를 설치하여 처음엔 이 기구가 귀속재산의 운용까지도 담당하였으나 귀속재산 관리기구가 지방에서도 설치되고 전국적인 체계를 갖춘 것과 때를 같이 하여 1946년 3월 1일 재산관리처(Office of Property Custody: 관재처)로 조직이 개편되면서 귀속재산의 보호와 관리에 대한 일반적인 책임을 맡게 되어(McCune, 1950: 97) 직접적인 운용보다는 정책결정과 감독기능에 치중하게 되었다.

재산관리처의 공식적 임무는 귀속재산을 찾아내서 그것을 소유, 장악하고 그에 관한 기록을 작성, 유지하며 귀속재산의 해체나 가치손상을 막고 그럼으로써 그것을 관리, 운영하고, 고위 당국의 지시가 있을 때에는 그 재산을 처분하는 것이었다. 최고 책임자인 미국인 재산관리관은 군정청의 수탁자로서 관할하고 있는 총재산의 유지와 보존, 보호와 안전, 처리 내지 관리에 대한 재정상 또한 기타의 책임을 군정청에 대해 가졌으며 그 아래에는 5개의 부(Division)가 설치되어 있었다. 그런데 미군정 초기에는 재산관리관으로부터 도 재산관리관에게로 연결되는 직접적인 명령 망이 결여되어 있었다. 1945년 12월 19일 이전 도 재산관리관들은 도지사에 의해서 지명되지도 않았다. 따라서 지방의 경우 적산관리인의 책임이 불명확하였고 민간업무를 담당하는 미군정이 세워지기 이전이기 때문에 전술단위 지휘관이 적산에 대한 직접적인 책임을 맡고 있었다(Lucas, 1947: 30).

즉 도재산관리의 의무가 보통 그 지역의 전술지휘관에 의해서 임명된 관리들에 의해서 다루어졌던 것이다. 기록은 부정확 하였으며 재산들은 불법적으로 거래되기도 하였고 파괴되기도 했다.[31] 결국 서울에 있는 재산관리처가 지방행정과 그 프로그램을 통합하지 않는 한 그것은 비체계적 일 수밖에 없었던 것이다. 따라서 지방에 귀속재산 관리조직으로서 도 재산관리소가 1946년 4월 23일 법령 제73호에 의하여 설치되어(Lucas, 1947: 30) 재산관리의 분산화가 일어난다. 귀속재산 통제에 대한 공식책임이 지방정부

---

31) "Vested Property in Korea", p.17.

에게 위임되었고 도 재산관리관이 그 지역의 귀속재산을 인수받았던 것이다(*Summation*, May 46, No 8: 14).32) 지방의 귀속재산 관리조직을 그림으로 나타내면 다음 〈그림 4-1〉과 같다.

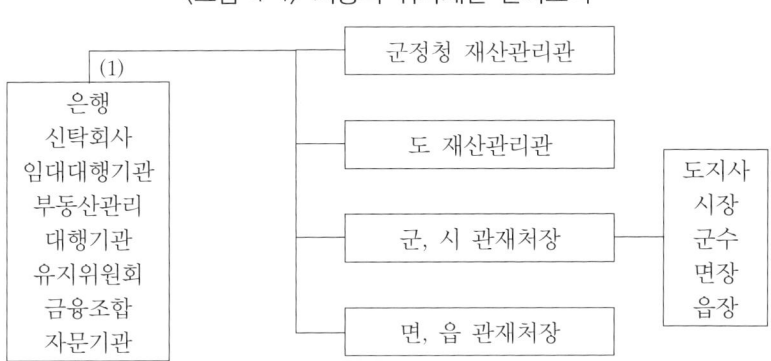

〈그림 4-1〉 지방의 귀속재산 관리조직

* 비고: (1)은 재산관리관이 이용할 수 있는 준관청 내지 사설대행기관임.
* 자료: 정광현(1948: 7~8)에서 작성.

그런데 도 재산관리소의 조직을 형성함에 있어서 빌딩공간이나 사무실, 장비 등을 확보하는 데 있어서 여러 가지 난점이 있었고 귀속재산의 목록을 만드는 것과 관련하여 운반과 운송 등 여러 가지 요소들이 이 계획을 방해했다. 또 각 도는 1945년 12월부터 1947년 1월 31일까지 14개월 동안 4명 내지 7명의 관리관이 있었는데33) 적절한 인계가 어려웠고 이러한 상황으로 인해 관리관은 적절한 상황 파악이 어려웠다.

그러나 어쨌든 1947년 9월 현재 서울의 중앙재산관리처, 8개의 도 재산관리소, 42개의 지구서(地區署), 133개의 군 또는 시 재산관리처가 있었고 총근무인원은 미국인 73명, 한국인 1,740명이었다.34) 상무부 안에는 귀속사

---

32) General Headquarters, Commander in Chief, United States Army Forces, *Pacific, Summation of U.S. Army Military Government Activities in Korea* (이하 '*Summation*' 이라 함)(May 1946), No 8, p.14.
33) 재임기관은 15일부터 2~3개월 간 정도였다. "Vested Property in Korea", p.18.
34) USAMGIK(27 September 1947), "Report on the Occupation of South Korea Since

업국(Vested Bussiness Office)이 있었는데 주요 기능은 재산관리처와 관리기관 사이의 연계를 형성하고 재산관리관에게 각 공장의 운영조건에 대한 기록을 알리는 일이었다.35) 기업체는 중앙부처에서 직접 관할하는 중앙직할 기업체와 지방에서 관할하는 지방관할 기업체로 나누어져 있었다. 자금대부를 통해서 본 귀속재산 관리조직은 〈그림 4-2〉와 같다.

한편 재산처분부(Property Disposal Division)가 1947년 2월 1일에 세워졌다. 재산처분부를 조직화하는 목적은 귀속재산을 매각하는 대규모 계획을 조직화하고 계획, 절차를 발전시키기 위한 것, 도 재산관리소에 있는 재산처분부의 형성을 안내하고, 또 귀속재산들의 매각을 감독하는 것이었다.

1946년 11월 재산관리관들이 일상적인 업무를 수행할 때조차도 인원은 부족하였는데 미국인 인원부족 외에도 상급당국에 의한 정책지령 공표의 지연, 주요 관리들의 빈번한 교체를 가져오는 인사 프로그램, 중요한 임무를 수행할 능력있는 한국인의 부족, 기타 기록의 파괴 등으로 재산기록이 부족하였다. 더구나 기본지령의 해석에 대한 미군정 내에서의 갈등 등은 미군 점령 첫해 동안의 재산관리처의 수행을 뚜렷하지 못하게 하였다.36) 그리고 주한 미군정의 귀속재산관리는 당시 전반적인 한국인화의 일반정책 중에서 예외에 속하였다. 비록 한국인 요원들이 재무부의 순수 관리기능에 광범위하게 참여하고 있기는 하지만 이 부서의 장이나 귀속재산에 관련된 모든 문제에 관한 정책결정을 담당하는 것은 미국인 관리였던 것이다(Fraenkel: 99). 또 이러한 귀속재산 관계를 처리하는 경제기관의 요직인사들은 거의가 미군정청 또는 한독당, 한민당, 독촉 등의 정치단체와 직접적인 연관관계를 맺고 있었으며 개인적으로는 이승만, 김구, 김규식과 직접, 간접으로 연결되고 있었다(진덕규, 1979: 52). 이러한 재산관리처는 1948년 10월 12일이 되어서야 관리책임을 미국인에게서 한국인에게로 이관하게

Termination of Hostilities", Tab. C. "the Present Economic Status of South Korea", p.5.
35) 1948년 6월 30일 현재 이 Section은 3,072개와 회사에 대한 조사를 완수했다. "History of Office of Property Custody Its Divisions and Branch Offices, October 1945 to 30 June 1948", RG 332, Box 40, pp.31~32.
36) "Vested Property in Korea", p.16.

〈그림 4-2〉 자금대부를 통해서 본 귀속재산 관리조직

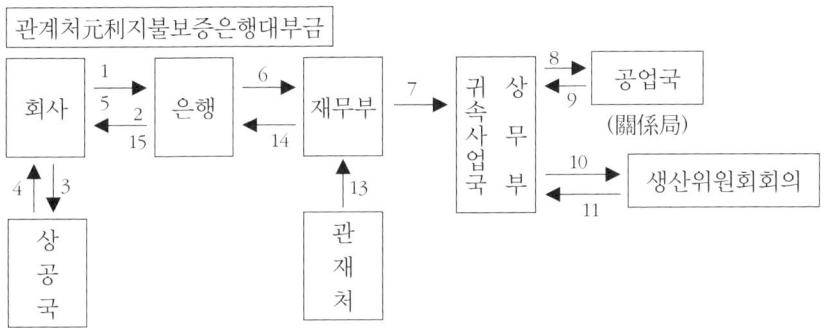

* 비고: 그림에서 나오는 숫자는 귀속회사가 자금을 대부받기 위해 은행으로부터 신청서를 교부받아 상공국의 추천을 얻어 은행을 통해 재무부에 제출하고 이것이 귀속사업국, 공업국, 생산위원회(및 관채처) 등의 심의를 거쳐 그 회사에 대출이 이루어지는 절차를 가리키는 것임.
* 자료: 남조선과도정부 상공부(1947: 274).

된다(Summation, No 35: 6).

귀속기업체를 관리하는 상무부 내의 조직체계를 살펴보면 해방 이후 상무부의 전신인 광공국에는 적산공장사업장의 감사사무를 분담한 감사과가 설치되어 있었으며(남조선과도행정상공부, 1947: 41), 1947년 16일에는 적산공장사업장의 운영, 감독을 위하여 별도로 생산위원회가 설치되었으며[37] 상무부 내에는 귀속사업국을 두었다.

---

37) 1947년 8월 1일에는 각 도(시) 생산위원회가 설치되었는데 각 도(시)상공국장은 상무부장으로부터 귀속사업체를 운영, 감독사용의 위임을 받게 되었다.

〈그림 4-3〉 생산위원회 기구표

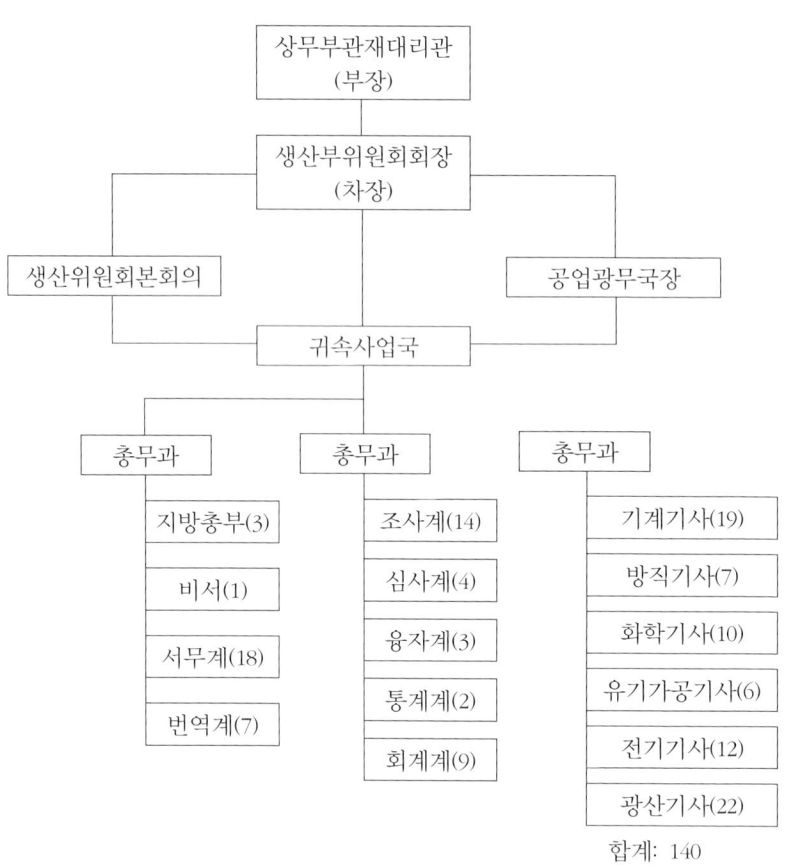

* 자료: 남조선과도정부 상공부(1947: 269~270).

그런데 재산관리관 지휘하의 재산관리처가 귀속재산을 모두 직접 관리하는 것은 아니었다. 귀속재산 중 동산은 물자통제영단에서 관리하였고[38] 농지는 신한공사에서 관리하였으며 임야는 농무부 임업국에서 관리하였다. 이외의 산업재산은 미군정의 각 관련 부처에서 관할하였는데 예컨대 광업과 공업, 상업 기업체는 상무부, 은행이나 보험회사는 재무부, 철도와

---

[38] 충남의 경우 11월 5일 물자통제영단이 구일본인 소유토지 동산에 대한 관할권을 가졌다(Lucas, 1947).

〈표 4-9〉 상무부 귀속사업국 정원

부명	국명	과명	계명	정원		부명	국명	과명	계명	정원	
				직원	인원					직원	인원
상무부	귀속사업국	총무과		국장	1				심사계	계장	1
				비서	1					심사원	3
				계	2					계	4
				과장	1				회계계	계장	1
			서무계	계장	1					회계원	8
				문서서기	5					계	9
				타자원	4				융자계	계장	1
				교환수	3					융자원	3
				용인	6					계	4
				계	20				조사계	계장	1
			지방총무	총무	1					특별조사원	14
				총무보조	2						15
				계	3					계	1
			번역계	계장	1				통계계	계장	1
				번역원	7					통계	2
				계	8					계	85
		경리과		과장	1	합계			기술원	기사	153

* 자료: 남조선과도정부 상공부(1947: 26).

선박은 운수부에서 관리하였다(McCune, 1950: 97~98).

주택과 점포에 대해서는 재산관리관이 일단 임대조치를 취하였는데 그 업무는 조흥은행을 비롯한 각종 금융기관이 대행하였다. 일본인의 보석이나 주식, 공채, 저당권, 기타 귀중한 서류, 예술품 등은 조선은행이 접수하여 보관하였다. 물론 이렇게 각 관련 부처에서 직접 귀속재산을 관리한다 하더라도 최종적 결정권은 재산관리관이 갖고 있었다.

(2) 관리인의 선정과 지위

앞에서 살펴보았듯이 미군정은 미군이 진주하기 전에 있었던 자치위원회 등을 인정하지 않았다. 노동자 자주관리운동은 바로 민족국가 건설의 기초로서 산업의 민주화 및 노동자 참여의 확대를 요구하는 것으로 이 같은 노동자들의 움직임이 현상의 큰 변화를 거부한 미군정과 대립관계에 들어가는 것은 당연하였다. 미군정은 법령 제2호를 발표하여 사유재산권을 존중한다는 입장에서 일본인의 재산조차도 법의 보호하에 두어야 한다고 선언함으로써 일본인 재산은 마땅히 한국인에 의해 접수해야 된다고 생각했던 국내여론에 정면으로 대립하였던 것이다. 이에 노동자들의 구일본인 재산에 대한 자주관리의 움직임이 9월 중순 이후 미군정의 접수방침과 마찰을 일으키게 되었다. 이러한 상황은 다음의 회고담에서도 잘 나타나고 있다.

> 당시의 사회적 불안을 조성한 원인 중 특기할 사항은 일본인이 물러간 후의 이 나라 공장의 대부분은 적산이었고 따라서 공장을 관리할 관리인의 선정을 둘러싸고 피비린내 나는 싸움을 하였다는 점이다. 군정청에서 선임된 관리인이 공장에 들어오면 이를 몰아내기 위한 싸움이 치열하였다는 점이다(박택 외, 1971: 132).

당시의 자주적인 자치위원회나 운영위원회가 해체되고 관리인제도에 의한 공장운영이 시작된 시점은 정확하지는 않지만 1946년 초에 이르러서 전국적으로 거의 대부분의 귀속공장에 관리인제도가 도입된 것으로 보여진다(민전사무국, 1946: 258~263). 이러한 귀속공장의 관리인 선정은 후에 그것이 귀속재산 매각과정에서 연고권과 직결되기 때문에 매우 중요한 의미를 가지게 된다. 관리인 선정절차를 보면 기존의 상공업자를 비롯한 유지들이 관리인 선정에 커다란 영향력을 행사함으로써 결국 이들이 상당 부분의 귀속재산을 장악하여 나갔다. 관리인의 출신배경을 보면 직원이나 주주, 관련 상인, 상공업자, 기술자, 미군정 관리, 일제시대 관리 등 여러 부류였는데 이 중 귀속기업과 연고가 있던 경우는 직원과 주주, 관련 상인 정도였고 나머지는 아무 연고도 없이 자금력이나 정실에 의해 관리인이 되었다. 결국 친일적 친미적 성격의 지주나 자본가 내지 중간관리층에 속하는 부류였다.[39]

또한 관리인의 지위를 이용하여 사리를 도모하는 등 관리인의 부패가 심하였다. 미군정 자체의 조사를 보더라도 1946년도에 경리부정 180건, 재고품 방매횡령 80건, 기성품 부정 판매 50건, 이득분 부정처분 40건, 합계 350건이 적발될 정도였다(강철준, 1948: 5). 따라서 귀속기업체를 둘러싸고 관리권을 획득하려는 유지들과 노동자자치위원회의 충돌은 자주 일어났으며 대악덕관리인 투쟁은 이 시기의 노동자의 중요한 투쟁의 하나였다(『해방일보』, 1946.3.26 ; 『독립신보』, 1947.10.28). 한편 친일세력 중 일부는 이와 같은 과정을 통해 해방 이후 청산되는 것이 아니라 오히려 성장하여 친미세력을 형성하게 되는 것이다. 다음 글은 그러한 당시의 상황을 이렇게 표현하고 있다.

> 군정방침에 의하여 적임자로 인정되어 조선인이 일약 이제까지 상상조차 못하는 대공장의 관리자로 나타났다. 그들의 성공을 얻은 경로는 대개 그들이 유능한 기업가라는 것을 인식시키는 일정한 수완과 또 일정한 보증금을 제출하는 것이었다(조선통신사, 1948: 173~174).

이러한 관리인의 법적·형식적 지위는 미군정에 의해 임명된 것으로 국영기업체의 공무원과 같은 속성을 갖고 있어서 확고부동하지는 않았고 이권쟁탈전이 심한 대기업일수록 관리인은 자주 교체되었다. 그렇지만 관리인은 보증금을 납부한다든가 이익금의 일부를 취득할 수 있다든가 자기자본을 투하한다든가 추후 매각과정에서 우선권을 행사한다든가 하는 점에서 사실상 그 기업체를 소유한 자본가의 성격도 갖고 있었고 미군정의 감독이 제대로 이루어지지 않은 중소기업체일수록 심하였다. 관리인은 자신의 지위를 이용하여 사적 자본축적을 해 나가거나 마치 그 기업체의 소유주와 같은 행동을 하는 존재였다. 또 해방 후 점차로 맹성을 발휘하기 시작한 인플레이션에 의한 물가폭등은 계속적 재생산을 위한 원자재구입을 불가능하게 하였고 악질관리인들의 관리와 더불어 해방 직후에는 원료도 부정하게 유출되고 있었다. 종업원 자신들의 생활난과 함께 이러한 부당행

---

39) 관리인의 출신 등 이 부분에 대해서는(김기원, 1990: 122~146).

위는 노동쟁의를 빈발하게 했으며 노동자들이 생산의욕을 약화시키는 요인으로 작용하였다(조선통신사, 1948: 174). 결국 관리인제도는 군정청의 소극적인 관리 및 운영정책과 더불어 전반적인 생산위축을 심화시켜 당시의 심각했던 인플레이션을 부채질하였다.

(3) 관리 실태

군정 기간 동안 군정청의 재산관리관은 모두 11개의 '관재령'을 발표하고 관리절차 및 운영요령을 시달했는데, 운영은 원칙적으로 고문관제도에 의하여 행하여졌다. 군정청 재산관리관은 해당 재산의 고문관을 임명하고 동 고문관이 해당 관리인의 임명을 비롯하여 원료조달과 제품처분, 자산의 유지와 보존 등 일체의 관리, 감독에 따른 책임을 졌다.

한국경제의 전반적인 모습은 운영되는 귀속기업체의 반영이었다고 해도 과언이 아니다. 그러나 높은 인플레이션과 함께 만족스러운 방식으로 운용되었던 귀속기업체의 비중은 작았다. 우선 귀속기업체의 수와 규모를 살펴보기로 한다. 〈표 4-10〉은 해방 후 3년이 경과한 1948년 말 귀속공장과 민영공장과의 구성을 비교한 것이다. 귀속공장은 중앙직할과 지방관리로 나뉘어져 있다. 중요국책기업체 또는 재산평가가 크고 재산이 두 개 도 이상에 걸쳐서 소재하고 있는 기업체는 중앙직할 기업체로서 관할하고 비교적 규모가 작고 한 개 도로 재산이 국한되어 있는 재산은 재산소재 각 시나 도 관재국장이 관할하였다(재무부, 1958: 155).

〈표 4-10〉을 통해 공장 수를 살펴보면 귀속공장은 중앙직할과 지방관리를 포함한 822개로 총공장 수의 21.6%를 차지하고 있다. 그러나 종업원 수로 볼 때는 총수 13만 1,116인 중 6만 3,342인으로 전체의 48.3%를 차지하여 전체의 51.7%인 민영공장과 거의 비슷하여 귀속공장에 있어서 공장규모의 상대적 크기를 나타내 준다. 부문별로 본다면 공산액에 있어서 섬유와 화학공업이 각각 41.1%, 28.8%를 차지하고 있으며 공장 수 및 종업원 수를 보더라도 두 부문이 얼마나 비중이 컸던가를 알 수 있다. 민영공장은 29인 이하의 소규모 공장들이었고 중규모 이상의 것은 귀속공장인 경우가 많았다.

〈표 4-10〉 귀속공장 및 민영공장별 공장 수, 종업원 수 및 공산액(1948년 현재)

	공장 수(개소)				종업원 수(명)			
	중앙	지방	민영	계	중앙직할	지방관리	민영	계
금속	21	25	160	206	2,005	783	1,731	4,929
기계	29	159	355	543	2,961	4,598	6,827	14,386
화학	29	94	644	767	2,974	3,965	21,691	32,630
섬유	17	196	1,112	1,325	21,875	12,143	25,888	60,406
식품	83	109	454	646	2,619	1,919	4,447	8,985
요업	2	38	75	115	1,041	1,556	2,971	5,568
인쇄	2	10	60	72	304	349	1,751	2,404
공예	0	8	126	134	0	250	1,558	1,808
합계	183	639	2,986	3,808	37,779	25,563	67,774	131,116
백분율%	4.8	16.8	78.4	100.0	28.8	19.5	51.7	100.0

	공산액(천 원)				
	중앙직할	지방관리	민영	계	%
금속	464,364	296,937	1,447,896	2,209,197	4.2
기계	1,018,083	812,644	1,550,407	3,381,134	6.4
화학	1,902,136	1,885,939	11,400,196	15,158,270	28.8
섬유	6,954,167	1,823,572	12,789,819	21,567,558	41.0
식품	459,642	815,174	5,312,125	6,586,941	12.5
요업	240,011	267,003	919,885	1,426,899	2.7
인쇄	598,522	890,818	130,923	1,620,263	3.1
공예	0	28,645	668,232	696,877	1.3
합계	11,636,925	6,790,732	34,219,483	52,647,139	100.0
백분율%	21.1	12.9	65.0	100.0	

* 비고: 식품공장에 포함되는 정미, 제분공장의 공장 수 및 종업원 수는 1948년 5월 말 현재. 식품공장에 포함되는 정미, 제분공장의 공산액은 1947년도분의 가공수수료의 집계. 모두 종업원 수 5인 이상의 공장이다.
* 자료: 조선은행조사부(1949a: I-47, 48).

〈표 4-11〉 귀속공장, 민영공장의 규모별 공장 수(1948년 말 현재)

	중앙직할	지방관리	민영	계
5~29명	50	356	2,363	2,769
30~99명	59	232	546	837
100명 이상	74	51	77	202
계	183	639	2,986	3,808

* 자료: 조선은행조사부(1949a: I-47, 48).

또한 1947년 9월 말 현재의 자료를 보면 남한의 제조업체는 귀속공장, 1,551개소(종업원 5만 770명)와 비귀속공장, 3,959개소(종업원 7만 7,922명)로 모두 5,510개 업소에 달하였다. 귀속재산 공장 수가 전 공장 수의 1/2의 규모인데도 불구하고 공장종업원 수는 비귀속재산공장 당 17.4명에 비하여 31.6명이라는 우세에 있었다는 사실을 보아도 귀속재산의 규모가 남한경제에서 차지하는 비중이 얼마만큼 컸었는가를 짐작할 수 있다.

그런데 이러한 귀속기업체의 운영은 매우 부실하여서 상무부 생산위원회에서 발표한 바에 의하면 귀속공장 5천여 개 중 운영 중인 것은 불과 25%였고(조선은행조사부, 1948: I-134), 1946년 10월 현재 남한의 유일한 중공업 경금속 공업지대인 인천 재산관리처관내의 관리공업 운영상태를 보면 총공장 수 350여 개 중 광공업이 49, 화학공업이 11, 섬유공업이 7, 연료공업이 6, 제재 및 목재품제조업이 16, 정미 및 제분업이 14, 양조업이 15, 인쇄공업이 4, 요업이 9, 기타공업 29로 합계 159개소이고 남한 전체에서 운영되고 있는 공장 수는 전 공장 수의 40%에 불과하고 생산능력은 10%에 지나지 않는다고 하였다. 1947년 3월 중 240개의 관리공장을 포함한 부산의 518개소의 공장생산활동을 보아도 그 조업률은 약 60%이고 생산능률은 약 20%에 지나지 않는다고 하며 그 생산률은 보면 식량공업이 6% 기계공업이 6%, 제조공업이 30%, 섬유공업이 18%, 화학공업이 20%, 요업이 10%, 목공업이 25%였다(조선통신사, 1948: 174). 또 1948년 6월 현재의 귀속공장 운영상황은 임대 중인 경우를 제외하면 약 65%의 공장만이 운영되고 있었고 운휴상태의 공장이 17%나 되었다.

〈표 4-12〉 제조업체 현황(1947년 9월 현재)

구분 도별	귀속공장		비귀속공장	
	사업장 수	종업원 수	사업장 수	종업원 수
경기	262	12,369	852	12,304
강원	66	4,024	231	2,617
충북	33	944	247	3,894
충남	163	3,106	102	2,257
전북	121	2,279	209	4,772
전남	109	6,564	440	10,020
경북	177	4,414	363	8,178
경남	378	10,307	438	6,953
제주	8	437	101	1,043
서울	174	6,290	976	25,884
중앙직할	60	—	—	—
합계	1,551	50,770	3,959	77,922

* 자료: 대한상공회의소(1976: 306).

〈표 4-13〉 귀속공장 운영상황(1948년 6월 현재)

	A 공장수[1]	B 운영	C 운휴	D 임대	C/A	D/A
중앙직할	83	83	—	—	—	—
서울시	433	271	95	67	22	15
경기	178	85	33	60	19	33
충북	35	7	2	26	6	74
충남	107	97	10	—	9	—
경북	240	224	11	5	5	2
경남	276	225	51	—	18	—
전북	197	54	75	68	38	35
전남	144	62	21	61	15	42
강원	20	7	1	12	5	60
제주	6	6	—	—	—	—
계	1,719	1,121	299	299	17	17

* 주: 1) 관리공장 총수.
* 자료: 조선은행조사부(1949b: 79).

앞의 〈표 4-10〉에서도 생산액을 차지하는 양자의 비율을 본다면 귀속공장은 전체의 35%, 민영공장은 65%를 차지하고 있으며, 이 시기의 실제 공업생산에 있어서는 오히려 민영공장의 비중이 높다. 이 시점에서는 구일본인 경영 중소기업체의 일부가 민영으로 이행하고 있지만 1944년에 일본인 경영공장이 생산의 83%를 차지하고 있었던 것을 미루어 볼 때(조선은행조사부, 1949b: 73) 해방 후의 귀속공장의 위축상황이 어느 정도였는가를 추측해 볼 수 있을 것이다. 종업원 한 사람당 공산액을 비교해 보면 중앙직할 공장 30만 8천 원, 지방관리공장이 26만 6천 원, 민영공장 50만 5천 원이었는바 민영공장의 높은 조업율 및 생산성에 비해서 귀속공장의 저생산성은 명백히 드러난다(新納豊, 1985: 430~431). 가동 중인 공장의 경우에 있어서도 1947년 말경의 전남의 상황을 예로 들면 "관리권 및 운영권의 혼선이 생산저해의 한 요인"으로 보고되어 있으며 "운영형태로 현상유지에 급급한 상황"으로 "현재의 생산정도는 전체 생산 능력의 30% 정도에 불과한 부진상태"에 있다고 보고되어 있다(조선은행조사부, 1948: 15). 이는 귀속재산의 관리에 있어서 미군정이 현상을 유지보존하고 귀속재산가치의 감손을 방지하는 소극적인 무책임한 관리에 국한하였음을 의미한다. 특히 기업체에 있어서는 무질서한 제반 사회실정하에서 적극적인 관리와 운영활동을 취하지 못하고 점차 황폐의 일로를 거듭하였던 것이다. 실제로 1947년 한해 동안의 귀속사업체 경영수지조사 결과에 의하면 총조사대상업체 1,202개 가운데 그 42.6%에 해당하는 512개 업체가 수지적자를 나타내고 있다(조선은행조사부, 1949b: 80).

실제로 당시 군정청의 경제고문으로 근무했던 홍성하는 귀속재산의 관리 및 운영실태에 대해서 "군정하 귀속재산의 재정 및 운영에 대한 구체적 대책의 지연과 관리인제도의 불합리성으로 일부에서는 원자재, 반제품, 기계 및 그 부분품 심지어 공장시설이나 부대시설까지 암매함으로써 '귀속공장은 망하고 관리인은 비대한다'는 비난의 소리가 드높았다"(홍성하, 1969: 105)고 적고 있다. 미군정 당국은 부실한 경영상태에 놓여 있던 이들 귀속업체의 정상적인 생산력 회복에 소극적인 태도를 보였으며 공업시설의 대부분을 방치하였던 것이다. 이에 대해 한국정부 자신도 당시의 상황을 이렇게 기록하고 있다.

> 해방후의 무질서하고 혼란된 경제상태 하에서의 미군정의 일부 무책임하고 소극적인 관리 보존 유지함에 불과하였고 …… 사회악의 조성과 난맥상은 실로 건국 초창기의 일대 오점이었으며 기업욕에 의한 사업부흥보다 통역을 통한 무모한 일제유물의 쟁탈전의 행정시기였던 것이다 (재무부, 1958: 120~121).

즉 미군정의 귀속공장 관리의 성격은 원료난, 자금난, 경영의 불합리성 등으로 인한 불철저성과 비효율성이라 말할 수 있는데[40] 이는 여러 가지 문제점들과 경제적 조건들이 산업생산을 방해했기 때문이었다.[41] 즉 귀속재산의 미래의 소유권에 관하여 기본적인 불확실성이 있었으며 관리자 쪽에서는 언젠가 그들이 구입하기를 희망하는 공장이 일찍 매각되는 것에 대해서 종종 꺼려하였던 것이다. 또 당시의 전반적인 인플레이션은 많은 물자를 제거시키고 그것을 투기목적에 사용하게 했던 것이다. 이처럼 해방직후 대개 대규모였던 귀속공장은 원자재와 자금 등의 부족, 관리인제도의 불합리성으로 인해 가동률이 저조하였다. 다만 귀속재산 관리상태는 지역적 특성에 따라 차이를 보이기도 했는데 충남의 경우 커다란 지역이 없었고 8천여 명 정도 주민이 있는 7개의 지역만이 있었음으로 귀속재산 관리 프로그램이 상대적으로 덜 복잡하였고 도 정부의 각 부서가 그러한 재산에 대한 직접적인 관할권을 맡고 있었다(Lucas: 1947: 15).

그러면 면공업과 화학비료공장의 접수 및 관리에 대해서 살펴보기로 하자. 면공업과 화학비료공업은 당시로서 대표적인 산업이었고 식민지 시대는 물론 한국정부 수립 후에 있어서도 중요한 산업이었다. 또한 이들 공업은 농업과 직접적인 관계를 가지고 있었는데 남북분단에 의하여 이들이 결

---

40) 맥거번도 미군정에 의한 일본인 재산의 처리는 비능률적이었다고 보고 있다(McGovern, 1948: 23).

41) "The Economic Potential of an Independent Korea", Prepard by the Korean Economic Mission, Department of State in Collaboration with National Economic Board and Department of South Korea Interim Government, RG 332, Box 62, p.24.

정적인 타격을 받아 생산이 거의 중단되었기 때문에 미군정청의 공업정책에 있어서도 제일 중요한 대상이 되었던 것이다. 따라서 미군정이 주요 산업시설을 접수하여 관리하였다고 하지만 그것은 주로 방직공장과 화학비료공장의 접수 및 관리라고 할 수 있다.

면방직공업은 생산시설의 약 10%에 지나지 않는 경성방직과 송고실업만이 소위 민족기업으로서 미군정의 관리를 면하게 되고 기타의 기업은 미군정에 의해서 전부 접수, 관리되어 미군정이 임명한 관리자가 직접 관리하게 되었다. 그러나 관리자는 있었지만 일본인 기술자가 전부 귀국하였기 때문에 공장운영이나 조업이 불가능하게 되었고 무엇보다도 기술습득이나 기술 훈련부터 시작하지 않으면 안될 상태였다. 이 때문에 일본인 기술자의 귀국연기를 요청하지 않을 수 없는 곤경에 빠지기도 하였다. 미군정은 관리기업을 재건하기 위하여 1946년 6월 상공부에 '면방직공업 운영부'를 설치하고 그 재건을 적극적으로 지원하기 시작했다. 그러나 기술자 부족이나 임명된 관리자의 경영능력의 부족 때문에 거의 그 성과를 올리지 못하였다. 특히 국내의 원면생산이 급격히 감소되고 파업이 계속되어 기계설비의 유지마저 어려웠던 것이다. 즉 1946년 말의 생산규모는 방적 25만 추, 직기 8,145대에 지나지 않았으며 생산액에 있어서는 1939년의 40% 정도에 지나지 않았다. 미군정이 면방직공업을 적극적으로 관리하여 재건하려고 노력하였음에도 불구하고 1946년 말의 면방직공업은 조업율이 38%에 불과하였다. 따라서 면방직공업의 재건이라고 하는 것이 미군정청의 관리만으로서는 불가능하였기 때문에 한편으로는 귀속기업체를 매각하고 또 한편으로는 원면의 원조를 시작하였던 것이다(이종훈, 1980).

화학비료공업은 해방 전후를 불문하고 한국의 농업생산과 밀접한 관계를 가지고 있었던 만큼 그 생산의 재개는 시급한 과제였다. 그러나 당시 한국의 화학비료는 생산의 90%를 점하고 있었던 흥남 질소비료공장이 북한에 있었기 때문에 한국에 남아 있었던 공장의 연 생산능력은 전부 4만 2천 톤으로서 흥남질소비료공장의 생산능력의 6%에 지나지 않았다. 따라서 소수 규모의 화학비료공장이 미군정에 의하여 접수, 관리되었다고 하겠다. 그러나 그나마도 대부분 휴업상태에 있었고 1946년에 들어와서 미군정의 관리하에 겨우 3,603톤의 비료를 생산하였지만 이것은 1935년에서 1944년까지의 10년간 평균 생산실적 55만 8,124톤의 겨우 0.6%에 지나지 않았던 것이다(이종훈, 1981: 125~126). 또한 이것은 남북분단과 기술자 부족의 영향도 컸다고 하겠다. 따라서 미군정은 완제품의 원조라고 하는 비료원조를 실시하였던 것이다. 미군정이 화학비료공장을 접수, 관리하였다고 하는 것은 결국 국내에서 비료를 생산할 수 있는 토대를 만들었다고 하기보다는 원조자금에 의한 비료도입의 준비과정이었다고 할 수 있다.

또한 해방 후 생산공장의 대부분은 원료난과 전력, 자금과 기술부족 등으로 유휴상태에 있었지만 미군정은 이러한 생산상의 애로를 타개하고 산업을 재건시키기 위한 적극적 노력은 별로 하지 않고 위축일로에 있는 산업을 그대로 방치하였다. 이것은 미군정 기간에 예산상 산업비의 비중이 극히 적었을 뿐더러 그것은 1946년도의 16.6%에서 1948년도에는 7.2%로 크게 저하한 사실에서도 알 수 있다(전국경제인연합회 편, 1975: 240). 이러한 경향은 당시의 미군정하의 중앙정부의 정책이 치안확보 및 국고보강이 위주로 되어 있고 건전한 산업발전을 위한 권업활동은 소홀히 했기 때문이었다. 〈표 4-14〉에서 1941년, 1944년, 1947년, 세출과목 비율 대조표를 보아도

〈표 4-14〉 1941, 1944, 1947년도 세출과목 비율대조표

연도별 과목별	1941년도		1944년도		1947년도	
	세출예산	비율	세출예산	비율	세출예산	비율
관업비	531,285	52.5	678,000	28.7	6,087,910	34.4
행정비	58,107	5.7	583,000	24.7	6,734,513	38.0
토목 및 권업비	107,219	10.6	167,800	7.1	813,200	4.6
교육비	4,138	0.4	119	0.0	1,426,442	8.1
식량증산비	18,103	1.8	352,000	14.9	1,198,971	6.3
지하자원채굴비	30,455	3.0	73,000	3.1	413,500	2.3
군사비기타	263,270	26.0	505,069	21.5	1,044,628	5.9
합계	1,012,577	100.0	2,358,988	100.0	17,719,164	100.0

* 비고: 세출예산은 천 원 단위, 비율은 %임(단 추가예산은 제외).
* 자료: 박문옥(1968: 370).

1944년 태평양 전쟁의 최절정기의 예산에서도 토목 및 권업비가 7.1%였음에 비하여 1947년도에 4.6%에 불과한 것이다.

이와 같이 미군정은 귀속재산을 보존, 유지할 뿐이었지 그것을 잘 관리할 만한 능력을 갖추지 못했다고 할 수 있다. 다만 이런 상황 속에서도 통제정책의 수단은 군정관리기업(귀속기업체)에 치중될 수밖에 없었다. 또한 귀속공장 제품은 배급대행기관[42]을 통하여 당국과의 협정판매 가격으로 소비자에게 공급되었다.

(4) 관리인제도의 변화

1946년 12월 31일 미군정은 관재령 제8호를 발표하였는데 재산관리관의 관할권하에 있었던 관리 등의 통제를 미군정의 부, 처, 기관의 관료들에게 준다는 것이었다. 이는 관리들의 책임을 규정하여 보다 명확한 명령망을 세우려는 재산관리관의 희망이 반영된 것으로 귀속재산에 대한 통제를 유지하려고 했던 것이다.[43] 그런데 이 고문관제도는 당시 한국인 장관, 귀속공장 관리인 및 상공회의소의 심한 반대에 부딪쳤다.[44] "일제세력하에 운영되던 일체의 적산에 대하여는 관리 감독의 모든 권한을 미국인 고문관에게 이관시켜 조선인관리의 발언을 불허한다는 것이요, 관리인의 임명으로부터 생산제품의 처리에까지 모두 다 고문관의 권한에 속하고 마는 것"(조선통신사, 1948: 175)으로 인식되었기 때문이다. 즉 이 행위는 한국인 관리들에게는 미국인이 귀속기업체를 통제하려고 한다는 것을 의미하는 것으로 이해되었던 것이다. 따라서 한국인들은 거세게 반대했다.[45] 즉 "행정권 이양과 역행하고 있을 뿐만 아니라 한국인의 고혈의 결정인 적산에 대하여

---

42) 금융조합연합회나 물자운용조합연합회 등을 말한다.
43) "Vested Property in Korea", p.13.
44) 귀속공장 관리인들은 관재대책위원회를 결성하여 조직적인 저항을 시도하였다 [김기원, 1990: 120. 관재령 제8호에 관한 건의는 대한상공회의소(1976: 525)]를 참조하라.
45) 관재령 제8호에 대한 반대로는 (『한성일보』, 1947.2.4 ; 『한성일보』, 1947.2.5 ; 『독립신보』, 1947.2.13 ; "History of Vested Bussiness Office", RG 332, Box 13.

한국인의 간여와 발언권을 말살함과 동시에 기업에 대한 거세하는 조치라고 보았던 것"이다(조선통신사, 1948: 175). 즉 재산관리처는 하나의 운영기관인가, 아니면 신탁기관(Trust Company)인가라는 문제가 제기되었고 전자라면 미국인들이 귀속재산을 다루는 초정부를 구성한 것이고 이것은 전반적인 한국인화 프로그램과 위배된다는 것이었다. 이에 한미 양측 관계관으로 구성된 공동위원회를 조직하여 동법령 수정을 심사한 결과 쌍방의 의견의 일치를 보게되어(조선통신사, 1948: 175) 관재령 제9호로 개정하여 각 부처의 한국인 장관에게 관리권과 운영권이 넘겨졌다. 즉 1947년 2월 12일 재산관리에 있어서 한국인의 참여를 허가하는 잠정 협정을 맺었고 재산관리관에 대한 합동고문단(Joint Advisory Body)을 임명하였다. 그러나 4월 12일 상무부령 '중앙 및 도의 상공관계 미국인 고문관과 조선인 직원의 입장과 업무'에 의해 정책방침의 변경 등 중요사항에 대해서는 각 국장이 미국인 고문관에게 반드시 보고를 하게 되었다. 정책과 운용에 대한 최종적인 책임은 재산관리관에게 남았던 것이다.[46] 따라서 여전히 "미국인 고문관의 동의 즉 최후결제를 얻어야 함으로써 실질상에 있어서는 어귀의 약간의 변경이 있었을 뿐이요, 하등의 변화가 없었다고 하여도 과언이 아닐 것"(조선통신사, 1948: 175)이다.

그런데 시간이 지남에 따라 관리인제도는 주로 소기업체에서 임대차제도와 이사회제도[47]로 변화하였다. 미군정은 귀속재산을 임대해도 좋다는 지령을 받고 있었던 것이다.[48] 1947년 12월 6일 관재령 제10호에 의해 귀속재산 중 국내에서 설립된 법인(광의의 귀속기업체)에 대하여는 일본인 소유주식 또는 지분만을 미군정 소유로 하고 법인의 재산은 귀속해제하여 다음과 같이 분류 관리하였던 것이다.

  1. 임대기업체: 소규사업체로서 임대인을 선정하여 운영
  2. 일반관리기업체: 대규모사업체 및 임대기업체를 제외한 사업체의 전부

---

46) "Vested Property in Korea", p.14.
47) 이는 중역제로도 불리었다.
48) Report by SFE(14 August 1946), Serial No. 00483, ELT/elt, RG 165, Box 787.

〈표 4-15〉 귀속사업체의 경영형태

	관리	대표	임대	불하	기타	총계
중앙	111	11	7	3	1	133
서울	461	143	126	4	1	735
경기	15	16	19	−	−	185
강원	26	16	22	5	−	69
충북	15	15	20	−	−	50
충남	92	12	11	4	1	120
전북	25	13	27	1	−	66
전남	84	19	80	−	−	183
경북	286	16	21	−	−	323
경남	399	43	147	25	1	615
제주	6	−	2	−	−	8
총계	1,655	304	482	42	4	2,487

* 자료: 조선은행 조사부(1949a, Ⅲ: 79~147).

3. 重役制실시기업체: 민간지분이 있는 대규모사업체로서 상법상의 절차에 따라 운영진을 선임하여 독립된 법인을 운영

(재정금융삼십년사 편찬위원회, 1978: 28)

따라서 주식회사인 귀속사업체에는 그 집행기관으로 이사회가, 의사결정기관으로서 주주총회가 인정되어 어느 정도의 한국인의 자치적 경영권이 부여되고 거기 투자되었던 한국인 주식의 권한이 인정되었던 것이다(홍진기, 1950). 이러한 귀속사업체의 경영형태를 구체적으로 살펴보면 〈표 4-15〉와 같다.

임대차 제도는 임차인이 정부에 임대료를 지불하고 자기 명의로 경영을 하고 위험부담의 책임도 스스로 지는 제도이다. 다시 말해서 임대차제도는 기업의 법률적 소유권 문제를 제쳐 놓고는 거의 사기업화된 형태의 경영이다. 따라서 임대차제도는 관리인제도와 매각사이의 중간적, 과도적 단계를 의미한다고 볼 수 있다. 이는 곧 한국인의 적극적 경영참가를 유도하여 미군정이 사적 자본주의 체제형성을 위한 사전 준비를 하는 것이라 할 수 있

다. 즉 귀속재산을 사적인 수준으로 돌리면서 한편으로는 미군정의 책임있는 기관에 의한 통제를 용이하게 하고자 한 것이었다(McCune, 1950: 100). 또 이는 귀속재산을 더 잘 통제하고 관리, 경영하기 위해 재산관리처가 귀속재산을 빌딩이나 공장같은 유형(physical)자산의 통제보다 주식소유권을 통하여 통제했음을 의미한다. 실제로 임대공장에 관한 충북의 상황을 보면 "본도로서는 관리인들의 생산의욕을 여하히 진흥시키고 또 재산을 건전히 보유하느냐에 대하여 예의 연구한 결과 사업체에 대한 임대계약을 조속히 체결시키는 데 주력하며 현재는 80% 가량이 계약 완료되어 관리인들의 귀속재산에 대한 관심은 일변하고 생산에 대한 자극은 일층 증가되어 과도기적 현상에 있어서도 타도에 비교하야 높은 생산능률을 올리고 있다"(조선은행조사부, 1948: 地64)는 것이다. 1948년 1월 현재 임대귀속재산의 실태는 〈표 4-16〉과 같다.

〈표 4-16〉 임대귀속재산의 실태

	주택	대지	점포	창고	공장	기타	총계
경기	20,093	1,992	2,183	299	149	382	25,098
강원	1,362	380	85	105	18	30	1,908
충남	3,762	427	1,119	169	46	139	5,662
충북	1,590	635	204	136	15	52	2,632
전북	5,934	1,626	1,270	236	71	44	9,181
전남	5,554	914	1,905	225	152	153	9,903
경북	6,195	1,740	827	105	39	95	9,001
경남	11,486	4,170	2,242	1,047	178	565	19,688
제주	104	18	40	17	2	13	194
총계	56,080	11,902	9,875	2,339	670	1,473	82,339

* 비고: 경기는 서울을 포함함. 1948년 1월 현재임.
* 자료: *SKIG Activities* (1948, No. 31: 17).

〈표 4-16〉에서 알 수 있는 사실은 주택과 대지가 임대귀속재산의 대부분을 차지했다는 점과 1948년 현재 임대사업체는 전체 사업체의 1/5 정도를 차지하고 있다는 점이다. 결국 미군정은 소규모 사업체에 대해 매각할 수

있는 것은 매각하고 바로 매각하기 힘든 것은 임대차 제도를 채택하여 매각에 대비했음을 알 수 있다.

2) 귀속기업체의 매각[49]

앞에서 살펴 보았듯이 미군정은 법령 제33호를 공표하여 모든 구일본인 재산을 미군정에 귀속시켰다. 그리고 이에 대해 미국은 그 재산을 보유하고 있을 뿐이며 이것의 처리는 한국인들 자신에 의해서 이루어진다고 보고 있었다. "미군정에 의한 구일본인 재산의 접수, 귀속은 한국정부가 구성될 때까지 계속되어야 하며 이것의 처리는 한국인들 자신에 의해서 이루어져야 한다"[50]는 것이다. 그러나 미국은 귀속재산 매각문제에 대해 1946년 2월 최초로 공식적인 지령을 전달하였는데 삼부조정위원회 극동소위원회의 SFE 153/4가 그것으로 구체적인 내용은 다음과 같다.

> 한국 미군정은 다음과 같은 종류의 일본인 재산을 매각할 수 있다.
> ㄱ. 토지, ㄴ. 도시주택, ㄷ. 소규모 기업체.
> 재산매각을 공표할 때에는 미군정에 관한 한 모든 매각은 공개적으로 이루어질 것이지만 물론 미소공동위원회의 관여하에라야 한다는 것을 밝혀야 한다. 이곳에서의 견해로는 한국임시정부의 행동은 필요한 예외 규정을 두기는 하겠지만 일반적으로 승인하는 것이 될 것이다. 매각은 현재로서는 공업재산이나 대규모 사업체에까지 적용되지는 않는다.[51]

이와 같은 입장을 합동참모본부는 2월 27일자로 맥아더에게 보내고 있는데[52] 구체적으로 보면 매각은 공개적으로 이루어지며 대규모 사업체는

---

49) 당시에는 '불하'로 쓰였으므로 여기서는 같이 사용한다.
50) Department of State,(18 January 1946), For the Press No. 41, "Korea and the Far East", RG 165, Box 787의 마틴의 발언 그 외 *A Digest of Information* (January 28. 1946), p.2 참조.
51) "Disposal of Japanese Property in Korea"(Februbry 1946), SFE 153/4.
52) To MacArthur from the Joint Chiefs of Staff, WAR 98713(27 February 1946), RG 218,

적용되지 않고 미소공위에 따른 한국임시정부의 승인하라는 것을 알 수 있다. 그리고 1946년 3월 국무부는 맥아더에게 강력한 공식 성명을 통해 정책들을 밝히는 것이 바람직하며 그러한 성명에는 "일본인의 공업 시설에 관해 이것들을 장차 한국에 남겨 둘 것이고 현재에는 남한에 있는 보잘 것 없는 원료나마 동원하여 가동하고 있는데 이는 한국인들이 공업면의 경제적 독립을 회복하는 것을 돕기 위한 것이라는 취지의 성명, 한국인에게 일본인 소유의 농지와 도시 지역의 재산을 한국인 개인에게 분배하는 계획을 알리는 요약 성명"(『미국무성 비밀외교문서』, 1946: 235~236)이 포함되어야 한다고 쓰고 있다. 사실상 앞에서 보았듯이 미군정은 진보세력의 움직임과 관련하여 일본인 재산의 처리에 대한 확고한 정책을 계속 요구하고 있었다 (『미국무성 비밀외교문서』, 1946: 230~231). 일본인 재산에 대한 밑으로부터의 활동은 계속되었고 아직도 일본인 재산의 지위에 대한 미국의 구체적인 정책지침은 없었으므로(Hoag, 1970: 252) 12월 14일 재조선정치고문대리는 국무장관에게 다음과 같은 글을 보내고 있는 것이다.

> 대중들은 일본인 재산 및 지주에 대한 합법적이고도 순리적인 절차에 대해 불만을 나타내고 있습니다. 공산주의 선동가들은 대중들이야말로 자기네들이 일본인 재산 및 대농장의 분할을 깨우쳐 주는 주창자로서 또한 점령군에 대한 비판자로서 활동하는 데 좋은 소재가 되리라는 것을 알 수 있게 될 것입니다. …… 정부는 우리 지역내에 있는 일체의 일본인 사유재산 및 동산은 장차의 조선정부가 어떤 식으로든 이를 처분케 하기 위하여 우리의 관리하에 놓여지게 될 것이라는 분명한 성명을 조속히 발표해야 할 것입니다. 소련군 지역에서는 이러한 형태의 재산이 우리 측과 협의도 없이 처분되어 버렸습니다. 영국이나 중국 혹은 우리 자신에게 조선내의 어떠한 일본인 소유의 시설물에 대해서도 배상목적의 소유권이 인정되지 않는다고 할 때 그러한 성명이 조속이 발표될 수 없을 만한 이유는 전혀 없다고 생각합니다(『미국무성 비밀외교문서』, 1945: 166).

Box 145, SM-5122(February 28, 1946), Memorandum for the SWNCC, RG 218, Box 145 대규모 산업재산의 처리에 대한 결정은 경제의 형태(Type)를 결정하는 데 기본적이라고 보았다.

연안파가 주장한 새정부의 정책에는 명백히 밝힌 바와 같이, 일본인 및 한국인 소유의 토지와 재산에 대한 완전몰수 및 대중에 대한 무상분배(많은 보고에 따르면 이미 실시중이지만)가 포함되어 있는데, 이 점은 수많은 빈곤한 한국 농민들과 최근의 귀환자들 및 실업자들에게는 가장 마음에 드는 것입니다. 이와 관련하여, 본인이 일인재산의 처리에 관해 확실한 정책을 발표할 수 없다는 점은 날로 장애요소로 발전해 가고 있으며, 떠들기 좋아하는 공산주의자들의 비난의 근거가 되어가고 있습니다. …… 본인은 남한내의 일본인 재산의 최종처리문제에 대한 적극적인 미국의 정책 발표를 얻어내며 또 이를 수행하는 데 필요한 권한을 얻어내기 위해서 압력을 행사해 주실 것을 건의합니다(『미국무성 비밀외교문서』, 1945: 166).

이에 따라 12월 16일 맥아더도 합동참모본부에 긴급하게 요구되는 것 중의 하나로 "한국에 있는 이전의 일본인 소유였던 재산의 지위 및 이에 적용될 배상문제에 관한 적극적인 정책 성명"을 요구하였던 것이다.

확고하고도 원대한 배상정책의 조속한 수립과 전 일본인 재산의 최종처분은 절대적으로 긴요합니다. 거기에서 파생되는 모든 문제들에 대해 우리가 공허한 변명 이상의 대답을 줄 수 없다는 점은 우리의 성공적인 점령에 역의 작용을 하고 있으며 급진주의와 공산주의 그리고 (한국급진세력)으로 하여금 무엇인가를 얻어내기 위한 직접행동을 촉진시키고 있습니다. 명백한 정책들이 (제시되면) 정치, 경제적 조건이 한층 개선될 뿐더러 선동행위의 현저한 감소를 가져올 것이라 생각됩니다. …… 국제적 차원에서의 적극적인 조치 및 남조선에서 조만간 미국이 완전히 주도권을 장악하는 일은 이와 같은 표류를 중지시키기 위해 절대적으로 긴요한 일입니다(『미국무성 비밀외교문서』, 1945: 171~172).

그러므로 주목할 만한 사실은 접수된 귀속재산의 처리문제가 국무부의 계획에 따라 취해진 조치라고 보기 어렵다는 점이다. 미 국무부는 대소교섭을 전제로 하는 신탁통치안을 가지고 있었고 미소합의에 의한 임시정부

수립 때까지 남한사회의 변화를 원하지 않았던 것이다. 즉 남북한을 통한 단일정부를 수립하려면 남북 간의 이질화를 막기 위해 미소 양군 임시정부 수립 때까지 각자의 점령지역에 대해 정치적 공백을 취해야 하며 남북한에 각각 자기의 정권이 설정되고서는 남북한 단일의 임시정부 수립이 될 수 없었기 때문이다(김성호, 1989: 302). 남한의 일본인 재산을 처리하는 문제는 원래 연합국 측의 공동관심사이고 더욱이 신탁통치를 전제로 한다면 소련의 태도를 예상하지 않을 수 없었던 것이다.[53] 실제로 미국은 인천상륙 직전이던 1945년 8월 28일자 Ⅱ급 전문으로 주소 미국대사에게 일본인 재산처리에 관한 미국 측 의견에 대해 소련정부와 비공식적으로 접촉하라고 지시하고 있으며(『미국무성 비밀외교문서』, 1946: 237), 1945년 11월 17일 주일 정치고문대리 에치슨이 국무장관에게 "조선에서 일본의 일체권리를 포기한다는 천황의 선언문이 필요하다"고 요구한데 대해 국무장관은 "조선을 일본에서 분리시키는 문제는 소련의 극동자문위원회 참가나 신탁통치 등과 분리해서 고려될 수 없다"(『미국무성 비밀외교문서』, 1945: 153)고 회신하고 있다. 이처럼 미국 측은 일본인 재산문제를 포함한 제반사항을 신탁통치에 결부시켜서 고려했던 것이다. 이처럼 당시의 미 국무부는 빗발하는 현지사령관의 요구와 신탁통치를 위한 대소외교의 딜레마에 빠졌던 것으로 보인다. 전자를 위해서는 귀속재산에 대한 모종의 조치를 취해야 했고 후자를 위해서는 귀속재산을 원상태로 두어야 했기 때문이다. 그러나 남한을 실제적으로 점령하고 진보세력과 직접 맞부딪치고 있는 현지의 주둔군에게는 귀속재산에 대한 어떤 조치가 시급히 필요했던 것이다. 이에 국무부는 1946년 2월 귀속재산 처리에 관한 최초의 공식성명서를 보내지만 그러한 문제를 인식하고 있었다.

> 귀하의 계획을 실행에 옮기는데 있어서 소련측이 자기들 지구에서 이미 시행하고 있을 계획과 귀하의 계획이 대립되는 데서 야기될 법한 공

---

[53] 귀속재산 처리에 대하여 미국과 소련 사이에 어떤 공약도 하지 않았다. From State Department to CINCAFPAC Tokyo Nr. 32, (5 March 1946), RG 218, Box 145.

격에 대하여 숙고해야만 할 것이다. 소련측과 사전에 협조를 구하는 것이 좋을지의 여부나 또는 그들에게 통고해 주는 문제는 귀하의 재량에 맡긴다(『미국무성 비밀외교문서』, 1945: 228).[54]

따라서 1946년 2월 워싱턴과 동경, 서울 사이에는 법적 전문성에 대한 토론이 오고 갔다.[55] 그리고 삼부조정위원회는 그것을 "전반적인 정책으로 해석되지 않도록"[56] 한정된 재산에 대한 제한된 판매를 임시적인 방편으로 하게 했다. 2월 23일 미육군 참모총장 아이젠하워(Eisenhower)도 맥아더에게 "일본인의 재산을 한국인에게 매각하는 문제가 주제임. 귀하에게 다음과 같은 훈령을 제안하는 문제가 삼부조정위원회의 긴급토의에 붙여지고 있다. '양도'라는 표현 대신에 재산의 '매각'이라는 것이 법적 타당성을 갖는가 하는 문제를 제외하고는 모두가 동의했다"(『미국무성 비밀외교문서』, 1946: 226)고 쓰고 있다. 양도증서(Certificates of Transfer)를 발행하거나 임대동의(Rental Agreement)에 의해 재산에 대한 미국의 소유권이나 공공연한 매각의 주장없이 양도프로그램을 진행시킬 수 있으리라 보았던 것이다. 그리고 국무부의 법률고문은 '매각'이란 용어를 사용하는 데 반대하고 있다고 법률적 문제가 있었음을 지적하고 있는데 귀속재산의 소유권 여부를 둘러싼 여러 가지 국제법적인 문제를 의식했던 것으로 파악된다.[57] 미소공위의 미국 측 위원은 배상위원회의 다른 구성원들이 귀속재산 처리에 관한 미국 측 입장을 지지할 때까지 또 일본정부로부터 한국에 있는 재산의 국적을 박탈할 때까지 그러한 매각에 관한 최종적인 승인을 할 수 없다는 것이었다. 이에 대해 미군정은 국무부 법률고문의 입장인 '매각' 대신에 '양도'를 사용하는 것은 한국어로 번역될 때 미래의 타당성에 의심을 줌으로써 이

---

54) 1946년 2월 20일자로 SWNCC 265가 긴급한 문제로서 위원회에 의해 송부되었다. SWN-3900(February 20. 1946).
55) From CINCAFPAC Tokyo, Japan to War Department, Nr. CX 58225(26 February 1946), RG 319, Box 87.
56) From WARCOS Reference CAX 57461 and TFLIG 669, CINCAFPAC to CGUSAFIK, RG 319, Box 87(Hoag, 1970: 253)에서 재인용.
57) 훈련초안의 전문은 『미국무성 비밀외교문서』(1946: 227~228)를 참조하라.

프로그램의 발표와 활성화를 방해한다고 보고 있었다. 이와 같이 매각의 적법성에 대한 문제때문에 SWNCC 165는 지연되었고 1946년 2월 26일에야 승인되었던 것이다.[58] 따라서 미군정에 의한 귀속재산 매각방침에 대해서는 상당한 반대여론이 제기되었다. 당시 귀속재산 매각에 대한 반대 여론은 다음과 같았다.

> · 조선산업건설협의회: 적산은 당연히 조선국가의 소유일 것이므로 적산 처분은 조선임시정부가 수립되어서 경제정책이 확립될 때 그 방침이 비로서 결정될 문제이므로 연합군은 조선이 완전 독립될 때까지 적산을 보호, 관리는 할 수 있으나 매매처분이나 반출할 성질의 것은 못된다. 그 이유는 다음과 같다.
> 1. 대일강화회의의 최종적 결정이 있을 때까지 연합국의 일방적인 자유의사로 처분치 못할지니 단독불하처분은 곧 법적 의무에 위반된다.
> 2. 국가관념과 민족의식이 전무하고 오직 이욕에만 급급한 모리배의 수중에 신조선 산업재건의 생명선인 일인재산의 대부분을 투척하고 말 것이다.
> 3. 현 정세하에서는 모리배들이 자기들의 […]기관을 살리기 위하여 천신만고로 약간은 은익 원료 자재 부분품 같은 것을 획득한다 하더라도 최단기간 밖에 생산은 지속되지 못하고 말 것이다.
> 4. 1인 1공장을 …… 취한다 하더라도 모리에 능한 인사들은 그 가족은 물론 자기 친척의 명의로 매수하게 되어 결국 전민족의 고혈을 착취해서 만들어진 일인 재산은 소수 모리 인사에 독점되고 말 것은 이미 일인가옥의 예에서 충분히 설명할 수 있다.
>
> · 조선광업기술협회: 임시정부 수립을 목적에 둔 오늘날 인민경제와 민생문제에 절대한 중요성을 가진 소규모사업장 급 적산가옥을 불하한다는 것은 현급의 혼돈한 과도기에 있어 더 한층 막대한 지장과 혼란을

---

58) 그리고 이는 JCS 1635로 공표되었다. OPD Strategic Policy 2971, LT Col. Dupuy/jmn(27 February 1946) Memorandum for Record, "Disposal of Japanese Property in Korea", RG 319, Box 87. SWNCC, "Decision Amending SWNCC 265, Disposal of Japanese Property in Korea", Note by the Secretaries, RG 59. LM 54, Roll No. 24.

야기하게 되는 것이며 그 결과는 귀중한 국가자산을 민족을 좀먹는 도배의 수중에 들어가게 하므로 적산처분은 임시정부 수립 후 처리되어야 할 것을 강경히 요구하며 이 법령의 즉시 철회를 주장한다.

- 사회민주당: 적산처리는 우리나라 통일정부에서만 행할 것이다. 만약 장래 수립될 조선정부를 무시하며 법리적 모순을 불구하고 현하 정세에서 적산불하를 단행한다 하더라도 이것을 매수한 소유권은 정식정부에서 결코 인정되지 못할 것이요, 그 결과는 쓸데없이 수십 만인의 생활근거를 파멸케하며 경제계를 혼란케하고 다만 소수 모리배와 악질 직권 남용자의 발호를 조장할 뿐이다.

- 남조선 노동당: 적산처리는 당연히 조선민주주의 임시정부가 해야 할 것이며 더욱 임정수립을 목전에 두고 군정이 적산을 불하한다는 것은 그 진실을 의심치 않을 수 없는 것이다. …… 군정의 손으로 적산이 처리된다면 결국 인민이익을 희생시켜 모리배의 이익을 도와줄 것이며 더욱 적산은 앞으로 우리 조선 정부의 중요한 재산이 되는 것이니 적산의 일체처리는 새로 수립되는 임시정부가 반드시 해야 할 것을 주장하는 바이다.

- 민전: 적산은 어디까지나 조선인민의 것이므로 임정수립 후에 인민대중의 의사에 쫒아 처리해야 될 것을 재강조하며 즉시 철회를 주장한다.[59]

그 외 근민당, 여맹, 기민, 민애, 한독당, 청우당에서도 반대표명을 하고 있으며 검찰 총장 이인도 "한 곳에 체제한 통화를 흡수하는 방법으로는 좋으나 그 수단 방법에 있어서 타당치 못할 때는 중대한 사회문제로써 여러 가지 좋지 못할 것이 벌어질 것이므로 그 점을 우려한다"라고 말하고 있다. 좌우합작위원회와 독촉국민회에서는 "현재 적산을 불하하는 것은 문제가 있으나 불하하는 경우에는 적당한 방법과 기술을 취해야 한다"고 중간적인

---

[59] 다음 자료들을 참조하여 작성함(국사편찬위원회 편, 제4권, 1968: 65, 572, 835, 871 ; 제5권: 77, 79, 83~85, 139 ; 김천영, 1985: 735).

입장을 취하고 있다.[60]

이처럼 약간의 입장 차이는 있으나 이미 군정 초기 귀속재산 처분방식에 대하여 미국 샌프란시스코 방송 '조선의 소리'에서는 "미소 양 사령관은 조선을 위한 관리인에 불과한 것이요, 조선의 자산을 처분할 권한은 없다"(국사편찬위원회 편, 2권, 1968: 377)고 했으며 각 정당 및 정파는 국유화론을 제시한 바 있고 제2차 미소공위 공동결의 제5호, 제6호로 발표된 조선민주주의 임시정부 정책에 관한 자문서에 대한 답신서를 보아도 적산의 국유화론이 우세함을 알 수 있다.[61] 다음 〈표 4-17〉은 이와 같은 입장을 간단히 표로 나타낸 것이다.

〈표 4-17〉 산업조직정책에 관한 정치세력들의 구상

	民戰案	時協案	臨協案
산업조직	대산업: 국유 중산업: 국유, 共有 소산업: 대체로 사유 은행: 국영 보험업: 국영 도매업: 국유, 共有 소매업: 共有, 사유	대산업: 국유 중산업: 官民合辨 소산업: 사유사영 중앙은행: 국영 보통은행: 사유사영 보험업: 국유, 공유 도매업: 국가감독하의 사유사영, 일부共有국영	대산업: 共有, 公有 중산업: 원칙적 사유사영 소산업: 사유사영 중앙은행: 共有, 公有 보통은행: 사유사영 보험업: 공유, 사유 도매업: 사유사영 소매업: 사유사영

* 비고: 민전: 민주주의민족전선을 말함.
* 시협: 시국대책협의회를 말함.
* 임협: 임시정부수립대책협의회를 말함.
* 자료: 홍기태(1986: 38)에서 재작성.

---

[60] 국사편찬위원회 편, 제4권, 1968: 65, 572, 835, 871 ; 제5권: 77, 79, 83~85, 139 ; 김천영, 1985: 735.
[61] 제2차 미소공위 공동결의 제5호, 제6호로 발표된 「조선민주주의 임시정부 정책에 관한 자문서에 대한 답신서」(한백사 편집실 엮음, 1989: 85~129) 민전과 민통(이승만 중심의 민족통일총본부)에 소속되지 않은 중간노선 67개 정당, 사회단체가 규합하여 결성한 미소공위 대책 각 정당 사회단체 협의회(일명 '공협': 필자)도 미소공위의 자문에 대한 답신서에서 적산의 국유화를 주장하였다(임영태 편, 1985: 419).

또한 법리적 측면에서 볼 때도 적산의 소유권이 한국에 있으며 적산불하는 한국정부 수립 후의 과업이라고 보았는데 그 이유로는 다음과 같은 점이 지적되었다.

1. 1919년 3월 1일로 기하여 세계적 의식하에 한일간에 있어 정식으로 전쟁상태하에 있었다는 것
2. 3천만 전민족이 사수한 조국강토에 건설된 적산의 실재성
3. 3천만 고혈을 착취한 결정이 일본인소유 재산인 것
4. 대서양 헌장과 카이로及포쓰담 회담에 있어 조선은 일본영토로 시인치 않은 것

(김석주, 1947)

이처럼 미군정기에는 우익 정당까지도 귀속재산의 국유화에 긍정적이었다. 이는 귀속재산이 식민지 기간 동안 일제가 한국 대중에게서 착취하여 형성한 재산이라는 인식이 널리 퍼져 있었고, 따라서 그것이 어떤 개인의 소유가 될 수 없다고 일반적으로 생각했기 때문인 것으로 보인다. 또 북한의 경우는 이미 산업 국유화 조치가 끝난 상태였으며 남한의 경우는 개인소유의 대규모 산업시설이 별로 없었기 때문인 것으로 풀이된다. 이상에서 볼 때 우익세력, 좌익, 그리고 중간노선을 표방한 각각의 집단은 정부 수립 후에 형성할 경제제도에 대해서는 관점을 달리 했지만 귀속재산에 대해서는 그것이 개인의 사유물이 될 수 없고 국가소유로 되어야 한다는 데에는 대부분 같은 의견을 가지고 있었음을 알 수 있다. 특히 대규모의 주요 공장 및 광산에 대해서는 예외 없이 전부 국유화를 주장하였다. 이처럼 토지 문제가 지주와 소작인 간의 대립뿐만이 아니라 좌우익 각 정당 간의 첨예한 입장 차이를 드러낸 것과는 달리 좌우익의 각 정당은 귀속재산 문제에 대해 처음에는 별다른 차이점을 보이지 않았다. 이는 귀속재산의 소유주들이 일본인들이어서 이들이 이미 본국으로 돌아갔으므로 토지문제의 지주세력과 같은 귀속재산에 대한 직접적인 이해 당사자가 하나의 세력으로 존재하지 않은 것과 관련된 것으로 보인다. 그러나 귀속재산의 매각이 구체

화되면서 이를 둘러싼 갈등이 표면화되고 있다. 그리고 귀속재산 중 특히 귀속기업체의 불하는 민간에의 불하라는 원칙 속에서도 어떤 사람들에게 우선적으로 불하하는가 하는 점과 불하의 범위, 불하의 조건 등을 둘러싸고 논란이 있게 되는 것이며 귀속재산 처리에 의해 이익을 볼 수 있는 지배세력들은 귀속재산의 매각을 자기들에게 유리한 방향에서 계속 요청하였던 것이다. 이처럼 결국 귀속재산 처리문제는 노동자와 농민을 중심으로 하는 진보세력과 기존 지배세력 사이의 정치투쟁의 문제였으며, 귀속재산 처리방식은 새로 수립되는 독립국가의 지배세력을 확정하는 과정이었다고 하겠다.

이에 1946년 3월 6일 국무부는 서울에 보낸 지시 9호로서 '한국에서의 일본인 재산의 처리문제'에 관한 SWNCC 265의 사본을 전달하였다. 그리고 이 메시지는 일본인 소유재산과 관련된 일종의 농지개혁 같은 것을 준비하는 데도 필요한 권한을 부여하기 위한 것이었다(『미국무성 비밀외교문서』, 1946: 227~228). 이와 같은 한국 내의 재산을 한국인에게 재분배하기 위한 미국의 방침은 한국경제의 안정과 미소공위를 통한 한국임시정부 수립에 관한 문제에 있어서 미국 측 위원들의 입지를 강화하고 지지를 얻고자 하는 정치적 목적을 갖는 것이었다.[62] 그러므로 이는 미소공위 개최 이전에 공표되어야 할 긴급한 문제로써 다루어졌다.[63]

따라서 미소공위 개최 이전인 1946년 3월 7일 러취는 구일본인 소유재산을 한국인에게 방매할 계획을 발표하였다. 그러나 여론은 일본인 재산의 처분은 졸속에 흘러서는 안되며 일본인 재산의 방매허가는 모리행동을 조장할 뿐이라는 것이었다.

> 가령 일본인의 재산을 방매하면 그것을 살 수 있는 사람이란 첫째로 일제와 협력하여 자산을 저축한 자, 다음에는 8·15이후 혼란을 틈타서 치부한 모리배 등에 국한할 것이고 일반 민중은 그 재산의 이용자격을

---

[62] SFE 153/4, OPD Strategic Policy/74974, Col Bonesteel/jmn(23 February 1946) "Disposal of Japanese Property in Korea", Memorandum for Record, RG 319, Box 87.
[63] OPD Stratigic Policy/2971.

상실하고 만다. …… 조선내에 소유하고 있는 일본의 공사재산의 귀추는 이러한 의미에서 우리의 지대한 관심의 대상이며, 또 이것이 조선인민의 손으로 들어옴으로써만 독립은 정말 독립일 수 있다는 점을 잊어서는 안 된다(『조선인민보』, 1946.3.11).

그러나 군정장관 러취는 일본인 재산 방매에 대하여 한국에 임시정부가 설 때까지 보류하여 달라는 여론이 있다는 것에 대해 다음과 같은 견해를 피력하였다.

군정청에서는 이번에 일본인 재산 방매에 대한 정책으로서 조선이 완전하고 좋은 출발을 하게 되는 것으로 생각한다. 그런고로 나의 의견은 방매의 보류는 조선경제를 지체시키는 것으로 안다(『조선일보』, 1946.3.20).

그러나 당시 귀속재산은 바로 매각되지 않았으며, 그 후 1946년 9월 25일 극동소위원회는 다시 귀속재산 처리에 대한 것을 승인하고, 1947년 2월 삼부조정위원회는 승인한 SWNCC 265/1[64]을 미군정에게 전달하였다.[65] 그런데 미군정에 의한 귀속재산 처리과정은 마크 게인의 표현대로 "개혁과 복구에 대한 열망보다도 공산주의에 대한 공포가 미국의 한국에 대한 정책

---

64) 이것은 SWNCC 265/2, SWNCC 265/3으로 수정되었다. SWNCC, Decision Amending SWNCC 265/1(29 January 1947), "Disposal of Japanese Property in Korea", Note by the Secretaries RG 218, Box 145. SWN-5102(30 January 1947), Memorandum for the Secretary, JCS, "Disposal of Japanese Porperty in Korea", RG 218, Box 145. 이 요청에 대한 고려를 위해 JCS/1635/1이 제출되었다. SM-7532(4 February 1947), RG 218, Box 145. 1947년 2월 15일 합참본부는 군사적인 관점에서도 이의가 없다고 하면서 WAR 92156으로 극동사령관에게 이 전보를 발송했다. SM-7613(17 February 1947) Memorandum for the SWNCC, "Disposal of Japanese Property in Korea", RG 218, Box 145. Memorandum for the Commander in Chief, Far East, Toyko, Japan(17 February 1947), "Disposal of Japanese Propertry in Korea", RG 319, Box 87. Memorandum for the Chief, Operations Group, Plans and Operations Division, War Department General Staff, "Disposal of Japanese Property in Korea", RG 319, Box 87. LT Col Dupuy/2283/JA/gts/(7 February 1947), Memo for Record, "Disposal of Japanese Property in Korea", RG 319, Box 87 참조.
65) From Washington to CINCFECG, XXIV Corps W92156(February 1947), RG 332, Box 38.

의 확고한 기반이 되었던 것"(Gayn, 1981: 24)이라 할 수 있다. 이는 1946년 6월 폴리 대사가 "한국은 작은 나라이며 따라서 우리의 전 군사력 중 작은 책임구역이긴 하지만 아시아에서는 우리의 성공 전체가 달려 있을지도 모르는 이데올로기의 전쟁터"(『미국무성 비밀외교문서』, 1946: 307)라고 역설하면서 트루먼 대통령에게 보낸 글에서도 잘 알 수 있는데 귀속재산의 처리가 의미하는 정치적 측면에 관한 인식이 드러나고 있다. 즉 귀속재산이 미국식 민주주의와 자본주의 이식의 물적 기초라는 점이 강조되고 있는 것이다.

> 한국에서 공산주의는 실제로 세계 어느 곳에서보다도 양호한 출발을 할 수 있었습니다. 일본인들은 철도, 동력 및 화력을 포함한 모든 공익사업을, 그리고 모든 주요 산업시설 및 천연자원을 소유하고 있었습니다. 그러므로 만일 '인민위원회'(공산당)가 갑자기 이들을 소유하게 되었음을 알게 된다면, 그들은 어떠한 종류의 어떠한 투쟁도 없이, 혹은 이를 발전시키는 데 어떠한 노력도 없이 이를 획득하게 될 것입니다. 이것이 바로 민주주의적(자본주의적) 정부의 구성이 보장되기 전까지는, 한국에 위치하고 있는 일본의 해외 재산에 대한 미국의 소유권 혹은 청구권을 미국이 결코 포기해서는 안되는 이유들 중의 하나인 것입니다(『미국무성 비밀외교문서』, 1946: 308).

일본인 재산의 전면접수와 귀속재산 운영 문제는 상부정책의 집행을 위해 국제법으로부터 이탈하고, 또 재산관리인 재량권의 인정으로 현지에서 해결될 수 있었지만 귀속재산의 불하는 그렇지 못했다. 남한 주민과 정치세력의 지대한 관심 대상이던 귀속재산 매각과 관련하여 내부 원안을 마련하는 데에 법률심의국은 실패했다. 일본이 해외에서 보유하고 있는 재산의 처리문제는 배상과 관련된 것으로 연합국과의 평화조약협상 과정에서 해결되어야 했다. 그러므로 이는 현지의 점령 당국이 내부적으로 해결할 수 있는 성질이 아니었다. 여기에 더하여 귀속재산과 관련한 상부지침도 통일되지 않았다. 일본인 재산의 전면몰수를 지시했던 SWNCC 176/8은 귀속재산의 유지, 관리 의무를 명시하였지만 뒤이은 SWNCC 265, SWNCC 265-1에서는 부분적인 매각을 명령했다. 이와 관련하여 법률심의국은 불협화음을 낼 수밖에 없었고 귀속행정의 불통일이라는 자기비판을 낳기도 했다(고지훈, 2000: 238).

그러나 1947년 3월 24일, 군정장관은 '법령 제33호에 의하여 군정청에 귀속된 소사업기관 처분에 관한 건'이라는 지령을 재산관리관에게 보내어 1945년 6월 현재의 장부 가격이 100만 원 이하인 사업체를 불하하도록 한다(정광현, 1948: 164). 불하원칙을 보면 "1.불하대상 업체의 자산 평가에 있어 1945년 6월 현재 장부상에 표시된 가격을 '장부 가격'으로 하고, 2. 불하방법은 원칙적으로 일반 경매 내지 비공개 입찰방식에 따르며, 3. 누구나 처음에는 1개 사업처 이상을 불하받을 수 없고 또 2년 이내에는 그 전매도 불가능 한 것"[66]으로 되어 있다.

그러나 이미 1946년 10월 16일 미군정 재산관리과는 100만 원 이하 관리공장 불하계획에 따라 40여 개 공장불하를 발표하였고, 11월 8일 경기도 재산관리처는 구일본인 상공업 기관 중 3개소를 한국인에게 청산 불하하고 있었다.[67] 또 12월 31일 미군정의 각종 귀속사업체 운영에 관한 관재령 제8호를 공표함과 동시에 적산사업장의 보관 불가능한 물품을 불하하였고, 100만 원 미만의 일부 사업장을 임대하고 있었다. 이처럼 이미 미군정 당국이 불하방법을 결정하게 된 이유로서는 적산기업체와 주택에 대하여 애착심을 느끼게 하여 책임을 지고 유지, 보호케 하는 동시에 사업에 대한 의욕을 높이고 한 곳에 편재한 통화를 수축한다는 데 있었다(조선통신사, 1948: 176).

이러한 과정을 거치면서 4월 19일 입법의원의 제55차 본 회의에 적산 매각문제가 상정 토의되었고 소규모 기업체 처리안을 통과시켰다(『동아일보』, 1946.4.19). 그리고 6월에 러취 군정장관은 귀속재산 불하문제를 다루기 위해 민정 장관, 운수부장, 농무부장, 체신부장, 관재처 총무경제위원회 대표,

---

[66] 장부 가격이 100만 원을 초과하는 사업체도 특수한 경우에는 불하할 수 있도록 하였다. 부패되기 쉬운 동산에 대해서는 이미 일찍부터 불하 처분되어 1947년에 가면 이미 그런 재산은 다 처분되고 없었다.
[67] 이러한 적산 불하 총액은 12월까지 5억여 원이었다.

입법위원 대표, 미군 정치고문, 재무부, 미군 고문으로 자문위원회(A Joint Korean-American Advisory Board)를 구성하였다. 또한 각 도에서도 귀속재산 불하를 위해 자문위원회(Advisory Committee)가 구성되었다.[68] 이에 따라 1947년 7월 미군정은 일반에게 불하방침을 공표하고 정식으로 귀속재산 불하를 시작하였던 것이다. 즉 22일 소규모 적산불하에 대한 원매적격자 선정을 발표하였고, 23일에는 매수대금지불에 관한 규정이 발표되었던 것이다. 소규모 사업체의 원매적격자에 관한 규정은 다음과 같다.

1. 조선국민에 한한다.
2. 부일협력자로서 심판에 의하여 유죄판결을 수한 사항이 무한 자.
3. 과거 5년 이내에 정치범 이외의 죄에 의한 전과가 무한 자. 단 동전과는 금고 이상.
4. 기왕의 귀속재산을 파손하거나 개인의 이익을 위하여 차를 판매하거나 귀속재산의 경리기록을 훼기 위조한 사실과 필요한 기록작성 의무를 태만히 한 사항이 무한 자.
5. 1945년 8월 9일 현재 원매자의 호적상 정당한 가족원중에 귀속사업체의 전부 내지 일부라도 매수한 사실이 무한 자. 단 2개 사업체 상호간에 불가분리의 경제적 연관성이 유한 경우는 세 복매수의 예외를 인정함(『동아일보』, 1947.7.23).

한편 1947년 3월은 미 국무부 내에서 한국문제의 처리에 대한 일련의 계획이 확정되고 사실상 단정수립이 거의 결정된 시점이었다. 그러므로 미국으로서는 귀속재산의 처리는 농지개혁과 함께 미군이 철수되기 이전에 완성되어야 할 것으로 보고 있었으며 귀속재산의 매각은 그것을 기정사실화 하기 위함이었다.

　소규모 일본인 사업체와 도시주택의 처분을 위한 프로그램은 새로운 한국정부에서 점차적으로 완성할 수 있는 그러한 방식으로 계속되어야

---

68) 서울시 기업관리처에도 각 계 유지 중에서 5명을 선정하여 적산불하자문위원회가 설치되었다(『조선일보』, 1947.7.18).

한다. 대규모 귀속 사업체는 정부에게 이전될 것이라는 공표를 적절한 시기에 해야 한다(*FRUS*, Vol. VI, 1947: 879).

즉 귀속재산을 이후 수립될 한국정부에 이관하여 국유화하는 대신 매각을 통해 사적 자본가 계급을 창출하는 선례를 남기고, 이들로 하여금 한국 자본주의체제를 유지하고 지지하는 세력으로 육성하려는데 그 의도가 있었다. 즉 귀속재산의 매각을 통해 그 당시 지배적 경향이었던 국유화에 반대하는 사적 소유와 자본주의 경제질서를 조성하며 반공체제를 구축하고자 했던 것이다. 또 그러한 조처는 그 재산들을 유효하게 그리고 생산적으로 이용할 수 있도록 하기 위해서는 필요한 것이라고 판단되었다(Robinson, 1947: 246~247). 1947년 2월 20일 군정 장관 러취는 기자회견에서 "보호키 곤란한 소규모의 적산처분에 대한 권한을 받았다"(김천영, 1985: 580)고 답변하고 있으며 1947년 7월 24일 군정장관 대리 헬믹 준장도 적산불하의 이유를 다음과 같이 설명하고 있다.

> 당국으로서는 그 안을 철회할 생각이 없으며 …… 소규모의 사업체와 주택은 점차로 파손, 분실되어가고 있어 이를 방지하기 위하여 이를 불하해서 개인의 기업심리를 활용하기로 결정한 것이다. 이것은 동 적산을 적극적으로 유효히 이용케 할 것이며 따라서 생산을 증진시키게 될 것이다(국사편찬위원회 편, 제5권, 1968: 115~116).

1947년 12월 중앙 관재처에서는 적산 주택 평가위원회, 적산주택 구매자 자격 심사위원회와 함께 적산기업체 평가위원회, 적산기업체 구매자 자격 심사위원회를 설치하였고 각 지역에서도 이와 유사한 위원회를 조직하였다. 그리고 1948년 1월 9일 적산관계기관, 민간단체 금융기관 대표로 구성된 적산 구매자격 심사평가위원회의가 개최되었다.

매각대상자를 설정할 때에는 다음과 같은 방식으로 하였다. 첫째, 관리인이나 임차인에게 적정 가격으로 매입할 우선권을 부여한다. 둘째, 관리인(또는 임차인)이 매입하려 하지 않을 때에는 최고가격 입찰자에게 불하한다. 셋째, 두 번의 유찰이 있을 때에는 수의계약을 체결할 수 있다. 단수의계약시의 가격은 거절당한 최고입찰가격보다 높아야 한다.[69] 매각 조건으로 불하인은 매각대금의 최소 20%를 계약 시에 납부해야 하며 잔액을 연 7푼의 이자로 10년간 분할상환해야 하였다. 그리고 귀속재산 중 소규모 기업체는 최소 2년 내지 매각대금의 50%가 납부될 때까지 재산관리관의 명의로 되어 있었다(『한성일보』, 1947.7.14). 이처럼 개인에게 시가보다도 아주 낮은 가격으로, 더욱이 그것도 장기연부라고 하는 아주 유리한 조건으로 매각하였던 것인데 여기서는 연고주의가 많이 작용하였고(이종훈, 1981: 113), 불하받을 자격이 없는 일부 관리인들은 타인이 불하를 받기 전에 한 몫 보려고 원재료, 시설 등을 부정방매 처분하거나 파괴하기도 하였다(조선통신사, 1948: 177).

그런데 앞에서 언급한 것처럼 일본인 재산의 처리는 일본의 배상문제와 관련이 있었다. 1946년 5월 11일 극동에 있어서의 배상조사단의 임무를 설명한 맥아더에게 보내진 폴리 사절의 서한에서도 "중국과 조선에 있는 일본의 시설은 앞으로 배상결제를 위하여 각각 그대로 보존하려는 것이 미국의 정책이다"(『조선일보』, 1946.5.13)[70]라고 써 있는 것이다. 그러므로 비상국민회의 민족통일총본부, 한국독립당, 신진당 등이 일본인 재산의 배상문제에 반대를 표명하고 있으며(국사편찬위원회 편, 제2권, 1968: 681 ; 제3권: 812, 862) 당시 이에 대한 국내의 관심은 폴리대사 일행에 대한 조선일보 사설에서 잘 나타나고 있다.

> 전 시대적인 전쟁관념에서 소위 점령군이 1907년 海牙(헤이그: 필자) 조약의 육전법규 관례에 관한 규칙 중 '적국의 영토에 있어서 군의 권력'을 '일본국의 무장해제'에 최대한도로 자국의 이익과 발전을 위하여만 행사한다면 일본국이 '작전동작에 공용할 수 있는 것'이면 일본국의 소유는 그 대부분은 압수할 수 있고 또 私人의 것이라고 광범위로 압수할 수 있다고 주장할지 모른다. 그렇게 된다면 전쟁중 모든 시설과 물자의 동원

---

[69] USAFIK(1948), *South Korean Interim Government Activities* (이하 SKIG Activities로 함), No. 31. pp.10~11.

[70] 그 외 국사편찬위원회 편(2권, 1968: 652, 710, 760)을 참조하라.

이 완전히 일본군 관하에 있던 사정으로 보아 조선의 모든 것은 연합군이 가지고 갈 권리가 있다고도 주장할 것이다. 그러나 금차대전의 종결과 평화건설의 원칙은 카이로와 포츠담의 선언, 삼상회의 결정내용에서 결정적인 규정을 지었고 특히 조선이 단순한 적국의 점령지가 아닌 것은 자명한 것이다. 하물며 조선의 시설은 40년래 착취에서 된 것임에랴 우리의 독립은 경제독립이 없이 그 토대가 있을 수 없다. 우리 민족의 해방과 국가재건에 관한 점령군의 우의적 원칙과 구체적인 방법은 헤이그 조약을 일국 이익본위로 일방적 해석을 하는 것과는 완전히 배치됨을 이론적으로 지적치 않을 수 없다(국사편찬위원회 편, 제2권, 1968: 547).

이런 문제는 그 후 1948년 국회 헌법기초위원이던 권승렬이 "일본이 패망하여 항복조약에 조인한 당시 자기 국외에 있는 일본인 재산은 배상금으로 되어 있다. …… 그런 까닭에 적산은 어느 나라 재산이 될런지, 또는 11개국이 배상으로 나누어 갈지도 모른다"(『서울신문』, 1948.7.2)고 하여 파문을 일으키기도 했다. 이에 대해 당시 조선은행 총재도 "포레도 적산은 조선인에게 귀속된다고 하였다. 그러나 이에 대하여 그것이 어떠한 방법으로 될 것이라는 것은 단정을 내리지 못할 것이다"(『서울신문』, 1948.7.2)라고 하고 있는 것이다. 그런데 이러한 배상문제는 미국무장관이 남한의 정치고문에게 보낸 지시에서 "미국의 입장에서는 과거 일본인이 소유한 조선 내의 산업시설은 대일 배상체결에서 제외되고 조선인의 재산이 되어야 한다"[71]고 하여 사실상 해결되고 있었다. 미국의 입장을 구체적으로 살펴보면 다음과 같았다.

  대일배상문제 해결에 관한 협상은 극동위원회에 참가한 대표 제국이 행할 것입니다. 남조선에 대한 그들 책임의 일부로는 미국정부가 前者 공언한 것과 같이 '연합국의 합의를 얻은 후 일본의 공업자산 일부분과 기계 등을 획득하여 일본으로부터 남조선에 반입하도록 준비하는 바이다' 그 뿐만 아니라 '조선 내에 있는 전 일인의 산업시설을 대일배상 대

---

71) 이는 그 후 1947년 2월 3일 국무장관대리가 정치고문에게 보낸 편지에서도 재확인되고 있다(*FRUS*, Vol. Ⅵ, 1947: 605).

상 중에서 제외하여 이를 조선인의 재산으로서 殘置할 것을 주장하는 바이다' 미국정부는 포레 대사의 보고 중에 포함된 조선인의 복리를 위한 제안을 채택하겠으며 또 극동위원회에 관련된 타제국의 승락을 받기 위하여서도 노력하겠읍니다(대한상공회의소, 1976: 524).

이처럼 미군정에 의한 일본인 재산의 접수와 관리, 매각은 국제법적 관례가 없었던 것이며 당시 국내에서의 상당한 반대에도 불구하고 실시되었던 것이다.[72] 그런데 미군정의 귀속재산 매각에는 연고주의나 정실에 입각한 불하대상인의 선정, 연부상환의 허용, 은행융자의 알선 혹은 원조달러에 의한 원자재의 우선적 공급 등 각종 특혜조치를 그 특징으로 하였다. 다음 표들은 미군정기 동안에 매각된 귀속재산을 1947년 10월부터 월별로 살펴본 것과 그 누계를 나타낸 것이다.

〈표 4-18〉 미군정기의 귀속재산불하(1945년 8월 15일~1948년 10월 12일까지의 누계)

(단위: 백만 원)

종류	사정건수		불하완료	
	진행 중	완료	건수	금액
동산	1,173	961	416	66
기업체	1,434	660	239	1,109
주택	5,249	2,877	412	347
선박	291	230	92	67
물영	187	86	59	1,021
기타	241	65	61	1
합계	8,575	4,879	1,279	2,611

* 자료: USAFIK, *Republic of Korea Economic Summation*, No. 35, p.7.

---

[72] 그 후에도 미국은 1950년 1월에 한미 간에 합의한 '경제안정 15원칙'에서도 '귀속재산 및 정부관리 물자의 불하촉진'(제4항)을 요구하고 있다(식산은행조사부 (1950: 112~113).

〈표 4-19〉 미군정기의 귀속재산 불하

(단위: 천 원)

종류	1947년 10월		1947년 11월		1947년 12월		1948년 1월		1948년 2월	
	건수	금액	건수	금액	건수	금액	건수	금액	건수	금액
동산	40	6,417	19	2,600	8	1,139	20	2,204	8	73
기업체	0	2,373	0	300	0	631	1	17,078	2	3,244
주택	0	0	0	0	3	738	11	46	18	532
선박	10	11,496	8	2,495	4	1,271	5	7,993	3	68
물영						1,426			4	687
일본군 물자					1					
기타	0	2	0	2	0	0	2	2,942	0	4
합계	50	20,288	27	5,397	16	5,205	39	30,263	35	4,608

종류	1948년 3월		1948년 4월		1948년 5월		1948년 6월		1948년 7월 1일 ~10월 12일	
	건수	금액	건수	금액	건수	금액	건수	금액	건수	금액
동산	-1*	-130*	15	1,180	71	570	39	5,503	154	36,000
기업체	9	60,514	33	36,982	65	86,522	20	94,995	105	844,000
주택	5	2,593	21	4,278			35	26,629	256	306,000
선박	13	3,961	4	4,473		2,629	3	465	1	22,000
물영	20	39,276	22	15,414		4,354	0	-5,017*	12	150,000
일본군 물자						3,852				
기타	2	57	1	59			19	-7*	36	400
합계	48	106,271	96	62,386	136	97,927	116	122,568	564	1,358,400

* 비고: *표는 적절한 분류를 위해 수정한 것임.
* 자료: USAFIK, *South Korean Interim Government Activies*의 각 해당 월에서 작성.

앞의 〈표 4-19〉는 1948년 4월과 5월 사이에 귀속기업체 매각이 상당히 증가했음을 보여주는데, 이는 선거를 전후로 하여 한국경제의 미래의 안정성과 장기적인 투자의 가능성에 대한 믿음이 증가한 때문이었다.[73] 또한 대부분의 매각이 미군정 말기에 집중되고 있는 특징을 보이며 대부분 소규모 기업체로 전체 귀속기업체 수의 일부에 지나지 않았으나[74] 그 후의 귀

---

73) SKIG Activities(May 1948), No. 32, p.17.
74) 광산, 은행, 대규모 기업체는 정부 수립 이후에 매각되었다. 미군정기의 귀속재

속기업체 불하를 가져왔으며 그것의 원형이 되었다. 즉 매각대상자 선정에 있어 귀속기업체의 관리인이나 임차인에게 우선권을 주는 것과 같은 방침 및 절차는 정부 수립 이후에도 그대로 계승되었던 것이다. 그리고 이것은 후에 대한민국정부 수립 후 1948년 9월 11일의 '한미 재정 및 재산에 관한 최초 협정'에서 "대한민국은 재조선 미군정청이 이미 행한 처분을 승인하고 비준한다"고 함으로써 귀속재산의 매각을 기정사실화 하였다.75) 그런데 여기에서 미국정부가 관심을 가진 재산은 협정에 의해 그 소유권을 미국정부가 갖도록 한다는 조항을 설정함으로서 그 지배권을 계속 유지하고자 했다(조선은행조사부, 1949: III-38).

그러면 이러한 구일본인 재산에 대한 지배계급의 입장과 반응은 어떠했는가? 미군정기에 자본가들이 조직하였던 단체 중에는 무역협회, 방직협회 등이 있었지만 그중에서도 가장 중요하고 많은 영향력을 행사한 것이 상인을 포괄하는 자본가집단의 사회조직으로서의 조선상공회의소였다. 이는 1946년 5월에 정식 창립되었는데 주로 군정장관, 입법의원 등에 건의서를 제출하는 형태로 자신의 의사를 표명하였다. 귀속기업체에 대한 견해는 1946년 12월 말에 발표된 관재령 제8호에 대한 이의제기로부터 시작하여 세 차례의 건의에서 표현되고 있는데 이에 따르면 불하대상업체를 대사업체(또는 특수사업체)와 중소사업체(점포, 가옥 포함)로 구분하여 전자는 한국정부 수립 때까지 처리를 보류하고, 후자는 빨리 불하하여 국가 전체의 산업부흥에 기여할 수 있도록 하라는 것이다. 불하 가격과 대금 지불방법은 8·15 당시의 가격으로 장기 연부 상환방식을 채택하도록 요구하였다. 이런 조건은 당시 엄청난 인플레이션을 고려하면 그야말로 가장 유리한 조건이었는데 좀 더 구체적으로 살펴보기로 하자.

1947년 2월 13일에 하지 중장, 러취 군정장관, 입법의원 의장, 민정장관에게 제출한 "적산처분에 관한 제1차 건의서"를 살펴보면 "우리 정부가 수

산의 매각은 1962년 말까지의 매각과 비교해 보면 전체 건수에서는 0.4~0.7%에 불과했다. 기업체의 경우는 1962년 말까지의 매각의 13~28%에 달한다.
75) 그러나 이 일본인 재산, 특히 일본인 사유재산의 처리문제는 이후 한일회담 과정에서 커다란 논쟁거리로 등장하였다(황세철, 1962).

립될 때까지 대사업체 又는 특수사업체는 換價 처분치 말고 임대차관계로 처리할 것" 그리고 "중소사업체는 …… 원칙적으로 換價 처분에 附할 것"을 건의하고 있다(대한상공회의소, 1949: 78~79). 또 1947년 4월 25일에 입법의원에 제출한 "일인재산 불하 촉진에 관한 건"에서는 귀속사업체가 불하되어야 하는 이유를 다음과 같이 상술하고 조속히 처리를 단행할 것을 주장하고 있다. "소위 적산이라 하야 현행 관리인제도를 그대로 遷延한다면 그 재산 자체에 대한 책임감의 희박으로 선량한 관리를 期하기 難하야 시설의 磨滅破損만 심대하여 지고 적산 관념에 의한 노자협조의 원만을 失하야 생산의욕을 阻喪하야써 산업재건의 장래에 중대한 暗影을 파급하게 될지니 이러한 관점으로 보아서 조속히 처리를 단행할 것"(대한상공회의소, 1949: 80)을 주장하고 있는 것이다.

이들은 귀속재산 중에서도 귀속기업체의 불하에 관심이 많았는데 대부분의 성원들이 중소규모 사업체의 관리인이기도 하여 귀속재산의 불하가 시작되면 그것을 불하받을 수 있는 가능성이 가장 많은 집단이었기 때문이다.[76] 결국 상공회의소의 귀속기업체에 대한 기본적인 입장은 첫째 가급적 빨리, 둘째 자본가들에게 가장 유리한 조건으로, 셋째 기존 관리인의 기득권을 인정하는 방향에서 처리하여야 한다는 것으로 요약될 수 있다. 실제로 상공회의소에서는 대규모 기업체를 제외하나 중소기업체의 매각을 계속 요구한 바 있으며(국사편찬위원회 편, 1968: 835), 이에 대한 미군정의 회답은 "이 합의되는 점을 우리는 약 1주일 이내에 적산처리라는 명목으로 신문에 발표될 것으로 믿습니다"라는 것이었다(대한상공회의소, 1949: 83~84).

다음으로는 보수 정당이자 지주세력을 대변했던 한민당의 경우를 살펴보기로 하자. 한민당은 토지문제에 대해서는 많은 관심을 보인 반면, 귀속재산 문제에 대해서는 1945년 9월에 일본인 소유의 재산은 미군정이 접수 관리했다가 한국정부에 인도하여 줄 것을 요구하는 결의를 채택한 것 외에는 별다른 관심을 표명하지 않았다.[77] 물론 이 결의 자체는 매우 중요한

---

[76] 이러한 조선상공회의소의 주장은 미군정기에 바로 실현되지는 않았으나 단독 정부의 수립 이후에는 점차 대규모 사업체까지 불하하는 방식으로 실현된다.
[77] 한민당은 1945년 9월 26일에 중앙집행위원회를 열고 일본인 소유의 재산은 미군

의미를 함축하고 있는데 이는 이미 귀속공장에 대한 노동자들의 접수와 관리가 시작되고 있는 시점에서 이를 방관하지 말고 미군정청에서 접수 관리해 줄 것을 요구하는 것이며 한국정부가 수립되기 이전에는 그 관리를 미군정에 맡기겠다는 의사표명이기 때문이다. 보수적인 한민당으로서는 진보적 경향을 가진 노동자 자주관리에 대해 반대하는 입장을 표명했다고 볼 수 있으며 또한 미군정의 정책에 협력하고 있었던 처지에서 미군정에 귀속재산의 관리를 맡기겠다는 발상을 했다는 것은 자연스러운 것이라고 하겠다. 그런데 한민당이 창당선언문과 함께 발표한 정책세목에서는 "대규모의 주요 공장 及 광산의 국영 내지 국가관리"를 주장하고 있었고, "광공업의 육성, 확충을 위한 계획경제의 확립"을 표명하고 있어(심지연, 1984: 267) 당시 대규모의 중요 공장이 거의 전부 귀속기업체였던 점을 감안하면, 귀속기업체 중 주요 공장은 국영 내지 국가관리를 하겠다는 뜻을 밝힌 셈이라고 하겠다. 반면 중소기업체에 대해서는 귀속재산 매각을 찬성하고 있다.[78] 이처럼 귀속재산 처리에 의해 이익을 볼 수 있는 지배세력들은 귀속재산 매각을 찬성하고 있음을 알 수 있다. 이는 미군정 정보보고서에도 논평하고 있듯이 그들이 귀속재산 처리에 의해 이익을 볼 입장이었기 때문이다.

> 우익으로부터의 이 계획에 대한 특별한 반대는 예상되지 않는다. 집단으로서 그들이 남조선의 현존 부의 대부분을 지배하고 있고 귀속재산 처분에 의해 이익을 볼 입장이기 때문이다(*G-2 Weekly Summary* 13권: 497).

또한 귀속재산 관리인들은 지역별로 조직체를 결성하여 집단적 영향력을 행사하였다. 경기도의 적산관리인회, 부산의 재산관리인회, 진주의 재산

정이 접수, 관리했다가 한국정부에 인도하여 적당히 처리할 수 있도록 해 줄 것을 요구하는 결의를 채택하였다(심지연, 1984: 210, 470).

[78] "대산업은 국가소유로 하고 중산업은 국방적 성질을 띤 이외에는 사유사영 소기업은 사유사영을 원칙으로 불하한다면 인플레이션 방지상으로나 파손 유실 방지 또는 보관상 좋을 것이다. 그리고 각 방면으로 소유하게 되니까 경제적으로 민주주의 원칙에 타당하다고 생각됨으로 찬성한다"(국사편찬위원회 편, 제5권, 1968: 84~85).

관리인회, 인천의 적산공장 지배인회 등이 그러한 예이다(『독립신보』, 1946. 12.5 ; 한국일보사, 1981: 74 ; 식은조사부, 1947: 143 ; 인천상공회의소, 1979: 349). 이것은 관리인의 선정에 관여하고 미군정의 귀속재산 관리정책 결정에 개입하는 등 다방면에 걸쳐서 활동을 전개하였다. 말하자면 관리인들은 일종의 자본가 집단처럼 정부의 정책결정에 영향력을 행사하였던 것이다(『독립신보』, 1946.12.5). 또 기존의 관리인은 자기를 제치고 엉뚱한 사람에게 불하될 것을 우려한 나머지 사전에 공장시설을 분해하여 매각하거나 기타 고의적인 방법으로 불하를 방해하여 기업체의 생산능력 자체를 더욱 악화시키는 효과를 가져왔다고 할 수 있다.

　1947년 3월에 이르러서야 미군정은 "가능한 한 책임감 있고 능률적인 구매자를 정해" 귀속재산을 매각한다는 총괄적인 정책을 수립했다. 하지만 군정보고서에 따르면 "이러한 정책의 실행은 상당한 진척을 보였지만 두 가지 요인으로 지체되었다. 하나는 합리적인 가격을 제시하는 책임있는 구매자가 없다는 점이었고 다른 하나는 부동산의 경우에는 농지개혁, 기업체의 경우에는 국유화의 개연성과 관련된 불확실성이었다." 이러한 문제들은 실행과정에서 해결되지 않았기 때문에 문제를 해결하기 위해 대안적 방법들이 시도되었다. 즉 한편으로는 기업체의 재편, 귀속주식의 매각, 청산, 부분 매각 등의 방법을 취했으며 다른 한편으로는 사업체를 임대하는 방법이 추구되었는데 임대는 매각 프로그램이 조기에 효율적이지 못할 경우 향후를 위한 강력한 가능성으로 전망되었다(신용옥, 2006: 183).

　한편 귀속재산을 구체적으로 어떤 방법으로 매각할 것인가, 다시 말하면 불하 가격 기준을 둘러싸고 이해가 표출되었다. 즉 그 매각방법에 있어서 현시가를 주장하는 의견과 감정 가격으로 하자는 두 가지 의견이 있었다. 현시가설은 불하 가격을 현물가에 기준하여 결정하자는 것으로서 이는 주로 미군정이 주장하였고 이에 반대하는 입장은 현시가로 결정하면 불하를 받을 사람이 적고 결과에 있어 적산의 편재를 초래하며 현물가는 상시 변동하는 것이므로 실제에 있어서 가격기초로 하기 어렵다는 점에서 감정 가격을 기준으로 해야 한다고 주장하였다.[79]

　귀속재산을 관리하고 있던 관리인 연합회는 현 싯가로 불하함은 인플레이션을 조장한다고 다음과 같은 요지의 건의서를 군정당국에 제출하고 있는데 이는 귀속재산의 처리를 둘러싼 관리인들의 이해를 보여주고 있다.

> 현하의 싯가는 악질 인플레이션으로 인한 부동적 비정상가격이므로 만일 싯가로 불하하면 1. 저물가정책에 배치하여 비정상가격이 정부 공인가격이 되어 영구히 고가화하여 일반 물가까지 앙등시키고, 2. 불하된 사업체의 생산코스트가 높아지고 생산물의 판매가격도 앙등하고, 3. 대다수의 사업체가 소수 화폐소지자에 흡수 兼倂 될 뿐더러, 4. 운전자금도 고갈하여 생산이 감소 또는 저지되므로 불하가격은 고정재산에 8·15 장부가격으로 하고 기타 동산에는 장부가격 또는 싯가를 참작한 적정가격으로 하되 대금 지불방법도 장기 10개년 연부균등가환으로 하기를 요청한 것인데 이에 대한 당국의 반향이 주목된다(『조선일보』, 1947.7.27).

또한 당시의 귀속재산을 둘러싼 노자 간의 갈등은 제헌국회에서 헌법 제18조에 노동자의 이익균점권이 규정되고 대한노총에서 경영참가권을 요구하면서 다시 재현되고 있었다(홍기태, 1986: 92~95). 이에 관련된 상공회의소의 중요한 담화가 1948년에 발표된 노자협조에 관한 성명서인데 첫째, 이익균점권, 경영참가권은 원칙으로 정한 자유경제체제를 벗어난다는 것이며 둘째, 노동자가 기업경영 참여 및 이익균점을 통하여 얻는 이익은 단체교섭권에 의하여 얻는 이익보다 적을 것이라는 것이며 셋째, 이익균점권은 노동과 기술을 자본으로 간주하는 잘못된 관점이라는 것이며 넷째, 노동자가 기업경영에 참여하면 자본이 고갈되고 기업운영이 곤란해지며 생산이 위축되어 기업가와 노동자가 모두 실업자가 된다는 것이었다.[80] 헌법을 제정하는 과정에서 기업경영 참가제도는 부결되고 이익균점제는 근소

---

79) 미군정은 7월 중순 수 차에 걸쳐 적산불하세칙을 발표했는데 그것에 의하면 현시가 기준으로 일시 현금지불을 원칙으로 경매한다는 것이었다. 이에 대해 한국민주당만이 경제적으로 타당하다고 찬성하였을 뿐이고 대부분은 반대의사를 표시하였다(조선통신사, 1948: 176).
80) 1948년 7월 1일 국회에 제출한 「노자문제에 관한 대한노총과 농총 등의 제의에 관한 비판서」(대한상공회의소, 1949: 1100~1112).

한 표차로 가결되었는데 이 수정안이 통과되자 조선재산관리인연합회도 건의문을 내고 반대 입장을 표명하였다.[81]

지금까지 귀속기업체의 처리에 대해 살펴보았는데 다른 나라의 경우와 비교해 볼 때 한국이 패전국의 식민지였다는 점, 미점령하에 있었다는 점 등이 귀속재산의 존재와 처리에 결정적으로 중요한 역할을 했음을 알 수 있다. 예를 들어 전승국 영국의 식민지였던 인도는 영국으로부터 독립한 이후 영국계 자본이 부분적으로 철수하고 또한 전반적으로 쇠퇴하는 경향을 보이기는 하나 몰수되거나 접수되는 일은 없었던 것이다(伊藤正二 編, 1983: 144~145). 또 소련군 진주와 더불어 사회주의 세력이 정권을 장악한 북한에서는 일본인 재산에 대한 국유화 조치가 단행되어 그것이 사회주의 건설의 물적 기반이 되었던 것이다.

그런데 똑같이 적산의 접수에 의해 국가자본이 대규모로 형성된 대만의 경우와 한국을 비교해 보면 약간의 차이점을 확인할 수 있다. 대만 역시 1930년대 후반 일제의 대외팽창 정책으로 남진기지화를 지향하는 공업화에 의해 급속하게 일본자본이 이식되었고 이것이 2차 대전 후 중국 국민당 정부의 접수로써 일단 국가자본으로 전환되었다. 그리고 이 중 일부는 나중에 민간에게 불하되었으며, 또한 이와 동시에 실시된 농지개혁에서 지주들에 대한 보상으로 귀속기업체가 불하되었다. 그런데 대만에서는 국민당 정부가 직접 귀속재산을 처리하였는 데 비해 한국에서는 처음에 미군이 구일본인 재산을 접수하였고, 한국정부 수립 후에는 미국이 귀속재산의 매각에 큰 영향을 미쳤다. 또한 국민당정부에서와는 달리 한국에서는 지배권력의 비결정상태에서 일단 지배계급을 형성시키는 것이 급선무였다. 그 결과 대만에서는 상당수의 귀속기업체가 공영화되어 공기업의 비중이 한국보다 훨씬 컸으며 국가주도의 자본축적이 곧바로 시작되었지만[82] 한국에서는

---

81) "1. 노자간의 분규로 대혼란을 초래하여 산업부진의 원인이 됨. 2. 기업가는 노동자를 상대로 하는 산업에 투자를 주저하고 전방면에 留意케 됨. 3. 세계에 유래 없고 아국실정에 不合하므로 此 강행함은 노자 어느 편에도 이익이 없음. 4. 이익배당권이 있다면 필연적으로 발언, 간섭권이 생하여 사업체는 명령계통이 안서고 생산저하의 소인을 양성케 됨"(『서울신문』, 1948.7.11).

82) 이는 대만의 경우 대륙에서 건너온 관료자본가 집단이 이미 형성되어 있었고 이

1950년대 말까지 귀속기업체가 빠른 속도로 불하되었다.

3. 신한공사의 설치와 운영

1) 신한공사의 성립과 조직

(1) 신한공사의 성립

앞에서 살펴보았듯이 1945년 9월 25일 미군정은 '패전국 일인 재산의 동결 및 이전제한의 건'을 공표하였고 하지는 정례 기자회견에서 동척 등 구일본인 소유토지의 소작관계에 대하여는 여론조사 후 방침을 발표할 것이라 하였다.[83]

그런데 1945년 12월 6일 미군정은 법령 제33호인 '조선내 소재 일인 재산권 취득에 관한 건'을 공표하여 구일본인 농지를 접수하였고, 12월 19일에는 관재령 제3호인 '귀속 농지에 관한 건'을 공표하여 남한의 모든 구일본인 소유토지를 재산관리관의 대행자로서 신한공사가 인수받아 그것을 관리하고 경영권을 주장할 수 있게 하였다. 이와 같이 함으로써 다른 어떠한 전술단위나 군정의 대리인도 구일본인 소유 토지를 징발하거나 통제하지 못하도록 규정하고 신한공사만이 일본인 소유 토지를 관리할 수 있도록 한 기본 토대를 제공한 것이다.[84] 이미 동척은 미군정에 의해 10월 6일 접수되어 있었고[85] 10월 26일의 서한(letter)에 의해 농무국은 동척으로 하여금 포기된

들이 또한 권력도 장악하였기 때문이었다.
83) 11월 20일 하지는 기자단과의 회견에서 "토지문제에 있어서는 일본인의 소유를 전부 조선인의 토지로 할 것이고 그 구체적 방법은 차차 작성 될 것이다"고 말하고 있다(『자유신문』, 1945.11.23).
84) 신한공사 6개 지점의 미국인 및 한국인 책임자들은 1945년 12월 말에 서울로 소집되어 자신들의 주요 업무에 대한 설명을 듣고 각 소속부서의 직원들을 교육시키기 위해 되돌아갔다(『농지개혁사관계자료집』 제4집: 93).
85) 미군정은 1945년 10월 5일에 동척에 도착했으며 그 다음날인 6일, 군정장관인 아

일본 개인이나 정부의 토지에 대한 미곡 수확량을 감독하라는 구두명령을 내렸으며 그 공문에서 신한공사의 목적을 개략적으로 밝히고 있다.[86] 따라서 신한공사는 1945년 11월부터는 기능하기 시작했으며(*Summation*, March 1946, No. 6: 7 ; Kim, August 1983: 150) 이에 따라서 각 지방에는 그 지점망이 설치되었던 것이다(농림신문사, 1949: 98). 이에 구일본인 소유토지는 신한공사에 이전되고 12월이 되면서부터는 소작농과 계약을 맺기 시작하였다(Lucas, 1947: 15).

그런데 미군정에 의한 구일본인 농지 접수와 그 관리를 위한 신한공사의 설치는 자발적으로 구성된 관리위원회에 의한 토지몰수와 인민위원회를 통해 토지를 분배함으로써 부분적으로 농지개혁을 실행해나가는 밑으로부터의 움직임에 대한 불법선언이기도 했다. 당시 동척은 다른 일본인 재산의 경우처럼 해방 이후 한국인직원끼리의 자치조직인 동척관리위원회를 조직하여 동척이 관리하던 농지와 회사들을 접수하고 있었다.[87] 그러므로 미군이 동척을 접수했지만 실제의 운영은 박용민 위원장을 중심으로 한 동척관리위원회가 계속 주관했고, 군정 측과 경영권을 둘러싼 마찰을 빚기도 했다. 이러한 신한공사가 당시의 일반인들에게 동척의 구체화로 간주되었음은 "신한공사가 8·15 이후 3년간 각 소작농에게 직접 서명날인시켜온 소작계약서란 것은 옛날의 동척이나 不二興業 등의 일인 거대지주들이 농민들에게 강요하는 그 잔인하고 무모한 소작제조건 그대로의 복사이외의 아무것도 아닌 것"(농림신문사, 1949: 98)이었다는 글에서 잘 표현되고 있다. 특히 좌익세력들은 신한공사가 위장된 동척일 뿐 일제 식민지 착취의 상징이라고 비난하였다. 따라서 신한공사에 의한 미군정의 구일본인 농지

놀드가 접수명령을 내렸고 동척은 접수되었다. "New Korea Company"(30 December, 1946), *TIP (Troop Information Program)* Vol. I, No. XIX, p.11, RG 331, Box 186. "Oriental Development Company, LTD", RG 165, Box 787, p.1.

86) 1945년 11월 10일 이름이 "New Korea Company"로 변경되었다. "Audit of New Korea Company"(December 1946), Translated from the Korean by Mr. P. S. Park, RG 331, Box 186 참조.

87) 동척관리위원회가 1945년 8월 16일에 구성되었다. "Oriental Development Company, LTD"(『농지개혁사관계자료집』 제4집: 38).

접수의 과정은 순조로울 수 없었다. 이에 미군정은 신한공사의 성립과정, 다시 말해서 각 지역 농민조합 및 인민위원회에 의해 농민들에게 분배되었던 토지를 회수하는 과정에서 그 철저함을 보여주었다. 미군정 팀의 감독 하에 각 도의 지점을 통해 구일본인이 소유했던 모든 농지의 목록을 준비했으며(*Summation*, December 1945, Part V: 199), 지방 등기소의 토지대장과 세무서의 납세대장을 이용하여 과거 일본인 소유토지에 대한 조사에 완벽을 기했다(Mitchell, 1952: 9). 이와 아울러 조사과정에서 필연적으로 나타나는 농민들의 저항에 대해서는 미군 병력 및 경찰력을 동원함으로써 대처했다.[88] 결국 신한공사는 남한에 있어서 가장 큰 지주가 된 것이다. 이에 비해 농민들의 저항은 조직적이지 못했는데 그것은 미군정의 압도적인 물리력의 영향뿐만 아니라 귀속기업체 접수과정의 경우와 마찬가지로 조직 농민운동의 수준에서 취하고 있었던 대 미군정 협조정책 때문이기도 하다. 이 점은 당시 농민들의 투쟁수준이 농민 자신의 생활 밑바닥으로부터 미군정을 국가지주로 인식하고 어느 정도 지주 대 소작농 간의 본능적인 계급적 저항으로까지 나아가고 있었음에 비해 조직운동의 수준에서는 이러한 인식까지 나아가지 못했음을 보여주는 것이라 하겠다.

그러므로 1946년 2월 21일에 동척을 신한공사로 칭하고[89] 법령 제52호를 공표하였을 때에는 반대여론이 심하였고(『조선일보』, 1946.3.12), 각 도 서무과장 회의에서도 구일본인 토지에 대한 신한공사의 관리는 부당하다고 지적하면서 소작인에게로의 반환을 촉구하고 있다(이대근, 1983: 433). 신한공사 직원도 3월 10일과 11일 이틀에 걸쳐 사원 전체대회를 개최하고 케이트 총재에게 법의 개정을 요구했다(『조선인민보』, 1946.3.15). 이러한 반대 이유는 첫째, 일본 제국주의의 조선 착취의 상징으로서 1908년 창립된 이래 5만 8천여 정보의 농지와 10만 정보의 임야를 강탈한 동척은 당연히 한국인 소유로 되어야 할 것인데 이것의 후신으로 창립되는 신한공사가 조선정부에서 독립된 기관이 됨으로써 미군 장교가 공사 사장이 되어 군정

---

88) 이 조사과정에 수행했던 한국인 9명이 농민에 의해 살해되기도 했다.
89) 신한공사란 이름은 New Korea Company 란 미군 측 이름이 먼저 성립된 후에 이것이 '신조선회사'로 불리우다가 '신한공사'로 되었다.

장관의 동의를 얻어 미국의 이익에 관계 있는 정책문제를 결정하는 전권을 가지게 된다는 것은 미국의 일본인 토지처리방침에 일대 의혹을 가지게 한다는 것, 둘째 신한공사의 주식은 전부 미군정청이 단독으로 응모하고 이 공사의 해산도 군정청만이 할 수 있도록 규정을 하고 장차 수립될 한국정부의 신한공사에 대한 권한에 관하여 아무런 언급이 없었던 것, 셋째 신한공사에 관계되는 범죄는 특히 군사재판을 적용한다고 규정한 것 등이었다(송남헌, 1980: 329).

이에 3월 10일 러취 군정장관은 특별성명을 발표하여 "조선정부로부터 독립된 기관이라는 것은 번역의 잘못"(김천영, 1985: 175)이라 하였으며 3월 12일 농무국장 이훈구도 "동 회사의 존속으로 말하면 그 회사가 우리 조선 사람에게 유리한 사업을 다 한 다음에는 청산, 해산할 것"으로 믿는다고 해명하고 있다(『동아일보』, 1946.3.13). 또 3월 14일 군정청 공보국은 신한공사령의 개정에 대하여 특별발표를 하여 "신한공사는 군정청의 종속 대행기관이라는 것을 명확히 하는 동시에 군정청이 폐지되면 신한공사는 조선정부의 종속 대행기관이 될 것이다. 또 모든 조선인의 불안을 풀기 위하여 벌칙을 규정한 제7항은 완전히 삭제한다"(김천영, 1985: 181)고 발표하였다. 그리고 4월 23일에 군정장관 러취 소장은 신한공사령의 정정을 언명하면서 "제7조 벌칙은 본문이 삭제되었고 미국의 남한에 대한 이전확보로 해석되던 제1호도 앞으로 조선 신국가에 인계된다는 것으로 고쳐졌다"(『조선일보』, 1946.4.24)고 말하고 있다. 그리고 5월 7일 법령 제80호에 의하여 조선 군정청의 한 법인기관인 신한주식공사로 정식 발족하게 되었다.[90] 결국 군정법령 제33호에 의해 과거 일본인이 경영하던 농장 및 토지는 신한공사 소유로 미군정에게 귀속되었고 관재령 제3호(1945.12.19)에 의해 신한공사에 모든 관리권이 넘어감으로써 신한공사는 거대한 지주로서의 자신의 모습을 갖추게 되었으며 1947년 2월에는 은행 등 다른 미군정 대행기관에 의해서 관리되던 모든 구일본인 소유토지가 신한공사로 이전되었다(Hoag, 1970: 259).

---

90) "Report of Audit(Drafts and Work Paper filled in other Cabinet)", RG 331, Box 183, p.3.

신한공사는 무엇보다 동척을 기초로 하여 성립되었는데 일본인 농장의 토지, 일본인 개인의 소유토지뿐 아니라 기타 다른 작은 공장과 상공업 시설을 포함했다.[91] 신한공사는 동척의 다양한 산업체를 인수하였는데 동척의 재산이 토지 및 산업체로 구성되었으므로 신한공사는 농림축산을 포함한 조선소, 철광, 제혁공장, 주조공장 등 상공업 전체를 망라하게 된 것이다(대한민국건국십년지 간행회, 1956: 181). 다만 이들이 모두 신한공사에 귀속된 것은 아니었다. 조선총독부의 직접적인 정책 대행회사였던 농지개발영단과 식량영단, 전시금융금고 및 조선미곡창고를 비롯해서 군수품회사이던 조선비행기와 조선항공, 그리고 사회간접자본 부분이던 조선철도, 부산임항철도 및 조선전업 등은 처음부터 군정당국이 관리했었다(김성호 외, 1989: 247).

그런데 이러한 신한공사는 1946년 10월에 그 산하 공장과 광산의 관리를 미군정의 다른 부서로 이관함으로써 부분 해체되었다. 신한공사의 이 같은 부분 해체에 대한 당시의 여론조사를 보면 찬반이 있었는데 찬성하는 사람들은 그것이 사기업을 장려하고 효율을 증대시킨다는 것을 지적했다. 반대하는 사람들은 기업의 소유자를 위한 사적인 착취와 과도한 이윤을 우려했는데(『농지개혁사관계자료집』 제4집: 13)[92] 신한공사의 각 부서장들은 신한공사의 해체로 인해 발생할 수 있는 정치적 및 운영상의 제문제와 장래 신한공사의 해체가 초래할 수 있는 어려움을 강조하고 있다.

이처럼 신한공사의 부분 해체에 대해서는 반대가 상당히 있었으나 결국 그것은 해체되었다. 그러면 왜 신한공사는 당시에 미군정에 의해서 부분적으로 해체되었는가? 이는 1946년 폴리(Pauley)가 트루먼에게 제출한 보고서의 귀속재산 문제에 관해 주목할 만한 내용이 담겨 있는 것에서 미루어 짐작해 볼 수 있을 것 같다. 즉 그는 공공목적의 기간산업은 이것을 인수할 정권의 성격이 분명하게 될 때까지 미국의 소유권으로 확실하게 장악되어

---

91) 동척관계회사는, 동양척식주식회사(1944년 6월 말 현재), 『관계회사일람표』를 참조하라. 동척관계회사는 1945년 8월 15일 현재 농업부문 15사, 공업전기 부문 15사, 농림부문 10사, 기타 6사였다(이치용, 1947.4).
92) 이에 대해서 51%가 찬성, 35%가 반대하고 있다(*G-2 Periodic Report* 2권: 497).

야 한다는 것이다. 따라서 한 연구는 당시 모종의 협의가 있었고 이에 방계회사를 신한공사에서 분리하여 미군정이 직접적으로 장악하는 부분해체가 단행되었던 것으로 추측하고 있다(김성호 외, 1989: 252). 어쨌든 이후 신한공사는 그 재산의 95% 이상이 토지가 되었으며 미군정은 거대한 지주의 역할을 담당했고 이러한 신한공사 토지의 운영과 관리는 성공적인 미군정의 운영과 밀접한 관계를 가지게 된 것이었다.

(2) 신한공사의 조직

신한공사의 조직과 규모에 대해서는 「신한공사의 자산과 기구에 관한 조사」[93]와 미군정장관에 보내는 「신한공사총재의 보고서」[94]에서 잘 드러나는데 동척이 신한공사에 의해 인수될 당시에는 6개 주요 지점에 의해 통제를 받는 92개의 농장사무소를 가지고 있었다.[95]

신한공사는 주한 미군정청에 책임을 지며 그 집행기관이었는데 그 본사는 경성(후에 서울로 바뀜: 필자)에 있으며 경성, 대구, 대전, 목포, 이리, 부산에 토지관리를 위한 지점이 있었다(『농지개혁사관계자료집』 제4집: 82). 행정체계는 군정장관을 정점으로 하여 민정장관을 거쳐 신한공사의 총재이며 경영책임자인 미군 장교에 이르고 있다.[96] 서울에 있는 신한공사 본사는 국가적 차원에서 운영되며 농림부, 공업부, 광업부 등은 기술 조언, 전문가 지원, 재정 지원 및 감사 등의 수단을 통해서 산하 방계회사의 활

---

[93] 1946년 7월 20일, 이 연구는 신한공사의 장래의 해체에 관한 논의에 보다 정확한 정보를 제공하기 위한 목적에서 한국 중앙경제위원회(National Economic Board)를 대표하는 민간행정관인 아더 챔퍼니(Arthur Champany) 대령의 지시에 의해 작성되었다.
[94] 1947년 1월 28일부터 31일까지 전국협의회에서 토론하기 위해 신한공사 직원들에 의해 작성된 것으로 이것은 미군정당국의 공식자료로서 발표하기에 앞서 미군정장관의 승인을 받기 위해 제출된 것이다.
[95] 38이북에는 원산, 평양, 나진, 사리원 등의 4개 주요지점에 의해 운영되는 26개의 농장사무소가 있었다(Mitchell, 30 April 1948: 4).
[96] President, New Korea Company(31 January 1947), "Report of the Director to the Military Governor USAMGIK", New Korea company, LTD. RG 331, Box 183, p.1.

동을 감독한다. 부장들은 국가적 차원에서 군정청이 관장하며 농림부는 군정요원이 파견되어 있는 6개의 주요 지점을 통해 지역적인 운영을 감독하며 각 농장사무소에 대해 정책의 보급과 책략, 및 기술 조언 등을 실행함으로써 신한공사와 일본인 소유농지를 관할하고 있었다. 여기에서 군정요원은 주로 한국인에 대해 정책을 해설하고 지방 군정단위와의 연락을 확보하는 역할을 맡고 있었다.[97] 그리고 각 지점은 서울에 있는 신한공사의 농림부[98]로부터 업무 지침과 기본 방침을 지시받았다.[99] 본부는 농무부와 다른 정부기관과 관계를 맺어 한국에 대한 미군정의 전반적인 정책과 조화되도록 하였다. 한편 미군정의 전반적 정책과 일치를 이루기 위해서 또 기존에 있는 신한공사 하위 조직은 소작료 수집이나 임대, 또는 관련된 활동에 대한 적극적인 감독을 하기에 수적으로 충분하지 않았으므로 신한공사 총재는 각 지점장에게 필요한 경우 농장사무소를 설립할 권한 및 운영 인원을 고용할 권한을 부여했다(『농지개혁사관계자료집』 제4집: 42). 1948년 3월 22일까지 평균 5명의 직원들로 이루어진 소작농을 관리하는 농장사무소의 숫자는 212개소에 이르렀다. 또 신한공사의 임시직원으로서 농민들과 같은 마을에 살면서 마을 단위에서 미군정을 충실히 대변해 주는 농감은 1948년 1월 31일 현재 3,359명이었다(『농지개혁사관계자료집』 제4집: 106).

농장사무소의 직원들은 모두 한국인이었고, 6개 지점에는 각 미국인 관리자를 두고 있으며 본사에는 5명의 미국인 관리가 있었다. 신한공사의 이사회는 7개 기관 즉 농무부, 중앙식량행정처, 재무부, 조선농회, 조선은행, 중앙경제위원회 및 신한공사의 장들로 구성되었다. 최고 정책 결정 차원에서의 이러한 통합형태가 성공적으로 지속되었기 때문에(『농지개혁사관계자료집』 제4집: 151) 이사회는 정기적으로 열리며 정책에 관한 것을 토의하였다. 이사회는 의장인 미국인 총재와 재무, 공업, 농업부문의 한국인 이사

---

97) R.T. Sweeney(20 July 1946), "A Survey of the Assets and Organization of the New Korea Company", RG 332, Box 38. p.1. 공사의 모든 운영은 4명의 공무원과 한명의 민간인 및 12명의 군인들에 의해 관장되고 있다.
98) 신한공사의 농림부는 총 55명의 인원으로 구성되었는데 농무과, 토지개량과, 지적과, 축산과, 삼림과로 나누어져 있었다(『농지개혁사관계 자료집』 제4집: 41).
99) "History-Agricultual Section", New Korea Company.

〈표 4-20〉 신한공사 직원 수

	소재	정규직원[1]	비정규직원[2]	소계	농감[3]	총계
본사	본사사무실	162	66	228		228
	연성소	11	6	15		15
	임업소	21	9	30		30
	제주도농장	5	1	6		6
	사료공장	7	3	10		10
	육류공장	1	1	2		2
	인쇄소	1	83	84		84
	1948.3.7 현재	208	167	375		375
지점	경성	228	78	306	368	674
	대전	307	80	387	424	811
	대구	168	97	265	350	615
	포항	8	6	14		14
	부산	270	67	337	592	929
	이리	478	91	569	937	1,506
	목포	466	73	539	688	1,227
	예당발전소	62	8	70		70
	1948.1.31 현재	1,987	500	2,487	3,359	5,846
	총계	2,295	667	2,862	3,359	6,221

* 비고: 1) 봉급을 받는 상시고용인.
　　　 2) 인부 및 그밖의 일시고용인.
　　　 3) 자신이 살고 있는 곳 가까이에 사는 소작인들을 비상근으로 감독하는 일에 대해 사례금 명목으로 수고비를 받는 사람들.
　　　 4) 포도원 및 양조장 포함.
* 자료:『농지개혁사관계자료집』제4집(156).

9명으로 구성되어 있었으며 관리문제를 포함한 문제에 있어서의 결정은 미국인 의장이 하였다.[100] 이러한 신한공사의 조직을 그림으로 그려보면 다음 〈그림 4-4〉와 같다.[101]

---

100) President, New Korea Company, p.3

<그림 4-4> 신한공사 조직

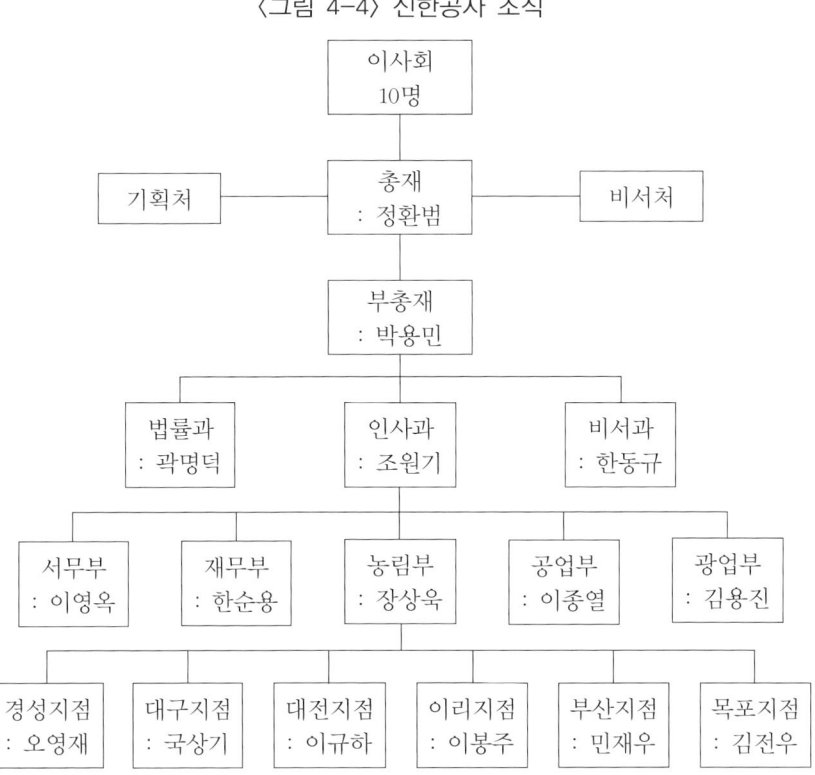

* 비고: 인명은 각 과나 부, 지점의 장을 의미.
* 자료: "History of the New Korea Company, Limited", RG 331, Box 186.
  "Audit of the New Korea Company", RG 331, Box 186을 참조하여 작성.

그런데 신한공사 직원 및 농감에는 이전에 동척과 관계있던 사람들이 많았다.[102] 따라서 신한공사가 서서히 그의 기능을 발휘하기 시작하자 국민들은 이 독점기관이 여전히 구동척과 관계있던 또는 다른 기관에서 친일하던 사람들에게 이용되고 있다는 것을 보고 놀라지 않을 수 없었던 것이다. 이 기관을 운영함에 있어서 십 년 내지 이십 년의 경험이 있는 모든 한

---

101) 1946년 말에 신한공사의 사업소로는 제주 酒精공장, 문경 광산광업소, 만장광업소, 옥산광업소, 양평 임업소, 단양 임업소, 울진 임업소, 농사훈련소가 있었다 (신한공사지적과, 1946).
102) "History of the New Korea Company Limited" ; "Report of Audit", p.4.

〈표 4-21〉 신한공사 농장 관리구역 일람표

지점	농장명
경성 지점	직할구, 개성, 일산, 수색, 청량리, 송파, 수원, 청북, 평택, 서정리, 연백, 강화, 파주, 포천, 가평, 의정부, 시흥, 여주, 용인, 안성, 부천, 인천, 양동, 김포, 하성, 옹진, 홍천, 원주, 영월, 강릉, 삼척, 울진, 개풍, 고양, 양주, 광주, 조산, 춘천
대전 지점	논산, 부여, 청양, 제천, 천안, 아산, 공주, 청주, 괴산, 영동, 강원, 임천, 청안, 규암, 홍산, 장항, 천안, 청주, 서천
대구 지점	현풍, 김천, 해평, 영해, 안강, 포항, 왜관, 대구, 달성, 청도, 경산, 고령, 영천, 경주, 영일, 안동, 청송, 의성, 영덕, 상주, 예천, 칠곡, 선산, 봉화, 영양, 군위, 영주, 성주, 울릉도, 문경, 건천, 안계
부산 지점	동래, 울산, 물금, 대저, 김해, 밀양, 수산, 진영, 마산, 함안, 의령, 창녕, 고성, 통영, 사천, 진주, 합천, 산청, 함양, 하동, 남해, 거창, 박간, 천기, 양산, 부산진, 창원, 장교
이리 지점	익산, 김제, 정읍, 부안, 완주, 남원, 정주, 전주, 달성, 이리, 죽산, 신태인, 백산, 삼례, 화호, 고부
목포 지점	무안, 진○, 유주, 영암, 함평, 영광, 광산, 장성, 담양, 보성, 고흥, 강진, 순천, 장흥, 영산포, 송정리, 대촌, 문장, 삼향, 진도, 서창, 장평, 세지, 재고진, 호광, 호암, 벌교, 단양

* 자료: 신한공사 지적과(1946), 『신한공사사유지표』,
「각 농장 관리구역일람표」(경성지점), RG 331, Box 186.
「경성지점농장별지적급소작료표」, RG 331, box 186.
「대전지점농장별지적급소작료표」, RG 331, box 186.
「대구지점농장별지적급소작료표」, RG 331, box 186.
「이리지점농장별지적급소작료표」, RG 331, box 186.
「목포지점농장별지적급소작료표」, RG 331, box 186.
「부산지점농장별지적급소작료표」, RG 331, box 186의 자료들을 참고하여 작성.

국인들을 모아서 이 기구를 재구성하였던 것이다(대한민국건국십년지 간행회, 1956: 181). 실제로 이는 밀양의 경우[103]처럼 여러 가지 문제를 낳기도 했다.

---

103) "본인은 신한공사 밀양지역의 지부장 및 여타의 직원의 진정한 지위가 무엇인지 알고싶다. …… 그들은 전일본인 소유지의 사용료로 농민들에게 2,000~4,000원을 요구하고 있다. 그들은 가난한 농민들로부터 토지를 빼앗아서 보다 많은 돈을 낼 수 있는 농민들에게 주기까지 한다"(G-2 Weekly Summary 12권: 113).

2) 신한공사의 운영과 활동

(1) 소작료 수집과 식량공출

군정을 위해 소작인과 소작계약을 체결하는 일[104]과 소작료를 징수하는 일은 신한공사의 가장 중요한 우선권을 가진 것 중의 하나였다. 농지에 대해서는 1년마다,[105] 과수원에 대해서는 5년마다 계약을 다시 하였다. 토지계약은 한국어로 완성되고, 소작료 지불은 기존 미군정법령과 법에 엄격히 상응되어야 했는데 미군정은 계약서에 서명하거나 작황 조사와 소작료를 산출하기 위해 최저 연 2회 각 농가를 순회했다(전남일보 광주전남현대사 기획위원회, 1991: 78).

초기에 미곡 수집은 여러 가지 어려움에 부딪쳐 제대로 진행되지 못했다. 지방의 농민조합들은 지역적인 저항단체를 만들었으며 이전의 일본인 소유지가 지금은 한국인의 재산이므로 소작인들은 신한공사에 소작료를 납부할 필요가 없다고 주장하면서 미곡 수집을 방해했던 것이다. 구일본인 토지는 현재 한국인의 재산이며 따라서 신한공사에게 소작료를 줄 필요가 없다고 주장하였기 때문이다.[106] 따라서 미곡수집 프로그램은 일반적인 혼란을 낳았고 미곡에 대한 소작료를 수집하는 것을 어렵게 하였다.

이에 조선생활품영단과 신한공사의 공통공문은 양 조직의 운영원칙을 확립했는데 이 문서에 의해 신한공사의 직원들은 조선생활품영단의 직원들과 긴밀한 관계를 유지하고 나아가서 일본인 및 신한공사 소유농지에서 수집된 미곡을 생활품영단에 인도하도록 지시받았다. 양 직원들은 서로 협력하여 미곡소작료를 수집하고, 소작료를 수집할 적당한 인원이나 곡물 저장

---

104) 신한공사의 설립 이후부터 소작인은 경작인으로 소작계약은 경작계약으로 소작료는 경작료로 개칭되었다. RG 331, Box 186의 "경작계약서" 참조, 그러나 이 글에서는 통상 쓰는대로 소작인, 소작료라는 용어를 그대로 사용한다.
105) 미군정은 소작료를 수납하기 위한 강압적 수단으로 계약기간을 1년으로 규정했다고 할 수 있다.
106) "History-Agricultural Section", New Korea Company.

창고가 없는 지역에서는 신한공사에 그 미곡을 저장하라는 지시를 받았다(『농지개혁사관계자료집』 제4집: 40~41). 이처럼 미군정에 의한 소작료의 수집은 신한공사의 가장 큰 우선권을 가진 것 중의 하나였던 것이다.

　신한공사는 수집 프로그램에서의 공식적인 위치가 불명확했음에도 1946년도의 미곡수집에서 막중한 임무를 수행하였다. 10월에 있었던 식량영단과의 협의에서는 신한공사의 직원들에게 신한공사가 미곡수집을 위한 대리기관으로서 정부 측으로부터 공식적인 임명을 받았음을 인지시켰고, 신한공사의 모든 인력과 창고들은 곡물수집에 이용되었다. 나중에 이러한 지시는 수정되어 각 도의 곡물수집 책임자에게 신한공사 시설물의 이용 여부에 대해 선택권을 주었다. 몇몇 지방에서는 관료적인 알력이 발생하여 신한공사와 지방사무소 간의 협동이 제대로 이루어지지 않았다. 대체로 공식적으로 임명된 정부의 수집대행기관으로서 신한공사가 그 소작농의 미곡을 수집했던 곳에서는 미곡수집이 신속했던 반면 신한공사의 시설물이 이용되지 않은 지방에서는 미곡수집이 매우 느렸다고 할 수 있다.[107] 12월 말 무렵 전북의 미곡수집이 매우 느리게 진척되었으므로 긴급한 방책이 필요하게 되자 신한공사에게 소작료 및 미곡할당분의 수집에 대한 책임이 주어졌다. 1947년에는 신한공사의 소작농들에게 그들의 소작권을 잃게 될 것이라고 위협하여 그들의 미곡 수집 할당량 전체를 징수하도록 하였다. 이러한 위협에 의하여 신한공사의 직원들은 농민들의 지지를 덜 받게 되었지만 계속 업무를 수행해 나갔다.

　따라서 신한공사는 소작인들로부터 할당량 전체를 수집하는 공식적인 수집 대행기관으로 임명되어야 한다고 건의하였다. 그 이전에 신한공사 소작인에 대한 미곡수집 임무를 신한공사로부터 박탈한 주요 이유로는 첫째, 신한공사가 일본으로 실어내 가기 위하여 미곡을 수집하고 있다고 주장하는 급진적인 선동계획을 무산시키기 위하여 둘째, 쌀 배급에 있어 신한공사의 직원들은 어떠한 특혜도 받지 않는다는 것을 명확히 보여주기 위하여 등이었지만 잘 통합된 신한공사의 행정기구를 충분히 이용하지 못함으로

---

[107] President, New Korea Company, p.11.

써 미곡수집 프로그램이 입게 될 피해는 그러한 선동으로 인한 피해를 훨씬 앞지르는 것이라고 보았기 때문이다. 즉 그렇게 하여야만 원활하게 작업을 수행할 수 있게 될 것이며 프로그램을 상당히 일찍 착수시킬 수 있을 것이라 보았던 것이다.

> 우리는 앞으로의 곡물수집계획이 즉시 시작되어야 한다고 건의하는 바 현재 진행중인 1946년도 곡물수집에 있어 신한공사측 소작인들의 진척상황의 개요를 보여주고 있다. 남한의 전체 논 중 13.7%를 우리로부터 소작하고 있는 우리의 소작인들은 전국 곡물수집 할당량의 26.7%를 내고 있다. 이러한 사실로 보아 1947년도의 곡물수집에 있어서는 할당량 전체에 대한 책임을 처음부터 신한공사가 담당해야 할 것이라고 믿는다.[108]

그러므로 1947년부터 신한공사에게 전체 수집책임이 부여되었다. 1947년 2가지 곡물수집(추곡과 하곡)에 있어 신한공사 소속 소작인에게 할당된 양을 수집하는 책임은 전부 신한공사에 맡겨졌던 것이다. 신한공사의 한국인 직원들은 이 책임을 떠맡는 것에 대해 크게 못마땅하게 생각했다. 그러나 농민들 사이에서 신한공사의 영향력은 아주 강했다. 실제로 1947년의 곡물수집의 많은 부분을 신한공사의 책임하에 두기로 한 군정 당국의 결정은 매우 현명한 것으로 판명되었다. 신한공사 소작인들에게서 거두어 들이는 곡물수집은 모든 지방에서 정부의 수집을 선도했다. 특히 1947년에는 현금소작료로 대체되었기 때문에 신한공사는 소작료를 곡물로 수집하던 종래의 정책을 철폐했다. 이는 1946년 신한공사 소작인이 현물소작료는 기꺼이 지불했지만 이외의 할당량을 수집하려고 했던 정부의 시책에 대해서는 강력하게 반발했기 때문이었다(『농지개혁사관계자료집』제4집: 99).[109]

---

108) President, New Korea Company, p.12.
109) 사실상 신한공사 소작인들에게서 신한공사 토지에 대해 거두어들인 미곡 소작료가 97%였지만 그들이 자신들이 경작하는 모든 토지에서 공출한 총미곡할당량은 신한공사소작인 아닌 일반농민들이 공출한 총미곡할당량보다 더 높을 것도 없었다. 신한공사 소작인은 그들의 총할당량의 82.9%를 공출했으며 신한

또한 미곡의 총생산량이 그 가족을 먹여 살리기에 충분치 않을 만큼 대가족을 거느린 빈농에게는 할당량을 부과하지 않고 현금으로 그 소작료를 지불할 수 있도록 하였다.[110] 빈농은 공출에서 제외된 그의 미곡 중 반 가마만 높은 자유시장 가격으로 팔아도 그 대금으로 소작료를 지불할 수 있었으며 혹은 다른 곡물이나 채소 같은 것을 팔아서 필요한 현금을 구할 수도 있었다(『농지개혁사관계자료집』 제4집: 100).

결국 미군정이 귀속농지를 신한공사에 집중시킨 근본적인 이유는 바로 군정당국이 심각하게 겪고 있는 식량위기의 극복 때문이었다고 하겠다. 이는 군정청 재산관리관 비숍(Bishop)이 1947년 6월 17일자 '지시통첩'으로 각 재산관리관에게 "귀속농지를 경작하는 농부로 하여금 하곡 및 미곡수집 계획을 효과적으로 실시케 할 수 있는 유일의 대행기관은 신한공사임을 이미 체험한 이상 이 수속요령의 준수여하는 조선경제의 사활이 됨. 이 지시 내용에 순응치 않은 경우는 본처로 이를 통지"(김성호, 1989: 265)하여 달라고 강조하고 있음에도 잘 드러나고 있다. 미군정의 소작료 징수방법은 역사상 그 유례를 찾아볼 수 없는 일방적인 행정적 강제였는데 신한공사의 이러한 행정적인 훈련과 강력한 통제는 좋은 수집실적을 가능케 했던 주요한 원인이 되었다. 그러므로 신한공사의 가장 성공적인 측면은 그 소작인들로부터 소작료를 빠르고 효과적으로 수집하는 것과 식량공출이었다.[111] 신한공사는 그 소작인들로부터 소작료를 빠르고 효과적으로 수집하기 위한 능력을 가졌던 것이다. 신한공사 소작인에게는 신한공사 외에서 경작하고 있는 농지에 대한 공출할당량도 부과되었으며(『동아일보』, 1947.6.20), 신한공사의 행정적인 훈련과 강력한 통제가 좋은 수집실적을 가능케 했던 것이다.[112] 실제로 1947년에 있어 신한공사는 국가 총수집계획의 거의 1/3을 떠맡게

공사 소작인이 아닌 농민들은 83.7%를 공출했다.
110) 그 전에는 공출을 낸 직후부터 배급을 받아야 할 경우일지라도 그들의 생산물 중 1/3을 강제적으로 수집했었다.
111) 1947년 5월 16일 신한공사는 하곡수집 대행기관으로 지정되었다.
112) 농민이 땅을 살 수 있는가 없는가 하는 유일한 기준은 그가 소작료를 지불했는가? 자신의 곡물 할당량을 공출했는가? 소작계약조건을 지켰는가의 여부였다(『농지개혁사관계자료집』 제4집: 160).

되었다(〈표 4-22〉 참조).

〈표 4-22〉 신한공사 측 소작인과 일반 농민들에 대한 할당량 대비 실적표(1947년 1월 20일)

(단위: 정곡 1,000석, %)

지점	목표량			실적비교			
	지방별 목표량	신한공사 목표량	신한공사 소속이 아닌 농민들의 목표량 (2)항~(3)항	신한공사소속이 아닌 농민들		신한공사 측 소작인들	
				납부량	비율[1]	납부량	비율[2]
(1)	(2)	(3)	(4)	(5)	(6)	(7)	(8)
경성[3]	840	89	751	608	81%	83	93%
대전 (충남북)	650	137	513	454	88	113	83
이리 (전북)	798	322	476	136	29	160	50
부산 (경남)	600	188	412	357	87	178	95
대구 (경북)	720	100	620	382	62	70	70
목포 (전남)	750	269	481	333	69	221	82
총계	4,358	1,105	3,253	2,270	70	825	75

* 비고: 1) 목표량에 대한 비율(5:4).
       2) 목표량에 대한 비율(8:3).
       3) 경기도·강원도·제주도.
* 자료: 『농지개혁사관계자료집』 제4집(67).

그러한 영향을 미칠 수 있었던 것은 농민들과 같은 마을에 살면서 마을 단위에서 미군정을 충실히 대변해 주는 농감(農監: Tenant Supervisor)의 노력 때문이다. 그는 소작농민들을 직접 감독차 방문하여 새로운 기술을 소개하기도 하며 비료를 공급하는 동시에 사무적인 지시를 내리기도 하였다. 또 나아가서 소작료와 할당된 곡물의 수집을 위해 소작인들을 설득하기도 하였다.

농감은 소작인들과 가까운 마을이나 읍내에 위치한 신한공사의 임시직 원들이었는데 이러한 농감은[113] 신한공사가 수집실적을 올릴 수 있었던 근본적인 제도적 장치였다.

> 중앙정부에서 결정된 정책이 2~3주 내에 신한공사 소속 소작인들에게 영향력을 발휘할 수 있었다는 것은 신한공사가 농민들과 함께 직접적으로 활동하는 영농기술자들의 강력한 협력을 얻을 수 있었다는 점을 의미한다는 사실이다. 물론 이런 일을 담당한 사람은 "농감"이었다(『농지개혁사관계자료집』제4집: 107).

신한공사 총재였던 미첼은 "미국인 행정관리들과 미숙한 한국인 조력자들은 한국농촌경제의 거의 1/3에 대해 어느 정도 독재권을 행사했다"(Mitchell, June 1949: Preface의 V)라고 말하고 있다. 이는 실제로 토지관리 및 양곡수집을 담당하는 수천 명의 신한공사 직원들의 인건비 및 출장비로 전체 지출액 중 많은 비중이라 할 수 있는 2억 7,300만 원이 지출되었다는 점에서도 알 수 있다(『농지개혁사관계자료집』제4집: 15).

이처럼 신한공사는 미군정 식량조달의 3할을 분담함으로써 식량위기에 시달리던 군정당국에 있어서 최소한의 안정을 보장할 수 있는 필수불가결한 통치수단이었다. 이는 신한공사가 군정 통치당국이 크게 의존할 수 있었던 하나의 행정력이었음을 의미한다. 신한공사는 다른 어떤 기관보다도 더욱 성공적으로 정부정책을 그대로 농민들에게 전달하는 일을 수행하였으며 중앙정부에서 결정된 정책이 2~3주 내에 신한공사 소속 소작인들에게 영향력을 발휘할 수 있도록 하였다(『농지개혁사관계자료집』제4집: 107, 150).

> 군정청에 있어서 가장 믿을 수 있는 행정력 중의 하나는 25개월의 존속기간 중에 한국 농촌인구의 많은 부분에서 영향을 미쳤던 신한공사의 강력하고 정확한 행정력이었다. 중앙정부 내의 정책입안자들은 어느 때

---

[113] 그들은 관습적으로 소작인들에 의해 소작료로 납부된 곡물이나 혹은 다른 농산물의 수집실적에 따라 수수료를 받았다.

라도 전체 농촌 인구의 24%에 대해서는 어떤 조치를 취할 수 있고, 또 소기의 반응을 얻을 수 있으며 그리고 그러한 조치와 반응이 정부의 어떤 정책이 수행되도록 선도할 것이라고 믿고 있었다. 결국 이러한 예상은 정확한 것으로 판명되었다(『농지개혁사관계자료집』 제4집: 106).

미군정은 신한공사를 통해 남한 통치의 물적 기반을 얻었던 것이며 미군정 국가기구들의 사회에 대한 행정력, 침투력의 취약성을 신한공사가 보완하고 있었던 것이다.

(2) 농지개혁 문제

미군정이 처음 귀속농지 매각에 대해서 발표했을 때인 1946년 3월에는 신한공사의 한국인 관리나 미국인 관리 모두 이 프로그램에 반대했고 토지 불하법령에서 신한공사 소유의 토지를 제외하려고 애썼다(『농지개혁사관계자료집』 제4집: 168). 그러나 신한공사는 소작인들에게 신한공사의 토지를 판매하는 계획을 세우고 실시될 농지개혁에 대한 일련의 준비작업을 하였다. 한국 국민에게 적당한 가격으로 귀속재산을 체계적으로 분배할 것에 관한 계획안을 마련하라고 재산관리처에 권고하였으며, 신한공사 농업자산을 한국인 소작농에게 분배하는데 착수해야 한다고 보았다. 신한공사가 농무부, 조선농회, 중앙경제위원회 등과의 공동 작업으로 신한공사의 모든 소작인에 대한 통계조사를 한 것도 이 때문이었다.[114]

따라서 1946년 10월부터 신한공사의 미국인과 한국인 관리는 모든 귀속농지를 포함한 전반적인 농지개혁법안을 만드는 데 적극적으로 관계하고 귀속농지를 효과적으로 매각하기 위한 준비에 힘썼다(『농지개혁사관계자료집』 제4집: 169). 그리고 토지 매각 프로그램을 1947년 봄이나 여름에 시작해야 한다고 보고 있었다. 이렇게 토지를 소작인들에게 넘겨줌으로써 신한공사의 자산관리업무가 훨씬 쉬워지며, 나라를 극심하게 분열시키게

---

114) President, New Korea Company, p.9. 상한으로 설정하려는 규모는 3정보였으며 필요한 지역에서는 개별적으로 조정될 것으로 보았다.

될 하나의 정치적 쟁점을 제거시킬 것이며, 경제는 더욱 안정될 것이라 보았던 것이다.

> 토지분배 문제는 정치적으로나 이념적으로 대단히 중요한데 …… 신한공사의 토지가 좌익이나 우익의 영향력에 의해 매각되어서는 안 될 것이다. 이 땅에서 권력을 쥐게 되리라고 믿는 특정의 정치적 신념의 신봉자들은 그들 자신이 이러한 자산의 분배를 맡고자 하는 의도로, 자산이 그대로 온전히 보존되기를 바라고 있다.[115]

사실상 신한공사는 1946년 2월에 시작된 기관상호 간의 연 수천 시간에 달하는 회합과 회의를 하고 있었다. 이러한 논의를 위해 러취 장군은 제기관 상호위원회가 주한미군 총사령관의 경제고문인 번스 박사를 의장으로 하여 회의를 하도록 지시했으며, 이 위원회는 신한공사, 농무부, 재무부, 중앙경제위원회, 법무부의 한국인 및 미국인 대표, 미소공위 직원, 그리고 토지개혁을 다루는 남한과도입법의원의 위원회 대표들로 구성되었다. 2년 동안 이 위원회는 정책에 관해 논의를 했으며 복잡한 문제가 모든 측면에서 아주 상세히 논의되었다. 이 위원회는 1946년 가을에 법령 공표를 위해 토지매각계획에 관한 광범위한 개괄적인 설명을 서식으로 작성하였으나 군정장관은 새로 선출되고 임명된 남조선과도입법의원에 농지개혁사업을 검토할 기회를 주어야 하기 때문에 동 위원회는 이 사업계획의 검토를 보류하라는 지시를 내렸다. 따라서 1947년 4월 5일 신한공사는 자기들이 관할하는 적산농지를 소작인에게 방매케 하는 법의 제정을 입법의원에게 건의하였다(김천영, 1985: 630). 그리고 합동위원회 및 입법의원 위원회의 철저한 작업과 승인을 거친 후에 1947년 12월 농지개혁에 대한 법률안이 입법의원에 제출되었다. 그러나 이 법률안은 입법의원 본 회의에서 진지한 토론을 위해 상정되어 보지도 못했으며 결국 미군정은 신한공사에 속한 귀속농지의 매각만을 발표하고 1948년 3월 중앙토지행정처를 설치하였다.

중앙토지행정처의 많은 직원들은 보수적 경향이 짙은 사람들이었기 때

---

115) President, New Korea Company, p.10.

문에 그들은 현재의 소작인들에게 토지를 매각하는 것을 전혀 찬성하지 않았다. 그들 대부분은 "공산당에 동조하는" 농민들은 누구도 땅을 분명히 살 수 없도록 하기 위해 구매자를 아주 면밀히 조사하기를 원했다. 그러나 농지개혁위원회(Land-Reform Committee)의 의견과 법률에 명기된 바로는 농민이 땅을 살 수 있는가 없는가 하는 유일한 기준은 그가 소작료를 지불했는가, 자신의 곡물 할당량을 공출했는가 그렇지 않으면 소작계약조건을 지켰는가의 여부였다(『농지개혁사관계자료집』 제4집: 160).

(3) 운영실태

앞에서 살펴보았듯이 농업경제에 있어서 신한공사의 영향은 그 소유지의 면적에 비해서 실질적으로 훨씬 더 크다. 신한공사 소작농은 통상 다른 지주로부터도 소작하며 일부는 자기 토지를 소유하고 있기 때문이다. 신한공사는 1947년 남한농지의 15.7%를 소유하고 있는 데 반해 신한공사 소작농들이 경작하는 농지는 총면적의 27.7%였다(『농지개혁사관계자료집』 제4집: 114~115). 신한공사의 주 수입원은 25만 농가로부터 미곡수집계획으로 납부되는 미곡소작료와 과수원이나 다른 재산에 대한 현물소작료였다.[116] 이러한 신한공사의 2년 반 경영실적은 소작료가 1/3로 제한된 상태하에서도 엄청난 흑자기조였다. 1945년 9월부터 1948년 3월 31일까지 신한공사의 순이익은 12억이 넘었던 것이다(『농지개혁사관계자료집』 제4집: 15).

〈표 4-23〉 신한공사의 수입, 지출관계

(단위: 원)

수입	2,714,657,241.66
지출	1,008,215,619.30
납세 전 순수익	1,706,441,622.36
조세	438,151,289.73
납세 후 순수익	1,268,290,332.63

* 자료: 『농지개혁사관계자료집』 제4집(15).

---

[116] President, New Korea Company, p.3.

제5장 경제정책의 형성과 집행

1. 경제정책과 제도적 도구

　미군정의 경제정책은 자유시장 경제체제의 확립을 이념으로 하면서도 실제적으로는 경제분야에 대한 정부의 간섭과 통제를 실시했다는 특징을 지닌다. 예컨대 군정청 상무부에 의한 대외무역통제, 중앙경제위원회에 의한 전 경제부문에 걸친 직접, 간접적인 통제와 감독, 계획, 규제의 강화와 중앙가격행정처에 의한 물가의 계획과 통제, 중앙식량행정처에 의한 곡물 기타 식량에 대한 통제기능의 강화 등의 제사정은 이를 반증하고 있다(박문옥, 1968: 319~320). 점령기간 동안 남한의 임금문제들을 다룸에 있어서 귀속재산이나 다른 주요 기업체에 대한 통제를 계속하는 미군정의 정책 때문에 자유로운 시장 경제가 존재하지 않았던 것이다.[1] 실제로 물자통제의 적정을 기하기 위해 1947년 11월 1일부터 정찰제 실시를 단행하기도 하였다. 즉 공정 가격과 협정 가격, 자유 가격의 세 종류로 구별하여 공정가격은 관리공장 또는 정부에서 원료를 공급받아 생산한 제품에 한하고, 협정가격은 업자 간의 협정에 의한 것이며, 자유가격은 공정가격 또는 협정가격을 적용하지 않는 상품에 한한 것이었다. 그러나 효과를 거두지 못하고 1947

---

[1] History of the National Economic Board, Part 5, p.9.

년 말경에 이르러서는 물가가 급등하였다(남조선과도정부상공보, 1947: 41).

또한 미군정은 물자부족과 악성인플레이션을 완화하기 위하여 식량강제수집과 배급, 생활필수품 배급, 원조물자의 도입 등의 정책을 실시하였다. 특히 미군정은 한국경제의 목표를 공산주의의 위협에 대항하여 자본주의 체제를 확립하기 위한 민생안정과 경제안정에 두고 소비재 중심의 원조를 기초로 이를 실현하고자 했다. 결국 미군정의 경제정책은 엄격한 식량공출과 함께 구일본인 재산의 접수, 관리, 그것의 매각이라고 하는 방향으로 이행되면서 경제안정을 찾으려 했으며, 식민지체제와의 단절성이 가져온 경제적인 모순을 원조와 통제로서 해결하려고 하였다. 그러므로 미군정하의 경제정책은 기아 및 질병의 예방 등 단기적인 구호위주에 머물렀을 뿐 국민경제 전체의 발전을 위한 장기적이고 종합적인 성격을 결여하고 있었고, 동기간 중 새로운 시설투자는 거의 없었으며 산업경제의 정체에서 오는 재화공급의 부족은 여전하였다. 이러한 원천적인 재화 공급부족 외에 막대한 치안유지비 및 곡물수집을 위한 막대한 계절자금의 방출 등이 인플레이션 압력으로 가세함으로써 급격한 물가등귀 상태를 지속시켰다(재정금융삼십년사편찬위원회, 1978: 19). 그러면 경제정책과 관련하여 미군정하에서 구체적인 정책을 형성하거나 집행했던 기구를 살펴보기로 하자. 경제관련조직은 미군정 당국이 경제에 관한 통제를 강화하면서 확대되었는데 기구로는 중앙경제위원회란 강력한 집행기관을 두고 조선경제자문위원회란 자문기관 외에 중앙경제위원회의 보조기관으로서 중앙가격행정처와 중앙식량행정처를 두었다. 그리하여 국가경제기획의 결정을 비롯하여 생산과 분배, 소비, 전 분야에 걸쳐서 통제를 실시할 뿐 아니라 생산자의 재료와 설비, 기계와 장치, 동력과 연료 및 노무의 배치와 가격의 안정에까지 손을 대고 가격과 생산, 배급과 노동에 영향을 미치는 모든 경제통제를 발전시키고 감독하게 하였다(『서울신문』, 1946.5.28). 또 생필물자를 적정하게 배급하고 물가의 앙등을 억제하여 인플레이션을 방지하고자 했던 것이다(남조선과도행정상공부, 1947: 29).

따라서 미군정은 경제통제기구들을 지속적으로 강화하였다. 중앙가격행정처, 중앙식량행정처, 조선물자통제회사, 조선석유통제회사, 조선석탄통제회사, 생활필수품영단, 신한공사, 농회, 금융조합 등의 실질적 경제통제 기구의 신설, 강화를 통해 경제활동을 통제하였다(김종성, 2000: 285).

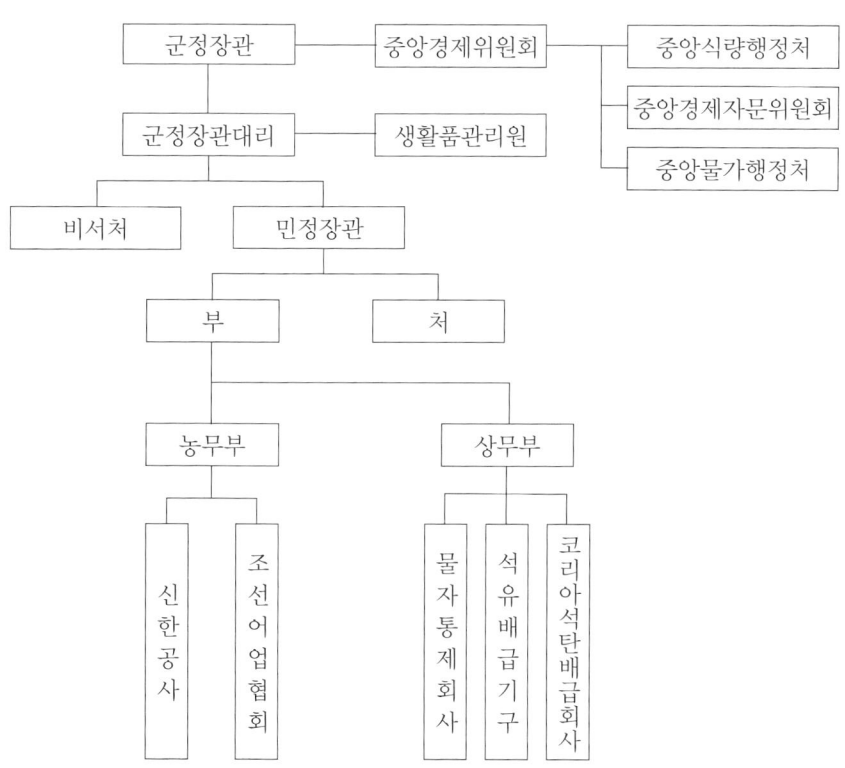

〈그림 5-1〉 군정청 기구도(1946년 8월 31일)

* 자료: *Summation*, No. 11. pp.97~98에서 작성.

1) 중앙경제자문위원회(Korean Economic Advisory Board)

경제자문위원회는 "생활안정, 생필품의 공정한 배급, 물가폭등 방지, 균형있는 발전계획을 강구하며 조선민중의 행복을 증진하기 위하여 불리한 경제제도와 관행을 제거하는 것"을 그 목적으로 설치되었다. 경제자문위원회는 7명의 위원으로 구성되었으며, 그 임무는 "물가통제의 확립과 실시,

배급량 결정, 생산과 배급방법에 관한 계획을 입안하여 군정장관에게 제안"하는 것으로 규정되어 있었다(박영기·김정한, 2004: 229~230). 이 위원회는 1946년 2월 20일 법령 제53호로 구성되었는데 3월 1일부터 운영되었다.[2] 이 위원회의 목적은 대표적인 한국인 대행기관에게 생계비의 안정화, 중요한 생필품이나 상품의 공평한 분배, 가격상승의 억제와 가격통제, 소비재의 부족을 막기 위한 생산의 할당과 분배방법의 조정된 프로그램의 발전을 연구하고 만들어 한국인의 복지를 방해하는 경제적 조건의 재건에 대하여 충고를 제공하는 것이었다.[3] 이 위원회는 1947년 1월 21일 중앙경제위원회로 이전되었고 이 중앙경제위원회의 일정한 투표권을 가진 구성원으로서 상무부와 농무부, 재무부와 운수부의 한국인 부장들로 구성되었다.[4]

2) 중앙경제위원회(the National Economic Board)

원래 이 위원회는 경제적 문제점들에 대해 상무국장과 군정장관에게 충고하기 위하여 1946년 2월 상무국의 부속으로서 세워졌으나 1946년 5월 28일의 군정법령 제90호로써 가격행정처, 식량행정처와 함께 중앙경제위원회가 설립되어서 경제적 통제의 지위를 공식화했다.[5] 중앙경제위원회는 군정장관이 임명하는 위원장과 상임간사, 농무부장, 재무부장, 운수부장 등 6명의 위원으로 구성되었으며 다음의 직무를 수행하였다.

1. 경제통제에 관한 행정기관의 모든 기획과 활동을 조정하여 군정장관에게 건의하고
2. 국가경제기획, 생산목표, 수출입품의 품질과 수량 결정, 생산원자재, 설비, 기계, 장치, 동력, 연료, 노동력의 배치, 수입과 지방생산

---

[2] 이훈구, 김우평 등이 여기에 참여하였다. *HUSAMGIK*, Part I, p.175.
[3] Indepedent Agencies, p.3 ; History of the National Price Administration, p.2.
[4] USAMGIK, Manual of Military Government Ogarnization and Function, Part I, Civil Administration of Military Government, Compiled by the Office Administration, RG 332, Box 39, p.84.
[5] History of the National Economic Board, Forward.

품의 배정, 가격안정과 소비자물품의 한정배급 및 공급부족물품의 수집 또는 통제를 실시하며
3. 가격, 생산, 노무에 영향을 미치는 모든 경제통제를 개발, 감독하고
4. 계획입안에 필요한 자료를 수집, 분석하여 군정장관을 보좌하며
5. 군장장관의 결재를 얻어 군정의 모든 대리기관에 의한 경제행위를 지배하는 정책을 입안 및 달성하는 데 필요한 규칙, 지시, 명령을 내릴 수 있는 권한을 행사하고
6. 중앙경제위원회에서 강구되는 모든 규칙은 군정장관의 결재를 받아 관보에 발표될 경우 법적 효력을 지니도록 되어 있다.

(박영기·김정한, 2004: 249)

이와 같은 기구는 미군정이 시도하였던 자유시장개설을 포함하는 자유방임의 당초 목적이 혼란상태를 가져왔기 때문에 취하여진 경제행정의 통제문제에서 나온 귀결이었다. 즉 미군정 초기에 제한된 재고량과 제한된 생산량의 물자를 적정하게 배급하고 앙등일로에 있던 물가를 억제하기 위하여 중앙경제위원회에서는 생활필수품을 통제품으로 지정하였으며(박문옥, 1968: 343~344) 상업, 금융, 농업, 운수 각 부의 최고책임자들과 이 부서의 책임자들의 고문관인 미국인들과 기타 미국인 및 한국인으로 구성되어 있었다. 중앙경제위원회는 경제와 금융 분야의 자료를 분석하고 원료의 할당과 가격의 안정, 소비재 상품과 경제통제 등에 관한 정책을 시행하는 데 필요한 경제조치들을 군정장관에게 제안하였고, 연간 총예산을 마련하였다(Fraenkel: 105). 중앙경제위원회는 경제적 사항을 계획하고 그것을 수행하는 미군정의 최고의 기관이었던 것이다(*HUSAMGIK*, Part I: 179).

이 위원회는 군정의 전반적인 경제정책형성 기관으로서 다양한 문제들에 직면했는데 질서있는 계획보다는 사건들의 긴급성이 그 위원회의 회의 사항을 결정하였다.[6] 1946년 8월 31일자로 미군사령관은 모든 군정 각 부장을 한국인으로 대치시켜 가급적 미국인은 앞에서 후퇴하고 다만 고문정치의 입장에 머물도록 하였는데 경제관계 부처였던 관재처와 재무부 및

---

[6] "Histoty of the National Economic Board", Forward.

민간물자 배급관리 등의 충원에는 한국인이 상당히 제한되었다(*Summation*, No. 11: 99). 국내 것이건 수입된 것이건 상품의 분배는 본질적으로 집행기관의 기능이었지만 이 문제에 대한 일련의 정책결정이 이 위원회에 의해서 만들어졌다.[7] 그러나 이것은 집행기관이 아니었기 때문에 추천된 정책의 실제적인 결과를 이행하는 데는 효과적일 수 없었다.[8]

1947년 1월에는 남한의 경제정책을 수립, 계획하고 경제재건을 적극 추진하는 동시에 행정이양에 따르는 한국화를 목적으로 종래 미국인만으로 조직되었던 중앙경제위원에다 한국인경제자문위원회를 해산, 합류시켜 한미인공동조직으로 확대, 강화시켰다. 동위원회는 정책수립에 있어서 한국의 실정을 반영시키기 위하여 사무당국 기구에도 미국인 경제관 이외에 한국인 전문가를 경제관으로 채용하였다.

3) 중앙식량행정처(National Food Administration)

중앙식량행정처는 중앙경제위원회 아래에서 식량정책과 관련되는 행정기관과 연락하여 식량관리업무를 수행하였다. 중앙식량행정처의 업무는 식량정책 및 계획에 관한 방법을 수집하고, 그러한 방법의 시행을 제시하는 것으로 이 중앙식량행정처에서 식량규칙을 발표함으로써 이후의 식량공출은 이 규칙에 근거하여 실시되었다.

중앙식량행정처는 우선 쌀을 비롯한 모든 곡물에 대한 수집과 이동, 저장절차 등을 포함한 모든 식량과 음료의 획득, 공급, 배당분배 및 한정분배에 대해 계획을 수립하고 식량정책과 관련있는 모든 행정부서, 대행기구, 보조기관과의 연락을 유지하고 이들 기관과의 관계를 조정하며 나아가 행정처에서 강구된 시책을 집행하기 위한 방안을 지시할 수 있는 권한을 행

---

[7] "History of the National Economic Board", Part 4, p.2.
[8] "History of the National Economic Board", Part 1, pp.1~3. 중앙경제위원회와 미군정의 집행기관(the executive branches) 사이의 조정된 행동의 부족으로 인해 분배행정에 있어서 커다란 혼란, 소비재 분배에 있어서의 많은 비용과 소비자에게 높은 가격을 초래했다.

사하였다(박영기·김정한, 2004: 251).

따라서 중앙식량행정처는 각 도의 미곡수집할당량을 배분하고 도지사는 이를 각 시, 군, 도(島)에 할당하였다. 그리고 '식량규칙'을 공표하여 "미곡생산자는 정부 혹은 정부로부터 권한을 부여받은 대행기관 이외에는 미곡을 팔 수 없다"고 명확하게 자유시장 유통을 금지했다(김종성, 2000: 285). 식량행정처는 해방 후 국내 식량사정의 심각의 도가 긴박했고 특히 일반봉급자, 노동자 등 서민생활에 일대 위협과 궁핍상을 보이고 있었기 때문에 그것을 관리하고자 마련된 것이었다(박문옥, 1968: 343~344). 식량관리기구는 〈그림 5-2〉와 같다.

4) 중앙가격행정처(National Price Administration)

중앙가격행정처는 중앙경제위원회에서 채택된 정책이나 계획에 쌀 가격 결정과 관련이 있는 모든 행정부서, 대행기관, 보조기관 등과 연락을 취하고 또 이들 기관과의 관계를 조정하며 중앙경제위원회가 수립한 원칙에 따라 가격을 결정하고 가격정책에 관한 방안을 수립하는 권한을 관장하였다. 그리고 중앙가격행정처에서 제정된 모든 규칙은 비록 행정처장 또는 행정관의 명의로 공표되었지만 군정장관의 지령 또는 지시를 받아 행해진 것이기 때문에 모두 법률로서의 효력을 지니고 있었다(박영기·김정한, 2002: 250). 중앙물가행정처에서는 면포, 고무신, 비누, 성냥 등 11개 품목의 생필품에 대해서 최고가격규제를 실시하였다.

2. 소작료 감하와 토지정책

산업구조상 농업이 지배적인 부분을 차지하는 봉건적, 반봉건적 사회가 자본주의 혹은 사회주의 사회로 이행함에 있어서 농지개혁은 중심적인 과제로 대두된다. 농지개혁은 내재적인 자본주의 발전의 길을 걸은 서구 선발 자본주의 국가에서는 시민혁명을 통하여 일찍이 자본주의 형성기에 달

〈그림 5-2〉 경제통제법하의 식량관리기구

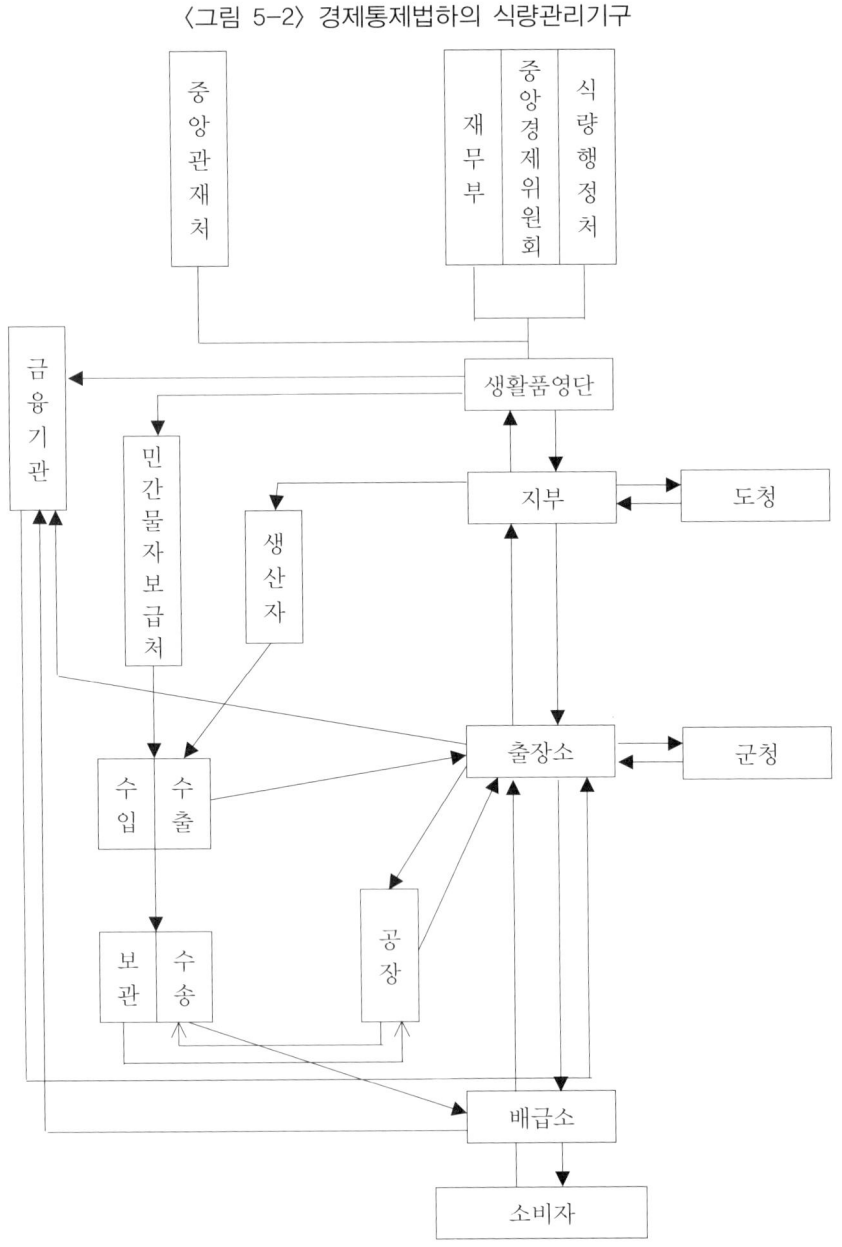

자료: 생활품관리원, 『식량연구』 제2집(75). 여기서는 김재호(1988: 25)에서 재인용.

성되었다. 그러나 자본주의가 위로부터 형성되거나 또는 제국주의 국가에 의하여 이식된 후발자본주의국과 식민지 종속국의 경우에 지배계급이 지주 내지 그 동맹자이기 때문에 농지개혁은 자본주의화가 상당히 진전된 속에서도 달성되지 못하고 뒤로 미루어진다. 그러다가 1917년 러시아혁명을 통하여 러시아의 봉건적 토지소유는 해체되고 1차 대전 종결 이후에 동유럽에서 부분적인 농지개혁이 실시되었다. 이처럼 일반적으로 토지소유 제도의 변화는 정치권력을 장악한 세력의 성격변화가 있을 때 이루어지는데 2차 대전 후 동구와 중국, 북한 등에서는 지배계급이 자본가로부터 프롤레타리아로 바뀌면서 이의 주도 아래 농민을 끌어들이는 과정의 일환으로써 농지개혁이 실시되었다. 기타 해방된 탈식민지 국가에서는 식민지 지배 아래서 양성된 예속자본이나 또는 민족자본의 정치적 주도 아래 농지개혁이 실시되는 바 토착자본의 힘이 미약했거나 지주이면서 자본가인 경우가 많았으므로 농지개혁은 극히 불철저한 상태로 머무는 것이 일반적이다.

해방 직후 한국에 있어서도 토지문제는 중요한 당면과제 중의 하나였다. 특히 국민의 7할 이상이 농업에 종사하고 있었으므로 어떤 산업보다도 주산업인 농업에 있어서의 개혁은 시급한 과제였다. 농업부문에 있어서 봉건적 잔재의 근본적 해소와 경자유전(耕者有田)의 원칙에 의한 토지소유 관계로의 개혁이라는 과제는 거의 전 민족이 다같이 그 필요성을 인정하고 있으며 이것 없이는 민주주의적 경제재건이 있을 수 없다고 생각되었기 때문에 좌, 우익을 막론한 각 정당, 사회단체가 이 점에 언급하지 않는 자가 없는 형편이었다(서중석, 1989). 일제의 식민지 농업정책은 농업생산력의 발전과 경제생활의 향상이라는 건전한 목적이 아닌 수탈과 자국의 독점자본의 축적 및 병참기지화가 그 목적이었으며 이에 따라 소상품 생산자로서의 자주적 농민의 창출을 저지함으로써 민족자본의 축적을 봉쇄하고 농민층의 하향 분해를 촉진시켰던 것이다. 이에 대다수 농민들의 생활은 5할이 넘는 고율의 소작료와 공과금, 고리대 이자 등으로 과중한 부담을 안고 있었으며 원시적 생산용구에 의존한 낮은 생산력으로 그 궁핍함은 이루 말할 수 없는 것이었다. 바로 이것이 당시 농지개혁이 열렬히 요구된 내재적 요인이었다. 봉건제적 수탈로부터 해방되는 길은 토지에 대한 봉건적 지배를 농민적 지배로 전환시키는 것이며 바로 농민적 토지소유를 이룩하는 것이다.

　제2차 세계대전의 연합국의 승리와 그에 따른 식민지의 해방은 이 지역 농민들로 하여금 농지의 소유와 자립적 영농의욕을 고취하는 계기가 되었다. 그러므로 한국에 있어서 농지개혁의 필요성은 경제적으로는 두 가지 면에서 제기되었다. 그 하나는 앞에서 말한 봉건제적 수탈에서 해방되고자 하는 농민적 요구였고, 다른 하나는 자립경제를 이룩하기 위한 국민경제적 요구였다. 정체된 농업을 발전시켜 광범한 농촌시장을 형성하고 이를 바탕으로 비농업부문의 발전, 특히 공업화를 진전시킴으로써 국민경제의 자주와 자립을 이룩해야되는 시대적 요구는 당연한 것이었다. 그러나 구체적인 토지개혁의 내용과 방법, 시기 등에 대해서는 각 정치세력과 계급들의 처해 있는 상황에 따라 이해가 대립되었다(신기현, 1988).

　한국의 농지개혁은 다른 제3세계 국가들과 달리 해방 후 미군의 직접 통치하 내지 강한 영향력 아래서 실시되었고 또한 북한에서의 사회주의적 정권에 의한 농지개혁의 영향을 받으면서 실시되었다. 이러한 특수한 조건 때문에 농지개혁의 내용도 다른 제3세계 국가와는 달라지게 되는 것이다(장상환, 1985: 299). 그러므로 농지개혁이란 세계사적 발전과정에서 농업생산력의 발전에 따른 봉건적 토지소유 관계의 해체라는 보편적인 내용을 갖는 것이며 그 과정 및 내용은 기본적으로 지주계급과 소작농 간의 힘관계에서 결정된다고 하겠지만 구체적인 형태는 각 국 내부의 자본주의 발전 정도와 계급투쟁의 강도, 국가권력의 성격, 중심국과의 관계에 따라 상이한 형태로 변형되는 것이다.

1) 3·1제 소작제의 공표

　미군정은 1945년 9월 22일, 점령지역 내의 토지소유권과 납세율은 종전과 변화가 없다(『매일신보』, 1945.9.22)고 하며 지주는 소작인의 소작료를 수확물로 받거나 현금으로 받거나 하는 권리를 가졌으므로 소작인은 이 지시에 따라야 할 것이라 발표하여 그 기본 입장을 암시하였다. 그러나 10월

5일 법령 제9호인 '최고 소작료 결정 건'을 발표하여 소작인이 지불할 최고 소작료는 토지의 총수확물의 1/3을 초과하지 못하게 했으며 소작계약의 일방적 해약은 무효라고 하였다. 미군정은 우선 토지문제의 해결을 고율소작료의 인하와 소작권의 안정에서 찾고자 했던 것이다.

이러한 미군정의 3·1제 소작제 공표는 어떠한 배경에서 발표되었는가? 이 점에 관한 확실한 자료는 없지만 진보세력과 북한에서의 3·7제 주장과 관련이 있다고 보여진다. 9월 7일자로 조공은 '정치강령'에서 3·7제를 언급했고, 9월 8일 북한에서도 소작료 3·7제를 발표하고 있었던 것이다. 그러면 이러한 3·1제 소작료를 어떻게 평가해야 하는가? 미군정은 이 3·1제의 의의를 소작인 반노예화에 대하여 한국인에게 번영과 안정을 주기 위한 것이라고 천명하고 있다. 즉 한국 소작농의 조건을 많이 완화시켰으며 소작 상황은 향상되었다는 것이다.[9]

이에 소작료 3·1제가 해방 후 남한에 있어서 토지문제의 해결에 일차적 방향을 제시한 것이며 농지개혁의 전주로서의 의의를 지니고 있다는 평가가 있다(유인호, 1980). 사실 이 조치는 고율소작료 문제로 현상화 되어온 지주, 소작관계의 모순과 심화에 대해 지주의 횡포를 공적으로 제한한다는 외형을 갖는 것이어서 어느 정도 긍정적인 것으로 받아들여지기도 했다. 이 때문에 당시 3·7제로의 소작료 인하운동을 펼치던 좌익 내부에서도 처음에는 3·1제를 진보적 법령으로 평가할 정도였다.[10] 또 토지제도사적으로 볼 때 소작입법의 연장이고 완성이라고도 할 수 있다(김성호, 1989: 179). 그러나 3·1제는 본질적으로 해방 이후 이완되어 있던 식민지적 지주제의 현상유지라는 미군정의 공식입장을 표명한 것에 다름 아니었다. 이는 농민운동 나아가서는 급진적인 변화를 요구하는 대중운동의 급속한 진전가능성에 대한 임시대응조치 즉 농민운동의 개량화를 목적으로 한 정책이었

---

9) "Korean Agriculture and Some of its Problems", RG 332, Box 17 p.6.
10) 군정 초기 좌익 측도 '3·1제와 3·7제는 대차가 없다'고 말하면서 이를 지지했었다. 그러나 3·1제와 3·7제 간의 소작료 비율상의 차이는 0.33%에 불과하지만 전자가 물납제인데 비해 후자는 금납제이며 또 3·7제의 경우는 과거 일본인 토지 및 반민족적 지주들의 토지를 몰수하여 농민들에게 분배할 것을 동시에 요구했다는 점에서 그 성격은 다르다.

던 것이다. 이것은 일종의 긴급조치로서 해방을 계기로 치솟아 올라오는 농민의 소작료 불납 내지 인하운동과 농지개혁 요구에 대응한 방어조치였다. 추수기를 전후한 이 무렵은 전국 각지에서 인민위원회를 비롯한 변혁지향 세력들이 자기 논리에 입각한 농지개혁안 또는 일제 및 민족반역자의 토지문제와 3·7제 소작료 인하 등을 내용으로 하는 인공의 시정방침인 농지개혁을 내걸고 농민을 조직화하고 있었다. 이에 미군정은 "토지소유권과 납세율은 종전과 다름없다"는 최초 입장을 후퇴시키고 1945년의 수확량을 위한 잠정조치로서의 3·1제 법령으로 그러한 움직임에 대응한 것이라 할 수 있다. 이 점은 하지가 "경제상태가 개선되어 감에 따라 소작료를 다시 조정할 것"(국사편찬위원회 편, 제1권, 1968: 418~419)이라고 발언하고 있음에도 알 수 있는데 소작농에게는 지불할 여유가 있고 지주들에게는 공평한 가치 하락을 포함한 것을 받을 수 있도록 이 법령은 재검토되고 있었던 것이다(*HUSAFIK*, Part III, Chap. VI: 421).

결국 당시 대중운동의 열기는 혁명적으로 가열되었으므로 군정은 이를 무마시키기 위해 3·1제를 내세웠던 것이다. 그런데 이러한 3·1제의 의미를 세력관계의 측면에서 본다면 해방 이후 새롭게 형성되어가고 있는 헤게모니를 역전시키는 것이었다.

> 이들(지주들: 필자)은 당초에는 확실히 무력하였는데 군정청에서 3분지 1제를 발표한 이후 득세하여 고집을 주장하게 되었다(김남식, 1974, 제2집: 159).

> 이 법령의 의의는 해방에 의해 지주에게까지 성숙되었던 토지문제 해결의 기운을 오히려 퇴조시킴으로써 농민의 생활을 향상시키고 조선농업의 발전에 이바지하기 보다는 오히려 지주의 지위를 보장해 주어 봉건적인 여러 요소를 그대로 유지하게 하고 조선의 제반 민주주의적 과제의 수행을 거부하는 것이라고 보는 편이 타당할 것이다(민주주의민족전선 편, 1946: 333~334).

이렇게 볼 때 3·1제는 지주적 토지소유를 전제로 하면서 해방을 맞아 위기에 선 지주들의 지배를 유지한다는 것을 명백히 한 것이라 하겠다. 미군정의 기록에서도 보여주고 있듯이 "지대는 소작농이 지불할 여유가 있어야 하고 다른 집단과 같은 경제적 지위를 가질 수 있어야 하고 지주는 공평한 가치하락 변화를 포함한 이익을 받을 수 있어야 한다"[11]는 것이었다.

11월 10일에 발표된 농상부령 제1호인 '소작료에 관한 건'에도 소작료를 1/3로 하는 외에 모든 것을 현행 계약대로 할 것을 규정하고 소작인은 관개비의 반액을 부담할 것과 종자, 농구 등 소작인이 부담하던 것을 종전대로 소작인이 부담할 것과 세금, 회비 등의 부산물도 현행대로 할 것이 규정되었던 것이다(『농지개혁사관계자료집』 제4집: 7쪽). 10월 1일 농상국도 10월 5일부 법령 제9호 규정의 소작료 3·1제 외에는 지세, 수수료, 기타 등은 종전대로 한다고 발표하고 있다(김천영, 1985: 77).

결국 미군정의 정책은 그 실질적인 구체화 과정에서 한국인 지주들의 이익을 묵시적으로 인정하였다고 봐야 할 것이다.[12] 미군정은 3·1제 소작제를 국가 비상사태까지 선포하여 실시하였으나 그만큼의 적극적인 추진의지는 없었던 것이다. 이는 이의 실시를 위한 후속조치를 거의 준비하지 않았다는 데서도 나타나는데 해방 직후 아래로부터의 대중세력의 대두 및 그 주도권 장악에 의해 밀리고 있던 지주세력을 옹호하고 그 활성화를 의미하는 것이었다. 실제로 3·1제가 지주의 토지소유권을 확인시켜 줌으로써 농민운동과 인민위원회 운동이 활발한 지역에서 지주제에 대한 조직적 공격으로 인하여 그동안 위축되어 있던 지주세력이 위기를 모면하면서 재등장하는 계기가 되기도 했던 것이다. 결국 미군정의 초기 토지정책은 전반적으로 대중운동의 고양에 대해 지주의 이익을 옹호하는 방향으로 대응하면서 한편으로는 농민운동의 개량화를 꾀하였던 것이다. 즉 3·1제는 지주들에게 일정한 양보를 강제함으로써 농민의 소작료 불납운동의 확산을 저지하고 지주의 소작농에 대한 종전의 계약을 보장해 줌으로써 당시 농촌의 혁명적 분위기를 일시적으로나마 무마시키려는 의도에서 공표된 것이었다

---

11) "Korean Agriculture and Some of its Problem", p.6.
12) 12월 14일 아놀드, 하지, 전농대표 유혁 면담에서도 소작료는 반드시 내야한다고 주장하고 있다(김천영, 1985: 85).

수 있다. 그러나 3·1제 소작제 공표와 같은 그렇게 미온적이고 과도
적인 조치를 가지고 사회경제적 불안정을 제거하기는 어려웠으며 농민
은 그것이 충분하지 못하다고 생각했다(Lucas, 1947: 39). 그러나 이것은 조
만간 한국인 지주를 포함한 전반적인 농지개혁이 있으리라는 기대를 낳게
했다(Hoag, 1970: 357 ; MuCune, 1950: 129).

한편 실제로 어느 정도 소작료 3·1제가 실시되었는가 하는 점을 살펴
보아야 할 것이다. 지주 측의 반발과 군정의 소극적 정책 때문에 대부분
지역에서 실시되지 못했다는 입장이 있다. 효율적인 강제기제가 없었기 때
문이다(Klein, 1958: 87~88). 신한공사 총재였던 미첼은 "소작권 변경을 위협
으로 한 지주의 명령에 복종하지 않을 수 없었기 때문에 한국인 지주들 간
에는 광범위하게 위반되었다"(Mitchell, October 1948: 7)고 보며 신문기자였
던 게인도 3·1제는 1946년 중반까지도 농민운동이 미약한 지역에서는 전
혀 실시되지 않았다고 한다(Gayn, 1981: 94). 그러나 전체적으로 70% 이상
은 실시되었다는 입장이 있고 실증 사례연구에서도 나타나고 있다(장상환,
1985). 그러므로 소작료 3·1제 실시는 지주와 소작인과의 힘의 역학관계
에 따라 지역마다 차이가 있었다고 생각되며 다만 농민들의 조직적 운동의
전개와 신한공사의 설치, 후에 실시된 식량공출제와 결합함으로써 어느 정
도의 효력은 보지 않았을까 보여진다. 식량공출제 이후 소작인은 지주에게
직접 소작료를 납부하는 것이 아니라 소속 지점 미곡수집소에 직접 공출하
였고 지주는 자가소비를 위한 것을 빼곤 나머지 소작료를 공출증으로 받게
되었기 때문이다.[13]

---

[13] 1946년 11월 13일 중앙식량행정처장 지용은은 지주와 소작료 문제에 관하여 "소
작인은 공출량을 소속 지점 미곡수집소에 직접 공출하고 그 대신 검사증을 받는
다. 그러므로 지주에게 줄 아무런 의무가 없다. 그리고 지주는 금융조합으로부
터 자기 소작인 전부가 공출한 미곡 공출증을 제출하면 소작요금을 받을 수 있
다"고 일반의 주의를 환기시키고 있다(『조선일보』, 1946.11.13).

2) 농지개혁안과 귀속농지의 매각

　미국은 자신의 점령지 일반에 있어서 봉건적 토지소유를 개혁하는 정책을 실시하였는데 그것은 농지개혁이 반공의 유력한 수단이었기 때문이었다(Mitchell, June 1949: 4). 농지개혁을 미국의 대외정책과 관련한 정치적 현상으로 보기도 하는 것도 이 때문인데(Olson, 1974: 5), 실제로 미 국무부는 당시 남한 내의 좌익세력들의 대중 동원능력을 억제하고 농민을 보수화 시키기 위하여 미군정 초기부터 농지개혁을 적극 권고하였으며 본국 차원에서 그것이 진행되고 있었던 것이다.[14] 미국은 반혁명 개량화의 한 수단으로서 점령지역에서의 농지개혁을 필연적인 것으로 인식하였고, 정책 실행과정에서도 미국 국내자본 분파의 개입이나 현지 지주계급의 저항을 막을 수 있는 객관적 조건이 마련되었던 것이다. 미국의 이러한 농지개혁정책이 사회주의권의 확립을 막고 자본주의체제를 넓힌다는 목적 아래 제기되고 그것이 또한 효과적으로 성공한 예로 한국과 대만을 들 수 있는데 한국과 대만은 패망한 제국주의 국가의 식민지였다는 점, 과거에 이 지역에 대한 미국 국내 자본분파의 이해관계가 거의 없었다는 점에서 라틴 아메리카나 필리핀, 베트남의 경우와 달리 이 지역에서 농지개혁이 상대적으로 철저히 수행될 수 있는 조건을 제공하였다고 하겠다(신병식, 1986b ; 신병식, 1989). 더구나 농업생산의 급격한 정체와 인구의 급격한 증가에 대한 식량난을 해결하기 위해서도 농지개혁이 필요했다. 해방 직후는 비료와 농기계의 보급 중단으로 농업생산이 일시적으로 후퇴한 데다가 귀환동포들의 증가로 식량사정이 아주 악화되었는데 이를 해결하기 위해서는 농지개혁으로 농민들에게 토지를 제공함으로써 증산의욕을 북돋우는 것이 현실적으로 가능한 가장 용이한 길이었던 것이다. 따라서 1946년 2월 27일 이미 군정장관 직속으로 미국무부 파견 전문인[15]으로 구성된 농지개혁법(안) 기초위원회

---

14) 이 점은 국무부의 한일 경제업무과장(Division of Japanese and Korean Economic Affairs)인 마틴의 발언에서 언급되고 있다. Department of State(January 18, 1946), "Korea and the Far East".

15) 주한미군경제고문단(Official of Economic Advisor th the Commending General USAFIK)

가 발족하고 있었으며 "38선 이남에 있는 일본인 농업재산의 매각에 관한 법안"(한국농촌경제연구원, 1984.7: 1)[16])을 작성하고 있었다.

이에 1946년 3월 7일 러취는 귀속재산을 한국인에게 방매할 계획을 발표하였는데[17] 아울러 한국인 대지주의 소유농토에 대해서는 장래 한국정부 수립 후에 해결될 것이며 신한공사의 소유농토는 매각된다고 밝히고 있다. 이것은 앞 장에서 살펴보았듯이 일본인 재산 처리에 대한 국무부의 전반적인 지시사항과 관계가 있었다.

문: 조선인 대지주의 소유 농토에 대한 처리안은 없는가?
답: 그것은 군정청에 소유권이 없으므로 처리할 수 없고 장래 조선정부 수립 후에 해결될 것이다.
문: 신한공사의 소유 농토도 소작농에게 불하되는가?
답: 불하된다. 신한공사는 소유농토가 완전히 소작농들에게 불하될 때까지만 농지사업에 관계하고 그 후에는 농지 사업에는 일체 손을

또는 국무부경제사절단(The Department's Economic Mission)으로 불리운 경제전문가들의 집단으로 이의 전체구성은 확실하지 않지만 단장 번스(Arthur. C. Bunce)를 위시해서 앤더슨(Anderson 농촌지도 담당), 스트롱(Strong: 원호문제 담당) 키니(Robert A.Kinney 무역노동담당) 워덴(Marion A. Worden) 로스(Ross) 등 11명이었다. 번스는 미국 재무부의 관리로서 국무부에 파견되었다가 공식적인 지위는 아니었으나 공사급으로 군정에 다시 파견되었다. 그는 6년간 북한지역에서 YMCA운동을 한 바 있었고 한국어를 유창하게 구사했다. 게인은 "번스가 한국문제를 사회적, 경제적 세력의 맥락에서 보고 있었으며 한국인에 대해서 진정한 애정을 보여준 최초의 사람이며 소련의 위협이 아니라 사회적 개혁을 강조했던 첫 번째 인물"이라 쓰고 있다(Gayn, 1981: 23). 이들의 임무는 한국의 경제적 조건에 대한 정보를 수집하는 것과 수집된 자료를 분석하여 건의사항과 함께 국무부에 보고하는 것, 긴급한 경제적 문제에 관하여 미군정을 돕는 것이었다. HQ USAMGIK, Bureau of Public Information(9 March 1946), "Press Conference", Seoul, Korea, RG 332, Box 37, p.1. 이들의 업적으로 알려진 것은 '주한미군의 재정운영에 관한 고찰', '남한의 식량사정보고', 및 '한국의 토지개혁' 등이 있으나 중요한 업적은 귀속농지 매각을 주도했던 군정내의 개혁그룹이었다는 점이다.

16) 이의 원본의 제목은 "Proposed Ordinance for Sale of Japanese Agricultural Property South of 38 North Latitude"였다.

17) HQ USAMGIK, Bureau of Public Information(7 March 1946), "Special Press Release", Seoul, Korea, RG 332, Box 37.

끊는다(『서울신문』, 1946.3.10).

3월 12일 농무국장 이훈구도 일본인소유의 토지는 개인이거나 회사이거나 불문하고 일체를 한국인 소작농에게 장기 상환 방법으로 매각하게 될 것임을 밝히고 있으며(『동아일보』, 1946.3.13), 3월 15일에도 귀속농지 매각에 대해 재차 발표하였던 것이다.

> 조선 소작농가에게 방매한 전일본인 소유 농지가 대지주의 손에 들어가지 않도록 만반 보호방침을 취하게 될 것이다. …… 농지는 직접 농부에게 소부분으로 방매할 것이다. …… 그리고 소농가가 그 농지에서 나온 수입을 대가를 지불할 수 있도록 장기상환 방법을 취할 것이다. …… 상환기간 중 군정청에서는 군정청 대행기관과 지방농회를 통하여 농부에게 최대의 수익이 있도록 하는 방법을 지시, 지도할 것이다(『서울신문』, 1946.3.16).

이에 대해 이훈구 농무국장은 "일인농지는 소농가에 방매하는 것이 아니고 정확히 말하면 15년 동안의 시험기간을 두어 아무 고장없이 잘 경작하면 그 경작인에게 그대로 주는 것"(『동아일보』, 1946.3.13)이라고 부언하고 있으며 5월 21일 군정장관 러취는 재차 "군정청으로서는 이전의 일본인소유 토지를 소작농에게 팔 준비가 되어 있다"(『서울신문』, 1946.5.22)고 말하고 있다. 고문단원인 기니의 발표와 번스의 보고 등을 종합해 볼 때 당초 계획안의 골자는 다음과 같이 정리될 수 있다.

1. 사업주체: 미군정 또는 새로 구성될 임시정부
2. 시행주체: 신한공사
3. 대상농가: 귀속농지를 경작하는 소작농과 자소작농
4. 분배한도: 자가노력에 의한 경작가능 범위
5. 매각지가: 주작물 평년수량의 4.5배
6. 지불방법: 매년 평년수량의 30%씩을 15년 동안에 현물로 분납
7. 토지양도: 상환완료 후에 소유권 인정

8. 사후관리: 매수지의 전매금지, 영농포기 때에는 토지환수 및 상속 허용
9. 농사지도: 지가상환을 위해 소득을 올리도록 농사지도를 실시

(김성호 외, 1989: 317)

이에 재한국정치고문도 국무장관에게 그러한 농지개혁 계획을 알리고 있다.

3월 7일 군정은 일본인 소유였던 농지, 도시주거지 및 소사업체 재산의 대한국인 매각결정을 발표하였읍니다. 875,000에이커에 달하는 일본인 소유 농업용 토지를 소작인 및 반소작인에게 매각하게 할 법령이 곧 공표될 예정인데 이들 소작 및 반소작인들은 구입하게 될 토지를 스스로 경작할 것이 틀림없다고 간주됩니다. 대금의 경제는 장기대부와 같은 형태를 띠게 될 것입니다. …… 한국의 각 파들은 한국인 소유 농업용지에까지 광범하게 적용될 토지개혁을 계획하고 있읍니다(『미국무성 비밀외교문서』, 1946: 241~242).

이 같은 미군정의 농지개혁안을 보다 구체적으로 살피기 위해서는 경제고문이었던 번스가 해방 직전에 쓴 글을 주목할 필요가 있다. 번스는 동척과 일본인 지주소유 토지는 국가에 의해 몰수되어야 하며 소작률에 대한 강제적인 삭감조치가 즉각 소개되어야 한다고 보았다. 또 번스는 해방 이후 한국사회는 순수한 사회주의도 자본주의도 아닌 혼합경제로 되어야 한다고 보고 있지만 기본적으로는 사유재산제를 옹호하고 있었다.[18] 따라서 지주에 대해서는 여러 가지 대안이 있을 수 있으나 보상을 하는 것이 새로운 사적 기업의 발전을 자극하리라 보고 있었다.[19] 미군정은 지주계급을 제거하려 했다기보다는 그들로 하여금 새로운 경제적 정치적 기능을 수행토록 한 것이다(Olson, 1974: 409). 이것은 농지개혁에 관한 상공회의소의 문의에 대한 미군정 장관의 회답에서 잘 드러나고 있다.

---

[18] A. C. Bunce(1944), Part I, p.69.
[19] A. C. Bunce(1944), Part II, p.86.

현재의 지주들은 그 농지에 대한 상당한 보상을 받을 처인즉 그들은 그것을 전에 일본인이 장악하였던 상, 공, 재무에 전 투자하여 상당한 활약을 하게 될 것입니다. 토지개혁안이 실시된 후에는 관재처에서 적당한 절차를 제정하여 현지주들이 농지의 대상으로 받은 증권으로 적산 상공기관에 투자할 수 있도록 본관은 희망하는 바입니다(대한상공회의소, 1949: 186).

따라서 농지개혁의 '번스안'의 골격은 이미 해방직전부터 어느 정도 계획되고 있었던 것이다. 그런데 일본인 소유토지 양도에 관한 조치가 일반의 주목을 끌면서 그 법령이 곧 성문발표 될 것이 예상되었으나(조선통신사, 1947: 38), 6월 25일 군정장관 러취는 일본인 소유 농지 매매에 관하여 여론 때문에 그것을 보류하기로 했다는 발표를 하면서 다음과 같이 해명하였다.

군정청에서는 지난번 법령으로 일본인 소유 경지를 농민에게 매도하기로 하되 10년 또는 15년간 장기에 걸쳐서 농작물로써 댓가를 상환시키기로 하였던 바 80%가 임시 정부수립까지 보류키를 희망하여 이의 정책을 여론에 호응해서 매매는 보류키로 하였다(『동아일보』, 1946.6.26).

하지의 경제고문들도 이 같은 점에 대해서는 다음과 같이 기록하고 있다.

구체안을 채택하지 않았다. 조선인의 여론이 이 문제를 임시정부가 선후에 결정하기를 바라고 있기 때문이다. 금년 가을에 입법기관이 생기면 첫째 토지개혁 문제를 결정짓고 싶다. 일본인 소유였던 토지는 약 15년 연부로 상환할 계획이었으나 이것도 보류하기로 하였다. 이것도 조선사람의 대다수의 의견을 따라서 결정하겠다(『조선일보』, 1946.9.5).[20]

실제로 당시의 여론조사를 살펴보면 미군정의 귀속재산의 매각에 대한 반대입장을 보여주고 있으며[21] 정치세력의 경우에도 좌우익의 입장은 크

---

20) 여론조사에 대해서는 『독립신보』(1946.6.26)를 참조하라.

게 달랐지만 매각사업을 임시정부 수립 후로 하자는 점에서는 모두 일치하고 있다.

- 한민당(김병로): 군정청에서 발표한 일인 재산처분에 대하여 우리도 검토하겠으나 …… 농지의 처분은 중요 국책에 관계되는 것이므로 지금대로 보류하였다가(앞으로) 수립되는 조선정부에서 처리함이 타당하다고 생각한다.
- 민주주의 민족전선: 토지문제의 평민적 해결은 우선 일본인과 민족반역자로부터 몰수한 토지를 농민에게 무상으로 분배하기를 요구한다. 민주주의 임시정부를 미구에 앞두고 이러한 정책을 졸속히 실시할 필요는 도무지 없다는 것을 우리는 명언하는 바이다.
- 조선공산당 중앙위원회: 미소공동위원회가 금일을 기하여 그 역사적 회합이 열리는 이때 우리 당은 하루라도 속히 통일적인 임시민주주의 정부 수립에 적극 전력하는 동시에 이 정부는 남부 조선에서도 북조선의 해결과 동일한 민주주의적 진보적 방법으로 토지개혁을 단행하여야 할 것을 선언한다.
- 조선신민당: (토지의) 처분은 불원 수립될 조선신정부에 맡겨두는 것이 적당한 조치로 생각한다. …… 북조선 토지개혁안은 원칙적으로 찬동하나 기술적 조치방법에 있어서 고려를 요할 점이 있다.
- 이승만: 토지개혁은 우리가 임시정부를 갖게 되면 그 때에 해결해야 한다.
  『한성일보』, 1946.3.11 ; 『해방일보』, 1946.3.21 ; 『해방일보』, 1946.3.23[22]

이처럼 당시의 좌우 양측이 모두 임시정부 수립 이후에 토지를 매각하자고 한 것은 미첼이 적절히 평가하고 있듯이 각기 자기세력에 유리한 방향으로 토지문제를 인식하고 있었기 때문이다.

---

21) HQ, USAMGIK, Department of Public Information(7 April 1946), "Possible Objection to the Proposed Ordinance for the Sale of Japanese Agricultural Property South of 38 North Latitude", Seoul, Korea, RG 332, Box 37.
22) 또한 신한공사의 한국인 관리나 미국인 관리 모두다 이 프로그램에 반대했고 토지불하 법령에서 신한공사 소유의 토지를 제외하려고 하였다(『농지개혁사관계자료집』 제4집, 1968: 168).

이 땅에서 권력을 쥐게 되리라고 믿는 특정의 정치적 신념의 신봉자들은 그들 자신이 이러한 자산의 분배를 맡고자 하는 의도로 자산이 그대로 온전히 보존되기를 바라고 있다. 이러한 부의 취득이나 분배할 권한을 갖는 것은 그 자체가 정치적 체계를 스스로 영속화하는 결과가 될 것이다. 1946년 여름 좌익 측이 신한공사의 해체를 요구하던 외침을 뚝 그쳐버렸던 점이다. 그들은 신한공사의 자산을 그대로 취득하는 것이 가장 도움이 되리라고 깨달았던 것 같다(『농지개혁사관계자료집』 제4집, 1986: 61).

전농에서도 1946년 3월 19일에는 신한공사의 존속은 일제 동척기구의 존속을 뜻하는 것이며 연합국의 중요한 과업을 망각한 것이라고 맹렬히 비난했었지만 신한공사를 해체시키게 될 귀속농지 매각 발표에는 반대하였던 것이다. 결국 재한국경제고문은 국무장관에게 농지개혁의 실시가 연기되었다는 것을 알리고 있다.

　　이 프로그램은 …… 한국인 부재지주의 소유토지를 포함하는 전면적인 토지개혁 프로그램의 첫 단계로 계획되어졌다. 이 프로그램은 광범위한 지지를 받고 있으나 1946년에는 그 실시가 미루어졌다. 그 이유는 군정당국이 여러 차례의 여론조사를 토대로 한국 국민은 토지개혁에 앞서 먼저 임시 정부가 수립되기를 바란다고 결정했기 때문이다. 그 당시에는 미소공동위원회가 1946년 중에 수립될 수 있을 것으로 기대되고 있었다. 그 계획안은 전일본인 소유 농지를 15년간 곡물상환으로 소작인에게 양도하도록 한 것이다. 일년에 납부할 양은 주곡수확량의 30%였는데 나중에는 해마다 25%를 납부하는 것으로 감해졌다. 이로써 소작인들은 그들의 농지에서 생산되는 한 해 소출의 3.75배에 해당하는 양을 지불하면 그들의 농지를 구매할 수 있게 한 것이었다(『농지개혁사관계자료집』 제4집, 1968: 85).

일본에서는 맥아더 사령부가 1945년 말에 토지개혁령을 내려 급속히 이를 진행시킨 반면 미군정은 농지개혁을 연기하였던 것인데 이에 대해 미군정은 농지개혁이 여론조사의 결과로 연기되었다고 하였다. 그러면 미군정이 당시 농지개혁안을 취소한 이유가 과연 여론의 반대였을까? 사실상 1946

년 동안에는 모스크바 협정에 따라 임시정부가 설립되리라고 기대되고 있었다. 이에 6월 27일자 『조선인민보』는 군정당국의 보류는 "지당한 조치이므로 합의를 표하는 동시에 일반여론 존중하는 러취장관의 민주주의적 시행에 감사한다"(『조선인민보』, 1946.6.27)고까지 할 정도였다. 따라서 미군정 말대로 강력한 여론 때문이었다고 보는 입장도 있으나(김성호 외, 1989: 322) 그렇다면 미군정은 미소공위가 연기되어 모스크바 협정에 따른 임시정부의 수립가능성이 희박해버린 뒤 즉각적으로 농지매각 프로그램을 집행했어야 했는데 실제는 그러지 않았던 것이다. 이에 한민당을 중심으로 한 보수세력과의 관련성 때문이라는 입장이 있다(樓井浩, 1967: 48). 물론 미군정이 한민당을 중심으로 하는 보수세력의 영향을 받은 것은 사실이나 한민당이 농지개혁의 '번스안'을 제지했다는 직접적인 근거는 찾기 어렵다.

따라서 여론조사의 결과나 보수세력과의 관련성 때문에 미군정이 농지개혁안을 취소했다는 주장은 별로 근거가 없으며 그것보다는 점령권력으로서의 미군정이 그것을 집행하기에는 현실적으로 어려움이 있었다는 것으로 보는 것이 타당하다고 하겠다. 국무부로부터는 농지개혁에 대한 실제적이고 법적인 행정적 지침이 오지 않았으며(Hoag, 1970: 263), 점령의 민간업무는 담당하는 주한 미육군 군정의 수립은 1946년 초가 되어서야 겨우 형태를 갖추었고 지방에 따라 차이가 있겠지만 미군정의 행정적 침투력은 1946년 말까지 확립되지 못하였던 것이다. 즉 국가권력에 의한 일정한 사회통제력 및 자율적인 행정기구가 존재하지 않았던 것이다. 더욱이 해방당시 남한은 일제의 패망으로 힘의 공백상태가 조성되었으며 초기에는 인민위원회가 현장에서 주도권을 장악하고 있었다. 실제로 소작농민들조차 어떤 식이든 한국정부가 수립된 후에야 농지개혁을 해야 한다는 것이 지배적이었는데 이는 로빈슨의 지적대로 일반 국민들도 미군정이 그러한 계획을 실행할 수 있는 행정력을 지니고 있다고 생각하지 않았음을 의미한다(Robinson, 1947: 87). 한국정부가 수립되지도 않았는데 그 같은 계획이 15년이라는 기간에 걸쳐 유효할 것이라는 것을 누가 보증할 수 있겠느냐는 것으로[23] 미

---

[23] 로빈슨은 농민들이 그 같은 개혁을 정당하게 실행해 낼 능력이 미군정에 있다는 충분한 신뢰감을 가지고 있지 않다고 보고 있다(Robinson, 1947: 246).

군정에 대해서 공적인 신임을 가지지 못했음을 의미한다. 또한 미군정의 위신에 손상을 줄 많은 행정적인 문제점들에 직면할 것이며 모든 방식의 단계가 급진적인 좌익 집단에 의해서 방해당할 것이라 보았다.[24] 미군정은 당시의 상황에서 그것을 집행하기에는 정치적 상황이 불확실하였고 제반 여건 또는 능력이 재정적, 행정적으로 역부족이었던 것이다. 이외에도 미군정의 권리와 의무에 대한 법적 뒷받침을 확신할 수 없었던 것이다. 따라서 미군정은 여론의 반대와 미온적인 태도를 지적함으로써 그것을 보류할 수밖에 없었고 거기에는 이처럼 미군정 자체의 입장이 크게 작용한 것이었다. 미군정은 농지개혁의 필요성에 대해서 인정하고 귀속농지의 매각에 대한 권한을 계속 요청하였음에도 불구하고[25] 농지개혁이라는 구체적인 정책을 실시할만한 집행능력을 지니지 못했던 것이다.

실제로 3월 2일 맥아더 사령부에게 미군정은 모든 농지와 주택, 소규모 기업체의 매각에 대한 권한을 부여받아야 한다는 것을 주장해 왔다는 것을 인정하면서도 다음과 같은 이유로 농지개혁에 대해 강한 반대가 있다는 점을 지적하고 있다.

1. 경제적인 단점이다. 좋은 토지소유권을 주지 않는다면 누가 살 것인가?
2. 정치적 위험이다. 매각의 확인을 막고 농지나 다른 재산의 국유화를 가져오고자 하는 소련의 영향에 노출되어 있다는 점이다.[26]

실제로 미군정이 처음부터 농지개혁에 대해서 반대하였다는 것은 신문기자로 남한에 왔던 게인의 글에서 잘 지적되고 있다.

---

[24] "Possible Objections to the Proposed Ordinance for the Sale of Japanese Agricultural Property South of 38 North Latitude", a-f. 참조. "Verbatim Transcript of General with Wedemeyer Mission", 23쪽.
[25] OPD Strategic Policy/74974, Col Bonesteel/Jmn(23 February 1946), "Disposal of Japanese Property in Korea", Memorandum for Record, RG 319, Box 87.
[26] CG USAFIK to SCAP, TFYMG 1090, 21740/1(2 March 1946), RG 332, Box 37.

그러나 번스가 우리에게 말하지 않았던 것은 러취장군은 물론 한국인 통역에 이르기까지 군정당국은 모두 어떤 토지개혁에도 반대하고 있었다는 점이다. 따라서 '번스의 우극(Bunce's Folly)'으로 회자된 이 안을 매장시킬 수 있는 멋진 수단이 뒤따르게 되었다. 군정은 이 문제에 대해 여론조사를 실시했고, 그 결과 '소작인들은 현재 토지를 원하고 있지 않다. 그러나 다만 장래의 한국정부가 그들에게 토지를 주리라고 크게 기대하고 있다'(따옴표: 필자)는 점을 보여 주었다는 것이다(Gayn, 1981: 115).

그러면 왜 미군정은 당시 농지개혁에 대해 반대하면서도 매각계획을 발표하였는가? 이는 미군정이 장기적인 농지개혁을 수행하는 것은 현명치 못하다고 보았지만 그것이 곧 미군정의 역할을 수동적으로 격하시키는 것은 아니며 농지개혁 프로그램을 후에 수립될 한국정부가 빨리 시작하도록 하는 강한 추천이 필요하다고 보았고, 이 문제점들의 정치적 측면에 주목하고 있었기 때문이다.27) 실제로 북한에 있어서의 농지개혁의 영향과 함께28) 미군정은 심각한 소작상황이 공산주의 선동을 위한 비옥한 토양을 제공하리라 깨달았고 따라서 농지개혁의 문제가 미국인 관료들 사이에서 심각한 관심을 갖는 것이었다. 실제적인 농지개혁보다 농민들에 대한 공산주의자의 호소를 무능하게 할 행동은 없다고 보았던 것이다. 따라서 미군정은 당시 상황에서 국무부의 지령과 함께 토지문제에 대한 모종의 조치를 발표하지 않을 수 없었던 것이다. 또 미소공위를 앞두고 당시의 실추된 위신을 보강하기 위해서였다. 1946년 4월 초 미군정의 여론조사를 보면 응답자의 49%가 일제시대를 미군정보다 선호하는 것으로 나타나고 있다(Lauterbach, 1947: 247). 더구나 북쪽지역에서 소련이 일본인 재산을 한국인에게 곧바로 넘겨줌으로써 한국인들의 호응을 받고 있는 사태에 대처하고 아울러 외교적으로 소련에 비해 불리한 위치에 서지 않기 위해 미군정은 귀속재산의 소유권을 장차 한국정부에 넘길 것을 공표한다든가 또는 일부 귀속재산을 한국

---

27) "Possible Objections to the Proposed Ordinance for the Sale of Japanese Agricultural Property South of 38 North Latitude".
28) OPD Strategic Policy/74974, RG 319, Box 37.

인에게 매각한다든가 하는 정책을 세웠던 것이다. 맥아더 사령부도 4월 25일 미군정에 보낸 전문에서 한국인을 포함한 전반적인 농지개혁을 옹호하고 있었으며 그 이유를 다음과 같이 지적하고 있다.

ㄱ. 한국은 전체농가에서 소작농이 거의 80%이며 전 인구의 60%가 수년동안 개인 농지소유권을 가지거나 좀 더 공평한 소작조건으로 이끄는 토지개혁을 추구해 왔다.
ㄴ. 소작제도는 한국에서 정부통제화된 회사든 개별 지주이든 한국인들 대다수 사이에서 사회적 불안정과 정치적 불만족의 계속적인 원천이다.
ㄷ. 기존 토지소작체계의 바람직하지 못한 면 제거의 연기나 실패는 책임있는 정부에 대한 정치적 위신의 손실을 가져온다. 반면 적극적인 농지개혁 조치는 대다수 한국인들을 포섭할 수 있다.
ㄹ. 대부분 한국정당은 이미 일할 수 있는 농민들의 능력의 원리에 따라 농민들에게 한국인 지주나 구일본인 소유농지의 재분배를 포함한 프로그램을 보증하고 있다.
ㅁ. 한국인뿐 아니라 구일본인 재산을 포함한 농지개혁은 안정된 정부 쪽에서 본다면 중요한 경제적 정치적 행위를 포함한다. 대부분에 의해서는 우호적이지만 힘이 센 소수는 강하게 반대할 것이다. 합리적인 시간내에 한국정부에 의한 이 프로그램의 궁극적인 성취는 대부분 미군정에 의한 그러한 프로그램의 개시와 지지에 의존할 것이다.[29]

이와 같은 맥락에서 맥아더 사령부는 이미 그 이전부터 농지개혁의 구체적 내용에 대해서도 관심을 보이며 구일본인 소유토지뿐 아니라 전반적인 농지개혁의 중요성을 논하고 있다. 그러나 미군정은 농지개혁을 실시하되 그것은 한국인 입법기관을 통해서 해야 한다고 보고 있었다(국사편찬위원회 편, 제3권, 1968: 365).[30] 실제로 1946년 8월 군정법령 제118호에 의거하여

---

[29] HQ USAMGIK, Office of the Military Government, Ordinance, Number 80(May 7. 1946), "Creation of the New Korea Company Limited", Seoul, Korea, RG 32, Box 37.
[30] 번스안도 한국인 소유토지는 한국정부에 의해서 결정될 문제라고 보고 있었다. HQ USAMGIK, "Press Conference", RG 332, Box 37, p.2.

'조선과도입법의원 창설'이 공표되었는데 8월 26일 하지의 경제고문 번스는 국무장관에게 보내는 보고서에서 '토지개혁은 남한의 의회가 …… 책임을 떠맡게 되는 대로 조속히 실시되어야 할 것'(『미국무성 비밀외교문서』, 1946: 341)이라고 쓰고 있으며 9월경에는 기자회견을 통해 입법의원이 개원되면 농지개혁 문제를 결정하겠다고 밝히고 있으며 군정장관 대리 헬믹도 "만일 군정이 계속되고 있는 동안에 조선입법의원에서 토지개혁법이 제정된다면 지주들은 각자 토지에 대하여 적당한 배상을 받게 될 것이다. 다만 현 군정은 고문의 자격으로 행동할 것이고 토지개혁에 관한 모든 법령은 조선사람들이 선정한 조선입법관의 책임이 될 것"31)이라고 말하고 있다.

한편 전농은 1946년 5월의 확대위원회에서 종래의 3·7제를 중심으로 하는 행동 강령을 수정하여 무상 몰수와 무상 분배에 의한 소작제 폐지를 주장하고 있었다. 이러한 전농의 농지개혁안은 농업생산 제수단의 완전한 소유 관계의 확립을 꾀하고 그 몰수 대상이 토지뿐만 아니라 임야, 가축, 농가, 주택 및 과수원 등을 포함하고 있고 또 분여 토지의 매매, 저당, 소작을 불허하고 있었던 것이다(박혜숙, 1987 ; 이혜숙, 1988 ; 이우재, 1989).

이와 같은 상황 속에서 미군정의 지원과 함께 좌우합작운동이 전개되었으며 1946년 10월 7일에는 좌우합작 7원칙이 발표되었다. 농지개혁에 관한 방침은 좌우합작 추진과정에서도 가장 핵심적인 쟁점으로 대두하여 좌우합작위원회는 좌익의 무상매상 무상몰수안과 우익의 유상매상 유상분배안을 절충한 유상매상, 무상분배안을 채택하기로 한다. 이러한 과정 속에서 과도입법이 개원되었지만 실질적 입법기능을 발휘하지 못했다. 이에 전농

---

31) 1947년 2월 22일에도 이훈구는 "남조선의 토지문제는 과도입법의원에서 법안이 새로 제정되어 러취 군정장관의 승인을 받아 법률로서 시행되기 전까지는 현재의 토지제도에 조금도 변함이 없다"고 말하고 있다(『경향신문』, 1947.2.23). 1946년 9월 미국무장관 대리 에치슨은 대조선 미국정책에 대한 특별발표를 하였는데 거기에는 군정의 조선에 있어서의 주요 목적의 하나로서 "토지개혁을 실시하여 광범한 소작권을 농민의 소유로 하자는 조선인의 희망 및 욕망을 들어줄 것"이 포함되어 있었다(『조선일보』, 1946.9.5). 미국무부는 당시 남한 내의 좌익세력들의 대중 동원능력을 억제하고 농민을 보수화시키기 위하여 토지개혁을 반공의 유력한 수단으로 보았기 때문이다.

은 제2차 전국대회에서 농지개혁법안을 결의하고(『독립신문』, 1947.2.23), 4월 15일에는 전농 부위원장이 러취 장관을 방문하고 전농의 법안과 민전 강령의 즉시 실시 및 강제공출의 철폐를 요구했다. 또한 맥아더 초청으로 3개월이나 한국과 일본을 방문했던 미국의 인권 옹호동맹의 볼드윈(R. N. Boldwin)도 농지개혁의 실시를 제의하였다(『경향신문』, 1947.6.27). 당시 평택, 여주 등의 수천 농민은 각 부락마다 당면한 요구조건 건의를 하지 중장에게 보내는 진정서를 중앙 민전본부에 전달했는데 당시 농민들의 상황과 요구를 잘 나타내 주고 있다.

> 첫째, 토지개혁을 즉시 실시하여 주시오.
> 둘째, 테러와 악질경관을 숙청하여 주시오.
> 셋째, 농본기에 먹고 일할 수 있는 쌀을 3홉씩 배급하여 주시오.
> (『독립신보』, 1947.4.6)

더구나 10월항쟁 이후 미군정은 농민에 대해 적극적인 유인책을 실시해 나가지 않을 수 없었다. 즉 10월항쟁의 과정에서 농민의 반군정의식의 폭발에 직면한 미군정은 그 후 농지개혁을 본격적으로 검토하기 시작하는 것이다. 개혁에 미온적인 미군정에 대한 광범위한 불신임, 그에 따른 남한의 정치, 사회적 격동 속에서 진보세력에 대한 방파제를 구축하기 위해서는 농지개혁 실시가 필수적이라는 미국무부의 입장을 받아들이지 않을 수 없었기 때문이다. 실제로 1947년 8월 남한을 시찰한 웨드마이어 중장은 대통령에게 제출하는 보고서에서 친일 한국인을 미군정에 기용한 점과 함께 농지개혁을 실시하지 않은 점이 미군정의 실책이라고 지적하고 있다(Wedemeyer, 9 septemba). 한편 한국문제의 유엔 이관이 본격적으로 논의되자 미국무부는 귀속재산 특히 신한공사가 보유하고 있는 방대한 귀속농지를 시급히 처리해야 된다고 보았다. 미국무부는 1947년 8월 25일자의 지급전문(국무부 Serial 108)으로 미군정 경제고문에게 귀속농지 매각안을 송부하라고 지시했으며 이 날짜로 러취 군정장관은 입법의원 의장 앞으로 '긴급조치에 의해 신한공사의 토지를 처분'케 하라는 요청서를 발송했다.[32] 또 웨드마이어는 "요구되는 개혁에 대한 지원대책으로 농지개혁, 귀속재산불하, 관개시설 등과 같은 필수과제들을 미군철수전에 완성해야 한다"(Wedemeyer, 9 september 1947)고 강조하고 있다.

사실상 미군정도 토지분배 문제는 정치적으로나 이념적으로 대단히 중요하며 신한공사의 토지가 좌익이나 우익의 영향력에 의해 매각되어서는 안 될 것이라 보고 있었다. 또 미군정은 귀속농지 매각과 한국인 토지매각을 동시에 하는 것을 원하고 있었으며(Mitchell, 1952: 17), 토지를 소작인들에게 넘겨줌으로써 중요한 정치적 쟁점을 제거시킬 수 있으며 경제가 더욱 안정될 것으로 보았다.[33] 이에 미군정은 한국 국민에게 적당한 가격으로 귀속재산을 체계적으로 분배할 것에 관한 계획안을 마련하라고 관재처에 권고하였으며 입법위원을 설치하고 여기에서 농지개혁에 대한 심의를 하도록 한 것이다.

> 1946년 봄에 적산농지 처분에 관하여 정부의 조선인 직원과 미국인 직원이 협의하여 한 안을 작성하였습니다. 그러나 조선인의 소원을 존중시하여 전반적 토지개혁안이 편성된 조선입법기관에서 이를 認准하기를 기다리고 그 안 채용을 遷延하고 있었읍니다(대한상공회의소, 1949: 185).

그러므로 다음 글에서 알 수 있듯이 미군정이 지주와 연합하여 농지개혁을 계속 지연시켰다고 볼 수는 없다.

> 농지개혁의 조속한 실현을 위해 지속적인 노력을 경주해야 할 것이다. …… 입법회의의 무관심은 조선의 대지주들에게 불리한 입법을 하기 싫어하는 입법의원들의 태도와 새로운 의회를 구성할 다가오는 선거로 인한 자신의 위치의 불확실함 때문인데 어느 것이든 정당한 이유가 되지

---

32) 그 내용의 일부는 다음과 같다. "본관의 생각에는 정부소유토지를 관리하는 강력한 기관이 존속되어 조선농민에 대하여 지주적인 역할을 하는 것은 장차 그 어느 독재자의 출현을 공공연히 초래시키는 것밖에는 안되는 것이다."(『서울신문』, 1947.9.2).

33) President, New Korea Company(31 January 1947), p.10.

못한다. …… 그러나 진정한 문제는 농지개혁의 필요성을 입으로만 떠드는 입법의원들로 하여금 입법부 위원회와 입법부 회의석상에서 농지개혁사업을 위해 투표하도록 만드는 일이다(G-2 Weekly Summary 14권: 103).

이는 미군정이 이후 입법의원에게 '전일본인 소유농지 몰수처분 및 신한공사해체를 위한 법제정요망'과 '토지개혁법안 최우선 심의요망'에 관한 서한을 보냈다는 것에서도 나타난다(김혁동, 1970: 126~130).[34] 그러나 농지개혁을 통한 지주 소작관계의 개선이 사유재산제를 위태롭게 하는 것은 절대로 피해야 한다는 것이 미군정 토지분배정책의 기본적인 틀이었다. 즉 농지개혁은 사유재산을 인정하는 범위 내이어야 했으며 농지개혁을 통해 지주계급을 산업자본가화 하려고 했던 것이다.

> 입법원을 통과될 때의 該案이 사유재산 관념을 보전하는 동시에 토지소유권이 이를 경작하는 농민들에게 광범위 분포되게 된다면 이를 인추할 각오를 가지고 있습니다. …… 또한 현재의 지주들은 농지에 대한 상당한 보상을 받을 터인즉 그들은 그것을 전에 일본인들이 장악하였던, 상, 공 재무에 다시 투자하여 상당한 활약을 하게 될 것입니다. 토지개혁안이 실시된 후에는 관재처에서 적당한 절차를 제정하여 현 지주들이 농지의 대가로 받은 증권으로 적산 상공기관에 투자할 수 있도록 본관은 희망하는 바입니다.[35]

승리한 제국주의 국가인 미국과 영국의 식민지 지배하에 있던 곳에서는 지주계급이 제국주의 세력과 계속해서 동맹을 맺고 있었기 때문에 전쟁이 끝나고 독립된 이후에도 지배계급으로서의 지위를 계속 유지할 수 있었다.

---

34) 입법의원 통과를 종용하는 미군정의 이와 같은 입장은 하지의 언급에서도 나타나고 있다. "Verbatim Transcript of General Hodge's Discussion with Wedemeyer Mission", p.23.
35) 이러한 생각은 해방직전 번스의 글에서 처음 나타나고 있으며(A. C. Bunce(1944), Part I: 86). 1948년 2월 10일 상공회의소의 토지문제에 관한 건의에 대한 미군정 측의 회답에서 나타나고 있다.

이에 비해 한국에서는 2차 대전 종전과 더불어 일제가 패망함에 따라 일제의 보호를 받고 있었던 지주계급은 큰 타격을 받고 약화되어 있었다. 또 미군정의 방침에서나 북한의 농지개혁 실시, 사회세력의 요구 등에서 볼 때 농지개혁은 하나의 기정사실로 받아들여지게 되었다. 그러면 지주들은 이러한 상황에 직면하여 어떻게 대항했는가? 그들은 그들의 경제적 기반을 유지하기 위한 모든 방법을 다 활용하였음을 알 수 있다. 농지개혁으로 토지가 몰수되는 것이나, 소유에 제한을 받을지도 모른다는 두려움에서 막연히 농지개혁을 반대하는 방법을 취하거나, 자신들의 기득권을 보호할 방도를 강구하게 되었다. 또 농지개혁의 논의가 장기화하는 과정에서 그들의 토지를 방매함으로써 농지개혁으로 인한 사실상의 피해를 모면하고자 하거나 농지개혁의 입법과정에서 법률심의에 시간을 끌었던 것이다. 또 소작료 공출에 대한 지주의 횡포가 심했는데 1946년 11월 12일의 식량규칙 제3호의 수정으로 지주는 현물, 현금을 불문하고 직접 소작료를 징수할 아무런 권한도 없음에도 불구하고 일부 악덕지주는 공출량을 제외한 잔여소작료를 직접 현물로 징수하고 또 3·1제와 공출량 이외에도 가혹한 현물 내지 금납 소작료를 강요하여 게인의 기록에서 보여주듯이 결국 종전의 5·5제를 행하기도 했다.

'당신들은 지주에게 수확물의 1/3을 바치고 있지요?' 즉시 항의가 들어왔다. '아니요, 우리는 수확의 반을 바칩니다.' 나는 말했다. '약간 이상하군요, 당신들은 군정이 소작료를 1/3로 제한해 놓은 것을 모르십니까?' 그들은 모른다고 했다. 그런 소문이 있기는 했지만 이곳에서는 결코 그런 일이 없었다는 것이다. 옆마을에도 없었다고 누군가가 울타리 밖에서 말했다. 그리고 또 누군가가 이웃 면에서도 그런 일은 없었다고 말했다. …… '우리는 쌀을 모두 군정에 갖다 바칩니다. 면서기가 우리에게 값의 반에 해당하는 증서를 주고 지주가 나머지 반에 대한 증서를 받게 됩니다.' 이것은 군정의 한국인 관리와 지주 사이에 어떤 야합이 있었다는 점을 말해주는 명백한 증거였다(Gayn, 1981: 94).

한민당은 지주와 기호 및 호남지방 등의 재벌, 식민지 시대의 고위 관리 등을 포함한 관료계층으로 농지개혁에 대해서는 당연히 지주의 이익을 대표하는 정당일 수밖에 없었다. 그러므로 한민당의 농지개혁안을 중심으로 지주의 입장을 살펴볼 수 있다. 한민당은 미군정 통치기간 동안 국가기구를 실질적으로 장악하고 있었는데 한민당과 미군정의 권력유착은 여러 부분에서 드러나고 있다. 한민당은 사법과 문교, 치안을 비롯한 여러 분야에서 미군정의 정책결정에 가장 중요한 역할을 수행했던 집단이었던 것이다(심지연, 1984: 42~88). 또 농지개혁 법안을 다룰 과도입법의원도 지주 또는 그 대표자들을 중심으로 한 보수 정당 및 그 단체 출신의원들 위주로 구성되어 있다. 이는 실제로 미군정청에 의하여 구성된 한민당의 영향하에 있던 과도정부입법의원이 미군정청의 개혁안을 통과시키지 않았다는 점에서 잘 드러난다. 이들은 구일본인 농지를 분배하는 것이 그들의 지위를 하락하게 될 것이라 보았던 것이다.

  토지제도의 합리적 재편성을 정책으로 내걸었던 한민당은 한국인 지주의 토지에 대하여 개혁의 대상이 되어야 한다는 사실에 대해서는 반대하지 않았지만 몰수를 하는 경우에 유상으로 해야 한다고 주장했다는 점이 다른 정당이나 사회단체와 비교하여 차이가 나고 있다.36) 또 한민당은 어느 정도의 개혁에 찬동하면서도 지주의 이익을 옹호하는 입장을 견지했었다는 사실을 부인하기는 어렵다. 그러므로 이러한 우익세력의 농지개혁안의 내용의 특징은 다음과 같다.

  첫째, 3·1제 소작료가 실시되었던 1945년 말의 상황 아래서 3·1제를 인정했을 뿐 농지개혁에 대해서는 기본적으로 반대하였다. 경작권의 균등확립이라는 토지정책은 대지주 소유지의 유상매각을 통한 지주의 자본가로의 전화를 보장하는 방식이 되어야 한다는 입장이 제시되었지만 대지주의 규정 및 유상매각 시의 토지 가격 등 세부내용을 밝히지는 않았다.

  둘째, 농지개혁 문제가 쟁점이 되었던 1946년의 좌우합작 시기에도 임시정부 수립 이후의 문제로 농지개혁 문제를 유보하였으며 좌우익 양 세력

---

36) 한민당은 "북조선의 토지개혁령은 민주국가에서는 있을 수 없는 것이다. 토지는 몰수하여 소작인에게 분여한다니 지주가 모두 역적이 아닌 이상 어찌 이러한 무모한 일이 있으리오"라고 북한의 토지개혁을 비난하였다(서중석, 1991: 358).

간의 공방과정에서 유상매상에 의한 토지분배를 주장했으나 그 내용이 명확하지는 않았다. 단지 유상매상과 유상분배에 의한 지주소유지의 분배를 주장하였다.

셋째, 1947년 여름 미소공위 재개에 따른 미소공위 자문에 대한 답신서에서 비교적 상세한 내용이 제시되었다. 그 내용은 지주소유지 중 과수원, 목축장, 개간지 등을 제외한 일부 경작지에 한하여 유상으로 체감매상하여 소작인에게 유상으로 분배한다는 것이었다. 그러나 여전히 매상 및 분배 가격 등은 제시되지 않았고, 임시정부 수립 이후의 문제로 실시 시기도 유보되었다.

한민당은 지주로부터 매상된 토지를 무상으로 농민에게 분배하는 것을 반대하는 이유로서 다음과 같은 이유들을 들었다. 첫째, 무상으로 분배하면 국가재산의 부담이 과중하다는 것이며 둘째, 세금으로 처리하자면 조세 부담의 불공평을 초래한다는 것이며 셋째, 농민에게는 토지를 무상 분배하여도 일반 시민은 무상분배 대상에 포함되지 않는 불합리가 있다는 것이며 넷째, 무상분배 방식으로는 농민에게 토지의 처분권이 없고 따라서 소유권을 주는 게 아니라 경작권을 줄 뿐이라는 것이며 다섯째, 유상으로 분배함에 따라 사유재산을 지킬 수 있다는 것이었다.

이처럼 전반적 위기에 직면한 봉건적 지주계급은 소극적인 측면에서는 국가권력을 이용하여 농지개혁을 회피 내지는 지연시키고자 했다. 한편 보다 적극적인 측면에서는 이 과정에서 확보된 시기적 여유를 최대한 이용하여 스스로 지주제를 해체하고 자본가화 해감으로써 시대적 조류에 적응해 가고자 했다. 지주가 취할 수 있는 대응책은 첫째로 소작지를 회수 자경하여 농업자본가를 지향해 가는 길이다. 이것은 소작농민을 토지로부터 분리시켜 임노동자화 시키면서 지주적 진화의 길을 통한 농업의 자본주의적 발전에 일정한 의의를 갖게 된다. 둘째로 토지를 처분하고 토지자금을 회수하여 근대적 상업, 산업자본가로 변화해 가는 길이다. 셋째로 전자가 여의치 않을 때 토지자금을 회수하여 전기적자본으로 기생하여 몰락해가는 자신을 지탱코자 하였다(유동현, 1986: 48). 그러나 지주가 소작지를 회수하여 자경하는 경우는 적어도 농지개혁법이 제정될 때까지는 극히 예외

<표 5-1> 500석 추수 이상 대지주 도별 조사표

	지주 수			추수량(석)			면적(정보)		
	1943.6	1946.12	감소인원	1943.6	1946.12	감소량	1943.6	1946.12	감소면적
경기	244	206	38	363,567	282,342	81,225	31,479	3,611	7,886
충북	30	13	17	28,612	15,170	13,442	2,531	1,780	851
충남	288	90	198	314,674	95,509	219,165	24,774	9,297	15,279
전북	333	270	63	476,327	303,191	173,136	35,136	21,983	13,153
전남	271	220	51	354,919	253,880	101,039	31,660	20,667	10,993
경북	178	125	53	208,309	178,365	29,944	20,490	18,603	1,888
경남	244	151	93	327,004	171,270	155,734	23,870	17,606	6,264
강원	42	9	33	33,430	6,780	26,650	2,773	1,398	1,375
계	1,630	1,084	546	2,106,842	1,306,507	800,335	172,731	114,945	57,689

* 자료: 『조선경제통계요람』(1949), 농림부(1962), 『우리나라 농지제도』, 31쪽.
여기서는 이병석(1988: 202)에서 재인용.

적이었고 지주의 대응책은 일단 소작지를 처분하여 토지자금을 회수하는 것이다.

따라서 농지개혁에 대한 지주들의 반작용 중에서 주목되는 것은 그들의 소작지 방매 현상이었다. 지주들은 1946년 말부터 서서히 토지를 방매하기 시작했는데 1947년에 들어서는 방매가 더욱 성행하였다(황한식, 1985: 494). 그 결과 소작지의 많은 면적이 매도됨으로써 <표 5-1>에서처럼 연간 500석 이상의 소작료를 징수하는 대지주가 1943년 6월 말 현재 1,630명이고, 추수량에 있어서는 210만 6,842석이던 것이 1946년 말 현재 각각 1,084명과 130만 6,507석으로 줄어들고 있다. 이것은 사람 수에 있어서 33.5%, 추수량에 있어서 34.2%의 감소를 뜻한다. 면적은 논과 밭의 합계인 17만 2,731정보의 33.4%가 감소된 11만 4,945정보로 되었다.

이처럼 지주들의 토지방매가 심하였던 것은 북한에서의 농지개혁의 영향을 받아 남한에서도 머지않아 이에 가까운 농지개혁이 있으리라는 여론이 자못 분분하였고 해방과 더불어 잇달은 사회적 불안, 특히 10월항쟁에서의 일련의 폭력행위는 지주들에게 토지를 방기할 의사조차 가지게 했던 것이다. 또 토지구매 자금을 얻고자 고리부채를 꺼리지 않는 농민도 있었던 것이다. 이처럼 지주의 소작지방매의 원인은 첫째로 3·1제 소작제와 공출제에 의해서 토지수익률이 극히 저락되었기 때문이다. 더욱이 일부 도시거주 부재지주는 양곡을 비롯한 물자의 독점과 매석이 성행하는 상업이나 산업부문에서 보다 유리한 투자기회를 발견할 수 있었다. 비록 재촌지주일지라도 지주제를 유지하는데 따르는 위험부담을 지는 것보다는 절대적 궁핍상태에 놓여있던 당시 농촌사정하에서 고리대자본으로 전환하는 편이 훨씬 유리했을 것이다. 둘째로 장차 있을 토지개혁에서 토지자금의 회수에 불안을 느꼈기 때문이다. 이는 1947년 초부터 과도입법의원에 농지개혁법의 제정이 논의되자 소작지 방매가 본격화되고 신한공사 관리지분배를 계기로 더욱 가속화되었다. 실제로 남조선 금융조합연합회에서 각 지방 금융조합을 통해 농촌의 실정을 조사한 바에 따르면 1946년 말부터 1947년 초까지 부재지주의 토지방매로 토지의 이동이 심하고 어느 지방에서는 3천여 평 미만의 소작지 이외의 토지 전부를 방매하는 지주까지 있어 이로 말미암아 소작권이동과 소작쟁의가 빈번하였고 한편으로는 토지를 구입하려고 고리부채를 지는 농민도 많아 농촌경제는 일대 혼란과정에 있었다고 한다(조선은행조사부, 1948: I-317). 집중적 방매시기는 농지개혁을 위한 입법논의가 본격화된 1947년 이후였다. 구체적으로 시기별 분포를 보면 〈표 5-2〉와 같이 1946년에 방매된 총소작지 면적의 13%는 1947년에는 16.9%로 증가되고 1948년, 1949년에는 전체의 61%가 매각되었음을 나타내고 있다.

〈표 5-2〉 소작지 방매 시기별 분포(면적별)

연도	비율(%)	연도	비율(%)
1945	0.2	1948	33.9
1946	13.0	1949	27.3
1947	16.9	1950	8.7

* 자료: 장상환(1987: 317).

그런데 농지개혁 이전의 사전방매 시 가격이 상환 가격에 비해 좋은 조건이었는지의 여부에 대해서 살펴볼 필요가 있다. 사전방매된 토지의 매매조건이 어떠했는지는 실제로 농지개혁 범주외의 문제이지만 농지개혁을 평가할 때는 바로 직결되는 문제이다. 따라서 비록 방매토지의 구입에 의해 결과적으로 소농민이 자작농화되었다 하더라도 그 구입조건이 어떠했는지의 내용이 곧 개혁 이후의 자작농의 향방을 규정한다고 하겠다.

소작지 방매 가격은 대체로 연간 평균생산량의 1~2배 정도, 자작농지 시세의 7할 수준이었으며 농지개혁이 임박할수록 방매 가격이 낮아져 연간 생산량 정도로 매각되는 경우도 있었다. 이러한 방매 가격은 정부에 의한 분배농지 상환 가격보다는 약간 높은 편이었다고 할 수 있다(장상환, 1991: 126~127). 이에 농민들은 소작쟁의를 통해 맞서고 있었다. 실제로 서울 지방심리원 민사사건계에 들어오는 소작권을 에워싸고 일어나는 사건 수는 1947년도에 와서 상당한 증가를 보이고 있다. 1947년 1년 동안에 소작권 문제가 549건으로 전체 사건 수 602건의 91.2%에 해당되는데 이 사건 수를 1946년의 136건과 비교해 보면 약 4배 이상이나 증가했음을 알 수 있다.[37]

앞에서 언급했듯이 1946년 12월 12일 남조선과도입법의원이 설립되자 군정당국의 주도로 구상되어 오던 농지개혁안은 입법의원 산업노동위원회와 조미토지개혁 연락위원회로 그 임무를 이관하였다. 이어 1947년 2월 5일에는 러취 군정장관이 입법의원 김규식 의장에게 본 회의에서 남조선 중요문제를 해결하기 위하여 건설적 입법문서를 작성함에 있어서 먼저 착수해야 할 5개 항목을 제의하는 가운데 농지개혁을 지적함으로써(『서울신문』, 1947. 2.7 ; 『조선일보』, 1947.2.8) 이 문제에 대한 군정당국의 관심을 표명하기도 하였다. 그리고 구일본인 소유지 농지처분에 관한 법규제정과 신한공사 해체법령 제정을 요청한 서한을 입법의원에 발송하였다(윤형섭, 1988: 204). 또한 미 본국에서도 남한 단정구성에 관한 문제가 해결된 후, 즉 1947년 7월 이후에 농지개혁을 위한 구체적 계획을 토의하기 시작했다. 단정이 불가피하다는 가정위에서 한국특별위원회는 1947년 8월 4일 보고서에서 농

---

[37] 이 같은 상황에서 농민들은 경작권을 확보하기 위해 소작권의 이동, 토지매매 반대운동을 적극적으로 추진하였다(『동아일보』, 1947.4.16 ; 『조선일보』, 1948.3. 11).

지개혁 문제를 제기하였던 것이다.

> 남한 내 혼란된 정치상황이 더이상 심각하게 악화되는 것을 막기 위해 미국정부가 제시한 법령을 시급한 문제로서 할 것, 웨드마이어 보고서 접수 후 삼부조정위원회 내의 극동 소위원회는 남한에 독립을 부여하는 일이 필요하게 될 경우 관련되는 정치, 경제적 고려들에 대한 연구를 준비하고 있다.[38]

따라서 1947년 9월 2일 제134차 본 회의에서 구일본인 농지처분과 신한공사 해체에 관한 문제가 토의되었고(『경향신문』, 1947.9.4), 1947년 10월 11일 조미토지개혁 연락위원회에서 농지개혁안 내용을 작성하였다(『동아일보』, 1947.10.11).[39] 이러한 농지개혁안은 제기관의 합동위원회 및 입법의원 위원회의 철저한 작업과 승인을 거친 후에 1947년 12월 23일 법률안이 입법의원 본 회의에 제출되었다.[40] 그러나 이 법률안은 입법의원 본 회의에서 진지한 토론을 위해 상정되어 보지도 못했다. 주로 지주들로 구성된 입법위원에서 의원들이 자신들의 이익을 보호하고자 하는 자세를 강하게 드러내어 미군정의 농지개혁 의도는 강한 반대에 부딪쳤던 것이다. 이에 대해 신한공사 총재였던 미첼도 다음과 같이 평가하고 있다.

> 우익 보수진영은 겉으로는 농지개혁 의도를 환영했지만 이 법률안의 통과를 위해 어떠한 구체적인 힘이 되기를 회피하는 것 같았다. 중도좌파진영은 명목상으로는 다수이었지만 법률안을 의결시킬만큼 충분한 관심을 모으지 못했다(『농지개혁사관계자료집』제4집, 1968: 158).

---

[38] "Report by the AD Committee on Korea"(4 August 1947), *FRUS*(1947: 738~741).
[39] 조미토지개혁연락위원회에는 토지개혁법안기초위원회의 소위 '번스안'과 입의산업노농위원회안을 놓고 논의를 거듭한 끝에 4차의 수정을 거쳐 합의를 보았다(『조선일보』, 1947.10.11) 그 내용에 대해서는 다음을 참조(조선통신사, 1948: 181~182).
[40] 한편 1947년 12월 16일에 과도정부 정무회의에서는 행정부로서의 토지개혁에 대한 구체적 방침을 수립하기로 결의하고 토지개혁 정무위원까지 선출하였다(『서울신문』, 1947.12.19).

경제고문의 보고서에도 다음과 같이 쓰고 있다.

> 지난 2주일동안 토지개혁 법안 통과를 향한 뚜렷한 진전이 전혀 없었으며 토지개혁문제에 관한 어떠한 활동도 연기 시키려고 하는 많은 우파의 욕구가 이 문제에 대한 남조선 입법원의 활동을 방해하고 있다는 점이 점점 분명해 지고 있다(『농지개혁사관계자료집』 제4집: 150).

실제로 1948년 1월 12일에 개최된 제188차 본 회의에서 남조선토지개혁법안의 토의를 개시하였으나 출석의원이 법정인원에 미달하여 회의가 연일 휴회됨에 따라 그것은 보류되었고 입법의원이 해산됨으로써 이 법안은 소멸되고 말았던 것이다. 한편 1947년 12월 들어서는 키니가 도미하여 미 국무부에 앞의 농지개혁 법안을 제시하였고 이에 미국 측에서는 한국은 세계에서 가장 소작인이 많은 국가이므로 농지개혁은 절대로 필요한 동시에 다른 모든 법률 제정보다 이 법안의 의결이 시급을 요한다 하여 그 개혁법안의 통과를 적극 종용하였다(『조선일보』, 1948.1.18). 그러므로 입법의원이 폐회되기 전 적어도 두 달 동안에는 입법의원이 이 법률안의 의결을 거부하는 경우에는 군정장관이 구일본인 토지를 처분하기 위한 법령에 서명할 것이라는 사실은 다소 공공연한 비밀이었다(『농정사관계자료집』 제6집, 1987: 150 ; 『농지개혁사관계자료집』 제4집, 1968: 159). 미국은 특히 농지개혁을 5·10선거와 밀접히 관련하여 고려하고 있었다. 즉 "귀속농지를 포함한 농지개혁 프로그램에 대한 준비가 계속되어야 하며 가능하다면 그러한 프로그램은 계획된 선거 이전에 공표되고 착수되어야 한다"[41)]는 것이 기본 입장이었던 것이다. 당시의 국내의 반응에서도 이 점은 역시 지적되고 있었다.

> 그것이 해방과 동시에 당연히 농민의 것이 될 것을 신한공사의 토지로서 착취가 계속되고 있다는 데 대한 농민의 불만을 'UN'선거를 목전에 두고 이를 회유, 기만함으로써 'UN'선거의 강행을 용이하게 하겠다는 데 그

---

41) JCS 1483/49(15 January 1948).

목적이 있는 것은 명백한 것이다(전한, 1948: 16).

　사실상 1946년 가을부터 신한공사의 미국인과 한국인 관리는 모든 귀속농지의 매각을 포함한 전반적인 농지개혁법안을 만드는 데 적극적으로 관계하고 귀속농지를 효과적으로 매각하기 위한 준비에 힘쓰고 있었다(『농지개혁사관계자료집』 제4집, 1968: 169). 또 1946년 2월 이래 경제고문 번스를 의장으로 하는 신한공사, 농무부, 재무부, 중앙경제위원회, 법무부의 한국인 및 미국인 대표, 미소공위 직원, 토지개혁을 다루는 남조선과도입법의원의 위원회의 대표들로 구성된 기관 상호 간 회의가 진행되고 있었다.[42] 결국 1948년 3월 22일 미군정은 신한공사의 해체와 그 소유지의 매각계획을 발표하였고 이를 위한 중앙토지행정처의 설치를 공표하였다.[43] 미군정은 이러한 귀속농지의 매각이 그 후의 한국정부로 하여금 이 같은 농지개혁을 추진하게 할 것이라 보았다(Mitchell, 1952: 20 ; Shannon McCune, 1966: 132). 입법의원이 입법기능을 독자적으로 행사할 수 없었음에도 불구하고 입법의원에 법안 심의를 할 수 있도록 한 것은 미군정이 토착세력의 의사를 존중하여 민주적인 계획을 실행하고 있다는 인식을 대내외에 보여주기 위한 것이었다.[44] 앞의 번스안에도 한국인 소유토지는 한국정부에 의해서 결정될 문제로 보고 있었으며 미군정은 입법의원의 개원 직후 농지개혁은 입법의원들에 의한 법의 제정에 따를 것을 계속 약속하고 있었다.

---

42) JCS 1483/49(15 January 1948), 158쪽.
43) 정부 수립과 함께 중앙토지행정처는 대한민국 농림부에 이관됨과 동시에 1949년 1월 6일자 귀속농지국 직제에 의하여 귀속농지국으로 개편되고 농림부의 外局으로서 설립하였다가 1952년 귀속농지특별회계법 공표와 함께 농림부 내무국 즉 농지관리청으로 개편되었다. 한국은행조사부(1955: I-78).
44) 미군정은 한국인 소유토지는 한국인 당국의 범위 내에 있는 것으로 보았다. Department of State, Division of Research for Far East, "The Redistribution of Korean-owned Farm Lands in South Korea"(7 May 1948), OIR Report No. 4683. "Verbatim Transcript of General Hodge's Discussion with Wedemeyer Mission.", p.23. "Report of the Occupation Area of South Korea Since Termination of Hostilities" 참조.

1948년 4월 8일 토지행정처는 일본인 소유농토를 분양하기 시작하였고 분배방식 및 그 내용을 보면 농지소유의 상한은 2정보로 하고 매각하는 토지는 소작인에게 우선권을 주며 농지 가격은 해당 토지 주생산물의 연간 생산량의 3배의 현물로 하고 농민의 가격지불은 연간생산량의 20%씩을 현물로써 15년간에 걸쳐 연부 상환하도록 한 것으로 입법의원에 상정되었다가 유회로 성립하지 못한 농지개혁안 즉 '유상몰수 유상분배안'과 거의 같은 내용의 것이었다. 귀속농지의 수배농가 추이를 보면 매각 개시일로부터 15일(4월 22일)만에 8.5%, 약 1개월(5월 5일)만에 37.3%, 약 2개월 반(6월 19일)만에 81.0%, 그리고 8월 31일까지 무려 85.9%의 소작 농가가 매각 농지의 매입계약을 체결하고 있음을 알 수 있다.

〈표 5-3〉 귀속농지의 수배농가 추이

(단위: 호)

구분	서울	대전	이리	목포	대구	부산	계(율)[1)
4월 8일	600	—	—	—	—	—	5,000
4월 12일	8,162	—	—	—	8,343	937	—
4월 22일	5,625	1,616	12,541	14,000	2,785	13,423	49,990(8.5)
5월 5일	10,452	13,920	38,165	64,079	13,089	29,030	219,362(37.3)
5월 12일	(71%)	(26%)	(44%)	(51%)	(36%)	(40%)	262,088(44.6)
6월 19일	—	—	—	—	—	—	476,000(81.0)
8월 1일	—	—	—	—	—	—	502,460(85.5)
8월 31일	—	—	—	—	—	—	505,072(85.9)

* 비고: 1) 計欄의 (율)은 신한공사 관리소작인 587,944호에 대한 비율임.
　　　　2) 5월 12일자의 비율은 각지청별 소작농수에 대한 수배농가율임.
* 자료: 김성호 외(1989: 382).

또 다음 〈표 5-4〉에서도 알 수 있듯이 주로 논밭만을 매각했으며 미매각 면적이 약 12만 5,034정보였다.[45]

---

45) 미매각된 것은 소송 중이거나 가격조종 중, 단체소유 및 비농지였기 때문이었다 (『농지개혁사관계자료집』 제4집, 1968: 177).

〈표 5-4〉 미군정의 귀속농지 매각실적(1948년 9월 15일 현재)

		호수	면적	가격(조곡)	정보당 가격
매각 면적	논	383,659호	154,050정보	9,551,934석	62.0석
	밭	122,413	44,979	1,756,139	39.0
	소계	505,072	199,029	11,308,073	56.8
미매각		104,724	125,034	—	—
총계		609,796	324,063	—	—

* 자료: 『농지개혁사관계자료집』 제4집(1968: 177).

이처럼 미군정은 귀속농지 처분을 빠른 속도로 다급하게 추진했는데(김성호 외, 1989: 409 ; Mitchell, October 1948: 218) 이러한 소작인에 대한 귀속농지 매각은 한국인 지주 소유의 농지를 포함한 이와 유사한 계획 추진의 압력을 증대시키는 것이었다(G-2 Weekly Summary 14권: 660 ; Mitchell, June 1949: 155). 또 귀속농지 매각에 대해 어떠한 정치세력도 개입하지 않도록 하기 위해서였다.

> 정치적 세력이 토지를 사야 할 사람을 지시하는 것을 막을 수 있는 최상의 방법 가운데 하나는 정치적 권력이 행사될 수 있는 시간을 거의 주지 않거나 지방의 압력단체가 어떤 영향력을 행사할 시간을 거의 주지 않기 위해 신속하게 매각계획을 수행하도록 주장하는 것이었다(『농지개혁사관계자료집』 제4집, 1968: 160).

귀속농지의 분배를 결정하고 딘 군정장관은 "첫째, 조선의 소작은 대부분 자작이 될 것. 둘째, 조선 역사상 최초로 그들이 토지를 소유하게 된 것. 셋째, 지주들의 지배를 받지 않게 된 것. 넷째, 이들 농가는 정부에서 요구하는 이외의 세금에는 책임이 없게 된 것"이라고 평가하였고(『동아일보』, 1948.3.23) 뉴욕 타임즈는 사설에서 남조선 농민에게 토지구매를 가능케 한 개혁은 조선을 조선인에게 반환하기 위한 가장 진보적인 조치라고 환영하였다(New York Times, 1948.3.25 ; 『동아일보』, 1948.3.27). 그러나 이에 대해 전농은 다음과 같이 주장하고 있다.

이는 단선을 앞두고 농민의 환심을 사서 득표를 하자는 것과 전농의 토지개혁을 힘없게 하려는 기만책에 불과하다. 첫째, 망국멸국의 단선단정을 반대궐기 하는 인민의 무력부대인 농민을 토지를 준다고 회유하여 그 투쟁을 막으려는 것이 목적이며 둘째, 적산토지를 불하함으로 무상몰수, 무상분배의 진정한 토지개혁을 거부하고 봉건적 식민지적 토지제도를 유지하려는 것이다(『농지개혁사관계자료집』 제4집, 1968: 160).

그러나 앞에서 언급했듯이 미군정의 귀속농지 매각이 지주의 특권 옹호라고(『노력인민』, 1048.4.9) 보기는 어렵다. 이는 당시 일부 지주들이 이에 대해 반대운동을 전개했던 것을 보아도 알 수 있으며(『서울신문』, 1948.4.14) 실제로 귀속농지 매각에 대한 농민들의 반응은 좌익세력의 반대에도 불구하고 호의적이었던 것이다(Mitchell, Novermer 1948 ; McCune, 1950: 133). 미군정 정보보고서는 다음과 같이 쓰고 있다.

> 이 계획에 대한 농민들의 반응은 일반적으로 열렬하였으며 3년 수확물과 동일한 가격으로 농지를 구입할 기회를 갖게 될 경작자들은 이리하여 사실상 그렇게 하는데 열심이었으며 낮은 가격에 기뻐하였다. 실제로 남한에 있는 모든 공산주의 조직들은 이 매각계획을 비난하는 성명을 발표했지만 대체로 이 계획에 대한 농민들의 호의적인 반응으로 공산주의자들은 수세에 처하게 되었다(『농지개혁사관계자료집』 제4집, 1968: 16).

> 계획을 불신케 하려는 공산주의자들의 노력은 공정하다고 생각되는 가격으로 경작지에 대한 소유권을 인수하려는 농민들의 열망에 직면하여 명백히 실패하고 있다. 귀속농지를 매각하려는 계획에 대한 우익 지도자들의 초기의 저항은 사라졌다(『농지개혁사관계자료집』 제4집, 1968: 17).

이에 대한 『서울신문』 사설의 평가는 다음과 같다.

> 이번 적산농토불하에 대하여 시기상조론도 있고 혹은 년부상환의 유상분배를 탓한 자도 있을지 모르나 모두 찬동할 수 없다. 토지를 가장 사

랑하고 가장 잘 이용할 줄 아는 농민에게 그 힘에 맞는 땅을 소유케 한다는 것은 반드시 독립을 기다려서 해결해야 할 문제가 아니다. 농민은 하루바삐 착취에서 해방되어야 한다. 또 유상분배가 불가라는 입론은 구태여 일제시대의 자작농과 흡사하다는 구실을 잡고 시비하는 자거나 그렇지 않으면 허울 좋은 무상분배를 내세우는 자들의 주장인 것이다. 농민만이 무산계급이 아닌데 토지개혁으로 농민만 거저 땅을 얻게 한다는 것은 다른 무산계급 노동자 지식층과의 균형상으로도 재미있는 일이 아니다. 더구나 이번 적산농토 처분안이 공출을 면제하고 현행 소작료보다 저율인 현물을 15년간 납입하면 자기소유가 되게 하는 제도는 국가 전체를 위해서나 농민 자신의 근로정신을 위해서나 지극히 타당 적절한 방법이라 할 수 있다.[46]

또 1948년 3월 23일 민정장관 안재홍은 적산토지분배를 위한 법령에 대하여 다음과 같은 담화를 발표하고 있는데 그 의미가 드러나고 있다고 하겠다.

1. 토지개혁은 민족자본의 주요 부인 토지자본을 파괴하는 것이라고 해서 반대설이 있으나 전 국민의 7할이나 넘는 농민에게 토지를 나누어줌으로 민족자주독립국가의 대중경제의 토대를 만들어 생활상으로부터 동족호애의 근원을 짓는 것은 더욱 간절한 과업이다.
2. 또 토지분배는 독립정부수립 후에 단행함이 옳다고 하는 편도 있으나 통일독립이 못된 채 3년이 넘어가는 이때 총선거를 앞두고 적산토지에서부터 분배를 착수한 것은 시대가 요청하는 바이다.
3. 분배라는 수단방법에 관하여서도 다른 어느 방면에서 오는 반대설도 있으나 수확량의 연 2할에 해당한 현물을 15년 동안 연부로 물고 그대신 공출은 면제하는 것이며 농민으로서도 무겁지 않은 부담을 자손에게 물려 줄 수 있는 소유토지를 가지게 되었으니 만치 좋은 일이다.

---

[46] 『서울신문』은 '전라도 일부지주층은 반대운동전개'라는 제하에서 '신한공사 토지의 전면적 중 약 5할을 차지하는 전남북 일부 지주 중에는 이 불하안에 대하여 맹렬한 반대운동을 전개하고 있다'고 전하고 있다(『서울신문』, 1948.3.23).

4. 이 토지개혁의 정신을 이 다음에도 철저히 계속 추진할 것이다.

(『조선일보』, 1948.3.24)

    분배된 귀속농지는 1945년 말 현재 남한 전체 경지면적의 11.6%, 소작지의 16.7%에 불과하였으나 정부 수립 후 농지개혁 실시의 불가피성을 예시한 것이었다. 그런데 미군정의 귀속농지 매각이 농지개혁을 통한 농업생산력의 증대라는 경제적 목표보다는(인정식, 1948: 60~76) 토지를 농민에게 분배함으로써 그들을 보수화 시키고 진보세력의 기반을 허물어뜨림으로써 대중적 지지의 사회적 기반을 넓히고 정치적 안정을 가져오려는 데 그 이유가 있었다.[47] 즉 지주세력의 반대로 입법의원의 토지개혁법안이 묵살된 상황에서 단독정부 수립 방침과 관련하여 유리한 선거전개를 위한 정치적 목적이 있었던 것이며 지주, 소작관계의 모순 속에서 분출하는 한국농민의 변혁요구를 체제 내로 수렴, 개량화 하려는 것이었다. 미군정의 농지개혁에 직접 참여한 미첼은 당시의 농지개혁이 5·10선거와 관련된 반공의 목적으로 시행된 것임을 명백히 하고 있다(Mitchell, February 1952: 15). 그 외 번스도 "농지개혁이 지금 분배되지 않는다면 공산주의자들의 수중으로 다가오는 선거에서 강화될 것"[48]이라고 쓰고 있다. 이와 같은 입장은 일본의 농지개혁에서도 증명되고 있는데, 즉 일본의 농지개혁을 지도했던 라데진스키는 다음과 같이 증언하고 있다.

    농지개혁의 유인으로서는 한편으로는 일본 농민의 궁핍이 있고 또 한편으로는 농민의 처지를 개선하고 일본 농업으로 하여금 공산주의에 반발시키는 것을 목적으로 하는 미국의 일본 점령정책이 있었다.[49]

---

47) OIR Report No. 4683, p.7. Department of State, Division of Research for Far East(17 August 1948), p.36.
48) "Land Reform in Korea"(3 March 1948), RG 319, Plans and Operations Division, Decimal file, 091 Korea. Jin Wung Kim(August 1983: 154)에서 재인용.
49) 라덴진스키(1951), 「일본의 농지개혁」, 농정조사회, 『세계 각 국에 있어서의 토지제도와 약간의 농업문제』, 39~40쪽, 여기서는 장상환(1985: 310)에서 재인용.

따라서 농지개혁의 실질적인 내용은 커다란 한계를 가지는 것이었다. 첫째로 1호당 분배면적이 2정보에 불과하였고 과수원, 삼림 등과 농기구, 축우, 축사, 창고 등 전답이외 일체의 생산수단은 분배대상에서 제외되었던 것이다. 따라서 생산관계의 해방을 통한 생산력의 해방에는 크게 기여하지 못했다. 또 저당건 설정방식에 의한 분배는 수배농가를 형식상 자작농화 시킴으로 즉, 연간 생산물의 3배에 해당하는 비싼 지가와 토지를 분배받음으로 종래 지주(신한공사)가 부담하던 생산비, 조세, 제공과금, 수리비 일체를 부담하게 되었다. 이것은 지가상환이 끝날 때까지는 3·1제 소작제와 비교하여 농업잉여를 축적할 수 있는 여지가 크게 개선된 점이 없다는 것을 뜻한다. 따라서 소작지 방매에 의해 확대된 농민적 토지소유는 공출제, 소작지구입, 조세, 고리대자본, 협상가격차 등에 의해 극히 불안정한 상태에 놓이게 되었다. 물론 미군정의 토지분배에 있어서도 농업생산의 증대와 그를 위한 금융, 영농지도 등을 내걸고는 있었다. 그러나 실제로 그러한 시책은 거의 없는 것과 마찬가지였다(사구라이 히로시, 1975: 427). 그러므로 그 불철저성은 국무부 당국에서조차 인정하고 있듯이 "소작료의 감하나 구일본인 소유 토지 판매 어느 것도 토지소유권의 심한 불평등을 바로잡기에는 불충분한 것"[50]이었다. 즉 농지개혁은 지주, 소작관계라는 반봉건적 계급관계를 상당 부분 해체시키는 데는 성공했으나 가구당 경작규모를 더욱 영세하게 만들었고 체제안정을 위해 타협적으로 이루어졌기 때문에 불철저한 것이 될 수밖에 없었던 것이다.

이와 같이 추진된 농지개혁의 특징은 개혁이 해방 3년이 거의 다 되어서 실시되었으며 부분적인 개혁이었다는 점, 외부세력에 의해 가능했다는 점, 한국인으로 구성된 입법의원이 끈질기게 저지했다는 점이다. 이러한 미군정의 귀속농지 매각은 농지개혁을 통한 농업생산력의 증대라는 경제적 목표보다는 토지를 농민에게 분배함으로써 그들을 보수화 시키고, 진보세력의 기반을 허물어뜨림으로써 대중적 지지의 사회적 기반을 넓히고 정치적 안정을 가져오려는데 그 이유가 있었다. 그리고 소작료의 감하나 귀속농지

---

50) OIR Report 4683, p.4.

의 매각 어느 것도 토지소유권의 심한 불평등을 바로잡기에는 불충분한 것이었다. 다만 이는 정부 수립 후 농지개혁 실시의 불가피성을 예시하기는 하였다.

3. 식량정책

서구의 국가형성과정과 식량정책의 연관성과 관련하여 틸리는 국가형성 주도세력들이 취하는 식량정책의 선택이 국가가 어느 계급과 연합할 것인가 하는 정치적 문제, 국가의 재정정책의 성공여부, 농업과 산업 생산의 증대에 어떤 영향을 미치느냐의 경제적 문제, 국가 중앙관료들의 규모에 따른 행정적 문제, 그리고 식량공급의 통제를 둘러싼 폭력적인 갈등의 시기, 범위, 장소에 따른 사회적 문제에 영향을 받는다고 말하며 국가형성 주도세력들에 의한 식량정책은 국가형성전략과 관련있다고 보았다(Tilly, 1975: 393, 454). 식량정책은 국가형성의 초기 국면, 특히 2차 대전 이후 해방된 식민지에서 사회적 긴장과 혼란을 방지하고 전환비용을 줄이는 효과를 가져오며 국가형성 주도세력들이 자신들에게 대항하는 세력들, 특히 급진개혁을 추구하는 좌익세력들을 무력화시킬 수 있는 효과를 가져올 수 있는 것이다(박성진, 2002: 222).

미군이 도착했을 때 일본인들은 추방된 뒤였고 인공지도자들이 미곡수매기구를 접수하였으며 이를 운영하고 있었다. 그러나 미군정은 초기 잠시를 제외하고는 점령기간 내내 엄격한 식량공출을 실시함으로써 상당한 저항을 받았다. 구체적으로 살펴보면 불만은 고정된 낮은 가격으로 사람들에게 적절한 식량이 배급이 되는가 하는 적절한 할당에 대한 우려에서부터 어떤 지역에서는 실제의 생산보다도 많게 할당량이 부과되는 등 할당이 불공평하게 부과된다는 점, 또 할당량이 늦게 알려진다는 점, 많은 농민들은 공출에 낼 곡식을 얻기 위해 암시장에서 곡식을 구입해야 할 정도였다는 점이었다.[51] 이러한 미곡공출제는 농민의 거센 저항을 받으면서도 계속되어 농업 생산력의 감소, 농민경제의 전반적 파탄을 가속화시킴으로써 농업의 파행성을 가져온 하나의 원인이 되었다.

1) 미곡의 자유시장화

1945년 8월 해방이 되자 이전의 엄격히 통제된 미곡생산에 기초를 둔 식민지 경제는 건준에 의해 성공적으로 대체되어 운영되고 있었다. 식량문제의 중요성은 건국동맹에서부터 인정되어 건국농정위원회를 조직하고 건준의 양정부와 긴밀한 관계를 맺으면서 활동하였다. 미곡창고 및 식량관계 단체들과 연계하여 미곡의 지급에 만전을 기하도록 계획하면서 한편으로는 식량관계자를 망라한 식량대책위원회를 결성하고 있었다(송남헌, 1980: 35~47). 또 식량영단 임시운영위원회에서는 식량배급은 종전대로 계속하고 식량은 확보되어 있다고 발표하였고(김천영, 1985: 7), 인공과 인민위원회가 미곡수매기구를 접수하였으며 이를 관리하고 있었다.

이와 같은 상황에서 1945년 9월 11일 하지는 기자회견에서 "식량이 얼마나 중요한가 잘 알고 있으므로 이에 대책과 신 방책을 연구 중"(『매일신보』, 1945.9.12)이라 하였고 16일에는 "임금, 통화, 물가, 식량문제 등은 서로 연관성이 있으며 그 대책을 시급히 수립하고자 각 방면 권위자와 협의하는 중이며 통제경제의 오류를 해명하고자 대책을 세우고 있다"(『매일신보』, 1945.9.18)고 하였다. 이전의 일본식 식량통제가 무너졌기 때문에 미군정 당국은 새로운 미곡정책을 착수해야 할 필요성이 있었던 것이다.

미군정의 식량, 미곡 정책은 10월 5일 미곡의 자유시장에 관한 일반고시 제1호를 발표함으로써 조직된 식량대책위원회의 기능을 정지시킴과 동시에 배급제 폐지 및 미곡 자유판매주의를 선언하면서 출발한다.[52] 10월 20

---

51) HQ, USAMGIK(1 April 1947), "Survey of Grain Collection in South Korea 1946", Prepared by National Economic Board in Cooperation with U.S. Department of State, *Administrative Study*, No. 2, p.3.
52) 19일에 농상국 농정과장 대리 이정방은 "불원간 양곡배급이 원활해 질 것이며 미곡의 자유판매를 인정하며 관제공출은 없애버리고 적당한 가격으로 임의 공출을 시키는데 농민의 편의를 도와 생활필수품은 특배하기로 되었다"고 하였다(『매일신보』, 1945.10.19).

일에는 자유경제 원칙을 부활하고 일제하의 각 종 통제기구를 폐지한다고 발표했으며(국사편찬위원회 편, 제1권, 1968: 280), 2일에는 경제통제를 해제하고 물품의 자유판매를 허가하였다(『매일신보』, 1945.10.26). 그러면 당시 미군정이 미곡의 자유시장을 공표한 배경은 무엇인가?

당시의 미곡의 자유시장화에 대해 훗날 하지의 경제 고문 번스는 미곡의 자유시장 제도는 군정의 큰 실책이었다고 자인하고 미곡통제만이 유일한 물가 안정책이었다고 진술하고 있는데 미곡의 자유시장제는 한국인 고문의 말을 들었기 때문이라고 말하고 있다(『조선일보』, 1946.9.5). 군정 장관 러취도 한국인 단체가 그것을 반대하였기 때문에 미곡수집의 계획이 없었던 것이라 말하고 있으며 1946년 1월 9일 윌손(Wilson) 군정관도 이와 비슷한 발언을 하고 있다(『동아일보』, 1946.10.25 ; 『동아일보』, 1946.1.11). 이는 당시 미군정과 밀접한 관계를 맺으면서 지주들을 대변하였던 한민당의 입장이 반영되었다고 생각되나 오직 이들의 영향 때문에 미군정이 자유시장을 선포했다고 보기는 어렵다.

또한 한국은 쌀을 일본으로 수출하고 있었고 1945년엔 풍작이 예상되었으므로 한국점령에 앞서 미국인들은 식량이 부족할 것이라고 생각하지 않았다는 입장이 있을 수 있다.53) 그러나 1945년 9월 8일 남한에 진주하는 미군에게 한국인들이 식량상태가 매우 나쁘다고 보고한 바 있으며 이에 몇 관료들에 의해 수집 프로그램에 대한 요구가 인식되기도 했다는 점54)을 보면 그러한 입장도 타당성을 갖는다고 보기는 어렵다.

공식적으로 군정당국이 미곡자유시장을 공표한 이유로 든 것은 일본으로의 쌀 수출 중단에 따른 국내 쌀 보유량의 증가, 1945년도 미곡의 풍작 예상, 일제하의 식량공출에 대한 국민들의 반발, 식량통제를 유지할 미군정 요원들의 부족, 자유시장 설치를 통한 미국에 대한 호의와 미군정에 대한 한국인들의 협조 기대, 농민들과 중간 상인들이 은닉해 둔 미곡을 시장

---

53) 미군정이 보호하던 일본인 관료들은 식량은 충분하다고 말했으며(조선통신사, 1948: 182~183), 쌀 부족 현상은 거의 기대하지 않았던 것이라 한다(*HUSAFIK*, Part III, Chap. Ⅵ.: 23).

54) "The Rice Problem", RG 332, Box 17, pp.1~2.

에 출하시키기 위한 유인, 많은 일본인들의 본국으로의 귀환 등의 요인이 었다(박성진, 2002: 231).

당시 상황에서 미국인들은 시장을 너무 엄격히 규제하려는 시도는 어리석고 바람직하지 않은 것으로 보았는데[55] 우선 자유시장이 좀 더 민주적인 원리에 맞는 것으로 생각하였다. 그러나 더 중요한 현실적 이유는 모든 지방 지역까지 미군정청이 아직 세워지지 않았기 때문에 정교한 일본식의 경제적 통제를 결코 모방할 수 없었고 자유시장을 허락할 수밖에 다른 여지가 없었다는 사실이다.[56] 일본인은 가격과 분배에 대해 위협과 처벌을 사용하면서 엄격한 통제를 시도했고 정교한 행정기구와 경찰력으로 그들의 경제적 규제를 강화했는데도 암시장이 번창되고 있었음을 볼 때[57] 인원 부족 상태에 있는 불안정한 당시의 미군정으로서 일본이 실패한 곳에서 식량통제가 성공할 수 있으리라 기대하기 어려웠던 것이다.[58] 즉 이용할 수 있는 인적 자원이 제한되어 있었고 일제 식민지 국가기구가 급격히 붕괴되고 있었으므로 쌀이 성공적으로, 농민들로부터 수집될 수 있으리라 생각할 수 없었던 것이다.[59] 이처럼 미군정은 가격통제와 배급을 강력히 시행할 인원과 기구 등 집행기구와 그것을 통제할 경찰력과 정부기관 등이 부족했기 때문에 자유시장을 채택할 수밖에 다른 도리가 없었던 것이다(McCune, October 15, 1947: 190). 결국 미군정의 자유시장정책은 미국식 자유주의 경제이론과 미군정 국가권력이 처한 현실주의적 필요성에 의해 추진되었으며 무엇보다 미군정은 당시 통제정책을 실시할 만큼의 행정능력을 갖지 못하고 있었다는 점에서 비롯된 것이다.[60]

---

[55] "Narrative History of the National Food Administration for the Period September, '45 to September'48", Inclosure(October 1948), RG 332, Box 18, p.4.
[56] HSAMGIK, Part 1, p.143. "The Economic Situation of South Korea".
[57] 일제는 1939년 9월 19일 현재 가격을 동결시켰다. 그러나 일제 패망직전 상품과 식량의 암시장이 증가하였고 가격통제는 상당히 약화되어 있었으며 일본이 망함에 따라 이러한 모든 통제는 멈추었고 경제는 자유롭게 작동하고 있었다. "History of the National Price Administration", pp.1~2.
[58] "The Rice Problem", p.4.
[59] "Survey of Grain Collection in South Korea 1946", p.2.
[60] 군정당국이 물리력의 한계로 인하여 미곡자유시장을 실시했다는 주장에 대해서

그런데 이러한 자유시장정책의 결과는 일본으로의 미곡 밀수출[61]과 귀환동포의 증대에 따른 수요증대, 투기군의 매점매석으로 인한 쌀값의 폭등과 암시장의 번성으로 나타났다. 지주와 경찰, 정부관료와 부유한 개인들은 투기에 관여했으며 악성 인플레이션이 시작되었고,[62] 이듬해 봄이 되자 노동자들은 말할 것도 없고 일찍 쌀을 방매한 소작농민들까지도 벌써 기아상태에 빠지게 됨으로써(대한민국건국십년지간행회, 1956: 160), 일반적인 경제적 몰락을 가져왔던 것이다. 당시 남한은 자유시장 체계를 받아들일만한 경제적 단계에 도달하지 못했으며 군정당국의 자유경제 언명은 "조선경제재건을 위한 기본 이념으로서는 너무나 혁명적 대책이었던 것"(조선은행 조사부, 1948: 地45)이다. 농민들은 자유시장 거래에 익숙하지 않았고 대부분 지주들은 자본가가 아니었기 때문에 쌀 판매로부터 증가된 이익을 실제적인 투자로 돌리지 않았다. 따라서 가격통제와 식량배급을 부활시키고 또 미곡의 저장을 적극적으로 방지해 달라고 요구하는 한국인들의 불평과 진정이 미군정 당국 장교들에게 물같이 밀려들게 되었다. 그러나 미군정은 언제나 이 미곡모리배들을 단속하기를 꺼렸던 것이다. 이 "미곡모리배들이란 미군정의 원조를 받고 있는 양반실업가들이었던 까닭"(Lauterback, 1946: 219)이었다. 한 연구가 미군점령 첫 달 동안 한국인 지주들이 커다란 이득을 얻었다고 보고 있는 것도 이 때문이다(Lucas, 1947: 45).

따라서 1946년도에 전반적 경제적 파탄과 첨예한 식량문제가 야기되었

다른 입장이 제기될 수 있다. 박성진은 미군정당국이 발표한 미곡의 자유시장은 '정치적 고려'에 의한 것이었다고 보고 있다. 남한에 진주하기 이전부터 좌익세력에 대해 불안감을 갖고 있던 미군은 성공적인 식량관리를 해 오던 건준이 식량통제권을 갖게 되면 강력한 무기를 얻게 될 것이라고 판단했고 이를 막기 위해 1945년 미곡의 자유시장을 선포했다는 것이다. 따라서 미군정기 식량자유시장의 실패라고 평가받는 부분은 군정당국의 의도한 실패였다는 것이다(박성진, 2002: 233).

[61] 1945년 남한 전체 쌀 수확량의 1/4정도가 밀수출된 것으로 평가되고 있다(Robinson, 1947: 81).

[62] 항복소식과 함께 일본인은 화폐를 발행하여 통화량이 몇 주 내에 거의 2배가 되었고 이러한 통화 증가에 의하여 인플레이션 압력이 심했다. 미군이 점령하기 이전에 가격이 이미 급속히 상승되어 있었고 인플레이션 상태에 있었다고 할 수 있다. A. C. Bunce, p.7.

고 미곡문제는 하나의 큰 쟁점이 되었다. 실제로 서울의 모든 주요 신문들은 당시의 정국상황을 비판하였는데 미군정 정보보고서에는 이 점을 다음과 같이 기록하고 있다.

> 미곡문제는 하나의 큰 쟁점이었다. 실제로 서울의 모든 주요 신문들은 현재의 정국상황을 비판하고 있다. 사설은 미군정이 미가의 가격상환선을 올리든가 매점자로부터 몰수함으로써 보다 적극적인 행동을 취할 것을 요구했다. 언론은 남조선에는 충분한 쌀이 있으나 시장에 공급되지 않는 사실을 거듭 주장하고 있다(*G-2 Weekly Summary* 11권: 225).

재한국 정치고문대리가 국무장관에게 보낸 글에서도 농부들이 쌀을 팔려고 하지 않는 이유로 "소비재의 부족으로 화폐가치가 거의 없으며 상당량의 쌀이 일본으로 선적될 것이라고 믿고 있기 때문"(『미국무성 비밀외교문서』, 1981: 177~178)이라 쓰여 있다. 대표적 농민조직이던 전농의 입장은 다음과 같았다.

> 쌀을 팔기 싫어하는 것이 아니다. 쌀이 잘 방출되지 않는 이유는 일반 물가가 조정되지 않아서 농촌에서 필요한 생활품은 매우 고가로 매입하고 농민이 가지고 있는 쌀은 과도한 염가로 팔고 있다. 현재 쌀을 가지고 있는 농민은 중농 이상이고 지주 또는 간상배들이다. 일반 빈농은 자기네 식량까지도 부족한 실정이다. …… 수송문제를 속히 해결하는 것이 민중경제생활에 절대로 필요하다. …… 군정청에서 保持한 물자를 금후는 도시에서는 전평을 농촌에서는 전농이나 협동조합을 통해서 불하해 주면 공평하고 정당하게 배급을 하겠다(『자유신문』, 1945.12.17).

충남 홍성의 경우에서 나타나듯이 식량문제와 관련하여 신한공사와 조선생활품영단의 관리자들, 인민위원회, 농민조합의 대표자들이 규칙적으로 회의를 가지기도 했지만 실제적으로 지방수준에서 악순환을 막을 수 있는 것은 없었다(Lucas, 1947: 46). 결국 이와 같은 과정을 거치면서 식량은 명백하게 미군정 점령의 성공과 실패의 중요한 요인이 되었으며 충분한 식량을 공급하는 문제는 점점 심각성을 띠게 되었다(*G-2 Weekly Summary* 11권: 4). 실제로 토지이용률의 감소와 비료공급량의 감소, 노동용구의 감소에 의해서 식량생산량이 감소한 반면에 일본, 만주 등지에서 해외동포가 귀환하여 식량 소비인구는 절대적으로 증가하고, 일제하의 기아수출로 인하여 제한된 식량 소비수준이 상대적으로 상승하여 식량수급 구조상의 일정한 변화가 발생한 것도 사실이었다. 보고가 약간 과장되어 있을지라도 실제로 식량부족은 특히 서울과 부산 지역에서 심하였는데 이러한 상황은 운송수단이 부족했다는 것과 광범위한 일제하 경제적 통제가 해방과 더불어 함께 일시에 무너졌기 때문이었다.[63] 즉 일본산업과의 분업구조가 급격하게 단절됨으로써 생산이 극심하게 위축된 상황에서, 또 일제하의 경제통제로 인해 그 기능이 거의 소멸되다시피 한 시장기구의 재편성이 고려되지 않은 상태하에서 인플레이션 대책이나 생산 대책도 없이 미곡의 자유시장화를 실시한 것이 잘못이었던 것이다. 그러므로 문제는 식량생산 증대의 근본적인 방식과 식량관리의 주체와 방향을 어떻게 설정하는가였다.

2) 식량공출제

(1) 식량공출제의 실시

미곡의 자유시장화가 실패하자 미군정은 쌀이 한국의 가격수준을 결정하는 주요 항목이라는 점을 인식하고 전면적인 식량통제를 행함으로써 물가안정을 꾀하고 정치, 사회적 안정을 달성하고자 하였다(Reeve, 1963: 105). 또 그 무렵은 미국 본토의 경제사절단들이 도착하여 미군정 관리들을 교육시켰고 실질적이고 현실적인 식량의 절박한 부족사례가 거론되었다(Robinson, 1947: 82). 그러므로 군정청은 1945년 12월 19일 미곡소매 최고 가격을 결정하는 일반고시 제6호를 발표하고 1946년 1월 1일부터 '미곡통제'를 실시하였다. 그리고 12월 24일 군정장관 아놀드는 농민들은 쌀을 시장이나 조선생

---

63) "The Rice Problem", p.2.

활품영단에 팔아야 하며 생활품영단에서는 쌀을 판 농민에게 증서를 써 주고 농민은 그것을 가지고 생활품영단에 가서 원하는 생활필수품을 살 수 있도록 하였다(국사편찬위원회 편, 제1권, 1968: 663~664). 이와 더불어 미군정은 이 최고 가격을 실시하기 위하여 온갖 경찰력을 총동원하였으며 한 도에서 다른 도로 쌀을 운반하는 개인은 경찰에 의해서 몰수당한다고 하였다.[64]

미곡수집은 일제시대의 강제공출기관이었던 조선식량영단을 조선생활품영단으로 개편하여 이루어진 것이다. 생활품영단은 일제하 식량에 대한 관리업무를 중지하고 자유시장에서 적당한 양의 곡물을 구매, 배급하기 위해 활동하였다. 자유시장을 설치하였으나 의도하던 바와 같은 효과를 거두지 못하자 군정은 시장에 미곡이 나올 수 있는 방법을 찾게 되었고 그러한 방법의 일환으로 고안된 것이 생활품영단을 통한 미곡수매였다. 군정당국은 생필품회사를 통하여 조절미를 확보하기 위하여 세 가지 방법을 이용하였다. 그것은 농민들에 대한 유화적 방식을 통한 미곡 확보책이었다. 군정당국은 1945년 12월 6일 일제 시대에도 사용되었던 '장려책'을 실시하였다. 군정은 일본군으로부터 압수한 물품과 물자통제회사 창고에 보관 중이던 의복, 고무신 가솔린 등의 필수품을 미곡 수집에 장려 물품으로 이용하기로 하였다. 그러나 이러한 장려책은 별다른 실효를 거두지 못하고 증명서(이 증명서는 농민이 물자통제회사에서 적정 가격으로 필요 물품을 살 수 있도록 해 주는 것이었으며 유효기관은 6일간이었다)를 발부하는 방식으로 바뀌었다. 미곡을 수매한 농민들에게 생필품 구입의 우선권을 부여하는 증명서를 발급하기로 한 것이었다. 그러나 이 방법도 실패하였다. 군정당국은 애국자위원회와 조선미곡위원회로 알려진 단체와의 회의(이 회의는 1945년 12월 1일에 열렸다)를 통해 농민들이 생활품영단에 미곡 방출을 하도록 설득하여 줄 것을 부탁하였다. 이에 따라 선택된 150명의 대표들이 각 도를 돌아다니면서 미곡수매의 필요성을 농민들에게 인식시키려 하였다(송

---

64) HQ USAMGIK(March 1947), "Survey of Food Distribution In South Korea", Prepared by National Economic Board in Cooperation with U.S. Department of State Administrative Study No. 1, RG 332, Box 18, p.7.

보영, 1997: 55~56).

1946년 1월 9일 군정장관은 "최고가격을 결정하였다하여 일반 대중의 자유판매를 부인하려는 것은 아니라고"[65] 하였으나 1월 16일에는 농촌에서 쌀 강제징수방침을 수립하였고, 동결된 식량은 군정청의 명령에 의하여 생활품영단에서만 운용할 수 있다고 하였다.[66] 이러한 과정을 거쳐 1월 25일에는 법령 제45호인 미곡수집령을 발표하고 정부로 하여금 가격과 배급절차를 세우도록 하였다. 미군정은 식량문제에 대한 보다 강한 조치를 취하기 시작하였던 것이다. 이 명령은 시, 군, 읍, 면 등의 의무를 상세히 기록하여 가족 수, 개인 수, 쌀의 양, 위치 등을 정해 각 지역 장이 실제적인 수집 임무를 맡았고 관료들은 보다 철저한 행동이 필요하다는데 동의하였다.[67] 또 소비재 보상 프로그램을 만들어 쌀을 생활품영단에게 파는 사람에게 신발이나 등유 등을 합리적인 가격에서 제공하였다. 그러나 보상 프로그램은 공급면에서의 상품들의 부족과 운송수단의 어려움, 정보확산의 빈약 등으로 전반적으로 효과적이지 못하였다.[68] 또 생활품영단을 통해 쌀을 구입하도록 하는 것에 대해 많은 농민들은 그것을 일제시대의 연장으로 보아 불신감을 나타내었다(*HUSAFIK*, Part III, Chap. VI: 29~30 ; Angus, 1946: 230~231). 그러나 미군정은 자유시장체제가 가져온 심각한 혼란을 수습하기 위해 일제의 통제방식을 부활시켰고 또 이를 위해 일제시대의 식민지 착취기구를 부활시켰다(*HUSAFIK*, Part III, Chap. VI: 73~74). 또 미군정은 경제부문에서 통제가 이루어져야 한다는 지령을 본국으로부터 받고 있었으므로 통

---

65) 1946년 1월 9일 군정청 농상국장과 서울시장, 대지주를 초청하여 간담회를 열고 식량대책을 협의하였고, 1946년 1월 14일 서울시 군정장관 윌슨 중령은 시회장 회의에서 긴급 식량 대책에 만전을 기하라고 지시하고 있다.
66) 그 전날 농상국 농업경제과장대리는 군 농회를 통하여 물물교환책으로 쌀을 매수할 생각도 있다고 이미 밝힌 바 있었으며 1946년 1월 23~25일 지방의 군당국자들의 모임에서 주요 토론 주제는 쌀 획득문제였다(『조선일보』, 1946.1.15 ; *HUSAFIK* 4권: 49).
67) "The Rice Problem", pp.18~19.
68) "Survey of Grain Collection in South Korea", p.2. Main Office, The Federation of Financial Associations of Korea, Seoul, Korea(10 November 1946), "Distributions of Incentive Good", RG 332, Box 38.

제정책으로 전환하게 된 것이다.

> 귀하는 귀하가 갖고 있는 모든 수단을 이용하여 식량, 연료 및 기타 필수품의 생산을 극대화 시켜야 할 것이며 이의 수집과 분배를 위한 효율적인 배급제도 및 기타 제도를 유지 또는 조속히 수립해야 할 것이다. 귀하는 귀하의 점령 목표 달성을 위협하는 성격을 띤 혹은 그러한 수준의 인플레이션을 방지 또는 제한하기 위해 가능한 모든 통제를 가할 수 있다. 특히 귀하는 가격과 임금에 대한 통제를 실시해야 할 것이며 회계, 금융, 및 기타 이러한 목적에 적합한 다른 방도를 취해야 할 것이다(『미국무성 비밀외교문서』, 1945: 95).

그러나 미곡의 자유시장정책의 실패와 함께 미곡의 중요성에 대한 미군정 자체의 인식이 크게 작용했으며 당시의 여론도 미곡의 통제를 촉구하였다는 점도 무시할 수 없다. 미군정 경제고문회의에서도 식량통제, 곧 배급제도에로의 재전환을 촉구하는 건의문을 보냈으며(홍성하, 1969: 100) 미군정 스스로도 정보보고서에 적혀 있듯이 "미곡의 가격통제는 농민의 이익을 위해 즉각 통제되어야 한다"(*G-2 Weekly Summary* 11권: 105)고 보았던 것이다.

맥아더가 보고서에서 "식량이 금일 조선위정자가 직면하고 있는 최대문제"(국사편찬위원회 편, 1권 1968: 754)라고 말하고 있듯이 식량문제의 해결은 군정 당국이 당면한 가장 곤란한 문제의 하나로, 군정의 행정능력을 평가하는 직접적 기준이 되는 것이기도 했다(조선통신사, 1948: 115). 식량공출제는 이처럼 식량이 갖는 중요성으로 인해 미군정의 정책 가운데서도 커다란 노력이 기울여졌던 것으로 이에 관해서는 자세한 세부 규정과 미비점에 대한 보완적 수정규정이 지속적으로 공표되었다. 1946년 2월 26일에 발표한 식량 배급대책에서도 알 수 있듯이 대외의 원조를 요청하는 동시에 대내적으로는 수집 통제를 더욱 강화할 것이라 하였다(『조선일보』, 1946.2.27). 또 유리한 보고를 하는 사람에게는 상금을 주며 다량의 미곡을 소유하고 있는 개인이 발견될 때에는 미곡을 압수할 것은 물론이요, 법에 비추어 최고의 형벌에 처할 것이라고 하고 있다(김천영, 1985: 193). 이렇게 하여 미곡수집에 참여한 국가기구로는 중앙식량행정처, 재무부, 생활품관리원, 신한공사, 조선농회, 금융조합연합회 등이었다(원용석, 1948: 190).

미군정의 경제통제법체제를 살펴보면 미군정은 생필품에 대해 통제정책을 시행하였다(허수, 1995). 중앙경제위원회 산하에 중앙식량행정처가 식량관리의 중심기구였으며 그 실무기관인 생활품영단에 식량의 매입과 배급업무를 대행시키는 체제였다. 지방에는 각 도에 양정과가 있어 중앙식량행정처의 직접적인 지시를 받아서 식량에 관한 업무를 수행하였다. 생활품영단은 각 도에 지부를, 각 군에는 출장소를 두었으며 식량의 배급은 직영배급소와 소매상 조합을 통해서 행하였다(조선은행조사부, 1948: I-242).

수집소는 부윤, 군수가 그 지방의 적당한 창고나 신한공사, 농회창고를 수집소로 지정하였다. 또한 해당 군의 식량수집 책임은 도지사에게 있었으며 각 군, 읍, 면, 구장 등도 미곡의 할당과 수집에 참여하였다(조선은행조사부, 1948: II-99). 중앙식량규칙 제1호에 의해 결정된 수집계획의 수행 준비 체계는 다음과 같다. 농무부가 전체 수집량을 결정하면 중앙식량행정처가 각 지방 할당량을 결정하고 각 도지사는 부윤, 군수, 농회, 보급서의 보고서를 바탕으로 하여 부윤, 군수, 농회에 할당량을 배당하고 이는 다시 읍, 면 단위로 배당되었다(한국법제연구회, 1971: 821~824).

이처럼 미군정은 경제통제를 기획, 담당할 기구로서 중앙경제위원회, 조선경제자문위원회, 중앙가격행정처, 중앙식량행정처를 설치하였다. 공포되었던 미곡통제령과 미곡수집령이 소기의 성과를 거두지 못하게 되자 통제정책을 효율적으로 실시하기 위해 체계적인 전담기구의 역할을 수행할 한국인 기구의 필요성하에 만들어진 것이었다. 특히 식량통제정책을 담당하였던 기구는 1946년 5월 28일에 설치된 중앙식량행정처였다. 중앙식량행정처는 식량정책, 계획에 관한 방법을 수립하고 식량수집, 이동, 저장, 배급에 관한 방법을 세우는 기구이다. 중앙식량행정처는 미군정 점령 말기까지 식량수집 업무를 관장, 수행하는 핵심기관이었다. 그런데 중앙식량행정처는 중앙경제위원회 등 기타 위원회와 마찬가지로 그 수반이 군정장관의 임명에 의해 결정되었고 각 법령 공포 시에도 군정청의 곡물수집방법과 의도가 그대로 반영되는 행정령을 공포, 시행하였다.

이와 같은 미곡통제는 시기적으로 늦었을 뿐만 아니라 말단 행정기능의 확립, 생산량과 수급추산의 확립, 미가와 물가지수와의 조정없이 실시한다면 경제혼란만을 낳을 것은 자명하였다(백남수, 1946: 80). 또 이 미곡수집은 일제시대의 강제공출제와 유사했기 때문에 농민들의 호응을 얻지 못했다.[69] 또 공출이 일제 이래의 행정조직과 강제력을 이용하여 실시됨으로써 당연히 농민의 저항에 직면하게 되었다. 또한 조선생활품영단과 그 임직원들에 대한 지역적 불신, 이 정책을 효율적으로 수행하기 위한 충분한 수송능력의 부족, 지역 농민조직의 반대 등으로 이 정책을 효율적으로 수행하기에는 상당한 어려움이 있었다(G-2 Weekly Summary 11권: 268~269). 이같은 미군정의 입장은 1946년 1월 23일자 재한국 정치고문이 국무장관에게 보낸 글에서도 잘 나타나고 있다.

> 군정당국이 당면하고 있는 주요 행정문제는 미곡 분배 문제로서 …… 전혀 진전이 없었읍니다. 그래서 당국은 현재 매점되어 있는 물량을 공시가격으로 압류하여 군정청 공식 대리기관인 '조선물자영단'를 통해 강제로 재분배 시킬 것을 고려하고 있읍니다. 이 계획을 추진하는 데는 능력있는 군·경요원이 부족하다는 것이 가장 큰 어려움입니다(『미국무성 비밀외교문서』, 1946: 200~201).

이와 같은 식량배급의 초기 난맥상은 대체로 1947년 초중반을 거치면서 일정하게 자리를 잡아가는데 이는 이때까지 식량수급정책에 있어 조직체계, 수송 등을 위시한 기술적 문제가 식량행정의 효율성을 저해하는 주요한 원인 가운데 하나였음을 의미한다(최영묵, 1996: 94~95).

이러한 상황 속에서 1946년 2월 12일 경성군부 식량대책위원회 위원장 강창의 등은 러취 장군을 방문하고 미곡의 최고 가격 유지와 자유판매 용인을 진정하고 있으며(김천영, 1985: 149), 조공의 박헌영은 기자회견에서 이미 수집된 쌀을 곧 인민에게 배급하여 줄 것과 쌀을 수집하고 배급함에

---

[69] 일제 말기 1942~1944년간 농업생산량에 대한 공출량의 비율은 55~70%에 달하였기 때문에 양곡공출에 대한 농민들의 감정은 대단히 악화되어 있었다.

있어 협동조합, 여성단체, 농민 등 민간단체에 그 관리권을 줄 것과 식량반입을 허가할 것을 요구하고 있다(『서울신문』, 1946.4.5). 그 외 좌익 신문계에서는 지주와 상인에게서 미곡수집을 수행할 긴급위원회를 대중적 기초 위에서 형성할 것과 농민으로부터의 미곡공출을 중지할 것을 권고하며 민전 및 조공에서도 식량관리위원회 구성을 통해 소위 인민관리에 의한 합리적 관리를 요구하고 있다. 이러한 상황은 국내정치 문제뿐만 아니라 미소협상에서도 첨예한 대립을 야기시켰다. 소련은 미국이 남한의 소위 잉여분의 쌀을 이용하여 소비에트 지역의 심각한 식량부족 사태를 완화시키지 못하도록 방해함으로써 고의적으로 북한에서의 소련의 행정을 붕괴시키려 하고 있다고 확신하게 되었다.[70]

더욱이 최저생활에 필요한 식량의 20%밖에는 배급을 하지 못했던 1946년 6월에는 기아상태가 그 절정에 달하게 되었으며 1946년의 하곡수집으로 인해 농촌은 더욱 핍박상태에 빠지게 되었다(대한민국건국십년지 간행회, 1956: 160 ; 조선은행조사부, 1948: 地45). 이 시기에 미군정에 근무하던 사라판(B. D. Sarafan)은 미국에 돌아갔을 때 "이와 같은 미곡문제 조치의 결과는 모든 한국인들로 하여금 미군정에 대한 신뢰감을 완전히 상실케 하였다"(Lauterback, 1947: 74)고 보고하고 있다. 특히 하곡에 대한 강제공출은 일제시대에도 실시되지 않았던 것으로 하곡은 소작인이 소유하는 것이 일반적이었다. 또 하곡은 농민의 주된 식량이었기 때문에 하곡에 대한 공출은 미곡에 대한 공출보다도 더 큰 농민의 저항을 유발시키는 것이었다. 이 점에 대해서는 미군정 측에서도 인정하고 있다.

> 하곡수집은 전통적인 지주소작관계에 반대되는 것이다. 관습은 농민으로 하여금 지주에 대한 소작료 또는 세금을 내지 않고서 자가소비나 판매를 위해 하곡을 경작하는 것을 허용하고 있다. 따라서 하곡수집반대는 어느 정도 예기할 수 있는 것이다(G-2 Weekly Summary 제13권: 153).

---

[70] 반면 미국으로서는 남한의 쌀 생산을 지속시키기 위해 화학비료는 절대적으로 필요한 것이었다(Robinson, 1946: 83).

이후 식량통제에 관한 법은 매년 새로 제정되고 또 번번히 개정되었는데 이는 농가에 대한 공출할당의 방법과 대금지불의 방법, 공출을 담당할 기관과 그 업무를 규정하는 것이었다. 이와 같이 식량공출은 계속되었고 법령의 대상이 미곡의 소유자 또는 매점자가 아닌 일반농가에 있었다는 점, 미곡수집 가격이 생산비에도 미치지 못했다는 점, 시장유통가와 비교해 볼 때, 수집미가가 상당히 낮았다는 점을 특징으로 들 수 있다.[71] 산읍에 있어서는 대개 2천 리나 3천 리를 가서 수집장소에 집적하는데 한 두 가마니 팔아서는 왕복 비용도 안 되어 운반하는 인부에게 잔액을 지불한데도 듣지 아니할"(K기자, 1948) 정도였다. 실제로 자유시장 미가와 정부수매 공정미가를 비교해 보면 수집 가격이 시장 가격보다 상당히 낮음을 알 수 있다. 이는 농업의 재생산이 불가능할 정도의 저미가로 식량수집이 전개되었다는 점을 의미한다.

〈표 5-5〉 자유시장 미가와 정부수매 공정미가 비교(1945~1949)

(단위: 원, 100리터 당)

구분	1945	1946	1947	1948	1949
자유시장미가(A)	10.78	65.67	111.92	176.52	191.08
정부수매공정미가(B)	1.32	23.84	26.31	49.33	106.88
B/A(%)	12	36	23	28	55

* 자료: 농수산부(1978: 209).

이처럼 공출제는 자유시장 가격보다 엄청나게 낮은 정부수매 가격으로 농가의 곡물판매를 통제하였으나 농가의 수입품인 공산품은 배급이 제대로 이루어지지 않았기 때문에 개별적으로 높은 자유시장 가격으로 구입할 수밖에 없었다. 이것은 결과적으로 국가권력이 농가의 판매 가격을 자유시장 가격과 공출 가격의 차액만큼 인위적으로 하락시켜 일종의 협상 가격차

---

71) SKIG National Food Administration, "Food Situation in South Korea As of August 1947", RG 59, Box 3, P.5. 한국 여론협회의 조사에서도 미가방지에 대한 방법으로 공정가 폐지, 식량정책 개정과 배급기구의 정비, 모리배의 단속을 들고 있다 (『동아일보』, 1946.7.23).

를 확대시킨 셈이라 할 수 있다. 또 정책실시 과정상의 특징으로 공출할당 결정이 지주를 중심으로 한 하급행정단위에서 행해진 것과 관련하여[72] 소작인에게 과중한 부담이 강요된 점을 들 수 있다. 농민 개개인에게 할당된 미곡의 양은 지주나 경찰관료들로 구성된 지역위원회에서 독단적으로 정한 것이었다. 미군정 일원에 의해서도 인정되고 있듯이 할당량은 거의 적정하게 책정되지 않았지만 농민들 쪽에서는 다른 대안이 없었다.

　　농민 개개인에 대한 할당량은 미국의 승인을 받은 고위공무원, 지역유지, 기업가 그리고 대지주들로 구성된 지역위원회에서 결정되었다. 그리하여 추수 몇 개월 전 지역마다 농민 할당량이 책정되었다. 이러한 결정에 대해서는 아무런 — 전혀 '아무런' 나는 이 말을 강조한다 — 간청도 이의제기도 있을 수 없었다. 농민들은 할당된 공출량을 갖다내든지 감옥에 들어가든지 둘 가운데 하나를 택하여야 했으며 감옥에서는 항상 심한 매질을 당했고 재판신청은 거부되었다(Robinson, 1947: 243~244).

그런데 미곡수집을 둘러싸고 모리배들의 비행은 날로 커갔다. 또 목표량 달성을 위하여 대부분의 행정이 미곡수집 사무를 담당하였고 이러한 식량공출과정을 통해서 해방 직후 와해되어 있던 일제시대의 행정 조직과 식량관리기구는 다시 활성화되었다. 이처럼 미군정은 식량공출에 기초한 식량에 대한 전면적인 통제로 식량문제를 해결하려 하였지만 그 성과가 보장되는 식량관리제도의 민주적인 개혁은 실시하지 않았고 일제시대의 식량관리제도의 골격이 유지되었고 별다른 변화 없이 지속되었던 것이다. 따라서 일반 대중의 미곡수집에 대한 반감은 클 수밖에 없었다.[73] 식량공출의 일

---

[72] 수집할당량의 부가는 지방위원회의 추천에 기반하였다. SKIG, National Food Administration Seoul, Korea, "Food Report for South Korea as of March 1948", RG 332, Box 18. p.8.

[73] "8·15후 38선 이남에 있어서 친일분자, 민족반역자 내지 비애국적인 분자가 행정 기구와 경제기구내에 대부분 참여하고 있는 한 미곡수집령은 그 능력을 완전히 발휘하지 못할 것이다"(『해방일보』, 1946.3.11), 이러한 쌀 수집에 대한 저항에 대해서는 *HUSAFIK* (Part Ⅲ, Chap. Ⅵ: 63~67)을 참조.

을 맡아보는 한 미군 대위의 말에서 이 점은 잘 드러나고 있다.[74]

　식량공출이 실시되는 것을 계기로 소작료수취에 식량관리기구나 금융기관이 매개함에 따라 소작료 수취방식이 변화하였다. 즉 지주와 소작인의 관계는 식량공출을 계기로 현물소작료를 직접 수취하는 관계에서 식량관리 기구가 매개하는 간접적인 관계로 변화하였고, 소작인은 소작미의 생산뿐만 아니라 판매(공출을 말함: 필자)까지 담당하게 되었다. 이에 지주는 생산에서 뿐만 아니라 소작미의 상품화에서도 배제되어 보다 더 기생적인 존재로 소작인에게 드러나게 되고, 지주는 소작료 자체를 확보하기 어려운 상황에서도 식량관리기구를 매개로 소작료수취를 보장받고 있다고 하겠다. 그러나 이와 같은 식량공출은 지주제에 대해서 다음과 같은 두 가지 대립되는 측면을 동시에 가지고 있다(김재호, 1988: 2~3).

　첫째, 식량공출은 지주의 소작료 수취 자체를 보장하여 준다는 점에서 반봉건적 지주, 소작관계를 유지하고 온존시킨다. 즉 미군정기와 같이 지주, 소작관계가 악화되고 지주의 소작인에 대한 지배력이 약화되어 있는 경우 지주는 일제이래의 고율소작료를 수취하는 것이 불가능하거나 소작인의 강한 저항을 유발시키게 된다. 이렇게 되는 경우에도 식량공출은 지주의 소작료 수취를 보장해 준다. 소작농에 있어서는 소작료를 전량 공출해야만 하였기 때문에 지주에 납부하는 것에서 국가에 납부하는 것으로 바뀌었을 뿐 소작료를 자신의 것으로 할 수 없었다. 그리고 이것은 곧 초기 소작료 불납운동 등으로 나타났던 지주, 소작관계 자체를 지양하고자 하는 농민의 요구를 좌절시키고 위기에 놓인 지주, 소작관계를 보존함으로써 반봉건적 토지 소유를 유지시키는 것이다.

　둘째, 식량공출이 실시됨으로써 법적으로는 지주는 자가 소비를 위한 소량의 소작료만을 소작인으로부터 수취할 수 있을 뿐 그 외의 소작료는 공

---

[74] "우리와 농민들과의 관계는 좋은 편이 못 됩니다. 일본인들은 한국에서 쌀을 반출해 갔지만 적어도 만주에서 다른 곡물은 들여왔었지요. 지금 농민들은 도시 주민들에게 식량을 보내 주어야 하면서도 아무런 댓가도 받지를 못합니다. 그들은 걱정에 싸여 있고 일본인에 대한 적개심이 이제는 우리를 향하고 있습니다"(Gayn, 1981: 79).

출증으로 받게 되었다. 이와 같이 소작료의 수취방식이 바뀜에 따라 지주도 소작미를 공출해야만 하는데 공출미가는 저수준에서 억제됨으로써 지주의 소작미는 이러한 저수준의 미가에 의해 평가받게 되는 것이다. 또 국가에서 식량관리를 맡았기 때문에 지주는 식량의 유통과정에서 원칙적으로 배제되었다. 이에 따라 지주는 식량의 유통과정에서 상업이윤을 획득할 기회를 제한받지 않을 수 없으며 식량공출은 지주경제를 악화시키게 된다. 경제의 악화가 곧바로 지주제의 악화를 의미하는 것은 아니지만 지주경제의 악화가 소작지의 경제적 가치를 감소시킨다면 그것은 지주제 약화의 중요한 계기가 되는 것이다. 법적으로 지주는 소작료를 현물로 받을 수 없었고 극심한 인플레이션하에서 상당히 값싼 공정 가격으로 소작료 대금이 계산되었기 때문에 이것은 지주에게도 큰 경제적 손실을 가져오는 것이었다. 따라서 지주들은 소작인과 공모하여 공출을 기피하였고(김종범, 1946: 103) 이것과 계통적 일체감을 갖는 지방관리들의 비협조, 그리고 미군정 행정의 무능 등이 이에 기여했다. 또 지주는 소작료를 낮추어 준다고 소작농을 유혹하여 소작농으로 하여금 현물로 바치도록 하였으며 농민의 불공출을 권장하였다(신병식, 1988a: 187). 이처럼 지주들은 미군정의 수집정책에 대해 다양한 위법행위를 자행했다. 즉 지주들의 저항은 소작권의 박탈 등을 위협 수단으로 하여 소작인의 공출을 저지하고 현물로 소작료를 수납하였던 것이다. 또 당시 수집량의 할당이 각 지역의 미곡수집대책위원회에 의해 결정되었기 때문에 이 기구에서 영향력을 갖는 지주계급들이 자신의 할당을 적게 하고 소작농이나 일반 농가에 그 부담을 전가하는 것이 빈번하였다.

지주의 이해를 대변하였던 한민당에서 1946년 8월 22일 식량대책을 발표하면서 마지막에 "이 의미에 있어서 본당으로서는 중앙식량규칙 제2호를 철회하기 요청한다"(『조선일보』, 1946.8.23)라고 하였던 것이다. 사실상 일반적으로 대지주로 구성된 대표민주의원이라는 조직화된 정치적 조직체를 통해 지주들은 자유시장을 요구하였다.[75] 한편 지주적 성격과 자본가적 성격을 동시에 가지고 있던 조선상공회의소도 미곡의 자유판매를 용인하도

---

75) "Survey of Grain Collection in South Korea", p.3.

록 군정장관과 민정장관에게 건의하고 있다. 그 이유는 이 이상 미곡의 자유매매의 금지를 계속하더라도 금후 공출량이 증가될 가망이 없을 뿐 아니라 도리어 미곡편재로 인하여 부정거래가 조장되는 한편 밀조주 원료로 악용되어 민생문제를 그르칠 우려가 있다는 것이었다(대한상공회의소, 1949: 161).

이처럼 상공회의소는 상인들을 대변하여 미곡의 자유판매를 요구함으로써 상인이 활동할 수 있도록 미곡시장을 다시 형성하려고 하였다. 뿐만 아니라 통제품 배급기구에 적극적인 참여를 시도하여 상권옹호라는 이름하에 각종 담화를 발표하였다(정근식, 1985: 122~124).

(2) 식량공출 실태

앞에서 살펴보았듯이 식량공출은 많은 문제점을 가지면서도 미군정기 내내 지속되었는데 1945년도 미군정의 쌀 수집을 구체적으로 살펴보면 총생산예상고의 5.3%, 계획량의 12.4%만을 수집함으로써 전반적으로 목표량에 크게 미달하고 있다(조선은행조사부, 1948: I-243). 이러한 실패에는 농민들뿐만 아니라 지주들의 반대도 작용하였다고 하겠다. 지주들은 소작권의 박탈을 위협수단으로 하여 소작인의 공출을 저지하였고 소작농으로 하여금 현물로 소작료를 바치도록 하였던 것이다. 또한 지방관리들도 비협조적인 태도를 보였고 미군정의 행정기구가 정비되지 못했기 때문이었다. 따라서 미군정에 의한 하곡수집안 추진은 1946년부터 시작되었는데 목표량의 48%에 불과하였다(조선은행조사부, 1948: I-248).

1946년도 미곡수집은 미군정으로서는 경제통제계획을 실천해 나아갈 자신을 얻느냐 못 얻느냐 하는 시험대였다. 따라서 총수확예상고의 1/3에 해당한 것을 수집 목표로 정하고 행정관청은 치밀한 결의로써 대하였던 것이다. 당시 실적은 목표량의 약 82.9%인데 당시의 혼란하였던 사회실정을 고려할 때 그것은 큰 성과였다고 볼 수 있다(조선은행조사부, 1948: I-243). 이와 같은 결과는 미군정이 1946년도 미곡수집 프로그램의 발전을 당시 악화된 식량상황을 완화시킴으로써 경제를 안정화시키고 악성 인플레이션을 막기 위한 가장 중요한 수단 중의 하나로서 인식하고 미군정의 정책 중 가장 높은 우선권을 두었기 때문이었다.[76] 또한 미군정은 식량수집 프로그램의 실패가 심각한 노동문제와 정치적 불안을 가져옴으로써 공산주의의 선전을 위한 비옥한 토양을 제공하리라 보고 있었던 것이다.[77]

그러나 일제시대에도 없던 하곡수집 등은 더욱 농민의 반감을 사게되고 말단기관에서의 강제적 독려는 10월항쟁의 주요 요인이 된 것은 주지하는 바이다. 미곡 수집은 가택수색과 검문, 검색과 처벌 등의 강압적 방법과 함께 경찰력을 동원하여 강행되었으며(HUSAFIK: Part III, Chap IV), 쌀 수집의 주요 집행자인 경찰은 "독단적이고 폭력적이고 불공정하게 때로는 파당적인 정치적 탄압을 가하면서 계획을 집행"(Robinson, 1947: 138~139)하였던 것이다. 경찰은 그들의 수집할당을 달성하지 못하면 쌀을 개인적으로 빼돌렸다는 추궁을 받았으며 벌을 받거나 심지어 해고되기도 했다. 그러므로 그들은 쌀을 수집하는 방법에 있어서 매우 거칠고 잔학했다. 또 인민위원회나 농민조합에 관련된 농민들을 골라내려고 하였으며 좌익 성향의 정치적 활동을 한다고 의심받는 농민들에게는 종종 높은 수집할당이 주어졌다(Kim, 1983: 144~145). 이처럼 경찰은 식량수집을 집행하는 데 있어서 타락성을 나타내었고 이 같은 경찰의 타락과 독단적이고 잔인한 방법은 식량수집에 대한 농민들의 불평이나 소요의 주요 원인이었다.[78] 또 무장한 미군 부대가 쌀의 강제몰수 계획을 달성하기 위해 투입되었고(Robinson, 1947: 243), 공출하지 않으면 소작권까지 빼앗을 거라고 위협했으며 어떤 지방에서는 미곡수집인이 발포한 총탄에 맞아 농민이 죽는 일도 있었다.[79] 미군

---

76) Albert C. Wedemeyer, *Report to the President*, p.92. Office of Advisor to the Commanding General USAFIK, A.P.O. 235(23 May 1947), "Survey of Grain Collection in South Korea", RG 59, LM 80, Roll 11, p.219.
77) "Summary Review and Action Program for the Economy of South Korea as of 10 December 1946", p.14.
78) "Joint Korean American Conference", RG 332, Box 27, p.8.
79) 미곡수집 독려차 강화에 간 경기도 미군장관 스타일 소령은 환영차 나온 농민들을 …… 무조건 권총으로 쏘아 즉사하였다(김천영, 1985: 540). 이에 대한 농민들의 반응은 다음 자료 참조(『농지개혁사관계자료집』 제6집: 71~72).

정에 의한 식량수집정책은 행정적, 재정적 정책수단뿐 아니라 물리력에 의존하여 실행되었던 것이다. 이처럼 경찰의 강제적인 수집의 형태는 농민들과 미군정 사이에 존재한 나쁜 관계를 상승시켰다. 이것은 1946년 말 군정한미관계자회의에서 다음과 같이 지적되고 있으며 미군정 스스로도 인정하고 있다.

> 나는 농민들을 둘러보다가 농민들로부터 이런 이야기를 들었읍니다. 여름에 경찰은 할당량이 얼마인지 알지도 못하는 농민들의 집에 무턱대고 들이닥쳐 농민들에게 강제로 쌀을 내놓으라고 요구했읍니다. 만약 농민들이 이에 불응하면 경찰은 그들에게 수갑을 채워 경찰서로 데려가 하루종일 굶겨 잡아두곤 했읍니다.[80]

> 하곡수집과정에서 일관되었던 부당성은 아직도 사람들 마음 속에 생생히 살아 있다. 많은 경우 공출할당량은 불공평했고 농민들의 필요량을 남기지도 못했을 뿐 아니라 어떤 지역에서는 실제 생산량보다도 많은 것이었다. 할당량은 추후에 알려졌고, 농민은 공출해야 할 할당량을 자신들이 알지 못하다가 추수 후에나 알게 되었던 것이다. 많은 농민은 공출량을 충당하기 위하여 암시장에서 양곡을 구입하여 충당하였다.[81]

이와 함께 미군정은 일제시대의 공출과 현재의 수집과는 다르다는 것을 역설하는 계몽운동과 공보활동을 개시했으며 각 지방에 식량수집 유세대를 파견하기도 했다(*Summation*, January 1947, No. 16: 71, No. 17: 81). 실제로 1946년 11월 2일, 미곡수집 촉성회 선전부는 160여 명의 식량수집 독려원을 소집하여 강습을 실시하였고(김천영, 1985: 462), 4일에는 지방 유세차 출발하였다. 또 미군정은 약 180만 매의 전단을 비행기로 공중살포하고 기동순찰대 및 도청을 통해서 배포함으로써 쌀 수집을 호소하기도 했다. 농민에게 불리한 식량수집에 대하여 군정청은 강권력뿐만 아니라 회유로써

---

80) "Minutes of the Korean-American Conference"(15 November 1946), RG 332. 여기서는 Cumings(상, 1981: 345)에서 재인용.
81) "Survey of Grain Collection in South Korea 1946".

그 목표를 달성하고자 했던 것이다. 한편 공출장려의 방법으로써 식량공출 농가에 보상품으로 면포나 양말, 고무 등 생활필수품 등을 공정 가격으로 우선적으로 배급하겠다고 하였다.[82]

또 1947년 전국부락에 '미곡수집사정위원회'를 설치하였는데 정확한 생산고의 조사와 농가식량의 감정 및 공평정당한 공출량의 할당이 그 임무였다. 또 조기출하 농가에 대해서는 미국의 원조물자를 수집보상으로 공여하고 할당량의 3할을 체감하는 방법을 채택하였다(조선은행조사부, 1948: I-245). 따라서 1946년 추곡수집부터 공출실적이 전반적으로 높아지게 되었으며(조선은행조사부, 1948: I-245) 점차 곡물수집 프로그램은 미군정의 성공적인 수행과 안정적 요소로 작용하였다. 이는 조기공출자에게는 할당량의 할인혜택을 주었고 미군정청이 미곡 수집담당자에게 미곡 수집보상금을 지급하는 등 유인책을 강구한 데 연유한 바 있지만 이와 더불어 미군 경찰 테러단까지 포함된 공출독려대를 편성하여 농민에 대해 강경한 압력을 행사한 데도 큰 원인이 있었다. 또한 10월항쟁 이후 지방의 농민조직이 전면적으로 붕괴되었다는 점과 미군정의 행정력이 어느 정도 뿌리를 내린 점, 1947년 이후 신한공사가 공출의 주요 담당자가 되었으며 신한공사 소작농 및 빈농에 대해 공출량을 금납화 하였다는 점에 기인한다고 하겠다.

따라서 1946년 12월부터 시작되는 1947년도 미곡년도에 들어가서는 대체로 중앙과 지방을 통해 행정기구가 어느 정도 정비되었고 10월항쟁을 계기로 한 행정력의 강화, 반수집운동에 대한 처리 등으로 앞서 언급했듯이 82.9%라는 대성공으로 완료하였다(조선은행조사부, 1949a: I-64). 또한 이러한 "하곡수집의 성공은 좌익세력에 대한 탄압으로부터 얻은 결과에 기인"(『농지개혁사관계자료집』 제6집, 1986: 99)하였다.

한편 과도입법의원에서는 세농보호의 목적으로 1947년 9월 27일부로 미곡수집법을 가결통과시켜 영세농가에 대하여는 공출을 중지키로 하였다. 그러나 소작료만은 종래대로 공출하게 하였으니 그것은 당시의 실정에서

---

[82] 그러나 미곡배상 가격에 비하여 공정 가격이나마 배급물자는 그다지 싼 값도 아니고 그 양에 있어서도 그들의 수요를 충족시키지는 못하였다(조선통신사, 1948: 215).

보아 유명무실한 것이었다. 또 종래의 이중곡가제를 버리고 단일가격제도를 채용하였다(조선은행조사부, 1949a: I-64). 1948년산 미곡부진은 정부 미곡 매입 가격이 지나치게 낮게 책정되고 보상물자의 지급이 원활치 못한 일반농가가 매상에 소극적이었기 때문이었다.

실제로 농민의 미곡공출에 대한 저항은 불납동맹을 결성하거나 영농을 거부하며 수집에 불응하거나 무력으로 방해하는 등 합법, 비합법 제형태로 지속되었다. 심리적으로 한국인은 미군정의 계획을 일제시대의 강제적인 법 아래에서 수행되었던 하곡수집의 잔재로 보았다. 또 하곡 행정기관의 비효율성과 더불어 하곡수집에 대한 정확한 정보가 대다수 농민들에게 전달되지 않았고, 정보가 이용가능해도 농민들은 그들이 공평하게 다루어진다고 보지 않았다. 비슷한 토지를 소유한 농민들 사이에서 할당량이 다르기도 했으며 많은 지방관료는 하곡 프로그램을 정치적인 목적으로 사용했다. 그러므로 공출에 대한 농민들의 저항은 미곡을 방화하거나 구장과 면서기 집을 습격하는 등 끈질기게 계속되고 있다. 다음 〈표 5-6〉은 이러한 미곡수집 불응에 의한 수형자 일람표를 보여주고 있다.

〈표 5-6〉 미곡 수집 불응에 의한 수형자 일람표

	인원 수
체형언도자	367
경찰에 구류된 자	6,339
심문조사자	18
벌금형자	1,907
합계	8,631

* 자료: 조선은행조사부(1948: I-10).

곡물수집에 대한 농민들의 반대는 주한미군 공보과(Office of Civil Information)가 1947년 7월에서 12월까지 5개 도를 대상으로 하여 실시한 농촌 실태 조사를 통해서도 확인할 수 있다. 이 조사에서 흥미로운 것은 농민들의 주요 관심사가 무엇이었는지 하는 것이다. 지역별 편차는 있지만 공통의 문항으로 이루어진 이 조사에서 농민들의 주요한 관심은 통일 정부의 수립과 같은 정치적 성격의 것을 제외하면 대부분 곡물수집과 자가용 식량 확보 혹은 생계에 관한 것이었다. 가장 많은 사람들이 응답한 것은 당시 미군정이 시행한 강제적인 쌀수집정책과 관련한 내용이었다. 다음으로 많이 지적한 항목은 통일되고 독립된 한국정부가 빨리 수립되었으면 좋겠다는 희망이었다. 그 다음 항목들은 경제적인 안정과 식량 확보, 농사 관련 등 개인적 차원의 관심사들이 더 많았다.

〈표 5-7〉 응답자들의 최근 화제

화제 내용	응답자 수
수집과정의 불공정, 부당한 할당량 등 곡물수집 문제	587
통일되고 독립된 신속한 한국정부 수립 기대	562
식량구입, 확보문제의 시급성	195
가족위한 충분한 수입확보 문제	174
의복, 고무신 등 공산품의 적절한 보급 희망	74
전반적인 농사문제	65
다른 공산품에 비해 낮은 쌀값	30
비료공급이 충분하지 않다	27
좌우익의 합작 필요성	19
미소공동위원회의 원만한 타결	19
토지개혁 문제	19

* 자료: 김영희 (2005: 342).

1947년도 하곡수집안의 또 다른 특징은 신한공사를 곡물수집에 있어서의 공적 수집 대행기관으로 결정하였다는 사실이다. 군정당국은 미주둔군의 직접적인 강제력 행사를 공식적으로는 금지하면서, 1946년도 미곡 수집에 있어서 선도적인 역할을 하였던 신한공사를 식량수집의 정부 대행기관으로 삼았다. 1947년도의 곡물수집안은 중앙식량행정처나 신한공사와 같은 행정기구를 강화함으로써 곡물 수집의 직접적 성과를 높이려 했다는데 있다. 이러한 방법으로 1947년도 하곡수집은 수집 목표량의 98.9%에 달하는 성과를 거두었다(송보영, 1997: 53).

농민의 경제투쟁은 미군정 및 우익단체의 무력 탄압의 대상이 되었고 더욱이 조직력을 대거 상실한 가운데서 산발적으로 진행될 수밖에 없었다. 그런데 신한공사는 식량공출에서 중요한 역할을 담당하였다. 신한공사의 수집실적이 좋은 이유는 1947년부터 현금소작료로 종래의 소작료 납부방식을 바꾼 것 때문이기도 했지만[83] 소작인들에게 그들의 할당량을 전부 공출하지 않으면 소작권을 박탈할 것이라고 위협하는 등 일방적인 행정적 강제 때문이었다. 정보보고서에도 다음과 같이 쓰여있다.

> 이러한 상황에 있어서 유일하게 밝은 면은 신한공사의 소작농에 관한 것이다. 소작농들은 귀속재산을 물려받은 사람들이기 때문에 양곡규제법을 따르지 않으면 소작권 박탈의 이유가 되어 효과적인 강제수단이 되고 있다. …… 토지에 대한 정부의 담보권을 제기하지 않고 조세로서 양곡을 수집하는 것, 이 담보권을 만족시키기 위해 토지를 팔겠다고 위협하는 것은 아마도 양곡을 내놓게 하기에 충분한 것이며 미래에는 농민들이 그들의 상황을 이행하도록 하는 유인책의 역할을 할 것이다(*G-2 Weekly Summary* 13권: 550).

이는 미군의 보고서에도 "농민들에게 소작료 납부거부를 포기하도록 종용하기 위해서는 협박과 감금의 수단이 종종 사용되었다"(『농지개혁사관계 자료집』제4집: 39)고 자인하고 있을 정도였다.

(3) 식량공출정책의 성격

앞에서 살펴보았듯이 미군정의 식량정책은 식량과 농업문제를 효과적으로 처리하지 못했다고 할 수 있다. 그러면 끈질긴 농민들의 저항을 받으면서도 미군정이 계속 식량공출을 강행한 이유는 무엇인가? 미군정의 식량공

---

83) 1946년 9월에 소작료를 금납으로 하라는 규정을 발표하였다(조선통신사, 1948: 181).

출 정책은 당시 심각했던 식량 부족문제가 자유시장의 원칙에 의해 해결되지 않아서 취해진 조치였다. 그러나 그것은 식량증산을 위한 제반정책이 결여된 상태에서 실시된 소극적 미봉책에 불과했으며 또한 재정규모의 확대로 인해 인플레이션을 누진시키는 작용까지 하였다. 그런데 이러한 식량공출은 식량수입 문제와 밀접한 관계가 있었다. 이미 하지는 1945년 9월 11일 기자회견에서 "만일 최선을 다해도 식량이 부족하다면 외국에서라도 수입시켜 식량만은 불안이 없도록 확보하겠다"(국사편찬위원회, 제1권, 1968: 88)고 말한 바 있었으며 이에 대한 미군정의 공식적인 입장은 자유시장을 다시 설정하고 곡물의 통제를 폐지한다면 외국의 원조나 국제식량위원회의 도움을 받을 수 없다는 것이었다.[84] 실제로 미국 농무부와 국제긴급식량위원회(International Emergency Food Council)는 식량부족 국가는 국내 식량자원에 대한 최대한의 수집과 가장 공평한 분배를 해야 한다고 주장하고 있다. 즉 어떤 나라든지 식량을 통제하여 적당한 수량을 수집하고 적정히 배급을 실시하는 나라에 한하여 부족한 식량을 원조한다는 것이다. 따라서 미군정은 절대적인 필요성이 고려되지 않는 한 식량수집 프로그램을 포기해서는 안된다고 보고 있었다.[85] 따라서 미잉여 농산물은 피점령지역 구호원조인 GARIOA 원조[86] 명목으로 1946년 5월 이후 계속 들어 왔으며 미군

---

[84] 1946년 2월 26일 러취, 1946년 4월 2일 러취, 1946년 9월 23일 번스, 케니, 1946년 12월 27일 하지, 1947년 9월 4일 농업경제국 고문 챨스의 발언에서 같은 입장이 나타나고 있다(국사편찬위원회 편, 제2권, 1968: 146~147, 330~331 ; 제3권: 397~399, 1183~1185 ; 제5권: 322). "왜 자유시장이 안되는가? 배급을 해야 하는 이유는 국제식량위원회(International Food Board)는 그 자신의 공급을 배급하지 않는 나라의 보충 식량을 줄 수 없다는 것이다. From National Food Administration Draft of "Information for Use in Rice Collection Program", RG 332, Box 17. p.1. SKIG Seoul, Korea, Minutes of Meeting(29 July 1947), p.2.
[85] CAD Comments on Food Situation in Korea", RG 319 Box 31 ; 오익은(1948.7), 「하곡수집과 농민에의 기대」, 『민주조선』 제2권 7호.
[86] 1945년 9월 11일 미군정은 GARIOA 원조를 발표하고 1945년 9월에서 1948년 8월 정부 수립 전까지 약 4억 1,000만 달러의 원조를 제공하였으며 그밖에 2,500만 달러의 민간 잉여물자 차관이 제공되었다. 1948년 12월 10일에는 한민경제원조협정이 체결되어 미국은 장기적인 경제부흥에 관하여 한국을 원조할 책임을 맡았으며 미국의 원조는 이때부터 ECA원조로 바뀌었다.

정 3년에 받은 원조물자 가운데 1억 7,000만 달러가 식량이었다(대한상공회의소, 1976: 520).

이처럼 미군정이 식량원조를 통해서까지 식량문제와 식량공출에 중점을 둔 것은 당시의 국내시장이 국토의 남북분단과 미곡의 수급불균형에 의한 미가앙등 등으로 사회적 소요가 발생할 가능성이 커짐에 따라 식량을 안정적으로 공급함으로써 미가상승을 억제하고 그에 따른 사회의 안정화에 역점을 두었기 때문이다. 이와 더불어 미군정이 식량공출을 엄격하게 한 것은 당시의 식량문제가 단순히 농업문제의 하나로서가 아니라 체제적인 문제와 연결되는 것이라는 것을 인식하고 있음을 의미한다. 식량수집 사업의 성공이 격동기의 군정의 안정을 위해 극히 필요한 것이라 보았던 것이다 (*G-2 Weelky Summary* 12권: 316). 이것은 하지가 "한국에서는 무기와 식량배급카드만 쥐고 있으면 모든 것을 통제할 수 있다"[87]고 말한 사실에서도 엿볼 수 있다.

미군정의 국가형성 전략으로서 식량정책은 당시 미국의 전쟁부장 패터슨(R. Patterson)의 발언에서 엿볼 수 있다.

> 현 미군의 …… 군정업무 중에서 가장 중요한 업무가 점령국에 대한 식량정책이다. 식량정책을 통해 …… 이들 국가들에 민주주의 원칙과 제도를 양성할 수 있으며 따라서 우리의 점령정책도 성공할 수 있는 것이다(『동아일보』, 1947.2.15). 만약 미국이 점령지구 내 민간인의 식량을 보유하지 않는다면 동 지역 내에는 불안과 혼란상태가 발생될 것이며 이는 공산주의 사상의 가장 적당한 온상이 될 것이다. 그리고 우리는 경쟁에 있으며 …… 이 경쟁은 전 세계를 통하여 공산주의 이데올로기와의 진정한 경쟁이라는 것을 명심하여야 할 것이다(『조선일보』, 1947.3.30).

위와 같은 발언의 의미는 점령지에서의 식량정책의 성공여부가 미국이 목표로 하는 민주주의와 자본주의를 추구하는 국가의 수립 및 확산의 성

---

87) "Conversation between Hodge and General Wedemeyer(27 August 1947), RG 332, 여기서는 B. Cumings(상, 1981: 345)에서 재인용

공여부와 일치하며 또한 점령지에 존재하던 공산주의 세력들과의 갈등을 '성공적'으로 극복할 수 있는 경쟁의 잣대가 됨을 의미하는 것이다(박성진, 2002: 226~227).

식량문제를 둘러싼 갈등은 농촌에서는 식량공출의 반대와 저항으로 나타났으며 도시에서는 식량배급을 요구하는 투쟁으로 나타났다. 실제로 해방 후의 정치적 경제적 혼란으로 특히 도시소시민은 생활면에서 극도로 위협을 받아왔으며(조선은행조사부, 1949: I-64) 미군정기에 일어났던 노동쟁의나 총파업은 생활상의 요구라는 측면에서 많은 경우 식량문제가 그 촉발제였다. 이처럼 식량문제는 단순히 식량 수급의 차원을 넘어서서 미군정하의 사회경제체제의 정당성과 효율성을 입증하는 지표였던 것이다. 이에 노동운동과 농민운동이 식량문제와 결합할 수도 있었던 것이며 실제 미군정의 식량공출은 도시에서의 정치불안 해소와 깊은 관계가 있었다. 미군정은 가격상승을 억제하고 도시의 식량부족과 노동 문제를 해결하기 위해 미곡수집령과 함께 저미가 정책을 시행하게 됨으로써 물가상승의 부담을 농민에게 귀착시키려 하였다. 이와 같은 입장은 미군정의 기록에서도 잘 나타나고 있다.

> 쌀은 한국경제에 있어서 중요한 요인이었다. 쌀 값과 다른 항목들 사이에는 높은 상관관계가 있어서 쌀 가격은 항상 다른 상품가격을 결정하는 데 있어 지배적인 요소였다. 쌀 값이 올랐을 때 악성 인플레이션이 오고 높은 임금이 요구되었고 인플레이션은 불가피하게 도시에서의 임금 노동자에게 커다란 어려움을 동반했다.[88]

이것은 기본적으로 식량이 부족하다는 전제하에서 식량을 농민들로부터 강제공출시켜 도시에 식량을 확보하기 위한 정책이었다(Wedemeyer, 9 september 1947). 식량수집정책은 농촌으로부터 쌀을 강제적으로 수집하여 도시의 문제를 해결한다는 도시와 농촌 간 불균등 교환의 한 형태였다. 즉 전후의 물자부족과 남북분단, 화폐발행의 급증 등으로 인플레이션이 극심

---

88) "Survey of Grain Collection South Korea 1946", p.1.

하던 당시 상황에서 군정에 의한 강제적 식량수집과 그를 통한 도시민에의 배급은 결국 도시에서의 미가상승의 부담을 농민들에게 귀착시키려는 정책이었던 것이다.

      보다 적절하게 모든 비생산자들에게 배급을 할 수 있게 해 줄 훌륭한 미곡수집 계획을 갖고 있습니다. 이 계획은 우리로 하여금 현재 대부분의 식료품을 암시장에서 엄청난 가격으로 사야만 하는 노동자들의 생계비용을 감소시켜 줄 수 있게 할 것입니다(『미국무성 비밀외교문서』, 1946: 341).

이처럼 식량은 미군정 점령의 성공과 실패에 있어서 중요한 요인이었으며 미군정에게는 인플레이션 억제와 함께 도시지역에 식량을 공급한다는 문제가 중요한 정치적 의미를 갖는 것이었다. 당시 자료에서도 "비농가의 생활안정을 위한 식량정책의 성격을 벗지 못하였다"(조선은행조사부, 1949a: I-65)고 평가하고 있다. 이는 미군정이 정치적 수준에서 농촌보다 도시를 중시하였다는 것을 의미한다. 미군정은 당시 좌파의 활동이 농촌보다는 도시지역에 그 역량이 집중되어 있다고 이해했고, 따라서 도시지역에서 발생하는 정치적 문제에 상대적으로 보다 큰 힘을 기울였던 것이다(Mitchell, 1949 June: 4). 군정청은 저임금정책 실시의 전제로서 저미가정책을 전개하고 영세 소작농민에 대하여 소작료에 덧붙여 과중한 식량공출을 통한 이중의 부담을 지워줌으로써 생산물 상품유통을 잠정적으로 통제하고 당면한 식량위기의 돌파구를 찾았던 것이다. 결국 미군정은 저임금 저미가 위기가 전사회의 위기로 전환되는 것을 방지하고 일제 이래의 자본주의적 경제질서를 유지하기 위해서 식량공출을 통해서 식량을 통제한 것이었다. 그러므로 식량공출은 미군정의 경제정책 가운데서 가장 강력한 의지를 보여준 것이었다(홍성하, 1969: 103). 군정장관 대리 헬믹 대장도 "군정청으로서는 쌀 문제가 제일 중요한 정책이므로 …… 민중은 미곡정책에 전폭적으로 지지하여야 할 것"(『조선일보』, 1946.12.6)이라고 말하고 있다.

그런데 미곡수매를 위해서는 막대한 비용이 필요하였고 그것을 위한 계절자금은 일시에 막대한 양이 방출되어 통화유통량을 격증시키는 반면 그

회수가 장기일에 걸침으로써 물가앙등에 큰 자극을 주게 되었다(한국산업
은행조사부, 1955: 358~359). 미곡수집 자금의 계절적인 편중방출은 적자재
정과 통화팽창의 주요 원인이 되었고, 오히려 물가를 자극하였던 것이다(재
정금융삼십년사편찬위원회, 1978: 19).[89] 해방 후 화폐발행고의 증가가 가
장 격심하였던 1945년 8월 15일부터 1947년 12월 말까지 증발요인을 보면
기간 중 발행고 증가액 284억 1,300만 원(6.7배 증가)의 내역이 미곡수집자
금이 39.1%, 곡물수집에 대한 정부보상비가 10.6%, 패전일본정부 청산금이
4.9%, 비상시 대출금이 3.8%, 귀환동포 등에 대한 일은권교환이 3.1%로
되어 있어 조선은행권 발행고의 격증은 미곡수집자금의 선포에 따른 재정
적자에 기인한 것임을 알 수 있다(재정금융삼십년사편찬위워회, 1978: 22).
또 수집식량 운반을 위한 남한의 운송능력의 동원(약 80%는 식량운송에
집중)의 결과가 계절적인 물가등귀의 직접적 원인이 되었다(조선은행조사
부, 1948: I-242). 실제로 1946년 7월 이후 하곡자금의 방출로 발행고가 100
억 원을 돌파하자 경제는 더욱 혼란해져 갔으며(조선은행조사부, 1948: 地
45) 이는 경제고문의 남한경제 보고서에도 이렇게 기록되고 있다.

> 1947년 미곡수집사업이 잘 진척되고 있다. 그러나 미곡수매를 위한 막
> 대한 비용은 이미 등귀하고 있는 물가에 강한 인플레이션 압력을 가하고
> 있다. …… 11월의 첫 18일 동안 50억 원의 조선은행의 통화증발의 주된 원
> 인은 미곡수매 자금조달이다. 현재 총 통화발행은 11월 18일자로 268억
> 원으로서 최고기록을 나타내고 있으며 미곡수집 사업종료 전에 300억 원
> 을 돌파할 것으로 예상되고 있다(*G-2 Weekly Summary* 14권: 408).

이러한 체계는 1948년 정부 수립 이후에 공표된 "양곡매입법"으로 지속
되었으며 1950년 "양곡관리법'이 제정되어서야 공출이 없어지게 되는데 이
러한 식량공출은 증산면에 대한 확고한 정책 없이 소비 면만을 통제하고자
한 까닭에 생산의욕을 저하시켜 농업생산력을 정체하게 한 주요한 원인 중
의 하나가 되었다.

---

89) "History of the National Economic Board", Part 1, pp.14~18.

해방 이후 진주한 미군정은 식량정책을 통해 미군정에 도전하는 좌익 및 우익 세력들을 체계적으로 제거해 나갔다고 할 수 있다. 미군정은 식량정책을 통해 사회주의 혁명의 방지와 급진적 사회개혁 추구 세력의 저지라는 목표를 성공적으로 이룰 수 있었다(박성진, 2002: 220).

3) 식량수입과 식량증산정책

식량정책에 실패하자 미군정은 단정적으로 남한을 식량부족지로 규정하였고 기근을 막고 도시 거주자에게 약간의 생계 음식을 보증하기 위한 식량수입 프로그램과 고갈된 토지를 회복하고 최소한 과거 수준 정도로 농업생산을 증가시키기 위한 비료수입 프로그램을 발전시켰다.[90] 식량생산이 인구증가를 병행할 때까지 최소한을 유지시키기 위해 식량이 수입돼야 한다는 것이었다.[91] 하지는 1945년 9월 11일 "만일 최선을 다해도 식량이 부족하다면 외국에서라도 수입시켜 식량만은 불안이 없도록 확보하겠다"(국사편찬위원회 편, 제1권, 1968: 88)라고 한 바 있었다.

이에 따라 군정청에서는 하지의 명령으로 1946년 2월 25일 기획과장 켈라 대좌를 미 본국으로 파견하여 한국인의 절박한 식량사정을 트루먼 대통령에게 보고하는 한편 국제부흥구제위원회(UNRA)에도 보고하여 미 본국으로부터 다량의 양식을 요청하였다(국사편찬위원회 편, 제2권, 1968: 139). 1946년 5월에는 미국 기근방지위원회 회장인 후버가 한국의 식량문제에 관하여 각 도지사와 회견하고 식량문제에 관하여 토의하면서 식량수입의 필요성을 승인하였다.[92] 당시의 보고서에도 "1946년 5월, 6월, 7월 동안에 상당한 양의 식량이 수입되지 않는다면 아마도 식량부족은 남한에 있어서 중

---

90) U.S. Department of State(1960), "Korea 1945 to 1948", A Report on Political Developments and Economic Resources with Selected Documents, Greenwood Reprinting, p.29.
91) "Food Report for South Korea as of March 1948", RG 332, Box 18, p.2.
92) 군정청 식량담당관 케플 힐, 미국인경제자문위원 로버트 귄니가 각 도지사의 조력을 얻어 조선문제토의를 진행시켰다. 5월 13일에 미국기근방지위원회 회장 후버는, 세계 식량부족국가 시찰보고서에서 조선에 필요한 식량배정서를 진언하였다(국사편찬위원회 편, 제2권, 1968: 548~549).

요한 위기로 발전할 것"[93]이라 기록하고 있었다. 더구나 남한의 모든 중요한 화학비료공장이 북한에 위치하고 있다는 사실은 남한의 농업에 심각한 문제를 발생시켰다. 이러한 이유로 하지는 소련과 대규모의 화학비료 구매에 관한 협상을 시작했지만 협상은 결렬되었고(*G-2 Weekly Summary* 12권: 316) 대량의 식량이 미국으로부터 남한에 전달되었던 것이다(Robinson, 1947: 102~103). 그런데 해방 이후의 이 같은 식량수입은 당시 일반 대중에게는 납득하기 곤란한 문제였다. 이와 같은 상황에 대하여 당시의 자료는 이렇게 기록하고 있다.

> 1946년 초부터 미군정은 외국산잡곡을 조선에 수입할 계획을 추진시켜 세계농업식량기구위원회를 통하여 식량공급을 청원하게 되었는데 해방이후의 식량수입은 당시 일반 대중에게는 납득하기 곤란한 문제였다. 첫째, 식량수입의 필요성에 대한 진상을 파악치 못한다는 것이며 둘째, 거대한 외채를 기피하자는 것이고 셋째, 국민식생활에 부적한 식량을 수입한다는 것 등 외국식량수입에 대한 비난이 대부분이었다. 그 반면에 식량행정 當路者로서는 전쟁에 시달린 국민의 보건회복을 위하여는 당분간 외국원조가 필요하다는 것, 조선의 현하 식량생산상황과 소비실정으로 보면 식량의 절대부족을 느낀다는 것, 미국에서는 식량대금변상을 요구하지 않는다는 것 등을 주지토록 선전에 노력하였으나 일반은 솔직히 용납하려 하지를 않았다. 따라서 미군정은 여론에 의거한다기보다 국내의 절박한 식량사정을 타개완화하기 위하여 불가분 식량수입에서 활로를 찾지 않을 수 없었던 것이다(조선은행조사부, 1948: I-249).

그러나 미군정은 유일한 물가안정책은 미곡 통제에 있다고 보고 전반적인 식량수집 및 분배계획의 성공은 남한의 경제조건 안정을 향한 가장 주요한 단계가 될 것으로 보며 아울러 식량수입을 건의하고 있었다.

이러한 전반적인 식량수집 및 분배계획에서의 성공은 남한의 경제조

---

[93] Office of the Economic Advisor HQ XXIV Corps. Seoul, Korea APO 235(20 April 1946), "The Food Situation in South Korea", RG 59, LM 80, Roll No. 7.

건 안정을 향한 가장 주요한 단계가 될 것입니다. 이 계획은 미곡수집뿐 아니라 예산 및 재정의 개혁, 생산증대, 소비재 상품의 분배개선, 대규모 통화보유 방지와 관련된 상업재편 계획 및 이들 목표들을 달성하는 데 따른 비상수입계획을 포함하고 있는 전반적인 계획의 일부인 것입니다. 본인은 국무성이 이 보고서에 개괄된 바와 같은 '식량수입요구량'에 대한 군정의 요구를 지지해 주도록 건의하는 바입니다(『미국무성 비밀외교문서』, 1946: 408).

따라서 그 해 12월 30일 한국과 일본의 경제부문의 책임자인 마틴은 한국에서 미국이 최우선적으로 해야 하는 일은 한국인이 먹을 것을 충분히 갖도록 하는 것이라 말하였다. 그리고 그는 1947년 남한에만 미국의 지원이 결정적 영향을 미칠 것이라 하면서 "만약 우리가 지원을 주저하면 극동세의 우리의 발판을 고려한다는 것 자체가 바보같은 짓일 것"(Robinson, 1947: 253~254)이라고 덧붙이고 있다.

결국 미잉여농산물은 피점령지역 구호원조인 GARIOA 원조 명목으로 1946년 5월에 소맥 8천 톤을 실은 미국 선박이 처음으로 인천항에 들어오면서 그 이후 계속 들어왔다. 연도별 양곡도입량을 보면 1946년에는 국내생산량의 5.5%, 1947년에는 11.0%, 그리고 1948년에는 7.5%나 도입하였다.

〈표 5-8〉 년도별 양곡수입량(1946~1948)

(단위: 정곡, 톤)

	백미	대맥	소맥	옥수수	대두
1946	–	–	129,664	15,655	–
1947	39,362	82,991	140,046	15,120	–
1948	69,904	24,339	114,165	15,228	–
	소맥분	기타	합계(A)	국내생산량B	A/B(%)
1946	16,200	2,883	164,402	2,999,398	5.5
1947	72,927	3,511	353,957	3,197,726	11.0
1948	43,646	–	267,282	3,538,317	7.5

* 자료: 한국은행 조사부(1955: 116).

이러한 외곡도입량으로 국내 총소비량 중에서 1946년의 경우 6.4%, 1947년의 경우 13.1%를 각각 충당하였다(조선은행조사부, 1949a: IV-34). 이것은 양곡수급 공출량의 1/3~1/2에 해당된다. 결국 이것은 비농가에 대한 식량배급량의 30~40%가 외곡에 의해서 충당되고 있음을 보여준다(조선은행조사부, 1948: I-242).

이러한 대량의 농산물 수입은 농산물 가격의 안정에는 일시적으로 기여를 했는지는 몰라도, 국내의 식량공급력 향상을 위한 생산정책을 수반하지 않은 수급정책이었기 때문에 만성적인 식량부족의 문제를 해결할 수 있는 적극적인 정책은 아니었다. 즉 미군정은 식량문제에 대해 국내식량생산을 증대시키는 정책대신에 미잉여양곡을 도입하는 방향으로 정책을 전개시켰던 것이다.

이와 더불어 미군정은 1946년 4월 미곡증산 5개년 계획을 수립해서 농산보조금 예산을 편성하고 수리사업을 위해 국고보조금을 제공했다. 1947년 들어서는 미국이 냉전체제를 향한 대외정책들을 발표하면서 농업 생산정책이 나타나기 시작했다. 그 가운데 농업분야의 기본 목표는 남한의 식량자급자족 달성으로 설정되었다.

이에 대한 대책으로 미군정은 비료를 수입하여 응급적인 식량증산을 도모했다(한국산업은행조사부, 1955: 43). 당시 식량증산의 핵심사항은 비료수급 방안이었다. 따라서 미군정의 식량증산정책에서 생산성을 급속히 증가시킬 수 있는 금비 수급은 중요한 위치를 차지했다. 미군정은 금비를 대량 투하하는 '5개년 계획'을 세웠다. 이 계획은 미군정과 연합국최고사령부 '자연자원과'가 작성하여 1947년 초 미군정, 연합국 최고사령부, 그리고 워싱턴 당국의 승인을 받았다(주한경제협조처 편, 1949: 13). 미군정은 금비를 '점령지역행정구제자금(GARIOA)'에 의한 원조를 통해 수입했다. 민생안정, 사회적 안정을 위해 지원된 GARIOA 원조에서 비료가 차지하는 비중은 큰 것이었다. 비료는 1948년 말까지 771만 1,122톤이 국내에 입하되었다. 이 양을 소비량과 비교해 보면 전체의 79%에 해당된다.

그러나 농업생산력 회복에 대한 전반적인 제고 없이 정치사회적 안정을 위해 시행된 비료중심의 증산정책은 당시 농업위기에 대한 근본적 해결책

〈표 5-9〉 비료 수입량

(단위: 1,000kg)

	수입량	소비량
1946~1947	309,870	450,211
1948	461,242	529,333
총계	771,112	979,544

* 자료: 한국산업은행조사부(1955: 976~979)에서 작성.

이 될 수 없었음은 물론이고 생산성을 확대, 지속시키기 위한 경작법의 개량, 수리시설의 증가 등도 병행되지 않은 정책이었다(허은, 1997: 367).

그런데 1946년 12월부터 미국으로부터 막대한 양의 비료가 수입되면서 농회의 역할과 활동이 확대되었다. 비료의 대량 수입으로 12월 20~21일 양일 간 서울에서 비료 분배 방안을 연구하기 위해 40여 명의 지역 농회 장들이 모임을 개최하기까지 했다(Summation, No. 15, 1946. 12: 27). 따라서 비료배급에 관한 장악 여부는 농촌단체로서의 '농회'의 비중과 향방에 중대한 영향을 미쳤다. 금융조합연합회와 농회는 상호 간의 업무가 중복되면서 미군정으로부터 물자통제에 관한 더 큰 권한을 얻기 위해 상호 간에 경쟁했다. 비료배급을 놓고 군정 초기 금융조합연합회와 갈등을 일으켰으나 미군정 지시에 의해 비료 배급담당은 군정기가 종식될 때까지 농회가 전담했다(허은, 1997: 374). 미군정의 증산정책은 금비의 다량 투하를 통한 증산제일주의 정책이었다. 그러나 비료중심의 농업생산력 증대 방식 결과로 농민들의 생산 증대수단에 대한 국가의존도가 심화될 수밖에 없었다(허은, 1997: 371~372).

미군정의 비료정책은 농민들에 대한 비료의 원활한 공급을 표방하고 있었으나 이는 비료수급정책이 갖는 양면성 중에서 한 측면에 불과했다. 미군정의 비료반입이 원조에 의한 것이므로 국내 농작물 사정에 맞추어 적절하게 배급되지 못했던 면이 있었다. 경작면적에 따라 비료를 배급하고 비료대금을 현금으로 지불하게 했다는 점도 비료배급의 편중과 지연에 원인이 되었다. 그러나 보다 주목할 점은 미군정이 비료분배를 식량공출과 연결시켰다는 것이다. 즉 공출할당량을 채운 농민들이 비료배급을 우선 받을 수 있도록 했던 것이다. 1946년 12월부터 대량 수입되기 시작한 비료는 이 원칙에 따라 분배되었다. 현금주의 배급은 구입자금이 없는 일반 영세농가로 하여금 배급비료를 타지 못하게 만들었다(허은, 1997: 380). 미군정이 '현금주의'를 강조했던 것은 GARIOA 원조가 단순한 무상원조가 아니라 국내 중요 물자 반출자금을 회수하는 기능을 했기 때문이다(허은, 1997: 385).

대량의 비료가 수입되고도 농촌에서 비료부족 문제가 끊이지 않았던 이유는 미군정 비료수급 정책의 양면성에 기인했다. 미군정의 비료정책은 농민들에 대한 비료의 원활한 공급을 표방하고 있었으나 이는 비료 수급정책의 양면성 중 한 측면에 불과했다. 미군정은 비료 수급을 통해 식량 증산의 목표를 달성하는 한편 이를 농촌 통제수단으로 활용하고자 했던 것이다(허은, 1997: 385).

1947년 후반기 농촌지역에서 미군정의 통치력이 확고해지자 미군정은 1948년 1월 법령 제165호를 공표하여 '농회' 조직에 대한 개혁을 실시했다. 미군정은 농회 조직을 행정기구와 분리시켜 비료배급의 효율성을 기하고자 했던 것이다. 이것은 비료가 농촌 통제수단보다 생산 증진수단의 의미가 더 강조되었음을 말한다. 미군정이 증산에 비중을 더 둘 수 있었던 것은 농촌에서 좌익들의 영향력이 상당히 약화되었기 때문이다. 농촌에서 급진세력의 힘의 축소는 농회의 위상변화와도 연결되었다.

4. 노동정책

1) 초기의 노동정책

해방 직후 노동운동은 자주관리운동으로 시작되었다. 미군정은 1945년 10월 법령 제2호를 발표하여 일본인 재산의 동결을 지시하고 자주관리운동은 사유재산권의 침해이자 곧 자본주의 경제체제에 대한 도전행위로 인식하였다. 따라서 노동자들의 자주관리운동에 미군정은 비판적인 태도를 취했다. 이는 미군정이 자주관리운동과 인민위원회가 밀접한 관계를 가진 것으로 보아 자주관리운동이 인공의 물적 기반이 될 것을 주목하였기 때문이다(조순경·이숙진, 1995: 98~107).

1945년 10월 13일 승인된 삼부조정위원회의 "한국에 대한 최초의 기본훈령"에서 노동운동이나 노동조직과 관련된 부분은 "노동, 공업 및 농업에서의 민주적인 조직의 발전을 고무한다"는 규정이다. 이는 미군정에 전달된 최초의 노동정책의 지침이라 할 수 있는데 이 '민주적'이라는 의미가 미군정이 기대한 노동운동의 방향을 규정한 것이라 할 수 있다.

1945년 10월 30일 발표된 법령 제19호는 자주관리운동에 대한 방침뿐만 아니라 이후 미군정 노동정책의 기본 성격을 보여주는 것이었다. 7조로 구성된 이 법령은 '국가적 비상시의 선언'으로 시작하여 제2조에서 '노동자의 보호'라는 제목으로 노동운동에 대한 방침을 설명하고 있다. 이는 군정장관 아놀드 소장과 당시 헌병사령관이자 경무국장이던 쉬트(J. R. Sheets) 준장이 주재한 노동관계협의회에서 제정되었다(박진희, 1996: 125).

미군정은 법령 제19호로 사회경제적 혼란의 심화, 노동경제의 악화, 노사대립의 격하라는 조건하에서 미군정의 목적, 방침 등을 명시하여 노동정책의 기본노선을 천명하고 있는데 여기서 미군정 제반정책의 핵심적인 주제가 노동조합의 쟁의행위에 대한 제한이었던 것은 제2조의 규정에서 알 수 있고 이 점은 노동부장 이대위의 글에서도 인정되고 있다.

> 법령 제19호에 의하야 노동자가 함부로 스트라익을 할 수도 없고 만일 이 법도에서 어그러지면 그 처벌의 방법은 민사 또는 형사에까지 적용되는 것이다(이대위, 1947: 351~352).

그러므로 법령 제19호를 둘러싼 해석에는 논란 또한 적지 않으나 이 법령의 핵심은 노동조합 결성은 소극적으로 허용하지만 노동쟁의는 적극 규제하는 이른바 '노동조합용인, 노동쟁의 억압체제'를 규정한 법이라고 말할 수 있다. 이는 미군정기간 중 노동기본권은 사실상 보장되지 않았다는 것을 시사하게 된다. 그리고 이 법령은 이후 군정이 불법이라고 판단되는 노동쟁의에 조정위원회의 강제중재규정을 통해 적극 개입할 것임을 선언한 것이었다. 파업금지법으로서 법령 제19호(中尾美知者, 1984: 40)를 부연해 주고 있는 것이 1945년 11월 16일 현장의 한국인 노정담당관에 대한 지도를 목적으로 발표된 '노정과방침'이었다.[94] 이 문서의 작성 의도는 두 가지로 요약할 수 있다. 하나는 노동자들의 파업권을 부정함으로써 사실상의 단결금지 정책을 관철하는 것이고 다른 하나는 공장관리위원회의 노조로의 전환정책이다(정용욱, 2003a: 249). 이 문서는 '진정한 대표 노동조직의 육성'을 천명하였으나 다른 한편으로 노조활동의 자유를 상당부분 제한하고 있다. 즉 '비상사태하에서 생산의 유지를 위해 노조의 파업권은 부인될 수 있음'을 아울러 명기하였다.

미군정은 법령 제19호를 통해 노동운동에 대한 기본방침을 정한 후 뒤이어 1945년 12월 8일에 법령 제34호 '노동조정위원회 설립에 관한 건'을 발표하였다. 그 내용은 중앙과 도에 각각 노동조정위원회를 설치하고 군정청 장교를 고문으로 두며 위원들은 각각 군정장관과 도지사가 임명한다는 것이다. 노동조정위원회는 노동부의 하부조직으로 5명의 의결 위원, 1명의 의결권이 없는 상임 간사로 구성되었으며 이때 군정장관은 군정청 노무과의 장교를 고문으로 하는 7명의 중앙노동조정위원회 대표들을 임명했다. 그리고 지방에는 지방 군정청 노무관을 고문으로 하고 3명 또는 5명의 의결 위원 및 1명의 의결권이 없는 상임 간사로 구성된 도 노동조정위원회를 설립하는 것으로 규정되었다.

이러한 노동조정위원회는 법령 제19호에서 규정된 노동쟁의 '조정' 제도와 관련하여 매우 중요한 역할을 담당했다. 중앙의 경우 2개의 도 이상에 걸친 노동쟁의 및 군정청 노무과의 위탁을 받은 노동쟁의를 조정하고 지방은 해당 도의 쟁의를 조정하도록 되어 있었다. 노동자들의 단체행동이 금지되면서 모든 쟁의의 발생을 조정위원회에서 심사하고 판결하여야 했다. 물론 판결이 내려지기 전까지 모든 노동자들의 파업이나 단체 행동은 금지되었다. 그리고 그 결정은 최후적이며 구속적이었다(조순경·이숙진, 1995:

---

94) HQ, USAFIK, Office of the Military Governor, Bureau of Mining and Industry, Seoul, Korea(16, November, 1945), "Labor Section Policy", RG 332, Box 62.

130). 노동쟁의 조정절차는 〈그림 5-3〉과 같다.

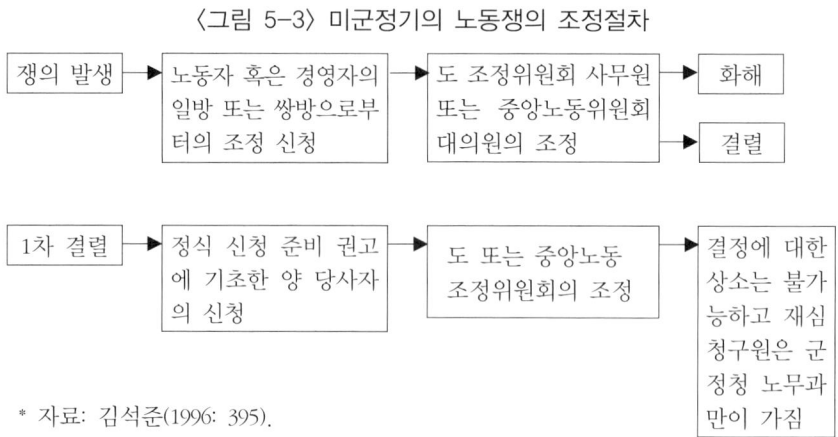

〈그림 5-3〉 미군정기의 노동쟁의 조정절차

* 자료: 김석준(1996: 395).

그런데 초기 미군정의 노동정책은 매우 개괄적으로 지시되었고 그로 인한 세부 규정이나 지침의 부족은 적용상의 혼란을 발생시키곤 했다. 초기 미군정의 노동정책은 각 생산 현장에서 발생한 파업과 쟁의에 대해 일관된 대응이 어려웠다. 미군정이 노동운동을 통제하는 방식은 지역별, 사업장별로 다른 내용으로 나타나기도 했다(조순경·이숙진, 1995: 107~108).

미군정은 일본 총독부 산하에 설치되었던 '근로부'를 대신하여 초기 '노무과'를 설치하였으며 1946년 3월 29일 '광공국'이 '상무부'로 개편될 때 상무부 산하에 '노동국'으로 개편되었다. 이후 1946년 7월에는 '노동부'라는 독립부서로 개편되는 과정을 거쳤다. 이러한 과정은 형식적으로는 행정조직체계의 정비라는 측면을 반영하는 동시에 내용적으로는 노동문제를 전문적으로 전담할 기구의 필요성 때문이다. 즉 다양한 노동문제와 고양되어가는 노동운동에 대한 문제를 전담할 전문 부서의 필요성이 요구되었던 것이다.

한편 1946년 들어 노동쟁의는 급속히 증가하는 양상을 보였으며 미군정은 점증하는 노동쟁의에 대한 적극적이고 새로운 대책의 필요성을 절감하고 있었다. 그리하여 미군정은 '노동소위원회'의 파견을 요청하였다. 따라서 일본의 전후 노동실태를 조사하고 이를 토대로 새로운 정책입안을 돕기 위해 방일 중인 노동문제전문가 중 일부 위원이 1946년 6월 2~18일 군정당국의 요청으로 남한을 방문하였다. 이들은 남한의 노동관계 전반에 대한 실태를 조사한 후 이를 토대로 군정장관에게 노동정책을 개편하기 위한 건의서를 제출하였다. 소위원회는 노동조직에 관한 군정의 제법령이 노동조합을 장려하는 것이 아니라 억제하는 기능을 해왔다고 판단하여 새롭고 급격한 변화가 필요하다고 결론지었다(Labor Advisory Mission, 18 June 1946).

이 건의서는 후일 군정 노동정책 입안에 크게 영향을 끼친 것으로 알려져 있다(박영기·김정한, 2004: 371~374). 해방 이후 당시까지의 노동정책이 자유로운 조합활동을 사실상 금지하고 있었다는 인식을 토대로 현행 노동정책을 전면 재검토하고 개방된 민주사회에 걸맞는 새로운 정책을 강구할 것을 이들은 군정당국에 제의하고 있다. 단결권과 단체교섭권, 단체행동권 등 노동기본권을 보장하고 특히 단체교섭을 적극 권장함으로써 새롭고 합리적인 노동관계를 조성하려는 것이 권고내용의 핵심이었다. 이를 위해 첫째, '노동조합법'과 '노동쟁의조정법'을 조속히 제정할 것을 촉구하였고 둘째, 배타적 교섭권을 인정하는 자유롭고 민주적인 노동조합, 특히 이른바 뉴딜 정책의 기반이 된 전국노동관계법에 따른 실리적 노동조합의 육성을 제시하였으며 셋째, 계속 치솟는 물가상승을 고려하여 군정산하 정부관리 업체의 임금 수준을 탄력적으로 통제할 필요가 있다는 것을 환기시키고 넷째, 노동행정기구를 시급히 대폭 확충할 것 등을 제의하였다(박영기, 김정한 2004: 371~375).

그런데 무엇보다도 문제는 전평이라는 거대한 노동조합의 존재였다. 즉 전평을 노동정책 속에서 어떻게 위치지을 것인가 하는 것이 문제였다. 당시 전평은 군정관리들에게 공산주의에 지배되고 있는 조직으로 인식되고 있었다. 노동소위원회의 판단은 전평은 미군정 노동정책의 전환에 의해서 통합될 수 있다는 것이었다(Labor Advisory Mission, 18 June 1946). 노동부도 노동운동이 정치적으로 이용되는 것을 막는 최선의 방법은 책임 있는 노조활동을 억누르는 것보다는 지원하는 노동정책에 있다고 보았다.

2) 노동정책의 전환

　1946년 7월 미군정은 법령 제97호 '노동문제에 관한 공공정책 공표, 노동부 설치'를 공표하였다. 새로운 노동정책은 시장경제질서의 조성을 위한 동시에 '비상시국'이라는 명분을 내세워 지금까지 계속되어 온 조합활동과 노동쟁의를 금지하는 입장에서 벗어나 '민주노동조합'을 적극 육성한다는 내용으로 짜여져 있었다. 이 새로운 노동정책은 미국전시노동위원회의 스탠치휠드(Stanchfield)와 맥퍼슨(Mcpherson) 등 전문가위원이 작성한 권고안을 토대로 마련된 것으로 보인다. 1946년 6월 방한하였던 노동자문위원단 한국소위도 비슷한 상황판단에 입각하여 노조활동에 대한 태도변화와 지원의 필요성, 노동법 및 노동보호법령의 마련, 노동보호시설의 설치, 적절한 행정관리기구의 정비, 노동자들의 생활안정을 시급한 과제로 제시하였던 것이다(Labor Advisory Mission, 18 June 1946). 또 1946년 12월 한국에 부임하여 만 7개월여 동안 하지의 노동고문으로 일했던 미첨도 남한의 열악한 경제적 조건, 미군정의 태도와 노동관리 행정의 부실이 실제적인 계획의 수립과 실행을 어렵게 하는 배경을 이루고 있다고 지적하였다. 또 구체적인 문제점으로 시설(관리기구, 노동법령, 보호시설 등)과 요원의 부족, 군정의 협조 부족, 노조활동에 대한 경찰의 개입과 간섭을 들고 그중에서도 경찰문제가 가장 중요하다고 지적하고 있다. 법령 제97호 제1조의 내용을 살펴보면 다음과 같다.

　　(가) 민주적 노동단체의 육성을 지원한다.
　　(나) 모든 노동자는 사용자나 그 대리인의 간섭을 받지 않고 자율적인 단체를 경성하고 이에 가입하거나 노동조합연합회를 조직 또는 가입하여 타 노동조합을 지원하거나 타 노동조합으로부터 지원을 받을 권리가 있으며 고용조건을 고용계약기관과 협의할 목적으로 스스로 선출한 대표자를 지명할 권리가 있다.
　　(다) 사용자와 노동조합간에 체결되는 임금, 노동시간, 그밖의 고용조건이나 노사간의 평화적 교섭은 이를 권장한다.
　　　　　　　　　　　　　　　　　　　　　　　(박영기 · 김정한, 2002: 380)

이미 노동조합의 존재를 인정한 미군정이 굳이 법령 제97호를 통하여 "민주주의적 노동단체의 발전을 장려"하겠다고 표명한 것은 특별한 이유가 있었다. 이것은 국내외의 여러 조건과 정세가 군정에게 가해진 요구를 불가피하게 수용한 결과였다. 1946년 내한한 노동소위원회는 미군정의 노동법령이 "기본훈령"인 삼부조정위원회 176/8의 기본 정신을 위배하고 있다고 보고했다. 또한 1946년 초 미소공동위의 결렬과 남한 내의 좌우합작운동 추진은 전평이 지하로 들어가는 것을 방지해야 했다(조순경·이숙진, 1995: 93).

이 법령은 미군정의 노동정책이 "민주주의적 노동조합"과 '평화적 협정'을 장려하는 것을 밝히고 그를 위해 노동자에게 단체교섭권을 부여한다고 되어 있다. 그러나 새로운 노동정책을 규정한 법령 제97호는 법령이기보다는 형식상 한시적 대응책을 정리한 비망록과 같은 모습을 띠고 있었다(박영기·김정한, 2004: 379). 그리고 실제로 '민주주의적' 노동조합은 전평을 배제하는 것임이 이후 전평의 탄압사례를 통해 명백해진다.

법령 제97호 제1조 가항 "민주적 노동조합의 육성을 지원한다"는 것으로 간단히 언급되어 있던 것이 그 해 10월 3일의 통첩에서 "남한의 노동조합운동에 있어서는 정치운동을 허용하지 않는다"라고 되어 있다. 이에 대한 자세한 해석이 1946년 12월 9일의 통첩에서 나타나고 있는데(조순경·이숙진, 1995: 95) 이러한 언급이 전평이 주도하여 발생한 1946년 9월 총파업 이후에 명시된 것이어서 더욱 주목된다. 노동운동에 대한 미군정의 태도는 시간이 지나감에 따라 두 가지의 목적을 가진 형태로 정리되어졌다. 첫째, 노동조합운동은 경제투쟁이며 따라서 정치운동을 하는 노동조합은 인정할 수 없다는 것이며 둘째, 민주적인 절차를 준수하는 노동조합을 장려하겠다는 것이다.

법령 제97호에 따라 확대 개편된 노동부에서는 비록 체계적인 노동법제정에는 실패하였으나 새로운 정책의 일환으로 도입된 각종 제도와 개념에 대한 구체적 해석과 운영지침이 마련되었다. 노동부에서 확정·시달한 운영지침 중 조합활동과 연관된 대표적 통첩은 1947년 5월 말에 마련된 '노동조합운동 지도에 관한 건'과 '노동행정당국에서 취급할 노동쟁의에 관한 건' 등 두 건의 통첩이다. 이들 통첩은 군정실시 후 집단노동관계에 대해 행정당국에서 제시한 사실상의 첫 시책이며 또 널리 적용된 방침으로써 흔히 '노동부방침'으로 알려져 있다.

'노동부방침'은 법령 제97호를 시행하기 위한 방안으로 마련된 것이다. 그러나 조합이 합법적인 조직으로 인정받기 위해 반드시 조합등록절차를 거치도록 요구함으로써 이 법을 둘러싸고 좌우합작을 추진하던 현지 군정당국과 본국정부 간의 의견이 대립되었고 따라서 새로운 정책은 혼선을 빚어 성과를 거둘 수 없었다. 그 결과 법령 제97호는 사실상 사문화되어 노동부방침만이 군정의 유일한 대 조합 정책으로 남게 되었다. 법령 제97호를 시행하기 위한 노동법 제정이 이 같이 모두 중도에 폐기됨으로써 비록 노동조합은 합법적인 제도로 인정받게 되었으나 구체적인 법적 보호를 받지 못하여 수시로 공권력이 조합활동에 투입되었고, 또 이로 인해 모든 조합활동은 사실상 행정부에 의해 좌우되었다(박영기·김정한, 2002: 418). 법령 제97호가 선포된 후 한동안 노동법 제정이 시도되었으나 미군정과 본국정부 간의 의견 대립 등으로 자주적인 조합활동을 보장하려던 법령 제97호는 사실상 사문화된 것이다.

한편 9월 총파업 후 비록 그 세력이 약화되었으나 전평의 영향력은 계속 무시할 수 없는 상황이었고, 반면 그간의 지원에도 불구하고 대한노총의 실상은 조직적 취약성에서 벗어나지 못하였는데, 이 또한 법 제정을 어렵게 한 요인으로 추정된다. 즉 법보다는 행정절차를 통한 대응이 정책 목표 달성에 한층 실용적이라는 행정편의주의적 의식도 새로운 노동정책이나 이를 구현하기 위한 법 제정을 좌초시킨 원인으로 작용한 것으로 보인다(박영기·김정한, 2002: 399~403). 즉 노동기본권을 사실상 보호받게 하기 위해서는 그 같은 권리의 분명한 내용과 이를 뒷받침하기 위한 규정 특히 법 준수를 보장하는 벌칙규정이 불가피하였지만, 이를 위한 법 제정은 결실을 보지 못한 채 군정이 종식되었다.

노동행정기구가 새로운 노동정책에 따라 노동부로 확대 개편되기에 앞서 노동국에서는 '노동단체 및 단체교섭에 관한 법령'을 입안·확정하였는데, 이 법안은 남한을 방문한 미국 전시노동위원회 위원들이 실태조사를 토대로 권고한 '노동쟁의조정법'과 '노동조합법'에 기초하고 있다. '중앙노

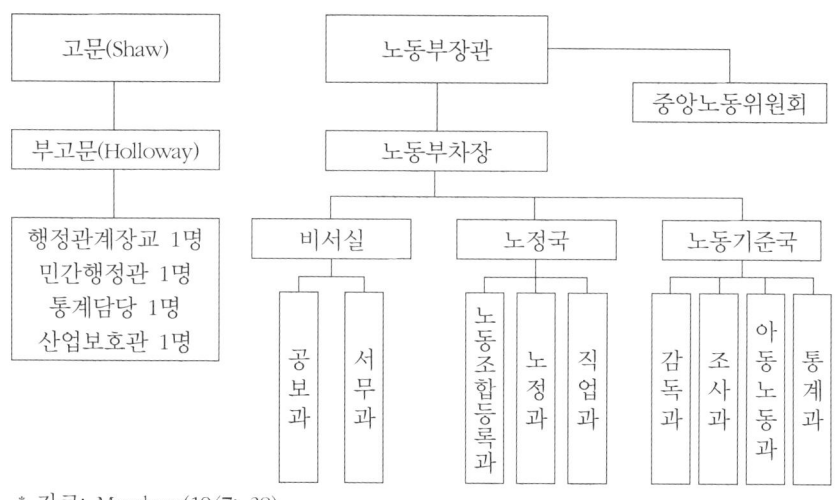

〈그림 5-4〉 노동부행정기구표(1947년 6월 현재)

* 자료: Meacham(1947: 38).

동협의회'에서도 이들 전문가의 권고에 따라 군정법령 제97호를 실행하기 위한 별도의 노동관계법을 마련하였으나 이들 법안들은 모두 법제정과정에서 실효성이 의문시되어 폐기된 것이다.

미국무부에서는 노동부와 협의하여 1947년 4월 '새로운 노동관계'를 조성하기 위한 세부방안을 확정하고 9월 23일 삼부조정위원회의 동의를 얻어 삼성조정위원회의 지침으로 '노동단체 취급에 관한 지시'(SWNCC 376)를 합동참모본부와 극동군 사령부를 경유, 남한주둔 미국군사령관에게 통보하였다.[95] 지시내용 중 주요 사항을 개관하면 〈표 5-10〉과 같다.

삼부조정위원회의 새로운 지시 중에는 단결권, 단체교섭권, 단체행동권 등 노동 3권을 기반으로 하는 자유로운 조합활동을 보장하고 특히 합리적인 쟁의조정제도를 도입하여 이를 기반으로 새로운 노동관계를 조성 및 권장하는 내용이 규정되어 있다. 이 지시내용은 이미 살펴 본 미국 전시노동

---

[95] 이 초안은 당시 국무부 극동국 노동고문 설리번(P.Sulliman) 등이 작성한 것으로 추정되는 것으로 대일 노동정책의 기본방침(1945.12.28. SWNCC/SANACC 92/1) 중 일부를 이루고 있다. 일본에 관한 사항은 竹前榮治(1982: 45~55, 57) 참조.

〈표 5-10〉 노동단체 취급에 관한 지시(SWNCC 376)

(1) 민주적 노동조합의 지원과 육성	ⅰ) 노동자의 조합결성과 조합가입권을 보장한다. ⅱ) 임금, 작업시간 및 그 밖의 고용조건 개선, 노동자의 상부상조활동, 노동자의 경제적 지위를 개선하기 위한 활동을 보장한다. ⅲ) 조합가입 또는 노조활동을 이유로 한 노동자에 대한 차별을 금지한다(부당노동행위제도의 도입). ⅳ) 적법한 방법을 통해 입법과정에 영향을 미치고, 노동자의 경제적 및 사회적 지위향상을 목표로 하는 노동단체를 노동자의 공식표기구로 인정하기 위한 방안을 강구한다. ⅴ) 이상 거론된 권리와 활동을 보장하기 위해 적절한 행정기구를 조성한다.
(2) 합리적 노동관계 조성과 노동쟁의조정제도의 도입	ⅰ) 알선, 조정(調停), 중재 등 합리적인 노동쟁의조정(調整) 절차를 주관하는 기구를 조성하여 단체교섭과 노동관계를 관리하기 위한 합리적 제도와 관행을 조성하도록 지원한다. ⅱ) 파업 또는 그밖의 모든 조업중단을 점령목적과 사회 안정에 유해한 경우에 한하여 금하도록 한다. ⅲ) 군인과 경찰의 노동쟁의 참여 또는 개입을 금한다. 단 공공의 소요방지 또는 생명과 재산을 보호하기 위해 불가결한 경우에는 이를 허용한다. ⅳ) 다음에 열거된 노동자 및 노동조합의 권리를 적극 보호 및 보장한다. 「집회개최」 - 포스터, 조합기관지, 각종 유인물의 인쇄 및 배포 - 평화적 피케팅 참여. - 종업원의 조합가입 권고 여론의 지원을 얻기 위한 평화적 수단의 이용. ⅴ) 자유로운 조합 결성과 조합 형태에 대한 선택권 보장. ⅵ) 민주적 방식(직접 비밀 무기명 투표에 의한 선거)에 의한 조합임원 선출.

* 자료: 박영기·김정한(2002: 399~400).

위원회의 전문위원들의 권고내용을 주로 반영한 것으로 보인다. 따라서 지시내용은 그간 군정의 노동정책이나 노동부 노동방침과는 반대되는 것으로 짜여져 있다. 특히 지시 내용 중 '민주적으로 결성된 노동단체'를 권장 및 지원하기 위한 '법적, 행정적 기반(framework)'을 조성하지 않고서는 새로운 정책이 결국 '사상누각(hollow mockery)'될 것이라는 지적은 당시 남한의 상황과 그간의 정책을 예의 검토한 후 이 같은 지시가 마련되었다는 것을 시사하고 있다(박영기·김정한, 2002: 401).

이 지시가 형식상으로는 국무부에서 입안된 것이나 실은 현지 군정정책에 비판적이던 노동고문 미첨(Steward Meacham)이나 경제고문 번스 등 현지전문가들이 지침제정에 깊이 관여하였다는 것을 시사하고 있다. 미첨은 1947년 말 한국의 노동사정과 그의 개선책을 포괄적으로 제시한 '한국노동보고서'를 노동부장관에게 제출하고 적극적인 노동정책의 필요성을 주장했던 것이다(Meacham, 1947).[96] 하지는 1948년 1월 보고서에 대해 자신과 노동부 고문의 견해를 장황한 논평으로 만들어 육군부 민정국에 제출하였다. 하지는 노동개혁을 할 수 없는 이유에 관해 "정치적으로 공산주의자가 발호하고 있고 소련이 그 배후에 있어 혼란만 가중시킨다. 경제적인 조건이 너무 열악하기 때문에 개혁을 감내할 수 없고 경제사정만 악화시킨다. 한국인은 사회심리적으로 지나치게 정치지향적이고 정치가들은 개인적인 집권욕에 가득차 있을 뿐 아니라 국민들이 미국식 노동조합을 이해하기 위해서는 더 많은 교육과 훈련이 필요하다"는 점을 들었다(Hodge, 1948.1.8 ; Hodge, 1948.1.27).[97] 결국 미군정과 본국정부 간의 의견대립으로 인해 '새로운 노동관계'는 입법화되지 못하였다.

한편 노동부는 노사관계의 정립을 위해 노동교육을 실시했으며 라디오 방송에 '노동자 시간'이라는 프로그램을 마련, 매주 15분씩 노동관련 강좌를

---

[96] 그런데 1946년 노동고문단 한국소위 보고서에서는 '전평'만이 노동자를 대표하는 유일한 노동조합으로 평가하였으나, 이 지시에서는 전평이 이미 '민주적 노동단체가 아닌 것'으로, 대한노총도 '노동단체라고 주장하고 있으나 한 차례의 파업도 하지 않은 조직'으로 평가되어 이들 두 단체 모두가 정치적 성향이 크기 때문에 '노동조합'으로 수용하기에는 무리 있는 것으로 파악하고 있다.

[97] 1946년 6월의 노동고문단 한국소위 보고서가 전평을 일정하게 공산주의자의 영향이 미치고 있지만 진정한 노동자들의 대표조직이라고 평가하고 이를 중심으로 노조를 육성할 것을 제시하였음에 비해 1947년 말의 미첨 보고서는 전평의 대표성을 승인하지 않고 다른 노동조합을 육성할 것을 제시하였다는 점에서 차이가 있다(정용욱, 2003a: 270).

시행했다. 이러한 강의는 '노동분쟁의 조정', '노동분쟁이란 무엇인가', '산업재해의 원인과 방지' 등을 비롯, 노동관계 뉴스와 음악을 보내기도 했다. 또한 민주적 노동조합, 조합 회의를 어떻게 열 것인가, 단체 협약, 노동법과 규칙에 대한 해설 등과 같은 주제의 책자와 팜플렛 수천 부가 지방노동국을 통해 배포되기도 했다(조순경·이숙진, 1995: 98).

미군정 당국과 우익세력에 의한 9월 총파업의 진압결과는 대중역량의 약화, 전평조직의 약화, 대한노총조직의 확대로 나타났다. 전평은 9월 10월에 걸쳐 지도부가 대량 검거됨으로써 조직의 중추가 붕괴되었다. 그리고 대한노총은 이 기회를 이용하여 조직을 확대해 나갔다. 미군정은 한 기업 안에서 대표노조 선거라는 방식을 통해 합법적으로 전평을 제거하고자 하였다. 대표노조선거를 통해 노총은 단체교섭권을 갖는 대표노조로 선출되었다. 반면 전평은 계속된 총파업으로 많은 역량을 손실당하고 그 활동력을 복구하지 못하고 있었다. 마침내 군정당국이 전평을 불법화시킴으로써 전평은 공개적인 활동이 크게 제한되는 속에서 지하활동으로 들어갔다(박진희, 1996: 138).

5. 무역 및 원조정책

1) 무역정책

일제하 식민지 무역은 일본의 침략전쟁 수행을 위한 역내 통제무역으로서 식민지 한국을 비관세의 약탈무역 대상지로 전락시켰다. 해방과 더불어 이러한 무역관계는 일단 단절되었고 점령초기에는 무역에 관한 구체적인 정책이라고 하는 것이 없었다. 다만 태평양 미육군총사령부의 포고 제3호 제3조 '통화의 수출입금지'라고 하는 조항 중에서 "지폐, 화폐 및 채권의 수출입을 포함한 대외 금융거래는 허가가 없는 한 전부 금지한다"라고 규정하였을 뿐이다. 물론 이것은 통화에 관한 대외관계를 금지한 것이지만 넓은 의미에 있어서는 통화의 대외거래는 무역의 결과로서 국제수지상의 문제이기 때문에 허가없는 무역을 금지한다라고 하는 의미를 내포하고 있다고 할 수 있다. 그러나 이것은 당시로서는 무역의 결과로서의 대외 금융거래라고 하기보다는 오히려 출국하는 일본인의 통화지출과 귀국하는 한국인의 통화지입을 규제한 포고였다고 할 수 있다. 미군정이 무역에 대한 정책을 처음 실시한 것은 1945년 9월 25일 법령 제2호 '적산에 관한 건'의 제1조에서 "수출입 기타의 취급 및 권리, 권력, 특권의 행사는 법령에 규정한 것 이외에는 금지한다"라고 규정하여 무역을 비롯한 일체의 대외경제 관계를 금지하는 조치를 취한 것이었다. 이것은 미군정이 무역정책을 준비하는 단계라 할 수 있는데 여기에서 규정하고 있는 수출입을 금지한다고 하는 것이 무역 그 자체에 대한 규정이라고 하기보다는 '적산에 관한 건'의 일부로서 취급되었고 따라서 일본인 재산의 접수 및 관리를 할 수 있는 법적 조치의 범위 내에서 무역을 규정하였던 것에 지나지 않는다고 볼 수 있다. 이러한 통제정책은 당시 격심한 인플레이션과 물가폭등을 억제하고 물자수급의 균형을 기하기 위해 국내에서 실시한 가격통제정책과 병행하여 민간무역을 통제하기 위한 것이었다. 그 대신 미군정은 국내 물자부족 문제를 해결하기 위해 식료품 등 긴급물자를 수입하는 관영무역을 개시하였다(이종훈, 1980: 488).

당시 우익세력들은 하루빨리 한국 해외무역을 개방해야 한다고 주장하고 있었으며 좌익세력들은 해외와의 무역은 신중을 기해야 하며 미국에 의한 자본주의적 팽창을 명확하게 경계해야 한다고 주장했는데(Robinson, 1947: 48) 미군정은 1946년 1월에 법령 제39호 '대외무역규칙'을 발표하여(조선은행조사부, 1948: I-119) 무역에 대한 허가제와 무역업자에 대한 면허제를 실시하여 군정청의 강력한 통제하에서 민간무역을 전개하기 시작하였다. 즉 미군정사령관의 허가 없이는 타지역과 일체의 동산, 부동산, 채권의 거래 및 운반을 금지하고 대외무역을 완전히 장악하였던 것이다. 결국 대외무역규칙에 의하여 허가와 면허를 전제로 한 통제무역이 전개되었던 것이다.

미군정은 그 후 무역에 대하여 적극적인 자세를 취하기 시작하였다. 7월 4일에는 군정법령 제93호, "외국과의 교역(무역)통제"를 공표하여 구체적인 무역정책을 개시하였다. 그리고 이는 1947년 과도정부입법의원의 성립에 따라 법령 제149호 "대외무역규칙"의 공표로 보다 구체화되었다. 미군정의 통제무역정책은 국내의 경제안정을 달성하기 위해 무역허가제를 통해 무역상품의 종류와 무역량 및 가격을 통제하고 무역업자의 난립을 방지할 수 있도록 면허증 발부제도를 실시하였다는 데서 잘 나타나고 있다.[98] 이는 구체적으로 상무부령 제1호 '외국무역규칙' 제4조 '면허의 요건'에 입각하여 실시되었다. 즉 첫째로는 무역국이 작성한 수출입표에 기재된 품목이어야 한다고 하여, 국내물자의 수급사정을 고려하여 수출입품목을 규제하였고 둘째로는 수출입품목의 가격은 내무부의 사정에 의한 통제 가격을 초과할 수 없다고 규정하였던 것이다(조선은행조사부, 1948, I-78). 따라서 무역 거래 형태를 보면 1946년, 1947년까지는 원시적인 교환제였고 외상입국은 자유로웠으나 우리 상인의 출국은 금지되었던 것이다(한국산업은행조사부, 1955: 8). 1947년 8월에는 외국영업 면허증 제도를 폐지함으로서 민간무역이 비로서 법적 근거를 갖게 되었다(조선은행조사부, 1949: I-49). 이와 같이 하여 진행된 해방 이후의 무역 추이는 〈표 5-11〉과 같다.

이처럼 미군정은 통제무역을 실시함에 있어서 두 개의 정책수단 즉, 직접통제와 간접통제의 방법을 사용하였는데 이중에서도 국내의 경제안정을 위해 강력한 직접통제수단을 많이 활용하였다. 즉 무역을 면허제로 한 것이나 물물교환제를 법제화한 것이 그 예이다(이종훈, 1980: 491). 이 외에 미군정은 수출입품목의 통제를 실시하였다. 즉 수출허가품목, 수출장려품목, 수출금지품목 등 세 가지로 나누어 통제를 구체화시켰다. 수출허가품목의 경우에는 수산물, 과실류, 광물 등 주로 1차 상품으로 되어 있으며 수입허가품목의 경우에는 식량, 비료, 공업용원료, 생활필수품 등으로 되어 있다. 즉 1차 상품의 수출과 긴급물자의 수입의 형태를 취하였던 것이다(조선은행조사부, 1948: I-121).

이러한 정책들을 담당하기 위해 미군정은 초기 농상국 내에 무역과를 설치하였고 그 후 수 차의 군정청 기구개혁을 거쳐 1946년 7월에 상무부

---

[98] 그리하여 1947년 8월까지 면허증을 부여받은 무역업자 수는 한국인 528명, 중국인이 15명에 달하여 534명만이 무역을 할 수 있게 되었다(김신웅 외, 1987: 68~69).

〈표 5-11〉 해방부터 동란까지의 수출입 추이

(단위: 천 달러)

	1946	1947	1948	1949
총무역총액	64,262	259,419	230,263	146,579
민간	14,406	63,987	33,883	28,961
정부	49,856	195,432	196,380	1,219
총수출	3,541	26,804	22,260	13,804
민간	3,181	22,225	14,200	12,585
정부	360	4,579	8,060	1,219
총수입	60,721	232,615	208,003	132,775
민간	11,225	41,762	19,683	16,376
정부	49,496	195,853	188,320	116,399
무역수지	-57,180	-205,811	-185,743	-118,971

* 자료: 상공부(1971: 102).

무역국으로 되었다. 무역국은 수출입과, 항만기획과, 허가과, 경리통계과의 네 과로 구성되고 수출입 면허무역 행정사무를 장악하고 있으나 중요 정책에는 한국인 관리는 관여치 못하였다(조선통신사, 1948: 201). 또 수출품목의 통제를 실시함과 동시에 상무부령 제55호로 수출입품명가격조정위원회를 설치하여 이 위원회가 수출입품의 가격을 조정하도록 하였다. 당시의 수출입 상품구조는 〈표 5-12〉와 같은데 상품수출구조를 보면 농수산물이 전체의 90% 이상을 점하였으며 나머지 10% 내외는 광산물이었고 공산품 수출은 거의 전무하였다. 상품수입구조는 식료품, 직물, 의류 등 소비재 수입이 대부분을 점하였다.

미군정기의 무역은 국내경제의 안정을 기하기 위한 통제무역으로 되어 있었다. 더욱이 통제무역의 초기에 있어서는 종래의 일본인 재산의 접수 및 관리라고 하는 초기 점령정책의 일환으로써만 실시되었으나 후기에 있어서는 악성인플레이션의 억제라고 하는 국내경제의 안정을 위한 적극적인 통제무역으로 전환되었다. 미군정의 통제무역은 식민지 유산으로 인한 국내경제의 불안, 그중에서도 특히 폭등하고 있던 물가를 억제하기 위하여

〈표 5-12〉 수출입 상품구조(1946~1949)

(단위: %)

	1946	1947	1948	1949
수출	100.0	100.0	100.0	100.0
광산물	3.0	12.5	10.6	8.8
수산물	85.8	40.0	74.6	66.7
농산물	5.2	28.6	13.8	14.6
기타	6.0	19.0	1.0	9.9
수입	100.0	100.0	100.0	100.0
원료 및 생산재	3.9	26.2	37.8	49.2
소비재	89.1	61.7	47.2	14.3
의약품	7.0	12.1	15.0	36.5

* 자료: 상공부(1971: 104, 106).

물가수급의 균형을 유지하려고 하였던 것이다. 이러한 통제무역을 실시하는 중에서도 원조에 의한 긴급물자의 도입이 관영무역으로서 전개되었다. 따라서 미군정 시기의 무역은 통제무역이라고는 하지만 사실상에 있어서는 원조무역의 성격을 강하게 지니고 있었다고 할 수 있다.

이처럼 당시의 무역은 원조물자 중심의 관영무역이었으며 이러한 무역정책은 이전의 대일의존에서 대미의존으로 전환하는 중요한 계기가 된다. 이는 미국의 직접적인 이해가 걸려 있는 부문에 집중적인 특혜가 주어지고 있다는데서 잘 드러나고 있다. 미국이 수입해야 하는 중석의 경우 광산부흥이 강력하게 추진되었으며 미국이 원료를 제공하는 면방직 공업에 대해서는 기계설비를 쉽사리 도입케 해준다든가 은행대부에 특혜를 베풀었던 것이다(김기원, 1986: 340). 실제로 해방 직후 남한의 주요산업은 섬유와 화학이었는데 융자가결건수와 융자가결액이 방직공장에서 월등함을 알 수 있다(조선은행조사부, 1949b: 85). 따라서 해방 후 교역된 무역상대국 중 가장 거액의 거래가 있으며 가장 관계 깊은 거래지역은 미국이었고, 무역의 형태를 보면 대개 민간인에 의한 직접무역은 없고 관영무역의 형식으로 거래되어 온 것이 그 특징이었다(조선은행조사부, 1948: I-131).

미군정의 면방직공업과 원면도입에 대한 관심은 미군정의 직접관리업체였던 동양면화의 운영상황에서도 나타난다. 동양면화는 사전에 원면을 구입, 보관하고 다른 기업들은 동양면화로부터 구입하기로 되어 있었기 때문에 여러 가지 부작용이 생겼던 것이다. 당시 설비자금은 고사하고 운영자금의 확보마저 불가능했던 면방직 공업에 대한 값싼 원면의 배급은 기업의 사활이 달려있는 문제였으며 따라서 배급을 둘러싸고 치열한 경쟁이 있었다. 그렇기 때문에 배급시안이 원면배급의 기초이기는 하였으나 군정청 당국과의 정치적 유착 등이 작용하여 배급을 둘러싸고 여러 가지 부작용이 생기는 일도 있었다(김신웅 외, 1987: 73).

외국비료는 대한농회에 집계된 검수량에 의하면 1946년 11월부터 1948년 7월까지 총계 49만 5,970톤이라는 막대한 양이 수입되었다(조선은행조사부, 1949b: I-7). 외국비료의 범람과는 반비례하여 국내산 비료의 배급실적은 1945년도에 8,578톤, 1946년에 9,624톤, 1947년도에는 2,870톤에 불과하였는데 1947년도의 국내 생산비료의 배급실적이 급락한 것은 주목하지 않을 수 없는 것이다. 즉 비료생산공장에 대한 적절한 대책없이는 이를 육성하기 곤란할 것인데 1947년에 있어서 외국비료 수입량이 대폭 증가되자 금비의 국내생산이 마비되어 그 배급이 급락한 것이라 볼 수 있다(조선은행조사부, 1949b: I-7). 당시 미군정은 생산증대에 대한 장기적인 계획, 즉 국내 자급비료 생산의 증대, 수리시설의 확충 등에 대한 계획이 없었고 비료도입의 시기, 종류 등에 대해서 한국 농업의 실정이 전혀 고려되지 않고 이루어진 것이다.

2) 원조정책

원조란 일반적으로 전후 미국이 제3세계 및 서구 자본주의 국가들에게 각종 물자 및 용역 또는 화폐자본을 완전히 무상으로 또는 거의 무상과 마찬가지로 제공하는 것을 말한다. 따라서 외관상으로만 보면 원조는 가치실현을 수반하지 않는다는 점에서 또 잉여가치(이자 및 이윤)의 환류가 없다는 점에서 각각 본래 의미의 상품수출 및 자본수출과 다르므로 그 본질을 정확히 확정하기가 매우 어렵다. 원조의 본질에 대한 입장들은 다양하다. 정치경제학적 접근 내에서도 대개 세 종류의 학설이 있는데 국가자본의 수출로 보는 입장, 상품수출의 일종으로 보는 입장, 원조 중 완전한 무상증여는 상품수출의 일종으로 파악하고 장기, 저리의 정부 간 차관은 국가자본의 수출로 파악하는 입장이 있다. 그런데 고전적인 자본수출론은 민간자본의 수출을 주요 대상으로 하여 체계화된 이론이기 때문에 외관상 민간자본의 수출과 뚜렷이 구별되는 원조를 적절히 설명하기 어렵다(김양화, 1985).

원조가 제공되는 배경에는 민간자본의 수출에서와는 달리 강한 정치적 및 군사적 목적이 포함되어 있다. 민간자본이 수출되는 주된 동기는 잉여가치의 수취라는 경제적 목적 때문이다. 그렇기 때문에 민간자본은 잉여가치의 안전한 수취를 보장하는 정치적 경제적 여건이 보장되지 않으면 결코 국경을 넘어 수출되지 않는다. 실제로 미국자본의 한국 진출 양상을 보면 미군정기엔 아직 미국 사적자본의 진출은 이루어지지 않고 있다. 이승만이나 프리스코트 민정장관 등 일부 인사들이 미국 사적자본의 진출에 적극적인 관심을 갖고 있었으나 미국 사적자본의 진출이 실현되지는 않았다.

원조에는 직접적인 잉여가치의 수취가 수반되지 않는다. 이것은 원조가 제공되는 주요 목적이 외관상으로 경제적이지 않음을 의미한다. 실제로 2차 대전 후 미국원조는 서구 및 제3세계에 대한 소련의 침투를 저지하고 이들 지역을 미국의 영향권 안에 묶어두기 위한 유력한 수단으로 제공된 것이었는데 특히 한국의 경우에는 대공산권 방어기지를 구축하고자 하는 정치적, 군사적 성격이 강하였다. 그러나 원조의 제공에 정치적, 군사적 목적이 강하다고 해서 그것에는 경제적 목적이 전혀 없다고 보거나 그것이 가져온 경제적 결과를 무시할 수는 없다. 앞서 살펴보았듯이 미군정의 통제무역은 원조를 전제로 한 무역이었다. 총수출입 중 원조수입의 비중은 〈표 5-13〉과 같다.

원조는 미군정에 의해서 중요하게 고려되었는데 경제고문이었던 번스도 긴급 구호프로그램을 요구하고 수입이 미군정의 작용을 효과적으로 유지시키기 위해 중요하다고 보고 있었다.

〈표 5-13〉 총수출입 중 원조수입의 비중

(단위: 천 달러)

	1945	1946	1947	1948
원조수입(A)	4,493	49,496	199,899	175,592
총수입(B)	4,493	60,721	232,615	208,003
총 수출입(C)	4,493	64,262	259,419	230,263
A/B(%)	100.0	81.5	85.9	84.4
A/C(%)	100.0	77.0	77.1	76.3

* 자료: 상공부(1971), 『통상백서』, 여기서는 재정금융삼십년사편찬위원회(1978: 40) 에서 재인용.

한국의 경제는 여기 첨부한 것에 있는 대부분의 요구가 가까운 장래에 한국에 조달되지 않는다면 심각하고 계속적인 퇴보를 할 것이라는 것이 나의 스텝진들 모두 만장일치의 의견이다.[99]

그런데 심각한 물자의 요구와 부족이 1945년 말까지 계속 되었지만 구체적이고도 상세한 원조 프로그램은 1946년 2월 16일까지 상위 사령부에는 준비되거나 진전되지 않았다. 비록 민간물자보급계획(Civilian Supply Program)이나 수입-수출 프로그램 I 이라 불리는 프로그램이 1946년 1월 1일부터 6월 30일까지 6개월 기간의 요구를 수행하기 위해 지정되었지만 그것은 점령군을 위태롭게 하거나 군사점령을 방해하는 넓게 퍼진 불안을 완화하거나 방지하는 정도의 긴급민간 공급 프로그램이었다. 더욱이 이 프로그램은 그것을 준비하고 제출하는 과정에서 지연되었다. 이 프로그램의 몇 항목의 효용성은 국무부에 도착하기 전에 무효화 되었으며 최종적으로 승인되지도 않았다. 결국 프로그램 I 은 부분적으로만 실행되었다.[100]

---

[99] Office of the Economic Advisor HQ XXIV Corps, Seoul, Korea March 11. 1946, "Emergency Relief Requirement for Korea", Bunce Mission Series No. 2, RG 59. LM 80, Roll No. 7.

[100] 이 프로그램은 1946년 2월 16일에 제출되었으며 1946년 3월 21일에 맥아더 사령부에 의해 전쟁부에 전달되었고 부분적인 승인이 4월 17일, 4월 20일, 5월 3일에 무선전신(Radios)에 의해 SCAP에 통지되었다.

1946년 4월 말 쯤 중앙경제위원회는 프로그램 Ⅱ라 부르는 1946년 7월 1일부터 1947년 3월 31일까지의 포괄적인 수입-수출 프로그램을 만들었다. 프로그램 Ⅰ이 주로 미군의 안전과 미군정의 안정을 위하여 넓게 퍼진 불안과 불안정을 막거나 완화하기 위한 요구에 기반하여 계획되었다면 프로그램 Ⅱ는 주로 삼부조정위원회의 다양한 지령으로서 점령의 경제적 목적을 실행하는데 주로 관계되었다. 그러나 프로그램 Ⅱ도 자금의 부족으로 실행되지 못했다.

　미군정은 초기 1년간 관영무역을 전개하면서 미국의 점령지역 구호원조인 GARIOA 원조를 통해 비료나 원면, 식량 등을 도입하였는데 그것은 미군정이 긴급히 필요한 물자를 본국에 청구하고 수입품의 대금결제는 우선 미국정부가 대불하는 형식의 원조무역이었다. 원조된 물자는 민간물자보급계획에 따라 물자통제영단에 의해 배급되었다. 그 후에는 원조자금을 가지고 수입품목 및 수입량, 가격에 대한 엄격한 통제하에서 미국으로부터 상품을 수입해 오는 형식이었다. 이와 같은 통제에 의한 원조무역은 국내경제, 특히 인플레이션하에서 가격에 미치는 영향을 고려하여 수입에 중점을 둔 정책이었으며, 따라서 1948년의 경우 총수입에 대한 수출의 비율이 1/10도 안되는 심각한 수입초과를 나타내었다(한국은행, 1970: 272).

　따라서 미군정은 1945년 9월부터 1948년 말까지 GARIOA 원조,[101] 4억 1,000만 달러, 해외잉여물자원조인 OFLC 차관, 2,400만 달러로 총 약 4억 3,400만 달러에 달하는 미국상품을 도입하였다. 이것은 당시의 경제규모에 비하여 엄청난 것이었다. GARIOA 원조물자의 약 94%는 민간에 무상으로 배분되고 나머지 6%는 유상 판매되었다. 그러나 어떤 물자가 얼마만큼 얼마만한 가격으로 누구에게 유상판매 되었는가에 대해서는 정확한 통계의 미비로 구체적으로 알려져 있지 않다. 그렇지만 6%의 유상판매 물자는 미군정청이 민간물자공급처나 중앙물자행정처를 통해 판매한 후 판매대전을 조선은행이나 시중은행에 예치하였는데 1948년 12월 말에 예치금 잔액이 106억 환(조선은행에 69억 환, 기타 시중은행 37억 환)으로 당시의 통화발

---

[101] GARIOA 원조는 미 육군부하의 소관 프로그램으로서 점령지의 경제적 구호를 위한 자금이다. 미 육군부 예산 항목에서 대부분이 무상으로 제공되었다.

행액 434억 환의 1/4에 달하였다(산업은행조사부, 1955: 546).

이러한 원조는 해방 직후 당시 남한이 직면한 경제적 혼란과 급격한 생산의 저하, 악성 인플레이션의 만연을 극복하고 민생안정과 농업을 포함한 산업의 임시적인 보수 및 유지를 위해 제공된 것이었다. 원조물자는 미 육군부의 예산으로 주로 미국 내에서 구입되어 남한의 미군정청에 인계되었다. 미군정청은 원조물자를 인계받아 상공부 산하 민간물자공급처가 수송과 저장, 보관과 배급 등을 담당했는데 1948년 4월 이후에는 중앙물자행정처가 중앙경제위원회 소속기관으로 창설되어 이들 업무를 담당하였다(부완혁, 1960: 54). 따라서 원조물자의 구매권은 미군정청에 있었고 구매지역은 주로 미국이었다. 미군정은 당시의 상황을 인플레이션하의 경제적 혼란기로 파악하고 긴급구호를 통한 경제안정에 최우선의 정책중점을 둔 것이다.

〈표 5-14〉에서 보는 바와 같이 1947년부터 미국의 남한에 대한 원조가 매우 적극적으로 이루어졌음을 알 수 있다. 이는 제2차 미소공위에서 미국의 정치적 입장을 강화하기 위해 더 적극적인 원조가 요구된다는 인식에서 기인한 것이고, 2차 미소공위 결렬 이후 미국의 대한정책이 단정수립 노선으로 선회함으로써 남한의 정치, 경제적 안정을 위한 주요 수단으로서 원조의 필요성이 인지되었기 때문이다(김점숙, 1996: 111). 원래 GARIOA 원조는 점령군에 위협이 되거나 군사작전에 방해가 되는 '질병 및 만연된 정치불안'을 방지하는 목적으로 지역 내 자원을 보조하는 선에 최소한의 식량, 연료, 의약, 위생품에 국한되는 것이었다(『미국무성 비밀외교문서』, 1984: 97). 남한의 경우도 예외가 아니었던 이러한 소극적 정책은 사회적 갈등이 격화되고 미군정의 정책에 대한 불만이 노골화되었던 시점에서 수정되지 않을 수 없었고 이에 따라 정책의 목표가 '적극적인 구호와 원조정책에 의한 대중의 불만 무마'로 변화되어 갔던 것이다(이혜원 외, 1998: 321).

원조의 주요 도입물자는 식료품과 농업용품, 피복과 의료품, 직물 등의 최종소비재가 반 이상을 차지하고 있었다. 시설재로는 철도용 자재, 자동차용 자재, 통신용 자재, 도로공사용 자재, 건축 자재, 해운 자재 등을 합쳐 총액의 10% 정도, 원면 등의 공업원료는 2.7% 정도, 비료 등의 농업용품 및 고체연료와 석유산품 등의 공업용 보조원료는 약 30% 정도로서 최종

〈표 5-14〉 GARIOA 계획 및 OFLC 계획에 의한 원조 총괄표(1945년 9월~1948년 12월)

(단위: 천 달러)

품목	GARIOA					OFLC 차관 (1947)	계	구성비
	1945년	1946년	1947년	1948년	소계			
식료품	3,604	21,551	77,574	67,698	170,427	132	170,559	39.2
농업용공급품	-	6,983	31,394	38,609	76,986	-	76,986	17.7
비 가공 재료	-	113	3,809	8,093	12,055	88	12,103	2.7
석유산품	36	4,494	5,227	10,185	19,947	405	20,347	4.6
고체연료	1,294	7,730	8,980	15,326	33,334	-	33,334	7.6
의료품	-	134	2,096	3,321	5,551	2,060	7,611	1.7
자동차부속품	-	2,269	559	2,566	5,394	3,097	8,491	1.9
건축재료	-	407	2,941	3,280	6,628	1,102	7,730	1.7
화학약품	-	100	171	2,192	2,463	75	2,538	0.5
피복	-	1,674	25,832	14,147	41,153	2,598	44,251	10.2
통신용	-	320	2,163	4,500	6,982	909	7,891	1.6
교육용	-	33	180	571	790	16	806	0.2
수산용	-	-	119	511	630	-	630	0.1
도로공사	-	201	545	313	1,058	1,419	2,477	0.5
해운용	-	-	-	-	-	8,986	8,986	2.0
광공업	-	-	-	502	502	-	502	0.1
관청용 공급	-	15	5	345	366	129	495	0.1
전력	-	21	366	1,267	1,657	254	1,911	0.4
철도	-	1,579	10,461	807	13,027	183	13,210	3.0
직물	-	190	848	1,480	2,517	923	3,440	0.8
기타	-	1,683	1,911	3,878	7,472	2,550	10,022	2.3
총계	4,943	49,496	175,371	179,592	409,393	24,528	433,921	100.0

* 자료: 「대한경제원조의 회고와 전망」, 『식은조사월보』 제8권 1호, 13~14쪽, 여기서는 한국산업은행조사부(1955: 546~547)에서 재인용.

소비재와 공업용 보조원료의 비중이 압도적으로 높았다. 이는 식량부족의 해소와 소비재 공급의 확대 및 판매대전의 회수를 통한 인플레이션 수습을 위한 미군정 경제정책의 기본 의도에서 나온 것이었다. 미군정은 정치안정을 위한 민생안정의 차원에서 주로 최종소비재의 구호원조에 치중하였고 원자재나 기계설비의 원조는 거의 제공하지 않았다. 미군정은 귀속공장의 부흥보다 남한에 급진적인 체제가 들어서지 않도록 하는 데에 더 관심을 두고 있었기 때문이다. 다만 부분적이긴 하나 원조를 통해 귀속재산 부문의 복구와 재편에 필요한 시설재나 원료가 조달됨으로써 귀속재산 부문에서 원조부문으로의 구조적 전환이 이루어졌다.

해방 후 원료부족 등으로 생산이 크게 위축되었던 공업부문도 원조에 의한 원료공급에 의해 어느 정도 재건되어 갔다. 미군정은 1946년 6월 상공부에 '면방공업운영부'를 설치하고 면방직 공장의 부흥을 적극적으로 지원하기 시작하였다. 그러나 자금 및 기술부족과 비합리적 경영, 그리고 원료부족 등 때문에 거의 성과를 올리지 못하고 1946년 말에는 조업률이 38%에 그침으로써 1939년 생산액의 40% 정도에 지나지 않았다. 그리하여 미군정은 원조자금을 가지고 외국산 원면을 수입하여 배급하기 시작하였다.

당시 남한 최대의 공업부분이었던 면방직업에는 GARIOA 원조에 의해 면화가 수입되어 값싸게 판매됨으로써 생산이 본격화 되었는데 결국 미국은 원조를 매개로 하여 자국과 이해관계가 있는 산업부문은 적극적으로 자신의 재생산권 내로 편입시켰음을 알 수 있다. 이처럼 미군정기 원조는 장기적으로는 한국자본주의의 대일종속을 대미종속으로 전환시키는 기초를 만드는 것이었고, 아울러 새로이 싹트기 시작하는 토착적이고 자생적인 중소기업을 소멸시키는 것이었다(박현채, 1986).

원면 원조의 경우는 국산면의 가격을 훨씬 밑도는 싼 가격으로 배급되었기 때문에 국내의 면화생산에 결정적인 타격을 주었던 것이다. 또한 미국으로부터 전구 100만여 개가 수입되어 전구 생산공장이 한 때 위기에 직면하였는가 하면 성냥생산도 외국품 수입으로 인해 파탄에 빠지기도 하였다(이관형, 1948: 50).

이처럼 미군정기의 경제원조는 경제재건을 위한 것이 아니고 주로 민생안정을 위한 구호원조였으므로 산업개발 및 자립적인 생산력 기반의 확충 등은 도외시 될 수밖에 없었다. 또한 일제와는 달리 미국은 당시 한국의 자원이나 시장 노동력에 그다지 큰 매력을 느끼지 않았다. 실제로 당시 정치인들이 여러모로 노력하였지만 미국자본의 본격적인 진출은 거의 눈에 띄지 않았다. 미군정은 자본에 의한 즉각적이고 직접적인 수탈을 추구했다기 보다는 장기적인 포석하에서 또한 동아시아 지배의 주요 부분으로서 남한에 대해 지배력을 확보하려 했다고 볼 수 있다. 그리고 이는 곧 해방 이후 해체위기에 직면한 자본주의 질서가 재정립되는 것이고 동시에 한국인 사적자본 지배체제가 수립되는 과정이었다.

제6장 사회정책의 형성과 집행

1. 언론정책

　미국에서의 전시 언론제도는 종전과 함께 대부분 폐지되었다. 그러나 제2차 세계대전 이후 군정을 실시하면서 미국의 전시 언론제도를 근간으로 한 언론정책을 시행하였다. 또한 미국 외교정책의 근간인 반공주의 차원에서 공산주의 언론에 대한 통제를 강화하였는데(김복수, 2006: 12), 군정정책 반대기사 통제, 사건검열, 연합군 비난 금지, 연합군 활동 보안 유지 등이 바로 그것이다.

1) 언론정책의 성격과 흐름

　미군정기에는 신문, 통신, 잡지 등이 난립했는데, 일반 시사뉴스를 보도하는 보도지가 아닌 홍보 위주의 당기관지나 정파적 성격을 띠는 계몽지적 신문이 주류를 이루었다(김웅규, 2004: 82). 해방 당시 신문의 발행 부수와 정치적 성향을 보면 미군정 중반 이후부터 중립 또는 우익 중심으로 언론계가 재편되었음을 알 수 있다(김복수, 2006: 41~42).
　미군정의 언론정책은 점령의 일반 목표 달성과 관련하여 효율적 정책 수행을 위한 선전활동의 강화, 그리고 군정의 점령 목표에 위배되는 행위를 했다고 판단되는 언론에 대한 탄압의 형식으로 이루어졌다(조소영, 2003: 194~195). 미군정은 군정 초기부터 자신들의 점령 통치를 효율적으로 수행하고자 하는 것이 목적이었기 때문에 당연히 제한적이고 규제적인 언론의 자유 보장 상태를 보여줄 수밖에 없었고 군정후기로 가서는 그 규제정책과 법제를 더욱 더 강화함으로써 상대적으로 더 폐쇄적인 방법의 언론통제를 행하였다.

또한 미군정은 신문, 방송 등 언론매체를 직·간접으로 장악하여 이를 재조직하고 미국식 자유주의 이념 소개 및 미군정 정책 수행의 효율성을 증대하기 위한 홍보활동을 전개하였다. 귀속재산인 언론사 시설 처리과정에서 보수우익세력의 언론활동을 지원, 강화하는 한편 미군정에 비판적인 일체의 언론에 대해서는 엄격하게 통제했다. 즉 미군정의 언론정책은 점령정책의 기본 목적을 달성하기 위한 정책의 수행과정에서 미군정에 우호적인 여론형성과 비판적인 여론봉쇄를 목적으로 한 것이다.

미국은 남한을 점령하여 통치하던 당시의 기간뿐 아니라 그들의 통치가 종료된 이후의 미국의 이미지와 영향력에도 주안점을 두었던 것으로 보이며, 단기간이었음에도 그들의 물량적이고 공격적이었던 통제정책은 그들이 의도하였던 바 그대로의 성공적인 정책으로 이후의 한국사회에 잔존되었다고 할 수 있다(조소영, 2003: 193).

2) 언론통제정책

미군정의 언론정책은 일본에서와 마찬가지로 미국의 전시검열제도가 그 근간이 되었다. 미군정은 첫 단계에 해당하는 1945년 8월에서 1945년 말까지는 치안을 방해하지 않는 한 좌우익 언론의 공존을 허용했다. 1945년 10월 국무부가 군정청 담당자에게 보냈던 '최초 기본훈령'에서는 남한에서의 언론의 자유라는 것은 미군정의 정책을 비판하지 않는 범위 내에서 인정될 수 있는 것이며 그러한 자유의 허용 취지 또한 미국식 민주주의를 보급시키기 위한 계도적 역할을 수행하도록 하고자 하는 데 있음을 밝히고 있다

(조소영, 2003: 196).

미군정 초기의 언론정책은 자유롭고 개방적인 것이었다. 그러나 미군정의 이러한 액면상의 자유개방정책은 1945년 10월 30일의 군정법령 제19호의 등록제에 의거하여 규제주의로 수정되었다. 그리고 미군정은 1946년 5월부터 매우 공격적인 언론정책을 펴기 시작한 것이다. 국내정치세력들의 좌우 이데올로기 대립과 갈등은 미군정의 안정을 위협하는 요소가 되었고 좌익세력의 발호를 저지하려는 미군정의 정책 목표로 인해 규제와 봉쇄에 초점을 둔 언론정책으로 바뀌게 된 것이다.

1946년 5월 4일의 군정법령 제72호와 허가제를 규정한 1946년 5월 29일의 군정법령 제88호에서 미군정의 언론에 대한 강경책이 표현되고 있다(조소영, 2003: 197). 그러므로 미군정에 반대하는 언론에 대해서는 통제·간섭·규제를 가했다고 할 수 있다. 미군정의 초기 언론정책과 언론통제는 일본에서와 마찬가지로 전시 언론제도의 적용 및 일제하에서의 지나치게 통제된 언론에 대한 언론자유 허용, 일본 적산언론기관에 대한 접수·관리·위임, 우익 언론에 대한 지원을 통한 해방 이후 좌익 중심의 언론계 재편 추구 등으로 나타났다(김복수, 2006: 30~31).

따라서 1946년 초부터 1947년 6월까지 미군정은 공산주의 및 진보주의 언론과 그 언론인을 철저히 배제해 나갔다. 미군정은 신문에 대해, 특히 그 논조에 대해 철저히 분석하는 정책을 실시하였다. 즉 각 신문사의 인적 구성, 재정지원 상황 등을 통해 그 이데올로기적 성향을 파악하고 이러한 각 신문의 내용을 철저하게 분석하여 이를 언론통제의 기본자료로 사용하였다. 또 미군정은 이 시기에 언론관련 귀속재산의 자주관리체제에 대한 해체 작업을 마무리했다.

그리고 미국은 언론을 통한 한국인의 의식통제에 대한 법적 근거를 마련하기 위한 작업에 들어갔다. 미군정은 우선 출판물의 정간이나 여타 조치에 대한 구체적인 미군정법령이 없는 상황에서 언론에 대한 정간 또는 탄압조치가 국제법상의 문제소지가 있을 수 있다는 사실을 인식하였는데, 이에 대하여 1946년 3월 미군정 법무국이 일련의 연구를 토대로 내놓은 해결방안은 맥아더 포고령 2호의 포괄적 적용이었다. 긴급조치령의 성격을 지닌 포고령 2호는 미군의 활동에 위협적인 모든 행위에 대한 법적 제재를 할 수 있도록 하고 있어 미군정에 비판적인 모든 언론은 미군의 활동에 위해를 가하는 불법적 행위로 간주할 수 있었다(김균, 2001: 65). 즉 미군정은 언론의 자유는 보장하되, 이를 자신들의 이익과 일치되는 한에서만 보장한다는 것이다.

남한 점령 초기의 언론정책에는 언론의 자유가 기정사실화되어 있었다. 그러나 공보부로부터 얻어진 정보의 분석을 통해 남한의 언론상황이 점차 좌경화되고 있다는 인식을 가지게 된 미군정은 언론통제에 착수하기 시작했다. 언론의 자유를 구가하고 있었던 남한의 매스미디어는 해방 이후 10개월이 채 지나지 않아 다시금 엄격한 통제를 받게 되었다(고바야시 소메이, 2007: 269).

1946년 4월 12일 미군정은 법령 제68호를 공표해서 경찰국에 부여했던 영화 취체에 대한 책임을 공보부로 이관함으로써 언론행정의 창구를 군정청 공보기구로 일원화하기 시작했다. 4월 18일에는 법령 제71호를 공표하고 각 도에 공보과를 설치하도록 함으로써 선전활동과 지방방송국 및 방송협회에 관한 업무를 맡게 했다. 신문 및 정기간행물의 허가 당국도 처음에는 상무부로 했으나 1947년 3월 20일 군정법령 제136호를 공표하여 공보부로 바꾸었다(황유성, 2004a: 8).

미군정은 신문에 대한 정간·폐간 등의 강력한 행정처분과 함께 언론인 구속 등의 사법조치도 서슴지 않았다. 1947년 이후 미군정은 스스로 언론 주체가 되어 단정 수립을 지원하는 선전활동을 대대적으로 전개했다. 이와 아울러 미군정은 보수 우익 언론이 언론계의 주도권을 장악할 수 있도록 여건을 조성했다(김민환, 1996: 377).

사법기구는 언론인에 대하여 주로 포고령 제2호, 군정법령 제19호 및 신문지법 등을 통해서 사법 조치를 취하였는데 그 내용은 허위 선동 보도, 미군정 비방, 좌익 단체의 성명서 게재 등의 이유였다. 이 중에서도 포고령 2호에 의한 사법 처분이 가장 많았다. 군정 초기 2년여 동안에 제2호에 의해 검거된 건수는 3,546건이고 검거된 사람은 4,312명에 이르고 있다(김석준, 1996: 421). 그런데 실제 이러한 검거의 배경은 좌익 언론에 대한 탄압

<표 6-1> 미군정의 신문에 대한 정간, 폐간 내용

처분내용	신문명	처분연월일	처분이유
정간	『매일신보』	1945년 11월 10일	재정 상태 조사 (좌익 탄압)
	『인민해방』	1945년 11월 10일	재정 상태 조사 (좌익 탄압)
	『대구시보』	1946년 1월 4일	군정청 방해
	『대동신문』	1946년 5월 15일	대중 기만·선동
	『청년해방일보』	1946년 7월 1일	
	『전남민보』	1946년 7월 10일	
	『전북신문』	1946년 7월 18일	
	『조선인민보』	1946년 9월 6일	
	『현대일보』	1946년 9월 9일	미국 축출·선동 및 허위 선전
	『인민해방』	1946년 11월 16일	인민 선동 기사·군정장관 비방
무기 정간	『호남신문』	1946년 8월 18일	군정 비방
	『동광신문』	1946년 8월 18일	군정 비방
	『전남민보』	1946년 8월 19일	좌익지
	『민주중보』	1946년 10월 4일	10월 폭동사건 호외 발행
폐간	『해방일보』	1946년 5월 18일	조선정판사 위조지폐사건 관련
	『부산정보』	1946년 1월 27일	납본 문제
	『조선일일신문』	1946년 1월 27일	납본 문제
	『신광일보』	1946년 6월 1일	좌익지
	『노력인민』	1946년 8월 11일	좌익지
	『인민해방』	1946년 10월 8일	
	『천민보』	1946년 10월 7일	남조선 지하 청우당 음모사건

* 자료: 김석준(1996: 420).

이라는 미군정의 정책을 집행하는 과정에서 비롯된 것이다. 이외 출판물을 통한 언론지도 간담회 및 기자회견을 통한 언론지도, 용지배급을 통한 지도 등을 들 수 있다.

1946년 군정청에 대해 거짓되고 비방적인 기사를 발행했다는 이유로 서울의 한 신문사가 기소된 사건에서 법률심의국[1]은 언론출판의 자유에 대

---

1) 법률심의국의 『유권해석선집』은 표현의 자유에 관해서는 15개의 사건과 관련한 의견서가 수록되어 있다(김웅규, 2004: 80).

〈표 6-2〉 미군정의 주요 언론통제 현황

일자	신문명	통제내용	적용법령	세부통제배경
1945년 12월 31일	『대구시보』(대구)	3단 정정기사, 1주일 정간	법령 19호	신탁통치반대, "군정 한인관리 총사표"라는 제하의 3단 기사 게재, 군정청 프로그램 방해.
1946년 5월 4일	『조선인민보』	편집국장, 징역 1년 벌금 3만원	포고령 2호	식량문제와 관련한 기사가 미군정 포고령 2호를 위반.
1946년 5월 7일	『인천신문』(인천)	사원 60명 검거, 9명 구속	법령 19호	인천 군정청 적산관리국 공무과장 적산비행(敵産非行) 허위보도, 공업과장 명예훼손.
1946년 5월 15일	『대동신문』(서울)	3주 정간	포고령 1호	연합국의 일원 비방, 훼손죄에 대한 근본적 법규 침해, 대중의 증오심 자극하여 살인 등의 폭행 선동 및 살인 행위 찬양.
1946년 5월 18일	『해방일보』(서울)	무기 발행정지	포고령 1호	조선공산당 위폐사건 책임, 남선정판사 폐쇄, 조선공산당 기관지 해방일보 무기 발행정지 처분, 속간되지 못한 채 폐간.
1946년 7월 29일	『건국』(주간신문)	신문주간 기소, 징역 8월 등	신문지법	군정비판 및 재판관 모욕.
1946년 8월 18일	호남신문	무기정간	포고령 1호	군정 비방.
1946년 8월 29일	전남민보 (목포)	무기정간	포고령 1호	포고령 1호 위반, 무기정간 후 폐간.
1946년 9월 6일	『조선인민보』『현대일보』『중앙신문』	정간 및 여러 기자 검거, 구속	포고령 2호	『조선인민보』,『현대일보』,『중앙신문』등 3개 신문이 미군 축출을 선동하는 등 조선 주둔 미군의 안전을 위태롭게 함.
1946년 10월 4일	『민주중보』(부산)	무기정간	포고령 2호	대구폭동사건의 호외발행, 운영위원장 구속, 편집국장 인책사임, 1946년 11월 15일 복간.
1946년 11월 16일	『인민해방보』(부산)	무기정간	포고령 2호	군정 행동을 반대하고 인민을 선동하는 조소적 불 진실한 기사 발표.

1947년 1월 27일	『부산정보』 외 1신문	폐간	법령 88호	일간신문으로 허가된 부산정보, 조선일일신문의 간기 및 납본 불이행.
1947년 6월 1일	『남선신문』 (군산)	면허취소 폐간	공보부령 1호	휴간 계속(전북 공보과). 테러, 경찰의 음모단체 관련 혐의(남선신문).
1947년 7월 1일	『광주신보』 (광주)	출판허가취소	법령 88호	당국의 허가 없이 제호 변경.
1947년 7월 2일	『노력인민』	군정재판기소	포고령 2호	조선 공산당 위폐사건 주모자 찬양.
1947년 8월 10일	『민주일보』 『인민해방보』 『민주중보』	무기정간	포고령 2호	부산 소요 사태 관련 기사보도, 인민해방보는 다시 속간되지 못하고 폐간.
1947년 8월 20일	『조선신문』 『민보』	무기정간	법령 88호	발행능력 부족.
1947년 8월 27일	『중외신보』	무기정간	공보부령 1호	12일간 휴간, 정기간행물 허가 자동취소에 저촉.
1948년 4월 27일	『독립신보』 외	기자 구속, 징역, 벌금	포고령 2호	남북협상을 지지하여 군정 기휘(忌諱)에 저촉, 독립신보 조선중앙일보 신민일보 기자 포고령 위반.
1948년 5월 17일	『우리신문』	폐간, 편집국 국장·차장 구금	포고령 2호 신문지법	단정 수립 투표에 반대하는 기사 게재. 포고령 2호 및 신문지법에 저촉
1948년 5월 26일	『우리신문』 『신민일보』	허가취소 (판권취소)	법령 88호	5·10총선거 반대, 폭도들의 만행을 인민봉기라고 찬사(『동아일보』).

* 자료: 김복수(2006: 39~40).

하여 다음과 같은 의견을 표명하였다(『유권해석선집』, 법률심의국 의견 제239호: 55~57).

첫째, 언론출판의 자유가 군정청에 의해 인정되지만 그러한 자유는 군정청의 성공적인 활동과 유지를 위하여 필요한 규제들에 따라야 할 의무가 있다. 출판의 자유는 불법적이고 체제 전복적인 목적에 오용되어서는 안되며 전복적인 목적들이란 군정청이나 미국육군에 대해 행해지는 파괴적인 행위들을 포함한다.

둘째, 점령군이 자신들의 안전과 복지에 영향이 있을 때 출판의 자유에 대하여 제한을 가할 수 있다는 것은 국제법상 인정된다. 비록 미국은 출판의 자유의 원칙을 인정하지만 그러한 자유는 군사점령하의 제한에 복종하여야 하는 것이다.

셋째, 미군정청의 출판물에 대한 비판이 무질서를 촉발하는 위험을 유발한다면 그러한 비판은 받아들일 수 없다. 미군정청에 해가 되는 어떠한 표현 행위가 있을 때 그러한 공표가 정지되거나 금지되어야 한다는 군정청의 특별지시는 없지만 국제법상 인정된 검열의 원칙하에서 그러한 공표의 정지나 금지 혹은 삭제는 적절하게 이루어질 수 있다.

넷째, 미점령군의 위신에 영향을 주거나 해를 가하는 어떠한 공표도 행정적으로 판단한 기간 동안 정지되고 금지되어야 한다. 그러나 포고령 제2호하의 형사적 책임은 무질서를 야기하거나 무질서가 초래되는 절박한 위험이 있는 행위가 실제로 나타난 상황에만 적용된다.

법령과 법률심의국 의견을 통해 나타난 표현자유권에 관한 미군정청의 이러한 입장은 미국 내에서의 표현자유권의 보호와 상당한 상이점을 보여 주고 있다. 미군정에 대하여 적대적인 신문사설이나 공적 모임에서의 연설을 통하여 소요와 질서위반 행위를 야기한 것에 대하여는 위법성을 인정하였다. 언론기관의 표현의 자유에 대해서도 원칙적으로는 인정되지만 그러한 자유가 미군정청의 성공적인 활동과 유지를 위하여 제한될 수 있음을 분명히 하고 있으며, 신문발행의 전제가 되는 허가 요건을 엄격히 해석하고 있다. 언론기관의 표현자유의 범위에 있어서도 정부에 대한 공정한 비판을 넘어선 기사는 표현자유로서 보호하지 않았으며, 군정의 필요에 의한 검열을 인정하였다. 즉 미국 내에서는 이미 확고하게 그 보호가 인정되던 정치적 표현의 자유에 대해서도 전후 한국의 특수 사정을 이유로 매우 제한적으로만 인정하였다. 미국에서는 언론, 출판의 자유가 강하게 인정되었던 반면 한국에서는 미군정청에 대하여 단순히 적대적이거나 비우호적인 신문기사 등에 대해서도 보호를 인정하지 않았다(김웅규, 2004: 106).

민정장관에 대하여 공격적인 기사를 게재한 신문을 처벌할 수 있는지에 대해서는, 그 기사가 한국인 관료와 군정에 대한 공정한 비판을 넘어선 것으로서 공정한 비판과 명예훼손 사이에는 상식적인 경계가 존재하며 문제의 기사는 이 선을 넘어선 것으로 판단하였다(『유권해석선집』, 법률심의국 제1402호: 430~431). 같은 맥락에서 선동적 기사를 발행한 조선, 중앙일보와 관련하여 다음과 같은 입장을 표명하였다(『유권해석선집』, 법률심의국 의견 제1432호: 438~439).

첫째, 기본원칙으로서 군사점령은 점령지 지배를 위해 포고된 법령의 집행과 점령군의 안정에 대한 필요에 의하여 출판과 공적 발표에 대하여 검열을 부과할 수 있음을 선언하였다.

둘째, 문제의 기사가 선동적이고 혁명적인 것이며 언론의 자유를 권리의 남용과 특허와 혼동하여서는 안 된다.

셋째, 군정에 해가 되고 현행법을 위반하도록 선동하는 것을 기사로서 널리 배포되는 것을 도와준다면 그 신문은 "뉴스전달"이라는 명목하에 보호될 수 없다.

미군정은 단순히 매체를 활용하였을 뿐 아니라 이러한 매체를 자신의 점령 목적에 맞게 재조직하였다. 해방 직후 언론사 시설은 대부분 귀속재산이었다. 미군정은 언론관련의 귀속재산 처리와 관련하여 경제적 통제를 하였다. 언론관련 귀속재산의 처리는 언론산업의 물적 기반을 재배치하는 중요한 문제였다. 미군정은 귀속재산의 처리를 통해 좌익 언론인을 사실상 무장해제하고 우익 언론의 물적 토대를 확고히 구축했다(김민환, 1996: 335).

미군정이 접수한 기업과 공공기관에는 9월 15일에 접수된 경성방송국과 산하 9개 지방방송국을 비롯해서 같은 날 접수된 조선인쇄주식회사, 19일에 접수된 동맹통신사 경성지국과 조선서적인쇄주식회사, 25일에 접수된 경성일보사, 10월 2일에 접수된 매일신보사 등이 포함되어 있었다(황유성, 2004: 13). 미군정은 보수우익적 성향을 띠는 『조선일보』와 『동아일보』를 각각 당시 좌익적 성향의 노조에 의해 주도되었던 매일신보사와 경성일보사의 인쇄 시설의 이용에 의해 속간하도록 하는 등 일찍부터 언론사 시설을 귀속재산으로 접수하여 우익 계열에게 불하함으로써 좌익 세력을 견제하려고 하였다. 특히 다른 귀속재산들과 비교하여 대부분의 언론관계 시설들은 접수 직후에 관리인이 선정되었다.

　미군정은 귀속재산의 운영에 직접 개입하기도 하였다. 군정은 귀속재산 언론사의 시설을 보수 언론이 적극 활용하도록 정책적으로 지원하였다. 미군정은 공공 언론기관은 직접 접수하여 자주관리를 배제하고 군정의 직할 매체로 이용하면서『동아일보』와『조선일보』등 우익 언론에 편의를 제공하였다(김민환, 1996: 347~348).

　자치위원회를 밀어내고 군정 당국이 직접 언론사를 운영하고 혹은 친일파나 친미적 인사에게 관리권을 주거나 불하하는 것은 결과적으로 여러 언론사의 자치위원회와 긴밀한 관계를 유지하고 있던 진보주의 세력을 약화시키고 우익세력의 물적 기반을 획기적으로 강화시켰다(김민환, 1996: 338).

3) 검열정책

　전쟁이 끝날 무렵 미국은 일본점령의 일환으로 한국에 대한 언론통제 및 정보 수집에 관한 계획을 세웠다. 남한에 대한 군사점령이 정식으로 결정되어 그때까지 애매했던 남한에서의 미군의 민간검열계획은 일거에 구체화되기 시작했다.

　1945년 8월 21일 미태평양육군은 남한에서의 민간검열의 구체적인 개요를 제시한 문서(「8월 보완문서」)를 작성했다. 그것은 같은 해 7월 27일부로 제출된 '일본에서의 민간검열 기본계획을' 보완한 것이었다(고바야시 소메이, 2007: 262).「8월 보완문서」에서는 미태평양육군이 남한에서의 검열을 수행하는 것으로 되었다. 이「8월 보완문서」가 작성되었던 단계에서는 남한에서의 검열임무로서 첫째, 남한의 치안확립에 대한 지원 둘째, 일본군의 항복조건 접수에 대한 지원 셋째, 경제적·사회적·정치적인 사항에 관한 정보 및 한국이 법적·경제적 구조를 회복하는 데에 도움이 되는 정보의 수집 등이 상정되어 있었다. 여기에서 중요한 것은 8월 말 시점에서 남한에서의 검열작전의 목적이 남한을 일본의 식민지 지배 시스템으로부터 조기에 회복시키고 남한의 법제도, 경제시스템을 확립시키기 위한 지원을 주된 목적으로 하고 있었다는 점이다(고바야시 소메이, 2007: 263).

1945년 9월 10일 '남한에 대한 민간검열 일반계획안'이 기초되었다. 이 계획안에서 남한을 검열작전의 대상지역으로 삼는다는 것이 처음으로 명확해졌다. 그것은 앞서 서술한 「8월 보완문서」를 기본선으로 하여 작성된 것으로, 남한에서 미군의 검열은 일본인만이 아니라 한국인의 통신에까지 그 대상을 넓혀 갔다. 해방까지 애매한 상태로 유지되었던 남한에 대한 검열계획은 이렇게 하여 형성되어 간 것이다. 검열에 대한 언급이 처음으로 나온 것은 1945년 9월 12일 재조선미군정사령관 하지 중장이 발표한 성명이었다.

> 미군이 진주해 온 후인 현재 조선에는 문자 그대로의 절대 언론 자유가 있는 것이다 …… 미군은 언론 자유에 대하여 취재를 방해하고 검열을 하지는 않으나 그것이 정당한 의미의 치안을 방해하는 것이라면 이런 경우는 별도로 강구하려 한다(『매일신보』, 1945.9.12).

구체적인 검열에 대한 언급은 1945년 10월 13일 문서(최초 기본훈령)에 보다 구체적으로 언급되고 있다.

> 귀하는 우편 무선통신, 방송전보, 유무선 전보, 영화 및 신문을 포함한 민간 언론기관에 대하여 군사적 안보와 이 훈령에 서술된 목표 달성이라는 우리의 이익에 필요한 정도의 최소한의 통제 및 검열을 실시해야 할 것이다. 그러한 통제를 전제로 하여 귀하는 모든 채널과 매체를 이용한 국내외의 뉴스와 정보의 확산을 고무, 촉진시켜야 할 것이다(『미국무성 외교문서』, 1981: 92~93).

미군의 남한 상륙과 동시에 개시된 검열 임무는 1948년 8월 한국정부가 수립될 때까지 계속되었다(고바야시 소메이, 2007: 265~266). 당시 기사들에 의하면 경찰도 역시 검열(사전 검열)을 했던 것으로 볼 수 있다. 한국 언론에 대해 검열을 실시한 목표를 보면 초기에는 주로 치안유지에 있었으나 후기에는 좌익 언론을 견제하는 데 있었다. 한국의 경우 1947년 6월을 기해 제2차 미소공위가 결렬되고 좌우합작운동이 실패하자 언론에 대한 검열을 강화하였고 특히 좌익 언론에 대한 검열이 심해졌다. 미군정은 한국에서의 점령정책을 수행하기 위해 가능한 한 모든 언론매체를 이용하였다.

1946년 5월 29일 군정법령 제88호가 포고되어 신문과 기타 정기간행물의 발행을 등록제로부터 허가제로 변경했다. 또 기자회견이나 편집자와의 간담회를 개최, 사전보도자료(press-release)의 발행을 통해 공보부는 정보의 흐름을 관리하기 시작했다. 나아가 매스미디어의 논조에 대해 면밀한 조사를 실시하고 문제가 있다고 판단된 언론에 대해서는 압력을 높여갔다. 매스미디어가 공보부의 의향에 따르지 않는 경우 발행허가의 취소라는 강경한 수단이 취해지는 등 사실상의 검열이 이루어지고 있었다.

한편 군 정보기관인 G-2는 군정청 공보부와 별도로 신문, 잡지 등의 보도 태도 및 사설 분석, 특정인과의 인터뷰 및 대중을 상대로 한 여론조사, 서신 검열 및 전화 도청 등 다양한 정보수집활동을 했다. 정보수집 및 검열의 중심은 주한미군사령부 G-2 산하 민간통신검열대(Civil Communications Intelligence)였는데 1946년 6월에만도 약 100만 통의 우편물, 약 300통의 전보, 약 70건의 전화를 검열하거나 도청했다(방선주, 1988, iii). 당시 한국 신문들 기사 중에서 검열에 의해 삭제된 기사들과 발간 이후 처분을 받았던 기사들은 〈표 6-3〉과 같다(정광정, 1999: 67).[2]

1948년 2월 16일 당시 공보부장이었던 이철원은 신문기사에 대한 검열 문제에 대해 "파괴나 폭동을 선동하지 않으면 언론의 자유는 보장하나 그렇지 않을 경우 공보부는 책임질 수 없다. 또한 기사 내용의 해석에서 최후 결정은 공보부에서 한다"고 말했다(계훈모, 1987: 348).

1948년 8월 1일에 남한에서의 검열작전은 정지했다. 그런데 미군정의 종료와 함께 탄생한 한국정부 체신부는 한국 내에서 유통되는 민간통신의 단속적인 통제, 검열을 수행했다. 이승만 정권하에서 실시된 우편검열은 미군검열이 제공한 인적·기술적·사상적인 기반에 의해 지탱되고 있었다. 남한에서의 검열작전 정지 이후 검열체제는 한국정부에 인계되었다(고바

---

[2] 영화검열에 대해서는 배수경(2004: 17~21)을 참조하라.

〈표 6-3〉 한국에서 검열된 기사목록

기사분류	신문명	기사 제목 및 날짜	처분
치안유지 및 사회를 혼란시키는 기사	『서울신문』	「人民報社등 破壞는 愛國情熱의 所致-反託學生 總聯盟側談」(1946.1.20)	삭제
	『한성일보』	「警備隊員이 派出所 破壞」(1947.5.13)	삭제
	『한성일보』	「三千萬 脈搏에 뛰노는 感鬪(?)-奔流처럼 쏟아지는 民族의 祝典」(1946.3.1)	삭제
	『인천신문』	인천미군정청 적산관리국 공업과장 노재덕의 적산비행 관련 기사(1946.5.5~7, 3일간) 필화	체형 및 벌금
	『대동신문』	「민족혼을 가진 청년이여, 청년지사 박임호 군의 뒤를 이어라, 전청 황태열」(1946.5.13) - 살인 선동	징역 3개월 벌금 3만원
GHQ의 정책에 위반되거나 비판한 기사	『대구시보』	「신탁통치를 반대, 군정한인관사 총사표」(1945.12.31) (46쪽)	정간
	『동아일보』	「산파역으로 활동, 정무위원회 성격과 임무」(1946.2.14)	삭제
	『현대일보』	「作五大原則, 朝共서 支持聲名」(1946.7.30)	삭제
	『건국』	호외(1946.7.29)	징역 8개월 집행유예 2개월
	『중앙신문』	논설 「미증유의 불상사」(1946.7.30)	
	『경향신문』	제목 삭제(1947.5.9)	삭제
	『경향신문』	「朝鮮人民에게 드림, 民戰聲名」(1948.1.13)	삭제

* 자료: 정광정(1999: 69).

야시 소메이, 2007: 289~290). 군사독재하의 한국에서 이루어진 민간통신에 대한 검열은 국시인 반공주의를 유지시키는 장치로 누차 이용되었다.[3]

---

[3] 고바야시 소메이는 장치의 설계도가 미군으로부터 한국으로 건네졌다는 것은 그 이후 한미관계와 한국사회의 존재양식을 생각할 때 중요한 의미를 지닌다는 점을 지적한다(고바야시 소메이, 2007: 291).

4) 방송정책

미군정은 방송을 군정정책의 홍보매체로 매우 중요시했고 정보 확산에 가장 크게 기여할 수 있는 매체로 인식하여 미군정 직할로 두었다. 신문에 대해서는 초기에 어느 정도 자유를 허용하다가 이후 점차 통제를 강화해 나갔지만 방송에 대해서는 처음부터 직접 관리하며 적극적으로 이용하는 정책을 실시했다. 귀속재산의 언론관계 시설 중 미군정이 제일 먼저 접수한 것은 방송국이었다.

이 점은 미군정이 진주 직후 접수한 신문사나 인쇄소 등에는 한국인 관리인을 임명하여 관리했으나 방송은 접수와 함께 미국인 감독관을 보내 직접 관리했다는 것을 통해 잘 드러난다. 미군정이 방송을 적극적으로 이용하려고 했던 것은 당시 한국인의 문맹률이 높았기 때문에 방송이 유용한 선전 수단이 될 수 있다고 판단했기 때문이었다(김복수, 2006: 111~112). 미군정의 방송정책은 방송을 선전 수단으로서 더욱 효과적으로 활용하는데 주안점을 둔 것이다. 이것은 미군정이 "아마도 라디오가 다른 어떤 수단보다도 많은 수의 한국인들에게 접근할 수 있었다. …… 서울중앙방송국은 한국인들에게 도움이 될 만하다고 판단되는 많은 프로그램을 집중적으로 방송할 수 있었다"고 평가했던 것에서도 잘 나타난다(박용규, 2000: 99).

1945년 9월 15일에 미군은 정식으로 방송국을 접수했고 하루 동안 방송이 중단되었다가 다음날인 9월 16일에 미국인 고문관이 파견된 가운데 방송이 재개되었다. 이처럼 미군은 9월 20일에 미군정청이 정식으로 수립되기 전에, 그리고 9월 25일에 일본인 소유 재산권 이전에 관한 법령 제2호가 공표되기도 전에 서둘러 방송국을 접수했던 것이다(박용규, 2000: 101).

특히 한국과 마찬가지로 미군이 점령했던 일본과 독일의 경우 공영방송제도가 구축되었던 것과는 달리 한국의 경우 오히려 국영방송제도가 도입되었다는 점이 고려되어야 한다. 이것은 일본이나 독일과는 달리 냉전체제하에 '반공의 보루로서의 위치'에 놓여 있던 한국에서 미군정이 주로 방송의 선전 수단으로서의 가치에 집착하여 효율적인 통제가 가능한 국영체제로 방송을 운영했기 때문이었다(박용규, 2000: 96~97).

방송에 관한 미군정의 법령은 따로 없었고 포고령 2호와 같이 치안유지를 위한 포괄적 법제만이 존재할 뿐이었다. 물론 1947년 8월에 제정된 방송규칙이 있기는 했으나 이는 뉴스보도의 방향을 설정한 지침과 유사하여 법령과는 개념이 달랐다. 1945년 9월 15일 미군이 방송국을 접수한 날로부터 방송은 완전히 미군정청에 예속되어 철저한 직접 통제를 받기 시작했으므로 굳이 법제화할 필요성을 느끼지 않았기 때문이다. 미군정청이 방송국을 접수하여 직접 통제했다는 사실은 방송의 위력을 그만큼 크게 인정했다는 의미도 된다.

미국인 고문들은 특히 뉴스나 선전프로그램에 대해 강력한 통제를 가했다. 한편 미군정은 점령정책에 필요한 공보프로그램을 대거 방송하도록 하기도 했는데 이는 특히 방송현업이 공보부로 이관된 뒤에 더욱 체계적으로 이루어졌다. 공보프로그램으로는 〈군정청뉴스〉와 같이 미군정의 활동을 알리는 프로그램뿐만 아니라 미국의 소리 방송, 정치 강연 등도 포함되었다.

1945년 10월부터 미군정의 정치적 의도가 직접 작용한 공보프로그램들이 편성되기 시작했다. 우선 10월 6일부터 미군정의 활동을 소개하는 〈군정청 뉴스〉가 편성되었고 12월 2일부터는 샌프란시스코에서 송출된 〈미국의 소리(Voice of America)〉 한국어 방송을 중계한 프로그램이 편성되었다. 군정청 뉴스 기간을 이용해 이후 미군정의 다양한 기관들이 방송을 하였다. 1946년 3월에는 대대적인 프로그램 개편이 있었다. 우선 〈정당 강연〉과 〈민주주의 시간〉이 새로이 편성되었다(김복수, 2006: 127). 미군정 초기의 방송 내용은 방송국에 파견된 미 고문관으로부터 검열을 받았으나 뒤에는 사후 검열제로 바뀌었다. 1947년 8월에는 라디오 방송규칙을 제정하여 방송 보도의 기준을 마련하였다(황유성, 2004a: 15~21).

방송에 관해서 미군정은 신문과 달리 특별한 법제를 마련해 놓고 통제하지는 않았다. 또한 방송은 미군정이 직접 자체 기구에 예속시켜 통제한 까닭에 신문에 비해서는 통제의 정도가 미약했다고 볼 수 있다(황유성, 2004a: 22). 그러나 방송에 허용한 언론의 자유는 '질서유지를 위한 제한적 범위 내'로 국한되었다. 미군정은 미국의 이익에 반하거나 미군정 정책에 부합되지 않는 방송 내용에 대해서는 엄격했다(황유성, 2004a: 17).[4)]

방송에 대해 이미 효과적인 통제가 어느 정도 가능했음에도 불구하고 미군정은 1946년 3월 29일 공보국이 공보부로 승격되는 것을 계기로 4월 1일부터 방송현업 업무를 아예 공보부 소속으로 흡수해 버렸다. 단 기술과 사무 업무는 체신부의 감독을 받는 조선방송협회에 그대로 남겨두었다(박용규, 2000: 102). 공보부로의 승격과 기구 확대는 이 시기부터 미군정이 선전활동을 더욱 강화하려고 했다는 것을 의미했다.

미군정에게 있어서 방송은 무엇보다도 점령정책을 효율적으로 수행할 수 있도록 해주는 수단이었다. 미군정은 점령정책을 수행하기 위해 방송을 적극적으로 이용하려고 했고, 그 연장선상에서 방송현업을 미군정 공보부 소속으로 만들어 사실상 국영화시키는 조치를 취했던 것이다. 1946년 3월 군정청의 각국이 부로 바뀌어 공보국이 공보부로 확대 개편되었고 중앙방송국은 공보부에 흡수되었다. 군정청은 공보부에 보도국·여론국·공보국을 두고 공보국에 강연과와 방송과를 두었다. 이로써 중앙방송국은 방송과로 축소되었다. 따라서 후기로 갈수록 미군정의 방송통제가 강화되었던 것은 당연한 일이었다. 이런 단계적인 진전을 통해 미군정은 한국에 반공주의를 기조로 하는 언론체제의 기반을 확고히 구축했다.

미군정의 방송정책은 그대로 방송편성에 투영되었다. 미군정은 무엇보다도 다양한 공보프로그램의 편성에 관심을 기울였으며 이를 강력히 통제했다. 미군정은 정치선전프로그램을 대거 방송하도록 했는데 이는 특히 방송현업이 공보부로 이관된 뒤에 더욱 체계적으로 이루어졌다. 특히 한국인들에게 미군정의 활동을 알리고 자본주의체제의 우월성을 선전하는 프로그램을 편성하도록 했다(김복수, 2006: 142).

미군정기를 거치면서 식민지 지배도구였던 일제하 방송의 잔재를 제대로 청산하지 못한 채 해방 이후 국영방송체제로 출발하게 되었다. 이후 국가권력의 필요에 따라 손쉽게 방송을 통제하고 이용하던 관행이 이후의 방송구조나 제도 변화에도 불구하고 근본적으로 바뀌지 않고 오랫동안 지속

---

4) 미군정의 방송에 대한 검열은 소위 '중앙방송국 적화공작사건'을 계기로 강화된다. 군정 당국이 '공지사항 및 보도를 위한 방송규칙'을 제정하여 방송보도의 기준을 마련한 것도 이 사건에 자극을 받았기 때문이었다(황유성, 2004a: 18).

되었다(박용규, 2000: 93). 국영방송제도의 정착과 운영은 관료적인 통제구조 속에 방송이 단순히 공보매체로서 기능하게 되었다는 문제점을 낳았던 것이다.

미군 점령 기간 미군당국의 지원을 받은 우익적 성향의 신문, 잡지, 서적 등의 인쇄매체와 이 기간에 상영된 영화 가운데 큰 비중을 차지했던 미국영화, 미군당국이 제공한 주간신문, 영화, 서적, 라디오 방송은 해방 직후 한국사회에 지배적인 이데올로기였던 사회주의 성향을 점차 약화시키거나 제거하면서 서구의 민주주의를 전파하는 한편 미국적 가치관과 생활양식에 익숙해지고 그것에 적응하도록 이끈 이데올로기적 국가기구로 기능했다고 평가할 수 있을 것이다. 문화적 냉전의 수단으로서 그 역할을 성공적으로 수행해 간 것이다.

2. 공보 및 선전정책

국가는 국민의 여론을 조사하고 정책이나 행정내용을 국민에게 알리며 국민으로부터 그에 대한 이해와 지지를 얻기 위해 체계적으로 공보활동을 한다(김민환, 1991: 7). 공보활동은 각종 매체를 동원하여 특정 대상에게 통제된 정보를 대량 전달함으로써 대상의 태도를 변화시켜 궁극적으로 자신의 목적을 달성하려고 하는 선전정책과 관련을 갖는다.[5] 미국문화의 세계 제패 이면에는 정치와 경제 등과 마찬가지로 자국의 이익을 위해서 문화를 외국에 의도적이며 적극적으로 전파한 미국의 공보 및 선전정책이 있었다(장영민, 2001: 115).

실제로 공보와 선전은 국가권력의 정당성을 확보하고 동의를 추출하는

---

[5] 미국은 공보활동이라는 이름으로 사실상의 선전활동을 수행했으며 남한에서의 사정 또한 마찬가지였다. 대한목표를 이루기 위한 수단으로써 미국이 자국의 것을 의도적이며 일방적으로 사용하였다면 비록 그것이 공보, 문화교류, 교육으로 불리었다고 할지라도 모두 선전의 범주에 들어간다고 할 수 있다(장영민, 2001: 117).

중요한 방법이다. 미군정은 민주주의와 자본주의를 비롯한 미국식의 가치관과 제도의 소개와 전파를 위해 한국 미디어들이 미국의 정책을 지지하게 유도했으며 스스로 주체가 되어 적극적으로 공보선전활동을 전개하였다(김영희, 2005: 345). 미국의 정치·경제적 이해의 지속적이고 안정적인 실현을 위해서는 한국에 새로운 가치의 이식이 필수적이었다. 외부로부터 이식된 점령국가로서 미군정의 공보선전활동은 한국인의 의식 속에 미국을 효과적으로 심기 위해서 행한 의식통제라고도 볼 수 있다(김균, 2001).

미군정의 공보 및 선전 프로그램들은 점령지 남한에서 세계패권 국가인 미국이 원하는 새로운 정치·경제적 질서와 문화적·이데올로기적 지형을 구축하여 동북아시아 지역에서 사회주의혁명을 저지하고 자본주의 세계체제의 한 하위 단위를 확보하며 미국의 항구적인 영향력을 유지하려는 미국의 기본적인 점령목표를 달성하는 데 일정하게 기여하였다(차재영, 1994: 48). 그러므로 미국문화가 대량으로 들어오고 문화적 헤게모니를 장악하기 시작한 미군정기에 미국이 수립하고 실행한 공보 및 선전정책을 검토함으로써 미국문화의 이입 저변에 깔린 정치적 의도를 살펴볼 수 있다(장영민, 2001: 116).

1) 공보 및 선전정책의 수립과 전개

미군의 한반도 점령 이후 국무부는 한국에서 미국이 '임무'를 성공적으로 수행하기 위해서는 한국인의 마음속에 미국의 역사, 제도, 문화, 위대함을 심어주어야 한다는 점을 수차례 미군정에 주지시켰다. 따라서 미국적 방식, 미국에 대한 우호적 태도의 형성이 미군정의 일관된 정책 개념으로 자리 잡게 된다. 점령 초기 미군정의 한국인 '재교육'은 일본의 이데올로기적 영향력 제거와 미군 점령의 정당화라는 두 가지 문제에 초점을 맞추었다(김균, 2001: 54~55).

일본의 문화적 잔재의 청산 이외에 미군정이 당면한 목표는 미국에 대한 우호적인 태도의 형성이었다. 미군정의 초기 정책은 미국을 알리기 위해서 언론, 팸플릿, 포스터 등을 이용한 정보 제공이라는 비교적 소극적인 공보활동에 국한되어 있었다. 하지만 미군정 1년이 지나면서 미군정의 정책은 새로운 국면에 접어들게 된다. 무엇보다도 정보제공이라는 소극적인 공보활동에서 '미국적 삶의 이식'이라는 적극적인 문화 공세로 새롭게 방향설정을 하기 시작한 것이다(김균, 2001: 155~156).[6] 공보 및 선전정책에는 미국의 대한정책을 한국인들에게 사실적으로 알리거나 일정한 정치적 목적을 관철시키기 위해서 수행하던 선전정책 외에도 좀 더 근원적이며 장기적 계획 아래 추진되었던 미국식 문화의 전파와 미국식 교육의 이식이 포함되었다(장영민, 2001: 118). 미군정은 모든 커뮤니케이션 수단을 통해 미군정 정책과 미국의 이상, 정치제도를 홍보하는데 전력을 다한다면 많은 문제들이 일거에 해결될 수 있는 것으로 보았다(김균, 2000: 127).

점령 초기에는 기본 민사훈령이 내려졌다고 할지라도 선전관련 조항에 선명한 목표와 구체적인 실행 방침이 규정되지 않았으므로 커다란 점령 목표 아래 점령지역에 해당하는 통상적인 선전이 행해졌다. 여기서 말하는 '통상적인 선전'이란 미군이 점령지역용으로 만든 '육해군 군정과 민사 업무 교범'에 따른 일반적인 선전활동, 포고와 일반명령의 반포, 선전기구의 설치와 인원 배치 등에 해당하는 것이라고 해석할 수 있다(장영민, 2001: 123).

미군정은 "미국은 민주주의 및 4대 기본 자유권을 보급하기 위하여 한국 내 선전 및 계몽활동을 수행해야 할 것입니다. 이러한 운동을 수행하지 않을 경우 한국인들은 소련이 민주주의 최고형태라고 찬양하고 있는 공산주의에 대해서만 광범위하게 귀를 기울이게 될 것"(*FRUS*, Vol. VIII, 1946: 708)이라고 밝혔다. 이처럼 미국은 효율적으로 정책을 수행해 나가기 위해 미

---

6) 예컨대 신문, 잡지, 라디오, 영화 등과 같은 선전매체의 발행과 배포, 유학생 파견, 미국인 고문의 내한 등 이른바 '문화 교류'도 중요한 부분이었다. 이는 보다 넓게는 문화정책의 맥락에서도 검토할 수 있다. 미군정의 문화정책은 군정의 통치편의나 단기적인 정치적 효과만을 목표로 한 것이 아니었다. 미군정의 문화정책은 1930년대 이후 미국이 전 세계를 대상으로 전개해 온 미국화라는 거대한 문화적 기획의 한 부분이었다. 미군정기 동안 미국의 문화적 공세는 정치, 군사, 그리고 경제적 측면에서의 점령정책을 효율적으로 수행하기 위한 중요한 수단이었다(김균, 2001: 68).

군정 정책에 대한 홍보의 중요성을 강조하고 있다. "미국의 대한정책에 대한 한국인의 이해 및 지지를 확대하기 위하여 홍보프로그램을 최대한 활용할 수 있어야 한다"(FRUS, 1946: Vol. VIII: 695)고 거듭 강조하고 있는 것이다.

1946년 트루먼 대통령의 특사로 남북한을 시찰한 폴리도 한국이 공산주의 이데올로기를 수용하기에 좋은 조건을 갖추고 있다고 보고하면서 하루 빨리 한국 내에서 강력한 홍보, 교육 선전을 행할 것을 주장하였다(FRUS, Vol. VIII, 1946: 706~709). 폴리는 트루먼에게 보고서를 보내면서 한국에서 미국을 팔기 위해서는 기존의 공보 중심의 활동에서 보다 광범위한 문화적 공세로의 정책적 변화가 필요하다는 점을 강조하였다. 미소공위가 실패하고 38도선이 고정될 경우에 그 책임을 소련에게 전가할 수 있는 미국의 선전이 필요하고 아울러 장기적으로 미국식 민주주의를 남한에 깊게 부식하는 교육을 주도하여야 한다는 것이다.

트루먼 대통령은 이에 대한 답신에서 한반도에서의 새로운 문화정책을 약속하고 이어 새로운 문화적 공세에 필요한 모든 준비를 미국무부와 전쟁부에 지시했다. 그리고 미군정의 홍보담당관인 로버트(R. Roberts) 중령의 주도하에 1946년 9월 3일 새로운 프로그램을 위한 제안서가 마련되고 미국무부는 이에 대한 최종 승인과 함께 프로그램의 적극적 지원을 약속하였다(김균, 2001: 56~57). 그리고 이 프로그램 지원을 위한 특별위원회가 만들어졌다. 특별위원회는 소련의 선전이 도전받도록 해야 하며 미국과 미국의 원칙이 한국민들에게 받아들여지도록 지원해야 한다고 밝혔다. 그를 위한 구체적인 계획으로 글을 읽지 못하거나 교육을 제대로 받지 못한 사람들을 위한 공공정보 전달을 위한 프로그램을 마련하고 미국 방송을 한국에서 재방송하도록 하며 도서관을 설치해 미국을 배우는 정보중심지로 구축해야 한다고 명시했다.[7] 이어 1946년 말 홍보와 정보수집에 능한 요원들이 한국에 도착하였다. 이들은 전쟁부 소속 민정홍보 담당관인 스튜어트(J. Stewart)

---

7) Report of th Special Interdepartmental Committee on Korea(State-War-Navy) March 31, 1947, RG 218 Box 144, file 382 21 Sec Korea. 여기서는 김균(2001: 52)에서 재인용.

에 의해 인솔되었는데 그는 1947년 2월에 군정 공보국 자문역을 담당하게 되었다.

특별위원회로부터 1947년 7월 1일에 내려진 정책 명령은 통상적 경제, 정치군사적 문제에 대한 훈령 외에 문화적 문제에 대해 강하게 언급하고 있는데(김균, 2000: 131), 미국의 남한점령에 대한 전반적 목적 성취를 위해서는 문화적 노력이 이루어지지 않고서는 안된다는 점을 강조하고 있다. 한국의 문화정책을 위해 구성된 특별위원회가 1947년 7월 1일 미군정에 하달한 정책명령은 미정부의 입장을 잘 반영하고 있다. 이 정책 명령은 경제, 정치, 군사적 문제에 대한 훈령뿐 아니라 한국에서의 '문화적 목표'에 대해서 강하게 언급하면서, 미국의 남한점령의 궁극적 목적을 달성하기 위해서는 문화적 노력이 한층 더 강화되어야 함도 지적하고 있다. 이 명령은 특히 한국인들에게 미국의 역사, 제도, 문화 등 미국 전반에 대한 교육을 시킬 수 있는 문화프로그램의 대폭적인 강화를 지시했다. 1946년 이후 남한에서 가시화되기 시작한 미군정에 대한 저항이 미국으로 하여금 보다 확실하게 한국인들을 미국적 기획 안에 편입시킬 수 있는 문화적 공세가 필요함을 절감하도록 한 것이다.

1946년 중반부터 미국의 대한선전정책이 크게 바뀌기 시작한 배경에는 전후 세계 패권을 노리던 미국과 소련의 다툼, 그리고 그 축소판으로서 한반도를 둘러싼 대립이라는 외부 환경만 있었던 것은 아니며 남한 내부에서 전개되던 상황도 점령군으로 하여금 새로운 선전정책을 마련하게 하였다. 그중에서도 점령군이 가장 심각하게 여겼던 것은 공산주의자를 비롯한 좌익의 불만과 비판이었다. 대내외적 상황이 본격적으로 전개되던 1946년 중반에 이르러 교육과 문화는 독립된 민주주의 국가의 수립이라는 대한목표를 이루기 위한 방법으로 자리를 잡았고 이에 부응하여 점령군도 세부적인 선전계획을 세우기 시작한 것이다(장영민, 2001: 140~141).

이와 같이 미국은 점령기간 내내 공보활동에 관심을 기울였다. 1947년 4월에서 6월까지 미국의 대한교육 및 정보조사단이 내한하여 조사활동을 한 후 작성한 최종보고서의 권고사항에서 가장 강조된 것이 매스미디어, 영화 및 출판물을 통한 대민홍보활동의 강화였다.

2) 공보 및 선전기구의 구성과 개편

미군은 초기 사령부 직속으로 '한국관계정보분과'(KRAI, Korean Relations and Information Section)를 만들어 이에 관한 업무를 전담하게 했다. 이 부서는 한국인과 미군정과의 유대, 한국 인사에 대한 심사, 정보수집, 배포 등을 맡았으며 다른 부서와는 달리 미군진주 직후부터 가동되었다. 한국이 완전한 독립을 즉각적으로 얻을 수 있을 것이라는 일반적인 예상을 교정하는 역할이 '한국관계정보분과'에 맡겨졌다. 업무 수행을 위해 남한 내의 정보매체, 문화현장 등에 대해 절대적인 통제권을 가지려 했으며 먼저 남한 내 방송국을 접수하였다(김균, 2001: 46~47).

아놀드는 군정장관에 취임한 뒤 장교 33명, 사병 49명, 민간인 100명으로 그 요원을 대폭 확대하였다. 아울러 자체의 제도개편 연구 결과를 통해 한국관계정보분과를 1945년 9월 20일 정보공보과(IIS, Intelligence ad Information Section)로 개편하고 산하에 여론계(The Office of Public Opinion)와 정보계(the Office of Public Informaion)를 두어 업무를 분담케 하였다. 정보계는 산하에 기획, 출판, 라디오, 영화, 제작(인쇄), 전단 등 6개의 반을 두었으며 여론계는 대민접촉, 조사, 정치분석 등 3개 반을 두어 업무를 분장케 하였다(김민환, 1991: 15~16).

정보공보과는 1945년 11월 29일 법령 제32호에 의거, 공보과(The Public Information Section)로 개칭되었다. 1946년에 들어서면서 점령군은 심리전이나 단순한 정보의 전파 차원을 넘어 선전작업을 본격적으로 수행하여야 할 필요에 당면하였다. 따라서 1946년 2월 13일에는 법령 제47호에 따라 공보국(the Bureau of Public Information)으로 개칭되었으며 같은 해 3월 29일에는 법령 제64호에 의해 정부의 국제가 부제로 변경되면서 공보국이 공보부(The Department of Public Informaion)로 개편되었다. 하위부서인 정보과와 여론과도 각각 정보국(public Information Bureau)과 여론국(Public Opinion Bureau)으로 바뀌었다(김민환, 1991: 16).

이러한 기구의 확대는 곧 업무의 증대를 의미하는 것으로 미군정 당국이 선전활동을 중시하게 되었다는 것을 의미한다. 이 같은 공식적 명칭상의 상승은 부분적으로는 전반적인 정부 재조직화의 결과이기도 하지만, 미군정이 정보활동에 두는 중요성이 상당히 증가하고 있음을 보여주는 것이기도 하다(김균, 2001: 47). 또한 이와 같이 공보기구를 계속 확장 개편한 것은 가능한 모든 매체를 동원하여 미군정의 정책을 널리 알려 한국민의 이해를 촉구시킴으로써 미국의 이념을 주입시켜, 한반도에 미국에 우호적인 정부가 수립될 수 있는 여건을 조성하기 위한 것이라고 할 수 있다.

1946년 10월 18일에는 공보부를 다시 개편, 2개의 국을 5개로 확대하고 산하에 여러 개의 과를 설치했다. 즉 부를 정보국·출판국·방송국·대민접촉국·여론국의 5개국으로 하고 정보국에는 번역·기사제공·영화·사진·스틸사진을 맡는 5개 과를, 출판국에는 농민주보·주간 다이제스트·제작·배포·미술 및 포스터의 5개 과를, 방송국에는 편성·방송·행정·제작의 4개 과를, 대민접촉국에는 이동교육·연사·대민접촉·시각교육·지방연락의 5개 과를, 여론국에는 조사·번역·정치교육·정치분석·여론수집의 5개 과를 두었다(김민환, 1991: 17). 특히 공보부 여론과는 한국인을 대상으로 한 여론조사팀을 운영해서 미군정 정책과 사건들에 대한 여론을 수집하였다. 1948년 3월 현재의 공보부 직제는 5국 23과로서 국·과명은 대부분 그 기능을 알려준다.

공보국과 여론국 업무와는 별도로 공보부는 특수보고국(Special Report Bureau)을 두어 군정 각 부처를 대신하여 일간활동보고서의 자료를 수집, 기술, 편집하고 미군정의 역사를 기록하는 일도 아울러 맡게 되었다(김민환, 1991: 16).

그리고 1946년 4월 18일에는 일반명령 제71호를 발하여 각 도에 공보과를 내무국 안에 신설하였다. 이는 지방에서 발행되고 유통되는 신문·팜플렛·포스터, 그리고 단체와 개인들의 활동을 수집하고 검토하는 한편 매체를 이용하여 공중에게 정보를 전파하는 것이 직무였으며 도내 여론을 도지사에게 보고할 책임도 가졌다(김민환, 1991: 17). 즉 중앙의 군정기구만으로는 지방의 정보를 제대로 파악하기 어렵고 효율적인 선전이 곤란하였으므로 각 도청에 공보과를 세운 것이다. 곧이어 개최된 각 도 공보과장 회의에서는 여론조사와 신문보도의 필요성, 공보 연락, 악평검토 등에 관한

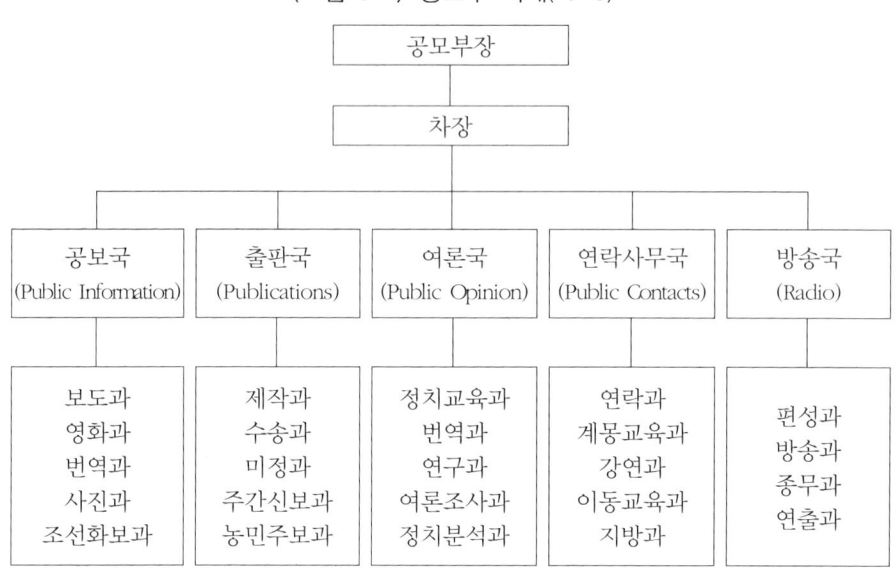

〈그림 6-1〉 공보부 직제(1948)

* 자료: 이희수(1999: 216).

강연이 행해졌다(『서울신문』, 1946.6.10).

　미군정은 1946년 봄부터 보다 적극적으로 미국의 정치이데올로기와 문화를 점령지 주민에게 전파하기 위한 다양한 선전프로그램을 실시하였다. 이러한 프로그램을 효과적으로 시행하기 위해서는 많은 자금과 시설, 자료, 그리고 전문인력이 필요했으며 이러한 자원을 확보하기 위해 하지는 1946년 9월에 점령군 사령부 공보처장이던 로버트 중령을 본국으로 파견하였다. 로버트 중령은 국무부와 국방부로부터 기대 이상의 좋은 반응을 얻어 국무부 산하 국제정보문화교류처의 언론출판과와 방송과로부터 보도용 사진과 전시용 사진, 미국인의 생활과 문화를 소개하는 방송대본 등을 제공받게 되었다. 한편 국방부에서는 민사과의 교정계가 앞으로 남한에 설립될 공보원에 비치할 자료의 제공과 함께 필요한 재정적 지원을 해 주기로 했다(차재영, 1994: 38).

　1947년 과도정부 수립 이후에는 군정청 공보부를 대폭 축소 약화시키고 미군사령부 휘하에 공보원을 설립, 이 기관으로 하여금 공식적인 봉쇄정책에 부응하는 매우 적극적인 정치지향적, 이데올로기 지향적 공보활동을 전개토록 하였다. 군정청의 공보부는 남조선과도정부를 위한 공보프로그램을 수행하고 공보원은 직접 한국인을 대상으로 한국에 대한 미국의 지원에 관한 정보 및 미국의 생활과 문화에 관한 정보전파를 담당하는 것으로 분리된 것이다.

이 기구의 설치는 1946년 말에 입국한 홍보전문가 스튜어트의 강력한 권고에 따른 것이었다(USAFIK, Office of Civil Information, 1948). 스튜어트는 부임 직후부터 1946년 9월에 미군정청의 부서 책임자로 한국인을 임명하는 정책이 실시된 이후 미국이 원하는 메시지를 아무런 걸림없이 점령지 주민에게 전달하기가 매우 어렵게 되었다고 지적하고, 보다 직접적이고 강력한 미점령 당국의 선전활동을 위한 특별기구의 창설이 필요하다고 주장하였다. 조금씩 한국인의 손에 맡겨두던 미군정의 행정방침에서 문화와 공보 정책에 관한 것만은 예외로 하여 미군이 직접 운영키로 한 것이다(김균, 2001: 54). 1947년 6월에 내한하여 미군의 교육과 선전활동 전반을 살펴본 미국교육정보조사단이 제시한 공보부의 목적과 기능 가운데 중요한 것들은 다음과 같다.

    a. 미국의 목적과 정책, 대한원조의 성격과 범위, 그리고 미국의 역사, 제도, 문화와 생활양식에 관한 정보를 전파한다.
    b. 자유롭고 민주적인 노선에 따라 한국인의 생활과 문화를 계발하고 국가 이익을 위해 책임있는 정치적 행위를 하도록 고무한다.
    c. 군정청의 계획, 프로그램과 업적을 남한 주민들에게 알려 그들이 이해하고 수용하며 지지할 수 있도록 한다.

(장영민, 2001: 149)

그러므로 미군정 공보기구의 활동 목표는 다음 〈표 6-4〉와 같이 정리할 수 있다.

〈표 6-4〉 미군정 공보기구의 활동 목표

미군정 공보기구의 활동 목표
① 정부 업무에 대한 관심을 촉진하고 국민을 계몽하기 위한 정부의 활동에 관한 정보의 전파
② 민주정부의 원칙과 업무·관행에 관한 정보의 전파, 한국인의 생활의 발전과 민주 노선에 따른 문화 발전 촉진
③ 미국의 목표와 정책에 대한 정보 전파
④ 정부 관계 부처에 정보와 지침을 제공하기 위한 여론의 수집·분석·평가
⑤ 군정 장관 및 정부 관리들에 대한 PR 관계 조언
⑥ 부서 내의 한국인에 대한 미국적 훈련 경험의 실시(미군 철수 후 민주적 공보의 기술과 방법 활용 가능토록)
⑦ 한국인으로 하여금 자유롭고 지적인 신문의 기능을 수행토록 지원 격려
⑧ 모든 정당·신문·잡지에 대한 등록·허가·조사·회계·감사
⑨ 모든 영화의 제작, 배급, 관람, 감독
⑩ HLKA와 지방국을 통한 라디오 서비스 제공

* 자료: 김민환(1991: 38).

이상의 목표들을 통해 알 수 있듯이 군정당국은 공보활동을 통해 첫째, 남한의 언론에 대한 절대적 통제권을 확보하면서 둘째, 남한의 언론이 미국식의 자유주의 이데올로기에 상응하는 언론활동을 펴도록 유도하고 셋째, 적극적인 의미에서 언론이 미군정의 정책을 지지·전파케 하거나 군정당국이 언론주체가 되어 주체적으로 공보활동을 펴고자 한 것을 알 수 있다(김민환, 1991: 38).

주한미공보원장을 맡은 제임스 스튜어트는 주한미공보원이 담당해야 할 책무로 첫째, 남한 대중이 미점령 당국에게 우호적인 태도를 갖도록 만드는 것 둘째, 대중에게 미국의 대외정책과 생활양식에 대해 이해를 확장시키는 것 셋째, 미군의 점령통치가 종식된 뒤에도 남한에서 미국에 대해 우호적인 인식이 지속될 수 있도록 대중의 인식을 변화시키는 것 등을 들고 있다.[8]

---

8) Inclosure #4, Report on the HIstory and Growth of the Office of Civil Information, USAFIK, 1947. 11. 10, pp.14~15, 여기서는 허은(2007: 175~176)에서 재인용.

스튜어트가 언급한 세 가지 책무가 대중의 인식교정에 초점을 맞추고 있다는 사실은 1947년 현재 대중의 인식이 점령 당국의 우려를 자아낼 정도였음을 말한다. 남한 내 구석구석에 미국의 메시지를 전달하기 위해서는 색다른 시스템이 필요했던 것이다. 미점령 당국은 '점령 당국에 대한 우호적 인식', '미국에 대한 올바른 인식' 등을 구축하기 위해 주한미공보원을 설치한 것이다. 주한미공보원은 서울과 지방에서 다양한 문화활동과 인쇄물을 통해 세계문화를 선도하는 미국상을 알려나갔다. 그리고 이는 궁극적으로 한미 관계를 '미개후진국'과 '개명주도국', 즉 문명적 지도와 피지도의 관계로 배치하는 담론 주조의 일환이었다고도 평가된다(허은, 2007: 185).

공보원 출범 이후 1948년 3월 15일에 이르기까지 미군정 당국의 공보활동은 실제로 그 활동규모를 50% 이상 확장했다(김민환, 1991: 17). 공보원은 미국이 한국에 관한 정책에서 위기감을 갖고 만들어진 정치적 기구였던 셈이다. 남한 내에서 날로 증가해 가는 반군정적 태도, 사회주의적 열광을 막기 위해서는 한국인이 이미 진입해 있는 군정청기구가 아닌 다른 형태의 위기관리조직이 필요했고 그 필요에 따라 만들어진 것이 공보원이었던 것이다. 대중에게 다가가기 위해 공보원은 두 가지 방법을 택했다(김균, 2000: 136~137).

첫째, 각 지역에 지부를 설립하는 것이었다. 서울에 비해 상대적으로 미국의 메시지를 잘 접할 수 없는 지역에 직접적 주민 접촉을 꾀할 수 있는 기구를 대규모로 조직하려 한 것이다. 지역에 있는 기구들에게는 지역민들에게 미리 준비된 영화를 보여주고, 미국정책에 대한 보고서를 배포하고, 구두로 메시지를 전달토록 했다. 1947년 9월 12일에 부산에 공보원 지역분소가 생겼고 이어 각 지역의 중심도시(광주, 대구, 대전, 전주, 청주, 춘천, 개성)들에 지부가 설립되었다.

둘째, 구두를 통한 교육이었다. 이동교육열차를 준비해 캠페인을 벌였으며 신중하게 한국인 연사를 선발하여 미국의 메시지를 전달할 수 있는 테크닉을 교육시킨 다음 각 지역으로 파견했다. 1947년 5월까지 21명의 연사가 교육을 받고 파견되었으며 같은 해 10월 말에는 약 50여 명으로 증가했다. 선발된 연사들은 선발된 이후 외부와 차단된 상태로 교육을 받았고 한

달에 한번 개별적으로 심사를 받았다.

공보원은 군정청의 공보부로부터 이동교육단의 운영, 『농민주보』 등 기관지의 발행, 그리고 공보원의 설립과 운영 따위의 여러 가지 업무를 넘겨받았으며 특히 미국문화의 전파와 반공, 반소의 대항선전에 두드러진 역할을 한 것으로 평가되었다

공보원은 방송을 총선캠페인에 적극적으로 활용하였다. 선거절차를 알리는 것 뿐 아니라 선거의 중요성도 방송했으며 선거를 앞두고 약 44개의 프로그램이 선거와 관련한 정보를 전달했다. 공보원은 미군의 지원하에 확성기를 설치하였고 인쇄매체를 통해 선거를 홍보했다. 하지가 발표한 선거에 관한 성명서 전문은 비행기를 통해 전단으로 배포되었다. 1948년 4월 한 달 동안 벌어진 선거와 관련된 공보원의 공보전은 스스로도 "엄청난 물량전"이었다고 평가할 만큼 공격적으로 벌어졌다(김균, 2001: 60). 실제로 공보원은 1947년 7월부터 12월까지 전국의 일곱 지역에 대해 공보선전활동을 실시했다. 이 현장활동은 현장답사에 의한 관찰, 신문, 잡지, 포스터 등의 자료보급, 사진전시, 기록영화 상영 등으로 전개되었다(김영희, 2005: 332). 인쇄시설과 용지의 부족, 라디오 수신기 보급의 저조, 전기, 교통, 통신시설의 미비, 농촌주민의 빈곤 등으로 농촌지역에는 미디어 보급이 매우 드물었다. 이렇게 접할 미디어가 거의 없는 상황이었으므로 미국이 전략적으로 제공한 주간신문이나 포스터, 사진, 영화 등 보급 분량이 상대적으로 더 많았던 매체를 미군정은 활용하였다(김영희, 2005: 345).

공보원은 기존의 공보국이 담당하던 공보활동 이외에도 미국적 삶의 방식을 한국에 심기 위한 자체적인 프로그램들을 진행시켰다. 이를 위해 공보원은 전국 주요 도시에 미국의 메시지를 전할 수 있는 정보센터들을 설립하였다(김균, 2001: 57~58). 공보부는 다른 부서에 비해 예산이나 인력규모는 작았지만 공보활동의 중요성이 강조되면서 상당한 정치적 비중과 영향력을 행사했다.[9]

---

[9] 미국공보원에 인원과 물자가 증강되기 시작한 것은 1947년 11월부터였지만 이듬해 1월에 이르러서야 인력 보강이나 물자공급 조치가 본격적으로 취해지기 시작하였고 전쟁부 민사과의 개선책으로 미국 본토에서 물자가 좀 더 신속히 수송되

3) 공보 및 선전활동

점령군은 남한주민을 대상으로 광범위한 대량의 선전을 하는데 필수적인 각종 매체를 접수하고 장악해 나갔다. 미군정은 다양한 프로그램을 통해 미국의 문화와 이데올로기를 점령지 주민에게 전파하고자 했다. 미군정의 선전프로그램은 그 목적에 따라 치안과 행정의 확립을 위한 공보활동, 자유민주주의 이념의 유포, 미국문화의 전파, 반공·반소의 대항선전, 단독정부 수립 캠페인 등을 들 수 있다(차재영, 1994: 32).

미군은 자체적으로 팜플렛과 포스터 등 선전매체를 대량으로 제작하여 비행기로 살포하거나 각종 통로를 이용하여 배포하였는데, 야전단위 부대에서는 포스터가 일반적으로 남한 주민들에게 잘 받아들여지고 효과적인 접촉 수단이라고 보고하였다(장영민, 2001: 126). 또 공보부가 대민 정치교육매체로서 적극 활용한 것은 라디오 방송과 대중연설이었다(이희수, 1997).

특히 포스터는 그때 그때의 이슈에 대해 평균 한달에 두 번 정도 3만~5만 부를 제작하여 전국 주요 도시 간선도로에 부착했다. 영화도 미국의 영화와 뉴스릴을 들여와 전국에 배급 상영하였고, 점차 직접 제작하여 전국에서 공동관람 시켰다(김영희, 2005: 331). 실제로 미군은 진주하면서 경성방송을 접수하여 미군정의 관할기구로 통제하고 홍보매체로 활용했다. 라디오프로그램은 직접 제작하여 군정뉴스, 민주주의교육 등 정치·이념 교육에 동원하였다.

이는 1948년에 들어와 특히 집중되었다. 공보원의 활동 가운데 주목할 만한 것은 한국문제의 유엔이관과 5월 10일 단독선거 실시를 앞두고 전개하였던 대대적인 선전이었다. 선전의 초점은 유권자의 등록률을 최대한 높이고 그들이 모두 투표소에 가서 투표하도록 하는 것에 있었다(장영민, 2007: 130~132).

었다. 이리하여 3월 하순부터 보급과 인력의 애로가 크게 줄었다(장영민, 2007: 145~146).

〈표 6-5〉 투표이유와 투표방법

투표이유	투표방법
1. 모든 평화애호국은 그들의 정부 대표자를 선출하기 때문에. 2. 선거는 당신의 정부를 운영해 주기를 원하는 사람을 당신이 지목할 기회이기 때문에. 3. 선거는 신생독립 정부를 수립할 건전한 첫걸음을 내딛는 것이기 때문에. 4. 국민이 세운 자유정부는 모든 시민을 위한 자유를 의미하기 때문에. 5. 당신은 당신의 미래복지와 당신의 모든 가족들의 복지를 보장하기 때문에. 6. 자유 투표는 진정한 애국심의 최상의 증거이기 때문에. 7. 선출된 대표자만이 전한국의 단합을 가져올 수 있기 때문에. 8. 건전한 정부가 들어서야 전 세계가 한국에 대해 우호적이 될 것이기 때문에.	1. 5월 10일 월요일 투표일 기억. 2. 오전 7시부터 오후 7시 사이에 해당 선거구의 투표소에 감. 3. 선거관리 위원으로부터 투표용지를 수령함. 4. 기표소에 들어가서 원하는 사람을 선택함. 5. 무효표가 되지 않도록 한 명의 입후보자에게만 기표함. 6. 당신이 누구를 찍었는지 보이지 않도록 투표함에 투표용지를 넣음. 7. 선거결과에 따르고 선거관리들과 협력함.

* 자료:『세계신보』(1948.5.15).

또 민주주의의 우수성과 토지개혁의 혜택을 강조하는 선전이 광범위하게 실시되었다. 1948년 들어서면서부터 남한의 도시와 농촌은 헤아릴 수 없이 많은 신문과 전단, 책자와 홍보물, 포스터로 뒤덮였으며 미국공보원이 주도한 총선거 선전은 많은 남한 주민을 선거에 참여시키는데 크게 기여하였다(장영민, 2007: 165). 선전 목표와 메시지는 다음 〈표 6-6〉과 같다.

공보행정은 그 대상에 따라 국외공보,[10] 국내공보, 특수공보[11]로 나눌 수

---

10) 국외공보를 주로 관장한 것은 주로 삼부조정위원회 등 미군정보다 상위의 기구들이었고, 공보활동의 주 대상은 미국이었다. 그러나 군정당국도 한국에 특파된 미국 등의 외국인 기자들을 대상으로 기자회견, 특별인터뷰, 취재에의 동행 또는 편의 제공 등을 통해 국외공보활동을 하였다(김민환, 1991: 23).

11) 공보활동을 위해 자료나 여론 등을 수집·분석 또는 보고하는 활동을 특수공보

〈표 6-6〉 선전 목표와 메시지

선전 목표와 메시지
a. 유엔 및 임시위원단을 알리고 단독선거 결정을 따르도록 한다. b. 미국의 대한정책과 민주적 선거 실시를 믿게 한다. c. 민주주의 선거의 원리와 방법을 알게 한다. d. 남북협상의 여파를 차단한다. e. 반공 선전과 역선전을 강화한다.

* 자료: 장영민(2007: 137~145)에서 작성.

있는데 국내공보활동을 중심으로 구체적으로 살펴보면 정보매체로는 출판 및 정기간행물, 라디오, 활동사진, 서적 및 정보센터, 도표전시, 순회연설이 있으며 기타 활동으로는 정치연구 및 문서, 출판통제, 여론조사, 이동교육 열차 등이 있었다.[12] 군정 당국이 기존의 언론사나 직할매체에 의존하기보다 직접 메시지를 제작 배포하는 데 역점을 둔 것은 당시에 신문이나 라디오 수신기 보급률이 극히 저조한데다 독자 또는 수신기 보유자가 대도시(특히 서울)에 집중되어 있고 교통·통신 시설의 미비로 농어촌이나 산간지역에의 신속한 정보 전파가 어려우며, 문맹률이 높았고 공산당 계열 등의 역선전이 활발한 것 등을 감안한 것이었다(김민환, 1991: 29).

(1) 출판활동

공보부에서는 『민주주의 해설 강연집』(1947년 1월)과 같은 단행본을 출판하기도 했고 지방공보과에서도 여러 가지 주간지를 만들어 대국민홍보활동을 하기도 했다. 그 밖에도 공보부에 국제문화과를 신설하여 미국간행물의 출판을 알선하기도 했고, 공보원에서는 정보센터를 운영하여 그들의

라고 한다. 초기에 특수공보활동은 정보공보과의 여론계가 담당했다. 이 여론계는 산하에 대민접촉반, 조사반, 정치분석반을 두어 업무를 분장케 하였다(김민환, 1991: 35).

12) "Report of Educational and Informational Survey Mission to Korea", 정태수 편저 (1992: 1446~1459).

문화를 홍보하기도 하는 등 다양한 방법을 그들의 문화를 홍보하는데 사용했다.

『주간신보』, 『농민주보』, 주간 『세계신보』 등이 대표적인데 이외에도 『민주한국』, 『문화와 관습』, 『사진화보』 등이 발행되었다(김영희, 2005). 『주간신보』는 1945년 10월 16일부터 공보부에서 발행한 주간지이다. 발행 초기에는 4만 부가, 12월 중순부터는 8만 부가 발행되었으며 1947년 3월 용지난으로 정간하였다. 『세계신보』는 1947년 6월부터 1면으로 제작되어 농촌 지역에 배포된 신문으로 초기에는 5만 부가 제작되었으나 1947년 10월 이후에는 20만 부, 11월 15일 이후에는 30만 부로 증가되었다(김민환, 2001: 212~213). 이러한 신문은 군정에 의해 무료로 배포되었다. 배포된 신문은 도시민들과 농민들에게 서로 다른 판으로 전달되었다. 도시민들에게는 주로 뉴스·사설·만화 등을 담은 내용을, 농민들에게는 농사기술·국내 소식 등을 전했다(김균, 2001: 48).

공보부는 출판국에 '농민주보과'를 두어서 『농민주보』를 발행할 정도로 당시 인구의 70%를 점유하고 있던 농민계몽교육에 앞장섰다. 『농민주보』는 1945년 12월 22일 미군정청 공보부가 발행한 순한글 농민계몽지로서 타블로이드판 4면의 주간지였다(이희수, 1996: 228). 이 신문의 발행 부수는 약 80만 부였고 각 도를 통해서 무료로 각 군, 읍, 면, 동, 리로 배부되었으며 학생편에 배부되기도 하였다. 보급현황 및 농민의 반응을 보면 부수는 창간 당시 80만 부가 발행되었으나 용지난으로 인해 60만 부, 30만 부로 줄어들었는데 1948년 남한에서 실시된 단독 선거 홍보와 관련하여 다시 1948년 4월 2일 75만 부로 급증했다.[13]

『농민주보』를 보면 군정의 정책 홍보기사와 식량부족 상황으로 인한 양곡 수집 및 배급기사가 빈번하게 등장하는데, 농업에 관련된 기사는 조선농회에서 담당했다. 칼럼은 거의 모두가 미군정의 입장을 대변하여 군정을 찬양하고 군정의 정책에 협조해 줄 것을 요청하는 기사들이었다. 즉 선전성을 강하게 띠고 있는 것이었다(정다운, 2005: 7~11). 농민의 여론수렴에

---

[13] 이하 『농민주보』에 대해서는 정다운(2005)을 주로 참조함.

는 성공적이지 못하였지만 『농민주보』는 정책홍보에 보다 적극적으로 활용되고 있었다. 1948년 남한에 단독선거가 실시되었을 때 『농민주보』는 『세계신보』와 함께 주된 홍보매체로 활용되었다. 『농민주보』의 역할은 다음과 같다(정다운, 2005).

첫째, 일반적인 선전 목표였던 자유민주주의의 이식과 공산주의에 대한 방벽구축이었다. 이와 더불어 좌익세력이 영향력을 선점하고 있던 당시의 상황에서 미군정은 여론의 지지를 획득하기 위해 일종의 대항 선전을 시도해야 했는데 이는 『농민주보』에서 적극적인 군정미화를 통해 실시되었다.

둘째, 미군정의 정책 홍보이다. 농민과 소통하고 군정의 정책을 알릴 수 있는 매체의 필요성을 절감한 주한미군은 『농민주보』를 통해 농민에게 홍보활동을 하였다. 선전 대상이 농민이었기 때문에 특히 농업정책이 활발하게 홍보되었으며, 그중에서도 식량정책은 가장 적극적으로 홍보되었다.

셋째, 농민교육의 역할이다. 『농민주보』에는 한글강좌가 지속적으로 연재되었으며 농민에게 필요한 각종 농사법과 축산법이 비교적 많은 지면을 차지하며 제공되었다.

식량공출정책은 생존에 필요한 식량문제라는 점 때문에 종종 한국인의 목소리를 빌려서 동포애에 호소하는 방식으로 이루어졌다. 그런데 『농민주보』 87호까지를 통틀어 민주주의에 대한 기사가 등장하는 횟수는 십여 차례 정도에 불과하다. 민주주의와 마찬가지로 반소·반공에 대한 선전 또한 『농민주보』에서는 두드러지지 않는다. 좌익이나 공산주의에 대한 언급은 '그릇된 지도자', '선동자', '무정부주의자' 등 특유의 간접적 표현을 통해 이루어졌다. 이는 1946년까지는 주한 미군사령부의 대한정책이 실제적으로는 봉쇄정책을 견지하면서도 형식상으로는 신탁통치안을 지지하고 소련과 직접적인 대립을 피하고 있었던 당시의 미소관계에 그 영향이 있다고 하겠다. 이와 같은 상황에서 『농민주보』에서도 소련이나 좌익에 대한 적극적인 선전이 이루어지기 힘들었을 것이다(정다운, 2005: 23~26).

미군정이 『농민주보』에서 농민의 의식을 전환시키기 위해 가장 주력했던 선전활동은 군정 미화였다. 한국에 대한 물질적 원조에 관련된 기사에 중점을 두어 반복적으로 보도하였는데, 이는 원조자로서의 이미지를 농민에게 각인시키고자 한 것으로 짐작된다(정다운, 2005: 28).

이처럼 미군정은 기관지로서 농민을 대상으로 한『농민주보』와『세계신보』, 도시민을 대상으로 한『주간신보』, 노동자를 대상으로 한『노동사정』, 부녀를 대상으로 한『새살림』을 발행하여 부문별로 특성화한 정치교육을 전개하였다. 공보부는 성인 정치교육 독본형태의 민주주의 교육자료를 만들어서 배포함으로써 정치교육에 앞장섰다(이희수, 1996: 230).

(2) 라디오

미국의 대중문화를 소개하는데 한 몫을 한 것은 라디오였다. 공보부는 민주주의교육을 위한 매체로 라디오 방송을 적극적으로 활용하였던 것으로 보인다. 미군정은 미국의 메시지를 한국민들에게 퍼뜨리기 위해 많은 노력을 기울였으며 경성방송국을 통해 군정 뉴스와 각종 포고를 알렸다. 1945년 10월 6일부터 〈군정 시간〉이 시작되었다.

(3) 영화활동

사회의 질서 회복과 좌익 사상의 발호에 따른 진압 대책 및 민심 수습과 사회안정에 주력해 나간 미군정 당국은 성인 정치교육 및 대민 홍보 차원에서 영화를 많이 활용하였다. 미군정은 영화를 한국인에게 미국의 삶과 이상을 심는 효과적인 수단의 하나로 인식하고 공보활동에 적극 활용한 것이다(김영희, 2005: 330).

미군정의 영화정책은 미국의 정책을 전파하고 미군정의 활동을 홍보하기 위한 공보정책과의 상관성 속에서 파악된다. 영화정책의 수립 및 시행 주체였던 군정청 공보부에서는 미국영화나 뉴스릴을 수입, 배포하는 한편 뉴스·영화를 자체 제작하여 배급하거나 순회상영에 나서는 등 매우 능동적인 영화활동을 벌였다. 또한 5·10선거를 앞두고 〈국민투표〉를 비롯한 2개의 영화를 별도로 제작 상영했다는 기록이 있는 것을 보면 영화의 선전 기능을 군정정책 홍보 및 미국 대외정책 수행이나 이미지 제고에 활용했다는 것을 알 수 있다(조혜정, 1997: 132~133).

(4) 연설반활동

1945년 말 미군정은 '이동교육단(Mobile Field Educational Program)'의 설치계획을 수립했다. 공보부 연락국 이동교육과는 이동교육반을 조직하여 특별 순회 열차를 타고 남한 도청 소재지를 순회 방문 공연하였다(이희수, 1997). 교육단은 각 지방을 돌며 영화나 짤막한 연극을 보여주거나 그림이 담긴 소책자를 배포하였다. 그 같은 매체를 통해 '민주적 정부의 필요성', '민주적 정의', '민주주의적 자유 의미' 등을 전달하고자 했다(김균, 2001: 49). 정치교육교재로 쓴 것은 『입헌정치개요』, 『새조선의 민주주의』, 『민주주의 독본』 등이다.

3. 교육정책

1) 교육정책의 기본 성격

교육은 정치사회화의 주요 수단의 하나이며 사회규범의 내면화와 국민정서의 구체화의 경로이고, 나아가서는 국가의 중장기적 정책의 현실화와도 긴밀한 관련이 있다. 미군정의 교육정책은 공식적으로는 미국식 민주주의를 여러 측면에서 강조하였지만 교육의 정치적 경향이 강했다. 실제로 미군정의 대한교육정책은 한국의 공산화를 방지하고 미국식 민주주의를 건설한다는 두 가지 기본 방향 위에서 설정되었다. 따라서 미군정을 통하여 민주주의를 교육시켜 미국식 자유민주주의 제도를 이식하려는 교육문화적 목적을 수행했다.

미국은 외국 군대의 군사적 점령으로 인해 형성될 여론에 매우 관심이 많았으며, 교육을 정치사회화나 지배의 합리화를 위한 중요한 수단으로 보았다. 미국은 해방된 민족에 대한 외국군대의 군사적 점령이 갖는 부자연스러움을 자연스럽게 받아들이도록 한국인들의 의식을 바꾸어 놓는 것을 매우 중요하고 시급한 과제로 설정하였고, 따라서 이와 같은 정치사회화의 가장 중요한 도구의 하나로서 교육, 특히 제도교육기관인 학교의 동원가능성은 매우 높은 것이었다.

1944년 3월 31일 미 국무부는 전후 점령지역에서의 교육, 문화적 재건을 위한 청사진을 제시했다. 그 청사진에는 필수적인 교육 설비를 구매하는 것에 대한 원조, 선발된 학생들을 미국의 학교에서 교육시키는 것에 대한 지원, 도서관의 구축, 독일, 이탈리아, 일본에 의해 약탈된 여러 형태의 자료들을 되찾는 것에 대한 원조 등이 있었는데 이를 위해 국무부는 '국제정보문화국'(OIC, Office of International Information and Cultural Affairs)을 재조직했다. 그리고 점령지역의 정보와 문화적 프로그램 계획과 조정을 책임지는 각 지역 부서를 설치토록 했으며 특히 한국과 일본에 강도 높은 정책 수행을 추진하고자 했다(김균, 2001: 44).

미국은 종전 후 독일과 일본 등 패전국과 그 식민지 주민을 재교육한다는 명분 아래 점령지역에 자국 문화를 깊게 부식함으로써, 점령지역 주민이 미국식 정치체제를 수립하며 미국의 대외정책을 추종하고 미국식 문화를 수용하도록 하였다(장영민, 2001: 116). 1945년 9월 22일 발표된 군정청 학무국의 교육방침은 다음 〈표 6-7〉과 같다.

교육방침에서 알 수 있듯이 내용을 보면 미군정이 교육정책을 추진하는 데 있어 가장 염두에 둔 것은 일제잔재의 청산과 사회통제, 질서유지였다. 교육을 통해서 점령의 일시성과 불가피성을 강조하고 각종의 원조사업을 실행함으로써 점령국의 선의를 드러내고 각종 정책의 수립과 시행 과정에 한국인 여론지도자들을 참여케 함으로써 한국인들의 외국 지배에 대한 저항을 사전에 봉쇄하는 것이 모든 정책의 이념적 지향점이 된 것이다. 군정 초기에 교육담당 군정 요원들과 여론담당 군정 요원들이 군정청 내의 같은 사무실에서 업무를 시작했다는 사실도 두 기능의 관련성을 말해준다(정태수 편저, 1992: 49).[14]

---

[14] 1947년 한국에 파견되었던 교육조사단의 공식 명칭이 '대한교육 및 정보 조사단'이었던 것도 당시 교육정책이 여론이나 공보와 매우 밀접히 연결되어 있었음을

〈표 6-7〉 교육방침

일반 방침	1. 교육제도와 법규는 금후 실시해 나갈 교육정신에 저촉되지 않는 한 당분간 현실대로 하되, 일본주의적 색채에 관한 일체의 사항을 말살함. 2. 평화와 질서를 당면의 교육 목표로 함.
교육상 유의할 점	1. 평화와 질서의 유지만이 조선의 장래를 광명으로 인도하는 것이요, 투쟁과 혼란은 국가 백년의 대계를 그르친다는 것은 교육의 전면(全面)을 통하여 철저하게 함. 2. 공론(公論)에 의하여 정당한 민의(民意)를 발양하고, 정치적 책임을 공거(公據)함으로써 자유를 향유할 수 있는 공민적 자질을 적극적으로 연성하여, 정치적 우매(愚昧)가 폭력을 유발하고 폭력이 중하면 민의를 질식케 하는 것을 자각시킬 것. 3. 이기적 관념을 일소하여 봉공(奉公)정신에 철저케 하고, 특히 공덕(公德)과 공법(公法)을 절대 준수하는 정신을 관습화하게 할 것. 4. 소심익익(小心翼翼)하여 지의준순(遲疑逡巡)하는 피압박적 관념을 일소하고, 명랑활달한 대국민적 금도(襟度)를 소지하고 적극 진취하여 자유자각의 정신을 함양할 것. 5. 우리 나라 과거의 역사와 문화가 혁혁한 광채를 발휘하였던 것을 회상하여 세계에 공헌할 신문화 창조의 의욕을 왕성케 함과 동시에, 근세의 사대사상과 당쟁이 민족자결의 기능을 상실케 하였음을 확인하여 전철을 밟지 않을 각오를 새롭게 할 것. 6. 교육을 실천적으로 하여 공리공론에 떨어지지 말도록 하고, 생활의 실제에 적합한 지식·기능을 반복 연계케 하여 응용자재(應用自在)케 하고, 근로를 애호하고 흥업치산(興業治産)의 지조(志操)를 굳게 할 것. 7. 예능을 중시하여 순량온아(醇良溫雅)한 품성을 도야할 것. 8. 체육을 적극적으로 장려하여 강건한 기우(氣宇)를 함양할 것.

* 자료: 손인수(1992: 225~226).

 삼부조정위원회가 미군 최고사령관에게 보낸 기본 훈령의 교육과 관련된 내용에는 일제 식민잔재를 불식시키고 교육기관을 조속히 개교하며 유

보여주는 것이다.

능한 한국인 교사를 채용하며 새로운 교과 과정을 채택할 것 등이 포함되어 있다(『미국무성 비밀외교문서』, 1945: 93). 그러나 해방 직후의 여러 가지 교육정책은 그 내용면에 있어서나 수행과정상에 있어서나 여론 조작을 통한 점령의 정당성 확보라는 정치적 목표를 지니고 있었다.

그런데 일제 패망 직후부터 식민지교육 일소와 자주적 민족교육을 위한 우리의 자생적 움직임이 있었다. 1945년 8월의 초등교육건설회, 9월 15일의 중등교육협회, 각 대학의 자치위원회 등의 활동이 그것이다. 일선 교사들은 해방 직후 일본인 교사와 일본어 교재의 추방, 친일교육인사의 퇴진과 국어, 국사 등 우리말 교재를 개발하려 하는 한편 일제하 교단에 있었던 것을 반성하고 총사직을 결의하기도 했다. 이들은 마침내 1946년 2월 17일에 교육계 안의 일제 청산, 민족문화 건설을 위한 교육사업 지향, 미군정 교육정책에 대한 비판, 교원의 권익 보호 등을 주장하며 조선교육자협회를 결성하였다. 미군정은 조선교육자협회의 핵심 간부들의 파면, 협회 소속 교사들의 전면적 검거 방식을 통하여 이들을 탄압하였다. 표면적으로는 이들이 좌익이라는 명분이었지만, 그들이 제거하려 한 것은 우리 교육계의 자생적 움직이었다고 할 수 있다(조미숙, 2006: 81~82). 즉 미국의 이해관계에 따라 미국식 교육의 영향권 아래 편입시키고자 하는 계기를 마련하는데 목적을 두고 미국식 민주주의를 국가의 교육통제 또는 독점을 통해서 구축하려는 기본적인 의도를 가지고 있었다고 보아야 한다. 남한이 반공국가로서 미국 냉전정책의 교두보가 되어야 했던 것이다. 교육정책을 통해 남한을 미국의 문화권에 편입시키는 계기를 마련하고자 한 것이다.

1946년에 만들어진 미국무부의 한 정책보고서에서도 남한에서의 교육개혁은 "미국의 정책에 대한 한국 국민들의 지지를 획득하고 그렇게 함으로써 소련과의 다가오는 협상에 있어서 미국의 입지를 강화하기 위한 수단"(FRUS, 1946: 694)으로서 매우 중요하다는 점을 강조하고 있다. 또 교육개혁은 "그 자체가 목적은 아니며 한국에서의 미국의 기본 정책의 목적을 수행하는 수단에 불과하다"는 점을 강조했다(FRUS, 1946: 699). 그러므로 한국 교육의 방향은 애초에 미군정의 군사적 목적에 부합되어 진행되었다. 그들에게 한국에서의 교육이란 한반도 공산화 방지와 분단체제 유지, 미국식 민주주의 건설의 교두보 마련 등을 위한 중요한 수단이었던 것이다(조미숙, 2006: 84).

2) 교육정책 담당기구

교육정책은 학무국에 의해 전개되었다. 학무국에 의해 이루어진 교육활동에서 중요한 것은 첫째, 자신들과 이해를 같이 할 수 있는 조선교육위원회와 조선교육심의회, 미국교육원조추진심의회 등의 각종 교육 자문기구의 구성을 위해 노력한 것과 둘째, 행정의 편의를 위해 학무 기구를 정비하고 셋째, 1945년 10월 21일 학교교육에 관한 훈령을 통해 교과 과정을 개편한 것이다(김석준, 1996: 427). 1946년 3월 29일에 단행된 기구 개편은 행정기구 전반에 대한 개편 작업의 일환으로 학무국은 문교부로 승격된다. 이후 부분적인 개편을 거듭하지만 정부 수립까지 이 틀이 존속되었다.

미군정 학무국은 한국인들을 활용한 '위원회' 형식의 자문기관을 통해 교육정책을 구체적으로 추진해 갔다. 교육부문에서 '한국화정책'은 학무국에 한인을 등용하는 한편 정책 지지세력의 동원을 통해 구체화되었다. 각종 정책수행기구 및 단체를 '위에서부터 아래로' 조직, 활용하는 것이 동원의 전형적인 방식이었다면 자신들의 정책 의도에서 벗어난 세력에 대한 철저한 배제 전략은 '한국화정책'의 또 다른 모습이었다(김용일, 1999: 144).

그 대표적인 것이 1945년 9월 16일 조직된 '조선교육위원회'(The Korean committee on Education)와 '조선교육위원회'의 확대발전을 통해 1945년 11월 15일 조직된 '조선교육심의회'(The National Committee on Educational Planning)였다. 전자가 해방 직후 교육계의 응급조치를 담당했다면 후자는 보다 장기적 전망에서 교육이념, 교육제도, 교육내용 등에 관한 본격적인 계획을 수립하는 역할을 담당했다. 다음으로 민간 차원의 각종 교육관련 단체들이 있는데 이들은 군정 교육정책에 직간접적으로 동원되었다. 각종 학회, 교육단체, 교육자단체 등이 여기에 속하는데 조선어학회, 진단학회, 신교육연구협회, 한국교육문화협회 등이 그 대표적인 예이다. 이들과는 달리 군정의 교육정책에 대해 비판적인 입장에서 영향을 미친 단체들이 있다. 이들은 군정에 의해 의도적으로 배제된 세력인데 정책결정과정에서 배제된 것은 분명하지만 나름의 방식으로 교육정책에 일정한 영향을 미친 세력들이다. 조선교육연구회(민주교육연구회로 출범하였음), 조선교육자협회, 조선학술원, 조선과학자동맹 등이 그 대표적인 예이다(김용일, 1999: 145).

1945년 11월 14일 조선교육심의회의 구성은 교육부문에서 일종의 '공세적인' 정책이 전개됨을 의미하는 것이었으며 이는 교육부문에서 정책지배세력 구축이 여타의 국가기구에서보다 한발 앞서 수행되었음을 나타낸다(김용일, 1999: 134). 여타의 국가기구보다 공세적인 정책을 통해 정책지지 세력을 동원하고 비판세력을 배제해 나갔던 것이다. 조선교육심의회는 교육정책에 대한 국민의 광범한 지지와 동의를 이끌어 내어 군정 교육정책을 '성공적'으로 추진하는 데 상당한 성과를 거두게 된다. 조선교육심의회가 활동을 마감하는 1946년 초에 들어서 학무 당국은 좌익 및 비판세력을 배제하고 국민의 교육요구를 선택적으로 수용하는 교육정책을 전개할 수 있는 토대를 마련하게 된다(김용일, 1999: 134~146). 이러한 힘의 관계에서 조선교육심의회는 다음 〈그림 6-2〉와 같은 활동경로를 통해 집행적 성격이 강한 자문기구, 즉 '준행정기구적 이상'을 지니면서 교육정책 전반을 관장하게 되었다.

〈그림 6-2〉 조선교육심의회의 활동경로

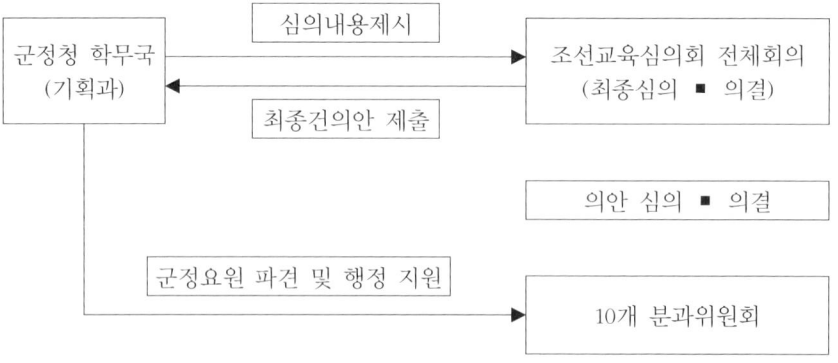

* 자료: 김용일(1999: 155).

조선교육심의회는 학무국의 자문기구였으나 준행정기구로서의 위상을 부여받을 정도로 중요한 시기에 결정적인 역할을 수행하였다. 조선교육심의회 활동을 통해 정책지배세력을 확고하게 구축한 학무당국은 1946년 4월부터 서서히 고등교육 재편 작업에 착수하였다. 교육정책에 대한 지배력이 어느 정도 확보되어야 고등교육의 재편작업이 가능했기 때문이다. 이처럼 교육부문에서 정책지배세력 구축은 여타의 국가기구에서보다 한발 앞서 수행되었다(김용일, 1999: 134). 조선교육심의회가 해 놓은 활동은 지금까지 큰 영향을 미치고 있다. 6-3-3-4학제, 홍익인간 이념, 초등학교 학급편성 원칙 등 미국의 대학 제도와 체제에 기초한 한국의 대학제도를 규정한 것도 이 당시에 결정된 것이다. 이 밖에도 교육원조추진심의회, 의무교육실시촉진위원회, 기술교육위원회, 성인교육위원회 등이 준행정기구적 성격을 갖는 정책수행기구라 할 수 있다.

교육정책을 추진하기 위해 동원된 단체 가운데 신교육연구협회는 1946년 9월 12일 문교부 고위 관리의 적극적인 개입과 지원으로 발족한 단체로서 남한의 교육자를 총망라하여 좌익 주도의 조선교육자협회를 견제하려는 목적을 갖고 출범하였다. 이처럼 문교부의 지원으로 결성된 신교육연구협회는 좌익 교원단체에 대한 대항 세력 형성과 아울러 군정 교육정책에 비판적인 세력을 견제하려는데 그 목적을 두고 있었다. 교원단체를 '위에서 아래로' 조직했다는 사실에서 교육부문에서 진행된 정치과정의 복잡성을 알게 한다. 교육정책지배세력의 형성은 단순히 행정기구를 장악하는 일에 그치는 것이 아니었다. 정책수행기구는 물론 교원단체, 각종 학회 등을 주변 내지 보조 정책수행기구들로 만들어 그들에 대한 장악력을 확보하는 것이 세력 형성에 필수조건이었기 때문이다(김용일, 1999: 174~175).

또한 교육정책주도세력은 한국교육위원회를 매개로 조직화, 체계화의 발판을 마련했지만 이들이 확고하게 자리 잡는 것은 학무국 및 각종 정책수행기구에 지속적으로 발탁되는 과정을 통해서였다. 상설자문기구인 한국교육위원회와 학무국에 등용된 인사들, 나아가 교육관련 각종 위원회의 구성원 상당수가 중복되거나 비슷한 배경을 갖고 있는 것은 바로 이 때문이다(김용일, 1999: 141). 군정의 인사정책에는 전문적인 능력 외에 영어해독

능력, 교육적 배경, 종교, 정파 등의 요소가 복합적으로 작용하였다. 따라서 교육주도세력 구성원들은 대부분 해외(특히 미국) 유학파 출신이고 기독교 신자이며 보수우익의 정치성향을 가졌다.[15]

미국은 당면한 이념전쟁에 교육을 수단으로써 활용하고자 하였다. 1947년 4월~6월까지 미국의 '대한교육 및 정보조사단'이 내한하여 조사활동을 벌였다. 최종 보고서의 권고 사항 중에서 가장 강조된 것은 대중매체, 영화, 그리고 출판물을 통한 대민 홍보활동의 지원 강화였다. 직접 미국의 지시를 받는 독립 기구로서 공보원을 남한에 창설하는 것이 한국에서의 미국의 국익을 보호하기 위해서 불가피하다는 점을 제시하였다. 이 건의에 따라 공보원이 만들어져 미국의 이념과 문화를 한국인들에게 소개하고 미국의 주도하에 새로 창립된 유엔에 대한 홍보도 병행하였다. 또 여론 주도 집단인 성인들에 대한 교육도 중요시되었다. 문교부의 자료를 보면 민주주의교육의 중요성과 공보부와의 긴밀한 협조를 언급하고 있다.

> 이 프로그램은 …… 공보부와 긴밀한 협조 속에서 준비되어야만 한다. …… 이런 교육이 주의 깊이 계획되고 강력히 시행되지 않는 한 한국은 일본과 소련의 일면 중 하나를 선택해야 하는 상황에 놓이게 될 것이다.[16]

3) 학교교육

학교제도, 학제 또는 학교교육제도는 국가교육제도의 핵심이며 교육과 사회발전의 기반이 된다. 학교제도는 교육행정, 교육재정, 교원양성제도, 사회교육제도 등과의 상호작용 속에서 유지·발전된다. 1945년 말부터 가시

---

[15] 교육주도세력 가운데에서도 미군정의 교육정책 수행에 가장 핵심적인 역할을 담당했던 인물은 단연 학무국 한인 차장 오천석이었다. 오천석같은 미국유학파 출신 상층 관료와 한인 학무국 하급 관료들이 관에서 주도하고, 도시지역을 중심으로 한 일부 교사 및 교육계 인사들이 민간 차원에서 호응하면서 일어난 교육운동이 바로 '새교육운동'이었다(이상록, 2000: 120).
[16] "Education in Korea, The Situation and Some of the Problems"(정태수 편저, 1992: 751).

화된 초중등교육정책의 일정한 성과와 노력은 미군정 교육정책에 대한 국민의 동의를 창출하는 원천이었다. 이를 통해 정책지배세력의 구축이 가능하였다는 점에서 초중등교육정책의 수행과정은 고도의 정치적 의도가 관철되는 과정이었다. 이를 통해 미군정관들은 민주주의적인 교육서비스의 시혜자로서, 한국인 정책주도세력은 이를 대행·공급하는 전문가 집단으로서 자신의 입지를 확보하는 결정적인 계기를 마련하게 되었다. 여기서 획득한 힘은 좌우익의 날카로운 대립에도 불구하고 끝내 정책지배세력의 의도를 관철시키는 고등교육 재편정책으로 이어졌다(김용일, 1999: 188~189).

초중등교육정책의 골격은 조선교육심의회를 통해 마련되었으며 그 활동은 미군정 교육정책의 기본틀을 형성했다고 평가할 수 있는데, 그 핵심적인 성과는 '홍익인간'의 건국사상으로 집약되는 교육이념의 채택, 사실상의 '6-3-3-4제'인 '6-6-4제'를 기간학제로 하는 신학제의 수립, 의무교육제의 실시를 위한 계획 수립 및 추진 등을 들 수 있으며 이 성과들의 지향은 미국식 민주교육의 실현을 향하고 있었다(이상록, 2000: 19).

군정당국은 일제하에 극도로 제한되었던 교육기회 확대요구를 초등 단계에서의 의무교육 실시 방침으로 대응하는 한편 제한적인 여건에서나마 중등교육의 수용력을 증대시키는 노력을 통해 수용하고자 하였다. 그러나 교육의 질적인 면에서 교육여건을 개선할 만한 획기적인 조치는 이루어지지 못하였다. 학교 수의 증가가 학생 수의 증가에 미치지 못하였고, 교원 수급에서는 양적 증가와는 달리 질적인 측면에서 많은 문제점을 내포하고 있었다. 그럼에도 불구하고 군정 당국의 초등교육정책은 교육기회의 확대라는 민주주의교육 원리를 체감할 수 있게 함으로써 교육정책에 대한 국민의 동의를 이끌어내는 원천으로 작용하였고,[17] 교육정책을 통해 지배세력을 확고히 구축하는 계기가 되었다(김용일, 1999: 199).

실제로 여론조사 중 교육에 대한 여론 부분은 항상 타 분야에 비해 긍정적이었다는 점이 큰 특징 중의 하나였다. 정치나 경제분야와 비교해 볼 때

---

17) 점령당시 21%였던 문자해독률은 1948년 3월경에는 75%로 되었다 "Interview with Mr. Ahn Chung Hwan, Chief of Adult Education Section, Bureau of Social Education, Dep. of Educ, SKIG(정태수 편저, 1992: 1075).

당시 교육에 대해서는 현실뿐만 아니라 미래에 대한 전망에서도 매우 낙관적인 태도가 상대적으로 강하였다. 최은봉(1995: 147)에 의하면 교육정책 부분은 점령 첫해 동안 가장 성공적인 민정활동의 하나였음이 증명되었다고 한다. 그런데 국대안을 중심으로 한 고등교육 재편정책에는 상당히 중요한 정치적 의도가 내재되어 있었다. 좌익세력을 축출하여 고등교육기관에 대한 지배력을 극대화하고 이를 바탕으로 정책지배세력을 한층 더 공고히 하고자 했던 것이다(김용일, 1999: 220).

결국 학교교육에 대한 총괄적인 개혁프로그램은 우선 정치적 논란이 적은 초중등학교부터, 그리고나서 고등교육 재편으로 이어진 것이다. 고등교육 재편 일정이 정책주도세력과 연계되어 있는 우익 정당들이 정국의 주도권을 잡아 나가기 시작한 시점과 일치한다는 사실은 우연한 일이 아니다. 그 결과 교육부문에서는 좌익성향의 교수와 학생이 대거 축출되지만 보다 중요한 정치적 의미는 남한 사회에 강력한 반공이데올로기가 구축된다는 점이다(김용일, 1999: 226). 이와 더불어 미국의 자주적 민주주의를 내세운 새로운 교육이념이 강조되기 시작하였다. 그러나 실상 미군정이 한반도에서 실시한 교육은 한반도를 대소봉쇄의 전초기지라는 군사안보적 전제가 최우선시된 상태에서 전개된 것이다. 따라서 실제 교육정책의 내용은 그 본연의 의미와는 거리가 멀게 이념적 지향성과 현실적 교육상의 괴리라는 이중구조적 교육풍토를 조성했다(최은봉, 1995: 153).

미군정기 초등학교 교육이 '애국적 민주시민'의 양성을 목적으로 했음은 당시의 교과서를 통해서도 확인할 수 있다. 1946년 군정청 학무국에서 간행한 '초등공민 5~6학년용' 교과서를 보면 태극기와 개천절, 단군으로 시작해서 우리 민족성, 우리 겨레의 사명으로 끝을 맺을 정도로 '민족의식'이 강조되면서도 링컨의 초상화로 상징되는 '민주정치와 자유', '평등'의 덕목도 함께 강조되고 있었다(이상록, 2000: 141).[18] 이처럼 미군정기의 학교교

---

[18] 해방 이후 최초의 국어교과서인 『중등국어교본』에서 우선 눈에 띄는 것은 '익힘' 문제인데, 특히 조국, 민족애에 대한 강조나 청년의 사회적 책임, 외국에 대한 견문 넓히기 등 주제의식이 강한 텍스트의 경우 익힘 문제들이 그 강화를 위하여 사용되고 있다(조미숙, 2006: 88).

육은 체제 순응적인 '애국적 민주시민'의 양성을 목적으로 하고 있었다. 미군정기 초등학교 교육을 통해 양성된 '애국적 민주시민'은 자신의 맡은 바 임무를 스스로 책임감 있게 행하면서도 국가와 사회에 복종하는 인간형이었다. 이들 '애국적 민주시민'은 장차 수립될 국가체제를 거역하지 않고 이끌어가야 할 주역으로 상정되고 있었던 것이다(이상록, 2000: 145).

미군정이 한국의 보통교육을 통해 궁극적으로 추구했던 것은 이념전쟁의 승리였고, 미국의 남한에서의 교육개혁은 미국의 정책에 대한 한국인들의 지지를 획득하고 소련과의 협상에 있어서 미국의 입지를 강화하기 위한 수단이었다.

미군정의 교육정책은 한마디로 '미국식 민주교육제도'를 남한에 건설하려는 것이었다. 이러한 미군정의 정책 의도는 남한을 공산주의권에 대한 방벽으로 만들고 자본주의 세계시장에 종속적으로 편입시킬 토대를 마련하기 위한 것이었다. 이는 "만일 민주주의교육을 위한 훈련이 주의 깊게 계획되고 강력하게 실행되지 않는다면 한국은 일본과 소련의 이데올로기 중 하나를 선택해야 하는 상황에 놓이게 될 것"[19]이라고 본 문교부 고문관 언더우드(Horace H. Underwood)의 인식이나 "차후 남한을 미국의 상품시장으로 만들기 위해서는 미국식 교육제도를 갖추어야 하며 그러려면 미국의 물질적 지원이 필수적"[20]이라고 지적한 어느 군정관료의 인식을 통해서도 확인할 수 있다.

미군정기는 교육내용에 있어서도 개혁이 이루어졌다. 그런데 여성교육과 관련하여 주목되는 점은 남녀의 총시간 수에 차이가 없지만 교과별로 보면 5, 6학년 초등학교 여학생은 가사가 더해지고 그 반면에 사회생활, 미술시간이 줄어들고 있다(관영자, 1986: 94). 이는 중등학교 교육 내용에서도 마찬가지였다. 이는 미군정이 남녀평등의 민주주의교육을 표방하면서도 여전히 고정된 성역할을 전제하고 있음을 보여주는 것이다(이배용 외, 1996: 15~16).

---

19) "Education in Korea: The Situation and some of the Problems"(정태수 편저, 1992: 763).
20) "Higher Education in Korea"(정태수 편저, 1992: 657).

남녀공학제도는 의무교육제도와 더불어 교육기회 확대라는 민주주의교육정책의 일환으로 논의되기 시작하였다. 남녀공학제도는 조선교육심의회의 학제담당부서인 제2분과 위원회에서 논의되었다(『동아일보』, 1945.12.5). 남녀공학제도의 도입을 둘러싸고 자유주의자와 전통주의자들 간에는 심각한 갈등이 야기되었다(송덕수, 1996: 85). 남녀공학제도의 도입에 대한 전통주의자들의 극심한 반대가 있자 조선교육심의회는 1946년 2월에 초등과 고등교육단계에서만 남녀공학을 도입하자는 안을 건의하였다(『동아일보』, 1946.2.12). 그러나 1946년 4월 13일 미국교육사절단은 일본뿐만 아니라 한국에서도 남녀공학을 모든 교육수준에서 도입할 것을 제안했다.21) 미국교육사절단의 남녀공학 실시 제언은 한국의 남녀공학 교육정책에 중요한 영향력을 행사하여 1946년 가을학기부터 전문대학과 대학에서 남녀공학제를 실시하게 되었다(『한성일보』, 1946.4.13 ; 이배용 외, 1996: 97). 또 사범학교를 시범적인 남녀공학으로 설립하게 되었다.

이 결정은 당시 결렬된 미소회담의 책임을 소련 측에 전가하고자 미국이 한국 교육에 부당한 영향력을 행사하지 않으려 했던 맥아더의 입장, 미국사절단과 국내 자유주의자들의 남녀공학 지지의견, 심각한 교원부족 문제, 적은 교원월급으로 인해 남자들이 교직을 원치 않았던 복합적 상황에서 여자를 교사로 충원하고 시범적으로 중등학교에서도 남녀공학을 실시하고자 했던 일종의 타협의 결과였다(이배용 외, 1996: 109). 그러나 남녀공학정책에 관련된 사람들은 남녀공학이 민주적인 교육형태라고 대부분 인정했으나, 그것을 한국에서 보편화시키기에는 아직 이르다는 의견이 지배적이었다. 그 결과 1949년 11월 26일에 통과한 교육기본법은 일본과는 다르게 남녀공학에 대한 조항이 없다.22)

1947년 이후 미국은 한국교육에 대한 적극적인 개혁과 지원을 시작하였

---

21) 그 이유는 "첫째 납세자들이 같은 지방에서 같은 종류의 두 학교(남학교와 여학교)의 재정을 부담하려 하지 않을 것이다. 둘째, 만약 성별분리학교가 설립되면 여학교는 이류로 전락할 것이다. 셋째, 소년과 소녀는 어릴 때부터 서로 같이 일하고 생활하는 것을 배워야 한다"는 것이었다(『한성일보』, 1946.4.13).
22) 그 이후 거의 반세기 가까이 한국 중등학교의 지배적인 성별조직형태는 성별분리학교 또는 성별 분리반으로 유지되어 왔다(이배용 외, 1996: 102).

다. 정책주도세력의 강화와 권력 이양을 위한 정책 보완이 이루어진 것이다. 즉 정책주도세력을 강화하여 남한 단독의 정부가 수립된 이후에도 '독자적으로' 교육정책을 추진할 수 있는 조건을 창출해야 한다는 것이었는데 하나는 미군정 후원하에 정책지배세력으로 편입되어 있던 정책주도세력의 교육에 대한 지배력을 한층 강화시키는 것이고 다른 하나는 남한 현지의 미군정 당국자들이 추진해 온 교육정책을 평가하여 필요한 보완 조치를 해 나가는 것이었다.

전자의 과제는 군정 초기의 '한국화정책'을 일단락 짓는 한편 교원대표체계의 관제화나 고등교육 의사소통체제의 단일화 등 주로 남한 내부의 인적자원을 동원, 조직화하는 형태로 이루어졌다. 반면 후자의 과제는 대한교육 및 정보조사단을 파견하여 그간의 정책 수행 결과를 평가하고 그에 따른 보완조치를 해 나가는 형태로 전개되었다. 정책지배세력을 재생산하기 위해 한인 교육자나 학생들의 미국 유학을 적극적으로 추진하고 미국식 교육행정체제를 이식하기 위해 '교육자치 3법'을 제정, 공표하는 조치 등이 그것이다. 이러한 미군정의 의지는 교육권력의 자기증식 양상에서도 나타났다. 건물 설립이나 비품 제공 등 물적 원조와 전문가 파견, 교육개선을 위한 조사활동과 연구소 설립, 유학생 파견 지원 등 폭넓은 교육원조는 미국 지향적 엘리트, 친미계열 인사의 재생산을 위한 것이었다(조미숙, 2006: 86). 구체적으로 대표체계 정비를 통한 정책주도세력의 권력강화를 살펴보자.

조선교육연합회는 문교부를 정점으로 교원에 대한 장악력을 확보하여 교육계의 헤게모니를 구축하려는 의도에서 조직된 단체라고 할 수 있다. 사실상 이 단체를 통하여 정책주도세력은 조선교육자협회를 효과적으로 견제해 냈다. 좌익에 대한 본격적인 탄압책으로 학원이 점차 안정되어 감에 따라 당시 교육주도집단은 교육관련집단의 대표체계를 재편할 필요를 강하게 인식하였던 것이다. 조선교육연합회는 비슷한 시기에 조직된 한국대학협의회와 더불어 교원 대표체계 재편의 일환으로 조직되었던 것이다. 이로써 정책주도세력 주도하에 고등교육분야는 한국대학협의회를 통해 초중등교육은 조선교육연합회를 통해 단일한 대표체계를 갖추게 되었다(김용일, 1999: 243). 그리고 국대안을 관철시킴으로써 고등교육에 대한 지배력을 확보한 문교 당국은 이를 더욱 강화하는 작업을 추진하였다.

또한 권력 이양준비를 위한 정책 보완으로 대한교육 및 정보조사단을 통한 교육정책 수행의 점검이 있었다. 교육원조추진심의회가 확정한 교육원조요청안에서 '9개월간 7인의 교육조사단'을 초빙한다는 계획이 세워졌다. 1946년 1월 15일 한국교육위원단은 교육원조추진심의회에서 마련한 요청안에 대해 미국정부와 절충하기 위해 도미하였다.

1946년 4월 11일 워싱턴에 도착한 한국교육위원단은 미국정부 당국자와 원조계획안에 대한 협의를 마치고 1946년 8월 16일에 귀국하였다. 당시 이들이 갖고 돌아 온 「한국교육재건에 관한 미연방교육국의 권고」에는 장차 교직에 몸담게 될 한국인 유학생 300명 미국 유학, 일제식 교육을 받은 교육자 100명에게 새로운 교육경험 제공(6~9개월간의 단기 미국유학), 한국인 학생에 대한 미국 고등교육기관의 입학 허가 등의 내용이 담겨 있었다. 남한의 교육재건에 효과적인 방법이 미국 유학교육이라는 미국정부의 판단을 확인하고 온 셈이다.

이 권고안이 맥아더에게 전달되었는데 그는 교육조사단의 파견이 당시 정세로 보아 소련을 자극하고 미국이 단정을 유도하고 있다는 인상을 줄 우려가 있는 이유로 반대하였다. 이러한 정치적 이유로 지연되다가 1947년 6월 3일, 남조선과도정부의 출범과 때를 맞추어 실현된 것이다(김용일, 1999: 251). 이것은 결국 대한교육 및 정보조사단의 남한 단독의 정부 출현에 대비하여 그간의 교육정책을 점검하고 이미 확보된 교육부문의 지배력을 정책주도세력에게 순조롭게 이양해야 한다는 요구에서 출발하고 있음을 시사하는 것이다. 안트(C. O. Arndt)를 단장으로 한 조사단은 1947년 6월 3일부터 20일까지 18일간 조사활동을 수행하였다. 이를 토대로 작성된 보고서를 1947년 6월 20일 국무부와 전쟁부에 제출한 후 활동을 마감하였는데, 이는 대한교육 및 정보조사단이 1947년 초반 한반도를 둘러싼 정세의 급격한 변화에 따라 교육부문의 적극적인 대처의 필요성 때문에 파견된 것임을 보여준다(김용일, 1999: 257).

한국화정책이 일단락 됨으로써 이제 남은 일은 기왕에 구축된 지배권력을 새로이 수립될 남한 단독정부에 이양하는 것이었다. 그런데 이 시점에서 미국은 자신의 영향력을 극대화하려는 일련의 조치를 취했다. 교육부문에서 미국의 국익에 부합하는 질서를 확실하게 이식시키기 위함이었다. 대한교육 및 정보조사단의 파견과 미국 유학 교육정책에서 이러한 사실을 확인할 수 있는데, 이른바 '교육자치 3법'의 제정·공표 역시 같은 맥락에서 이해할 수 있다. 이 법령은 한국정부 수립되기 불과 사흘 전에 군장장관 딘에 의해 전격적으로 공표되었다. 미군정 교육구의 설치, 교육구회의 설치, 공립학교재정경리 등이 그것인데(김용일, 1999: 264~265) 이외 중앙교육훈련소가 GARIOA 원조와 현지 군정청에서 부담하는 경비로 1948년에 설립되었다(김동구, 1989: 126).

4) 성인교육

미국식 삶을 보편화시키기 위한 미국의 노력은 성인교육프로그램의 개발, 새로운 교과서 개발 및 교사교육 등 교육부문에서도 활발히 진행되었다(김균, 2001: 59). 성인교육의 배경에는 민주공화제의 수립, 친미 반공정부의 수립, 자본주의의 전진기지 확보라는 배경이 자리하였다. 성인교육활동은 문해교육운동, 노동자교육, 부녀교육, 시민 정치교육, 교원 재교육 등 여러 형태로 전개되었지만 궁극적인 지향점이자 한 가지 관통하는 흐름은 친미·반공 민주정부를 수립하는 데 있었다. 냉전과 좌우대립이 심화되던 당시에 성인 문해교육운동은 공산주의에 대해 사상적 방패를 쌓는 일이었다. 다음의 보고서를 통해서도 성인교육의 정치적 동인을 읽을 수 있다.

> 한국에서 공산주의에 대한 방책 중 아마 가장 견고한 방책은 모든 한국인을 교육시키는 것이다. 어떤 방법으로든 러시아가 한국, 한국민, 한국의 경제에 간섭하는 것을 차단시켜야 한다. 한국민(남, 녀)이 교육을 받는다면 한국을 민주주의의 적으로부터 가장 잘 방어할 수 있다. 한국 교육에 대한 돈의 지출은 민주주의를 위한 지출이다.[23]

---

23) "The Financial Support of Korean Education"(이길상 편, 1992: 555~556).

실제로 냉전적 상황에서 교육정보 조사단은 남한에서 교육 및 공보 현황을 조사한 후 당시 추진되고 있는 성인교육과 관련하여 몇 가지 의미 있는 결론을 내렸다(이희수, 1996: 48~49).

첫째, 한국은 정파들의 파쟁으로 인하여 정치적 소용돌이 상태에 있으며 이의 원인은 정치적 미성숙에 있으므로 해결 방안으로서 잘 계획된 성인교육 및 공보프로그램을 통하여 일반 시민과 지도자들의 사고 및 이해 수준을 높여야 한다고 제안했다.

둘째, 민주주의의 이론과 실제를 이해시키는 데 문교부와 공보부는 밀접한 관계가 있으므로 자료의 개발, 보급 면에서 긴밀한 협력 및 조정이 필요하며 성인교육면에서 특히 그러하다는 진단을 내렸다.

셋째, 성인교육의 진행은 만족스러운 상태라고 평가하며 문자를 해득한 사람들에게 시민의 의무, 건강과 공중 위생, 지역사회 생활, 국내 및 국제 시사 등과 같은 교재 및 수업이 제공되어야 한다면서 성인교육이 남한에서 제일 중요하다고 판단했다.

넷째, 성인교육과 관련하여 문교부와 공보부의 대표를 포함한 한국인위원회를 설치하여 정부간행물 및 언론에서의 한국어 사용 범위와 방법을 표준화하기 위한 건의서를 작성토록 할 것과 남한에서의 성인교육운동의 발전과 확산에 관한 보다 큰 지원이 고위층으로부터 공식적으로 있어야 한다고 건의하였다.

성인교육국의 업무 분장에 의거할 때 성인교육의 내용은 문해교육, 국민재교육으로서의 민주주의교육, 선거계몽교육, 교화교육으로 분류된다. 따라서 문해교육은 단순히 식자교육에만 머무른 것이 아니라 정치사회화 기능 차원에서 전개되었음을 보여주고 있다. 지방에서는 학무국의 사회교육과가 성인교육 업무를 총괄하였으며 분야별로 정치교육은 내무국 공보과가, 부녀교육은 보건후생국이, 노동자교육은 노동부가 각각 맡아서 추진하였다(이희수, 1996: 71). 여성관련 신문 및 방송, 잡지 등도 여성계몽교육에 많은 기여를 한 것으로 나타났다. 대부분의 내용은 문해교육, 선거참여권장, 애국심 함양, 민주주의 소개, 반탁, 반공, 위생교육 등에 관한 것으로서 반공민주주의 국가의 시민양성에 초점을 두었다. 이러한 성인교육은 성인

〈표 6-8〉 성인교육정책 추진 개요

분야	주무 부서 (중앙·지방)	기능	전파매체 (기관지)	지원 대 대항단체
성인 교육 전반	·중앙: 문교부 성인교육국 ·지방: 학무국 사회교육과	·일반계몽, 국민재교육, 국민 정치 교양, 성인교육지도자 양성, 성인교육 자료조사, 성인교육 단체 감독, 성인교육정보, 기타서적 발행	『월간 성인 교육』 ·라디오방송 「한글, 국사, 과학, 영어 강좌」	·지원: 성인 교육 협회, 신생활 연구위원회, 조선어학회, 한글문화 보급회, 민족청년단, 전학련
부녀 교육	·중앙: 보건후생부 부녀국 ·지방: 후생국 부녀계	·여성의 사회, 경제, 정치, 문화, 복지 향상을 위한 자료 수집, 조사, 노동조건 개선, 교육, 보건, 참정권 ·어머니 교실, 직장 여성 강습회, 선거계몽교육 실시	『새살림』 ·라디오방송 〈여성 시간〉	·지원: 독립 촉성 애국부인회, 여성 단체 총연맹 ·대항: 조선부녀 총동맹
정치 교육	·중앙: 공보부 여론국 정치교육과, 연락 사무국 계몽 교육과, 이동교육과 ·지방: 내무국 공보과	·미국의 문화, 생활, 풍속소개 ·군정청 시책 공보 ·민주주의교육, 선거계몽교육, 반공교육, 친미계몽교육 실시	『농민주보』, 『주간신보』, 『민주조선』 ·라디오방송 〈민주주의 강연〉	—
노동자 교육	·중앙: 노동부 노정국 노정과, 복리국 산업 안전과 ·지방: 노동국	·노사를 위한 노동 교육 ·현행 노동정책 및 법규에 관한 연찬 ·민주 노조 설립·운영 지원 ·노동자 교화 ·산업·보건 안전교육 ·공장학교 운영	『노동사정』 ·라디오방송 〈노동의 시간〉 『전국노동자신문』	·지원: 대한 노총 ·대항: 전평

* 자료: 이희수(1999: 75).

문해교육 내지 문자교육 못지않게 사상교육, 반공교육, 정치교육이 가미된 운동이었다. 또 국민들이 처음 해 보는 보통선거를 성공적으로 실시하기 이해서는 최소한의 문해와 선거방식에 대한 이해가 필요하기도 했다. 미군 정기의 관 및 우익 주도의 성인교육활동은 그 후 계속된 관변 성인교육 및 정치운동의 일환으로서의 성인교육을 잔존시키는 데 일조를 하였다. 성인 교육이 자생력을 잃어버리고 관에 의존하는 기생력이 미군정기에 형성되었 다고 할 수 있는 것이다(이희수, 1996: 258~259).

성인교육협회(Adult Education Associations)는 1946년 6월 중순 성인교육 협회 총본부가 문교부 성인교육국 내에 설치됨으로써 본격적인 활동에 들 어갔다. 당시 일간지들에서는 그 성격을 '순민간단체'로 보도하고 있지만 문 교부 내의 총본부를 정점으로 시, 도, 부, 군, 면, 동, 리에 각각 지회, 분회 등을 설치하는 철저한 하향식 조직으로 성인교육을 위해 동원된 정책수행 기구였다. 성인교육협회는 사실상 '준국가기관'의 역할을 수행하였다(이희 수, 1996: 100).

성인교육협회는 문해교육에 역점을 둔 단체였지만 계몽운동에도 많은 노 력을 기울였다. 여기에서도 성인교육협회가 문해교육이란 문교 당국의 정 책 현안을 풀어가기 위해 전국적인 조직과 방대한 회원을 갖고 발족된 정 책수행기구임을 알 수 있다(김용일, 1999: 171).

4. 구호정책

미군정은 임시적인 점령국가였고 통치구조의 확립에 대부분의 역량을 투입해야 했기 때문에 한국사회의 갈등과 사회문제들을 근본적으로 해결 하기 위한 장기적인 사회복지정책을 마련할 여유가 없었다. 미군정기 정책 은 광범위한 요구호자들의 긴박한 필요에 대응하는 임시적인 구호사업 중 심으로 전개되었기 때문에 구호정책의 맥락에서 이해할 수 있다. 구호정책 이란 빈민이라는 한정된 대상에 초점을 맞추는 구제에 주력하는 정책이다. 미군정기의 구호정책은 장기적인 안목을 가진 적극적이고 계획적인 사업은 적었고, 혼란스러운 과도기에 대처하기 위한 기아의 방지, 최저생계 유지 등에 중점을 둔 응급적이고 임시방편적 성격을 띤 정책들이 시행되었다. 이는 해방 후 격증한 월남동포, 귀환동포들이 사회복지에 대한 수요를 증대시킴으로써 구호사업을 중심으로 복지사업을 시행해 나간 데 그 원인이 있었다. 따라서 임시구빈적인 성격을 벗어나지 못하고 있었다(원기연·김경호, 1999: 130). 이는 미군정이 사회주의 혁명을 저지하고 반공국가를 세우는 것을 주된 목적으로 삼았기 때문에 구호를 통한 사회적 안정이 무엇보다 중요했기 때문이었다. 그러므로 미군정의 구호정책은 '자선과 시혜의 맥락'에서 이루어지고 있었고, 물질적인 시혜를 통한 통제정책의 성격을 지녔다(이영한, 1989 ; 박보영, 2005: 82).[24]

1) 구호사업의 실태

해방 후 남한의 구호 대상은 크게 셋으로 구분된다. 제일 큰 비중을 차지했던 것은 대략 250~260만 명 정도로 추산되는 귀환전재민들이었는데 사실상 이들이 구호 대상의 절대다수를 이루었다. 두 번째는 해방 후의 혼란으로 경제적 능력을 상실한 실업자와 빈민 등이 있었다. 1946년 11월 15일 현재 실업자는 약 110만 명이고 이 중 전재실업자는 637,203명에 달하고 있었다(조선은행조사부, 1948: I-203). 셋째는 1946년, 1948년 여름의 수재와 태풍 등에 의한 이재민이었는데 대략 10만 이상으로 추정되었다(황병주, 2000: 80~81). 우선 전재민들의 생활실태에 관한 당시 언론들의 많은 기록들 중에서 대표적으로 다음 〈표 6-9〉를 보면 전재민 대부분이 의식주 및 실직의 고통에 시달리고 있었음을 알 수 있다.

---

[24] 이와 같은 점은 일본의 경우와 대조적이다. 일본의 경우에는 제도적 측면과 이념적 측면에서 미군정의 복지정책이 이후의 발전을 위한 토대를 형성하였다(이혜원 외, 1998: 333).

〈표 6-9〉 귀국 한국인의 생활태도

노숙재민(서울시)	3,800명(기타 유랑재민도 많음) 정거장, 교량아래, 공원, 방공호 등
요 주택재민	전국 약 10만 세대(전국 재민수의 2할) 서울시내 1만 세대(요 구급자 5천 세대)
요 직장재민	전국 150만, 서울 15만
요 의류재민	전국 200만(구급자 10만), 서울 20만(구금자 10만)
요 귀농재민	전국 30만 세대, 서울 1만 세대
생활상태	1) 전재민(戰災民)의 9할은 극도의 영향부족 2) 아사·병사자는 부지기수 3) (부산) 범죄자의 60%가 전재민 4) 재민 중 정신이상자가 많음

* 자료: 『동아일보』(1947.1.11).

다음 〈표 6-10〉이 보여주듯이 구호 대상 인구는 약 290만으로, 그 내역을 보면 이재구호가 118만 9,000여 명, 응급구호가 100만 1,000여 명으로 전체의 2/3를 차지하고 있다. 그리고 공공구호가 12만 세대 38만 7,000여 명, 재해구호가 6만 세대 약 30만 명의 순으로 나타나 있다.

〈표 6-10〉 요구호자 일람표(1945년 8월 15일~1946년 12월 31일까지)

	공공구호	이재구호	응급구호	재해구호	합계
세대	12,0619	29,1774	21,7645	6,2265	69,2303
인구	38,7216	118,9379	101,3224	29,3667	288,3486

* 비고: 본 표에는 행여병자 4,793명과 행여사망자 2,106명이 포함되어 있지 않다.
* 자료: 조선은행조사부(1948: I-10).

이러한 상황은 미군정 말기에 접어드는 1948년 3월 현재까지도 큰 변화는 없었으며 조사기관에 따라 약간씩의 수치의 차이는 보이나 200만 명 이상의 요구호자가 있었던 것으로 보여진다(전호성, 2004: 223).

미군정하의 구호준칙으로는 '후생국보 3호'(1946.1.12), '후생국보 3A호'(1946.1.14), 그리고 '후생국보 3C호'(1946.2.7)를 들 수 있다. 미군정의 '후생국보 3호'의 C항은 공공구호를 규정하고 있는 조선구호령과 거의 동일한 규정을 가지고 있었다. 이는 구호대상을 "1. 65세 이상된 자 2. 6세 이하의 부양할 소아를 가진 모 3. 13세이하의 소아 4. 불치의 병자 5. 분만 시 도움을 요하는 자 6. 정신 또는 육체적 결함이 있는 자로서 구호시설에 수용되지 않고 가족이나 친척의 보호가 없으며 노동할 수 없는 자"로서 규정하고 있으며 구호내용은 식량, 주택, 연료, 의류, 의료, 매장으로 분류하고 있다(신상준, 1992: 36). 이렇듯 제도적인 측면에서 보면 미군정의 구호정책은 일제시대와 별반 차이가 없음을 알 수 있다. 다만 구호대상자에 '6세 이하의 부양할 소아를 가진 모자가정'을 포함시켰으며 노동능력 상실자 외에 '이재민과 피난민', 그리고 '궁민과 실업자'를 구호대상자로 포함시켰다.[25] 그러므로 미군정기의 구호사업은 크게 일반구호, 전재민수용구호, 실업구제, 주택구호로 나누어져 시행되었다

첫째, 일반구호사업은 시설구호, 공공구호, 응급구호, 그리고 이재구호를 통해서 이루어졌다. 시설구호는 아동, 노인, 행려불구자에 대한 보호 및 수용시설의 구호를 의미한다. 공공구호는 65세 이상의 노인, 소아를 가진 여자, 임산부, 불구폐질자에 대한 구호이다. 응급구호는 토착무직빈민이나 기타 빈곤한 피난민, 실업자 등의 구호이다. 이재구호는 피난민과 이재민에 대해 의류, 식량, 가옥, 여비, 구급치료 등을 제공하는 임시적인 구호이다.

시설구호의 경우 수용구호율이 미군정기 3년 동안 10% 미만이었으며, 시설의 운영주체 또한 개인경영이 62.7%에 이를 정도로 민간에 대한 의존도가 매우 높았다. 공공구호사업의 경우는 '후생국보 3C호'에 의해 시행되었다. 하지만 '후생국보 3C호'에는 "조선구호령보다 고율의 구호비를 책정·실시한다"고만 명시되어 있었을 뿐 구체적인 방안 및 조치가 없었기 때문에 큰 실효성은 없었다고 할 수 있다. 이재구호는 재해를 당한 이들을 대상으로 했는데 그중에서도 수해로 인한 이재구호자 수가 대다수였다. 1946년과

---

25) 그런데 미군정의 각서에 포함되어 있던 실업자는 미군정과 함께 사라지게 되고 2000년에 제정된 국민기초생활보장법의 실시에 의해 다시 나타난다(전호성, 2004: 247). 각서에 있었던 실업자가 사라지게 된 과정에 대해서는 추후 연구가 필요하다.

1948년에 큰 수해가 발생해 많은 이재구호자들이 발생하였으나, 자금이 부족했던 미군정은 중앙후생사업연합회와 지방후생협회를 통해서 의연금 1억 원을 모금해 이재구호사업을 추진하였다.

이와 같이 일반구호사업들은 이를 필요로 했던 요구호대상자들에 비해 그 공급이 턱없이 부족했다고 보여진다. 이는 실제 구호수준을 살펴보면 단적으로 알 수 있다. 1947년 4월 1일부터 1948년 3월 31일까지 공공구호, 응급구호, 이재구호를 합한 총구호자 수는 월평균 248,398명으로 집계되고 있으나, 이는 1947년도의 요구호자 숫자가 약 200만 명이었다는 점에 대비해 볼 때 12.4%에 불과한 수치이다(이영환, 1989: 446).

1948년 3월 말 현재 공공구호상황을 보면 60세 이상 노쇠자는 4만 9,286명, 13세 이하의 아동이 5만 2,426명, 임산부가 1만 846명, 불구폐질, 질병, 상질 외에 정신·신체장애자 2만 5,756명이 구호 중이었다. 그러나 미구호자 수도 이에 못지않은 각각 5만 1,301명, 6만 8,473명, 1만 6,853명, 3만 566명으로 그 합계는 16만 7,193명이며, 구호 중인 요구호대상자가 13만 8,299명인 점을 미루어 볼 때 전체 구호율은 45.27%에 그친 것으로 보여진다(전호성, 2004: 236~237).

〈표 6-11〉 일반구호 상황(1948년 3월 현재)

	노쇠자 (60세 이상)		아동 (13세 이하)		임산부		불구폐질, 질병상질, 그 외 정신·신체 장애자		합계 (단위: 명)	
	구호중	미구호	구호중	미구호	구호중	미구호	구호중	미구호	구호중	미구호
전국 합계	4,9281	5,1301	5,2426	6,8473	1,0846	1,6853	2,5746	3,0566	13,8299	16,7193

* 자료: 사회부 통계 '경제연감' 1949년 Ⅳ-240, 241쪽, 여기서는 전호성(2004: 236)에서 재인용.

둘째, 전재민수용구호사업은 귀환전재민들을 대상으로 한 구호사업이었다. 미군정기 귀환전재민들에 대한 구호는 전재민수용소의 임시구호를 거처 각 지방에 정착토록 하는 것이 기본 내용이었다. 전재민수용소는 임시적인 것으로 의·식 제공, 가료, 주택, 취업알선 등을 주된 구호내용으로 하였다. 하지만 이는 시설과 구호수준이 매우 열악하고 관리들의 부정이 많아 많은 반발을 야기하기도 하였다. 전재민수용소는 '각 시도별 수용시설'과 1947년 이후 설치된 월남민들을 위한 '접경지역 수용시설'로 나누어진다. 각 시도별로 1, 2개소씩 설치되어 있었던 수용시설의 총수용규모는 매우 방대했을 것으로 추정된다.

미군정은 1947년 5월 5일에 군정장관 헬믹(C. G. Helmick)이 '피난민 처리지침'을 발표하여 전재민수용구호를 체계화하였다. '피난민 처리지침'은 총 3단계로 구성되어 있었다. 제1단계는 월남민들을 한 곳에 모아 임시구호(급식)를 행하는 것이다. 제2단계는 9개 수용소에 배치하는 것이다.[26] 제3단계는 지방수용소에서 최종 정착지로 보내는 것이다. 이러한 업무는 경찰, 군대, 보건후생부가 담당했으며 그들의 업무지침에 명시되었다. 접경수용소의 설치 목적은 1947년 들어 38도선의 경계와 남북 왕래에 대한 통제가 강화되면서 월남피난민에 대한 구호의 필요성이 증대되어지는 것에 대응하는 것이었다. 하지만 그 구호수준은 매우 열악한 수준이었다.

셋째, 실업구제사업의 경우 미군정기의 사회문제 중 가장 심각했던 실업문제와 맞물려 있었다. 당시의 실업문제는 미군정기 남한사회의 총체적인 난맥상을 보여주는 것이었기 때문에, 남한사회에 대한 근본적인 개혁조치 없이 단순히 실업구제사업을 통해서 이 문제를 해결한다는 것은 사실상 불가능한 일이었다고 보여진다.

미군정이 실업구호를 위해 시행했던 사업들은 직업소개, 취로사업, 그리고 귀농알선이었다. 직업소개사업은 일제하에 존재했던 직업소개소나 해방 직후 신설되었던 직업소개소를 통해서 이루어졌는데, 턱없이 부족한 소개소 숫자로 인해서 저조한 실적을 보였다. 직업소개소의 연도별 실적을 살펴보면, 1946년과 1947년에는 구직자의 취업률이 10%를 약간 넘는 수준이었고, 1948년의 경우에는 30% 정도를 기록하고 있었다(조선은행조사부, 1948:

---

26) 접경지역 임시전재민수용소는 1947년 4월 이후 설치되었는데 옹진, 청단, 토성, 개성, 동두천, 포천, 의정부, 춘천, 주문진 등 9개소가 있었다.

I-206 ; 1949: IV-241).

　취로사업은 그 성격상 임시사업일 뿐 애초부터 근본적인 생계보장 대책이 아니었다. 미군정 당국은 1946년 8월 홍수로 파손된 도로를 재건하는 사업에 실업자를 동원하기로 결정하고, 각 도에 지선(支線)공사를 위한 자금 5,000만 원을 배정하였다(『조선일보』, 1946.8.27). 그리고 1947년 2월 13일 군정장관 러취는 전재민 취로사업(국도건설, 수해방지 공사, 개간·개척사업, 임업개발사업장 건설 등)을 진행시키기로 하고, 1억 원의 예산을 들여 170만 명의 실업자를 동원하기로 계획하였으나, 그 실현여부는 확실치 않다(이영환, 1989: 454). 요컨대 취로사업의 경우 급여 수준이 매우 낮았고 임시적이었기 때문에 실업문제에 대한 임시방편적인 대응이었을 뿐이지 근본적인 해결책과는 거리가 멀었다고 할 수 있다.

　귀농알선사업은 대다수 귀환전재민이 농민 출신이라는 점 때문에 1947년부터 본격적으로 추진되었다. 그러나 귀농알선사업 역시 위에서 살펴본 사업들과 마찬가지로 제대로 시행되지 못하고 여러 가지 문제점만 양산하였다. 하지만 귀농알선은 근본적으로 토지정책, 미곡정책 등의 점령정책과 직결된 문제로서 토지개혁과 미곡시장 안정화가 선결되지 않은 상태에서 그 실효성을 기대한다는 것은 무리였다.

　넷째, 주택구호사업의 경우 귀환전재민의 주거(住居)문제와 맞물려 그 중요성이 크게 증대되었다. 미군정의 주택문제 대응방식은 크게 보아 두 가지로 나눌 수 있다. 첫째로는 임시주택을 건설하는 것이었고, 둘째로는 적산주택을 활용하는 것이었다. 미군정은 임시주택을 건설하는 데 주력했으나, 이는 계획만 무성했을 뿐 실질적인 효과와 실적은 매우 미미한 수준에 그치고 있었다.

　이 때문에 귀속주택, 귀속요정 등을 개방하라는 요구가 거셌으나, 이는 미군정의 귀속재산처리정책과 전반적으로 맞닿아 있어서 거의 실현되지 못했다. 게다가 미군정의 귀속재산처리정책은 원칙도 없었을 뿐더러 귀환전재민 주택문제 등 남한대중의 삶을 고려하지 않는 것이었고, 이로 인해 주택문제는 더욱 악화되어 갔다.

　하지만 미군정이 이러한 상황을 극복하기에는 그들의 국가능력이 매우 미흡하였다. 무엇보다 미군정 당국 자체가 대부분의 구체적인 정책에 거의 대비하지 못한 상황에서 남한을 점령했기 때문에 이러한 상황을 호전시킨다는 것은 현실적으로 거의 불가능했다. 게다가 밀집한 주거조건이 전염병의 위험을 증대시켰고, 유능한 전문의의 부족은 이러한 문제를 더욱 심각하게 만들었다. 더욱이 미군정청 요원들에게 "동양은 청결과 위생관념이 없기 때문에 서양에서 보기 힘든 끔찍한 병으로 뒤덮여 있다"(Mcade, 1951: 219)는 생각이 만연해 있어 그들은 스스로 자신들이 할 수 있는 일에 한계가 있다고 생각하고 있었다. 그리고 해방 이후 우수한 약품과 의료는 일부 특권층의 전유물로 변하였고, 또한 이재민을 위한 구호물품들이 시장에서 상품으로 둔갑해 범람하는 상황이었다. 그럼에도 불구하고 미군정 당국은 이러한 상황을 거의 통제하지 못하고 있었다(박보영, 2005: 86~91). 결국 미군정기의 의료구호는 전염병 관리와 방역사업이 거의 전부였다.

2) 구호행정기구와 구호재정

구호행정 또는 후생행정은 보건후생부를 중심으로 이루어졌으며 증대되는 구호의 필요성에 대응한 행정기구의 확대와 중앙집중을 특징으로 한다. 1948년까지 보건복지 주무부서는 보건후생부였으며 보건후생부의 조직구조와 업무 역시 1946년도의 행정개편 — 보건후생국이 보건후생부로 개칭된 개편 — 이후로 커다란 변화가 없었다. 지방행정의 경우 '군정법령 제25호'(1945.11.7)에 의해서 도에 보건후생부가 설치되었다. 이렇듯 미군정기의 구호행정은 중앙과 지방 모두 보건후생부를 중심으로 운영되었다. 그러나 미군정 국가의 성격상 보건후생부는 주된 행정기관이 될 수 없었고, 그리하여 그 규모와 권한이 제한적인 부서가 될 수밖에 없었다.

구호재정의 전체적인 변화 추이는, 정부의 총세출 예산 중 보건후생부 예산을 보면 대체적인 윤곽을 파악할 수 있다. 각 연도 보건후생부 예산에 관한 다음 표를 보면 두 가지 특성을 엿볼 수 있다. 첫째는 본부경비와 국비 후생, 보건시설의 운영비로 이루어지는 경상비에 비해서 전재, 이재민 구호비 등이 포함되는 임시비의 비율이 압도적으로 높다는 점이다. 둘째는 총예산에서 차지하는 비율이 통상 3%선을 약간 상회하는 것에 비해서 1947년도에는 4.5% 정도로 높은 비율을 보여주고 있다는 점이다. 전반적인 구호 수준의 저열성에도 불구하고 이러한 임시비의 파격적인 비중이나 1947년도 예산의 비율 증가가 보여주는 것은 1946년 후반의 심각한 소요상황을 겪으면서 물질적 시혜를 통한 통제의 필요성이 증가했기 때문이라고 해석된다(원기연·김경호, 1999: 135~136).

〈표 6-12〉 각 연도 보건후생부 예산 비율

(단위: 원, %)

연도	총세출 예산	보건후생 예산		합계	비율 (%)
		경상비	임시비		
1946	11,821,000,000			415,125,000	3.5
1947	17,719,164,300	151,489,700	640,510,300	792,000,000	4.47
1948	29,726,603,600	171,560,800	773,130,500	944,961,300	3.18
1949	58,402,475,448	523,052,500	1,319,051,700	1,842,104,300	3.15

* 자료: 조선은행조사부(1948), 『조선경제년보』; 『시정월보』(1948, 2호: 6, 170); 『시정월보』(1949, 3호: 15). 여기서는 원기연, 김경호(1999: 18)에서 재인용.

1945~1948년 사이의 대체적인 구호비는 주한미군정청의 국내정부재정으로 약 16억 원이 투입되었으며 구호물로 구성된 GARIOA 원조는 약 4억 달러가 사용되었다. 특히 GARIOA 원조물자는 식료품이 39.2%이며 피복이 10.2%로서 식료품과 피복에 약 50% 정도가 배분되어 있었다(한국산업은행조사부, 1955: 546~547). 이렇게 보면 GARIOA 원조의 50%인 약 2억 달러는 남한주민의 의·식의 해결을 위한 구호비로 쓰여진 셈이다. 그리고 나머지도 생산경제 영역에 투자된 것은 거의 없고 대부분이 국민의 소비생활에 투입되었음을 알 수 있다(박보영, 2005: 85). 미군정은 해외귀환동포와 월남민의 재활사업을 계획하고 조정하게 하기 위한 국립피난민(전재민)위원회를 1947년 5월 12일에 창설하였는데 이 위원회는 중앙경제위원회, 중앙식량행정처, 외무처, 보건위생부, 농무부, 상무부, 노동부 및 토목부의 각 대표들로서 구성되었으며 각 도에서는 도지사 관할에 도피난민(전재민)위

원회가 편성되었다(신상준, 1994: 15). 다음은 피난민의 구호단계별 각 기관의 직무를 표로 나타낸 것이다.

〈표 6-13〉 피난민의 구호단계별 각 기관의 직무

단계 담당기관	임시집합 및 급식소	이송	집결소	이송	지역 배치소	지역 정착
국립경찰	· 피난민의 인지, 수색 및 무장해제 · 긴급급식 · 위생유지	· 이송 · 경비	· 개성집결소의 경비			
국방경비대	· 임시집합소 설치 · 피난민의 인지, 수색 및 무장해제 · 집합 · 긴급급식 · 위생유지	· 이송 · 경비	· 의정부, 춘천 및 주문진 집결소의 경비			
해안경비대	· 해안순시 · 피난민의 인지, 수색 및 무장해제 · 긴급급식 · 경비					
보건후생부	· 급식소의 설치운영 · 급식소 운영 자금 확보		· 위생 기준의 설정 · 집결소 운영을 위한 의료, 기타 기술인 제공 · 식량, 의류, 의료품의 조달		· 지역배치 운영 자금 확보	

			·의료, 구호 및 위생 기준의 설정 ·집결소 운영 자금 확보 및 회계 처리			
외무처			·피난민에 대한 면접 및 신상파악 기타 정보 획득 ·오리엔테이션(피난민) ·피난민의 도착, 출발에 대한 상황 일일 보고	·철도 수송 경비의 청구 및 지불 ·피난민 이동에 관한 통계 유지 및 주간 보고		
재무부			·1인당 1천 원 초과 금액의 영치, 영수증 지급 및 영치금 통계 유지			
국립피난민위원회	·피난민처리 계획 및 조정	·좌동	·좌동	·좌동	·피난민의 도 배정 ·좌동	
중앙식량행정처	식량배정	·좌동	·좌동	·좌동	·좌동	
경기도 및 강원도의 민사부장	·집결소 운영 책임 부담	·이송의 감독	·집결소 운영 책임 부담 ·집결소의 경비 ·피난민 처리 ·위생 감독 ·1천 원 초과 금액의 영치			

* 자료: 신상준(1994: 20~21).

3) 미군정과 구호운동의 제도화[27]

미군정기에는 국가, 사회 전체가 동원되는 대규모의 구호운동이 전개되었는데 1945년 8월 31일 '조선재외전재동포구제회'가 결성된 것을 필두로 수십 개에 이르는 구호단체가 결성되었다. 이러한 구호운동은 주로 개인적 행위보다는 학교, 각급 행정조직, 사회단체 등 조직을 통한 집단적 동원의 형태를 취했다. 이는 해방공간의 구호운동이 개인의 인도주의적 행동이었다기보다는 조직적 질서를 통해 집단적으로 동원되었다는 점을 말해준다. 구호운동은 대략 구호단체의 활동, 언론사의 구호활동, 사회단체의 구호관련 행사, 개인의 기부활동 등으로 구별할 수 있다(황병주, 2000: 82).[28]

해방공간의 구호운동 또한 담론적 실천을 통해 갈등과 통합, 지배와 저항이 드러나는 과정이었다. 그러므로 해방공간에 형성, 유통되었던 담론을 분석함으로써 그 시기 사회적 양상을 보다 심층적으로 파악할 수 있는데 귀환민은 일차적으로 해외동포로 호칭되고 국내동포에 의해 구호를 받은 다음 '국민'이 되었다. 귀환동포는 귀국 즉시 국민이 되는 것이 아니라 일정한 절차를 거쳐 국민으로 '만들'어져 통합되는 것이었다(황병주, 2000: 88~90). 구호운동은 결국 구호대상에 대한 일방적 시혜와 자선이 아니라 구호대상의 생산적 요소화와 구호주체의 민족적 주체화를 통해 양자가 동일한 민족의 구성원임을 확인하는 과정이 되는 것이다.

1946년을 지나면서 국가의 개입을 촉구하는 사회적 요구를 매개로 미군정은 본격적으로 구호운동에 개입할 수 있게 되었다. 미군정은 구호운동이 정치적 영향력을 행사할 수 있는 중요한 활동이라는 점을 간파했고 좌익 세력이 정치적 지도세력으로 부상하는 데 지렛대로 기능하는 것을 용납할 수 없었다. 오히려 구호활동은 미군정의 불안한 정치적 기반을 강화하고 사회에 대한 충분한 통제력을 확보할 수 있는 요소로 기능해야 했기에 국가의 대사회지배를 관철하기 위한 '국가의 구호운동'이 되어야 했다(황병

---

[27] 이 부분에 대해서는 황병주(2002)를 주로 참조했음.
[28] 우익의 구호운동은 1946년 '민족애'에 기반한 구호 호소가 1947년에 들어서면 북한체제에 대한 정치적 비난과 결부되는 변화를 보여주었다(황병주, 2000: 86).

주, 2000: 98).

　미군정은 아래로부터의 자연발생적인 다양한 구호운동의 흐름을 통합하고 자신의 관리하에 두었다. 즉 '운동의 제도화'가 성공한 것이다. 좌파의 조직적 저항뿐만 아니라 전재민 대중의 자연발생적 저항도 미군정의 물리력과 제도적 힘에 굴복하고 편입되었으며 미군정은 구호금, 식량, 의료, 주택, 도시미관 등 거의 모든 문제를 자신의 의지대로 좌우할 수 있게 되었다. 이 과정은 미군정 물리력의 일방적 관철이 아니라 자발적 구호운동의 역동성을 제도 내로 포섭, 배제하는 형태로 이루었다. 사회적 위기상황 속에서 국가의 능동적 역할은 어쩌면 당연한 것이겠지만 중요한 것은 그러한 당연하고 불가피한 과정을 통해 현실적으로 국가의 대사회지배력이 관철된다는 점이다(황병주, 2000: 102~103).

　전시총동원체제의 수사와 이데올로기를 연상시키는 '국가관념', '국민정신'의 강조는 구호대상과 구호주체가 어떻게 통합될 것인가를 암시한다. 즉 민족은 합리적 논리나 이성적 판단에 근거한 자유롭고 평등한 개인들의 결합이 아니라 혈통, 국조 등이 거의 맹목적으로 강조된 것이었다(황병주, 2000: 93).

　이처럼 미군정 지배권력의 사회적 침투는 사회자체의 통합력과 동원기제를 활용하는 것이었다고 할 수 있다. 즉 민족담론을 통한 사회적 동원과 통합기제는 구호대상에 대해 동포애, 민족애라는 통합의 언설과 범죄, 질병, 밀매음, 고아, 걸인 등의 비정상적 이미지와 연결되는 이중성을 띠었다. 따라서 전재민은 무차별적으로 통합해야 할 동포가 아니었고 국가와 사회가 설정한 각종의 치료, 훈육, 수용, 처벌 등이 부과되는 배제의 대상이 되어 재생산되어야 했다. 요컨대 전재민의 비정상성은 역으로 사회의 정상성을 확인시켜 주는 것이었다. 다시 말해 통합과 배제라는 민족담론의 이중적 기능은 권력담론으로서의 효과를 갖고 있었고, 이는 지배기구에 의한 전재민의 구호와 처리에 원용되었다고 할 수 있다.

5. 여성정책

미군정의 제반 여성정책이 여성의 삶에 미친 영향은 지대한 것이었다. 그것은 남녀평등의 민주주의 질서 확립이라는 목표하에서 추진된 것이었다. 그러나 이러한 제반 여성정책이 구체적인 준비나 대안이 없는 상태에서 전개됨으로써 또 다른 사회문제를 야기하기도 하였다. 뿐만 아니라 자본주의 사회로의 재편이라는 점령의 기본 목표를 관철시키는 과정에서 미군정 정책의 중심은 정부 수립과 관련된 정치적 문제의 해결이었고, 이를 위한 정치사회적 안정이었다. 그런 속에서 여성문제는 정치, 경제적 문제에 비해 부차적인 위치를 점하는 것이었다. 미군정의 여성정책은 정치, 경제, 사회, 문화, 제반 분야에서 여성의 지위를 향상시키고 여성의 권익을 옹호한다는 여성정책 고유의 업무보다는 미군정 정책 일반을 추진하는 과정에서 여성의 지지와 참여를 이끌어낸다는 측면이 보다 강하였다(이배용, 1996: 175~176). 미군정의 여성정책은 공창제 폐지나 독자적인 부녀행정의 시초라고 할 수 있는 부녀국의 설치와 부녀계몽교육, 그리고 여성참정권의 실현 등을 중심으로 살펴볼 수 있다.

1) 공창제 폐지와 국가규제주의의 형성

1947년 10월 20일 현재 전국 공창분포 상태를 보면 총 2,124명이었는데 연령은 18~30세, 교육정도는 거의 다 무학이었고(90%), 공창에 들어온 경위는 생활난이 99%였다(보건사회부, 1987: 60). 구체적인 수와 분포는 다음 〈표 6-14〉와 같다.

공창제의 폐지는 일제 잔재와 봉건적 악습의 철폐라는 시대적 과제 외에도 '민족보건상', '인권동등을 보장하는 법률의 기본 성격상' 시급한 과제로 부각되었다. 해방 직후 좌우익 여성운동단체가 모두 공사창제의 완전 폐지를 주장하였지만 미군정의 대처는 그리 적극적이지 않았다. 미군정의 공창제 폐지는 여성계의 기대만큼 신속하고 철저하게 이루어진 것은 아니

〈표 6-14〉 공창분포실태(1947년 10월 20일 현재)

지역	공창 수(명)	%	비고
서울	732	34.5	
경기도	115	5.4	인천에 대부분 집결 수원, 개성에는 없음
충청북도	8	0.37	청주 8
충청남도	54	2.5	대전 54
전라북도	204	9.1	군산 87, 전주 80, 이리 15, 장성 7, 정읍 1, 김제 3
전라남도	190	9	광주 58, 목포 72, 순천 5, 여수 40
경상남도	600	28	부산 450, 진해 50, 진주 40, 마산 40, 울산 20
경상북도	221	10.4	대구 107, 영일 90, 상주 7, 금천 15, 영덕 2
총계	2,124	100	

* 비고: 강원도, 제주도에는 공창이 없었음.
* 자료: 미군정청 후생부 부녀국(1948, 2월호).

었다. 패전국인 일본의 경우 점령 직후 즉각적으로 공창제를 폐지하는 신속성을 보였던 데 비해 한국의 경우 공창제 폐지 입법의 실행이 계속 지연되어 온 측면이 있다.

해방 이후 1년 만에 미군정은 인신매매를 금지하는 법령 제70호 '부녀자의 매매 또는 그 매매계약의 금지'를 공표하였다. 이 법령은 "여하한 목적을 불문하고 부녀자의 매매 또는 매매계약을 금지"할 뿐 아니라 어느 시기에 한 것이든 그 매매계약은 효력이 없음을 선언하였다. 이 법령은 발표되자마자 공창제도의 즉각적인 폐지로 인식되어 열렬히 환영받았다. 그러나 단지 부녀자들의 인신매매만 금지할 뿐 공창 자체를 폐지한 것이 아니며 더구나 포주의 손아귀를 벗어난 성매매여성들의 생활방도에 대해서는 아무런 대책을 세우지 않았으므로 이로 인해 이들은 혼란만 겪을 뿐이었다. 오기영은 월간 신천지 1946년 9월호에 쓴 "공창"이라는 제목의 글에서 "그러나 이 뿐으로서 한 개의 사회제도가 완전히 개선될 수 있는 것인가"(오기영, 2002: 23)라고 회의를 표시하였다. 이에 대해 군정장관 러취도 다음과 같은 담화를 발표하였다.

> 노예상태에서 해방하려는 것은 창기를 포함하기는 하나 인신매매금지
> 가 공창의 폐지는 아니다. 물론 사창에는 아무관계 없다. 따라서 창기를
> 제3자가 팔아먹는 것이 아니고 자기 자신이 자진해서 맺은 계약 아래 종
> 사하는 것은 무방하다(『한성일보』, 1946.5.29).

이는 미군정이 한국에서의 공창제 폐지에 그다지 적극적이지 않았음을 의미한다. 뿐만 아니라 미군정이 자유의사에 의한 성매매는 인정하여 미군이 만족할 만한 유흥, 휴양시설이 거의 없었던 남한에서 안정적으로 성매매여성을 제공하고자 한 조치로 이해할 수 있을 것이다(이선이, 2007: 216). 이 점은 특수위안부시설협회와 같은 서비스 시설이 적극적으로 만들어졌던 일본의 경우(이임하, 2004: 262~267) 점령 후 곧바로 공창제의 폐지가 가능했으나 한국은 그렇지 못하였다는 사실에서 추측해 볼 수 있다

이에 1946년 10월 조선과도입법의원에서는 공창제폐지법을 통과시키는 즉시 군정장관의 인준을 요청하였으나 성매매여성들과 포주들의 반대운동이 거세게 전개되었고(박영수, 1998: 263~264) 미군정도 이에 대한 구체적인 안을 갖고 있지 않은 상황에서 일이 지체될 수밖에 없었다. 그러나 김말봉이 이끄는 공창폐지연맹의 끈질긴 추진으로 러취 군정장관이 이 공창폐지 문제를 입법의원에 상정시켰고, 그 결과 만장일치로 공창폐지에 대한 초안이 가결되어 1947년 8월 29일 입법의원에서 통과되었다. 이에 헬믹 준장은 입법의원에서 통과된 이 초안을 성문화시켜 인준하였다. 1947년 10월 28일 남조선과도정부 법률 제7호 '공창제도등 폐지령'이 발표되었고 효력발생 시일문제로 재고려가 있은 후 1947년 11월 14일자로 '공창제도등 폐지령'이 공표되었다. 그리고 1948년 2월 14일부터 효력이 발생되었고 입법의원은 공창제폐지의 시행을 위한 구체적인 행정명령 제16호 '공창제도등 폐지령'을 1948년 3월 19일 공표하였다(양동숙, 1998: 18~25).

〈표 6-15〉 공창제도등 폐지령(1948년 3월 19일)

1조	본령은 1947년 11월 14일부 법률 제7호(공창제도등 폐지령)을 1948년 2월 12일부 법률 제9호(법률 제7호의 개정)에 의하여 개정됨과 여히 시행함을 목적함.
2조	1948년 2월 13일 이후 유곽업을 경영하던 자는 본령의 유효일 후 10일 이내에 모든 창기 및 매개자를 그 유곽 및 그 감독하에 있는 장소에서 해거시켜야 함. 해거를 시키지 못한 자는 법률 제7호 제3조 가호 규정에 해당하는 자로 간주되어 소정형벌에 처함.
3조	1948년 2월 13일 이후 공창업에 종사하던 자는 본령의 유효일 후 10일 이내에 그 유곽과 해당업에 사용한 그 타장소를 명도하여야 함. 명도를 못한 창기는 법률 제7호 제3조 가호 규정에 해당하는 자로 간주되어 소정형벌에 처함.
4조	경찰은 1947년 11월 13일부 현재로 인가된 유곽 및 해당가옥의 일람표를 작성하고 본령 제2조 및 제3조 시행 여부를 결정하기 위하여 해당되는 각 장소를 조사하여 실존한 사실과 결정된 각 처분 상황을 민정장관에게 서면으로 보고해야 함. 이 보고는 본령 유효일 후 15일 이내에 제출하여야 함.
5조	경찰은 본령 제3조 및 제4조에 언급된 모든 유곽 및 그 가옥을 폐쇄하며 이와 유사한 유곽 및 그 가옥에 대하여 본령 시행에 필요한 기타 처치를 할 권한이 있음.
6조	본령 규정에 의하여 봉쇄된 가옥의 관계자는 경찰청, 서의장, 또는 경무부장에게 사유를 진술한 신청서를 제출하여 앞서 기술한 가옥에 관한 처분의 중지 또는 취소를 신청함을 얻음.

* 자료: 남조선과도정부 행정명령 제16호(1948.3.19)

　공창제 폐지 실시까지는 줄기차게 공창제 폐지를 주장해 온 여성단체들의 요구가 중요한 역할을 했다고 할 수 있다. 좌우익 여성단체는 정치적, 사회적 입장에서 대부분 첨예하게 대립되어 있는 상태였음에도 불구하고 공창제 폐지라는 목표를 위해서는 비교적 한 목소리를 내고 연대하는 모습을 보여주기도 하였다. 그러나 공창문제에 대한 의식의 차원에서 보면 좌익 여성단체는 공창을 일제의 식민지정책의 잔재로 경제적 모순으로 인해 불가피하게 생성된 구조적 문제로 접근하는 시각을 보이고 있는 데 비해 우익 여성단체는 공창 여성들의 개인적 의식 각성이 부족하다는 점과 성병 만연, 도덕상의 문제로부터 가정을 보호하기 위해 공창이 폐지되어야 한다는 입장을 보여 접근방식의 차이를 보였다.

사회적 논란을 거치며 공창제 폐지는 입법 시행되었지만 공창문제에 대한 구조적 인식과 개혁을 요구해 온 좌익 여성단체는 해방 직후 초기 공창제 폐지운동을 주도했으나 좌익에 대한 미군정의 탄압으로 활동이 위축되었다. 이후 우익 여성단체의 지속적 관심하에 공창제 폐지가 이루어지긴 했지만 공창에 대한 사회적 대책, 구조적인 개혁을 요구하기에는 제한적이고 무력하기만 할 뿐이었다. 결국 공창 문제의 주무 부서가 되었던 부녀국 역시 실질적인 대안은 마련하지 못한 채 성병치료, 교화지도를 강조하였으나 이 역시 행사성의 강연, 좌담회 등이 대부분이었다(강이수, 1999: 289).

결국 일제의 잔재를 일소하고 봉건 유제를 철폐하기 위해 제정되었던 공창제 폐지는 정책 실시 당초의 시혜적인 성격에도 불구하고 사창의 급증이라는 새로운 문제점만 남기고 말았다(김점숙, 1999: 173). 공창폐지에 대한 미군정의 정책은 근본적이고 실제적인 대책이 결여됨으로써 현상을 개선하는 데 실질적인 기여는 하지 못했다고 할 수 있다.

미군정은 인신매매를 금지하는 법령 제70호와 공창제폐지법 등 성매매에 관련된 법령을 제정하여 공식적으로 인신매매와 국가권력이 개입하여 성적 서비스를 제공하는 방식을 금지시켰다. 그러나 인신매매금지와 공창폐지를 전후하여 미군을 상대하는 성매매여성들과 미군을 소비자로 하는 댄스홀, 캬바레, 카페, 빠 등이 무수하게 증가했다. 미군정은 성병의 문제가 없는 한 결코 미군을 상대하는 성매매여성이나 댄스홀이 증가하는 것을 문제삼지 않았다(이임하, 2004: 261).

실제적으로 미군정은 자국병사들의 성욕과 성병 억제에 관심이 있었다. 미군정은 "청결과 위생개념의 부재" 때문에 "동양이 이질적이고 무서운 질병에 시달리고 있다"고 지적하고(Meade, 1951: 218~219) 미군 병사들의 안전에 위협이 되고 있다고 우려했다. 이는 1945년 9월 24일 미군정령 제1호가 '위생국설치에 관한 건'이었다는 사실에서 잘 나타난다. 따라서 미군정은 국가규제 성매매 체계의 핵심기제인 등록제, 허가제, 강제적이며 정기적인 성병검진, 특정구역 지정 등 일제식민지구가 구축한 제도적 기반의 유지 및 활용을 통해 성매매여성들을 체계적으로 관리하고 효율적인 성병

통제를 꾀하였다. 성매매의 법적 금지와 '필요악'으로서의 군대성매매가 공존하는 방식은 이후 공식적인 금지주의와 별개로 한국에 지속되어 온 국가규제 성매매 구조의 근간이 되었다(이나영, 2007 ; Na Young Lee, 2007).

2) 부녀국의 설치와 부녀계몽교육

미군정은 역사상 처음으로 행정부서 내에 여성관련 업무만을 전담하는 부서를 설치하였다(원시연, 2007: 199). 1946년 9월 14일 보건후생부내 부녀국이 설치된 것이다. 여성을 대상으로 하는 행정기구가 복지관련 부서 내에 처음으로 만들어진 것인데 당시 신문은 "조선에 있어서도 부녀자의 사회 경제 정치 문화 등 각 방면에 걸친 완전하고 동등한 민주주의 이념을 실현하기 위해서 성립하였으며 조선부녀자 장래에 있어 정당한 지위를 차지하게 하려는 의도의 직접적인 표현"(『조선일보』, 1946.8.29)이라며 부녀국 설치를 환영하였다.

이는 여성에 대한 정책적 접근이 '부녀복지적' 차원에서 시작되었음을 보여주는 것으로 이후 한국에서 부녀정책이 발전하는 데 지대한 영향을 미치게 된다(신현옥, 1999: 41). 지방조직화는 1946년 말부터 시작되어 1947년 7월 초 서울시에 부녀과가 설치된 이래 1948년 2월까지 9개 지방에 부녀계가 설치되어 지방 수준에서 여성관련 정책을 수행할 수 있는 기초 조직을 마련하였다.

중앙에 부녀국을 창설한 후 곧 바로 1946년 11월부터 이들은 지방 부녀계 설치를 위한 '부녀국지방조직 실행위원회' 조직에 나섰다. 강원, 경북, 경남의 순으로 각 시도를 방문하여 각 지방 유지 부인들과 부녀계 설치를 위한 좌담회를 개최하였다(이희수, 1996: 136). 지방부녀계 설치 좌담회의 화제는 축첩 조사와 대책, 부인경제 문제 해결, 보호자보호시설, 부인기술 습득, 가정부의 선도 문제 등이었는데 이는 지방유지 특히 도지사의 부인이나 부녀국 및 우익여성단체와 유대 관계를 맺어 가는 계기가 되었다. 특히 경북부녀과 설치 좌담회장에서는 기존의 애국반, 교회단체, 과학관계단체, 고학생구호단체, 각 학교동창회, 자모회, 모자회 등은 속히 부녀국에 등록

하여 줄 것과 등록하여 주면 관청의 힘으로 뒤를 밀어주겠다고 하였다. 이것은 좌·우대립이 심화되던 때 미군정이 부녀국을 통해 여성단체를 총괄해 나가고 있음을 보여준다(이희수, 1996: 136~137).

이러한 독려의 결과 서울시의 경우는 1947년 6월에 그리고 1947년 10월 8일부터 11월 4일까지 충북, 전남, 충남, 경남, 경북, 강원의 순으로 지역부녀계가 설치되었다(이희수, 1996: 137). 이들의 활동으로는 직장여성강습회, 부녀국 지방연락원 강습회, 어머니 학교 운영, 선거계몽교육, 조리법강습회, 걸스카웃 강습회, 알로투사클럽 운영, 위생교육 등을 들 수 있다. 부녀국장은 여성을 임명하도록 하였는데 최초의 부녀국장으로 고황경 박사가 임명되었다(보건사회부, 1987). 미군정법령 제107호에 근거하여 만들어진 부녀국의 직능과 임무는 다음과 같다.

〈표 6-16〉 부녀국의 직능 및 임무

(가) 조선부인의 사회, 경제, 정치 및 문화적 개선에 관하여 군정장관에게 진언함.
(나) 조선부인의 지위 및 복지에 관한 자료를 모집하여 그 조사연구에 결과를 발표함.
(다) 조선부인의 복리증진을 위하여 좌기 사항에 관한 의견을 정부기관에 구신(具申)하며 그 표준과 방책을 제정함. 단 아래 적힌 각 항은 예시에 불과함.
  (1) 부녀의 노동조건개선
  (2) 부녀의 직장확대
  (3) 공업, 농업, 교육, 예술 등 직업 및 가정에 처한 부녀의 복지
  (4) 관청사무에 대한 부인의 활동범위
  (5) 보건, 특히 임부(姙婦)의 보건 및 분만
  (6) 부인의 참정권 매음
  (7) 매소부(賣笑婦)의 취체와 그 제도의 폐지
  (8) 불량부녀와 그 교정방법
  (9) 부녀자의 여행에 대한 일반의 보호

* 자료: 보건사회부(1987: 51).

부녀국의 직능 및 임무는 정치, 경제, 사회, 문화 전반에 걸쳐 있었으나 실제의 활동은 여성에 대한 계몽활동이 대부분이었다. 식민지지배에서 벗어나 국가를 건설하는 과정에서 여성들 또한 그 나름의 역할을 담당하도록 요청받았으며 농업 위주의 사회에서 봉건적 규범에 묶여있던 여성들은 낙후된 집단으로서 일차적인 계몽의 대상이었던 것이다. 헌법에 의해 보장받은 참정권 행사에 대한 계몽, 문맹퇴치, 가정 위생 등에 관한 강연회가 초창기 부녀국의 주요 활동이었다(황정미, 2001: 95). 부녀국에서는 해방 직후의 열악한 사회 상황에서 여성조직을 육성하기 위해 지도자 강습회를 서울과 지방에서 여러 차례 개최하여 선거법, 공창제 폐지 등을 교육하였다. 또한 일반 여성을 대상으로 한 '어머니학교'를 개설, 문맹자를 위한 한글교육, 음악 등 교양, 가사와 위생 등을 무료로 강습하였다. 부녀국은 이러한 계몽활동을 통해 일반 여성에 대한 계몽과 함께 부녀활동의 지도적 인물을 양성하고자 했고 부녀국의 활동에 대한 홍보와 함께 여성의 적극적인 지지와 참여를 이끌어 내고자 했다(보건사회부, 1987: 54~57). 이는 부녀계몽 교육활동 현황에서 나타나는데 서울시 부녀과의 경우를 보면 〈표 6-17〉과 같다.

미군정에 의해 시작된 여성에 대한 최초의 정책적 개입은 '개인'으로서의 독립적 여성이 아니라 가족의 삶 속에서 규정받는 아내이자 어머니이자 혹은 딸인 '부녀자(婦女子)'였다. '부녀'라는 말은 사회적, 상징적 의미를 지니고 있다. 여성을 '부녀자'로 보는 한 근대적 개인의 개념에 기초한 '시민'으로서의 여성을 인식하기는 어렵게 된다(황정미, 1999: 177~178). 이러한 부녀국의 활동방식은 국가의 후원과 복지의 측면에 입각한 관점으로 여성을 주체로 세력화하여 스스로의 힘으로 현실을 바꾸어 나가는 존재로 상정하기보다는 위로부터 보호하는 대상으로 여성을 한정시키는 측면이 강한데, 국가와 여성의 이러한 관계방식은 미군정기에 이루어졌다고 할 수 있다(문현아, 2007: 71~72).

부녀국은 월간지 『새살림』을 계몽 목적으로 발간하였는데 이 잡지는 여성문해교육, 정치교육, 부녀교육, 새살림운동의 전위매체 구실을 하였다. 선거참여 운동이 활발히 전개되던 1948년 3, 4월 달에는 5천 부를 인쇄하여 3,500부는 지방에, 1,900부는 서울에 배포하여 총선거에 대한 계몽운동을 전개하였다. 창간호에서 "많은 여성들을 계몽하고 보호하고 지도하여 그들로 하여금 훌륭한 어머니가 되게 하는 것이 무엇보다 시급하다"고 말하면서

〈표 6-17〉 서울시 부녀과의 부녀계몽교육활동

신문명	일자	기사개요
『동아일보』	1947.8.6	서울시 부녀과에서 각 구별로 오는 8일부터 부녀계몽 강연 및 음악회 개최.
『동아일보』	1947.9.9	서울시 부녀과에서는 부녀들의 일반 사회생활, 위생생활, 위생관념, 공중도덕에 관한 교양을 향상시키기 위해 각 동회별로 2명씩 선발하여 좌담회 개최.
『동아일보』	1948.2.8	총선거에 대비하여 부녀를 지도 계몽하고저 서울시 부녀과에서는 19일부터 27일까지 매일 한시반에 부녀지도 좌담회를.
『동아일보』	1948.5.22	서울시 부녀과에서는 "국민의 법적 권리와 의무"라는 주제로 21일부터 28일까지 부녀 좌담회를 개최 예정이며, 양재 강습회도 열기로 함.
『동아일보』	1948.7.4	서울시 부녀과에서는 부녀계몽운동을 전개하여 문맹퇴치, 생활개선, 위생사상 보급 등을 목적으로 서울시 각 구에 부녀회를 조직 중.
『부인신보』	1947.8.20	후생국 부녀과에서 순회 강연, 음악회 개최.
『부인신보』	1948.4.22	부녀선거계몽 강연-영화대회 대성황. 서울시 부녀과에서는 총선거를 앞두고 그간 부녀선거계몽운동, 기타 후생 운동으로 상당한 성과를 거두어 오던 중, 4월 24일 또다시 여성선거계몽 강연과 영화회를 열었는데, 총선거를 목전에 두고 상당히 긴장한 일반 부녀들은 개회 직전인 오전 9시경부터 시공관으로 밀려왔다. 이 여성 선거계몽과 영화회는 4월 24일까지 매일 오전 9~12시까지 계속될 모양이다.

* 자료: 이희수(1996: 141).

여성에 대한 계몽의 중요성을 밝히고 있다(보건사회부, 1987: 58). 여성들이 남성들보다 일차적으로 계몽의 대상이 되었던 것은 당시 여성문맹자들이 많았기 때문이었다. 무엇보다 여성들의 문자의 해독은 여성들의 자질향상을 위해서 뿐만 아니라 근대적 가정관리를 위해서도 필수적이었다(신현옥, 1999: 43).

미군정은 부녀국을 통해 여성운동단체의 활동에 적극적으로 개입하였다. 즉 여성단체를 자생적인 모임으로 자발적으로 운영되는 자율적인 조직이라기보다 관에서 의도를 가지고 조직하고 육성시켜야 한다고 생각했다(정현주, 2004: 68). 부녀국은 여성계몽에 대한 활동을 다양화해 가기도 하였으나 여성운동단체들을 부녀국에 등록할 것을 꾀해 가면서 부녀국의 활동은 결국 우익여성운동단체에 대한 지도와 지원, 좌익여성운동단체에 대한 탄압의 매개고리가 되기도 하였다(이배용 외, 1996: 21). 당시 우익여성운동단체의 활동은 대부분 부녀국의 활동과 동일한 선상에서 전개되었던 것이다.

부녀국의 지방조직 설치 과정에 조직된 '부녀국지방조직 실행위원회'에서는 주로 우익여성단체에서 활동하던 이들이나 도지사의 부인 등이 위원장을 맡아 활동하였고 이는 우익여성단체와 각 지방 관료기구 및 부녀국의 긴밀한 연계를 보여 준다. 뿐만 아니라 실제 활동과정에서도 부녀국과 우익여성단체는 동일 보조를 취하는데, 부녀국은 『새살림』을 통해 독촉애부, 독립촉성여자청년단, 조선여자국민당, 불교여성총연맹, 여자기독교청년회 등 주로 우익여성단체의 활동을 소개하여 이들의 활동을 장려하였다. 한편 우익여성단체의 지도급 인물들은 1947년 중반 이후 우익세력이 단독정부 수립을 위한 남한만의 단독선거에 총역량을 결집시키자 여기에 적극 참여하였다(김수자, 1999: 178). 그 과정에서 『새살림』의 지면을 통해 총선거를 홍보하는 글을 실었고 부녀국은 5·10선거에 입후보한 우익여성운동단체의 후보를 알리는 등 양자의 유착관계는 단독정부 수립 운동과정에서 더욱 두드러졌다(이배용, 1996: 166). 실제로 부녀국의 임무 중의 하나는 여성의 참정권에 관한 것이었다. 부녀국은 1948년 3월 23일부터 5월 9일까지 5·10선거에 대비하여 선거계몽교육을 적극적으로 전개하였다. 『새살림』 지면에 나타난 선거계몽교육 관련 내용은 〈표 6-18〉과 같다.

여성운동단체의 활동에 대한 부녀국의 개입은 미군정의 점령 목표를 관철시키는 과정이었다. 미군정은 남한의 정치·사회적 안정과 자본주의 국가건설이라는 미군정 점령의 일반 목표에 따라 이를 지지하는 우익여성단체를 적극적으로 지지하였으며 그것을 반대하고 진보적 민주주의 국가건설을 목표로 했던 좌익여성단체를 탄압하였다. 미군정의 여성정책에서 볼 수 있는 여성에 대한 보호와 계몽 및 조직화 등의 큰 흐름은 이후 한국의 부녀정책에서 계속 나타난다(황정미, 1999).

〈표 6-18〉 선거계몽교육 관련 내용

필자	제목 및 개요
엠. 핸슨	민주주의 강좌: 민주주의 개념. 현 단계에 있어서 조선 여성의 책무는 중대하며 민주주의 조선 건설에 있어서 책임 완수가 중요함.
T.S	참정권에 대하여: 민주주의는 주권이 국민에게 있고, 주권 행사를 위해서는 투표를 해야하며 이를 위해서는 문맹 타파 및 교육이 중요함. 투표는 부인에게 새로운 인생관과 넓은 범위의 이익에 대한 희망을 주는 것이니 부인이 그 인격을 정치적·법률적으로 자각하게 됨. 부인의 참정권은 (1) 입법상 부인에 유리한 결과를 주며, (2) 공생활에 관한 부인의 이상을 향상시키므로 자녀교육에 좋은 영향을 끼치며 자녀로 하여금 가정에서 선량한 공민교육을 받게 되고, (3) 부부 간에도 정치적 단결로 하여금 사회에 강력하고 정당한 여론을 일으키어 여권의 확장은 사회진보의 원칙이 됨.
황신덕	선거법과 부인 민주주의와 선거법의 중요성, 선거법의 실시와 부인의 역할, 여성 평등권의 쟁취.
—	국회의원 선거법 총칙.
황애덕 (전국 여성 연맹위원회 위원장)	총선거와 여성의 역할: 무식한 여성대중이 선거에 대한 중요성을 깨닫고 총선거에 참여하고, 바른 인식을 가지고 투표권을 행사할 수 있도록 묻고 배우고 가르치며 알도록 노력할 것.
공보과	민주주의의 초석: 민주주의의 초석은 개인의 자유에 있으며, 국민은 다수당에 의한 전제정치를 방어하기 위한 투표권을 행사할 수 있어야 함.
한성운	선거와 여성의 지위: 부녀의 권리 향상을 위하여 정치적인 활동보다도 선거에 대한 지식을 널리 보급시켜 여성운동의 터를 잡도록 할 것.
부녀국 노동과과장	대표자를 선출합시다: 우리 여성을 대표하여 여성의 입장을 밝히고, 여성의 이익을 존중하고 보호할 여자 대표자를 선출하자.
고황경 (부녀국장)	여성의 대표는 여성의 손으로: 잡음과 충동과 선전과 모략을 잘 판단하여 신성한 이 총선거에 다 참여하여 인권을 존중하는 새국가를 세우자.
힐렌닉슨 (부녀국고문)	여성들이여 각성하자: 민주주의 아래서는 자기가 원하는 정부를 수립할 수 있음. 좋은 정책에 대한 투표와 지지 또한 좋지 못한 정책에 대한 반대를 함으로써 자기의 의사를 명확히 표시할 수 있음.
여성단체 총연맹	총선거와 알아둘 몇 가지: (1) 총선거와 우리의 사명, (2) 선거의 종류 (3) 여자의 참정권, (4) 신성한 투표, (5) 선거인 및 입후보자가 알아둘 몇 가지.

황애덕	국민의 신성한 권리와 의무를 포기하지 말자.
–	선거전에 대비하자: 선거에 참여하여 우리의 주권을 찾아 통일된 자주 독립 국가를 건설하자.
황애덕	총선거와 우리 여성의 입장: 여성의 손으로 여성입법의원을 많이 뽑아주자.

* 자료: 이희수(1996: 143~144).

3) 여성참정권의 실현

미군정기 여성의 정치활동과 법적 지위에 나타난 가장 커다란 변화는 여성에게도 남성과 동등하게 선거권이 주어진 여성참정권의 실현이다. 미군정기는 여성들이 정치활동 면에서 일정한 한계는 가지고 있었지만 정치의 주체로서 독자적인 정치세력화를 꾀할 수 있는 조건이 마련되었다는 점에서는 의미가 있다. 남성과 동등하게 여성에게도 선거권과 피선거권이 주어졌고 여성 최초의 정당인 조선여자국민당이 조직되었다(이배용, 1996: 191). 임영신 등이 1945년 8월 전국민의 요구에 의해 실현된 정치지지 및 남녀평등 권리 주장의 강령을 내세우면서도 현모양처, 모든 노력의 국가제공, 일치단결 등을 선언하며 이승만의 추종세력으로서 조선여자국민당을 조직한 것이다(최민지, 1979: 255).

여성참정권의 실현은 미군정기 여성의 법적 지위라는 측면에서 가장 커다란 변화로 볼 수 있다. 1948년 3월 17일에 공표된 법령 제175호 '국회의원 선거법'에 근거한 것으로 여성들에게 참정권이 주어진 것이다. 선거 홍보용 캠페인으로 〈표 6-19〉와 같은 구호들이 거론되었다.

따라서 1948년 5월 10일에 시행된 제헌국회위원 선거에서 여성은 남성과 동등하게 선거권과 피선거권을 행사하였다. 1948년 4월 13일자 국회선거위원회 발표에 의하면 총유권자 8,771,126명 중 8,055,295명이 등록하여 전체 유권자의 91.7%에 해당하는 높은 등록율을 기록했다. 이 중 여성유권자의 등록율은 전체의 49.4%에 해당하는 3,903,293명이었다. 입후보자 등록 상황을 보면 총 948명이 등록을 하여 평균 4.7대 1의 경쟁율을 기록하였다. 이

<표 6-19> 선거 홍보용 캠페인

· 총선거는 여성을 부른다.
· 여성은 여성에게 투표하자.
· 선거로 남녀차별을 없애자.
· 총선거를 통해 남녀동등권을 찾자.
· 나라를 세우는 한 표, 여성은 여성에게.
· 남녀동등권은 이 기회에 찾아야 한다.
· 여성대의원 선출은 지상명령
· 정권야욕의 남성 믿을 수 없다.
· 이번 선거는 우리 여성이 정치적 권리를 획득하는 첫 길이며 사회적 지위를 확보할 수 있는 서광이다.

* 자료: 김수자(1999: 180).

중 여성은 총 19명으로 그중 7명이 서울에서 출마하였는데 경력을 보면 대부분 우익여성단체에서 활동했음을 알 수 있다(이배용, 1996: 192).

1948년 국회의원 선거법이 제정되면서 5·10선거에 여성 후보가 나오고 여성들이 유권자로 선거에 참여한 것은 여성 최초의 참정권 행사로 그동안의 여성운동의 성과와 더불어 한국여성사에 하나의 새로운 장을 열어 준 것이었다. 그러나 선거에서 여성입후보자는 단 한 명도 당선되지 못하여 여성의 정치참여가 법적으로 보장되어 있음에도 불구하고 현실적으로는 그것이 얼마나 어려운가를 여성들에게 확인시켜 주는 계기가 되었다.

여성들의 참정권은 참정권 획득을 위한 투쟁과정에서 이루어진 것이 아니라 남한단독선거를 준비하는 과정에서 '민주주의질서 확립'을 내건 미군정에 의해 주어진 측면이 크다. 참정권은 여성의 법적 지위라는 측면에서 여전히 제한적인 하나의 조치였을 뿐이다. 참정권의 부여가 여성들의 제반 법적 지위의 개선이라는 전반적인 목표하에서 이루어졌다고 볼 수 없다는 것이다. 여타 부분에서 여성들의 법적 지위는 일제시대와 전혀 다를 바 없었고 이것은 여성의 입장에서 커다란 불만 사항이었다.

보통선거법과 제헌 헌법에 성별 평등이 반영되었으나 선언적 규정에 불과하였다. 그 결과 기존의 성불평등구조가 제도적으로 고착되어 이후 양성 평등을 향한 노력에 구조적인 장애로 작용하였다(유숙란, 2005: 278). 보통

〈표 6-20〉 제헌국회의원 선거 여성입후보자 경력

이름	나이	출마지	학력	직업	주요 경력	득표 수	득표율
김선	39	서울 중구	중졸	출판업		2,357	3.6%
황애덕	56	서울 중구	와세다대	여자 기독교 청년회	여자기독교청년회	4,253	6.5%
박순천	51	서울 종로갑	동경일본 여자대	신문사 사장	부인신보사 사장 독촉애부 부위원장	5,518	15%
황현숙	46	동대문을	대졸	민주 의원	조선여자국민당 총무 독촉국민회 부인부장	3,985	10%
김활란	50	서대문을	콜럼비아대졸	이대 총장	이대총장	8,340	15%
김선	53	마포구	전졸	민주 의원	여자국민당 부위원장	2,476	4.4%
박승호	52	용산구		입법 의원	독촉애부 위원장	5,680	9.3%
이순선	44	인천갑	중졸	교육가	교사, 독촉애국부인회	1,240	2.6%
이기정	40	포천군	중졸	무직	독촉애국부인회	610	2.3%
김숙현	42	수원갑	중졸	가사	교사(7년), 독촉애국부인회	3,570	8.2%
이춘자	45	충주군	중졸	산파	부녀운동, 독촉국민회	1,003	1.7%
박옥신	51	순천	전문졸	무직	대한부인회 순천지부장	1,568	5.6%
김선인	40	대구갑	동경여의전졸	의사	선인의원 개원	2,875	13%
최금봉	53	안동갑	동경여의전졸	의사	애국부인동지회	2,382	6.2%
김철안	42	금천갑	소졸	무직	애국부인회	4,943	13.8%
김필애	51	부산정	일본대	무직	적십자사 과장	4,209	10.7%
최정순	44	울산갑	진명여상졸	무직	교사, 독촉애국부인회	1,621	4.5%
이정숙	27	울산갑	고중퇴		독촉애국부인회	1,612	4.5%
박인순	41	춘천	여고졸	사회 사업	부인운동, 부녀회	905	4.2%

* 자료: 중앙선거관리위원회(1967), 『역대국회의원 선거상황』[김수자(1999: 178) 참조하여 작성함].

선거법 제정과정의 핵심 논쟁은 선거연령과 관련된 것이었으며 선거연령과 피선거권 자격 제한 조항은 좌우 세력확보와 직결된 것이었다. 이러한 주류의 흐름 속에서 여성의원들은 여성의 대표성 확보를 위한 조치를 취해 줄 것을 주장하였다. 즉 여성계의 입장을 대변하는 4명의 여성대의원[29]은 보통선거법 심의과정에서 여성할당제, 여성대의원의 참여를 보장하는 특별취급안을 실시할 것으로 주장하였다. 그러나 당시 그것은 받아들여지지 않았다(유숙란, 2005: 285~286).

미군정기에는 군정법령 제21호에 의해 일제시대의 법령이 그대로 적용되었고 따라서 여성의 법적 지위에는 이렇다 할 변화가 이루어지지 않았다. 다만 1947년 9월 2일 대법원에서 처의 무능력제도를 철폐하는 판결이 내려지고 축첩이 아내에 대한 중대한 모욕으로 재판상 이혼의 원인이 된다고 여겨졌던 점 등은 여성의 법적 지위에 변화가 예견되고 있는 상황을 보여주는 것이라 할 수 있다(이배용, 1996: 172).

4) 미군정기 여성정책의 성격과 결과

미군정의 여성정책은 공창제 폐지나 독자적인 부녀행정의 시초라고 할 수 있는 부녀국의 설치와 부녀계몽교육, 그리고 여성참정권의 실현 등을 중심으로 살펴볼 수 있다. 그러나 이러한 제반 여성정책이 구체적인 준비나 대안이 없는 상태에서 전개됨으로써 또 다른 사회문제를 야기하기도 하였다. 뿐만 아니라 자본주의 사회로의 재편이라는 점령의 기본 목표를 관철시키는 과정에서 미군정 정책의 중심은 정부 수립과 관련된 정치적 문제의 해결이었고 이를 위한 정치사회적 안정이었다. 그런 속에서 여성문제는 정치, 경제적 문제에 비해 부차적인 위치를 점하는 것이었다. 또한 미군정은 남한의 정치, 사회적 안정과 자본주의 국가건설이라는 미군정 점령의 일반 목표에 따라 이를 지지하는 우익여성단체를 적극적으로 지지하였으

---

[29] 이들은 황신덕(애국부인회), 신의경(여자기독교청년협의회), 박승호(애국부인회), 황현숙(애국부인회) 등이었다(정현주, 2004: 55).

며 그것을 반대하고 진보적 민주주의 국가건설을 목표로 했던 좌익여성단체를 탄압하였다.

　미군정의 공창제 폐지는 근본적이고 실제적인 대책이 결여됨으로써 현상을 개선하는데 실질적인 기여는 하지 못했다. 미군정이 도입한 서구적인 법질서는 여성들을 형식적으로 봉건적 속박에서 풀어주고 참정권 또한 인정하였다. 1948년 7월 17일에 공표된 헌법에 민주주의 이념에 입각한 남녀평등권이 헌법상으로 보장되었다는 점에서 미군정기는 한국여성사에 하나의 장을 열어준 것이었다. 그러나 참정권의 부여가 여성들의 제반 법적 지위의 개선과 함께 이루어진 것이 아니었다.

　미군정은 처음으로 행정부서 내에 여성관련 업무만을 전담하는 부서를 설치하였다, 부녀국의 직능 및 임무는 정치, 경제, 사회, 문화 전반에 걸쳐 있었으나 실제의 활동은 여성에 대한 계몽활동이 대부분이었다. 미군정은 부녀국을 통해 여성운동단체의 활동에 적극적으로 개입하였는데 이러한 개입은 미군정의 점령 목표를 관철시키는 과정이었다. 현실적으로 이 시기 여성들의 정체성은 '개인'으로서의 독립적 여성이라기보다는 가족의 삶 속에서 규정받는 '부녀' 즉 아내이자 어머니 혹은 딸이었다. 따라서 정책은 '몽매한' 여성 대중에게 민주주의 평등, 합리적 가정 살림 등 서구적 가치를 계몽하고자 하였고 정책 대상은 여전히 여성이 아닌 '부녀'였다. 미군정의 여성정책에서 볼 수 있는 여성에 대한 보호와 계몽 등의 큰 흐름은 이후 한국의 '부녀정책'에서 계속 나타나게 되었다.

제7장   미군정기 한국사회와 사회운동

1. 농민운동[1]

1) 해방 전후 농민운동과 전농의 조직화

식민지라는 객관적 조건 속에서 농민들의 주체적 대응 양상은 1920년경부터 소작쟁의의 형태로 표출되고 있었다. 그러나 그 양상은 점점 조직적인 경제투쟁으로 이어져 차차 그 기반을 확대하여 갔다. 1930년대에 들어서부터는 적색농민조합 운동을 전개하면서 일제의 농업정책을 반대하는 일상적 요구로부터 근본적인 토지개혁, 나아가서는 식민지 통치기구를 조직적으로 공격하는 정치투쟁으로까지 이어져 갔다. 즉 농민 운동의 목표도 토지개혁이라는 계급적 과제와 식민지체제의 타파라는 민족적 과제를 결합한 형태로 나타났던 것이다. 그러나 일제의 전시체제가 강화되는 1930년대 후반에 이르면 적색 농민조합운동은 국내에서는 거의 표면에서 사라지게 되었으며 이 같은 조건 속에서 해방 직전의 농민운동은 거의 조직적인 표현을 하지는 못하고 있었으나 개별적이고 단편적 형태로 투쟁은 계속 진행되고 있었다(김낙중, 1984). 그러므로 1930년대 후반 이래 조직적 표출이

---

1) 이 부분은 필자(1998)의 글을 주로 참조했음.

거의 금지되어 왔던 농민운동은 해방이 되고 식민지 통치기구가 붕괴되자 자연발생적으로 전개되기 시작되었지만 지역적으로 볼 때는 고립되었고 분산적이었다. 따라서 전체를 정확하게 파악하기는 어렵지만 몇몇의 사례를 통해서 볼 때 대체로 다음과 같았다고 할 수 있다.

첫째, 구일본인 소유지와 민족반역자의 토지에 대한 접수 및 관리이며 인민위원회 내지 관리위원회를 통한 이들 토지의 분배이다.[2] 특히 아직 군정의 점령이 지방의 농촌수준에까지 확고히 미치지 않은 수준에서 해방 직후부터 인민위원회를 중심으로 한 세력이 조직적인 결집을 달성할 수 있었던 지역에서는 이러한 경향이 두드러졌다. 또한 경북의 안동이나 영덕의 경우처럼 농민운동이 활발한 곳은 지주들이 자진하여 토지를 농민조합에 들여놓고 분배케 한 곳도 있었다(김남식, 제2집, 1974: 154).

둘째, 한국인 지주에 대한 소작료 불납 내지는 인하운동이다. 충남 아산군에서 불납의 사례가 보이며 지방에 따라 약간씩 다르기는 하지만 대체로 인하운동은 전국적으로 일어났다고 볼 수 있다. 전북 옥구군은 소작료로 10%를 내고 있으며 경북의 경우 약 70%, 충남의 경우는 약 60%가 3·7제를 실시했으며 강원도도 3·7제를 실시하였다(장상환, 1985: 301 ; 김남식, 제2집, 1974: 158~171).

셋째, 식민지적 경제질서가 갑작스럽게 붕괴됨에 따라 생계위기에 직면한 농민들이 공출미 창고를 습격하고 쌀을 분배하는 생계투쟁이다. 그 외 식민지 억압을 자행했던 경찰이나 관리들에 대한 구타 및 살해와 주재소를 비롯한 식민지 관료기구에 대한 습격 및 접수, 파괴의 양상들도 그 주체는 농민들일 수밖에 없었다.

이처럼 해방 직후 농민들의 움직임과 그 요구의 표현은 초기에는 자연발생적인 것이었다고 할 수 있다. 그러나 곧 농민들은 건준을 중심으로 하는 건국운동에 참여하게 되었고, 이 과정에서 농민들의 독자적 요구를 표현하는 농민조직을 만들어 나갔던 것이다. 여러 형태의 초기 농민조직은

---

2) 안양의 만안, 조일 농장, 전남 무안군 하의도의 사례는 청년해방일보(1946.6.25), 조선인민보(1946.8.21)를 참조하라. 전남 담양군에서는 위원회가 농민에게 지대의 폐지 및 일본인 소유지의 분배를 약속하였다(佐佐木隆雨, 1968 ; 김남식, 1974).

그 조직화과정이나 좌익세력들의 영향력 등에 지역마다 차이가 나고 그 구체적인 요구도 파악하기는 쉽지 않다. 그러나 농민운동은 기존의 사회경제적 제관계의 변화를 요구하는 선에서 대중적 요구를 수렴해 줄 수 있는 국가권력의 수립을 지향하는 전반적인 운동의 하나로 시작되고 있음을 알 수 있다. 안양농장의 경우를 보면 해방 이후 일본인들로부터 접수한 농장을 미군정이 접수하려는 것에 대해 다음과 같이 주장하고 있는 것이다.

> 우리는 조선건국을 위하여 모든 곤란을 무릅쓰고 이 직장을 지켜왔다. 노력도 많이 했고 비용도 많이 들어서 이 농장을 보전하여 온 것이다(『청년해방일보』, 1946.6.25).

또 전북 지방농민위원회에서도 "토지의 분배, 세금불납, 농민을 위한 정권수립"을 주장하고 있다.[3] 당시 해방 직후 활동했던 건준은 인공의 수립과 함께 해소되고 인공은 조공과 함께 긴밀한 관계를 맺으면서 인민 정권을 지향하게 된다. 따라서 11월 현재 지방 인민위원회가 상당히 조직되어 있었는데 각지 인민위원회는 자기논리에 입각한 농지개혁안 또는 인공의 토지에 관한 부분적인 개혁안을 실시함으로써 농민의 급속한 조직화를 추구하는 한편 이러한 기반 위에서 지방의 행정기능을 담당하여 지방권력체의 형성을 지향했던 것이다. 이와 같은 상태에서 이들 농민조직의 대부분은 인민위원회의 농업, 농민문제를 담당하는 하부구조로 편재되거나 또는 인민위원회와 횡적관계를 맺게 되었다(김남식, 제2집, 1974: 171).

해방 직후 자연발생적으로 전개되었던 농민운동은 그 후 전농을 결성함으로써 전국적인 통일조직을 갖게 된다. 이제 농민운동은 전농을 구심점으로 하여 전개되는 것이다(박혜숙, 1987). 따라서 1945년 11월 말에 농민조직은 군단위 188개 조직, 면단위로 1,745개, 마을 단위로 2만 5,288개가 조직되었고 이에 가입한 조합원이 약 330만 명에 달하게 되었다. 전농은 각지 농민조합들의 조직적 연결의 미비와 운동노선의 미통일을 해결해야 하는

---

[3] 충남의 경우에도 해방 당초부터 농민운동은 건국운동이었다. 김남식(제2집, 1974: 156~157, 171).

과제를 가지고 출발한 것이다.

〈표 7-1〉 농민조합 조직 상황(1945년 11월)

도	도연맹	부군도지부	면지부	리·부락반	조합원 수
전남	1	14	110	3,019	369,414
전북	1	12	103	2,075	301,615
경남	1	15	182	1,877	459,759
경북	1	17	127	2,598	275,913
충남	1	12	97	1,890	122,563
충북	1	6	57	1,750	116,978
경기	1	15	134	3,239	193,549
강원	1	21	179	1,857	175,852
황해	1	17	227	981	204,277
평남	1	14	140	1,640	173,545
평북	1	19	178	1,600	279,424
함남	1	15	135	1,979	450,746
함북	1	11	76	783	199,532
합계	13	188	1,745	25,288	3,322,937

* 자료: 민주주의민족전선(1946a: 167).

짧은 시일 안에 광범위한 농민의 조직화가 진행되고 또 그 정치적 성격이 좌경화하게 된 것은 역시 일제시대의 탄압적 조건하에서 진행된 적색 농민조합운동이 그 기반이 된 것은 말할 나위도 없다. 실제로 적색 농민조합을 보유했던 군들과 해방 후 인민위원회에 의해 지배되었던 군들 간에는 일치성이 존재하고 있고, 도 수준에서의 인민위원회의 강약여부는 농민조합의 도별 분포와 일정한 관계를 갖고 있다고 한다(Cumings, 하, 1981: 112, 129~130). 따라서 전농은 좌익세력과 밀접한 관계를 가졌는데 이는 인적구성에 잘 나타나고 있다. 전농 부위원장이었던 이구훈은 조공당 서기국원이었으며 후에 민전 중앙위원, 남로당 중앙농민부장이 된다. 또 전농 결성준비위원이며 기초 위원이었던 박문규는 중앙인민위원 및 인공 재정부장대리였으며 후에는 민전 중앙상임위원겸 선전부장, 남로당 중앙위원이 된다.[4] 또한 '8월 테제'에서도 농민대중 단체를 조직할 것을 규정하고 있다. 즉 공산당의 토지문제에 대한 장이 제시되었고 이와 더불어 당면 임무로써 농민운동을 전개할 것과 농민위원회와 농민조합, 농촌노동자조합 등의 농민대중단체를 조직할 것을 규정하였던 것이다. 전농조직 계보는 다음 〈그림 7-1〉과 같다.

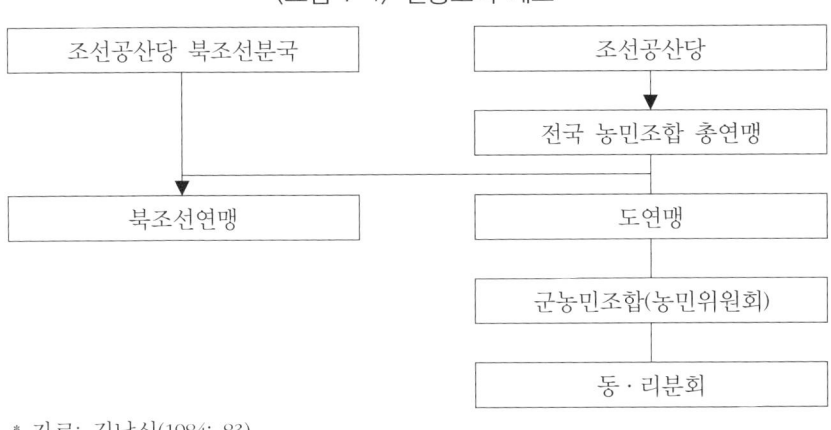

〈그림 7-1〉 전농조직 계보

* 자료: 김남식(1984: 83).

다음의 전농 결성 준비위원회의 글은 이 같은 전농결성의 의의를 잘 표현해 주고 있다.

> 전국적 조직을 통하여서만 우리는 전국 각지의 농민운동을 종합적으로 가장 잘 파악할 수 있는 동시에 개개 지방의 경험을 전국적으로 살릴 수도 있고 또 일정한 지도방침에 농민운동을 전국적으로 체계있게 전개할 수가 있는 것이다. 더우기 우리가 당면하고 있는 민족통일전선 결성과 진정한 민주주의적 인민정권의 수립과정에 있어서 농민의 정치적 요구를 가장 잘 집중적으로 표현할 수 있는 것이다(김남식, 2집, 1974: 189).

그러면 전농은 농민 중의 어느 부문의 이해를 대변하고 있는가? 전농의

---

4) 월북 후 박문규는 인공 농림부장이 되고 이구훈은 최고 인민회의 상임위원회 위원, 북로당 농민부장이 된다(김남식, 1984: 75, 543).

조직원칙에서 볼 때, 반역자가 아닌 한 자본가와 심지어 일부 지주까지도 민족통일전선 결성이라는 면에서 정치적 협동을 할 수 있다고 했지만 빈·중농을 중심으로 하여 농민의 계급적 대중단체로 결성된 것이라 하겠다. 다만 노동자와 농민이 서로 단결해야 함은 상당히 강조되고 있다.

그러면 보다 구체적으로 전농의 운동노선을 살펴보기로 한다. 전농의 운동노선은 당시의 좌익세력의 정세인식과 전략과 관련이 있다. 당시의 좌익세력들은 대중을 대변하는 세력의 권력장악을 목표로 각 지방에서 광범위하게 수립된 인민위원회에 바탕을 둔 인공을 수립하려 하였다. 미군의 진주 후 인공의 존재는 부정되었지만 아직 군정이 확고히 실시되지 않은 상황에서 전국 각지에 인민위원회의 조직이 진행됨으로써 인공 및 인민위원회는 미군정과 함께 이중권력상태에 있었던 것이다. 그러므로 그들은 통일전선으로서 친일파와 민족 반역자를 제외한 민족통일전선을 구축하려 하였다.

이에 조공당은 1945년 11월 13일 임시조직 요강을 발표하여 빈, 중농을 중심으로 한 조합결성의 원칙과 군, 도의 조직 단위를 제시하여 전농 결성을 추진하는 한편 일제 및 비친일적 대지주에 대한 소작료 불납투쟁을 극좌적 오류로 규정하였던 것이다. 따라서 전농산하의 농민조합은 농민대중의 일상적 이해에 기초한 경제투쟁을 수행함으로써 농지개혁을 위한 농민의 조직적 역량을 강화하는 한편, 현단계 과제인 민족 통일전선에 기초한 민주주의 국가수립을 위해 정치투쟁을 수행해 나갔던 것이다.[5] 이러한 노선은 전농결성이 구체화되면서 점차 3·7제 투쟁으로 통일되어 나간다. 이러한 3·7제 소작료 요구가 해방 직후의 소작료 불납 및 구일본인 소유지 분배투쟁과 어떤 관계에 있는지 확실하지 않다. 다만 3·7제의 의의를 다음과 같이 쓰고 있다.

첫째, 일반 근로 농민 특히 빈농의 경제 생활의 급진적 향상을 실행한 것.

---

5) 이러한 성격은 구체적으로 12월 8일부터 3일간 서울에서 전농결성을 위한 전국대회에서의 당면운동방침에 관한 요지의 초안, 조직문제에 관한 방침, 18개 항목의 결정서 내용에서 잘 나타나고 있다.

둘째, 농민을 가장 조직, 훈련하기에 가능한 곳, 농민의 투쟁역할을 집중하기에 가장 적당한 과업을 규정하여 농민의 손으로 그것을 실행하여 그것을 승리함에서 다음 단계에 오는 요구에 대한 자신과 용기를 굳게 하는 전술적 의의가 큰 것.

셋째, 몰락의 과정에 선 중소지주에게도 그 생활을 보장하여 주어 그들로 하여금 민족통일전선에 태연히 참가할 기회를 주는 것.

(『해방일보』, 1945.10.25)

따라서 직접적인 소작료 불납투쟁은 장구한 시일을 통하여 봉건지주들이 농촌에 뿌리박고 있는 세력이라는 점과 농민의 지주에 대한 종속관념과 자각이 부족한 현상을 과소평가하는 행동이라는 것이다. 결국 3·7제 소작료 투쟁은 조공의 사적 단계 파악과 세력관계에 대한 인식을 토대로 준비단계로서 제시된 것이며 그 과정상에서 농민운동의 자발적 형태는 전농이라는 조직의 형태로 수렴되었다고 하겠다. 이처럼 3·7제 투쟁노선은 빈농을 중심으로 전 농민의 소작료를 비롯한 일상적 이해에 기반한 일상투쟁과 경제투쟁을 전개하여 농민의 조직역량을 강화하는 한편 이 조직된 역량을 인민위원회를 중심으로 한 정치투쟁의 역량으로 끌어 올린다는 것이었다. 그러나 이것은 결코 한국의 생산력 발전이 오직 토지의 국유화에서만 근본적인 해결을 가져올 수 있다는 것을 부정하는 것은 아니었다. 이러한 투쟁과정에서 전략적이고 전술적 계기를 얻어서 비로소 완전한 해결을 본다는 것이었다.

3·7제를 본다면 조선의 현 정세하에서는 달할 수 있는 가장 타당한 제도이며, 종래에 비하여는 매우 진보적인 것은 말할 것도 없지마는 그래도 그것이 자본주의 국가의 지대에 비하여 오히려 여전히 고율이며 분익소작료의 성격을 벗어버리지 못한 점에 있어서 개혁의 여지가 있는 것이며 과도적인 것이 아니면 안 될 것이다(강성재, 1946: 71).

소작료 투쟁은 각 지방에 따라 차이가 약간 있으나 원칙적으로 3·7제를 예외적으로 불납이나 3·1제로 했다. 일부 지방에서는 3·7제보다 더 강력한 소작투쟁을 벌이기도 했다. 소작료 금납문제에 대해서 전농은 원칙적으로 최저 가격에 의한 금납제로 하되 각 지방사정에 의하여 능동적으로 처리하도록 했으며 중소지주의 식량은 물납으로 해 주어야 하며 부재지주에 대해서는 금납을 요구하고 있다.

이러한 전농으로의 결집과정은 각지를 점령해 간 미군정의 존재와 이에 힘입은 지주세력의 공세, 이에 대항하는 인민위원회를 중심으로 한 농민역량의 힘관계에 의해 규정되었다. 그런데 조직과정상 자연발생적이고 지역분산성이 강한 만큼 전농을 비롯한 중앙과의 조직적 연결을 완성한 것이 아니었다.6) 3·7제 투쟁도 농민의 자발적 참여시의 투쟁 목표였던 토지의 분배와 세금분납, 농민을 위한 정권수립 등과 배치되는 측면도 띠는 것이었다. 한편 미군정의 인민위원회에 대한 탄압은 해산을 명령하거나 주도세력을 체포하는 방식으로 진행되었다. 1945년 말부터 농촌에서 농민들과 미군정과의 직접적 충돌이 산발적인 형태로 전개되기 시작되었던 것이다. 전남 나주군 궁삼면의 경우는 농민회에서 군정청에 동척으로부터의 토지반환을 요구하고 있으며, 수원의 경우는 인민위원장의 구금에 격분하는 농민의 시위도 있었다(김천영, 1985: 66 ; 『자유신문』, 1945.11.19). 그러나 전농은 이에 대한 대응방침을 제대로 강구하지 못했다. 전국 각지에서 제기되고 있는 미군정과의 모순의 현재화에 대해서는 대체로 군정을 협의의 대상으로 보았던 것이다. 즉 농민의 대중투쟁을 지속시킴으로써 미군정에게 다가가는 방식이 아니라 미군정의 방침에 쫓아 그 범위 내에서 농민투쟁을 지도하는 방식을 취했던 것이다.

한편 당시의 정국은 신탁통치논쟁으로 좌우대립이 심각해져 갔고 좌익세력은 민전을 중심으로 세력들을 결집하고 있었으며 미소공위가 개최되고 있었다. 이런 상태에서 미군정은 1946년 3월 구일본인 소유토지에 대한 매각 결정을 발표하였다. 이에 전농중앙위원회에서는 당면문제를 토의한 후 미군정의 귀속농지 매각건에 대해서 그 방매를 반대하는 결의문을 발표

---

6) 실제적 투쟁과정에서 조직형태상의 문제 — 즉 농민위원회로 할 것인가, 농민조합으로 할 것인가? — 와, 조직단위의 문제 — 즉 군단위 혹은 면단위로 할 것인가? — 로 혼선을 빚었다(김남식, 제2집, 1974: 154).

하였다. 또 당시의 주, 객관적 정세에 기초하여[7] 1946년 5월 4, 5일 확대위원회에서 종래의 3·7제를 중심으로 하는 행동강령을 수정하였다. 전농은 다음과 같은 농지개혁안을 채택한 것이다.

1. 일본제국주의자, 친일파 민족반역자의 토지를 몰수하여 고용자, 토지 없는 농민, 토지 적은 농민에게 무상으로 분배하라.
2. 5정보 이상을 스스로 경작하지 않는 지주 및 성당, 승원(僧院) 기타 종교단체가 소유한 토지 및 소작을 주는 모든 토지는 면적의 크고 작음에 관계하지 않고 계속적으로 몰수하여 고용자, 토지가 없는 농민, 토지가 적은 농민에게 무상으로 분배하라.
3. 농민이 소유한 소산림을 제외한 전 산림과 하천의 소택지(沼澤地) 등을 몰수하여 국유로 하고 그것의 이용권을 농민에게 공개하라.

(민족주의민족전선, 1946c: 432~433)

즉 당면한 국제 정세와 국내의 진보세력의 성숙과 농민대중의 토지에 대한 절박한 요구에 호응하여 '무상몰수와 무상분배'에 의한 소작제 폐지를 주장한 것이다. 당면한 농업문제는 한갓 소작료 감하라든가 공과부담의 경감이라든가 저리임금에 의한 자작농창정이라든가 하는 미봉책으로는 전혀 해결될 수 없으며 농업으로 하여금 일본 제국주의의 지배유제와 봉건적 토지소유관계의 질곡으로부터 해방하는 데 있다는 것이었다(김원호, 1946: 51).

결국 전농의 농지개혁안은 무상몰수와 무상분배의 기조 위에서 농업생산 제수단의 완전한 소유관계의 확립을 꾀하고 있으며 농업내부의 수탈관계 재생의 여지를 근원적으로 불식시키는 것이었다. 또 그 몰수대상이 토지뿐만 아니라 임야와 가축, 농가와 주택 및 과수원 등을 포함하고 있고 또 분여토지의 매매, 저당, 소작을 불허하고 있다. 당시 농지개혁의 필연성이 자급불능 농가의 해방, 그것에 기초한 민족경제의 건설 및 국가재건요구에서 비롯되었다고 볼 때, 전농안이 가지는 함의는 빈농층의 이해를 대

---

[7] 이때 이미 좌익은 미소공위개최와 북한의 토지개혁을 계기로 소작제 철폐를 내용으로 하는 토지개혁을 1946년 3월 민전을 통해 공식제기 했으며 4월 26일 제2차 인민위원회 대표자 대회를 통해 공식채택하고 있다.

변한 것이라 할 수 있다.

이러한 전농의 무상몰수, 무상분배안이 어느 정도 지지를 얻었는지는 정확하게 파악하기는 어렵다. 그러나 경남에 있어서는 불과 수개월 동안에 좌익세력들이 부채에 허덕이는 소작인들 약 2만 명의 지지를 얻게 되었다고 한다(Lauterbach, 1947: 222). 또 북한의 농지개혁의 남한에서의 농민운동에 대한 영향력에 대해서 "전농의 남조선 토지개혁이 그 내용에 있어서는 북조선 토지개혁과 거의 동일하지만 결코 북조선의 법령 그 자체의 기계적인 모방이 아니고 토지소유 관계에서 중세기적 봉건적 유제를 청산하고 민주주의 경제발전을 위한 남북의 동일한 사회적, 경제적 조건과 역사적 필연성에서 귀결된 사실"(조선은행조사부, 1948: I-347)이라 볼 수 있지만 북한 농지개혁의 영향을 무시할 수는 없을 것이다.[8] 전농의 활동은 다음 〈표 7-2〉와 같다.

〈표 7-2〉 전농의 활동

1945년	11월 8일	전농 결성 준비회 설립.
	11월 28일	전농 결성 준비회에서 의무와 방향을 발표.
	12월 8~10일	전농 결성을 위한 전국 대회.
	12월 12일	제1회 중앙위원회에서 당면 긴급 문제 토의, 부서와 임원을 선정.
	12월 14일	대표들이 하지, 아놀드 면담.
1946년	1월 5일	모스크바삼상회의의 문제를 회의, 그것을 지지하는 결의문을 발표.
	1월 23일	미소 공위를 환영하는 전단을 발표.
	1월 31일	전농 북조선 연맹을 결성.
	3월 12일	전일본인 소유 토지의 방매를 반대하는 결의문을 발표.
	3월 15일	남조선 3·1제 소작제는 일제시대와 대동소이 하며 북조선은 토지를 농민에게 무상 분배한다고 발표.
	3월 18일	상임위원들이 식량 문제 등에 대해 군정장관에게 제의.
	3월 26일	미군정의 수집은 실패했으며 일임하면 해결할 자신 있다고 발표.

---

8) 황해도의 수 개부락은 본래 38이북이었는데 다시 측량하여 이남으로 편입되는 바람에 지주, 소작 간에 희, 비극을 겪기도 했다(『독립신보』, 1946.6.4).

	4월 27일	민전, 전평 등 32개 단체와 함께 청원서 제출.
	5월 1일	전평과 공동 주최로 메이데이 제60주년 기념대회 개최.
	5월 6일	집행위원회 개최, 운동 방침 결정.
	5월 29일	신한공사에 이모작에 대해서 문의.
	10월 10일	전농이 발전적으로 해소되어 농민위원회로 개편.
	11월 27일	민전, 전평 등과 함께 이승만의 도미에 반대.
1947년	1월 20일	위협적으로 공출을 강요하는 것은 부당하다고 발표.
	2월 20~21일	제2차 대회를 개최.
	2월 23일	무상 몰수, 무상 분배의 토지 개혁안을 당국에 건의.
	4월 10일	토지 개혁 초안 등을 러취에게 건의.
	4월 26일	토지 개혁안을 입법위원회에 회부.
	6월 21일	토지 개혁 실시에 대한 담화 발표.
	6월 23일	하곡 수집 문제로 식량 행정처와 토의.
	6월 28일	테러단 숙청과 투옥된 농민 석방에 대해 부위 원장 등이 군정장관 대리 헬믹 대장에게 건의.
	7월 1일	하곡 수집령 철회 설명.
	7월 5일	지 식량처장의 무성의를 비판하고 전농의 토지안의 실시만이 식량 문제를 해결할 수 있다고 설명.
	7월 7일	테러단을 막기 위한 대책 강구를 하지 중장에게 요구.
	8월 중순	하곡 공출령에 대한 반대 주장을 함.
	8월 23일	슈티코프의 성명에 대해 지지 성명 발표.
	12월 8일	창립 2주년 맞아 단정·단선 분쇄와 민족해방운동을 전개할 것임을 결의.
1948년	3월 1일	민전과 함께 '조선 민주주의 인민공화국 임시헌법 초안'을 토의하고 지지 표명.
	3월 2일	유엔 조사위원단 항의 남조선 총파업 위원회의 선언과 행동에 공동 투쟁을 맹서함.
	4월 10일	회의에 참가할 대표들을 평양에 보냄.
	4월 중순	적산 농지 방매령에 반대함.

* 자료: 이혜숙(1988: 275~276).

그런데 미군정은 전농과 농민과의 분리를 꾀하는 정책을 계속하였다. 즉 각종 군정법령을 무기로 농민조직의 와해를 꾀하였는데 반면 우익세력에 의한 농민조직의 테러와 파괴는 방조하였다. 따라서 전농은 형식적으로는 비합법화 되지는 않았지만 미군정에 의해 그 활동이 거의 봉쇄됨으로써 실질적으로는 불법화된 것이나 다름없게 된다. 더욱이 10월항쟁의 처절한 패배 이후 농민운동의 표면적 조직활동은 어렵게 되었다. 10월항쟁은 경찰과 우익 청년단, 미군의 적극적 개입으로 진압되었고 그 과정에서 조공계열은 수많은 인명손실을 입어 극도로 약화되었으며, 지방조직이 거의 파괴되었던 것이다. 이에 좌익세력은 농민과의 강한 연계를 회복하는 데 실패하고 더욱 모험주의적 전술을 사용하게 되었는데 전농도 농민조직 자체의 분산성과 독자적 활동의 결함으로 인하여 그 조직체가 더욱 미약하게 되었고 냉전논리가 확산되는 당시의 상황에서 농민들로부터도 유리되게 되는 것이다. 농민이익을 대변하던 전농이 기층 농민의 일상적 이해와 상응하는 경제투쟁을 대중적이고 전국적인 형태로 효과적으로 조직화해 나가지 못한 데다 미군정의 탄압과 지주를 포함한 우익세력의 역공세로 인한 농민조합의 조직적 활동이 위축당한 상황에서 재대로 대응하지 못하였던 것이다. 그 같은 상황은 다음 글에서 잘 나타나고 있다.

> 각급 지도기관의 지도역량이 말단에 침투하지 못하고 있으며 각급 지도기관은 대외 성명발표만을 유일한 과업으로 하고 있는 형편이며 하부조직에 이르러서는 당해 남로당 농민부 구성과 거의 동일하고 세포조직은 전무한 상태인 것이다. 현재 전농의 지도기관은 물론 말단조직에 이르기까지 남로 당원 또는 그의 가족으로서 충만되어 있고 말단에 있어서의 활동은 당세포와의 활동과 거의 동일한 것이다. 민족진영의 농민조직이 미약함에도 불구하고 전농이 농민층으로부터 유리되고 있는 것은 전농의 투쟁방향이 남로당의 견제에 의하여 고도의 정치적 방향으로 편향되면서 …… 합법활동을 포기하고 대중조직으로서의 독자적, 군중적 활동을 등한시하고 남로당 농민부의 지령 그대로 활동하고 있음으로 농민 자신이 남로당 농위와의 구별을 현실적으로 혼동하고 있는 까닭이다(박일원, 1947: 82).

이처럼 10월항쟁 이후 사회는 더욱더 어수선하였다. 테러가 도처에서 자행되었으며 어느 지방에서는 '특별치안대' 내지 '독촉후원비' 등을 통해 농민에 대한 박해와 약탈이 계속되었다. 이 같은 상황에서 농민들은 경작권을 확보하기 위해 소작권의 이동과 토지매매 반대운동 등을 적극적으로 추진하였다. 그리고 농지개혁에 대한 열망은 1947년 7월 3일 조선신문기자회가 실시한 가두여론조사 결과에서 잘 나타나고 있다. 그러나 미군정의 인공부정과 지방 인민위원회 해산과정에서 여러 가지 자생적인 농민조직은 파괴되었다. 농지개혁의 문제에 있어서 농민은 가장 민감한 당사자임에도 불구하고 소외되어야 했던 것이다.

다만 군정청은 입법위원을 설치하고 여기에서 농지개혁에 대한 심의를 하도록 하였다. 그러나 주로 지주들로 구성된 입법위원에서 의원들이 자신들의 이익을 보호하고자 하는 자세를 강하게 드러내어 미군정의 농지개혁 의도는 강한 반대에 부딪쳤다. 이에 군정청은 신한공사의 토지만이라도 분배하여 농민의 불만을 무마시키려고 하였다. 즉 1948년 3월 귀속농지 유상불하의 직접적 실시를 하였던 것이다.

〈표 7-3〉 장차 수립될 임시정부의 정체와 정책에 대한 여론 조사

국호		정권형태		토지개혁방식	
대한민국	640표 (24%)	종래 제도	327표 (14%)	유상몰수 유상분배	427표 (17%)
조선인민 공화국	1,708표 (70%)	인민위원회	1,757표 (71%)	무상몰수 무상분배	1,673표 (68%)
기타	8표 (1%)	기타	262표 (10%)	유상몰수 무상분배	260표 (10%)
기권	139표 (4%)	기권	113표 (5%)	기권	99표 (5%)

* 자료: 『조선일보』, 1947.7.6.

2) 식량공출과 농민

전농은 처음 공출제에 협조적이었다. 하곡은 내놓되 가을까지의 식량을 제외한 나머지를 공출하고 공출은 생필품과 교환하도록 하는 방침을 전달하였다(박혜숙, 1988: 391). 그러나 전농 중앙의 이러한 방침과는 달리 농민들은 미군정의 공출에 대중적, 자위적으로 미곡수집반대투쟁을 강력하게 벌여나갔다.

식량공출에 대한 농민의 저항은 토지문제와 더불어 농민운동의 또 다른 측면으로 농촌에서는 식량공출 자체의 반대와 식량공출을 담당하는 관청과 미군에 대한 공격으로 나타났다(이우재, 1989: 232~234). 식량공출에 대한 농민의 저항은 지주의 소작료 착취에 대한 저항, 즉 농지개혁의 문제와는 달리 비민주적인 식량관리기구를 통한 농업생산물의 강제적 수탈에 대한 저항이라는 점에서 좁게는 식량관리에 대한 농민의 참여를, 넓게는 식량관리제도의 민주적 개혁과 그것을 보장하는 국가형성의 문제를 제기하는 계기가 되었다.

미군정은 공출제 실시를 위해 과거 조선식품회사, 동척, 조선수입품통제공사 등을 각각 조선생활품영단, 신한공사, 조선물자통제회사 등으로 이름만 개칭하고 이에 필요한 인원들은 대부분 일제 때 그 기관들에 근무했던 한국인들로 충원하였다(HUSAFIK, Vol. 3, Ch. 2: 73~74). 농민들은 쌀을 가져가기만 할 뿐 나눠주지는 않았던 그들 기구의 부활에 반대했고 그 직원들에게 쌀을 팔려 하지 않았다. 미군정은 미곡수집을 마을 유지들과 시, 군, 면의 관리들 및 경찰로 구성된 지역위원회에 맡겼다(HUSAFIK, Vol. 3, Ch. 5: 41). 이 위원회는 할당량에 대한 농민들의 이의 제기를 결코 받아들이지 않았으며 농민들이 그 할당량을 채우지 못할 경우 그들을 투옥시키곤 했다(Robinson, 198: 149).

이것은 미군정기 농민운동이 보다 복합적인 성격을 지니고 있음을 반영한다. 이처럼 미군정기 식량공출은 농민운동의 전개와 밀접한 관련을 가지는 것이다(김재호, 1988: 70~72).

첫째, 미군정기의 식량공출은 일제 시대의 식량관리제도의 골격을 유지하고 일제시대의 식량관리 기구를 이용한 것이기 때문에 식량관리제도의 민주적인 개혁, 즉 식량관리에 대한 농민의 참여의 문제를 파생시킨다.

둘째, 식량공출은 미군정기의 악화된 지주, 소작관계를 유지시키는 동시에 농민들의 공출자체가 지주, 소작관계에 의해 규정되었다. 경우에 따라 소작인이 소작료를 공출한 이후에도 지주에게 현물소작료를 납부했으며 지역단위로 할당됐기 때문에 지주 등 유력자는 자신의 할당을 소작농이나 일반 농민에게 전가시킬 수 있었던 것이다. 즉 공출이라는 공법적 관계가 지주, 소작관계라는 사법적 관계에 의해 제약되고 있는 것이다(석임정, 1948: 10~11). 따라서 식량공출에 대한 농민의 저항은 지주, 소작관계를 지양하고자 하는 농민운동과 관련된다.

셋째, 식량공출은 지주제를 매개로 실시됨에 따라 식량공출이 농민에 대해 미치는 영향은 모두 동일하지 않고 그 농민이 놓여 있는 구체적인 지주, 소작관계에 의해서 규정된다. 즉 농민의 경우 식량공출이 가장 큰 부담이 되었던 것은 소작빈농이었다. 소작빈농은 경영규모에 관계없이 소작료를 전량 공출하는 것이어서 공출 후에 자가소비량은 확보하지 못하는 경우가 허다하였다. 이와 같은 점에서 농민 중에 자가소비량도 생산하지 못하는 빈농은 배급이나 자유시장에서 식량을 구입해서 생활하여야 한다는 점에서 노동자와 동일한 입장에 놓이는 것이다. 이것이 미군정기 농민운동에 있어서 빈농들이 주요한 역할을 담당하게 되는 이유이며 농민운동과 노동운동이 식량문제를 매개로 연결될 수 있는 계기인 것이다. 한편 자작농을 중심한 중농이나 부농도 저농산물 가격정책과 미국의 잉여농산물의 수입으로 인해 잉여축적의 기회를 상실하고 전반적으로 빈농화되어 갔다. 따라서 식량공출에 의한 농가경제의 파탄은 전 농민에게 적용되었고 미곡공출반대운동에 전 농민이 참여하게 되는 경제적 기초가 되는 것이다.

따라서 농민의 미곡수집 반대투쟁은 대중적, 자위적 공세형태를 띠면서 계속되었다. 하의도 농민의 경우를 보면(『조선인민보』, 1946.8.21) 농민 700여 명이 하의도 경찰부서를 습격하고 신한공사 출장소를 습격하며 그 창고에 불을 놓아서 태워 버리기도 했다. 당시의 전반적인 상황은 여론조사에서도 나타나는데 미군정에 대해서 98%가 잘한 것이 없다는 부정적 반응을

보이고 있다(김천영, 1985: 367).[9]

1946년 10월항쟁은 이러한 맥락하에서 해방에 대한 기대의 좌절로 상대적 박탈감이 팽배한 가운데 경제적 위기와 가혹한 식량 공출, 모리배의 폭력행위에 의해 생활난에 빠진 농민과 노동자, 실업자 등이 주축이 되어 일어난 것이라 할 수 있다. 즉 10월항쟁은 농지개혁의 지연, 공출의 계속 및 구식민지 기제들의 존속으로 기인한 기층민들의 불만고조를 그 기저에 깔고 미소공위의 휴회 및 이후 조공의 전술변환이라는 상황을 토대로 하여 발발하였던 것이다. 농민들은 경찰과 관리, 지주에 대해서 공격했으며 시위에 참가한 농민들 중에는 지방 농민조합과 인민위원회, 또는 조공산하 청년단체 소속이 많았다고 한다(Cumings, 하, 1981: 216~223).

이처럼 미군정기의 식량공출에 대한 농민들의 저항은 '10월항쟁'에서 잘 드러난다(정해구, 1988). 하곡수집이 10월항쟁 발생의 주요 원인이었으며 특히 경찰에 의한 식량공출 과정에서의 잔악한 방법의 사용이 기본 요인이었던 것이다. 그러나 비단 이때만 저항이 있었던 것은 아니었으며 미군정기간 내내 지속되었고 농민운동이 더욱더 정치적 지향성을 띠게 하는 사회적, 경제적 조건이 되고 있다. 이 같은 상황에서 농민들의 미곡공출에 대한 저항은 불납동맹을 결성하거나 영농을 거부하며 수집에 불응하거나 무력으로 방해하는 등 합법적 비합법적인 제형태로 지속되었다. 이는 그 후에도 미곡을 방화하거나 면서기집을 습격하는 등 끈질기게 계속되고 있다. 당시 농민의 공출제 반대는 공출제 자체에 대한 것이라기보다는 정치, 사회, 경제적 요인이 복합적으로 작용한 것이었다(김재훈, 2006: 51). 이 같은 식량공출에 대한 반감은 1946년 10월 28일 맥아더에게 보낸 하지의 편지에서 잘 표현되고 있다.

> 우리의 계획에는 필수적이지만, 모든 한국인들에게 호응받지 못한다고 생각되는 미곡수집 계획은 미군정에 대한 반대를 증대시키고 뇌관을 터뜨리기 위해 이용되고 있습니다(『미국무성 비밀외교문서』, 1984: 364).

---

[9] 당시의 농민들 사이에 널리 불리었던 노래는 당시의 농민들의 불만을 잘 표현해 주고 있다(이일재, 1990: 381).

<표 7-4> 미군정기 유형별 소요건수

항목		1945 하반기	1945 소계	1946 상반기	1946 하반기	1946 소계	1947 상반기	1947 하반기	1947 소계	1948 상반기	1948 하반기	1948 소계	총계
농업관계	양곡수집반대	2	2	2	8	10	9	37	46	4	7	11	69
	식량요구	5	5	14	10	24	1	1	2				31
	토지개혁요구						2	1	3				3
	지주·소작인분쟁			1		1							1
	소계	7	7	17	18	34	12	39	51	4	7	11	104
경찰서 습격		34	34	4	172	176	25	8	33	13		13	256
일본인 친일파 공격		69	69							2		2	71
관공서·관리 공격		11	11		7	11	3	1	4				22
좌우 시위 충돌	좌익에 의한	12	12	3	25	28	14	5	19	1		1	60
	우익에 의한	1	1	2	1	3	17	2	19				23
	좌·우 충돌	3	3	3	6	9	2	4	6				18
군정·미군·군속 공격		4	4	1	5	6	1		1				11
지역·행정 장악 기도		6	6		3	3							9
찬탁시위		1	1				1	1					2
기타·불명		8	8	2	11	13	2	3	5				26
총계		156	156	32	248	280	76	63	139	20	7	27	602

* 자료: HQ. USAFIK, *G-2 Periodic Report & Weekly Summary* ; 국사편찬위원회(1960, 제1권~7권) 등을 참조함.
이 표는 농어촌사회연구소의 미간행자료에서 재인용.

실제 군정청 자체의 여론조사에서도 미군정의 식량정책에 대해 반대 61%, 찬성 21%의 수치를 나타내고 있으며(*G-2 Weekly Summary* 12권: 95) 1947년 10월에 실시한 마산지역의 여론 조사에서도 '식량부족과 확실한 식량배급에 대한 열망'과 '불공정한 곡물수집 계획과 그 할당량의 감소'가 그 지역 주민들의 주요 관심사였으며 지방정부에 대한 주요 불만도 곡물수집 방법 및 농민에 대한 공무원과 경찰의 태도였음을 나타내고 있다.[10] 실제로 미

---

10) HQ USAFIK, Office of Civil Information(4 November 1947), Special Report Prepared

군정 기간 내에 농업관계 소요 건수에서도 식량수집 반대가 가장 많은 비중을 차지하고 있다(〈표 7-4〉 참조).

이에 1947년 5월 21일 전농의 중앙위원회는 다음과 같은 성명을 발표하였다.

> 작년의 인민봉기의 직접 동기 가운데 하나는 하곡수집에 의한 농민의 식량부족 때문이었다. 맥아더 사령부와 경무부가 이 사실을 인정하고 있다. 만약 올해에도 다시 하곡수집을 강제한다면 농촌에서 어떠한 사태가 발생할는지 우리는 알 수 없다. 이제 우리는 농민들은 어떠한 사태발생에도 책임이 없음을 천명하는 바이다. …… 우리 농민들은 우리의 토지개혁법안의 통과와 하곡수집령을 폐지하기 위하여 용감히 투쟁할 것을 여기에 선언하는 바이다(G-2 Weekly Summary 13권: 282).

이러한 식량문제의 해결은 농지개혁 문제와도 관계가 있는 것이었다. 농지개혁은 농민들에게 토지를 제공함으로써 증산의욕을 북돋아 식량문제를 해결하기 위한 한 방안이 되는 것이다.

> 식량문제해결의 근본책은 먼저 평민적인 토지개혁을 단행하여 봉건적인 착취제도와 일제식 농업정책의 유제를 급속청산하고 농민들로 하여금 그 경지의 소유자가 되며 자유로운 독립적인 경영자가 되게 해야 한다. …… 이러한 개혁은 농업생산력을 급속증진 시켜서 도시에로의 식량공급도 더욱 풍부하게 할 것이다(농림신문사, 1949: 268).

식량문제에 대해서 전농은 건의문을 군정장관에게 전달하였다. 또 공출문제를 둘러싼 미군정 및 그 기구와 농민들의 대립에 대해서 지속적으로 식량문제의 합리적 해결 방향을 제시함으로써 농민들에 대한 지도 내지 지원을 계속하고 있다. 식량해결책은 농지개혁 실시에 있다는 것이었다(노력인민, 1947.7.5 ; 노력인민, 1947.7.12). 전농이 "이 곡물수집사업은 새로운

---

by the Reserch and Analysis Section(오유석 역, 제4집, 1990: 144~145).

작업이 아니다. 종전의 일제의 정책에 기초를 두고 있는 것이다. …… 미군정 당국은 조선의 사정을 이해하지 못하고 있다. 그들은 하나의 점령세력에 지나지 않으며 조선 인민의 요구에는 전혀 무관심하다"(G-2 Weekly Summary 12권: 269)고 성명서를 발표한 것도 그와 같은 맥락에서였다. 전농은 농민들에게 미곡수집계획의 문제점을 폭로하면서 농민동원을 실제적으로 지원한 것이다. 좌익신문계에서는 지주와 상인에게서 미곡수집을 수행할 긴급위원회를 대중적 기초 위에서 형성할 것과 농민으로부터의 미곡공출을 중지할 것을 권고하며 민전 및 조공에서도 식량관리위원회 구성을 통해 소위 인민관리에 의한 합리적 관리를 요구하고 있다.

3) 대한농총의 결성

한편 우익세력도 농민조직을 결성하기 시작한다. 대한농총이 그것인데 대한노동총연맹에 농민국을 설치하고 운동을 전개했던 것으로 1947년 8월 31일 독립한 것이었다. 이는 전농중심의 농민 권익투쟁의 성격과는 달리 전농과의 싸움을 위한 것이 가장 기본이었다.

> 극도의 경제적인 빈곤에 허덕이는 농민들의 심리를 이용하여 농민의 적화를 기도하여 감언과 이설, 기만 등으로 농민을 정치적 도구화하고 노예화하기에 광분한 것이 공산분자들의 첫 책동이었다. 여기에서 사태를 바로잡으려는 인사들의 자유민주적인 농민운동이 개시되어 공산사상과 대립하고 전국 농촌 도처에서 결사적인 난투가 전개되어 제일차적으로 사상의 승리를 거두게 된 것이다(대한민국건국십년지 간행회, 1956: 317).

이처럼 대한농총은 출발부터 반공투쟁을 위한 정치단체였던 것이다. 또한 이승만의 단정수립을 위한 농민 기간단체로서 기능하였으며 그외 농촌계몽운동과 자체 조직확대 사업의 성격을 벗어나지 못하였다. 구체적으로 주요 실적에서도 대공산당 투쟁과 선거운동 등이 중요하게 부각되고 있다(대한민국건국십년지 간행회, 1956: 317~318). 결성 직후인 1947년 겨울과

1948년 봄에 걸쳐서 농촌에서 조직확대 사업을 진행했는데 그들은 대개 대한민국정부 수립을 위한 1948년도의 5·10남한 단독 총선거를 지지하는 사람들이었다. 또 보다 많은 농민들이 5·10선거에 참가하도록 선전하고 동원하는 일에 주력하였다. 또 직접 각급 연맹 간부 100여 명이 국회의원에 입후보하여 그중 27명이 당선되기도 했다(김낙중, 1984: 298~299). 결국 대한농총은 반공청년단체를 모체로 결성, 농민운동의 합법적 헤게모니를 탈취했고, 미군정과 우익의 강력한 후원 아래 전농에 대한 활동에 전념했다 할 수 있다. 대한농총의 설립은 전농에 대한 농총과의 대립을 통해 대한농총으로 농민을 견인하기 위한 것에 불과했다.

2. 노동운동

우리나라의 임금노동자의 정치, 경제적 역할과 비중은 1930년대부터 자리 잡혀 왔다고 볼 수 있다. 일제 식민지하 중화학공업의 성장은 그 후 우리 경제 발전을 왜곡화하였다 할지라도 대량의 산업노동자를 생성함으로써 노동운동 및 민족독립운동의 잠재세력을 생성시켰던 것이다(고현진, 1985: 177~183). 자료에 따라 약간의 편차를 보이고 있기는 하지만 실제 일제 말 노동자 수는 상당수에 달했다고 볼 수 있다.[11]

해방된 시점에서 우리가 물려받은 경제적 유산은 일제에 의하여 형성된 식민지 경제구조였다. 일본 제국주의에 의한 한국의 식민지적 지배는 해방 전 한국경제의 이중구조를 심화시키고 파행적인 불구기형화 현상을 초래시켰던 것이다. 이와 같이 일제하에서 이미 무너지기 시작한 한국경제는 일제의 퇴각과 함께 진행된 일본자본 및 기술자의 철수, 남북분단으로 인한 생산체계의 단절, 피난민 전재민들로 인한 인구의 급증 등으로 더욱더 어려움 속에 있게 되었다(차병권, 1980). 따라서 이와 같은 상황 속에서 노동자들을 비롯한 대중의 생활은 심한 타격을 받았던 것이다. 그러므로 이

---

11) 1944년에 총독부가 실시한 총인구 조사에 따르면 총인구의 약 20%인 약 500만 명이 임금소득자였다고 한다(Meacham, 1986: 217).

러한 해방 직후의 악화된 사회경제적 조건 속에서 일제에 의한 탄압으로 지하에 잠복했던 노동운동이 폭발적으로 소생하게 됨은 지극히 당연하다 하겠다. 이는 해방 직후 노동자들의 놀라울 만큼 신속하고 강력한 조직력을 가능하게 한 중요한 조건이었다고 할 수 있다. 해방 직후의 노동운동은 1930년대 이후 지하로 잠복되었던 일제하 노동운동과 해방 이후의 정치 사회 경제적 상황을 배경으로 하여 나타났던 것이다.

미군정기 노동운동은 임금노동자의 노동쟁의라는 일반적 성격에 대하여 해방 이후 전환기의 사회, 경제 질서에 능동적으로 참여하고자 한 점에 그 특색이 있다. 즉 노동운동을 통해 국가형성과정에 참여하고 국가의 성격을 자신들에게 유리한 것으로 만들고자 노력했던 것이다. 또 빈도와 격렬성 규모에 있어서 한국 노동운동사상 전례를 찾아보기 힘든 것이었다.

1) 자주관리운동

해방 직후 노동자들은 일본인들에 의한 산업시설의 파괴 및 재고품과 원자재의 불법방매를 방지하기 위하여 자발적으로 공장을 접수하여 운영함으로써 공장, 광산, 철도, 교통 등 모든 직장과 산업기관에서 자연발생적인 자주관리운동을 전개하였다. 이제까지 일제의 비호 아래서 노동자들을 혹사하여 온 친일자본가들 밑에서는 더 이상 일할 수 없다고 하면서 경영주를 배척하였고 또 이제까지 일본인의 지배하에 있던 공장들을 스스로 관리하겠다고 주장하면서 노동쟁의와 조직활동을 전개하기 시작했으며 이 투쟁을 조직적 집단적으로 실행하기 위하여 노동자들은 공장단위로 '공장위원회'나 '자치위원회', '관리위원회' 등을 조직했던 것이다(성한표, 1989: 238~278). 결국 해방 직후 노동운동의 거의 자연발생적인 융성은 이처럼 '생산기관의 자력에 의한 접수관리'와 '생활권 보장'이라는 두 가지 주제를 그 요구의 중심에 내세우는 것으로 시작되었던 것이다(中尾美知子, 1984: 79~82). 이러한 자주관리운동은 노동자의 당면한 경제적인 요구를 반영하여 공장이 폐쇄되어 일자리를 잃은 노동자와 공장폐쇄의 위협 앞에 놓인 노동자의 경우는 퇴직금의 요구를, 취업노동자의 경우는 임금투쟁을 수반하였다. 이는 생산을 중단하고 일본으로의 철수준비에 혈안이 된 자본가들의 공장시설 방매를 저지하고 생산을 지속시킴으로써 스스로 자신의 생활을 지키자는 것이었다. 그런데 해방 직후의 사태를 개관할 때 대중 일반의 행동은 평화적이고 질서적이었다. 공장 및 기타의 접수행동의 선두에 섰던 것은 봉기한 사람들이 아니고 고용되어 있었던 노동자들이었고 그런 의미에서 그것은 자주적인 노동운동이었던 것이다.

이처럼 해방 직후 거의 전국적인 수준으로 발생한 노동자 자주관리운동은 전평이 결성되기 전에 노동자 대중의 자발적인 의지가 표출된 것이라 볼 수 있다. 이러한 노동자 자주관리운동의 목적은 첫째는 경제적 투쟁을 지향하고 있었다는 점이고 둘째는 민족해방운동적인 투쟁을 목적으로 하고 있었다는 점이다. 해방의 의미는 일제 식민지하에서 축적된 투쟁경험을 기초로 하여 자주적인 민족통일국가 수립을 현실화한다는 것이었다. 이는 일제치하에서의 경제력이 일본인, 조선총독부와 친일파, 민족반역자, 그리고 개량주의적인 민족 자본가들에게 집중되었다가 해방이 되면서 노동자와 농민들 자신이 경제력을 가져야 한다는 사회적 분위기가 조성된 데서 비롯되었다. 그러나 물적 기반이 없이는 자주적인 민족국가 수립은 공허한 것이었다. 따라서 물적 기반의 구축이 절실한 중심 과제로 제기되었고 그 일환으로서 노동자 공장관리운동이 전개된 것이다. 이처럼 각지에서 노동자에 의한 공장이나 기업의 자주적인 관리가 진전되어 갔는데 그중에서도 경성방직과 화신백화점, 조선비행기와 경성전기 등의 경우는 꽤 대규모적인 투쟁이 전개되었다. 다음 글은 당시의 상황을 이렇게 지적하고 있다.

> 일본인들이 최후발악으로 조선경제부흥에 절대로 불가결인 산업시설을 파괴하는 것을 방지하려고 한 것이 대개가 종업원으로 구성된 자치관리회였고 이것이 연합군이 아직 상륙하지 않은 때에 종업원이 취할 수 있는 유일한 최선의 방법이었다. 이러한 위원회가 생긴 곳에서는 혼란과 파괴가 가급적 방지되어 조선경제부흥의 기초가 될 시설이 어느 정도 보호된 것은 인정할 수 있다(조선통신사, 1948: 173).

이 같은 노동자 자주관리운동은 해방 직후 2개월 반의 기간에 걸쳐 거의 전국적으로 확산되고 있었다.[12] 노동자 자주관리운동은 이처럼 미군정의 기본적인 원칙인 사유재산 보호와 대립, 갈등관계에 놓여 있었던 것이다. 그러므로 자주관리운동은 미군정에 의해 구일본인재산이 접수됨으로써 와해되어 갔다. 일본인 재산이 미군정에 귀속됨으로써 생산대중에 의한 혁명적 기운이 저지되었던 것이다. 이러한 자주관리운동은 곧 와해되었지만 이 운동을 통해 노동자들의 조직화가 급속히 추진되어 미군정기 노동운동을 주도하게 되는 노동조합의 결성을 가져옴으로써 해방 이후 한국 노동운동의 폭발적 소생에 결정적인 추진력이 되었다.

이러한 노동자 자주관리운동은 바로 통일 국가 건설의 기초로서 산업의 민주화 및 노동자 참여의 확대를 요구하는 것으로 이 같은 노동자들의 움직임이 현상의 큰 변화를 거부한 미군정과 대립관계에 들어가는 것은 당연하였다. 미군정은 법령 제2호를 발표하여 사유재산권을 존중한다는 입장에서 일본인의 재산조차도 법의 보호하에 두어야 한다고 선언함으로써 일본인 재산은 마땅히 한국인에 의해 접수해야 된다고 생각했던 국내여론에 정면으로 대립하였던 것이다.

2) 전평의 결성과 운동노선

1945년 11월 전평[13]이 결성됨으로써 노동운동은 지하에서 비합법적으로 명맥을 유지하여 오던 것에서 탈피하여[14] 공개적인 조직으로 전환하고 신

---

12) 김기원은 자주관리운동을 '밑으로부터의 자주관리운동'과 '위로부터의 자주관리운동'의 두 범주로 나누어 분석하고 있다. 후자는 체제 내적 자주관리유형으로 미군정의 강압적 접수에 쉽게 포섭되었으며 전자는 전평이나 인민위원회 등 좌익세력과의 연계하에 목적의식을 갖고 있던 자주관리운동으로서 이는 바로 자본, 노동관계를 위협하는 혁명적 자주관리운동이었으며 따라서 이는 미군정에 의해 철저하게 부정되고 탄압받을 수밖에 없었다고 한다(김기원, 1990: 84~97).
13) 전평의 성격과 조직활동 등에 대해서는 안태정(2002)을 참조하라.
14) 해방이전 한국에서는 일제의 강압 속에서도 서울의 섬유, 출판, 금속노조, 여천의 금속, 항만노조, 흥남의 화학노조, 부산의 부두 운수노조 및 소규모의 조직이 산재해 있었다(민주주의민족전선, 1946a: 158).

속하게 노동조합으로서의 모습을 드러내게 되었다. 전평노동조합 및 조합원수 조직형태는 다음 〈표 7-5〉와 같다.

〈표 7-5〉 전평의 조직 상황(1945년 11월 4일 현재)

노조별	지부 수	분회 수	조합원 수	노조가 결성된 도시 수	1분회 당 평균 조합원 수	1도시 당 평균 조합원 수	1도시 당 평균 분회 수
금속	19	208	26,725	25	128.5	1,113.5	8.7
철도	20	45	34,728	15	771.7	2,315.2	3
교운		127	23,785	15	187.3	1,585.7	8.5
광산	가입광산 88개소	75	23,281	31	310.4	751.0	2.4
토건	17	111	14,215	33	128.1	430.8	3.4
화학	19	118	28,215	20	239.1	1,410.8	5.9
통신	20	8	496	7	62.0	70.9	1.1
식료	23	117	7,746	26	66.2	297.9	4.5
전기	11	45	5,802	9	124.5	644.7	5.0
섬유	10	96	15,340	16	159.8	958.8	6.0
출판	19	77	2,180	16	28.3	136.2	4.8
일반 봉급자	18	20	3,819	11	191.0	347.2	1.8
목재	26	53	2,628	19	49.6	138.3	2.8
어업		23	4,821	6	209.6	803.5	3.8
조선	13						
해원 항만		23	6,503		282.7		
합동		48	6,989		145.6		
계	215 (광산제외)	1,194	217,073	249	181.8	871.8	4.8

* 자료: 『전평결성대회회의록』(9~12, 22, 69~72), 『전국노동자신문』(1945.11.16), 여기서는 안태정(2002: 89)에서 재인용.

상향조직과 하향조직의 통일, 경제투쟁과 정치투쟁의 통일, 민주주의적 중앙 집권 관리 등을 강조하는 대회선언(『해방일보』, 1945.11.15)을 살펴보면 전평이 좌익적 노동조합운동의 기본노선을 따르고 있음을 알 수 있다.

또 전평의 노동운동이 재건파 조공 박헌영의 영향 아래 있었다는 사실은 결성대회과정에서부터 확인될 수 있다(김남식, 1984: 117). 이 같은 좌경적 경향은 일제의 탄압으로 부득이 지하에서 비합법적 투쟁을 조직하고 지도하던 세력이 바로 좌익사회주의자였고, 해방 직후 풀려난 많은 좌익계 노동운동가들이 즉각적으로 전국적 규모에서 노동조합을 조직하였기 때문이기도 하다. 이처럼 해방 직후에 조직된 노동조합의 좌경적 경향은 다음과 같은 측면에서 생각해 볼 수 있다(이혜숙, 1986: 84).

첫째, 일제하에서 노동운동은 1930년대 후반부터는 계속 탄압을 당하여 지하로 잠복하게 되었고, 따라서 민족적인 항일투쟁이라는 전제하에서 지하에 잠복하게 된 모든 정치, 사회운동은 일단 애국운동이라는 점에서 같은 입장과 협조적인 위치를 취하게 되었다.

둘째, 일제하에서는 일본인 자본뿐 아니라 극소수 한국인 자본가들도 친일 세력화하였으므로 당시 일제를 반대하는 투쟁과 노동조건의 개선을 위하여 자본가와 대결하는 투쟁은 동일성을 지니고 있었다.

셋째, 해방 직후의 경제적 위기, 정치적 혼란 속에서 좌익사상이 일반 대중에게 쉽게 보급될 수 있는 여지가 마련되어 있었다. 이는 좌익세력이 조직과 선전에 뛰어나기도 하였지만 당시의 경우 사회주의 내지 공산주의가 일반인들에게 큰 저항 없이 받아들여졌을 뿐 아니라 항일운동과 유사한 의미로 받아들여지기도 했기 때문이다.

넷째, 민족주의 우익진영 지도자들이 노동운동에 대하여 무관심하였다는 점이다. 실제로 이들은 한국의 신탁통치 문제가 대두하여 좌우 간의 대립이 심하게 벌어졌을 때에야 비로소 노동운동의 중요성을 인식하기에 이르렀던 것이다.

그런데 전평노동운동의 성격을 충분히 이해하기 위해서는 상향식 조직으로 이루어진 결성과정 자체에서 오는 특징도 아울러 살펴보아야 한다(성한표, 1985: 371). 즉 특징적인 것은 지부 및 분회가 광범한 반면 산별노조의 조직은 모두 전평결성 직전 급히 설립된 점이다. 이는 해방 후 노동자들의 조직이 비록 공산주의자들에 의해 주도되었다고는 해도 노동자 자신들의 자발적 조직체로 형성되었다가 그것이 전평의 결성을 계기로 공산주의세력에 흡수되었음을 의미하는 것이다.

그러면 전평의 운동노선은 구체적으로 어떠했는가? 1946년 9월 총파업 이전까지 전평은 미군정과의 협력하에서 온건한 합법적 타협적 경제투쟁으로서 대중기반을 확보하고자 하였으며 이에 기층노동자들의 과격한 투쟁을 억제하는 태도를 보이고 있다고 할 수 있다(김이진, 1986: 105). 이는 해방 이후 미소공위가 열리는 시기까지에는 대체로 좌익의 정책이 미군정과 우호적인 것과 맥을 같이하고 있다. 즉 공위의 힘으로써 임시민주주의 정부를 수립할 가능성이 있었고 또한 미국은 약속한 독립과 민주개혁을 실행하여 주리라고 기대되었으므로 미국과 미군정에 반대하는 것과 같은 언행을 좌익에서 삼갔던 것이다(박헌영, 1946: 435). 따라서 노동자들이 파업투쟁의 방법보다 생활 개선 문제에 대한 평화적 해결의 길을 선택하였던 것이다.

따라서 노동자들의 투쟁이 양심적인 자본가와도 대립함으로써 민족 통일과 산업 부흥에 역효과를 가져올 수도 있다는 가능성을 인식하고 그것에 대해 경고하고 있다. 또 그즈음 전평지도부는 사실상 미군정의 통치 방침 지원을 의미하는 '산업건설협력방침'을 내놓고 있다(『해방일보』, 1945.11.30). 그러나 노동자들의 자연발생적인 자주관리운동은 수그러들 기미를 보이지 않았다. 이에 미군정은 12월 6일 군정법령 제33호를 공표하여 한국인의 손에 의한 자발적 접수관리는 의문의 여지없이 불법으로 하였으며 이는 군정청관리로 연결되게 되었다. 따라서 공장관리인의 선정을 둘러싸고 미군정과 마찰이 심했으나(박택 외, 1971.12: 132) 이 운동은 곧 와해의 길을 걷게 되었던 것이다.

그러나 전평의 운동노선은 미소공위의 성공에 대한 기대에서 출발하고 있으므로 미군정과 정면대결을 하지 않고 산업건설운동을 벌인다. 1946년 1월 중순에 나온 전평 지령 제6호 '산업건설운동을 중심으로 한 당면 투쟁에 관한 지령'이 그것이며, 3월 말까지가 산업건설운동기간으로 설정되었다(中尾美知子, 1984: 792). 이 운동을 통해 근로 대중을 중심으로 한 소시민 중간 계층 등 국민 대다수의 공감을 불러일으키고 광범한 미조직노동자, 실업자 대중을 투쟁에 동원하여 조직화하려고 했다. 그 외 대 악덕 관리인 투쟁, 쌀 획득 투쟁을 벌였다.

그러나 미소공위가 결렬되자 전평지도부는 크게 흔들리기 시작했다. 또한 민족해방운동의 정통적 계승 세력임을 자처하는 전평과 과도적 식민지 지배 권력으로서의 미군정은 본질적으로 모순관계에 놓일 수밖에 없었다. 또 법령 제19호에 의한 파업규제와 노동자들에게 파업의 자제를 요구하는 전평지도부의 지령은 해방 직후의 노동자들의 참혹한 생활조건과 고양된 분위기로부터 자연발생적으로 터져 나오는 파업을 진정시킬 수 없었다. 현지 노동자들의 쟁의는 더욱 가열 격증되고 있었으며 쟁의의 대부분은 파업, 농성을 수반하였고 종종 군정청 경찰과의 충돌이 있었다. 미군정기 월별, 도별 노동쟁의 상황과 전평관계 파업통계는 다음과 같다.

〈표 7-6〉 미군정기 월별·도별 노동쟁의 상황

	건수	노동자 수	참가 인원수	원인(요구조건)						
				임금 인상	공장 폐쇄 반대	해고 반대	노동 시간 단축	감독 자의 배척	조합 승인	휴일 임금 지불	기타
1945 계	1	308	308	1							
1946 계	170	2,295	57,434	107	1	28	1	16	4	4	9
1947 계	134	53,402	35,210	16		35	1	4	1	2	75

	파업			해결방법					결과			
						기타			요구 관철		불관철	
	건수	인원 수	손실 작업 연일 수	조정	행정 조정	불명	자연 소멸	미결	건수	%	건수	%
1945 계	1	308	9,240	1					1	90		
1946 계	80	36,400	234,895	10	40	19	84	17	37	72	30	100
1947 계	77	24,422	35,506	15	49		70		4	2	86	100

* 자료: 조선은행조사부(1948: Ⅲ-158)에서 작성.

〈표 7-7〉 전평관계 파업통계

기간	건수	참가 인원수	피해		
			피살	피검	해고
1945.8~1946.8	1,299	266,998	—	1,090	2,331
1946.9~1946.10(총파업)	472	173,404	25	4,780	7,767
1946.11~1947.2	67	24,434	—	361	1,553
1947.3(총파업)	550	162,050	—	1,646	3,883
1947.4~1947.7	258	28,908	—	616	750
1947.8~1948.1	231	26,648	—	632	1,090
1948.2(총파업)	374	80,471	미상	1,607	1,216
계	3,371	722,913	25	10,741	18,599

* 자료: 조선경제사(1947: 174).

　농촌에서는 강제력까지 동원하여 가혹한 공출이 실시되었음에도 불구하고 도시에서는 미곡 반입이 금지되기만 한 채 배급이 거의 이루어지지 않았으며 미가는 폭등하여 도시의 노동자들은 실업의 위협과 함께 식량부족과 미가앙등으로 인해 극심한 생활난을 겪게 되었다. 따라서 도시의 주민들 특히 고가의 미곡을 매입할 수 없었던 노동자, 사무원, 도시빈민들은 생존을 위해 식량을 요구하는 반미(飯米)획득투쟁을 벌일 수밖에 없는 상황에 놓이게 되었다. 그래서 당시의 노동자 투쟁에서는 식량배급의 문제가 생활상의 절박한 요구로서 제기되고 있으며 식량문제에 대해 도시에서는 식량배급을 요구하는 투쟁으로 나타났다. 악성인플레이션의 계속과 식량 및 생활필수품의 절대적 결핍은 노동계급에게는 노동력의 재생산 자체의 위협으로 나타났으며 이러한 상황 속에서 그 당시 노동자들의 당면요구는 화폐로의 임금인상보다 현물로의 식량요구가 되는 경향이 많았다. 미군정기 노동운동의 초기에는 그 요구조항 속에 반드시 '임금을 물가수준에 맞게 인상할 것'뿐 아니라 '식량을 하루 3홉씩 정규적으로 배급할 것'이 주항목으로 포함되어 있었다. 또한 노동자들의 노동쟁의나 미군정 기간 동안 점차 격렬해져 간 총파업이 대중적인 기반을 가질 수 있었던 이유에는 식량문제가 중요한 몫을 차지하고 있었다.

실제로 1946년 2월 초 강원도 삼척지방에 거주하고 있던 7천여 노동자들은 식량 부족으로 전원이 아사 직전에 놓여져 있었으며 굶주림에 견디다 못해 매일 4, 5명씩 죽어가고 있었다. 이러한 사정은 남한 어디서나 마찬가지였으며 대부분의 공장 노동자들은 점심을 굶은 채 하루종일 고된 작업에 시달려야만 했다. 굶주림에서 벗어나기 위한 대중들의 몸부림 또한 비장함의 극을 달리고 있었다. 1946년 3월 28일 소년, 소녀, 노동자를 포함한 수백 명의 서울 시내 노동자들이 시청으로 몰려가 "일을 하려 하나 배고파 못하겠소. 쌀을 주오"(박세길, 1988: 69~70)라고 외치며 처절한 시위를 벌였다. 또 1946년 4월 식목일 행사를 위해 동원된 용산구 일대의 시민들이 시청에 몰려가 "쌀, 쌀, 쌀을 다오, 쌀이 없으면 죽음을 다오"(김천영, 1985: 200)라고 외친 것은 이 당시 식량난이 얼마나 극심하였는가를 말해 주고 있다.

따라서 당시의 식량문제는 단순히 농업문제의 하나로서가 아니라 전 사회적 문제로 볼 필요가 있다. 그러면 이에 대한 전국적인 노동자 조직이었던 전평의 입장을 살펴보기로 하자. 전평은 '식량공황을 극복하자, 양심적 자본가여 산업건설에 궐기하라'는 성명에서 "식량기근은 근로인민생활에 극도로 위협을 주고 있는데 그 중요한 원인은 농산물의 협정가격 제정으로 인한 공업생산품 가격과의 불균형"(『해방일보』, 1946.1.18)에 있다고 미군정의 최고 미가설정의 비합리성을 비판하고 있다. 또 전평은 "飯米 획득 투쟁과 실업자의 조직"이라는 글을 통해 식량 부족의 원인을 미군정이 결정한 공정 가격, 정책을 문란하게 하는 대자본, 대지주에게 돌리고 있으며 대부분의 노동자, 농민, 시민들의 생존권을 보장하는 민주주의 정권 수립을 통하여 이 문제를 해결해야 한다고 선전하였다.

> 飯米의 문제는 일부 대자본가 대지주 간상배 정치 푸로카 등을 제외한 전인민대중의 문제이다. …… 이것이야말로 우리 삼천만이 타국의 「종속국」이 되는 것을 면하는 길이다. …… 이 운동은 인민의 자유와 생활을 보장하는 진보적 민주주의 정권의 수립과도 직접적으로 결부되며, 모든 정치 푸로카의 분열책동에도 불구하고 「미트로(밑으로: 필자)부터의 통일전선」을 수립하는 데에도 중대한 의의를 가진다(김양재, 1947: 40~41).

이처럼 생산업 노동자 자주관리운동의 후퇴에 대신하여 전평이 1946년 초반부터 힘을 기울이기 시작한 활동이 "飯米 획득 투쟁"이었다. 먼저 1월 11일 전평 상임 위원회는 다음과 같은 식량 기근에 대한 대책을 발표하고 있으며 전평은 쌀과 연료의 배급, 물자통제영단 보관 물자의 시민에 대한 즉시 직접 배급, 실업자 전재민 구제, 정치브로커와 간상배 배격 등의 구호를 내걸고 쌀 획득 투쟁을 개시했다.

> 오늘날 도시를 중심으로 한 식량기근의 중요한 원인은 농산물의 「협정가격」 제정으로 인한 공업생산품 가격과의 불균형에 있음은 주지하는 바이다. 즉 농민의 필요품은 자유가격으로 방치해 두고 농민의 생명선인 미곡만은 협정가격으로 실행하지 않으면 엄벌에 처한다는 것이 식량궁핍의 원인의 하나이다. 그리고 …… 악덕지주 간상배 친일파가 식량을 매장하고 또 부산 포항 여수 등 미군정하 항구에서 쌀을 밀매하고 그 대신 밀감을 수입하고 있다(『전국노동자신문』, 1946.1.16).

따라서 전평은 이와 같은 현실을 방치하고 농산물의 협정 가격만을 정하여 물가 폭등에 대처하려고 하는 것은 물자궁핍과 쌀기근의 책임을 노동자 농민에게 전가시킬 뿐이라고 보았다. 한편 쌀 획득 투쟁을 위하여 각지에서 "쌀 요구회"의 조직화가 진행되었다. 전평은 쌀 획득 투쟁을 실업자 운동의 일환으로 설정하고 "쌀 요구회"를 "실업자 위원회"와 결부시키려 했다(김양재, 1947: 53). 쌀 요구회는 책임 있는 당국자에게 올바른 대책을 요구하여 쌀을 몰래 감춰 두고 있는 악덕 자본가, 지주, 간상배와 싸울 것을 사명으로 했다. 이러한 가운데 영등포 지구에서 조직된 쌀 요구회가 실제로 쌀의 특별배급을 받기에 이르른 것은 대중의 관심을 모았다. 서울에서는 노조 경성지방 평의회, 서울시 인민위원회 등의 발의로 '서울지방 쌀 요구회'가 결성되어 운동의 중심이 되었다. 전평은 이 투쟁을 통하여 조직활동의 공산당에 대한 독자성을 강조했다. 조합은 공장, 직장을 조직단위로 하고 있기 때문에 거주 중심의 쌀 요구회 조직은 조합으로서는 불가능하고 당으로부터의 지령이 필요하지 않는가라는 활동가로부터의 질문에 대해

"전위와 대중, 당과 조합의 혼동은 결국 당을 약화식히고(시키고: 필자) 조합을 섹트화 해버리는 것을 알아야 한다"(『전국노동자신문』, 1946.3.22)고 서술하고 있다. 또 동시에 쌀 획득 투쟁이 도시와 농촌을 대립시킬 위험은 없는가라는 질문에 현재 쌀을 가지고 있는 사람은 빈농을 중심으로 한 일반 농민이 아니라 대지주와 간상배이기 때문에 "도시와 농촌의 대립의 위험이 잇다(있다: 필자)는 점은 기술적으로 해결될 문제이다"(『전국노동자신문』, 1946.3.22)라고 답변하였다. 여기에서도 명백히 알 수 있듯이 쌀 획득 투쟁은 노동자 대중의 일상적 이익에 기초를 둔 조직적 동원을 통하여 인민정권을 실현해 나간다고 하는 전평의 기본 노선에 각 항목별 주제로 선택되었던 것이다. 이러한 쌀 획득 투쟁은 당시의 광범한 실업자와 도시빈민 그리고 농촌의 빈농, 농업노동자들을 토대로 노동운동의 기반을 넓힐 수 있는 것이었다. 1946년 3월 말 식량대책중앙위원회는 이러한 기반 위에서 발족되었던 것이다.

 서울에서는 신문사, 출판사, 철도 등의 종업원이 쌀을 요구하며 파업과 궐기대회를 갖고 시청, 군정청에는 연일 노동자, 시민이 쇄도했다. 노동자가 쌀을 구하러 시골로 가서 공장에 오지 않기 때문에 일도 되지 않았으며 영등포에서는 각계 각층을 망라한 긴급 쌀 요구대회가 열리고 또 경영진을 포함한 종업원 대표가 군정청에 쌀요구를 진정한 경성전기 공업회사와 같은 경우도 있었다. 또 대구시에는 쌀을 요구하는 군중이 도청, 시청에 밀어닥쳐 쌀의 일시적인 특별 배급을 획득했다. 쌀을 요구하며 직접 사기 위한 군중과 경관, 생활품영단직원, 군정청 직원 등과의 사이에 충돌도 일어나고 사태는 점점 쌀소동의 양상을 띠기 시작했다(中尾美知子, 1984: 95~96). 4월 12일 전평은 그 기관지에 "임금보다 식량을 요구, 飯米요구 운동의 신전개"라는 기사를 게재했다. 경성일보사를 비롯한 각 공장에서의 투쟁을 보도한 것인데, 여기에서 말하는 신전개란 임금인상보다도 식량과 생활 필수물자를 요구하는 투쟁을 의미했다. 임금과 생활필수품 물가를 무리하게 경쟁시키면 건설 도상에 있는 산업은 파멸하고 그 결과 실업의 위기가 초래될 것을 노동자는 누구보다도 잘 알고 있는 것이었다. "돈보다도 먹을 것을 다오. 산업을 부흥하고 건국의 터를 닦고 있는 우리노동자가 노동할 수 있게 먹을 것 입을 것 다오. 우리나라의 앞날을 생각하고 독립과 건설을 위하여 우리노동자는 쌀을 요구한다. 쌀요구는 애국운동이다. 쌀과 생활필수품을 인민의 관리 아래 옮기라. 인민을 굶기지 않는 인민의 정부를 세우자(맞춤법 맞게 고쳤음: 필자)"(『전국노동자신문』, 1946.4.12)라고 하면서 쌀 획득 투쟁에다가 전평이 말하는 산업건설과 건국적 입장의 노선 안에서 의미를 부여하고 있다. 수일 후 전평 제1차 확대 집행위원회 결정서는 쌀 획득 투쟁을 "산업건설운동과 실업자 투쟁 및 인민주권 수립 투쟁에 결부시켜 한층 활발히 전개시켜야 한다"(『전국노동자신문』, 1946.4.19)고 재확인 하고 있다.

　식량을 공출해야 하는 농민과 배급으로 생활해야 하는 노동자는 식량관리에 대해서 서로 대립되는 입장에 서 있다. 최대한의 공출에 의해 확보한 양곡을 최저의 가격으로 배급받는 것은 노동자에게는 유리할 것이지만 공출을 그러한 조건으로 해야만 하는 농민에게는 그만큼 불리할 것이기 때문이다. 그러나 농민과 노동자의 식량공출에 대한 이해가 반드시 대립관계로 나타나는 것이라고는 할 수 없다. 농민의 경우 농민이 속해 있는 계층에 따라 식량공출에 대한 경제적 이해가 일치하지 않을 수 있으며 특히 농민 중에 자가소비량도 생산하지 못하는 빈농은 배급이나 자유시장에서 식량을 구입해서 생활하여야만 한다는 점에서는 노동자와 동일한 입장에 놓여 있었다. 조공의 "현정세와 우리의 임무"에서 보면 "우리의 당면임무"의 노동운동에 관한 항목의 첫 번째 슬로건이 "쌀 배급량을 더 올리자"이고 농민운동에 관한 항목의 첫 번째 슬로건도 역시 "쌀 배급량을 올리자"였다는 점은 주목할 만하다(김남식, 제1집, 1974: 14~15). 이는 노동운동과 농민운동이 식량문제를 매개로 연결될 수 있었음을 반영하는 것이라 하겠다.

　1946년 7월 23일 공포된 법령 제97호 '노동문제에 관한 공공정책'은 미군정하 노동정책의 근간적 법령으로서 제1조에 민주주의적 노동조합의 발전을 장려할 것을 명백히 하였다. 이 조항은 또한 이른바 민주주의적 노동조합의 범주에는 경제투쟁과 정치투쟁의 통일을 연결 지워 그 기본노선으로 내세웠던 전평은 포함되지 않았고,[15] 사실상 우익청년들이 중심이 되어 결성을 했지만 아직 이렇다 할 현장조직을 갖추지 못하고 있던 대한노총의 세력 확장을 위한 길을 열어주고 있는 것이다. 사실 전평 주도의 노동운동에 대하여 극우적인 대응이 민족진영으로부터 제기된 것은 특히 모스크바 삼상회의에 대한 신탁통치의 찬반양론에서 반탁노선을 지지해야 할 대중적 노동단체의 필요성이 통감되면서부터이다. 따라서 1946년 3월 10일 대한노총이 결성되었는데 결성 당시의 우익 노동세력은 지극히 미약한 것으로 그들의 조직 세력은 용산공작소, 경성 철도 공장, 경성전기 등 15개 직장에 지나지 않아 아직 대중적인 기반을 갖지 못했다. 그러나 대한노총은 그 행동 강령에서 볼 수 있는 바와 같이 노자 간의 친선을 기본으로 한 반공 정치단체로서의 성격을 지니는 것으로서 전평에 대한 기업의 방위조직으로서의 역할을 하게 되었다(장명국, 1986: 118~119).

한편 전평상임위원회는 7월 중순 앞의 파업회피지령을 정식으로 철회했다. 전평의 운동방침에 있어서의 이와 같은 변화는 7월 하순에 나온 조공의 새 전술, 즉 '정당방위의 역공세' 채택을 전후하여 일어났다.16) 생활고로 시달리는 노동자대중의 투쟁이 격화되고 있던 때에 전평지도부 일부의 파업 회피 지령이 나왔고, 이 지령은 다시 상임위원회의 결의로 취소되었으며 전평기관지는 노동자들에게 파업을 선동하는 글을 게재했던 것이다. 사태는 이미 9월 총파업을 향해 달리기 시작했다고 할 수 있다.

어쨌든 이와 같은 배경을 갖고 시작한 파업은 곧 전국의 철도 노동자들에게 확산, 4만 명이 참여함으로써 전국열차는 모두 운행이 정지되었다(『대구시보』, 1946.9.25). 이에 전평은 24일 '남조선총파업회원 투쟁위원회'를 조직하고 26일 '총파업투쟁선언서'를 발표하였다(『전국노동자신문』, 1946.9.25).

---

15) 그해 연말에 가서 노동부 통첩이 '민주주의적 노동조합'이란 몇 명의 개인의 독단이나 강압에 의해 조직, 운영되는 것이 아니라 조합원 총원에 의해 조직되고 전체의 제지를 받는 조합원 전제를 위한 조합이라고 해설했던 것도 이것을 의미하는 것이다(中民美如子, 1984: 107).
16) 신탁통치를 협의하기 위한 제1차 미소공동위원회의 무기휴회에서 보는 바와 같이 미소 협조적 관계가 깨지고 냉전체재가 돌입하자 좌익세력에 대한 미군정과 우익세력의 합법적, 비합법적 탄압이 급증하였다. 이 같은 변화는 그동안 '협력', '건설'의 원칙을 지켜왔던 공산당 지도부의 방침이 '대결', '파괴'의 노선으로 전환되는 것은 불가피하게 됐다.

〈표 7-8〉 10월항쟁의 원인

1. 인사문제
   가. 경찰에 대한 반목
   나. 군정 내의 친일파의 침입
   다. 군정에 있어서 통역관 영향
   라. 일부 조선인관리의 부정행위
   마. 남조선의 최대복리를 방해하는 선동자
2. 경제문제
   바. 미곡 수집계획
   사. 미곡 배급계획
   아. 임금 물가 및 인플레이션
   자. 전재민의 주택 및 생활문제
   차. 경제회복 지연으로 인한 인민의 실망
3. 정치문제
   카. 조선임시정부 수립의 지원
   타. 적산관리에 대한 불만
   파. 정당관계
   하. 정부의 이상적 구성
      ① 인민의 요구를 만족시키는 정부
      ② 진정한 애국자로 구성될 정부
      ③ 확고한 행정방침
      ④ 정부로부터 악질분자의 숙청

* 자료: 박헌영(1946: 446).

즉 전평이 총파업선언서를 통해 내건 요구조건은 '경제투쟁과 정치투쟁의 병행'이라는 전평 운동노선의 구체적 표현이었다. 이러한 총파업선언에 따라 남한 일대의 운수 및 통신 기관은 마비상태에 빠졌다.

그런데 총파업은 지방으로 확산되면서 지방인민위원회 및 노동조합(전농)의 활동과 연결되고 사태는 항쟁의 양상으로 격화되어갔다. 즉 파업투쟁은 정치적 총파업 또는 무장진출의 단계로 전개된 것이다. 그 양상은 처음 대구에서 폭발적으로 나타나 경북 전역으로 번졌고 다시 경남으로 전남으로 번져 나갔다(이종영, 1986: 223~228). 이처럼 철도파업을 기점으로 확산된 전국에 걸친 농민, 노동자를 중심한 항쟁은 11월 말까지 지속되었다.

이렇게 본다면 10월항쟁은 정치적, 사회적으로 해방에 대한 기대가 좌절되어 상대적 박탈감이 팽배한 가운데 경제적 위기와 가혹한 식량공출, 모리배의 폭리행위에 의해 생활난에 빠진 농민, 노동자, 실업자 등이 주축이 되어 공산주의자의 선동을 받아 지방의 지주, 관리, 경찰을 공격대상으로 하여 일어난 항쟁이었다고 할 수 있다(이종영, 1986: 230). 또한 미군정의 하곡공출이 10월항쟁의 직접적인 계기였다고 생각할 수 있다. 이는 농민들의 주된 공격대상이 하곡공출의 하수인이었던 경찰이었다는 점, 그리고 경찰관서를 점거한 후에는 가장 먼저 하곡 수집기록을 소각했다는 점 등에서 확인될 수 있다. 좌우합작위원회와 미군 측 대표로 조직된 한미공동회담에서도 이 같은 점은 인정되고 있다.

이와 같이 남한에 친미 반소정권을 세우고 남한을 그들의 새로운 시장권으로 편입시키려 했던 미국의 입장에서 볼 때 좌익적 지향을 띠고 있는 전평은 경계의 대상이었다. 따라서 미군정은 수립 이후 보수 세력과 연합하면서 각종 억압체제의 형성을 통해 이들에 의한 노동운동을 막고자 했다. 그러나 전평을 분쇄할 뚜렷한 명분을 찾지 못하다가 9월 파업 이후 전평의 활동이 노골적으로 반미정치투쟁으로 나가자 이를 강력히 억압하고자 했다. 반면, 미군정은 노동관계 제법령을 어느 정도 형식적으로나마 제정하기는 하였으나 그 당시 기업주들은 이들 제법령을 거의 준수하지 않았으며 미군정 또한 이에 대하여 실질적인 강제력을 갖고 규제하지 않았으므로 노동자들은 합법의 허울 밑에서 비합법적인 초과수탈을 당할 수밖에 없었다.

그렇다면 당시 전평은 어떤 상태에서 어떤 운동노선을 지니고 있었는가 그 당시 자료를 살펴보면 해고반대 투쟁과 통일전선을 강조하고 있음을 알 수 있는데(김양재, 1947: 316~336) 경제투쟁과 정치투쟁의 결합방식을 보이고 있다. 즉 미군정이 장기화되고 좌우대립이 격화되면서, 전평의 미군정과 타협노선은 점차 미군정 반대의 정치투쟁으로 이행했던 것이다.

한편 1947년에 접어든 후에도 남한의 사회경제 상태는 호전되지 않아 쌀 부족으로 기근과 실업 문제 등은 전년도에 못지않게 심각했다. 따라서 계속하여 남한 각지에서의 산발적인 소요는 진행되고 있었다. 전평을 비롯한 파업 지도부는 이른바 그들이 말하는 10월 인민 항쟁에서 파괴된 조직을 재편하여 다시 한 번 새롭게 투쟁을 고양시키려 투쟁해 나갔다. 따라서 1947년 3월 22일 전평계 노조는 24시간 시한부 파업에 들어갔다. 서울 출판노조를 비롯하여 철도, 전기 등이 파업에 들어가고 전국 각지 전평산하 노조는 모두 파업지령에 응하였으므로 대구, 부산, 인천, 이리, 군산, 광주, 전주 등 남한의 주요 도시들에서는 철도 공장 등 각 직장에서 파업이 일어났다(김낙중, 1982: 73). 이는 1946년 9월 총파업 때보다는 범위나 규모가 적다하더라도 각지에서 농민, 노동자들에 의한 관청, 경찰서 습격과 같은 폭동을 수반하였다. 이 파업에는 전평산하의 기간 산업부문 노동자 약 28만 명이 참가하였고 16여 만 명의 농민, 시민이 이에 호응하였고 또한 8만여 명의 좌익계 학생들이 가담하였다. 각 부분의 파업 노동자들의 구호는 거의 다 경찰 간부 처단, 경찰의 민주화 테러의 방지, 실업방지, 피검중인 좌익지도자 석방 생활 확보 등이었다(『동아일보』, 1947.3.24). 따라서 이들 일련의 사태는 비록 그것이 좌익세력에 의해 조종되었다 하더라도 그 당시 남한노동자들이 처해 있던 열악한 사회경제상태와 그들의 통일된 민주국가 건설에 대한 바람을 반영한 것이며 이를 좌익계가 이용한 것이라 볼 수 있다. 그러나 미군정이 대한노총을 옹호하고 좌익노동단체인 전평에 대해서 타도방침을 진행하고 있는 데 대한 반발이었다고도 볼 수 있다. 실제로 1947년 2월 16일 이후 3일간 전평 제2회 정기대회가 개최되어 여기서 새로운 방침이 채택되었는데 대회종료 다음 날인 19일에는 위원장, 부위원장을 비롯한 전평간부 51명이 무허가 집회를 이유로 검거되어 군사재판에 회부되었던 것이다(조선통신사, 1949: 213).

　전평은 이와 같은 격렬한 투쟁 과정에서 많은 조직이 파괴되고 약화되었다. 따라서 그 후의 전평의 운동노선을 살펴보면 파괴된 조직의 재건, 약화된 조직의 정비와 강화를 강조하고 있다. 또 대중과의 밀착을 토대로 하지 않은 여하한 정치투쟁도 무력하다고 보며 직장 내의 모든 대중을 토론에 참가시키고 그 의사를 존중하며 참작해야 된다고 보아(김양제, 1947: 315) 대중과의 밀착을 강조하고 있다. 이는 곧 통일전선을 의미하는 것이다. 또 당시 남한에서는 특히 정권의 문제가 그 어느 때보다도 강조되지 않으면 안된다고 다음의 글에서처럼 보여주고 있다.

> 오늘의 조직문제는 단순한 조직의 문제에 국한되는 것이 아니라 실로 결정적인 정치적 문제인 것이다. 파괴된 조직의 재건, 약화된 조직의 정비와 강화, 이것을 통하야 전 조직의 역량을 재배치하고 투쟁함으로써 노동자 계급의 다수자 획득이라는 기본적 임무를 달성할 수 있는 것이며 미군철퇴, 통일진주독립의 위대한 구국투쟁의 '선두대'가 될 수 있는 것이다(김양제, 1947: 344).

그런데 1947년 중반에 열린 제2차 미소공위는 아무런 합치점 없이 결렬되고 미국은 결국 그해 9월 단독정부 수립 방침을 확정하고 한국의 독립문제를 유엔에 이관하는 형식으로 단독정부 수립 방침을 관철시켜 나갔다. 이러한 상황 속에서 미군정의 이대위 노동부장은 1947년 6월, "정치색을 띤 노동조합은 정당한 단체로 인정하지 않겠다"는 담화문을 발표하여 전평을 완전히 불법화시켰다. 이렇게 정치정세가 좌익타도와 우익 정권수립으로 나가고 있는 속에서 좌익 측은 대중봉기에 의한 정권탈취로 나아갔으며 전평은 전면적으로 반우익 정치투쟁으로 치닫게 되었다고 할 수 있다(김익진, 1986: 110~111). 이러한 흐름 속에서 대규모적으로 전개된 것이 2·7투쟁과 5·8남조선단정반대총파업이었다(한국노동조합총연맹, 1979).

이와 같이 살펴볼 때 극우세력에 의한 단정수립을 수행해야 했던 미국은 전평을 중심으로 하는 대중부분에 대하여 경찰 및 우익 청년단체를 통하여 강제적인 탄압을 강화하여 갔다고 할 수 있다. 반면 대중 부문의 형식적인 참여 내지 동원을 위하여 노동자부문에 대해서 잠정적인 무마책을 제시하지 않을 수 없었다. 즉 좌익의 주도하에 진행된 정치적 성격을 띤 대파업의 경우를 제외하고는 대체적으로 노사분규를 행정조정에 의해서 해결해 줌으로써 이들의 생존투쟁이 직접적으로 폭발하지 않도록 하는 우익지향성을 유도했던 것이다(최봉대, 1985: 368). 또 우익 노동조합인 대한노총을 적극적으로 지원했던 것이다.

3) 대한노총의 결성

앞서 살펴본 것처럼 전평의 광범위한 대중투쟁의 조직에 대항하기 위하여 독청과는 별개의 독자적인 노동단체를 조직하지 않으면 안될 필요성을 느껴 미군정 노동부와의 합의하에 조직된 것이 대한독립촉성노동총연맹(이하 '대한노총'이라 함)이었다.

1946년 초 신탁통치 문제를 둘러싸고 '찬탁'-'반탁' 진영으로 분열되고 전평산하의 노동자들이 모스크바삼상회의 결정안 지지를 위한 대중집회에 대거 참석하자, 우익정치인들은 대중조직의 필요성을 절감하고 우선 노동조합의 조직에 착수하였다(한국노동조합총연맹, 1979: 272).

새로운 노동조직은 우익정치세력에 대한 의존도가 강하였고, 그 때문에 새로운 노동조직에 대한 우익정치세력의 영향력이 압도적으로 강할 것임을 예측하기 어렵지 않다. 이 새로운 노동조직은 바로 대한노총으로, 1946년 3월 10일 국내에서 노동운동이 크게 고양되고 있던 시기에 우익계정치인이 참석한 가운데 우익청년단체 및 정당관계 인사들에 의해 상층지도부만으로 출발하였다. 대한노총은 다음과 같은 특징을 가지고 있다.

첫째, 대한노총은 노동조합의 필수적인 기능인 노동조건의 개선과 같은 경제적 기능이나 공제기능을 목표로 하지도 않았고, 따라서 노동자대중의 일상적인 투쟁을 이끌어가고 해결해 줄 목적은 없었다. 오히려 우익정치인과 자본가, 미군정의 지원을 절대적인 존립근거로 하였기 때문에 반공투쟁을 통한 전평의 노동운동을 분쇄하는 정치적 기능을 강조하였던 것이다.

둘째, 미군정과 우익정치세력은 좌익정치세력과 전평에 의해 주도되고 있는 변혁지향적인 노동운동을 제거하고 우익반공주의적 노동운동을 정착시켜야 할 필요성에서 직접적으로는 자금지원, 전평에 의한 총파업을 진압하는 과정에서의 대한노총과 협조, 공동진압 등의 방법으로, 간접적으로는 각종 법적 조치를 마련해 줌으로써 대한노총의 조직확대를 지원하였다.

1946년 3월에 결성되기는 하였으나 기층노동자들을 아직 제대로 포섭하지 못한 대한노총의 조직확대 또는 세력확장과정은 미군정과 우익테러단체의 지원 아래 모든 방법을 동원한 전평과의 투쟁과정이었다. 즉 대한노총의 조직확대는 이미 산별조직으로 편제되어 있던 전평의 지역별 조직을 작전단위로 하여 실력적으로 분쇄, 추출하는 과정이었다. 특히 9월 총파업 이후 진압과정에서 전평에 대한 미군정의 대대적인 탄압이 가해지기 시작하는 것과 발맞추어 대한 노총의 조직 확대 공작은 성공하였다(김영태, 1972a: 164~175). 또한 미군정에 의한 전평분쇄 및 대한노총의 옹호는 대한노총 경전노조를 유일 합법노조로 인정하는 과정에서 명백히 드러나고 있다.

전평을 구축하고 자신의 기반을 다져나간 대한노총의 조직확대는 한마디로 미군정과 우익정치세력의 지원과 비호하에 전평을 폭력적으로 구축하는 과정이었다고 할 수 있다. 앞에서 보았듯이 전평주도하에 일어난 4차례의 총파업과 정치적 시위에 대해서 미군정과 우익정치세력은 지도부를 검거하고 열성분자들을 대량해고·투옥한 결과 전평의 기반은 와해되기 시작하였으며, 그럼으로써 대한노총이 침투할 수 있었다. 어쨌든 이러한 과정에서 대한노총의 조직적 기반은 급속도로 확장되었다.

그러므로 1947년 9월 군정청 노동부발표에 의하면 1946년만 해도 1,000여 개를 헤아리던 전평산하 노조 수는 13개로 격감했고 100만을 웃돌던 노조원 수는 2,465명으로 준 반면, 대한노총 산하 노조 수는 221개 조합원 수는 39,786명으로 크게 늘어났다.

이러한 대한노총은 당시 민족주의적인 우익진영조차도 탐탁치않게 여겼던 단독선거인 5·10선거를 앞장서서 지지하였다. 사실상 대한노총은 1947년도 메이데이 행사에서 보았던 것처럼 이승만의 미국방문과 그 대미외교의 성과(즉 단독정부 수립)를 가장 적극적으로 지지했던 단체 중의 하나였다. 심지어 대한노총은 5·10선거에 대비하기 위하여 1948년 3월 24일, 중앙선거대책위원회를 구성하기조차 했었다. 또 이 선거에서 대한노총의 중요 간부들이 직접 출마하기도 했다(한국노동조합총연맹, 1979: 295). 여하튼 대한노총의 조직은 이승만 정권수립 이후 좌익잔당 토벌이 진행되는 과정에서 비약적으로 확대되었다.

그런데 전평지도부는 와해되었으나, 지방조직은 그 후로도 한동안 그 영향력을 행사할 수 있었던 사실을 상기할 필요가 있다(성한표, 1985: 400). 대표적인 사례를 몇 가지 든다면, 첫째, 1948년 6월 헌법제정 당시 대한노

〈표 7-9〉 산업별 노동조합 및 조합원 수(1947년 9월 현재)

	사업체 및 노동자 수		
	사업체	노동자	
		남	여
금속공업	226	7,722	226
기계기구공업	394	17,717	469
화학공업	299	13,961	4,949
가스·전기·수도업	43	7,091	641
요업 및 토석공업	241	6,812	652
방직공업	474	13,568	27,935
제재·목제품공업	272	9,588	144
식료품공업	369	13,185	2,925
인쇄 및 제책업	136	4,567	513
토목건축업	123	15,068	381
기타공업	159	4,818	1,601
합계	2,736	114,097	40,436

	노동조합 및 노동조합원 수											
	대한노총산하			전평산하			기타			합계		
	조합	조합원		조합	조합원		조합	조합원		조합	조합원	
		남	여		남	여		남	여		남	여
금속공업	17	821	25	—	—	—	1	95	—	18	916	25
기계기구공업	55	7,366	128	7	742	12	4	149	4	66	8,258	144
화학공업	38	4,567	953	3	532	365	6	431	52	47	5,530	1,370
가스·전기·수도업	9	4,391	535	—	—	—	—	—	—	9	4,391	116
요업 및 토석공업	9	853	31	1	188	84	1	153	1	11	1,194	116
방직공업	52	5,015	10,721	1	50	480	7	985	2,623	60	6,050	13,824
제재·목제품공업	5	443	71	—	—	—	1	8	—	6	451	71
식료품공업	12	1,055	110	—	—	—	1	63	3	13	1,118	113
인쇄 및 제책업	11	870	192	1	11	—	—	—	—	12	881	192
토목건축업	1	49	—	—	—	—	3	91	—	4	140	—
기타공업	12	1,348	242	—	—	—	4	225	25	16	1,573	267
합계	221	26,778	13,008	13	1,524	941	28	2,200	2,708	262	30,502	16,238

* 자료: 조선은행조사부(1948: III~156).

총지도부는 헌법에 노동기본권과 아울러 근로자들의 이익균점권(利益均霑權) 조항을 삽입하도록 하였고 둘째, 국가공무원법 제정 때에는 국영기업체 종사원들의(특히 철도노동자들의) 노동조합활동을 보장하기 위해 투쟁하기도 했으며(한국노동조합총연맹, 1979: 295~298), 동년 11월 귀속재산처리법 심의 때에도 귀속재산을 매각하고자 할 경우에는 그 사업체의 노동자 대표기관인 종업원조합에 우선적으로 매각하도록 하는 수정안을 제출·통과시키기도 했다(김낙중 1982: 162). 이러한 예에서 볼 수 있듯이, 대한노총은 비록 자본주의체제 자체를 위협한다기보다는 노동자들의 권리를 자본주의 내에서 보다 많이 확보하려는 개량적인 성격의 요구들이기는 하나, 한국전쟁 이후 강력한 반공이데올로기로 무장한 이승만체제가 공고히 될 때까지는 전평의 주도하에서 제기된 여러 가지 요구를 변형된 형태로나마 제기하고 대변하려고 했던 것이다(김기원, 1989: 101~102).

또 다른 특징은 대한노총의 결성 과정이나 세력확장 과정에서 외부 정치세력의 지원에 힘입은 바가 컸다는 사실이 지도부 내부의 파벌싸움을 조장하는 조건이 되었다는 것이다. 전평이 대한노총의 지위를 위협하는 한, 내부의 파벌싸움은 표면화되지 않았다. 그러나 일단 전평의 위협이 완전히 제거되자, 노동자대중의 진정한 이익을 대변할 의사가 없었던 대한노총간부들은 개인의 권력욕을 위해 분파싸움을 노골적으로 시작하였다. 이 같은 미군정기 노동운동의 성격과 역사적 의의는 다음과 같이 생각해 볼 수 있다(이혜숙, 1986: 106~107).

첫째, 해방 직후의 노동운동의 주도세력으로서 전평의 성격이 일제하 지하에 잠복해서 민족해방운동과 관련을 맺고 있었던 잠재세력의 성격과 맥을 같이 한다는 점이다. 이것이 단기간 내에 노동조합의 신속하고 강력한 조직력을 가능하게 했고, 해방 직후 노동운동의 성격을 좌익적 경향을 가지게 하는 요인이었다고 할 수 있다. 그러므로 이 시기의 노동운동은 임금노동자의 노동쟁의라는 일반적 성격에 더하여 해방 이후 전환기의 사회, 경제 질서에 능동적으로 참여하고자 한 점에 그 특색이 있다. 즉 노동운동을 통해 국가형성과정에 참여하고 국가의 성격을 자신들에게 유리한 것으로 만들고자 노력했던 것이다.

둘째, 해방 직후 노동운동을 당시의 열악한 사회, 경제상황과도 밀접한 관계가 있다는 점이다. 노동자들은 전평을 통해 좌익 정치운동에 동원되기도 했지만 그들의 생활조건에 대한 극복의 소망을 전평의 투쟁을 통해서 나타내고자 했다고 봐야 한다. 왜냐하면 대중 부문의 정치적 지향은 특정 세력의 이데올로기를 통해 드러난다 할지라도 그들의 기본적인 생존권 요구와 사회 경제적 조건에 의해서 크게 좌우되기 때문이다.

셋째, 전후 사회주의 세력의 팽창저지를 기본 전략으로 삼은 미군정이 보수 세력과 연합하게 되고 이들과 좌익적 성격을 갖는 노동운동과는 대립관계에 들어가지 않을 수 없었다는 점이다. 격화된 노동운동에 대하여 미군정은 노자협조주의 개량주의의 원칙으로 대응하였고 그렇지 않으면 탄압했던 것이다. 따라서 그 결과는 전평을 중심으로 한 노동운동의 붕괴로 나타났다. 반면 대한노총은 미군정과 우익진영의 적극적인 지원을 받으면서 조직을 확대해 나갔던 것이다. 또한 이처럼 좌익적 경향을 지니고 있었던 노동운동전통의 단절은 해방 3년 동안의 사회변동과정 속에서 와해의 길을 걷게 된 좌익 진영의 운명과 분리시켜 생각할 수 없다.

넷째, 해방 직후 노동운동의 주도세력으로서 전평의 운동은 노동자들의 일상적 이익을 추구하는 경제투쟁과 통일된 자주적 민족국가를 수립하기 위한 정치투쟁의 상호 통일하에서 진행되었다는 점이다. 그러나 전평은 미군정기 초기의 광범위한 투쟁을 통해 대중의 역량을 집결하여 조직화하는 데 실패하고 마는데, 이는 전평이 미군정의 성격을 제대로 파악하지 못하고, 국가형성을 둘러싼 세력다툼에서 처음부터 불리한 입장에 서게 되었기 때문이다. 또 조직적 기반이 약화된 가운데 1946년 9월 총파업 이후에는 정치적 파업으로 치달음으로써 그 기층기반의 와해를 재촉하였다는 점에서 한계를 지닌다고 하겠다. 따라서 단정수립을 계기로 대중 부문과 좌익 세력과의 연합은 대체로 해체되는 과정에 직면하였다고 할 수 있다. 따라서 후에 국가형성과정에서 노동부문의 광범위한 배제로 귀결되고, 오로지 새로 수립될 국가의 성격에 동의하는 노동운동세력만의 참여만 허용하게 되었다.

다섯째, 노동운동을 억압함에 있어서 미군정과 결탁한 각종 우익 청년단체, 경찰, 군대 등이 강력한 물리적인 힘을 행사하였고, 갈수록 기민해졌다는 점이다. 또한 분단지향적 지배세력이 형성됨으로써 냉전사고가 노동운동에 대해서 강한 억압의 논리로 작용하게 되었다.

여섯째, 이로써 노동운동의 합법적 주체로 등장하는 대한노총의 성격이 정부 수립 이후 1950년대 노동단체의 정치도구화를 초래했고, 그 이후 한국 노동운동의 민주화와 자율화에 커다란 저해요인으로 작용했다는 점이다. 또 1948년 대한민국정부 수립 후 유일한 합법적 전국조직으로 된 대한노총은 자체내부에서 분열, 파쟁을 일삼고 정치적 어용화의 길을 걷는다. 그리고 그러한 분파작용은 그 후에도 계속되어 우리나라 노동운동의 정상적인 발전을 저해하는 요인이 되었다고 할 수 있다.

3. 청년운동

해방 직후 치안유지운동의 중앙조직은 건국치안대로부터 출발했다. 그 핵심세력은 건국운동의 선봉적, 전위적 역할을 담당하고 있었던 청년, 학생층이었다. 서울을 비롯해 전국 각지에서 조직된 다양한 청년 단체를 통해 청년은 그 어느 계급, 계층보다도 먼저 그리고 활발하게 새로운 국가를 건설하기 위한 기초 작업으로 권력의 공백기에 최소한 치안을 유지하고 일제의 잔재를 청산하는 활동을 벌였다(이준식, 1999: 294).

이 시기 청년운동은 통일전선 운동으로서의 가능성이 가장 높았던 부문운동이었다. 해방 직후 국가 건설의 주도권을 잡기 위한 다양한 정치세력의 경쟁이 벌어지고 있었고 좌우익을 막론하고 모든 정치세력은 자신의 중요한 정치적 기반으로 청년단체를 육성하는 데 주력했다. 미군정기 '광장의 정치'를 실질적으로 수행한 주체도 청년과 학생이었다. 우익과 좌익은 이념은 달랐지만 이들을 광장의 정치가 전개되는 장으로 불러들여 행동대로 활동하게 했다(정호기, 2008: 185). 그러나 대중운동 가운데 좌우익의 대립을 가장 극명하게 보여준 것이 바로 청년운동이었다. 국가권력의 장악이라는 중대한 기로에서 한민당과 조공 간에 표출된 정치대립은 청년운동에 반영되어 인공지지세력과 임정지지세력의 대립으로 나타났다.

실제로 인공 수립, 신탁통치 정국이라는 과정을 거치면서 해방정국이 좌, 우익 대결로 굳어져 가자 청년운동은 내부 분열을 겪게 되었다. 신탁통치를 둘러싸고 가장 극명하게 드러난 해방정국 청년운동의 좌우대립은 이후 반세기 이상 지속되는 남북분단의 비극을 압축적으로 보여주는 것이었다. 남한의 좌익 청년운동은 단독정부 수립과 한국전쟁을 거치면서 합법적인 영역에서 소멸되었지만 우익 청년운동은 이후 남한의 정치적 지형에 지대한 영향을 미쳤다. 우익 청년 운동이 임정 봉대운동과 반탁운동을 거치면서 표방한 반공주의는 남한사회의 지배적인 이데올로기가 되어 대중의 의식과 행동에 큰 영향을 미쳤다. 한국 근현대사에서 처음으로 반공주의가 대중적인 차원에서 정착되는 계기가 이때 형성된 것이다(이준식, 1999: 315).

1) 청년 치안단체들의 노선과 활동

해방 이후 중앙에서 처음으로 청년을 조직하기 위해 움직인 것은 조선건국준비위원회였다. 그리고 건준 산하조직으로 건국치안대가 조직되었다. 건국치안대는 그 조직 부서 가운데 학도동원부를 두어 중등학교 이상의 학생을 조직하는 데 주력하고 있었다. 이후 지방에서도 건준 조직이 결성됨에 따라 치안대 등의 다양한 이름 아래 청년단체가 조직되었다(이준식, 1999: 303).

치안유지운동의 주도적인 단체는 조선학도대와 조선학병동맹, 조선국군준비대, 청년돌격대 등을 들 수 있다. 해방 직후 최소한의 치안을 유지해야 한다는 당위성 앞에서 그나마 조직과 집단을 이루고 있었던 것은 학생조직 밖에 없었다. 그러므로 이 시기 청년운동과 학생운동은 엄밀하게 구분되지 않은 채 학생운동이 청년운동으로 전개되었으며 청년, 학생층은 여타 대중운동을 이끄는 역할을 하게 되었다(김행선, 2004: 37).

건국치안대의 치안유지운동에 참여하고 있었던 치안단체들은 사상성을 불문하고 다양한 계급과 계층으로 형성된 무규율적 통일전선의 형태를 띠고 있었으며 이는 당시 대중운동의 일반적 성격이었다. 치안유지운동의 핵심세력은 일제치하에서 지하활동을 해오던 청장년층과 강제징집되었다가 귀환한 청년, 학생층, 석방된 정치범들 및 그 주위에 집결된 노동청년들이었으며 그 외에 자생적으로 조직된 각 지방과 지역 내에서의 청년단체들이었다(김행선, 2004: 46).

해방 직후 조선학도대, 학병동맹, 국군준비대 등을 비롯한 치안단체들은 초기 건준의 노선인 '치안유지'를 표방하고 치안유지운동에 전력했다. 그러나 이들의 실천적인 대중활동들은 해방 직후에 조성된 전반적인 혁명적 조건을 배경으로 협의의 치안유지 차원을 넘어서서 사회전반에 걸쳐 대중권력을 창출하기 위한 물적 토대 및 물리적, 정치적 기반을 형성하는 준비작업의 일환으로 전개되었다. 치안단체들은 중앙 및 각 지방에서 개별적, 분산적으로 협의의 치안유지운동과 더불어 정치지도자들의 정치활동을 추진하는 각 위원회와 노동조합, 농민조합 등 각종 조직운동의 핵심체로서 활동했다(김행선, 2004: 52~61). 각 지방에서 청년단체들을 중심으로 노동조합, 농민조합 등의 조직운동 외에 면, 군, 도 인민위원회 조직운동이 전개되었다.

2) 좌익 청년단체

대중운동은 1945년 9월 6일 인공이 결성되자 이를 지지하는 정치적 대중운동으로 성격을 전환시켜 나갔다. 청년운동의 성격은 단순한 치안유지의 차원을 넘어 해방의 성격과 혁명의 지향성 및 이를 위한 청년의 임무가 적극적으로 강조되기 시작했다. 이리하여 청년운동은 당면한 정세변화에 대응하여 반제, 반봉건투쟁을 수행하기 위한 통일적인 조직단계로 돌입하게 되었다. 이는 청년운동의 내재적 발전조건과 더불어 조공의 전략적 통일전선에 의해 결성되었다고 할 수 있다(김행선, 20004: 79).

좌익 청년단체는 조공 및 남로당의 외곽단체로서 존재했는데 이는 기본적으로 광범위한 청년층을 기반으로 한 청년대중조직으로서의 성격을 가진 것이었다. 이들은 그들의 상부 조직인 전위당의 정치노선과 조직노선을 따르면서 객관적인 조건의 변화나 투쟁국면의 전개에 따라 다양한 내용과 유형의 투쟁을 전개해 나갔다(류상영, 1989: 62).

좌익 청년단체의 계보와 전개과정은 대체로 4단계로 나누어 볼 수 있다. 제1단계는 해방 직후부터 전국청년단체총동맹(이하 '청총'이라 함)이 결성되기까지의 시기에 해당된다. 이 시기에는 주로 각 지방에서 진보적 청년들이 건준지부 및 인민공화국의 인민위원회에 참여하여 보안대 혹은 치안대 등의 다양한 이름 아래 자발적인 치안유지 기능을 담당했다.

제2단계는 청총의 결성에서부터 조선민주주의청년동맹(이하 '민청'이라 함) 결성 이전까지의 시기이다. 청총은 탁치정국 아래 조성된 국내 정세지형의 변화에 대응하기 위해 일반 대중운동의 전반적인 흐름과 청년운동의 내부변화 및 조공의 반파시즘 인민전선이라는 전략적 전술에 따라 민청으로 해소될 수밖에 없었다(김행선, 2004: 217). 민청은 탁치문제 이후의 정세변화와 대중운동의 질적 성장에 직면하여 조공의 반파시즘 인민전선과 청총의 내재적 발전과정에 따라 결성된 것이다. 조공은 해방 직후 조직된 각종 좌익 청년단체들을 통일적으로 지도하기 시작했고 모스크바삼상회의 결정안의 발표에 따른 우익의 조직정비와 아울러 본격적인 좌우충돌적 국면이 전개되었다. 좌익 청년단체는 조공, 민전, 남로당 등의 외곽단체로서 이들의 통일적 지도에 따라 정치활동을 전개하였다. 최초의 통일적 지도의 산물인 청총이 전국에 걸쳐 조직되고 이후 모스크바삼상회의 결정안을 둘러싸고 전개된 좌우대립의 국면에서 모스크바삼상회의 결정지지와 인공 사수를 결의하고 테러에 대한 실력대응과 아울러 구체적인 교양선전사업을 전개하였다.

제3단계는 민청 결성부터 해산까지의 시기이다. 공산주의 청년운동인 조선공산주의청년동맹(이하 '공청'이라 함)은 1946년 1월 24일 삼상결정안의 지지투쟁을 계기로 조공의 해산명령에 따라 공청의 '대중화'를 표방하면서 조선공산당이 '청년부'를 신설하자 청총과의 이중적 구조체계[17]를 해소하

---

17) 원래 공청은 해방 직후인 8월 18일 장안파 공산당에 의해 조직된 바 있었다. 9월 들어 조선공산당이 재건되자 공청은 곧 조선공산당 산하로 흡수되었다(이준식, 1999: 305). 공청과 청총 사이는 실질적으로 한민족의 완전독립과 청년의 해방을 목표로 서로 협력, 제휴관계에 있으면서도 상호견제하는 관계에 있었다(김행선, 2004: 106~107).

고 광범위한 진보적인 청년대중들을 결집시키기 위해 민청이라는 통일적인 중앙집권적 조직체로 개편되었다(김행선, 2004: 226). 즉 이 시기에는 청총이 민청으로 발전되고 공청이 기존의 청총과의 상호견제 관계를 극복하기 위해 역사적인 해소를 함과 동시에 민청으로 개편되어 좌익 청년조직의 민청으로의 일원화가 이루어진다. 공청의 대중화 요구와 청총의 조직적 한계를 극복하고자 전개된 민청운동은 공청의 발전적 해체와 조직 강화를 통해 민청을 탄생시킴으로써 좌익 청년조직이 민청으로 일원화되고 조직구성에서도 기존의 청총과는 달리 노동, 농민청년층이 고루 참여하게 되었다.

제4단계는 조선민주애국청년동맹(이하 '민애청'이라 함)이 결성된 이후의 시기에 해당된다. 민애청은 조직원 확장사업과 미소공위에의 합법적 참여 노력에도 불구하고 더 이상의 공개활동은 불가능하게 되고 1946년 10월 항쟁 이후 주요 좌익의 대중조직이 파괴된 상태에서 조직의 전위조직화 현상을 보이면서 비합법 무장투쟁의 주요 세력의 하나가 되었다(류상영, 1989: 99~100). 이러한 좌익 청년단체의 성격은 다음과 같이 정리해 볼 수 있다(류상영, 1989: 68).

첫째, 개인에 대한 총성도에 많이 의존했던 우익 청년단체와는 대조적으로 좌익 청년단체의 경우에는 개인의 이해에 따른 조직의 변화는 있을 수 없었는데 이는 결코 복잡하지 않은 계보표에서도 드러난다. 이는 좌익 청년단체는 명백히 당의 외곽단체로서 조공 민로당의 청년부에 의해 통일적으로 지도되었음을 의미한다.

둘째, 좌익 청년단체의 전개과정은 통일전선의 확대 및 공고화 과정이었다. 즉 각 단계별 청년단체의 등장은 더욱 광범위한 청년단체을 포섭하기 위한 조직 확대의 과정임과 동시에 '소부르주아적 가두층을 중심으로 한 청년운동에서 방향을 돌려 노동청년과 농민청년을 중심으로 한 근로청년운동'으로 전개해 나가기 위한 조직의 공고화과정이었다.

셋째, 처음의 합법적 대중투쟁으로부터 점점 비합법, 무장투쟁으로 전환되었음을 보게 된다. 이는 신전술 채택, 10월항쟁, 2·7구국투쟁, 4·3항쟁 등으로 변해가는 좌익 정치세력 전체의 투쟁노선의 전환을 반영하는 것인데 조공 및 남로당의 가장 전투적인 외곽단체의 하나에 속하였던 좌익 청년단체의 경우 이런 투쟁노선의 전환이 훨씬 뚜렷이 반영되었던 것으로 이해된다.

3) 우익 청년단체

우익 청년단체는 우익 정치조직 및 우익 정치지도자들을 자기 활동의 기반으로 삼고 때로는 자발적으로 때로는 정치지도자들의 요구에 따라 정치활동을 전개하였다. 우익 정치세력 및 지도자에 있어서 우익 청년단체는 한편으로는 정치선전과 세력 확보를 위하여 다른 한편으로는 최소한 좌익세력으로부터의 자기 보호를 위하여 필수적인 장비가 되었던 것이다. 이들은 미군정의 지배정책 내부의 알력관계를 반영하면서 이합집산의 과정을 걷게 되는데 결국은 이승만, 한민당 중심의 보수세력이 분단국가를 형성시킬 수 있도록 지원하는 적극적 국가형성세력의 하나로 역할하게 된다(류상영, 1989: 69).

우익 청년단체의 계보와 전개과정은 대체로 4단계로 나누어 볼 수 있다 제1단계는 해방 직후부터 모스크바삼상회의 결정안이 발표되기 이전까지의 시기이다. 해방 직후에는 인민위원회 및 좌익 청년조직이 중심이 된 남한 내 혁명적 상황에 압도되어 구체적인 조직활동을 하지 못하다가 미군의 진주, 이승만의 귀국, 김구의 귀국에 힘입어 38도선 이북에서 넘어온 월남청년들이 중심이 되어 우익 청년단체 조직이 시작되어 1945년 12월 21일에는 대한독립촉성전국청년단체총연맹이 결성되게 되었다.

해방정국기에 청년운동의 중요성을 더 절실하게 느끼고 있던 것은 우익 정치세력이었다. 왜냐하면 우익의 경우 청년 외에는 대중적 기반이 없었기 때문이다. 그리하여 한민당은 1945년 11월 청년부를 설치하고(『자유신문』, 1945.11.10) 전진한, 유진산 등을 내세워 우익의 반공 전위대로 청년단체를 조직하는 데 전력을 기울였다. 한민당이나 이승만 계열은 직접 또는 자본과 언론을 통해 우익 청년 단체가 활동하는 데 필요한 막대한 경비를 지원하면서 우익 청년운동을 육성하고 있었다(이준식, 1999: 302~303). 한민당은 1945년 11월 1일 제3회 중앙집행위원회를 개최하고 청년부, 훈련부, 부인부를 신설하기로 결정했다. 이처럼 한민당은 인공지지세력이 광범하게 확대, 강화되는 것을 저지하기 위해 청년부를 신설하여 우익청년단체를 조직하고 청년운동을 지도했던 것이다(김행선, 2004: 86).

우익청년단체들의 통합운동은 임정환국을 계기로 더욱 촉진되었다. 그 결과 1945년 11월 5일에 결성된 독립촉성청년연합회는 11월 29일 조선청년대동단결총본부를 위시한 19개 청년단체 대표들이 참석한 가운데 '독립촉성중앙청년회'로 명칭을 개칭하였다. 이후 독립촉성중앙청년회는 우익진영의 전국적 청년단일전선체로서 청년단체연합체인 '대한독립촉성전국청년단체총연맹'를 결성하였다(김행선, 2004: 88~89). 대한독립촉성전국청년단체총연맹은 해방 이후 처음으로 전국적인 조직을 가졌던 우익청년단체였다. 이처럼 우익청년단체의 생성은 좌익세력에 의해 선점된 해방정국에서 미군정의 시행과 더불어 한편으로는 좌익세력을 폭력으로 저지하기 위하여 다른 한편으로는 정치선전과 권력유지를 위하여 우익정치세력의 배후행동대로 조직되었다.

제2단계는 모스크바삼상회의 결정안이 발표된 이후의 시기에 해당되는데 좌익과 우익의 대립이 찬탁과 반탁으로 구체화되면서 우익 청년단체의 조직이 확대된다. 미군정은 탁치문제에 당면하여 미소공위를 추진하면서 또 한편으로는 반공, 반소운동으로 직결된 반탁운동을 은밀하게 방조 내지 지원하는 두 가지 전술을 구사하고 있었다. 따라서 미군정의 이중전술은 반탁운동을 친일파, 민족반역자 청산문제 및 토지개혁의 실시 등 민주개혁의 실종과 혁명적인 정국을 돌파하기 위한 타개책으로 이용하려 했던 것이다. 일제잔존세력과 구지배 계급은 계급성을 은폐시킨 채 반탁운동을 '민족애국운동'으로 상품화시키면서 반공이데올로기를 무기로 하여 그동안의 수세적 입장을 공격적 입장으로 전환시키고 정치세력권을 확대시키는 계기를 마련했다(김행선, 2004: 211).

제3단계는 미군정에 의해 좌우합작이 추진되면서 우익 내부의 분열이 생김과 동시에 좌익에 대항할 물리력 확장의 일환에서 새로이 우익 청년단체가 조직된 시기이다. 우익청년단체의 성장과정은 우익세력의 세력확장과 밀접한 연관 속에서 이루어지고 있는데 반탁운동을 계기로 우익세력이 정국의 주도권을 확보하게 되면서부터 우익청년단체의 조직체계가 확립되었고 좌익의 비합법적 병행노선에 대응하여 9월 총파업과 10월항쟁을 진압하는 과정에서 급격한 성장이 이루어질 수 있었다. 1946년 9월 총파업 그리고 10월항쟁을 진압하는 과정에서 미군정은 경찰지원병력으로 우익청년단체를 활용하였다. 이 사건은 군정경찰과 우익청년단체들이 협동작전을 전개하는 등 그들의 관계를 매우 공식적이고 직접적이며 조직적인 협조관계로 바뀌게 하였다. 이러한 협조관계를 바탕으로 해서 우익청년단체의 지방조직 및 활동이 확대될 수 있었다(오유석, 1988: 60).

1946년 가을 중요한 우익청년단체들의 판도는 연맹체제인 대한독립촉성전국청년단체총연맹을 하나의 횡축으로 하고 대한민주청년동맹(이하 '대한민청'이라 함), 한국광복청년회(이하 '광청'이라 함), 대한독립청년당(이하 '독청'이라 함), 조선민족청년당(이하 '족청'이라 함), 서북청년회(이하 '서청'이라 함) 등 5개 단체가 병립하고 있었으며 이 밖에도 대한독립촉성국민회 청년단과 학생단체로서 전국학련 등이 있었다(김행선, 2004: 380).

제4단계는 1947년 9월 한반도문제가 유엔으로 이관된 이후 우익 청년단체가 이승만의 단정수립을 지원하는 시기에 해당된다(류상영, 1989: 69~75). 우익청년단체의 역할은 처음에는 좌익세력을 다음에는 반이승만세력을 국가형성과정으로부터 거세하고 결국 이승만-한민당의 단정세력이 정치권력을 장악하도록 하였으며 그 과정에서 실질적인 경찰보조기구 즉 준국가기구로서의 역할도 수행하였다. 이를 족청을 중심으로 좀 더 구체적으로 살펴보자.

1946년 10월 하지 중장은 맥아더에게 보낸 메시지에서 "점령군 및 경찰을 증대시키고 지원할 목적으로 우익청년군을 구성해야 한다"(『미국무성 비밀외교문서』, 1946: 365)고 주장했다. 이것은 9월 총파업 10월항쟁이 발발한 직후의 일이었다. 이에 극동극장 빈센트는 "한국에서 '우익청년군'을 조직하는 일이 전적으로 부적합한 것이라고 보여지며 한국인 경찰관을 증강시킴으로써 목적을 달성하게 될 것"(『미국무성 비밀외교문서』, 1946: 366)이라고 말했다. 그러나 하지는 끝내 그의 주장을 관철시켰다. 미군정 당국은 먼저 경찰력을 보충, 강화하기 위해서 우익청년 대원들을 대규모 한국 경찰에 정식 임용했으며 그 다음으로 미군정의 직접적 지원을 받는 우익청년단체 즉, 족청을 1946년 10월 9일 발족시켰다(오유석, 1988: 50). 민족지상, 국가지상과 비정치, 비종교, 비군사라는 족청의 이념이 지니는 대중적 설득력과 족청의 자체조직력, 미군정의 직접적인 조직활동을 바탕으로 하여 족청은 전국적으로 자신의 조직체계를 구축하여 갔다.[18]

조직결성 및 초기활동과정에서 나타난 족청의 성격은 경찰예비대, 즉 '정치적 소요'에 대비해 '극우세력과 연대하여 주한미군과 경찰을 조력할 준군사단체로서의 우익청년군이었다. 하지만 미 본국 정부의 반대로 말미암아 경찰예비군이라는 족청의 초기 위상이 변화되면서 경찰예비군적 성격은 바뀌게 되었다(임종명, 1996: 182). 즉 '미소협상에 의한 단일정부 수립'을 추진하던 미 본국정부의 반대에 부딪히면서 족청의 위상은 '경찰예비군으로서의 우익청년군'에서 단기적으로는 '남한을 안정화시키는 대중장악기구'로 장기적으로는 '향후 한국의 지도세력을 양성하는 조직'으로 변화하였다(임종명, 1996: 209).

경찰예비군으로 조직된 족청에 대해 연합군태평양사령부 및 미 본국정부는 1946년 10월의 결성 초기부터 반대와 회의적 반응을 보였다. 국무부와 연합군태평양사령부의 반대에도 불구하고 미군정은 이미 결성된 족청에 대한 후원을 밀고 나갔다. 그러나 미국무부의 반대에 직면하면서 애초 미군정이 상정하였던 족청의 위상과 성격은 변화하게 되었다. 변화된 위상과 성격은 군정장관대리인 헬믹 소장이 1947년 10월 20일에 주한미군정의 모든 부서장과 기관장들 및 고문관에게 보낸 '족청의 목적과 활동에 관한 비망록'에 잘 나타나 있다. 이 비망록에 따르면 족청은 크게 두 가지 미군정의 '남한안정화프로그램'을 수행하고 '향후 한국의 지도세력을 양성'하는 조직으로 그 역할과 위상이 부여되었다.

미군정은 '족청사업'을 '지원사업'이 아닌 "주한미군정의 공식활동"으로, 또 족청을 미군정장관의 책임하에 있는 하나의 부서로 변화시켰다. 이러한

---

[18] 이하 족청에 대한 설명은 임종명(1996)의 글을 참조했음.

맥락에서 미군정은 물적, 인적 자원을 족청에 투자하였다. 물적 자원의 투자를 보면 미군정은 1947년부터 족청 예산을 미군정과 남조선과도정부의 정시계산항목인 예산보조금으로 편성, 지시하였을 뿐만 아니라 건설장비와 부동산 및 체육도구 등 기타 장비를 배정했다(임종명, 1996: 185). 족청에 대한 미군정의 재정지원은 1946년 500만 원과 1947년 물량지원 1,900만 원으로 알려져 있다(오유석, 1988: 51). 이처럼 미군정은 미군정의 남한안정화프로그램의 실행조직으로 그리고 장래 한국의 지도자양성조직으로 족청을 육성하고자 노력하였다. 미군정은 족청이 '미소협상을 통한 한반도 단일정부 수립에서 남한단정수립'이라는 미국의 대한정책의 범위 안에서 활동하도록 할 수 있었다(임종명, 1996: 195).

족청은 창설 이후 '비정치 청년운동'이라는 자신의 주장에 따라 지역봉사활동과 단원훈련활동을 주로 하면서 '현실정치'로부터 떨어져 있었다. 그런데 미국의 분단정책이 공개화되는 시점인 1947년 9월 이후 이전의 주장과는 달리 남한단선에의 참여준비라는 '정치적 활동'을 개시하였다. 1947년 말, 1948년 초에 이르면 족청 중앙은 본격적으로 족청 내부에 대한 반공세력을 개시하면서 조직을 정비하는 한편 대규모로 조직의 확대를 도모하였다. 내부정비 과정과 더불어 족청은 이전에 충돌관계에 있었던 단선주도파와 연대하여 본격적으로 단선 준비활동에 참여하였다(임종명, 1996: 204).

이처럼 대한민국이 수립되는 과정에서 우익청년운동은 그 전위적 역할을 했다. 탁치정국 아래 제2차 미소공위가 다시 속개되는 시기를 전후로 해서 좌우익 진영 간의 투쟁은 청년단체를 중심으로 치열하게 전개되었다. 극우청년단체들의 폭력주의에는 광란적인 반공히스테리와 적대적 증오감이 반영되어 있었으며 결국 행동의 폭력을 수반함으로써 민족화합에 치명적인 결과를 낳게 되었던 것이다. 이들은 반공정신이 곧 독립정신이며 애국운동임을 강조했으며 반탁이 건국의 길임을 제창했던 것이다. 그리고 이러한 노선에 따라 극우청년단체들은 좌익진영과의 치열한 투쟁을 전개했던 것이다(김행선, 2004: 740).

5·10선거가 다가오면서 우익청년단체들은 '총선거추진운동'이라는 새로운 운동단계로 나아갔으며 대부분의 우익청년단체들은 단선을 지향하는

이승만의 노선을 지지하고 남한 단선을 위한 총력투쟁을 전개했다. 구국청년연맹을 중심으로 이루어진 단정수립지원 투쟁은 크게 두 가지로 구분되었다. 첫째, 김구, 김규식이 주장하는 남북협상안의 확산을 막고 총선거의 예비적 계몽활동을 전개하는 것과 둘째, 좌익으로부터의 공격을 막아내는 것이었다(오유석, 1988: 68).

미군정 경무부장 조병옥은 예상되는 남로당의 '단독선거 파괴공작'을 효과적으로 저지하기 위해 4월 중순 선거를 한 달 가량 앞두고 '향토방위를 견고히 하기 위해 외래의 불순분자 내지 모략, 선동의 여지를 봉쇄'하는 것을 주목적으로 각 경찰지서 혹은 동, 리, 단위로 경찰보조 병력인 '향보단'의 설치를 지시하였다. 그러므로 각 지방의 우익청년단원들은 향보단에 자발적으로 가입하여 지역단위 자위업무를 수행하면서 좌익의 선거 파괴공장 혹은 단선반대 투쟁을 제압하는 데 적극적으로 활용되었다(오유석, 1988: 68).

우익청년단체의 총선 개입활동은 투표방식과 기권방지를 위한 계몽사업을 전개하는 것과 투표소 경비 등 선거 전반에 관한 것이었다(오유석, 1988: 69). 우익 청년단체는 주요 정치지도자의 귀국과 반탁운동의 전개과정에 급속히 조직을 확대하고 대중적 지지기반을 만회하면서 대좌익 실력투쟁을 전면적으로 수행하기 시작했다. 이들은 단일 정치조직에 의해 통일적으로 지도된 것이 아니라 주요 우익 정치지도자들의 노선분열에 따라 복잡하게 이합집산되어 갔다. 주로 좌익 정치조직에 대한 파기와 10월항쟁에 대한 진압과정을 통해 지방조직을 확대해 나갔는데 이 과정에서 군, 경찰과의 합동작전을 전개하는 등 공식적, 조직적 협력관계를 이루었던 것이다. 결국 우익 청년단체의 확대과정은 극우 청년단체의 헤게모니 장악과정임과 동시에 단정세력에 의한 분단국가 형성과정이었다(류상영, 1989: 100). 이러한 우익 청년단체의 성격은 다음과 같이 정리해 볼 수 있다(류상영, 1989: 75~76).

첫째, 우익 청년단체는 전국적인 통일적 지도 및 발전이 이루어지지 않고 주요 정치지도자들의 정치노선 및 대립 등에 따라 복잡하게 이합집산되어 갔다.

둘째, 모스크바삼상회의 결정안이 발표되면서 좌우익의 대립이 찬탁과 반탁으로 전환되어 우익 청년단체의 조직 확대가 이루어지고 이들은 반탁운동 전개과정에서 어느 정도 주도권을 만회하게 되었다고 볼 수 있다.

셋째, 좌우합작, 남북협상 등의 정치과정에서 우익 청년단체 내부의 분열이 나타나는데 이런 과정은 결국 극우청년단체의 확대 및 헤게모니 장악 과정으로 귀결되었다.

넷째, 우익 청년단체와 억압적 국가기구의 관계를 보면 처음에는 간접적이고 비공식적이었으나 10월항쟁 진압과정 이후로는 공식적이고 조직적인 협조관계로 바뀌게 되었다. 즉 경찰과 군에 우익 청년단원을 단체로 입대시키기도 하고 좌익에 대항하여 합동작전을 전개하기도 하는 등 우익 청년단체를 실질적인 경찰 보조기구로 사용하였던 것이다.

다음 〈표 7-10〉은 해방 직후부터 정부 수립까지의 좌우청년단체들을 개괄한 것이다.

〈표 7-10〉 미군정기 좌우 청년단체

1945년 8월~12월 (좌익우세기)	1946년 (좌익 우세 속에서 좌우 쟁탈기)	1947년 (좌익수세기: 우익공세기)	1948년 (좌익지하조직화, 우익우세기)	대한민국수립
건국치안대 (좌우연합: 8 · 16)			민족자주 학생연맹 (중도: 4.11)	
건국학도대 (좌우연합: 8.16~8.25)				
조선학도대 전기 (좌우연합: 8.25~9.25)				
조선학도대 후기(좌익: 1945.9.25~ 1946.1.9)	재경학생 행동통일 촉성회(좌익: 1.9~2월 중순)			

제7장 미군정기 한국사회와 사회운동 507

조선학병동맹 (좌익: 8.23)	서울학생 통일촉성회 (좌익: 2월 중순)	조선민주 학생연맹 (좌익: 6.17)		
조선공산주의청년 동맹(좌익: 8.18)				
조선청년총동맹 (좌익: 12.11) →	조선민주주의 청년동맹 (좌익: 4.25) →	조선민주애국 청년동맹 (좌익: 6.5)		
대한독립촉성 전국청년단체 총연맹 (우익: 12.21)	대한민주 청년동맹 (우익: 4.9) →	청년조선총동맹 (우익: 7.5)		
	한국광복청년회 (우익: 4.15)			
	대한독립촉성국 민회청년단 (우익: 5.13)			
	조선민족청년단 (우익: 10.9)	조선민족청년단 (우익:) →	대한민족청년단 (우익: 8.19)	
	서북청년회 (우익: 11.30)	재건서북청년회 (서청고수파)		
	대한독립청년단 (우익: 9.12)	대동청년단 (우익: 9.21)	구국청년총연맹 (2.14)	대한청년단 (우익: 1948.12.19 ~1953.9.10)
	반탁전국 학생총연맹 (우익: 1.3)			
	전국학생 총연맹 (우익: 7.31)			학도호국단 (우익: 1949.4.22~ 1960.5)

* 자료: 김행선(2004: 380~381).

4. 여성운동[19]

1) 해방과 여성

　해방이 되자 외형적으로는 일제의 독점적 지배에서 벗어났으나 공업생산이 급격히 위축되었고 인플레이션에 따른 물가 상승과 실질임금의 저하, 그리고 극도의 식량난으로 경제 상황은 매우 열악한 상태였다. 여성들의 사회경제적 상태 역시 매우 열악했으며 여성들을 얽매는 봉건적 인습도 여전히 지속됐다. 남녀 모두 문맹률이 높았으나 여성들의 문맹률은 더욱 높았다. 1944년 여성의 95%정도가 미취학자였으며 해방 2년 후인 1947년에도 여성의 87%가 여전히 교육의 혜택을 받지 않은 미취학자였다(강이수, 1999: 262). 이러한 상황 속에서 해방을 맞이한 여성들의 각오와 미군정에 대한 기대는 매우 높았다. 일제 식민지 착취구조 속에서 소외받고 있던 여성들에게 해방은 일본으로부터의 독립인 동시에 가부장제에 의한 억압으로부터 벗어날 수 있는 결정적 계기로 인식되었던 것이다.

　해방과 더불어 남한에 진주한 미군정은 남녀평등의 민주주의 질서 확립을 표방하였고 이러한 시대적 분위기 속에서 여성은 활발한 활동을 하였다. 여성은 민족국가 건설이라는 우리 민족의 시대적 과제 해결에 적극적으로 참여했고, 그 과정에서 여성의 독자적인 정치세력화를 꾀하였으며, 여성관련 입법을 제정하도록 압력을 가함으로써 여성을 보호할 수 있는 법적, 제도적 장치를 마련하고자 했다. 또 여성만의 독자적인 언론기관을 확보하고, 그것을 통해 대중을 계몽하고 자신들의 정치적 견해를 여론화시키고자 하였다. 『여성신문』, 『부녀일보』, 『부인신보』, 『가정신문』 등의 일간지가 있었고 그 외에도 다수의 월간잡지가 발행되었다(이배용, 1996: 198).

　미군정기는 다양한 정치, 사회 단체의 조직과 활동이 급팽창한 시기였는데 새로운 국가수립이라는 과제를 놓고 사회 제세력이 첨예하게 대립하고 갈등하였다. 여성운동도 전국적 규모의 여성단체가 탄생되는 등 고양된 모

---
[19] 이 부분은 필자(2004)의 글을 주로 참조했음.

습을 보여준 시기였는데 전반적인 사회운동의 흐름과 마찬가지로 좌우익의 대립 속에서 위상을 설정하고 활동하였다.

2) 미군정기 여성운동의 전개

일제하에서부터 조직적 연계를 맺고 활동했던 여성운동가들은 1945년 8월 16일 건국부녀동맹결성준비위원회를 결성함으로써 여성운동의 막을 열었다. 17일에 총회가 열리고 건국부녀동맹이 결성되었는데 위원장에 유영준, 부위원장에 박순천, 집행위원에 황신덕, 유각경 등 16명으로 구성되었다. 선언문에서 "우리 조선의 전국적 문제가 완전히 해결됨에 의하여서만 그의 일부분인 우리 여성문제가 비로소 해결될 것이며 동시에 우리 여성문제가 해결되지 않으면 전국적 문제가 또한 해결되지 않을 것이다. …… 전국민해방을 목표로 한 전면적 투쟁에 적극적으로 참가하여 여성해방의 대업을 완성할 것"임을 천명하였다(이효재, 1989: 239).

그러나 건국부녀동맹은 결성된 지 한 달도 되지 못해 이데올로기적 차이를 극복하지 못하고 분열되었고 미군정기 여성운동은 일반 사회운동과 마찬가지로 좌우익 여성운동 진영으로 나뉘어 전개되었다. 양자의 대립은 식민지시기 이래 존재해 왔던 여성운동 간의 대립이 해방이라는 구체적인 정세변화 속에 재현된 것으로 운동이념의 차이를 보이고 독자적으로 조직을 정비하면서 대립하게 되었다.

(1) 좌익여성단체의 조직과 활동

① 조선부녀총동맹

건국부녀동맹은 1945년 12월 전국 부녀단체 대표자대회에서 조선부녀총동맹(이하 '부총')으로 개편되었다. 부총은 친일파, 민족반역자, 국수주의자를 제외한 민족통일전선 결성에 참여하였는데 중앙집권적인 조직체계를 가진 전국적 규모의 여성단체였다. 부총의 조직편성은 중앙의 하부인 시,

도에는 도총지부를 두고 부, 군, 도(島)에는 지부를 두며 면, 촌, 리에는 분회를 동, 부락에는 반을 두는 식의 행정조직을 기준으로 편성되어 있었다. 중앙의 조직편성 체계를 보면 유영준 중앙집행위원장을 중심으로 부위원장이 있었으며 총무부, 조직부, 선전부, 문교부, 조사연락부, 재정부, 원호부 등 7개의 부서로 나누어 활동했다(민주주의민족전선, 1946: 216~217). 부총의 맹원 수는 자세히 알 수 없으나 일제하에서 쌓아온 여성운동의 경험과 축적이 해방 후 여성운동을 조직하는 기반으로 작용했다고 볼 수 있다.

행동강령은 여성의 정치적, 경제적, 사회적 해방을 위해 먼저 정치적으로는 남녀평등의 선거권, 피선거권의 확립, 친일파, 민족반역자, 국수주의자를 제외한 민족통일전선 결성에의 적극 참여, 언론, 출판, 집회, 결사의 자유 등이 실천적 과제로 제시된다. 경제적으로는 여성의 평등권과 자주성 확립, 남녀 임금차별제 철폐, 8시간 노동제, 근로부인의 산전산후 각 1개월간의 유급휴양제 확립, 보육소와 같은 사회시설의 완비를 요구했다. 또 사회적으로는 봉건적 가부장제도의 억압으로부터 해방을 요구하는 공사창제와 인신매매 철폐, 일부일처제 실시, 교육에 대한 남녀차별 철폐, 국가부담에 의한 부녀문맹 퇴치기관 설립, 생활개선, 모자보호법 제정, 봉건적 결혼제 철폐, 농촌에 국가부담의 의료기관 설치 등이 다방면에 걸쳐 해결해야 할 과제로 제시되었다. 이 같이 부총은 진보적 민주주의 국가의 건설이라는 당시 사회의 일반적 과제와 여성의 완전해방이라는 여성의 특수과제를 여성운동의 입장에서 구체적으로 수용하고 통일된 자주독립국가 건설이라는 전체 운동 속에서의 부분운동이라는 운동의 위상을 운동이념상에 명확히 설정하고 있었다.

이렇게 뿌리내린 부총은 일제의 식민지정책으로 가장 고통당해 왔던 여성이 해방되기 위해서는, 봉건잔재를 완전히 소탕하여 진보적 민주주의 국가를 건설해야 한다는 목표 아래, 민족통일전선의 일익을 형성하는 한편 여성대중의 특수한 문제를 해결하고자 노력하였다. 공사창제도, 문맹퇴치, 일방적 정절과 도덕의 강요, 차별임금대우, 차별교육 등의 문제를 함께 다루었던 것이다. 이 시기 여성운동을 앞장서서 지도했던 여성들은 대부분 일제하 항일운동과 근우회 등의 사회주의 계열의 여성운동에 참여했던 이

〈표 7-11〉 조선부녀총동맹의 강령과 행동강령

강령	1. 조선여성의 정치적 경제적 사회적 완전해방을 기함. 2. 진보적 민주주의 국가 건설과 발전에 적극적으로 활동하기를 기함. 3. 조선여성의 국제적 제휴를 도모하고 세계평화와 문화향상에 노력함.
행동강령	1. 남녀평등의 선거권 피선권을 획득하자. 2. 친일파 민족반역자 국수주의자를 제외한 민족통일전선결성에 적극 참가하자. 3. 언론 출판 집회의 자유를 요구하자. 4. 여성의 경제적 평등권과 자주성을 확립하자. 5. 남녀임금 차별제를 폐지하라. 6. 8시간 노동제를 확립하라. 7. 사회시설(탁아소, 산원, 공동식당, 공동세탁소, 아동공원)의 완비를 요구한다. 8. 공사창제와 인신매매를 철폐하라. 9. 일부일처제를 철저히 실시하라. 10. 교육에 대한 남녀차별제를 철폐하라. 11. 국가부담에 의한 부녀문맹 퇴치기관을 즉시 설립하라. 12. 생활 개선을 적극적으로 연구 실행하자. 13. 모자보호법을 제정하라. 14. 봉건적 결혼제를 철폐하자(매매혼, 데릴사위, 조혼, 민며느리). 15. 농촌에 국가부담의 의료기관을 설치하라.

* 자료: 민주주의민족전선(1946: 219~220).

들이었다. 여성운동 참여자들은 30대 이하가 대부분이었으나 모든 연령층의 여성들이 고루 가입하였으며 미혼뿐 아니라 기혼 여성들의 헌신적 활동이 두드러졌다. 학력은 대개 무학이나 보통 학교 졸업이었고 직업은 무직이 많았으며 노동자, 농촌여성에서부터 교사, 의사, 약사 등의 전문직과 학생도 있었다(우리사회연구회, 1994: 245).

부총은 일제와의 투쟁 경력과 여성해방 이념을 가지고 대중 여성을 기반으로 한 조직을 전국적으로 확대시켰다. 반제반봉건 여성해방 이념에 입각하여 여성들의 생활상의 요구였던 쌀요구투쟁, 원호활동, 혁명가 가족 지원 사업 등을 벌였다. 노동, 농민, 청년, 여성 등 대중을 조직하고 진보적 민주주의 국가건설 과제와 여성의 완전 해방을 위해 여타 사회운동과 긴밀한 연대하에 활동을 벌였다. 좌익 연합체였던 민전에 여성 대표를 파견하고 여성 대표의 수를 노동자 농민 단체만큼 요구하고 부총의 행동 강령을 민전의 활동방침에 반영하였다. 부총은 우익 여성들과 더불어 공창제 폐지 운동을 벌이고 미군정에 대해서도 공창제 폐지와 남녀평등 법안 제정을 건의하는 등 독자적인 활동을 하였다. 부총의 이러한 활동은 북한에서의 인민민주주의 혁명의 경험이 큰 역할을 한 것으로 보인다(이승희, 1991: 70). 북한에서의 토지개혁과 남녀평등권 법령이 제정되는 과정과 그 내용, 이후 여성들의 생활의 변화는 남한의 여성운동이 방향을 정하는 데 영향을 미쳤을 것이다.

부총은 조공의 외곽단체였다. 이와 같은 정치조직의 외곽단체라는 점은 부총을 단순히 여성운동조직으로만 파악할 수는 없는 보다 복잡한 의미를 지니게 한다. 즉 부총의 이념이나 운동노선에는 조공의 정세파악과 운동노선 등이 나타나고 있기 때문이다. 그러나 비록 부총이 조공의 외곽단체로서 정치 이념에 있어서 사회주의 사상에 기반해 있었고 여성운동의 지도층은 좌익 정당의 지도층인 경우가 많았으나 여성운동이 좌익세력에 한정된다고 볼 수는 없다. 부총은 조공의 영향을 받고는 있었지만 비교적 자발적인 활동을 벌였다.

여성도 토지를 분배받을 수 있다는 것, 일부일처제의 확립으로 봉건적 억압에서 벗어날 수 있다는 것, 남성과 마찬가지로 교육을 받을 수 있다는 것 등의 전망들은 여성들로 하여금 여성운동에 적극적으로 나서게 하였으며, 집 밖으로 자유롭게 나다닐 수 없는 조건 아래서 적극적 활동이 어려운 여성들은 절미운동으로 쌀을 모아 내는 등 소극적으로나마 참여했다(우리사회연구회, 1994: 244). 그러나 광범위한 여성운동을 주도해 나갔던 부총은 미소공위 개최를 전후로 점점 세력이 약화되었다. 모든 사회주의 계열이 미군정의 탄압으로 활동의 폭이 축소되어 간 것처럼 부총도 남조선민주여성동맹으로, 남조선노동당의 부녀부로 위축되어 갔다.

부총은 1947년 2월 15일 제2회 전국대회에서 '남조선민주여성동맹'(이하 남조선여맹)으로 개칭하고 조직확대를 꾀하였다. 1947년 5월 미소공위 재개 이후에는 정치투쟁으로 일관하고 있는데 대중집회와 시위가 금지되면서 성명서 발표가 주를 이루었다(이승희, 1994: 275). 또 1947년 3월 1일 '3·1절 기념 시민대회', 여운형 암살을 계기로 구성된 '구국대책위원회', 7월 27일에 열린 '미소공위 경축 임시정부 수립촉진 인민대회', '8·15해방 2주년 기념 시민대회' 등 남로당과 그 외곽단체들이 주도하는 각종 정치행사에 간부들이 적극적으로 참여하면서 인원 동원에도 주력하였다. 제2차 미소공위가 열렸을 때에는 담화문을 발표하여 모스크바삼상회의 결정을 지지하였다. 이렇게 활동하던 남조선여맹은 1947년 소위 '8·15 폭동음모사건' 탄압을 계기로 남로당과 민주주의민족전선을 비롯한 제정당, 사회단체의 활동이 비합법화하자 합법적인 활동공간을 상실하고 남로당의 부녀부 산하로 편입되었다. 성명서의 발표를 통해 단정선거 반대의 의사를 적극 표명하기도 하였으나 1948년 8월 단독정부 수립 이후에는 활동이 약화되었다.

이와 같이 해방정국에 있어 여성들은 각종 집회나 성명서 발표를 통해 여성들의 정치적 견해를 적극적으로 표명하였고 여성단체들은 그러한 여성의 정치적 견해를 조직화하는 통로 역할을 하였다. 그러나 여성의 국가건설 과정에서 참여는 여성정치운동으로서의 독자성을 확보하지 못한 것이었다. 해방 이후 좌우익의 분열과 혼돈은 여성운동에도 그대로 나타났으며 당시 좌우익 여성단체가 유일하게 연대 활동을 벌여 성과를 거둔 것은 1948년 2월 공창제의 법적 폐지를 이룬 것이었다. 1947년 2월에 남조선여맹은 북조선여맹의 지도를 받는 식으로 분할된 상태였고(宋蓮玉, 1985: 85~92) 좌익운동이 불법화됨에 따라 점차 그 세력이 약화되었다. 그러나 단정수립 후에도 지역에 따라 조직이 운영되었고 1951년 1월 북한의 북조선여맹과 통합하여 조선민주여성동맹으로 개편되었다.

(2) 우익여성단체의 조직과 활동

건국부녀동맹에서 탈퇴하여 한국애국부인회와 독립촉성중앙부인단을 결성했던 우익여성인사들은 독립촉성애국부인회(이하 '독촉애부'라 함)를 결성함으로써 일단 우익진영의 전열을 가다듬게 되었다. 독촉애부는 1946년 6월 18일부터 20일까지 '전국부녀단체 대표자대회'를 개최함으로써 본격적인 출발을 하게 된다. 독촉애부는 중앙에 총본부를 두고 서울을 비롯한 지방의 각 시, 군에는 지부를 두었으며, 동, 면에는 분회를 두는 방식의 중앙집권적인 조직이었고 박승호가 위원장이었다. 독촉애부는 1949년 서울시 부인회와 통합하여 대한부인회로 개편되기까지 남한의 대표적인 우익여성단체로서 활동하게 된다.

처음에는 일제 말기 친일경력과 여성정책의 부재, 대중 조직 기반의 취약함 등으로 세력이 크지 않았다. 그러나 미소 간의 냉전의 격화 속에서 남한의 정치적 기반을 안정시키는 데 이를 적극적으로 이용하고자 하는 미군정과 우익 정치계의 비호를 받으며, 세력을 키워 나가기 시작하였다. 따라서 여권 확립이라는 과제를 내세우고 우익의 정치사회 단체와 더불어 반탁운동과 단독정부 수립 운동에 참가하였다(한국부인회총본부, 1986: 15~22).

대표적 우익 단체인 독촉애부의 활동이나 운동 노선은 현모양처를 강조하고 성별 분업 이데올로기에서 벗어나지 못해 현모양처를 강조했으며, 참정권 획득, 여성문맹 퇴치, 여성의 능력 개발 및 교육 확대, 공사창제 폐지 등 여성권익 신장을 주요 과제로 삼고 있었다. 일제 잔재 청산이나 토지 문제에 대한 언급은 없었다(한국여성연구회, 1994: 365~366). 이처럼 우익여성운동은 개량주의적 성격을 띤 여권주의 운동이라 할 수 있다. "지능을 계발하여 자아향상을 기함", "여권을 확충하여 남녀공립을 기함"(한국애국부인회), "여성의 지위 향상을 도모함"(독촉애부) 등의 강령문에서 알 수 있는 바와 같이 이들의 운동 목표는 여성의 능력계발과 권리확대, 그리고 이를 통한 여성지위 향상이었다(문경란, 1989: 76).

우익여성운동의 성격은 여성운동과 국가의 관계에서 잘 나타난다. "국가의 자주독립을 촉성함"(독촉애부), "우리 여성의 전 노력을 국가에 제공하자"(여자국민당) 등의 강령문에서 알 수 있듯이 우익 여성운동의 또 하나의 목표는 봉건적인 가정의 굴레에서 벗어나 새로운 자주독립국가를 세우는 데 여성도 일익을 담당해야 한다는 것이었다. 이러한 우익여성운동의 노선은 신탁통치 반대운동, 단정수립을 위한 5·10선거에 여성이 참가할 것을 대대적으로 선전, 홍보하는 활동에서도 보여진다. 즉 이제까지 가정에서 안주하던 여성들이 국가적인 대사업에 참가함으로써만이 자신들의 권리를

〈표 7-12〉 독립촉성애국부인회의 강령과 결의문

강령	1. 국가의 자주독립을 촉성함. 2. 여성의 지위향상을 도모함. 3. 세계평화의 공헌을 기함.
결의문	1. 좌우와 남북이 통일된 자유정부수립에 우리 여성은 피로써 맹세하고 적극 협력 하려 한다. 2. 일천오백만 우리 여성은 총단결하여 국산품을 애용하고 생산에 적극 협력함으로 조국경제건설에 공헌하고자 한다. 3. 근로 질서 간편 청소의 신생활을 전개하여 건설국민의 문화향상을 도모하려 한다.

* 자료: 문경란(1989: 68, 70).

찾을 수 있다는 것이다. 또 희생과 인내와 고통과 굴종을 바탕으로 남편과 자식을 위해 바쳐졌던 여성의 모성애가 이제는 국가에 위해 바쳐질 것이 강조되고 있다(문경란, 1989: 77~79).

독촉애부의 운동노선이 여성의 능력을 계발시키고 이를 통한 권리 확대와 지위향상을 도모하는 것이었던 만큼 이 단체가 여성들을 대상으로 직접 펼친 활동은 한글강습, 미신타파, 생활간소화 등의 계몽활동이었다. 이러한 방침은 이미 독촉애부의 제1회 전국대회에서부터 주요 의안으로 다루어져 신생활운동 계몽사업과 기관지 발행 등이 결의되었고 지방에서도 지부조직 결성대회에서는 거의 이러한 사업을 펼칠 것이 강조되었다. 독촉애부가 실시한 계몽운동의 한 방식은 강연회나 교양강좌로서, 신탁통치 반대를 주장하는 내용이나 남한 단독선거를 앞두고 선거참여를 권장하는 내용과 같은 시국 문제와 관련된 내용이 많았다(문경란, 1989: 104~105).

독촉애부를 비롯한 우익여성단체들이 총 결집한 전국여성단체총연맹(이하 '여총')이 1946년 11월 15일 결성됨으로써 우익진영 여성단체들은 연합전선을 결성하게 된다. 우익여성단체의 통합체로 출발한 여총은 운동노선이나 활동에서 각 개별 우익여성단체의 운동노선이나 방식을 그대로 견지하고 있는 모습을 보여준다. 여총은 이후 활동에서 여성 대중에게 파고들어 그들을 조직, 계몽하기보다 미군정이나 과도입법의원에 결의문 또는 건의서를 보내는 방식으로 활동을 해 나갔다. 여총은 남한 단독선거가 거의 확실시되면서부터 가장 활발한 모습을 보여줬다. 이때부터 여총은 총력을 기울여 단독선거에 여성들이 참가할 것을 권장하는 활동을 벌이게 된다(문경란, 1989: 102~104). 우익여성단체는 미군정의 비호 아래 말단지역까지 분회를 조직하는 등 활발하게 움직였다. 그러나 여성의 실제적인 지위향상을 위하여 노력하기보다는 관변단체에 동원되거나 정부정책을 일방적으로 전달하는 역할에 안주한 경우가 많았다(이영애, 1999: 174).

5·10선거에 여성들을 참여시키기 위해 적극적으로 활동을 전개했던 우익여성단체들은 이후에도 이승만의 노선을 적극 지지하며 지도인물들이 8월 15일 출범한 정부조직에 직간접으로 참여하게 된다. 한국문제를 유엔에 상정하는 데 큰 공을 세운 임영신은 초대 상공부 장관에 임명되며 박순천과 박현숙이 감찰위원회, 사회부 부녀국장에는 독촉애부 위원장이었던 박승호가 각각 임명되었다. 이 외에도 여자국민당의 황현숙이 여자 경찰과장에 임명되는 등 우익여성단체 지도자들의 행정부 진출이 대폭으로 이루어져 여성운동과 국가기구와의 유착관계는 더욱 긴밀해져갔다(문경란, 1989: 134). 또한 우익여성단체는 좌익여성운동이 소멸된 가운데 독립적인 지위를 향유하면서 이후 여성단체의 성격을 결정지우는 데 압도적인 영향력을 미치게 된다.

우익여성단체들은 친미반공국가 건설에 주된 이해를 가져, 여성대중을 위한 일상활동보다는 1946년에는 반탁운동, 1947년에는 단정수립 지지를 위한 여성동원에 주력했다. 한글강습, 미신타파, 생활간소화 등의 일상활동을 벌였으나 기존의 성별분업 이데올로기에서 벗어나지 못했으며 이것조차도 신탁통치반대나 단독선거지지, 참여를 유도하기 위한 수단으로서의 성격이 강했다. 이들 여성운동 단체의 등장은 1950~1970년대의 주류를 이루었던 여성단체활동에 여성해방 이념 부재, 어용성, 대중과 유리된 여류명사 중심의 여성조직이라는 낙인을 찍는 기초를 마련했다고 볼 수 있다.

3) 미군정기 여성운동의 성격과 결과

　미군정기 동안 한국여성운동의 귀결은 좌익여성운동의 패배와 우익여성운동의 승리로 정리해 볼 수 있다. 이 당시 좌우익 여성운동단체는 그 이념이나 구성원, 활동방향, 특히 여성해방의 구체적 목표에 대해서 커다란 차이점을 갖고 있었으며 대립하고 있는 여성단체들에 대한 미군정의 태도는 우익여성단체의 지원, 좌익여성단체의 탄압이라는 편향적 입장으로 일관하였다.

　좌우익 여성단체의 활동과 대립관계, 미군정과의 관계를 시기별, 이슈별로 나누어 보면 부총은 진보적 민주주의 국가를 수립하는 과업에 참여한다는 방침 아래 좌익진영이 전개하는 각종 정치집회에 참여함과 동시에 선전계몽활동, 독자적인 대중집회, 공사창제 폐지운동, 원호활동 및 쌀요구 투쟁 등의 다양한 활동을 전개했다. 그러나 부총은 1946년 9월 조공의 신전술로의 전환 이후에는 독자성을 잃고 정치운동에 주력하였고 미군정의 가중되는 탄압을 겪으면서 세력이 약화되어 갔다.

　이에 비해 우익여성 운동단체들은 우익진영이 개최한 각종 집회에 여성대표로 참여하며 여성의 자아향상, 지능계발을 위한 계몽활동, 공사창제 폐지운동 등을 전개했다. 독촉애부를 중심으로 한 우익진영은 1946년 말 여총을 결성함으로써 보다 결집된 역량을 과시하게 되는데 이들은 주로 이승만과 한민당의 정치노선을 추종하며 그들이 주최하는 각종 집회에 여성들을 동원하는 일에 주력했다. 이러한 과정에서 우익여성단체는 미군정이라는 국가기구와의 유착관계를 통해 미군정의 지원을 받으며 성장할 수 있었다. 여성단체의 국가기구와의 이러한 관계는 이후 시기 여성운동단체에 계승되며 여성단체가 친체제적, 친정부적이라는 비판을 받게 되는 원인이 된다.

　여성운동단체의 조직과 관련하여 살펴보면 이 시기 여성단체는 좌우를 막론하고 독자성을 획득하지 못하고 있었다. 부총은 조공이나 남로당의 외곽단체로, 독촉애부는 이승만계의 지지세력인 독립촉성중앙위원회의 산하단체로서 정치노선과 운동노선을 추종하고 있었다. 이러한 성격은 여성단체의 대중성과도 관련되어 나타나게 되는데, 즉 부총의 경우 신탁통치 지지와 조공의 신전술로의 전환 이후 많은 활동이 정치운동화 함으로써 지지기반도 잃게 된다.

그러나 독촉애부의 대중적 기반도 매우 취약한 것이었다. 이 조직의 결성 자체가 여성의 분출하는 욕구를 기반으로 여성문제를 해결하기 위해 만들어진 것이라기보다는 신탁통치 반대와 같은 정치문제를 계기로 여성을 동원하기 위해 만들어졌다는 점에서 처음부터 여성대중의 기반으로 삼지 못했던 것이다. 독촉애부의 운동노선 자체가 여성대중의 참여를 중요시하기보다 여성정치인의 육성을 통해 정치에 참여하는 방식을 더 중요하게 생각하고 있었던 만큼 대중성을 기반으로 문제를 해결하기보다 여성정치인을 통해 국가기구에 건의하는 방식을 주로 사용하였다. 여성대중과 유리된 소수 여류명사 중심의 조직 방식의 원형이 이 시기에서 찾아질 수 있는 것이다(문경란, 1989: 135~136).

이처럼 미군정과 여성운동에 대한 관계는 우익단체에 대한 후원과 좌익단체에 대한 탄압으로 요약할 수 있다. 미군정은 우익단체와는 부녀국을 통해 보다 긴밀한 관계를 맺어가면서 우익여성단체의 활동을 음양으로 지원했다. 반면 좌익여성단체는 미군정에 의한 좌익의 불법화와 함께 체포, 테러 등으로 탄압 받아 그 역량의 수축을 초래했다. 단정과 관련하여 여성운동단체들의 대응을 살펴보면, 부총은 단정을 위한 5·10선거에 적극 반대하였지만 이미 이 시기는 조직적인 역량이 약화된 시기였으므로 그 활동은 미약한 것이었다. 이에 비해 우익진영 여성단체들을 남한만의 단독정부 수립을 지지하여 이를 위한 5·10선거에 여성들을 대거 참여시키기 위한 운동을 대대적으로 전개했다.

분단국가의 형성과 함께 좌익여성단체는 약화되고 우익여성단체가 독점적인 지위를 향유하면서 이후 여성단체의 성격을 결정 지우는 데 압도적인 영향력을 미치게 된다. 그 후 여성운동은 미군정기 3년 동안의 특징으로 부각되었던 여성해방 이념의 부재, 국가권력기구와의 유착관계, 대중과 유리된 여류명사 중심의 여성조직이라는 특성을 강화시켜 갔다고 할 수 있다.

제8장 미군정기 한국사회와 사회변동

1. 사회경제구조의 변화와 자본주의 사회의 형성

1) 계급구조의 변화

일제로부터 해방을 맞이한 한국사회는 어떤 형태의 새로운 사회질서를 만들어 나갈 것인가 하는 전기를 마련하였으며 미군정기는 그러한 방향을 둘러싼 제계급 간의 대항 갈등기였다고 할 수 있다. 그리고 그 과정에서 한반도 남한을 군사점령한 미군정은 한국사회가 나아가는 방향에서 중요한 역할을 수행하였다. 여기에서는 미군정 경제정책의 결과를 계급구조의 변화라는 측면에서 구체적으로 살펴보기로 한다.

일제 식민지 시대의 계급구조의 모습은 농업 부문에서는 일본인 지주와 한국인 지주를 지배 계급으로 하고 그 외의 농업종사자는 일부 자작농을 제외하고는 대부분 소작농이었다고 할 수 있다. 일제하의 자본제 부문은 1930년대부터 본격적으로 성장하기 시작하는 데 이 시기 식민지 공업화의 결과 일본인 자본가와 한국인 노동자가 이 부문의 주요 구성으로 되며 부분적으로 한국인 자본가가 존재하였다. 이처럼 일제시대에는 일본인 자본가의 성장이 있을 뿐이며 한국인 자본가는 거의 존재하지 않은 상태로 자본주의화가 진척된 셈이다. 따라서 일제시대에 지배계급을 구성하는 한국인은 주로 지주 계급이었다. 일제하의 한국인 상공업자는 지주 출신으로서 토지자금을 바탕으로 하여 상공업에 진출한 경우이거나, 일부는 상업으로부를 축적하여 근대적 사업체를 설립하고 역으로 토지에 투자한 경우도 있었다. 그러나 일제시대의 한국인 자본가는 미약한 존재였고 대부분 지주를 겸하고 있었다고 볼 수 있다.

무엇보다도 미군정기를 거치면서 지배 계급의 구성에서 중요한 변화가 일어났는데 그 주된 내용은 지주 계급의 해체와 신흥 자본가 계급의 등장이다. 그리고 이것은 미군정의 토지개혁정책과 구일본인 재산의 처리과정과 관련이 있었다. 2차 대전의 결과 일본은 패전국이 되었고, 한국은 패전국의 식민지였기 때문에 막대한 일본인 재산이 적산으로서 미군정에 귀속되었다가 일부가 매각되었고 한국정부에 이양되게 된 것이다.

이러한 미군정에 의한 귀속재산의 처리방식은 한국사회가 어떤 형태로 재편성 되느냐 또 그에 따른 계급구조의 변화와 관련하여 매우 중요한 의미를 지닌 것이었다. 미군정에 의한 귀속재산의 매각은 당시에는 얼마 안 되는 것이었지만 그 후의 귀속기업체의 매각과 농지개혁을 기정사실화 시켰기 때문이다. 즉 그 기본 골격이 미군정기를 거치면서 형성됨으로써 정부 수립 후의 귀속재산 처분과 농지개혁의 방식까지도 규정하게 되었던 것인데 그것은 곧 새로 수립되는 독립국가의 지배세력을 확정하는 과정이었으며 한국 자본주의 사회의 담당자를 만들어내기 위한 조치였던 것이다.

우선 지주 계급의 해체부터 살펴보기로 하자. 미군정은 비록 귀속농지에 한정되었지만 처음으로 농지개혁을 실시함으로써 전통적으로 지배 계급이 었던 지주들이 한국 역사상 최초로 몰락하게 되는 단서를 제공하였다. 실제로 남한 내 토지소작의 경향은 미군정 3년 동안 크게 변화했다. 1944년 12월 31일에서 1948년 8월 1일 사이의 기간 동안 자신이 경작하고 있는 토지의 90% 이상을 소유하는 농민의 숫자는 165% 증가한 반면 자신이 경작하는 토지의 10% 미만을 소유하는 소작농의 숫자는 56% 감소했다. 1944년 단지 14%의 농민만이 자작농이었고 약 50%는 순소작농이었는데, 1948년에는 농민의 34%가 완전 자작농이었고 단지 20%만이 순소작농으로 남게 되었다.

〈표 8-1〉 남한의 농가 유형별 농가 호수(1948년 8월)

소유지비율* 연도	90~100%	50~90%	10~50%	10%미만	농업 노동자	총계
1944년 12월 31일[1]	276,733	339,055	352,894	980,752	42,618	1,992,052
1945년 12월 31일[2]	284,509	937,506	378,574	1,009,604	55,224	2,065,477
1946년 12월 31일[3]	337,271	386,905	423,276	923,686	66,150	2,137,288
1948년 8월 1일[3]	734,000	495,000	461,000	430,000	70,000	2,190,000
1944~1948.8의 증감율	+165%	+24%	+31%	-56%	+64%	—
1944년 비율분포	13.9%	16.9%	17.7%	49.2%	2.3%	100%
1948년 비율분포	33.5%	22.6%	21.1%	19.6%	3.2%	100%

* 비고: * 소유지 비율＝소유면적/경영 면적.
1) 1944년 12월 조선총독부에서 편찬한 통계에 의함.
2) 1945년 12월, 1946년 12월 남조선과도정부 농무부 조사 결과에 의거.
3) 1948년 8월 1일 현재 남조선과도정부의 이용 가능한 모든 통계에 의함.
　 귀속농지 불하 포함됨. 2차 대전 후 토지 소유에 있어서의 일반적 경향은 1946년 한 해 동안의 변화에 나타나듯이 1948년에 확연히 드러난다.
　 그러나 이는 토지 불하 계획에 비하면 그다지 중요하지 않은 요소이다.
* 자료:『농지개혁사관계자료집』제4집, 1968.

〈표 8-2〉 자작지·소작지의 변화

(단위: 1,000정보)

	자작지			소작지			합계
	논	밭	소계	논	밭	소계	
1945년 말	363	416	779	895	552	1,447	2,226
(%)	30.5	44.2	35.0	69.5	55.8	65.0	100.0
1947년	419	448	868	861	509	1,325	2,193
(%)	32.7	46.8	39.6	67.3	53.2	60.4	100.0
1949년 6월	696	544	1,240	540	290	830	2,071
(%)	53.3	65.5	59.9	40.7	34.7	40.1	100.0

* 자료: 1945년은 산업은행조사부(1955),『한국산업경제십년사』, 1947년은 대한금융조합연합회(1955),『한국농업연감』, 1949년은 한국은행조사부(1955),『경제연감』, 여기서는 황한식(1985: 494)에서 재인용.

앞의 〈표 8-2〉에서도 소작지 면적은 1945년 말 145만 정보에서 1949년 6월에 83만 정보로 감소하고 자작지 대 소작지 비율도 1945년 말 35% 대 65%에서 1949년 6월에는 60% 대 40%로 역전되고 있음을 보여준다.

실제로 귀속농지의 분배와 그에 따른 파급효과로 인해 지주제의 존립기반은 점차 약화되어 전반적인 농지개혁 실시 전인 1949년 6월 현재 소작지 비율은 21%로 떨어져 1945년 말의 반 이하로 되었다.

〈표 8-3〉 자작·소작별 농가호수의 변화(1945~1949)

(단위: 1,000호)

	지주·자작(%)	자소작(%)	소작(%)	피용자(%)	합계(%)
1945년 말	285(13.8)	716(34.6)	1,010(48.9)	55(2.7)	2,065(100.0)
1946년 말	337(15.8)	810(37.9)	924(43.2)	66(3.1)	2,137(100.0)
1947년 말	358(16.5)	834(38.4)	914(42.1)	66(3.0)	2,172(100.0)
1949년 6월	925(36.2)	1,022(40.0)	526(21.0)	80(3.1)	2,553(100.0)

* 비고: 1949년의 통계는 치안상의 관계로 조사불가능한 5개 군과 수개 면이 추산하여 계산되어 있다.
* 자료: 1945, 1946년은 조선은행 조사부(1948), 『조선경제연보』, I-28쪽.
1947년은 조선은행 조사부(1949), 『경제연감』, I-29쪽.
1949년은 한국은행 조사부(1953.2), 『한은조사월보』, No. 54. 87쪽.
여기서는 김신웅 외(1987: 57)에서 재인용.

본격적인 농지개혁은 건국 후 이승만 정권에 의해 행해졌지만 미군정 말기에 시행된 부분적인 농지개혁과 정부 수립 과정을 통하여 결정된 농지개혁 전반에 관한 논의를 통해 그것은 이미 기정사실화 되어 있었던 것이다. 따라서 미군정기에 계속된 농지개혁에 대한 논의와 실제적인 귀속농지 매각은 지주들의 경제적 기반을 약화시켰다고 할 수 있다.

또한 식량공출제도 지주와 반봉건적 토지소유에 영향을 미쳤다.[1] 1930년대 말에는 지주는 총생산량의 40.8%를 소작료로 취득하여 소작미의 97%를 상품화하였고 지주미는 미곡 총상품화량의 57%를 차지했었다. 그러나 해방 이후 3·1제의 실시로 지주는 총생산량의 10~20%를 취득하여 전체를

---

1) 이 부분은 유동현(1986: 47)을 참조하라.

상품화할지라도 지주미는 총상품화량의 30~40%로 격감되었다. 여기서 3·1제가 종래의 소작계약과 관행을 그대로 인정하고 있음으로 소작료 이외의 명목에 의한 비합법적인 취득분을 총수확고의 1할 정도라고 하더라도 지주의 소작료는 총생산량의 20~30%로 일제하 소작료의 1/2~3/4 정도로 감소하였다. 더욱이 이 지주수취분의 대부분은 공출제하에 놓이게 되었다. 일제하에서는 토지수익률이 평균 8~9% 정도 유지됨으로써 반봉건적 지주제는 확대 재생산될 수 있었다. 그러나 3·1제에 의해 지대수입은 소작지 총생산물의 1/6 정도가 감소되었고 공출제에 의해서 지가 가격의 1/3~1/2 정도 낮은 가격으로 판매할 수밖에 없었다. 이리하여 지주수입은 일제하 1930년대 말보다 1/3~1/4 정도로 격감되었다. 비록 지주의 비합법적인 지대 수치분을 고려하여 그것을 자유시장에 판매한다고 하더라도 일제시대보다 지주 수입은 절반이하로 감소하여 토지수익률이 크게 감소되었다. 따라서 토지수익률은 크게 낮아졌다고 할 수 있을 것이다. 이와 같은 토지수익률의 격감은 반봉건적 토지소유가 존속할 수 있는 물질적 재생산 기반의 붕괴를 의미한다. 결국 식량공출제는 3·1제와 함께 지주 수입을 크게 격감시키고 토지수익률을 격감시킴으로써 반봉건적 토지소유에 대해서 결정적인 타격을 가했다. 따라서 지주는 반봉건적 토지소유를 스스로 해체하여 새로운 자본제적 질서에 보다 적극적으로 적응해 가지 않을 수 없게 되었다. 그러나 지주의 산업자본가로의 전화 및 토지자본의 산업자본으로의 전화는 거의 이루어지지 못했고 이에 지주들은 점차 몰락하게 되었다.

개발도상국의 많은 나라에서 지주 계급의 존재는 자본주의의 발달과 자본가의 성장을 부분적으로 억제하는 기능을 한다. 또한 그러한 상황 속에서 자본가는 지주 계급과 분리된 존재로서보다는 지주이면서 동시에 자본가인 존재로 성장하였다.[2] 따라서 대부분 자본가 형성의 초기에 토지자금의 산업자본으로서의 전화, 혹은 지주의 자본가로의 전화는 매우 중요한 부분이다. 하지만 우리나라에서는 일제시대에 한국인 지주들이 상공업 분야에 투자하는 양상이 나타났지만 이들은 해방 이후 대부분 그 지위가 하

---

2) 필리핀의 사례는 그 전형적인 예인데 필리핀에서 대부르조아지는 동시에 반봉건적인 지주 계급이기도 하다.

락되고 이들과 상대적으로 관련이 적은 신흥 유산계층이 한국 자본가 계급의 원형을 이루는 집단으로 등장하게 된다. 이처럼 농지개혁은 반봉건적인 지주적 토지소유를 타파하고 농민적 토지소유를 확립하는 기반을 제공하였던 것이다.

그런데 토지가 분배된 후에 농민의 실제적인 생활은 어떠했는지 또 식량공출제는 농민들에게 어떤 영향을 미쳤는지는 좀 더 살펴보아야 한다. 왜냐하면 농지개혁이 전반적으로 농업생산력의 증진과 농가경제의 향상을 가져왔다고 보기는 어렵기 때문이다. 미군정의 농지개혁은 봉건적인 지주적 토지소유에서 근대적 토지소유제로 이행하게 되는 출발점을 제공하였으나 수배농가 중 소작농으로 다시 전락하는 등의 사례가 발생한 것이다. 이는 농지개혁의 방식이 당시 급속히 전개된 인플레이션하에서 연간 농업생산물의 20%인 현물상환의 방식이었기 때문에 농민의 농업경영에 있어서 노임부분마저 실현할 수 없을 정도로 가혹하였다는 점에서 농업생산력 발전의 가능성이 어려웠기 때문이다. 농산물의 가격상승이 일부 필수 공산품의 가격상승을 밑돌았으며 이러한 상황으로 농가경제에 대한 압박은 가중되었던 것이다. 즉 농지개혁의 실질적인 내용을 보면 신한공사 토지 가운데 삼림, 과수원 등 기타 농지가 분배대상에서 제외되었고, 분배 방식 면에서도 상환 전까지는 중앙토지행정처에서 분배농지를 저당잡힌 상태이면서도 소유권 이전에 따라 지세, 수세 등 각종 세금을 내야 했던 것이다.

또 미군정에 의해 3·1제로 소작료가 인하되었다 할지라도 농민은 비료 부족과 전반적인 생산성 저하 등으로 인한 수확고 감소와 지주에 의한 수탈, 각종 조세와 공과금, 공출에 따른 수탈과 협상 가격차에 의한 자본의 수탈 등 3중고를 겪고 있었다. 이처럼 연부상환 부담과 공출 등으로 농민들의 생활은 별로 나아지지 않았던 것이다. 또한 자유시장에서 거래되는 가격의 1/3에도 못 미치는 공출 가격은 농업에의 투자를 저해하여 농지개혁으로 농지의 소유는 되었지만 농업생산력의 발전과 축적 및 산업자본으로서의 전화는 요원한 실정이었다. 요컨대 농지개혁의 결과 양적인 면에서 자작농이 지배적으로 되었다고는 하나 빈곤한 소작농의 빈곤한 자작농으로의 형태변화일 뿐 그 내용과 질적인 변화를 가져왔다고 보기 어렵다.

이처럼 남한에서 실시된 농지개혁은 혁명적 농지개혁에 비교한다면 사회혁명의 좌절이라고 볼 수도 있다(강정구, 1987). 그러나 귀속농지의 매각을 통해 소작지의 자작지화가 수행되었고 이에 따른 지주들의 농지방매, 미군정기에 계속된 식량공출제는 지주수입을 격감시킴으로써 하나의 계급으로서의 지주 계급은 해체되기 시작했다고 볼 수 있다. 이런 점에서 농지개혁이 진보성과 보수성을 동시에 갖고 있다는 평가(김기원, 1986: 346)가 타당한 것으로 보인다.

한편 식량공출은 농민들에게 생산의욕을 저하시켜 농업생산력을 정체하게 한 주요한 요인이 되었다. 미군정은 이에 대해 보상물자로서 생활필수품을 배급하기도 했지만 그 절대량 자체가 매우 적었으므로 농민에게 큰 도움을 주었다고 보기는 어렵다. 이러한 당시의 농가경제의 상황은 〈표 8-4〉가 보여주듯이 금융조합연합회에서 1947년 4월부터 1948년 3월까지 1년 간의 농가경제조사 결과에서 잘 드러나고 있다. 평균 1.39정보를 경작하는 농가를 대상으로 하고 있다는 점에서 그 대상농가는 평균적으로 63%를 점하는 소농세농보다는 좋은 조건하에 있다고 할 수 있는데도 당시의 상황에서 농민의 가계수지는 악화되어서 금융조합연합의 표본조사에 따르면 농가는 자, 소작농을 막론하고 적자지출을 보이고 있다. 자작농의 농업수입과 가사, 겸업수입을 합한 총수입은 18만 1,865원이었는데 지출은 18만 9,824원으로 7,959원이 적자지출인 것이다. 자소작농의 경우는 총수입이 16만 1,949원에 지출은 17만 4,005원으로 1만 2,056원의 적자를 보이고 있다. 소작농의 경우엔 총수입이 13만 9,049원, 지출은 14만 6,104원으로 7,055원의 적자를 보였다. 여기에 농가 총수입 중에는 축우매각기금, 부채 등이 포함되어 있었으므로 실제로 농민의 가계수지는 더욱 악화되어 있었다고 보아야 할 것이다(노동선, 1948: 51).

이와 같이 미군정의 경제정책은 농민들에게 구체적으로 경제적 향상을 가져온 것은 아니었다. 그러나 농지개혁을 통해 농촌사회의 불만을 해소하고 농민들은 체제에 흡수되었다. 농지개혁은 해방 직후에 나타났던 농민세력의 정치적 급진화를 완화시킨 것이었다. 이런 점에서 농지개혁을 반공의 중요한 수단으로 본 미국의 입장은 실현되었다고 볼 수 있다.

〈표 8-4〉 농가수지상황(1947년 4월~1948년 3월)

(호당, 단위: 원)

계층별		농업	가사	겸업	합계	적자지출	적자/총 수입(%)
자작농	수입	166,270	4750	10,844	181,865	7,959	4.4
	지출	36,133	152,145	1,545	189,824		
자·소작농	수입	145,250	2,443	14,255	161,949	12,055	7.4
	지출	26,772	142,952	4,280	174,005		
소작농	수입	119,903	9,428	9,717	139,049	7,055	5.1
	지출	30,396	115,646	62	146,104		
평균	수입	139,855	6,402	11,984	157,243	7,714	4.9
	지출	29,765	134,694	498	164,958		

* 비고: 금융연합회 조사, 표본농가(1정보미만 6戶, 1~3정보 16戶).
* 자료: 조선은행조사부(1949a: 1-8).

다음으로는 일제시대에 형성된 자본의 재편문제와 관련한 한국인 자본가 계급의 성장을 살펴보기로 하자. 일제 말 한국에서 진행된 공업화는 일본인 자본에 의해서 주도되었기 때문에 한국인 자본의 활동은 미미하였다. 따라서 해방이 되고 일본인이 철수하게 되자 일본인 자본의 처리가 긴급한 당면과제로 부각되었고, 그것이 귀속재산 처리문제의 중요한 부분을 이루고 있다. 미군정은 초기에는 구일본인 개인재산의 사유권을 인정하기도 했지만 곧 미군정에 귀속시킴으로써 일본인 자본은 미군정의 직접 관리하에 놓이게 되었다. 이 자본은 실제적인 국가권력을 장악한 미군정에 의해 귀속되었다는 점에서 국가자본의 형태를 띠게 되었다고 할 수 있는데 이는 해방 이후 자본주의 지배질서 자체의 해체 위기에 직면한 미군정이 과도적으로 실시한 국유화조치에 의해 발생한 것이다. 그런데 미군정으로서는 당시 반봉건적 토지소유의 개혁 요구와 자본주의의 질서유지라는 기본 목표 하에서 기존의 지배 계급으로서의 지주 계급은 해체되는 것이 불가피하다고 보았다. 이에 새로운 지배 계급은 미결정의 상태에 있었으므로 새로운 지배 계급으로서 자본가를 육성시킬 필요가 있었던 것이다. 따라서 일제하 일본인 자본은 국제법적인 관례가 없음에도 불구하고 해방 이후 미군정에 귀속되었고 당시 한국인 대부분의 반대에도 불구하고 한국정부 수립 전 민간에게 매각되기 시작함으로써 사적 자본으로의 전환을 기정사실화 시켰던 것이다. 결국 귀속기업체 처리과정은 해방 이후 국가권력이 자본을 장악하고 이를 민간에게 매각함으로써 위로부터 자본주의를 복구하고 발전시키는 과정이라 할 수 있다.

일반적으로 당시 형성된 자본의 성격은 식민지 시대에 기득권을 행사하던 사람이 다수 불하를 받게 되어 식민지 유산을 청산하고 자립경제를 건설하려는 의지가 결여되었다는 점과 친미적 인사가 다수 불하받아 대미의존적 인맥을 형성했다는 점, 그것이 민주적으로 분산, 불하되지 못하고 일부에게 특혜적으로 불하된 결과 독점형성의 단서를 제공했다는 점 등이 지적되고 있다(이헌창, 1984: 96). 특히 관리인들이 그 지위를 기반으로 자본가로 전환할 수 있었다.[3]

결국 귀속기업체의 접수와 관리, 매각 과정을 통해 많은 한국인 직원들이 자본가로 부상하였으며 아울러 소액 주주, 소상인, 소기업가에 불과하던 층들이 지배적인 자본가 계급으로 전환하였던 것이다. 또한 이에 비해 순수 지주가 자본가로 전환한 경우는 드물다고 하겠다. 한국인 사적 자본가 형성의 특징은 일반적인 개발도상국의 경우와는 달리 상대적으로 지주 출신의 비율이 많지 않고 신흥 자본가층이 주축이 되었던 것이다. 또 귀속기업체의 불하범위의 확대, 정부의 저렴한 사정 가격, 불하액의 연부상환, 우선권 부여 등의 구체적인 과정이 관리인, 임차인 등 여러 가지 방식으로 귀속재산에 연고권을 가지고 있었던 신흥 유산계층에게 유리한 방향으로 실현되었다(김기원, 1990: 224). 이들은 새 정치권력과의 유착을 통해 불하자로 선정되었을 뿐만 아니라 또 불하 가격의 책정 및 불하대금의 지불 등에 있어서도 여러 가지 우대조치를 받음으로써 경제적 기반을 일단 확립하게 되는 것이다. 그리고 이는 그 이후 독점자본으로 성장하는 데 중요한 계기가 되었던 것이다.[4]

---

3) 귀속면방직 공장의 예에 대해서는 김기원(1990: 224)을 참조하라.
4) 물론 이와 같은 재벌들이 이 시기에 단번에 재벌로 비약한 것은 아니므로 그것이 당시 미군정의 정책 목표였다고 단정하기는 어렵다. 이들의 형성과정에 대한 논의는 그 이후의 여러 가지 역사적 과정에 대한 검토가 필요하다. 김기원은

결국 미군정에 의한 귀속기업체 매각은 사적 자본가를 육성함으로써 자본가의 경제적 지배권을 강화시켰는데 이는 식민지체제의 해체 이후 새로운 사회질서를 형성해 갈 담당자를 만들어 낸다는 의미를 지니는 것이었으며 당시 취약했던 자본가 계급의 형성 및 성장이 국가권력에 의해 법적으로 보장되었음을 의미한다.

반면 관리인제도로부터 귀속기업체의 매각에 이르는 과정을 통해서 해방 직후 자주관리운동 등 활발한 활동을 보였던 노동자들의 세력은 점차 위축되고 소멸되어 개별사업체의 운영에서 볼 때 초기의 관리주체로부터 자본가의 지휘 통제를 받는 단순한 임금노동자로 전락하여 갔을 뿐만 아니라 전체 사회수준에서도 자본가를 지배 계급으로, 노동자를 피지배 계급으로 하는 자본주의체제가 재정비되어갔던 것이다. 즉 일본인 기업체의 직접적 건설자였던 노동자계급은 해방 직후 자주관리운동을 전개했으나 이후 귀속기업체 매각으로부터 배제되는 결과를 초래하였다. 귀속기업체의 처리는 일제하에서 재산을 갖고 사회적 지위를 누리던 계급들에게 또다시 물질적 지배 계급으로서의 기반을 강화하도록 하는 조건을 제공하는 결과가 되었으며 진보적 입장에 서 있는 계급에게는 상대적으로 불리한 조건을 만든 것이다. 따라서 미군정의 지배하에서 기존의 혜택을 보던 친일세력과 구 기득권세력에게는 그 지위를 공고히 하는 결과를 가져왔고 이들과 미국과의 결탁은 반진보적 세력의 구축을 달성하게 된 것이다. 신한공사의 총재였던 미첼이 귀속기업체 매각 때 그것을 살 수 있는 사람들이 이와 같은 친일적인 부정축재자였음을 "정치적 딜레마"(Mitchell, 1952: 7)로 표현하고 있는 것도 이 때문이다.

결국 미군정에 의한 귀속기업체 매각은 자본-임노동 관계를 정착시킴으로써 해방 이후 남한사회를 안정적인 자본주의 사회로 재편하는 기반으로 작용하였다. 또 단순한 매각이 아니라 해방 이후 이중권력의 상태라고 할 수 있을 정도로 불안정했던 상황에서 외부세력인 미군이 물리력을 행사하여 노동자 자주관리운동을 탄압하고 기존지배세력에게 귀속재산을 넘겨

1980년대의 50대 재벌 중 32개가 미군정기에 이미 자본가로서 활동하고 있음을 표로 나타내 보여주고 있다(김기원, 1990: 231~232).

줌으로써 미국의 한국산업에 대한 지배체제를 형성시키는 것이었다. 즉 귀속기업체의 처리가 외부세력인 미군정에 의해 노동자 자주관리운동을 탄압하고 한국의 지배 계급을 형성하는 과정으로 이루어졌던 것이다.

지금까지 살펴 본 결과 미군정의 경제정책을 통해 시민사회 내의 세력관계와 계급구조가 재편되었음을 알 수 있었다. 국가를 통해 귀속기업체가 매각됨으로써 한국인 산업자본가가 형성되었는데 이는 당시 취약했던 자본가 계급의 형성 및 성장이 국가권력에 의해 법적으로 보장되었음을 의미하며 이러한 귀속기업체 매각은 사적 자본가를 육성함으로써 자본가의 경제적 지배력을 강화시켰다. 반면 일본인 기업체의 직접적 건설자였던 노동자 계급은 초기 자주관리 운동을 벌였으나 이후 귀속기업체의 매각으로부터 배제되었다. 한편 귀속농지의 매각은 불철저한 것이었지만 기본적으로 지주 계급의 해체라고 하는 결과를 가져왔으며 식량공출제도도 지주제와 반봉건적 토지소유에 타격을 주었다. 식량공출제는 농민들에게 피해를 주었고 농지개혁도 불철저한 면이 많았지만 미군정기에 처음으로 실시된 귀속농지의 매각을 통해 농민들이 체제에 흡수되었다. 미군정기를 거치면서 지주 계급은 몰락하게 되었고 대중 부문과 그들의 이해를 반영해주는 진보적인 정치세력은 억압, 배제되었으며 산업자본가 계급이 형성, 성장하게 된 것이다. 1950년대에도 자본가 계급의 생성 및 활동 전반에 국가의 정책과 역할이 중요하게 작용하게 되는데(공제욱, 1992) 그 원형은 미군정기에 이미 성립되었던 것이다.

2) 경제구조의 재편

미군정의 경제정책은 식민지 경제구조를 재편하였고 한국사회는 미군정기를 거치면서 변화되었는데 이는 오늘날 한국사회의 사회경제구조 형성에 중요한 영향을 미치게 되는 역사적, 구조적 기반을 마련한 것이었다. 여기에서는 미군정의 경제정책의 결과를 경제구조의 재편이라는 측면에서 살펴보기로 한다.

미군정의 한국에 대한 기본 입장에는 경제적인 이해보다는 정치적인 이해가 많이 작용했다고 볼 수 있다. 그러나 그렇다고 해서 경제적인 의도가 전혀 없었던 것은 아니다. 전후 미국 주도의 세계질서 재편 그 자체가 세계자본주의체제의 재편성을 의미하기 때문이다. 미국은 기본적으로 한반도에 있어서 해체위기에 직면한 자본주의 질서를 유지하고 2차 대전 이후 미국을 중심으로 하는 세계질서 속에 한국을 편입시키고자 한 것이다. 미군정의 경제정책은 이러한 미국의 전반적인 대한정책의 맥락에서 이해될 수 있으며 한국경제를 이전의 구식민지세력인 일본으로부터 분리시켜 그것을 다시 미국 주도의 세계자본주의체제 속에 편입시키고자 했던 것이다. 식민지 구조를 자본주의적인 시장 경제체제로 전환시키는 일과 미국 주도의 자본주의 권내로 편입시키고자 했던 것이다.

이에 미군정 당국은 초기에 자유경제의 원칙을 내걸면서 한국경제의 자본주의체제로의 재편을 추진하였다. 그러나 이것은 대소견제라는 점령정책의 테두리 안에서만 의미를 지닐 수 있었다. 따라서 미군정은 해방 직후 사회정치적 상황에서 급격한 변화보다는 현상유지를 우선적인 정책지침으로 하면서 정치적, 군사적 목적을 위해 치안 확보를 중시하였고 경제개혁의 문제는 부차적으로 보았다. 또 정치사회안정과 현상유지정책에 주안점을 두었기 때문에 전반적으로 통제정책을 하지 않을 수 없었다. 이를 당시의 재생산구조의 변화와 관련하여 좀 더 구체적으로 살펴보자.

해방 이후 남한경제의 구성은 대체로 세 가지 부문으로 나누어 볼 수 있는데 우선 공업 부문을 들 수 있다. 이는 자본제적 부문으로 귀속재산이 압도적인 비중을 차지하고 있는 부문이었다. 그런데 해방 이후 이와 같은 공업부문에서는 생산의 전반적인 저하와 인플레이션의 격증에 따른 공업위축 현상을 보였는데 이는 다음과 같은 이유에서였다고 평가된다(김기원, 1990: 202~207).

첫째, 해방과 함께 식민지 종주국과의 경제관계가 단절되면서 나타나는 식민지경제의 필연적 귀결이라는 점이다. 일제 말 공업화의 기형성, 즉 자본시장과 기술면에서 일제에 종속되어 있었다는 것과 일제의 지배로부터 급격히 이탈한 것이 한국경제의 재생산에 심각한 영향을 초래했던 것이다. 특히 공업생산을 위축시킨 커다란 요인은 원자재의 부족이었다.

둘째, 해방 이후 독립된 민족국가를 건설하지 못하고 외세에 의해 남북한이 분할점령되어 있었다는 점이다. 즉 국토분단으로 경제의 지역적 편재화가 가중되어 해방 후 한국경제는 극도로 위축된 것이다. 이는 남북분할에 따른 절대적인 기반의 축소와 산업 간의 분리 때문이었다.

그러나 무엇보다도 미군정의 경제정책으로 한국경제의 생산력이 크게 파괴되거나 위축되었다는 점을 들지 않을 수 없다. 미군정의 공업정책은 공업생산을 증대하기 위한 적극적인 공업화를 시도하기보다는 현상유지적 안정의 확보를 위해 접수된 귀속재산에 대한 관리와 운영에 국한된 것이었다. 이는 관리인제도에서 잘 드러나고 있듯이 미군정은 적극적인 관리를 하지 않았으며 이들 귀속기업체를 관리할 능력도 부족하였다. 미군정은 적극적인 생산증대나 경제재건을 꾀하기보다는 물자의 원활한 수급과 물가안정을 통해 정치사회적 안정을 도모하려 했던 것이다. 따라서 귀속기업체나 농지에 대해 경영이나 생산관리가 아닌 그것의 현상유지나 보존, 관리차원의 정책을 실시했다.

또 노동자들의 기업체에 대한 자주적 관리를 거부하고 미군정이 자기 뜻에 맞는 관리자를 임명하는 과정에서의 분규로 공업생산은 격감하게 되었다. 노동자 자주관리운동을 부정함에 따른 노동쟁의의 발생은 공업생산에 타격을 주었으며 공업 부문의 성장을 저해하였던 것이다. 이와 함께 일본인들이 기계 시설이나 원료 재고를 멋대로 방매하는 것을 제대로 저지하지 못한 것도 생산위축의 한 원인이었다.

또한 미군정의 경제정책이 구호일변도였고, 자립적인 생산력 기반의 확충을 무시하였기 때문에 농업이나 공업의 재생산구조를 극히 취약하게 했다. 해방 후 생산공장의 대부분은 원료난과 전력, 자금과 기술 부족 등으로 유휴상태에 있었지만 미군정은 이러한 생산상의 애로를 타개하고 산업을 재건시키기 위한 적극적인 노력은 별로 하지 않고 위축일로에 있는 산업을 그대로 방치했던 것이다. 구체적으로 1941년과 1948년의 공장 수나 노동자 수, 공산액을 비교해 보면 생산력 기반의 파괴, 나아가 생산력 수준의 위축이 이 시기에 얼마나 심각하게 전개되었던가를 잘 알 수 있다. 공장 수는 40%가 줄어들고 노동자는 29%, 공산액은 83%나 줄어들었던 것이다.

〈표 8-5〉 미군정하 한국공업의 위축상황

업종	공장 수			직공 수			공산류		
	1941년 (개소)	1948년 (개소)	증감율 (%)	1941년 (인)	1948년 (인)	증감율 (%)	1941년 (천 원)	1948년 (천 원)	증감율 (%)
섬유공업	1,301	1,325	2	54,050	54,177	0	169,927	17,672,558	-74
화학공업	517	767	48	17,369	24,857	43	84,846	14,666,093	-57
식품공업	1,863	646	-65.3	25,182	5,227	-79	210,119	5,879,317	-93
기계공업	585	543	-7.2	14,825	8,971	-39	38,212	2,396,313	-84
금속공업	408	206	-49.5	9,383	4,362	-54	13,550	2,209,197	-59
인쇄출판공업	371	72	-80.0	7,498	1,897	-75	17,213	1,620,262	-76
요업	366	115	-68.6	6,345	4,628	-27	11,928	1,674,212	-68
공예공업	971	134	-86.2	14,580	1,777	-89	133,306	696,877	-99
합계	6,382	3,808	-40	149,242	105,696	-29	679,201	46,714,830	-83

* 비고: 1939~1948년 간의 물가지수를 감안한 실질가치 기준임.
* 자료: 한국산업은행(1959: 10).

또한 다음 표는 1948년의 생산수준이 1940년에 비해 20~30%에 그치고 있음을 보여준다.

〈표 8-6〉 남한공업의 업종별 생산위축상황

(단위: 백만 원)

	1940년도 생산액	1948년 가격으로 환산액(가)	1948년도 생산액(나)	나/가 (%)
방직 공업	169.9	61,456	21,568	35.0
금속 공업	13.6	4,900	2,209	45.1
기계 공업	38.3	13,856	3,381	24.4
화학 공업	84.8	30,685	15,158	49.4
요업	11.9	4,134	1,427	33.1
목재 공업	13.6	4,928	697	14.1
인쇄-제본	17.2	6,225	1,620	26.0
식품-양조	210.1	75,992	6,587	8.7
기타	126.5	45,748	—	—
합계	686.0	248,104	52,647	21.2

* 자료: 홍성하(1969: 105).

이와 같은 공업생산의 위축과 물자부족의 심화현상에 편승하여 다른 한편으로 고급 소비재의 수입은 오히려 촉진되고 있다. 따라서 귀속재산 부문의 경제적 기반은 쇠퇴하고 그 대신 원조경제부문의 확장을 가져오게 되었다. 이것은 일제의 물적 유산이 파괴되었음을 의미한다. 식민지 공업화의 물적기반은 미군정기를 거치면서 상당한 부분 훼손된 것이다. 다음 글은 이러한 당시의 경제적 상황을 잘 나타내주고 있다.

> 해방 후의 남한경제의 기본구조는 귀속사업체와 민간기업, 그리고 미국의 대한 경제원조 등 3자를 지주로 하는 삼중구조로 특징 지워졌다. 해방후 한국의 상 공 광 수산 운수 등 근대적 산업수단의 8할 이상을 점하였던 적산은 일단 귀속사업으로 접수되었는데 이 사업이 토착민족자본에 대한 비중은 큰 것으로 이 귀속사업과 토착민족자본에 의한 민간기업은 양자대치적으로 한국경제의 2대지주가 되었는바 다시 중요자원과 근대적 산업수단의 이북편재와 이에 따른 이남의 궁핍을 구조하기 위한 미국의 대한국 무상경제원조가 상기 2대지주에 일주를 가하여 3중구조를 형성케 하였던 것이다. …… 그러나 이 국외로부터의 원조가 국내에 전개된 경제적 파국을 구급하기 위한 링겔적 역할밖에 할 수 없었다는 데서 해방 후 남한경제가 직면하게 된 위세는 정부가 수립 후 만 1주년을 맞이한 금일에 있어서도 사태의 개선을 보지 못하고 저지되지 않는 인플레 진전, 실업자군의 범람, 실질임금의 저위, 특수상무역을 제외한 기업의 수지난 생산기능의 위축마비가 계획되고 있고 일반의 구매력을 조소하는 사치완제품 수입의 범람만이 일심하여지고 있는 것이다(조선은행조사부, 1949a: I-149).

그러나 1946년 중반부터 공업생산의 점진적인 회복추세가 나타난 점(김기원, 1989)에도 주목해야 한다. 이는 중소공장이 활발하게 가동되었고 원조나 무역을 통해 부분적으로 원자재가 보충되었기 때문이다. 또한 해방 후 한국 공업의 동향과 구조재편에 관한 한 연구(新納豊, 1983)는 일제하에서 일본의 이식형 공업과는 별도로 군소의 수공업적 공업군이 존재하여 도시 하층노동자 및 농민의 가계보충적 취업의 장으로서 역할을 했으며 지역 내

수요를 대상으로 토지에서 나오는 생산원료를 이용함으로써 해방 후 공업생산의 주도적 역할을 담당했다고 평가하고 있다. 즉 해방 직후 대개 대규모였던 귀속공장이 원자재, 자금의 부족, 관리인제도의 불합리성 등으로 인해 가동률이 저조했던 데 비해 지방 소규모 민영공장은 원료와 자재 기술, 자금과 판매시장 면에서의 난점을 쉽게 타개할 수 있었기 때문에 해방 후에 경제재건의 담당자 역할을 수행했다는 점을 지적하고 있는 것이다. 따라서 해방 이후 올바른 정권의 정책하에서 생산적으로 이들을 집결시킬 수 있었더라면 공업생산의 회복은 더욱 가속화되고 한국경제는 자립적 방향으로 나아가게 될 수도 있었을 것이다. 즉 미군정기 공업생산의 회복은 기본적으로 한국인의 주체적 노력의 소산인 바 그 회복의 속도와 장기적 방향은 정치권력의 성격과 그 경제정책에 따라 여러 가지로 달라질 수 있었던 것이다. 그러나 당시의 전반적인 상황은 한국사회의 자립적 재생산구조를 취약하게 하였고 대외종속적 경제구조의 토대를 형성한 배경이 된 것이다.

또한 귀속기업체의 매각이 공업화의 출발에 물질적 기초를 마련해 주었지만 이 시기의 격렬한 인플레이션의 진행과 관련하여 이를 저렴한 가격으로 특정의 군정청 관리 및 상인 등에 매각함으로써 한국자본주의의 건전한 발전에 저해요인이 되었다. 이와 함께 중소기업을 구축함으로써 자생적 민족자본의 축적을 저해하였다. 관료와 결탁한 자본은 급격하게 성장하여 일찍부터 독점화의 길을 걸어간데 비해 민족공업은 제약을 받았던 것이다.

다음으로는 반봉건적인 토지소유 관계에 기초하는 농업부문을 살펴보기로 한다. 일제말기 징병 등으로 인한 농업노동력 부족현상이 심각한데다가 그 위에 강제공출제와 대일 수출정책으로 말미암은 농민들의 영농의욕의 저하는 이루 말할 수 없었다. 따라서 해방 후의 한국농업은 마땅히 영농의욕의 고양은 물론 생산성의 제고가 현저히 이루어졌어야만 하였다. 그러나 실상은 생산량의 감퇴가 나타났다. 물론 여기에는 영농조건의 변화문제 등을 고려할 수 있다. 즉 해방 직후 정국혼란, 곧 경제외적 조건의 악화 이외에도 북한으로부터 공급되던 금비조달의 어려움, 일본인 철수로 인한 농기구 구입의 어려움 등이 중요시 되어야 할 것이다. 그러나 미군정의 농업 및 식량정책상의 문제, 즉 토지개혁의 문제, 식량배급제, 식량공출 계획상의 오류 등이 더욱 중요한 원인이었던 것이다(이대근, 1987: 51).

특히 미군정기의 강압적인 식량공출제는 농업의 생산력 기반을 크게 약화시켰다. 생산비 이하의 저가격 수준으로 곡물수집을 강제함으로써 농민들에게 과중한 부담을 주고 저농산물 가격을 기조로 한 공출제도는 농업경영의 파탄을 가져왔으며 상인고리대 자본의 농촌 침투에 더하여 잉여농산물의 소비시장으로의 한국경제의 전환의 계기가 된 것이다. 이와 더불어 농가의 단위별 식량수집 할당량에 있어서도 공정을 기했다고 볼 수 없고(조선은행조사부, 1948: I-242) 더욱이 양곡가가 농업 재생산이 불가능한 수준에서 책정됨으로써 그 후의 저곡가정책의 효시를 이루게 되었으며 농산물의 가격상승은 일부 공산품의 가격상승을 크게 밑돌았으므로 농가경제에 대한 압박은 가중되었던 것이다.

따라서 해방 직후의 사회적 인구증가와 함께 식량부족 현상은 심화되었고 미군정은 그 해결을 위한 미국 잉여농산물의 도입에 박차를 가하게 되었다. 그런데 식량의 대량 도입은 농업의 재생산기반을 더욱 위축시켜 잉여농산물의 소비시장으로 한국경제 전환의 계기가 되었다. 또 식량농업에서만이 아니라 원료농업 부문에 있어서까지도 생산기반이 파괴되기 시작하였다. 또 이러한 원료농업 기반의 파괴는 공산품 원조물자의 도입으로 이어져 국내 토착공업의 몰락과도 직결되는 것이다. 다음 글은 이러한 당시의 상황을 잘 묘사하고 있다.

> 생산이 무역의 기초이며 목표이다. 이러한 현사태는 완제품의 수입이 얼마나 생산을 위축시키는 것이며 위축시키고 있는가를 단적으로 시사하는 것이다. 생산이 없다는 것은 지불능력의 결여를 시사하는 것이다. …… 해방 후 신설된 회사 중에서 생산업관계는 미미하다(조선은행조사부, 1948: I-34).

이밖에 광업이나 수산업, 그리고 전력, 선박, 운수, 통신 등 기초 산업분야에서도 미군정기간에 그것들의 생산력 기반이 더욱 확충되었다고 보기는 어렵다. 이처럼 농업과 공업의 재생산구조가 취약하게 되었으므로 국내

산업의 재건은 어려웠으며 구조적으로 미국에 종속될 수밖에 없게 되었다. 즉 재생산기반의 취약화를 배경으로 지난날의 대일종속에 대체되는 대미종속의 계기가 주어진 것이다. 이것의 구체적인 과정은 미군정기의 무역정책과 원조정책에서 잘 드러나고 있다.

미군정기의 무역은 미군정 당국의 독점이었으며 민간무역이 일부 허용되었으나 그것은 미군정의 엄격한 통제하에 있었다. 이처럼 전체적으로 당시의 무역은 민간인에 의한 직접무역은 없고 원조물자 중심의 관영무역이었는데 이러한 무역정책은 이전의 대일종속에서 대미종속으로 전환하는 중요한 계기가 된다. 원조물자 제공이라는 관영무역을 통해 한국경제는 미국자본의 세력범위에 포섭된 것이다.

끝으로 미국의 원조경제 부문을 살펴보자. 이는 미군정의 등장과 함께 새로이 나타난 부문인데 귀속재산 부문의 복구 및 재편과정에서 필요한 시설재나 원자료의 공급을 이 원조경제 부문이 담당함으로써 귀속재산 부문에서 원조부문으로의 구조적 전환이 급속히 추구되어 갔다. 미군정은 식량과 물가의 안정, 이를 통한 정치적·사회적 안정의 도모를 생산증대에서 찾았다기보다는 미국의 원조물자 공급에서 찾았던 것이다. 해방 이후 인플레이션과 공업생산의 위축에 대해 미군정은 소비재 중심의 원조를 통해 이를 해결하고자 한 것이다. 그리고 이것이 1948년 정부 수립과 동시에 시작되는 국민경제 형성의 전제조건을 이루게 되는 것이다.

미국의 대한원조는 기본적으로 그것이 정치사회 안정을 위한 목적에 의해서 제공되었다 하더라도 그것이 경제적인 결과를 가져온다는 사실은 두말할 필요도 없다. 이 시기의 원조는 단기적으로는 전시경제에서 평시경제로의 이행에 따른 전시재고 처분으로서의 성격이 강했으나 장기적으로는 한국 자본주의의 대일종속을 대미종속으로 전환시키는 기초를 마련하였다. 이 시기의 원조는 한국민을 기아와 질병으로부터 구출하고 경제위기를 수습하는데 일시적으로 기여했는지는 몰라도 적극적인 산업정책없이 원조물자를 공급하였다는 데에 처음부터 문제점을 갖는 것이었다. 원조는 기본적으로 경제적 재생산구조를 개선하기보다는 위기경제의 구호를 목적으로 하였던 까닭에 산업개발이나 자립적 산업구조의 형성과 같은 장기적인 문제는 원조계획의 성격상 전혀 범위 밖의 문제였기 때문이다. 국민경제 각 부분 사이의 연관은 무시되었으며 소비재 중심의 원조가 대부분이었던 것이다. 또 국민경제 자체 내에서 싹틀 수 있었던 민족기업의 맹아는 원조물자의 국내시장 범람으로 재기할 수 있는 경제의 시장기반을 잃어버리게 되었다. 해방 이후 각 지방에서 소생, 부활한 소규모 공장들은 소비재 원조물자의 도입에 의해 타격을 받았던 것이다. 즉 원조는 외국상품 특히 소비재의 시장화라는 방향으로 진행되었으며 이에 한국경제는 전반적인 생산위축과 인플레이션의 진전에 신음하게 된 것이다(조선통신사, 1948: 201). 또 구호원조의 성격을 갖는 GARIOA 원조는 원조가 지니는 본질적 속성상 한국 내에 간접적 자본축적의 효과를 가져왔다. 미군정이 원조의 구성비나 양을 규제하였기 때문에 대미종속적인 소비재 공업부분만의 기형적 성장을 가져오게 되었다. 생산은 확대되지 않은 채 국민의 소비수준은 고양되었으며 소비구조는 대외종속적으로 된 것이다. 더욱이 원조물자의 판매대금의 사용에 미국 측이 개입함으로써 경제운영 전체가 미국 측에 종속될 수밖에 없게 만드는 기능을 갖고 있었다. 생산기반의 확충을 통한 적극적인 노력 없이 소비재 중심의 원조물자가 대량 수입됨에 따라 자립적인 국민경제를 건설할 수 있는 기초를 마련한다는 의미에서는 한계를 지니면서 진행된 것이다. 즉 생산재의 부재는 공업의 자립적 재생산구조를 취약하게 만드는 것으로써 한국경제는 미국 자본주의의 재생산구조에 편입됨으로써 대미종속적 경제구조의 기반을 조성하게 되는 것이다(이호룡, 2004).

구체적으로 이것은 섬유공업과 제분공업, 비료공업 등의 발전과정과 형태분석을 통해서 잘 나타난다. 우선 각종 섬유공업은 면화나 생사, 대마 등의 원료에 대한 생산정책을 실시하지 않고 원면을 포함한 섬유제품의 원조물자를 공급함으로써 격심한 침체를 겪게 되었다. 미국은 한국의 면방직공업의 발전을 미국의 과잉 원면의 소화에 연결시키려 하였는데 이것은 미국의 일본점령정책의 기조와 동일한 것이었다. 그 결과 한국농업에 있어서 면업은 몰락의 길을 걷게 되었고 공업과 농업의 가장 중요한 분업관련이 완전히 파괴되었다.

당시 설비자금은 고사하고 운영자금의 확보마저 불가능했던 면방직 공업에 대한 값싼 원면의 배급은 기업의 사활이 달려있는 문제였으며 따라서 배급을 둘러싸고 치열한 경쟁이 있었다. 그렇기 때문에 배급시안이 원면배급의 기초이기는 하였으나 군정청 당국과의 정치적 유착 등이 작용하여 배급을 둘러싸고 여러 가지 부작용이 생기는 일도 있었다. 그리고 외국산 원면의 도입은 국내 원면의 공급능력을 위축시키고 농가의 수익성 작물생산을 감소시킴으로써 농공 간의 국내적 연관을 파괴시키는 결과를 가져오기도 하였다. 미국에 의한 면화의 도입은 국내 면 생산 농가에 커다란 타격을 준 것이다. 구체적으로 외국산 원면의 도입실적은 다음 표와 같다.

〈표 8-7〉 외국산 원면의 도입실적

	종별	도입표(俵) 수	자금구분
1947년 4~9월	미국면	31,531	GARIOA 자금
1947년 11월	인도면	2,101	군정보유 홍콩달러
1948년 1~7월	이집트면	398	군정보유 달러
1948년 4월~1949년 12월	미국면	33,900	GARIOA 자금

* 자료: 대한방직협회(1957: 34).

따라서 원면의 수입은 당시 원료공급에서 중요한 역할을 하였다. 원면수입이 시작된 1947년의 경우 방적사 생산에서 소비된 총원면량 중 외국산 원면이 차지하는 비중은 88.1%나 되었고 1948년에는 99.5%로서 거의 외국산 원면을 가지고 방적사를 생산하고 있는 것이다.

원래 국산 면화는 일제의 면화증산계획과 강제수매제도에 의해 해방 전에는 전체 소비량의 7할 내지 9할까지 공급하였다. 그러나 해방 후 강제력이 소멸함에 따라 면화 재배지가 식량작물 재배지로 전환되었거나 비료부족 등으로 인해 생산량 자체가 감소하였으며 게다가 자가소비의 증대와 과거 무리한 강제수매에 대한 반발에 의해, 또 농가의 생산비도 보상되지 못하는 낮은 수매 가격 등 때문에 미군정기의 면화수매는 결과적으로 실패하게 되었다(김신웅 외, 1987: 74). 미군정 당국은 국산면화의 증산과 수매방법의 개선에 대한 정책보다는 외국산 원면을 수입함으로써 국산면의 공급실적은 크게 저하되어 1948년의 경우 겨우 5.2%에 불과하였다(한국산업은

〈표 8-8〉 해방 후 원면 소비실적(방적사 생산)

(단위: 천 파운드)

연도별	국산면(A)	외국면(B)	합계(C)	B/C(%)
1945	850	−	850	−
1646	10,797	−	10,797	−
1947	1,817	13,458	15,275	88.1
1948	79	16,049	16,128	99.5

* 자료: 한국은행조사부(1955: III-23).

행조사부, 1955: 188).

　미국면의 도입에 따라 한국의 면 생산은 급격히 퇴보하여 국내 농가는 농가 수입의 주요한 원천을 박탈당하게 된 것이다. 이로써 한국 농업 부문의 정체화는 더욱 가중되었고 면 생산의 경우는 오히려 퇴보하였다. 뿐만 아니라 원면을 수입함에 따라 국산면화를 기초로 하던 조면업자, 방적업자, 면실유업자 등을 쇠퇴시키고 나아가 중소 직포업자들을 하청계열화시킴으로써 면방직 공업이 새로운 경제구조의 형성과정에서 담당할 수 있는 역할의 비중을 감소시켰다(김신웅 외, 1987: 75). 이처럼 면화생산 동향은 한국의 미국 상품시장으로의 전환을 잘 보여준다.

〈표 8-9〉 국산면의 공급실적(1944~1948)

	식부면적 (정보)	지수	생산량(근)	지수	수매량(근)	對생산량 비율(%)
1944	21,8604.4	100	192,589,999	100	128,420,000	66.7
1945	174,209.2	80	109,210,150	57	−	−
1946	127,504.0	58	95,900,107	50	4,692,292	4.9
1947	129,847.8	59	55,522,945	29	7,070,260	12.8
1948	115,257.0	53	87,560,100	45	4,524,416	5.2

* 자료: 한국산업은행 조사부(1955: 188).

　따라서 면방직공장의 경우 당시 11개 주요 공장 중 9개의 공장이 귀속공장이었는데 예외적으로 1947년 이후 그 본격적인 재건에 착수하였다. 면방직 공업재건의 관건은 원료, 즉 원면의 확보였는데 미군정은 미국산 면화의 수입을 통해 이 문제를 해결하였다. 방직업자들의 단체인 대한 방직협회를 통해 할당된 원면이 각 기업에 공급됨으로써 조업률이 상승하였다. 이러한 면방직업의 재건과정은 한편으로는 한국경제가 미국의 종속을 통해서만 재건되는 재편과정이었으며 다른 한편으로는 값싼 수입 원면을 배정하는데 정부권력과 결탁한 소수의 기업만이 자본을 축적하게 되는 과정이었다(역사문제연구소, 1989: 198).

한편 제분공업은 해방 후의 식량난을 기반으로 지방에서 가내공업 형태의 소규모공장이 3백여 개나 출현하여 활발하게 성장하고 중소기업으로 발전하기 시작하였는데 원조물자로서의 소맥이 공급됨에 따라 대부분이 도태되어 버렸다. 다만 두 개의 대공장만이 일제하의 시설을 물려받아 이 원조물자인 소맥을 원료로 밀가루를 생산하게 되었다(박찬일, 1989: 78).

화학비료공장의 경우 당시 남한에는 극히 소규모 공장만이 존재하였는데 그나마 거의 휴업상태로서 1946년도 생산액은 해방 이전의 전국 생산액의 약 0.6%에 불과하여 농업생산에서의 비료투하는 급격히 감소하였다. 그런데 미군정은 비료생산이 재개되도록 하기보다는 원조를 통한 비료공급을 선택하였고 따라서 화학비료공장의 재건은 이루어지지 못하였다. 외국산 비료의 도입이 국산비료의 생산증대 대책 없이 이루어짐으로써 국내 비료 생산기반을 파괴한 것이었다. 즉 국산비료의 배급실적이 1945년 8,578톤, 1946년 9,624톤, 1947년 2,870톤으로 크게 격감되었다(조선은행조사부, 1949a: I-27).

요컨대 소비재 중심의 원조는 국산품에 대한 유효수요를 외국재화에 이전시킴으로써 국내분업관련을 갖는 취약한 중소민족기업을 위축시키고 그 토착자본의 성장을 크게 압박하는 것이었다. 또한 공업과 농업 간의 국내 분업관련의 단절은 앞으로 공업의 성장이 있더라도 농업의 저개발이 수반된다는 시장적 조건을 시사하는 것이었다. 이와 같이 미군정의 원조정책은 경제의 안정을 유지하는 데는 기여하였으나 소비재 중심의 원조내용으로 인하여 국내적 공급능력을 계속 감퇴시키고 그 결과 국내 생산력 기반을 위축시키는 결과를 가져오기도 하였다. 또한 국내경제의 자주적인 재생산 기반이 마련되지 못하고 경제가 대외종속적으로 편성되는 근거를 마련하였다. 이처럼 미군정의 원조정책은 대외관계의 측면에서 뿐 아니라 그것이 국내경제 전반에 걸쳐 직접적인 영향을 미쳤다는 점에서 특히 중요한 의미를 지니는 것이었다.

원조물자 제공이라는 관영무역을 통해 한국경제는 미국의 세력범위에 포섭되었으며 미국은 보다 독점적인 지배력을 행사하기 위해 재생산구조 부문에서 중요한 물자, 즉 석유, 곡물, 원면에 대한 지속적인 통제를 늦추지 않았고 경제운용 방향에서는 1948년 9월 "한미재정 및 재산에 관한 협정"(조선은행조사부, 1949a: III-36~37)과 1948년 12월 "한미원조협정"에서 원조물자에 대한 통제권뿐만 아니라 한국자원의 활용에 대한 통제권까지 확보하였다. 결국 미국은 미군정 3년과 그 철수과정에서 맺은 협정을 기반으로 하는 원조제공을 통해 한국사회에 대한 지배력을 구축할 수 있었던 것이다. 이러한 원조는 실제로 인플레이션의 수습에도 크게 기여하지도 못하였는데 그 주된 이유는 당시 인플레이션의 근본적 원인이 수급불균형 곧 공급부족에 있었던 것이 아니며, 또 설령 공급 측에서 원조물자의 추가적인 공급이 일어났어도 그것의 도입, 분배, 유통과정에서 중간 마진을 노리는 투기성이 작용, 오히려 물가상승을 부채질하는 역기능이 더욱 크게 나타났기 때문이다.

결국 미국은 원조를 매개로 하여 자국과 이해관계가 있는 산업부문은 적극적으로 자신의 재생산권 내로 편입시켰음을 알 수 있다. 이처럼 미군정기 원조는 장기적으로는 한국자본주의의 대일종속을 대미종속으로 전환시키는 기초를 만드는 것이었고, 아울러 새로이 싹트기 시작한 토착적인 자생적인 중소기업을 소멸시키는 것이었다. 막대한 외국원조 물자를 수입하였음에도 불구하고 경제부흥을 위한 생산재건에는 그다지 큰 도움이 되지 못하였고 막대한 소비사치 물자의 국내범람으로 오히려 취약한 국내산업경제를 더욱 위협하였던 것이다. 미 국무부 관리가 "점령 당시부터 현재에 이르기까지 남한에 제공된 경제원조는 구호물자에 국한되었다. 즉 식량, 비료, 연료와 의약품들이었다. …… 비록 사람들은 충분한 식량을 제공받았지만 원조계획이 구호에 국한됨으로서 경제가 전반적으로 성장할 수는 없게 되었다"(FRUS, Vol. VI, 1948: 1292~1293)고 인정하고 있듯이 원조물자의 성질이 기본적 생산수단 보강이 되지 못하고 구급적 소비재가 대부분이었다는 점이 기본적 산업부흥이나 실질적인 경기회복을 어렵게 했던 것이다.

이와 같은 과정을 거치면서 한국경제는 대미종속적인 것으로 재편성되는 계기가 되었다고 할 수 있다. 남북분단에 따른 절대적인 경제기반의 축소와 산업 간의 분리, 미군정기의 농업정책에 의한 재생산기반의 취약화를 바탕으로 한 귀속기업체의 관리와 매각 및 원조중심의 경제구조는 대미종속적 성격을 지닐 수밖에 없었다. 해방과 함께 일본과의 경제관계가 단절된 이후 남한에 주둔한 미군정은 한국경제를 일본경제의 종속으로부터 미국경제의 재생산구조로 편입시켰던 것이다. 즉 식민지 경제체제의 해체 이후 한국사회는 미군정기를 거치면서 잉여농산물 수입과 원조를 통해 대미종속적 구조가 형성되기 시작하였고 미국 주도하의 전후 세계자본주의체제 속으로 재편되었던 것이다. 한국은 미국이 지배하는 세계 자본주의권 속에 편입되어 새로운 국제 분업구조의 일익을 담당하게 된 것이다. 그리고 이러한 미군정기의 경제정책과 그에 따른 사회경제구조의 재편은 이후 한국자본주의의 구조와 성격을 규정하는 결정적 계기로 작용한 것이다.

2. 시민사회의 팽창과 재편

1) 시민사회의 팽창

시민사회는 국가통제의 외부에서 개인 또는 집단들이 이해관계에 따른 교환이나 자발성에 기초한 연대에 따라 생활하는 영역이다(Held, 1989: 181). 이런 개념규정에 따를 때 시민사회는 국가 이외의 영역을 모두 포괄하는 잔여범주의 성격이 강하다(김일영, 2000: 16).

시민사회의 개념과 관련하여 여러 가지 이론적 입장이 있지만 시민사회의 등장이 봉건적 사회제도, 의식구조, 생활양식을 대신하여 근대 자본주의적 사회제도, 의식구조, 생활양식이 형성되는 것을 말한다면 한국에서 시민사회가 성립하기 시작한 것은 대체로 20세기 전후로 볼 수 있다(정태석 외, 1995: 271). 이러한 시민사회의 성장은 일제 식민통치가 시작되면서 왜곡, 변형될 수밖에 없었는데 억압적인 식민지국가는 시민사회의 자발적인 조직화와 시민의식의 성장을 크게 가로막았다. 그러나 식민지국가의 지속적인 탄압에도 불구하고 끊임없이 전개된 노동운동, 농민운동 등 사회운동의 경험은 1945년 8월 식민지 국가권력의 철수에 따른 권력의 공백 상태에서 시민사회의 급속한 팽창을 가능케 했던 인적, 조직적인 자원을 제공하였다(김호기, 1999: 11~12).

1945년 일제식민통치로부터의 해방은 식민지적 억압의 종식을 의미함과 동시에 모든 한국인들에게 자주 독립국가를 세워야 한다는 과제를 부여한 계기였다. 해방과 함께 한국인들은 민족독립국가를 수립하기 위한 목적으로 일련의 정치조직을 전국적 수준에서 급속하게 조직하기 시작했다. 민족독립국가의 수립은 해방과 동일한 의미로 다가왔으며 기대와 환희의 분위기는 조직화를 위한 노력으로 표출되었다(최장집, 1993: 157). 해방은 일제 식민지 통치에 의해 왜곡되어온 정치적 사회경제적 모순을 극복하고 한국인의 요구에 입각한 사회질서를 제도화하여 그간의 독립운동 과정에서 제기되어온 여러 가지 요구가 실현될 수 있는 가능성을 제시하였던 것이다.

해방 직후 국내에는 다양한 정치세력들이 존재했는데 이들은 해방 이전의 민족해방운동 경험이나 자신이 지지 기반으로 하는 계급, 미군정과의 관계에 따라 노선이나 행동 양식에서 여러 가지 차이를 보이게 된다. 그런데 해방 직후의 경제적 위기와 정치적 과도기는 진보적인 좌익사상이 일반인에게 쉽게 보급될 수 있는 여지를 마련하였다. 해방정국에 있어서의 이데올로기 지형은 일제식민지하에서 누적된 사회경제적 모순의 심각성 등으로 인해 좌익헤게모니의 주도하에 상당히 좌경화되어 있었던 것이다. 이처럼 해방 직후 한국의 사정은 근본적인 변화를 요구하는 사회혁명으로의 진전이 꽤 이루어졌었다고 볼 수 있다. 일제 식민지 국가기구가 일시에 붕괴됨과 더불어 좌익세력이 해방정국에서 일단 주도권을 잡으면서 폭넓은 지지를 얻었고 친일경력을 가졌던 지배 계급들은 새로운 정치, 사회상황 앞에서 힘없이 위축되었다. 더욱이 이러한 좌경적 발전은 밑으로부터의 시민사회의 폭발과 광범위한 연대를 확보하고 있었던 것이다.

그러므로 해방 직후 한국사회는 가히 시민사회의 폭발이라고 부를 수 있는 정치 사회단체의 조직화로 표현되는 시민사회의 급팽창을 보게 된다. 총독부 지배기구의 붕괴에 따른 권력의 진공상태는 아래로부터의 엄청난 정치변혁의 압력을 낳았던 것이다. 해방 후 며칠 안에 수많은 정치조직들이 도시와 촌락, 노동자와 농민을 가릴 것 없이 모든 영역에 걸쳐 조직되었다(송건호, 1986).

이미 8월 말에 전국적으로 145개의 건국준비위원회 지부가 결성되었으며 이는 곧 지방인민위원회로 변화되었다. 이 지방인민위원회는 지방자치 행정기구의 역할을 담당하고 있었다는 점에서 초기에는 시민사회의 조직이라기보다 오히려 준국가기구로서의 성격이 두드러졌다고 볼 수 있다. 그러나 미군정이 인민위원회의 역할을 부정하게 되면서 지방인민위원회는 국가에 대항하는 시민사회의 자발적 조직으로서의 성격이 점차 강화되었다(김호기, 1999: 8). 전국적으로 광범위하게 조직된 인민위원회와 더불어 노동조합, 농민조합, 청년단체, 문화단체, 여성단체 등이 대거 조직화되었다. 또 일제 식민통치하의 각종 규제와 통제가 무효화되자 해방공간에서는 신문, 잡지를 포함하여 다양한 언론매체의 창간이 폭발했다. 또 국가건설의 영역과 더불어 일제에 의해 억압되어 있던 시민사회의 요구를 실현하기 위한 다양한 조직적 노력이 나타났다.

해방 직후 시민사회의 구성원은 일정한 지향을 가지고 기존의 지배를 극복하려는 노동자, 농민, 중간계층 구성원들을 포함하게 되는데 이들의 시민사회적 표현은 자발적 결사체의 발생과 그 기능적 성격, 정치적인 영향력 등으로 파악할 수 있다. 당시의 자발적 결사체의 유형별 성격을 보면 우파 중심의 지향보다는 좌파의 경우가 많았다. 이처럼 해방 직후는 국가와 시민사회의 관계에서 시민지형의 우위를 반영하는 것이었다. 당시의 시민사회적 지향은 민족국가의 형성과 통일국가 추구(반제통일정부 수립), 전통적 지배세력에 대한 투쟁(친일파 숙청), 사회변혁의 추구로 인한 가치의 적 정배분(토지개혁 요구), 사회 계급 간의 격차해소와 통합지향(노동임금과 소 작률 문제), 새로운 사회지향으로 국가사회의 발전(민주사회의 요구) 등을 표방하고 있었다(진덕규, 1992: 143~144). 또한 미군정기는 시민사회의 팽 창과 관련하여 〈표 8-10〉에서 보여주듯이 '광장의 정치'가 활발했다(정호기, 2008).

  시민사회의 내적 지형은 이데올로기적 분열에 의해 크게 좌파와 우파의 지형으로 양분되어 나타났다. 그러나 우파의 계급적 지향은 기존의 질서를 온존하기 위한 성격을 지니고 있었으며 특히 한민당은 기존 지배질서를 유 지하기 위한 보수적 성격을 그대로 드러내고 있었다. 따라서 민족적 지향의 계급성향과 시민적 성향은 좌파세력을 중심으로 파악될 수 있다. 특히 농민, 노동자, 학생세력이 다른 영역의 구성원들에 비해 활동적이고 진보적 성향 을 보여주었다(진덕규, 1992: 142~144 ; 윤충로, 1999: 535). 이러한 맥락하 에서 노동자들은 생활권옹호, 자주관리 운동을 전개하였고 농민들은 소작 료 불납운동, 일본인 소유토지 관리, 분배 등을 전개하였다. 이는 그 후 각 각 '전평', '전농'의 형성으로 전국적인 조직화를 이루게 되며(박혜숙, 1988 ; 이혜숙, 1988 ; 김동노, 1999 ; 안태정, 2002) 대중들은 좌익세력에 어느 정 도 융합되어 있었다. 노동자, 농민, 지식인들의 변화에 대한 열정에서 오는 근대 시민사회적 성격은 민족국가 형성이나 민주주의의 체제화, 사회개혁 실천 등의 주장을 통해 알 수 있다. 이처럼 한국 시민사회가 세력의 면에서 크게 확대된 것은 해방을 계기로 한 해방정국이었다. 이 시기에는 국가권 력이 공백상태에 있었기 때문에 시민사회가 상대적으로 커다란 세력을 분 출할 수 있었다.[5]

  그런데 해방은 일제 식민지 지배로부터 독립한 순간이었을 뿐 아니라 새 로운 사회질서 선택의 기점이었다고도 볼 수 있다. 즉 한국인들에게 외부 의 간섭 없이 새로운 형식의 정치, 사회, 문화를 재건하거나 창조할 수 있

---

5) 정회단위의 주민운동은 해방 직후 정회운동의 주요한 기반이자 동력이 되고 있 었는데 김영미는 이러한 사실이 해방 직후 대중운동이 계급, 계층적 면에서 기 반이 취약하다고 해석할 수 있다고 보았다(김영미, 2000: 73).

〈표 8-10〉 미군정기 '서울운동장'에서 개최된 주요 집회와 성격

개최일	행사명	행사의 성격	주최 또는 주관, 주최의 성격	참석자의 규모(명)
1945.12.1	임시정부 봉영회	환영식+정치집회	임시정부 및 연합군 환영회본부(통합)	10만
1945.12.19	대한민국임시정부 개선 전국 환영대회	환영식+정치집회	환영대회준비위원회 (통합)	15만
1945.12.31	반탁궐기 국민대회	정치집회	신탁통치반대국민 총동원위원회(우익)	5~10만
1946.1.3	민족통일 자주독립 시민대회	정치집회	조선공산당(좌익)	약 10만
1946.1.7	탁치반대학생 시위대회, 반탁전국학생총연맹 결성대회	결성식+정치집회	반탁전국학생총연맹 (우익)	약 2만
1946.1.12	반탁국민 총궐기대회	정치집회	신탁통치반대국민 총동원위원회(우익)	약 15만
1946.1.23	미소 대표 환영 시민대회	환영식+정치집회	반파쇼공동투쟁 위원회(좌익)	약 30만
1946.3.5	38선 철폐 요구 국민대회	정치집회	38선철폐요구위원회 (우익)	수천
1946.4.11	미소공동위원회 대표환영, 민주정부수립촉진 시민대회	환영식+정치집회	민주주의민족전선 (좌익)	약 10만
1946.5.1	메이데이 기념식(종합경기장)	기념행사 +정치집회	대한노총총연맹 (우익)	약 3천
1946.5.1	제60주년 메이데이기념대회 (야구장)	기념행사 +정치집회	조선노동조합전국 평의회, 경평(좌익)	4만
1946.5.12	독립전취 국민대회	정치집회	대한독립촉성국민회 (우익)	10-20만
1946.6.10	6·10만세운동 20주년기념 및 미소공동위원회 속개촉진시민대회	기념행사 +정치집회	민주주의민족전선 (좌익)	15만

1946.7.28	국제노동조합총연합회 가맹 축하대회	축하행사+정치집회	조선노동조합전국평의회(좌익)	20만
1946.8.15	8·15해방 기념 서울시민대회	기념행사+정치집회	민주주의민족전선(좌익)	30만
1946.8.29	국치 기념 국민대회	기념행사+정치집회	대한독립촉성국민회(우익)	수만
1946.12.7	외교사절 파견 국민대회	정치집회	전국애국단체총연합회(우익)	약 1만
1947.3.1	기미독립선언기념 전국대회	기념행사+정치집회	준비위원회(우익)	7만
1947.4.27	이승만 환국 환영대회	축하행사+정치집회	준비위원회(우익)	수만
1947.5.1	메이데이 기념대회	기념행사+정치집회	대한노동총연맹(우익)	10만
1947.7.12	서재필 박사 환영대회	환영행사+정치집회	준비위원회(우익)	5만
1947.8.3	고 몽양 여운형 인민장	추모행사	장의위원회(좌익)	다수군중
1947.8.15	해방 제2주년 기념대회	기념행사+정치집회	서울시(우익)	10만
1947.9.21	대동청년단 결성대회	결성식+정치집회	대동청년단(우익)	약 5만
1947.10.5	한국독립문제 미국 마셜경 제안달성 국민대회	정치집회	국민의회·애국단체연합(우익)	약 10만 (수십만)
1947.11.15	UN결정감사, 총선거 촉진 국민대회	정치집회	대한독립촉성국민회 및 14개 단체(우익)	약 20만
1948.1.14	UN한국위원단 환영 국민대회	환영행사+정치집회	전국환영준비위원회(우익)	약 15만
1948.2.8	총선거 촉진 국민대회	정치집회	전국애국단체총연합(우익)	수만
1948.4.18	총선거 등록 축하 국민대회	축하행사+정치집회	전국애국단체총연합총선거추진위원회(우익)	약 10만

* 자료: 정호기(2008: 178).

는 기회가 주어진 것이었다. 일제로부터의 해방이 되자 우리 민족에 의해 자주적인 민족국가를 수립하고자 하는 노력이 자생적으로 일어날 수 있는 전기가 마련된 것이다. 그러나 해방에 대한 기대는 사회 계급에 따라 중요한 차이가 있었다. 따라서 해방 이후 어떤 형태의 경제적 생산관계를 조직하느냐 또한 어떤 형태의 정치적 통치구조를 형성할 것이냐 하는 문제를 둘러싸고 폭발적인 정치투쟁을 가져올 수밖에 없었음은 당시의 상황으로 보아 매우 당연한 일이었다. 이처럼 해방부터 정부 수립까지의 시기는 주어진 규칙 내에서 분배의 문제를 정하는 것이 아니라 기본 원칙과 규칙 자체를 새로 선택하고 만들어야 했다. 그런 점에서 당시의 정치는 '체제선택의 정치'라고 할 수 있다(김일영, 2001: 27).

실제로 좌익 측은 적산의 국유화와 철저한 농지개혁을 주장했는데 반해 한민당과 같은 우익 측은 적산의 매각과 토지제도의 미온적인 개편을 지지하였다. 특히 토지문제는 지주와 소작인 간의 대립뿐만이 아니라 좌우익 각 정당 간의 첨예한 입장 차이를 드러냈다. 적산의 경우는 해방 직후 노동자들에 의한 자주관리운동이 활발했는데 미군정은 이 운동을 불법화시켰으며 전평의 노선과도 차이점이 있어 이것은 오래 지속되지 못했다. 토지문제와 달리 좌우익 각 정당은 귀속재산 문제에 대해 처음에는 별다른 차이점을 보이지 않았다. 그러나 귀속재산의 매각이 구체화되면서 이를 둘러싼 갈등이 표면화되고 있다. 당시 일반적으로 귀속재산의 국유화론이 우세하였음에도 불구하고 귀속재산의 처리에 의해 이익을 볼 수 있는 지배세력들은 귀속재산의 매각을 자기들에게 유리한 방향에서 계속 요청하였던 것이다.

또 당시의 식량문제를 둘러싼 투쟁에는 두 가지 형태가 있었는데 도시에서는 식량배급을 요구하는 투쟁으로 나타났다. 악성인플레이션의 진행과 함께 생활필수품의 절대적 결핍은 노동자층에게는 노동력의 재생산 자체의 위협이었던 것이다. 당시 노동자들의 당면요구로 화폐로의 임금인상보다 현물로의 식량요구를 하는 경향이 많았던 것도 이 때문이다. 농촌에서는 식량공출의 반대와 식량강제수집을 하는 관청과 미군에 대한 공격으로 나타났는데 식량공출에 대한 농민의 저항은 토지문제와 더불어 농민운동의 또 다른 측면이다. 식량공출에 대한 농민의 저항은 지주의 소작료착취에 대한 저항, 즉 농지개혁의 문제와는 달리 비민주적인 식량관리기구를 통한 농업생산물의 강제적 수탈에 대한 저항이라는 점에서 좁게는 식량관리에 대한 농민의 참여를, 넓게는 식량관리제도의 민주적 개혁과 그것을 보장하는 국가권력의 형성 문제를 제기하는 계기가 되었다.

 이는 해방 직후에는 그 이데올로기적 지형의 폭이 넓었으며 제사회세력은 식민지적 유산을 청산하고 새로운 자주적인 국가권력을 수립하는 일에 광범하게 참여하였음을 나타내 준다. 그런데 남북이 분할되고 미군정이 점령한 당시 상황에서 이와 같은 움직임은 해체위기에 직면한 자본주의적 질서를 유지하고 진보적 좌익세력을 억압함으로써 한반도에서 궁극적으로 자국의 지배력을 확보해야 한다는 미군정의 기본 입장과 전면적으로 배치되는 것이었다. 미군정은 미국의 세계재편 전략에 부응하여 한국에 자본주의적 질서를 유지하고 진보적 사회주의 세력을 억압하며 나아가 한국에 대한 미국의 지배력을 확보한다는 테두리를 크게 벗어날 수는 없는 것이었다. 따라서 해방 직후의 시민사회의 팽창 속에서 당시 남한을 군사점령한 미군정의 입장은 한국사회가 나아가는 방향에 결정적인 영향력을 행사하게 된다. 미국은 38도선 이남을 군사점령하고 직접 내정까지 장악함으로써 한국사회에 대해서 중요한 영향력을 행사하였던 것이다. 미군정은 겉으로는 중립을 표방하였으나 실질적으로는 진보적 성향을 갖는 정치사회세력을 억압하고 보수 우익세력을 육성하는 정책을 수행함으로써 그 기본 입장을 반영한 것이었다. 미군정기에 발표된 집합행동에 관한 법령과 규제는 〈표 8-11〉과 같은데 그 결과 미군정기 2년여 이후는 우익만이 공공 공간에서 광장의 정치를 전개할 수 있게 되었다(정호기: 2008).

 일반적으로 근대국가와 시민사회의 관계는 정치사회의 성숙 정도, 곧 정당정치의 발전 정도에 따라 상이한 양상을 보여준다. 정당정치가 제도화되어 있는 경우 시민사회의 이해관계가 정당 간의 경쟁을 통해 국가정책에 수렴되지만 정당정치가 제도화되어 있지 않은 경우 시민사회의 다양한 세력들은 비제도적 정치 영역인 사회운동 영역으로 결집되며 정치사회 내의 일부 분파와 연합하여 국가에 대항하는 광범위한 사회운동을 전개하게 된

〈표 8-11〉 미군정기에 발표된 집합행동에 관한 법령과 규제

발표일	내용	배경과 맥락
1945.9.18	미군정, 행렬 및 집회의 허가제 실시 발표	
1946.2.19	러취 미군정 장관, '질서유지 협력 당부' 성명	대한독립촉성국민회(8일), 민주주의민족전선(15일) 결성 직후
1946.3.19	경기도 경무부, 경성부 내의 집회 허가제 실시	제1차 미소공동위원회 관련
1946.4.10	경기도 경찰부가 러취 미군정 장관의 명령이라면서 미소공동위원회 회기 중 일체의 집회 금지령이 발표	상동
1946.5.4	법령 제72호, '군정위반에 대한 범죄' 공포	6월경 보류, 이후 재개
1947.2.20	러취 미군정 장관이 시위 행렬과 일반 집회 허가 권한의 이전에 관한 통첩을 각도 군정관에게 보냈다고 발표	제2회 3·1절 기념식 임박
1947.5.17	행정명령 제3호, 미소공위 개회 중 정치집회 엄금	제2차 미소공동위원회 관련
1947.6.2	행정명령 제3호 완화. 200~300명 정도 옥내집회는 허가	상동
1947.7.9	행정명령 제3호 해제. 정치집회 자유화, 시위행진은 금함	상동
1947.7.12	조병옥 담화, 반탁시위금지(합법적 집회는 허가)	제2차 미소공동위원회 결렬 직후
1947.7.27	미군정, 대중소요 계획을 경계하고 있다고 언명	여운형 인민장 관련
1947.8.4	행정명령 제5호, '8·15기념축하식 거행에 관한건' 발표	제2회 8·15기념식 관련
1948.1.30	딘 군정장관과 안재홍 민정장관, 연명으로 민주주의적 기본권리 존중과 출판 집회의 자유 보장이라고 시달	5·10남한 총선거 관련

* 자료: 정호기(2008: 161).

다. 그런데 해방공간에서 일제 식민지권력이 퇴장함에 따라 정치사회가 급속히 팽창했음에도 불구하고 당시 정당들은 시민사회 내 이해관계의 대립을 정치사회 내에서의 제도화된 경쟁을 통해 국가권력을 구성할 수 없는 조건에 놓여 있었다. 미군정이란 특수한 역사적 조건하에서 정치사회가 제 기능을 발휘하지 못하는 상황에서 급속히 분출한 시민사회는 국가와 팽팽한 대치 국면을 형성할 수밖에 없었던 것이다(김호기, 1999: 17).

실제로 9월 총파업과 10월항쟁은 분산적이고 비조직적인 시민사회가 중심이 되어 일어난 대규모의 저항이었다. 그러나 이들의 활동은 좌우의 이념적 갈등 때문에 정상적으로 표출되지 못했으며 지배세력에 의하여 억압되는 특징을 보여주었다. 이처럼 10월항쟁 진압 이후 전면적인 탄압과 대중의 배제가 시작되었고 좌우 합작의 실질적 결렬로 인하여 점차 보수체제가 확립되어 나갔다.

근본적으로 상이한 세계관과 이해관계를 지닌 사회세력들 간의 경쟁과 갈등은 1947년 후반에 접어들면서 점차 분단과 반공정부의 수립으로 가닥이 잡혀갔다. 이에 따라 '체제선택의 정치'가 점차 '국가형성의 정치'로 진화되기 시작했으며 1948년 5·10선거 이후에는 이런 움직임이 좀 더 구체화되었다(김일영, 2001: 28). 결국 이러한 탈동원화의 과정은 시민사회의 재편을 의미했으며 사회로부터 국가권력의 자율성의 확보를 의미하는 것이었다. 그 기초 위에서 이 통치구조를 뒷받침할 정치적, 사회적 세력 기반을 창출해 내는 과정과 필연적으로 연결되지 않을 수 없었다.

2) 시민사회의 재편

1945년 8월 국가권력의 공백상태에서 이루어진 미군의 진주와 미군정의 실시는 당시 급속히 팽창했던 시민사회에 커다란 영향을 미쳤다. 미군정의 억압적 국가기구의 형성은 시민사회에 대응하는 물리적 독점체로서의 근대국가의 형성을 의미하는 것이었지만 그 국가가 기본적으로 미국의 이익을 대변하고 있는 점령국가라는 점에서 당시 국가와 시민사회의 관계는 서구에서 관찰되는 역사적 경험과는 다른 양상으로 나타났다.

중남미의 사회변동 과정이 국제정치적 요인보다는 자본주의 세계체제의 경제적 요인이 중요한 외적 영향력으로 작용했다고 본다면 해방 이후 한국사회의 변동은 한국에 대한 미국의 정치군사적 이해가 크게 작용했다고 할 수 있다. 실제로 미군정의 남한 점령정책의 주요한 목표는 동북아 안보질서의 맥락에서 또 미국 중심의 자본주의적 세계질서 재편의 일환으로 남한에 공산주의에 대항할 친미 자본주의국가를 수립하는 것이었다. 외적으로는 미소가 한반도에서 직접적으로 대치하는 상황에서 내적으로는 자본주의체제 유지가 어려울 정도로 근본적인 변화를 요구하는 당시 상황에서 남한에 공산주의의 방벽을 구축하는 것은 미군정의 일관된 점령 목표였다.

미군정은 인공을 부인하고 자발적으로 형성되었던 인민위원회를 붕괴시켰다. 또한 10월항쟁을 계기로 전평, 전농을 중심으로 하는 세력들은 해체되었고 미군정의 후원하에 비자발적, 하향적 성격이 강한 보수세력과 연결된 보수 사회집단이 등장하였다. 이는 시민사회의 활성화에서 중심역할을 하면서 사회적으로 동원화된 성격의 탈정치화를 의미했다.

이처럼 미군정은 초기부터 좌익세력을 억압하였는데 단순히 그러한 억압적인 정책만으로는 한계가 있었다. 따라서 미군정은 보수 우익세력을 육성하였고 구체적으로 자본주의국가를 뒷받침할 정치사회적 세력 기반을 형성시키고자 했다. 공산주의의 방벽을 구축하기 위해서는 정치적 매개세력의 확보가 필요하며 남한 내에 자신들의 점령 목표를 수행해 줄 지원세력을 지배세력으로 하는 국가를 세워야 했던 것이다.

또한 미국은 자본주의국가 건설을 위한 최소한의 정치사회적 안정의 유지를 위해서는 미점령하의 남한에서 어느 정도의 경제개혁이 불가피하다는 것을 인식하고 있었다. 당시 좌익세력의 활동과 더불어 심각한 경제문제와 그에 따른 경제위기는 안정된 자본주의 질서의 유지 자체를 어렵게 하는 것이었기 때문이다. 공산주의에 대한 공포는 미국의 한국에 대한 정책의 확고한 기반이었던 것이다. 실제로 미국은 특정사회의 정치불안이나 혼란이 경제적 위기에서 비롯된다고 보고 그러한 정치불안이나 혼란을 통한 공산화를 막기 위해서는 미국의 경제적, 재정적인 원조가 제공되어야 한다고 보고 있었다.

특히 1946년이 되면서 미소공위가 실패하고 남한에 주둔한 미군과 소련군 사이에 적대감이 증가하게 되자 한국에 대한 미국의 입장은 잠정적이고 단기적인 것에서 장기적인 것으로 갈 수밖에 없었으며 보다 적극적이고 공세적인 차원에서의 기본노선이 시작된 것이다. 한국은 아시아에서 그들의 성공전체가 달려 있을지도 모를 이데올로기적 전쟁터라 보았기 때문이다. 실제로 1946년 8월 11일 서울에서의 길거리 여론조사에서 "지금까지 미국이 한국에 대한 정책 중 잘 이루어진 것은 무엇이라고 생각하십니까"라는 질문에 98%의 응답자가 "없다"라고 답했다(김균, 2001: 49).

그 후 세계사적으로도 냉전체제가 형성되기 시작하는 1947년 초를 지내면서 미국은 한반도에 대한 잠정적인 지배권 확보에서 남한만의 안정적 확보로 그 목표를 재설정했던 것이다. 남북분단이 기정사실로 굳어진 상황에서 미군이 철수하더라도 남한체제가 전복되지 않고 버텨낼 수 있도록 하려는 것이었다. 전략적 가치가 없는 한반도로부터 미국이 빠져나와야 한다는 군사적 관점은 한반도에서 미국이 소련과의 이데올로기적 전쟁에서 패배해서는 안 된다는 정치적 관점과 타협하지 않을 수 없었다. 또 미국의 대극동전략의 맥락에서도 한국에 대한 보다 적극적인 조치가 필요했다. 남한은 특히 중국대륙이 공산화되고 있는 상황에서 일본의 안정을 지키기 위한 디딤돌이었던 것이다. 그러므로 미국은 남한에 성립된 정부를 지원함으로써 미군철수의 결과 남한이 소련의 지배하로 들어가는 기회를 최대한 극소화하려고 한 것이다.

따라서 미군정에 의한 귀속기업체와 귀속 농지의 매각은 한국사회의 재편성을 의미하며 새로 수립되는 독립국가의 지배세력을 확정하는 과정이었다. 즉 반공체제의 구축을 위한 물적 토대, 다시 말하면 한국 자본주의 사회의 담당자를 만들어내기 위한 조치였던 것이다. 이러한 미군정에 의한 귀속재산의 매각은 당시에는 얼마 안 되는 것이었지만 그 후의 귀속기업체의 매각과 토지개혁을 기정사실화 시켰다. 즉 기본 골격이 미군정을 거치면서 형성됨으로서 정부 수립 후의 귀속재산 처분과 토지개혁의 방식까지도 규정하게 되는 것이다.

결국 미군정의 점령정책 등을 통해 시민사회에 있어서의 여러 세력과 계급구조가 재편되었다. 국가를 통해 귀속기업체가 매각됨으로써 산업자본가가 형성되었는데 이는 당시 취약했던 자본가 계급의 형성 및 성장이 국가권력에 의해 법적으로 보장되었음을 의미하며 이러한 귀속 기업체 매각은 사적 자본가를 육성함으로써 자본가의 경제적 지배력을 강화시켰다. 반면 일본인 기업체의 직접적 건설자였던 노동자 계급은 초기 자주관리 운동을 벌였으나 이후 귀속기업체의 매각으로부터 배제되었다. 한편 토지개혁은 기본적으로 지주 계급의 해체라는 결과를 가져왔으며 농민 운동조직을 파괴하는 측면을 동시에 내포하고 있었다. 귀속 농지의 매각을 통해 농민들이 체제에 흡수되었던 것이다. 이처럼 미군정기를 거치면서 지주 계급은 몰락하게 되었고, 대중 부문과 그들의 이해를 반영해 주는 진보적인 정치세력은 억압, 배제되었으며 산업 자본가 계급이 형성, 성장하게 되었다. 그러나 그것이 국가가 의해 창출됨으로써 당시 시민 사회 내에서는 특정 계급이 헤게모니를 잡기 어려운 상황이 전개되었다.6) 경제사회영역을 주도해 가는 사회 계급 및 계급 연합의 형성이 지연됨으로써 국가와 사회 간에 내재적이고 유기적인 조응을 결여하게 되었으며 압도적이고 강권적인 국가기구에 의존하는 연약한 시민사회의 구조와 성격이 형성되었던 것이다(손영원: 1985: 88).

또한 식량공출정책을 통하여 미군정 국가통제력이 정비되었다(차남희, 1997: 130~132). 실제로 1947년 이후 미군정 당국은 드디어 농촌에 대한 통제력을 확보했다고 자평하기 시작했다. 그렇다면 3년간의 미군정 통치 결과 농촌마을에 구축된 국가의 통제력은 무엇이고 어느 정도였을까. 어느 시대이건 지배세력이 농민에게 취한 권력행사 방식과 그 영향력의 침투 정도를 잘 보여주는 것이 각종 조세공과금 내역인데 이 시기 농민은 어지러울 정도로 많은 각종 조세공과금과 기부금을 감당해야 했다. 일제시대 관제 농촌기구였던 농회, 금융조합은 해방 이후에도 그대로 존속하여 농민들에게 막강한 영향을 행사했다. 우익 청년단체와 같은 준군사 조직, 경찰 등이 정치적 영역에서 국가 차원으로 농촌사회를 통제한 기구들이었다면 농

---

6) 최장집은 이러한 과정을 '국가다원주의'의 개념으로 설명한다(최장집, 1989).

회, 금융조합과 같은 기구는 통제물자였던 생필품, 비료 등의 배급과 양곡 수집 등을 담당하여 일상생활 및 생산 분야에서 농민에게 영향력을 행사하는 수단으로 하부구조적 권력이었다(허은, 2006: 59).

미군정 당국이 존속시킨 농촌통제 조직의 영향력이 강화될수록 농민들의 정치적 활동의 입지는 더욱 좁아졌는데 미군정 시기 만들어진 농촌 통제기구들은 이후에도 상당 기간 존속하며 농촌사회에 영향력을 행사했다. 해방 직후 농촌지역에서 밑으로부터 급격하게 만들어졌던 지방인민위원회, 농민조합과 같은 정치, 경제적 조직들은 완전히 붕괴되고 농촌기구는 관제 농촌 통제기구와 미군정과 우익의 지지를 받는 대한독립촉성농민총동맹이 남게 되었다. 일제 식민통치의 유제를 청산하고 민족국가를 건설하고자 하는 힘을 역동적으로 분출했던 농촌은 미군정 당국의 물리력 앞에서 한계를 보일 수밖에 없었다. 대부분 농민들은 자신들의 이익을 대변해 준 기구와 인물이 폭력과 테러를 통해 무력해지는 모습을 보며 다시 현실에 순응해 갈 수밖에 없었던 것이다(허은, 2006: 60).[7]

시민사회는 여러 가지 법과 강제력의 집행에 의해 제약되고 위축되어졌다. 미군정은 좌익노동조합운동을 근절시키며 그것을 반공적 노동조합으로 대치시킴으로써 노동의 완전한 탈정치화를 추구한 것이다. 이처럼 미군정은 좌익과 연결된 기존의 지방정치조직들을 분쇄한 후 그 공백에 보수세력이 침투해서 그에 대체되는 정치조직을 성장시킬 수 있는 제반 여건을 조성하였다. 특히 이승만은 지방정치조직 육성에 적극적이었다. 이승만은 독촉국민회 지부뿐 아니라 좌익의 전평, 전농에 대항하는 단체들을 결성하는데 주도적 역할을 했다. 따라서 보수세력과 연결된 이러한 하향적, 비자발적 사회단체들은 시민사회의 확대, 강화와는 거리가 먼 활동을 하게 된다. 결국 이러한 시민사회 조직은 국가권력 부문에 종속되는 상황을 초래한다.

이와 더불어 미군정기를 거치면서 새로운 국가권력의 수립과 정치제도

---

7) 정회-애국반은 1946년 중반까지 좌익의 계몽조직이자 동원조직으로 활용되었으나 좌익의 퇴조와 함께 우익의 동원기구로 이용되었다. 그리고 1947년 후반부터는 중앙행정을 보조하는 말단 지배조직으로 재편되어 갔다(김영미, 2000: 74).

의 도입이 준비되었으며 국가권력은 외세의 과도권력을 매개로 도입된 시민사회적 정치제도에 의해 탄생하게 되었다. 서구의 경우 오랜 과정을 거쳐 정착된 보통선거권이 국가수립과 동시에 제도화되었고 또한 복수정당 간의 경쟁적 정당정치 및 의회제도, 근대적 사법제도, 3권분립, 지방자치제도 등 근대 자유민주주의 제반 제도 및 절차가 도입되고 법제화되었다. 그러나 미군정기 남한의 국가형성은 먼저 강력한 반공 국가기구와 이를 장악한 반공 보수세력이 미군정이라는 점령권력에 의해 위로부터 형성된 뒤에 이를 시민사회와 연결하는 대의기구로서 의회가 형성되는 과정을 밟았다. 강력한 국가기구가 정비되고 효과적으로 작동하기 시작한 연후에 그 틀 내에서 정당과 의회가 기능하기 시작한 것이다. 따라서 국가권력의 중심은 의회가 아니라 행정부였으며 행정권력이 의회권력을 압도하고 있었던 것이다. 보통선거제가 도입됨으로써 정치대표 선출에 참여하는 길이 광범위하게 보장되고 복수정당 간의 경쟁이 허용되었지만 국가권력을 둘러싼 경쟁은 우익 세력만의 것으로 제한되고 특히 의회를 압도하는 강력한 행정권력의 존재로 인해 의회를 통한 국가권력의 장악에는 높은 제약이 따랐다(박찬표, 1997: 292, 331).

선거권의 일괄도입은 계급적 요구와 의제의 조직화를 차단하는 역할을 하였다. 유권자는 특정의 사회경제적 이익을 갖는 계급으로 투표하기 보다는 국민으로서 투표하였는 바 이는 종종 민주주의의 중우성과 위로부터의 대중동원에 의한 대표성의 왜곡을 가져오기도 하였다(박명림, 1996: 117). 반공체제 내에서 제도화된 자유민주주의체제는 좌익 이념과 세력을 배제함으로써 정치적 경쟁의 틀을 매우 협애한 이념적 스펙트럼 내로 제한시켰고 이를 통해 시민사회의 보수세력 간의 정치적 경쟁을 제도화했다. 특히 해방공간에서 좌익세력이 불법화되고 우익세력이 강화되면서 시민사회에서의 이데올로기 균형은 급속도로 우익 주도로 재편되어 갔으며 무엇보다 반공이데올로기를 내면화시키는 역사적 계기가 되었다. 미군정 시기에 많은 진보적인 사회단체들이 해체되고 이들을 대체할 보수적인 사회단체들이 새로 구성된 것이다. 해방공간에서 강화된 반공이데올로기는 시민사회를 탈계급화하여 반정치주의를 확산시켰으며 이는 시민사회의 자발적 조직화를 억제하고 사회운동을 억압하는 것으로 귀결되었다(김호기, 1999: 22~23). 해방 직후 팽창되었던 시민사회는 미군정기를 거치면서 전반적으로 급속히 위축된 것이었다(Hyesook Lee, 1997: 25~29 ; 이혜숙, 2003).

1948년의 상황을 혁명적 열기가 정치지형에 가득하고 헤아릴 수 없이 많은 집단과 조직들이 정치의 영역에서 활동하였던 해방 직후와 비교해 보면 그 차이는 현격하게 드러난다. 남한 내 단독정부의 수립은 곧 시민사회의 탈정치화를 의미했다. 따라서 이승만 정권은 수립 직후부터 이미 강력한 국가가 약한 시민사회를 지배했던 성격을 지니고 있었다고 할 수 있다. 해방 직후 폭발적인 성장세를 보였던 시민사회는 미군정의 개입에 의해 크게 약화되고 대신에 일제로부터 물려받은 관료기구와 경찰, 군대 등의 억압적 국가기구가 강력한 힘을 발휘하게 되었다. 시민사회의 급격한 쇠퇴는 한국사회의 내적 동학에 기인하기보다는 오히려 미군정의 정책과 정책 목표를 위해 동원되었던 일련의 광범위한 자원과 관련이 있다.[8]

근대국가와 민주제도 등장의 역사적 선후 역시 특정 헌정체제의 선택문제와 관련하여 중요한 요소를 이룬다. 오랜 계급투쟁과 민주주의의 역사를 갖는 유럽국가들은 대부분 내각책임제를 채택하고 있는 동시에 역사적으로도 대의제 정부, 노동자 계급, 보통선거권이 출현되는 선후관계를 보여주었다. 그것은 이익정치, 계급정치, 정당정치의 등장과 전개에 대단히 유리한 조건을 제공해 주었다. 영국은 그러한 경로의 전형적인 선례에 해당한다. 그러나 한국은 선거권과 대의제 정부가 산업화와 계급의 출현 이전에 주어졌기 때문에 이른바 선거권 제한체제를 거치지 않았다(최장집, 1996: 20). 따라서 국민에 대한 국가의 정치적 양보가 필요하지 않았고 계급적 요구에 의한 선거권의 확대과정도 필요없었다. 노동자 계급이 새로운 요구를 제기하기 이전에 대의제 정부와 선거권이 전면적으로 도입될 경우 노동계급의 요구가 반영되는 체제나 독자정당이 출현하기 어렵고 정치갈등의 다원성과 계급성은 미약할 수밖에 없다(박명림, 2003: 126).

이렇게 해서 시민사회는 의무교육을 통한 교육기회의 확대나 자유민주

---

[8] 이는 이승만정권의 정당성이 유약하고 취약한 기반위에서 있다는 뜻을 함축한다(최장집, 1993: 163~164).

주의 제도의 이식 등으로 제도적 측면에서는 크게 확대되었지만 그 과정이 서구에서처럼 아래로부터 이루어진 것이 아니라 외세에 의해 위로부터 이루어졌기 때문에 시민사회의 실질적인 공간과 세력은 취약한 상태에 머물게 되었다. 이처럼 한국의 시민사회는 '아래에서 위로' 자라나는 서구 전형의 과정을 거쳐 성립, 발전한 것이 아니라 식민지와 분단상황 속에서 기본적으로 외세에 의해 '바깥에서 안으로', '위로부터 아래로' 즉 외세의존적 국가권력의 지도하에서 성립, 발전해 왔던 것이다(유팔무, 1993: 268). 즉, 한국 시민사회는 그 발전과정에서 내부적 계기를 통해 자생적으로 성장하였다기보다는 오히려 외부적 계기와 위로부터의 계기를 통해 재편되어왔다고 볼 수 있다.

3. 지배세력의 형성과 한국국가의 수립

1) 반공체제의 형성과 단정수립

(1) 미군정의 수립과 보수세력의 형성

해방이 되자 한국인들은 독립된 국가형성 과정에 참여하고자 했다. 그러나 해방에 대한 기대는 사회 계급에 따라 중요한 차이가 있었다. 해방은 구질서를 해체시키는 결정적인 계기가 됨과 동시에, 새로운 사회가 어떠한 과정을 거쳐 어떠한 모습으로 형성될 것인가라는 문제를 제기하였고 사회계급에 따라 그 이해가 달랐던 것이다. 결국 미군정기는 새로운 사회 질서를 어떤 방향으로 확립해야 할 것인가, 어떠한 국가를 세울 것인가를 둘러싼 여러 계급 간의 대항기였다고도 하겠다.

해방 직후 국내에는 다양한 정치세력들이 존재했고 이들은 해방 이전의 민족해방운동 경험이나 자신이 지지 기반으로 하는 계급, 미군정과의 관계에 따라 노선이나 행동 양식의 차이를 보이게 된다. 당시 미군의 진주 이전에 정치무대에서는 완전한 독립국가의 건설과 민주정권의 수립 및 사회경제적 변화를 원하고 있었던 한국인의 열망에 따라 자발적으로 조직된 건국준비위원회와 그것을 기반으로 하여 국가기구로서 나타난 인공을 중심으로 한 세력과 다른 한편으로는 지주와 자본가계급, 반공세력, 심지어 친일 인사로 지목되는 사람들까지 망라한 우파세력이 한민당을 중심으로 결집되어 서로 국가형성 노선을 둘러싸고 각축하고 있었다.

그런데 해방 직후 한국의 사회상황은 혁명적 성격을 띠지 않을 수 없었다. 이미 보수파들의 헤게모니는 상실되고 있었던 것이다. 당시 국내의 진보적 정치세력들이 시도한 정치권력의 수립방식은 각 지방에서 광범위하게 수립된 인민위원회에 바탕을 둔 국가로서 인공을 수립하는 것이었다. 또한 이에 상응하는 상층 통일전선으로서 친일파와 민족반역자를 제외한 민족통일전선을 구축하는 것이었다. 실제로 미군정이 수립되고 1946년 초까지의 시기는 가장 강력한 조직으로서의 인공이 유사정부활동을 하고 있었기 때문에 미군정과 더불어 이중권력의 역할을 하고 있었다(최장집, 1996: 54). 각 지방 인민위원회의 치안대 등 각종 형태와 내용의 자치적인 기관들이 미군진주 이전부터 이미 일상적인 행정과 치안 업무를 수행하고 있었던 것이다. 또한 미전술군 스스로도 지방 정세를 충분히 파악하지 못한 상태에서 이러한 기관들을 쉽사리 해체시킬 수도 없었다. 만일 외부의 영향력이 없었다면 그 후 진행된 한국사회의 변동은 이들 간의 내부적인 힘의 역학관계에 의해서 구조화되었을 것이다. 그러나 해방 직후 국가형성과 새로운 사회질서의 형성을 둘러싸고 전개된 계급 갈등에 있어서 미군정의 입장은 한국사회가 나아갈 방향에 결정적인 영향력을 행사하게 된다.

미군정은 1945년 9월 8일 미군의 인천 상륙에서부터 시작하여 약 2년 11개월에 걸쳐 실시되었다. 1947년 6월 3일부터는 남조선과도정부로 이른바 소수의 한국인들이 미군에 의한 임명을 받아서 행정을 폈던 기간이기는 하지만 어느 단계에서나 실질적인 통치권은 물론이고 지배를 위한 권력 구조는 미군에게 있었다고 하겠다. 그러므로 모두 미군정이라는 성격의 범위를 크게 뛰어 넘지는 못하고 있다. 미군정기는 미군이 직접 정치에 참여하는 직접 통치의 성격을 띠고 있으며 미군정은 당시 남한 사회구조의 재편에 적극적으로 참여하여 모든 사태의 발전과정을 의도적으로 통제한 군사정부였다. 결국 해방으로부터 정부 수립까지의 한국의 통치권을 인수한 미군정은 이후 한국 사회의 성격을 규정하는 중요한 하나의 축을 형성하고 있다. 비록 완전한 것은 아니었다고 할지라도 정부로서의 역할을 수행했으며, 그 수행의 결과로 얻어진 질서가 오늘에까지 이어지고 있기 때문이다.

미군은 남한에 진주하여 곧 군정청 조직을 발표하였다. 군정청은 한국인에 의한 정부 수립까지의 과도 기간에 있어서 38도선 이남의 한국 지역을 통치, 지도, 지배하는 연합군 총사령관 아래서 미군에 의해 설립된 임시정부임을 밝히고 있으며 남한에 있어서 유일한 정부라고 선언함으로써 남한을 직접 통치하게 된다.

미군정이라는 외삽권력이 압도적 규정력을 행사하는 상황에서 남한 정치세력들 사이의 힘의 관계는 국가권력을 둘러싼 갈등이 외부의 영향에 의해 제한되거나 왜곡되지 않고 전개되는 개방적 경쟁체제와는 달리 미군정이 위로부터 부과한 불균등적, 선택적, 제한적 정치 경쟁의 틀 안에서 전개되었다. 이러한 미군정의 영향력은 두 가지 방식으로 행사되었다. 하나는 정치경쟁의 지형을 주조하는 것이며 다른 하나는 직접적 통제 기제를 동원하는 방식이다(박찬표, 2007: 165).

앞서 언급했듯이 점령국가는 점령지역의 사회관계를 본국의 이해관계에 따라 재편한 후 자신들의 전략적 목표를 수행해 줄 지원세력을 국내 지배세력으로 육성하여 그들에게 국가권력을 이양하는 것이 일반적이다. 이에 미군정은 보수 우익세력을 육성하였고 구체적으로 자본주의 국가를 뒷받침할 정치사회적 세력 기반을 형성시키고자 했다. 즉, 미국은 남한에 자본주의 국가를 확립한다는 것이 주요 목표였는데 국내에 전혀 기반을 가지고 있지 않았기 때문에 자신들의 점령정책을 수행하기 위해서는 남한 내에 정치적 매개세력이 필요했던 것이다. 그리고 이 세력은 무엇보다도 반공적이고 보수적인 인사들이어야 했다. 이때 미군정에서 주목한 것이 바로 한민당이었다(심지연, 1982). 점령 초기 미군정의 현상유지정책과 군정에 밀착하여 특권적 지위를 유지하려는 한민당의 이해관계가 서로 일치하게 되었던 것이다.

미군정은 그들을 지탱해 줄 권력 기반을 구축하면서 통치체제를 확립해 나갔는데 이는 곧 미군정을 지원해 줄 인적, 물적 기반의 형성 과정이었다. 우선 행정 인원의 충원 과정을 살펴보면 총독부의 행정적 전통이 유지되었고 경찰, 사법부 등도 친일파를 온존시켰던 중요한 부처로 성장했다(안진, 2005). 실제로 미군정은 억압적 통치 기구를 최대한 사용하였다. 이는 미군, 식민지 시대의 관료 기구 이용, 군대의 창설, 경찰 기구의 개편, 강화 등에서 잘 나타나고 있다. 또한 미군정은 공식적인 차원에서는 반공 노선을 선언하지는 않았지만 실질적으로는 강한 반공정책, 보수 우익 세력의 증강을 꾀하였다. 한편 미군정은 토지개혁을 지연시켰고, 일제가 남기고 간 자산을 적산이라는 명목하에 접수함으로써 남한의 주요 산업 거의 전부와 일부의 토지를 자신의 물적 기반으로 확보하였다.

따라서 한민당 수뇌부는 군정 관계자와 긴밀한 관계를 유지하고 군정청 내에 한민당계 인물들을 진출시킴으로써 군정청의 제반정책에 영향력을 행사할 수 있는 실세로 부상하게 된 것이다. 군정청 내의 한국인 관리로는 주로 한민당 세력이 충원되었으며 중앙 군정청뿐만 아니라 지방 행정기구에서도 도, 군 행정기구와 경찰, 검찰 등의 억압기구에 상당수의 한민당계 인물들이 진출함으로써 그들은 경찰조직을 위시하여 군정청의 중요 행정부서를 장악하였다. 해방공간에서 정치적 지지기반을 가질 수 없었던 한민당은 미군정의 막강한 후원을 받아 1945년 10월 이승만이 귀국하자 임정 대신 그와 결합해 갔으며 또 신탁통치 문제가 제기된 국면을 적극적으로 활용하여 반탁-반공-반소 논리로 대중을 동원하여 자신의 정당성을 확보하는 결정적 자원으로 삼게 된다.

미군정은 미국의 기본 입장, 즉 세계 자본주의 수호자로서 한국의 좌익 세력을 제거하여 한반도에 사회주의에 대항하는 요새를 건설한다는 테두리를 벗어날 수 없는 것이었다. 이는 한국에 있어서는 2차 대전 이후 다른 주변부 지역과 달리 미소가 직접적으로 대치하는 독특한 상황이 전개되었기 때문이다. 그에 따라 한반도에는 공식적인 냉전정책이 선포되기 이전부터 남북한 점령 당국 사이에서는 실질적인 냉전상황이 진행되었던 것이다. 그런데 미군정이 수립되고 1946년 초까지의 시기는 미군정을 한편으로 하고 다른 한편으로는 미군의 진주 직전에 한국 사회에서 국가 수준의 정치권력을 준비했던 기구 및 위원회들이 공존했던 이중 권력의 시기였다.

앞에서 말했듯이 해방과 더불어 일제가 물러감에 따라 식민지 지배하에 억눌려 왔던 대중의 에너지가 분출하였으며 그 동안의 모순 구조의 타파가 자연스럽게 주장되게 되었다. 한국의 식민지 민족해방운동과정에서의 보수 세력들의 탈락이라는 역사적 조건과 해방 당시 압도적인 다수를 차지하고 있었던 농민, 노동자를 중심으로 한 아래로부터의 자발적 참여때문에 해방 직후 한국의 사회 상황은 혁명적 성격을 띠지 않을 수 없었다. 더욱이 미군의 실제적 점령이 완료되기까지의 4, 5개월 동안은 절대 다수인 노동자, 농민들의 활동이 전개되기에 유리한 조건이 마련될 수 있었다. 노동자들은 생활권 옹호, 자주 관리 운동을 전개하였고 농민들은 소작료 불납 운동, 일본인 소유 토지 관리, 분배 등을 전개하였다. 이는 그 후 각각 전평, 전농의 형성으로 전국적인 조직화를 이루게 되며 대중은 조공을 중심으로 하는 진보적 정치 세력에 어느 정도 융합되어 있었다. 이러한 상황은 식민지 시대로부터 이어져 내려온 반제, 반봉건 운동의 연장선상에 있는 각 운동세력에 대하여 정치 세력으로서의 융합과 민족 성원의 의지를 수렴하는 통일 민족국가 건설을 최우선의 과제로 제시하는 것이었다.

당시 국내의 진보적 정치 세력들이 시도한 국가 권력의 수립 방식은 각 지방에서 광범위하게 수립된 인민위원회에 바탕을 둔 국가로서 인공을 수립하는 것이었다. 또한 이에 상응하는 상층 통일전선으로서 친일파와 민족 반역자를 제외한 민족 통일전선을 구축하는 것이었다. 인공의 지역적 조직체라 할 수 있는 지방의 인민위원회는 인공의 조직체로서 기능을 수행하고 있었다. 이들 지방 인민위원회는 각 지역에서 준행정적 기능, 즉 노동, 산업, 농업, 재정, 교육, 경찰 등의 행정 업무까지도 행사하고 있었으며 실제로는 잠재적인 정치 세력으로서의 가능성까지도 가지고 있었다. 점령 초기의 인민위원회운동은 합법 운동의 틀에 머물면서 일본 식민지 잔재의 청산과 토지개혁을 요구하는 농민 운동을 주축으로 광범한 대중의 조직에 성공했다. 한편 진보적 정치 세력은 이승만이 귀국했을 때 인공의 주석으로 하고자 접촉했으며, 상해 임시정부가 환국했을 때 상해 임시정부 및 인공의 동시 해체를 통한 합작을 제안하였으며, 나아가 5당 회담을 추진하였다. 또한 각 부분에서 전국적인 외곽 단체들을 결성하여 조직적 역량을 만들어 나갔다. 이러한 국내 진보적 정치 세력의 활동은 대중적 지지에 바탕하여 미군정의 협조 내지 묵인으로 정권 수립의 기득권을 선취하려는 것이었다. 그러나 미군정은 인공을 거부했고 이승만과 임정 세력의 환국과 함께 기대했던 정치 세력들 간의 통합은 이루지 못하였다. 오히려 한민당과 이승만과 같은 친일 세력, 보수 우익 세력이 부상하게 되었던 것이다.

결국 미군정의 현상유지적 반공정책과 보수 세력의 형성이 급진적인 변혁을 요구하고 있는 대중 부문과 마찰을 일으킬 것은 당연하였다. 대중 조직과 미군정의 초기의 충돌은 인민위원회가 치안과 행정을 실시하던 일부 지역에서 미군정이 일제 시대의 관료체제를 복구하는 과정에서 발생하였다. 정부로서의 인공을 부인했던 미군정은 지방에서 인민위원회가 지방정부로서 기능하는 것을 거부했던 것이다. 이처럼 미군정과 진보적 정치 세력과의 대립은 국가 권력을 둘러싸고 대치 상태에 있었다. 미군정이 관료체제를 확보하고 진보적 정치 세력이 대중을 조직화함으로써 잠재적 충돌 가능성이 형성되었던 것이다. 그러나 아직은 양자의 충돌이 전면적인 것은 아니었다.

(2) 미소공위의 결렬과 보수체제의 확립

1945년 12월 모스크바삼상회의의 결과는 이를 위한 미소공위를 개최하게 되지만(심지연, 1989) 대립되는 신탁 통치 논쟁으로 연결되었다. 한국의 신탁 통치안을 최초로 구상한 사람은 루즈벨트 대통령이었는데 그는 한국을 중국이나 소련의 단독 지배하에 들어가지 않도록 하기 위해서 한국이 자치를 행할 수 있는 시기까지 연합국의 공동 관리하에 두려고 생각했던 것이다. 따라서 미국은 이미 점령과 동시에 신탁 통치에 대한 기본 정책을 확인하고 있다. 그러나 이러한 신탁 통치안은 곧 결정적인 장애에 부딪친다. 전후 미소의 냉전이 점점 깊어져 한반도에 있어서도 미소의 협조가 거의 불가능하게 되었고, 해방을 곧 독립으로 기대했던 한민족의 열망이 신탁통치를 민족적 치욕으로 반대함으로써 정면 도전했던 것이다(이동현, 1990).

그런데 미군정은 반탁운동의 반공 이데올로기로서의 효과를 중시하고 반탁운동의 집결체로서 조성된 비상 국민회의의 최고 정무위원회로 하여금 1946년 2월 14일에 민주의원을 구성하게 한다. 이에 대처해 조공, 인민당, 독립동맹 세력을 중심으로 민주주의 민족전선이 결성된다. 그러면서 모스크바삼상협정을 지지하고 미소공위를 통한 조선민주주의 임시정부의 수립을 요구하면서 모든 노력을 이 목적에 집중하였다.

결국 국내의 정치 세력은 찬탁과 반탁 세력으로 확연히 구분되고, 이와 함께 반탁운동은 반탁 자체보다 반공운동으로 변질되었다. 보수 우익세력은 반탁이라는 명분 아래 찬탁을 주장하는 진보적인 좌익세력을 반민족적이라고 공격하게 되는 것이다(모리 요시노무, 1989). 찬탁과 반탁의 대립은 김규식과 여운형이 중심이 된 좌우 합작(서중석, 1991 ; 윤민재, 2004)을 통하여 타협의 기회를 가지지만 실패하게 된다. 이와 같은 상황 속에서 미군정은 국가 권력으로 등장하여 부일 관료 및 경찰을 재등용, 강화시켰으며 일본 독점자본이 남기고 간 적산을 접수하였고 좌익 세력에 대한 탄압을 그치지 않았다. 조공 지도자에 대한 체포령, 진보적 신문에 대한 폐간 등 진보적 정치 세력에 대해서 전면적인 공세를 취해 왔다.

한편 1946년 4월 6일 서울발 AP통신은 미소공위가 진척을 보지 못할 경우에 남쪽만이라도 단독정부를 수립할 계획이 군정청 안에서도 검토되고 있다고 보도하여 큰 반향을 불러 일으켰다. 사실상 모스크바 협정의 실시를 둘러싸고 미, 소 사이에 어떤 형태로든지 합의가 이루어지지 않는 한 통일된 독립정부 수립의 가능성은 극히 희박한 것이었음은 충분히 예견될 수 있었다. 1946년 5월 제1차 미소공위의 실패와 더불어 그 해 6월 이승만의 정읍 발언(정병준, 2005: 564)에 이르면 보수 우익 세력이 형성되면서 단정의 기반이 마련되는 것이다. 이에 앞서 미국정부는 가령 5월의 삼부장관회의가 미소공위의 성과에 기대할 수 없다면 남한만의 단독 선거를 즉시 실시해야 된다고 제의하고 있는 데서 보듯이 이미 남한만의 단정수립을 신중히 검토하고 있는 단계였다.

이러한 상황 속에서 좌익세력은 미군정의 직접적 탄압에 대응해서 '신전술'로의 전술변화를 꾀하였다. 1946년 10월항쟁(정해구, 1988 ; 심지연, 1991)

은 이러한 맥락하에서 해방에 대한 기대의 좌절로 상대적 박탈감이 팽배한 가운데 경제적 위기와 간혹한 식량공출, 모리배의 폭력 행위에 의해 생활난에 빠진 농민, 노동자, 실업자 등이 주축이 되어 일어난 것이라 할 수 있다. 그러나 10월항쟁의 결과 좌익세력은 막대한 조직역량의 손실을 가져왔으며 기층 사회에서는 좌, 우 분열이 전개됨으로써 냉전논리가 확산되었다. 또 이는 남한의 모든 정치영역에서 우익세력의 견고화와 권력에의 부상으로 연결되었다.

한편 1947년 1월 미 국무장관 마샬은 극동 국장 빈센트에게 일본과의 경제적 연계를 고려한 남한 단정 수립 문제를 검토하도록 지시하고 있으며 이러한 안들이 제기되는 가운데 국무장관은 일본, 중국, 유럽과의 관계 속에서 대한정책을 재정립하기 위하여 부처 간 대한 특별위원회를 2월 초에 조직하고 있다. 동 위원회는 2월 25일에 작성한 보고서 초안에서 한국의 신탁통치 문제에 대해 소련과의 합의에 이르지 못할 경우와 협력이 가능한 경우로 나누어 미국의 행동 지침을 제의하고 있다. 이는 미국이 10월항쟁의 충격을 받아 한편으로는 미소공위로서 한반도 문제에 대한 미소 간의 협약을 지키는 듯한 태도를 취하고, 원조를 통하여 남한의 경제적 불만을 약화시키고, 단독정부체제로의 이행을 도모하는 정책을 취하게 된 것이라 할 수 있다. 즉 미국이 한국의 단독정부 수립을 적극 고려하여 궁극적으로 이것을 유엔으로 이관하려 함을 보여주는 것이다. 정부 차원의 미소공위 재개 노력을 적극적으로 표시하고 이에 의해 재개된 미소 협상이 또 다시 실패한다면 그 책임을 소련 측에 전가하여 미국이 한국 문제를 유엔으로 이관하려는 명분을 얻으려 한 것이다. 1947년 중반을 지내면서 미국은 잠정적으로 한반도에 대한 지배권 확보에서 남한만의 안정적 확보로 그 목표를 재설정했던 것이다.

(3) 반공체제의 구축과 단정수립

결국 1947년 중반에 열린 제2차 미소공위는 아무런 합치점없이 결렬되고 미국은 1947년 9월 17일 한반도 문제를 유엔에 이관하기로 결정한다.

이는 미국이 한반도 독립을 위해 노력한다는 명분을 세우면서 한반도로부터 빠져 나오려는 것으로 미국의 기계적 다수가 확보되어 있는 유엔이야말로 적당한 통로라고 보았던 것이다. 이는 곧 미국이 이제까지 내면적으로 추진해 온 단정 수립을 공개적으로 추진하게 되었음을 의미한다.

1947년 미국은 남한만의 단독정부 수립을 적극적으로 고려하게 되며 이승만을 중심으로 하는 세력은 이미 그 전부터 단정노선을 추구하고 있었다. 그리고 1947년 5월 제2차 미소공위의 결렬은 분단체제의 형성을 확인해 주는 것이었다. 1947년 여름 제2차 미소공위가 결렬되자 한민당 세력은 미국의 한국문제 유엔이관과 단독정부 수립안을 적극 지지했다.

1946년 여름까지 민전을 중심으로 통일 전선을 펴는 등 정치적 대응을 보였던 진보적 정치 세력은 1946년 소위 10월항쟁을 전개하여 폭력 전술로 넘어 갔고, 그 결과 상당히 약화되어 있었다. 그러나 통일된 자주 독립국가를 원하고 단정에 반대하는 대중들의 헌신적인 노력에 기반하여 단정 반대의 비합법 투쟁을 전개시켰다. 한반도에 분단 정권수립이 분명해지자 남한의 정치 세력들은 분단 지지세력과 분단 반대세력으로 재편된 것이다.

단정 수립에 대한 반대 투쟁은 1948년 2·7투쟁을 계기로 본격적으로 시작되었다. 이제 남한의 대중은 9월 총파업과 10월항쟁의 경험 위에서 단선 단정 반대를 기치로 대중투쟁에 돌입하였던 것이다. 2·7투쟁 이후 남한 각지에서는 농촌을 거점으로 한 야산대라는 초보적인 무장조직이 등장하였다. 야산대는 탄압 속에서 효과적으로 투쟁을 벌이기 위한 대중의 자위조직으로서 정치 활동을 위주로 하는 낮은 단계의 무장투쟁을 수행해 나갔다. 이러한 야산대의 활동은 4·3제주민중항쟁 등 지역적 봉기를 계기로 급속히 본격적인 유격전으로 진입하게 된다. 그렇지만 지도부는 대중의 역량을 효율적으로 통제하지 못하였다. 중앙의 통제와 계획이 결여된 채 자연발생적으로 폭발한 대중들의 봉기는 사후 추인되었고, 따라서 그 격렬함에도 불구하고 수많은 피해와 조직 역량의 파괴를 가져왔던 것이다.

1948년 5·10선거는 좌익 세력의 선거 방해, 남북 협상파의 불참과 함께 진행되었다. 당연히 보수 우익 세력의 승리를 가져 왔고, 남한만의 단독정부가 수립되었다. 이러한 한민당, 이승만 세력이 정권을 장악해 가는 과정은 미군정에 밀착하여 세력권을 형성하면서 타정치세력을 정국에서 배제해 나가는 과정이었다. 미군정이 실시되고 보수세력이 행정에 참여하면서부터 아래로부터의 자발적 기구와 조직들은 파괴되었고 좌익, 좌우합작, 임정, 남북협상 세력들이 차례로 정치권으로부터 배제되었던 것이다. 이는 곧 좌익세력, 중간세력, 기층 대중들을 모두 배제한 보수정권의 성립을 의미하는 것이었다.

결국 미군정기를 거치는 동안 남한은 일제 식민통치의 권력이 붕괴되어 자발적으로 벌어지고 있었던 국가형성의 노력은 억압되었고 친일적인 요소를 갖고있다고 비판되고 있었던 한민당과 이승만을 중심으로 한 정치 세력이 국가형성의 주도 세력이 되었음을 알 수 있다. 이를 미국의 입장에서 본다면 대소봉쇄정책 및 한반도에서 자본주의를 정착시키는 정책이 성공적이었다고 볼 수 있다. 그러나 한국적 시각에서 본다면 정치적으로는 체제의 정당성이 대중의 지지위에서 획득된 것이 아니라는 점에서 대중 부문이 배제되었고 외세의존적인 성격을 띠게 되었다. 경제적으로는 세계자본주의체제의 대미의존적 주변부로 편입되어 그 후 계속되는 원조와 더불어 미국에 경제적 종속을 당하는 계기가 되었다.

한편 자주적 통일 국가의 수립이란 목적이 변질되는 사정은 38도선 이북의 경우에도 동시적으로 전개되고 있었다. 1946년 2월 김일성을 위원장으로 하는 북조선 임시위원회의 성립, 그 해 8월의 북조선 노동당의 결성, 1947년 2월의 북조선 인민위원회의 결성은 이미 한반도 내에서 이질적인 사회체제가 형성되어 나갔음을 말해 준다.

2) 자유민주주의의 제도화

미군정은 민주주의적인 이념과 제도를 도입함으로써 정당성을 확보하고자 하였다. 즉 이념으로는 자유민주주의 정치 이념을 도입하고 정당성 확보를 위한 제도로서 의회제도, 복수 정당제도, 선거제도 등을 도입하였다.

우선 미군정은 근대적 의미의 의회제도는 아니라 하더라도 한국 역사상 최초로 의회정치 제도를 도입함으로써 1946년 12월 12일 남조선과도입법의원을 성립시켰다. 과도입법의원은 최초로 기초적인 민주주의적 대의제도를 실현시켰다는 점에서 의의가 있다. 그러나 입법의원은 고문회의, 민주의원과 마찬가지로 미군정의 정책수행상의 필요로 인한 자문기구적 성격을 띠었다. 미군정은 입법의원의 설립으로부터 미군정에 대한 지지와 정당성의 확보, 소련 및 북한과의 관계에서의 주도권 유지, 국내정치세력의 통합 등을 기대하였다. 또 입법의원의 가장 중요한 기능인 입법기능도 군정장관이 동의한 때에만 법률로서의 효력을 발생하도록 되어 있었다(손희두, 1993: 166~167).

미군정은 민주주의적 제도의 하나로서 정당제도를 도입하였다. 자유로운 정당활동을 허용하고 국민의 정치참여를 제도화하는 근대적 의미의 정당제도를 도입한 것이다. 그러나 정당을 등록케 함으로써 정당에 대한 통제를 용이하게 하였다. 미군정은 정당제도를 도입하기는 했으나 자신들이 이해관계와 달리하는 집단에게는 통제와 억압을 가함으로써 이를 정치적 정당화를 위한 도구로 이용하였다(김석준, 1996: 345).

미국은 단정 수립의 정당화 문제를 해결해야만 했으며 그것은 곧 '자유선거를 통한 정권 수립'을 의미했다. 선거는 대중의 정치참여의 중요한 수단인데 입법의원 중 민선의원을 선출하는 과정에서 처음 도입되었으며 1948년 5·10선거는 남한국가의 권력 집단의 성격을 결정한 것은 물론 국가권력을 둘러싼 경쟁의 틀을 결정함으로써 이후 한국국가와 정치체제의 기본 방향과 성격을 규정한 선거였다(박찬표, 2007: 322). 이는 남한국가 형성이라는 관점에서 볼 때 점령국가인 미군정이 어떠한 정치적 경쟁의 틀을 남한에 부과했으며 이를 통해 정치사회의 구조를 어떻게 주조했는가에 관한 문제이기도 하다.

이러한 남한단정 선거는 체제 선택의 문제가 이미 의제에서 배제된 제한적 의미에서의 선거였다. 그러나 서구의 국가형성 과정과 비교할 때 한국은 선거권 자격 제한 체제를 거치지 않고 바로 전면적 보통선거제를 실시한 특이한 경우에 속한다는 사실에도 주목해야 한다(최장집, 1996: 20).

제헌국회 선거법 제정은 남조선과도입법의원의 보통선거법 제정, 미국 유엔한국위원회의 개입에 의한 선거법 수정이라는 두 정치과정을 통해 이루어졌다. 애초 미군정은 과도입법의원에서 선거법을 작성케 함으로써 우파 세력들로 하여금 자신들의 안정 다수 의석 확보를 보장할 수 있는 선거법을 제정할 수 있도록 했다.

'입법의원선거법'은 선거법 연령의 상향 조정, 자서의 투표 방식, 월남인들을 위한 특별선거구, 친일파에 대한 선거권, 피선거권 박탈 대상의 축소, 선거위원회 구성권의 행정부 부여 등 우파의 안정적 다수 의석 확보를 보장하기 위한 제반 장치를 내포한 것으로써 중도 관선의원 측과 우파 민선의원 측 사이의 대립과 타협 속에서 결국 우파의 구상이 관철되었음을 보여준다(박찬표, 2007: 337). 그러나 5·10선거를 위한 선거법 확정 과정에서 우파 세력들이 과도입법의원에서 관철시킨 선거법의 제반 독소 조항들이 거의 수정되는 보통선거제 도입과 관련한 중요한 변화가 일어나게 된다.9)

결국 선거법 연령 하향 조정, 문맹자 배제 조항 삭제, 특별선거구제 삭제 등을 통해 보통선거제를 제도화했다. 또한 점령 당국은 영장제 도입, 경찰권력축소, 인권장전, 사법독립, 삼심제 부활, 각종 악법 폐지 등의 법적, 제도적 수준의 개혁을 추진했다. 결국 선거와 의회제도, 근대적 사법제도, 삼권분립, 지방자치제도 등 근대 자유민주주의의 제도가 그대로 도입된 것이다. 이를 가능케 한 요인은 다음과 같다(박찬표, 2007: 339~342).

첫째, 유엔 감시하 선거를 통해 남한 단정 수립의 정당성 문제를 해결하고자 한 본국 정부(국무부)의 대한정책이었다. 본국 정부의 방침을 확인한 점령 당국은 곧 조기 선거구상을 철회했지만 이승만과 한민당을 중심으로 한 우파 세력은 1947년 말까지도 남한만의 조기 선거 실시를 끈질기게 요구했고 국무부는 이를 강경하게 거부했다.

둘째, 남한 내의 정치 지형이 '입법의원선거법' 제정당시와 비교해 기본적으로 변했다는 점이다. '입법의원선거법'은 2차 미소공위가 진행 중이던 시점에서 전국적 임시정부에 참여할 남한 대표 집단을 선출하기 위한 것으로 제정되었다. 또한 실제로 당시 좌파세력은 적극적으로 선거참여 움직임을 보이고 있었다. 그러나 2차 미소공위가 결렬되자 선거법은 남한 단정수립

---

9) 이하 박찬표(2007: 322~351)의 글을 주로 참조함.

을 위한 것으로 그 성격이 변화되었다. 그리고 좌파세력이 단선 저지를 위한 무력 투쟁으로 나서게 되면서 단정의 국가권력을 둘러싼 경쟁은 우파 세력 간의 경쟁으로 축소되었다. 좌파 배제와 우파의 안정 다수 의석 보장을 위한 조항들이 점령 당국과 미국의 개입에 의해 대부분 폐기된 것은 결국 이러한 정세변화를 배경으로 가능했다.

셋째, 국무부의 방침에 따라 개입하게 된 유엔한국위원회의 역할이었다. 최종적으로 채택된 선거법은 유엔한국위원회와 미당국 견해 사이의 타협의 산물이었고 이 과정에서 '입법의원선거법'은 그 핵심 조항이 대폭 수정되었다. 미국은 유엔한국위원회와의 협상을 통한 선거법 확정 과정에서 우익의 반대를 억누르면서 선거법을 대폭 수정하고 민주적 보통선거제를 도입했다. 이러한 수정은 애초 '입법의원선거법' 제정 당시와는 달리 단정수립이 확정되고 남한국가 권력을 둘러싼 경쟁이 우파 내부의 것으로 축소된 정치 지형의 변화에 따라 가능했다.

한편 정당성의 확보는 얼마나 광범위한 국민이 선거에 참여하느냐에 달려 있다. 미군정은 선거에 광범한 국민의 참여를 이끌어내기 위해 자유민주주의에 대한 대대적 홍보와 선전 활동을 펼쳤다(박찬표, 2007: 412). 미군정은 우파 세력의 반대를 억누르면서 자유민주주의의 제도와 이념의 이식 및 홍보 작업을 대대적으로 수행하였다. 정당성 확보의 핵심 절차인 선거에 광범한 국민적 참여를 동원해야만 했기 때문이었다.

이를 위해 미군정은 경찰력은 물론 경찰 보조역의 준국가기구인 향보단[10])까지 조직하고 이를 통해 선거 등록 및 투표에 참여하도록 압력과 위협을 행사하기도 했다. 그러나 국민의 최소한의 자발적 동의없이 광범한 선거 참여를 확보하기란 불가능했기에 점령 당국은 토지개혁과 같은 사회경제적 개혁과 함께 보통선거제 도입을 핵심으로 하는 자유민주주의 제도

---

10) 조병옥의 발상으로 조직된 향보단은 경찰 지서 단위의 각 지역에 55세 이하 청장년의 지원자로 구성되었다. 자체의 성격은 자치적이지만 경찰과 협력한다는 점에서 단원의 인선이라든지 행동에 대하여는 소관 경찰서장이 전적인 책임을 지고 있었다. 향보단은 민폐가 많았고 특히 우익 테러의 하수인으로 활약함으로써 민원의 대상이 되었다(신복룡, 2000: 185).

의 도입과 자유민주주의 이념의 대내적 선전을 통해 국민을 선거로 유인, 동원하고자 했다.

특히 주목되는 것은 미군정에 의한 자유민주주의 제도 이식 작업이 극우파 세력과의 대립 속에서 전개되었다는 점이다. 본국 정책에 따라 미군정은 극우 세력의 남한 조기 선거 실시 요구 및 유엔한국위원회 감시하 선거 반대 움직임을 억누르면서 유엔 감시하 선거를 관철시켜나갔고 또한 선거를 앞두고 우파의 선거법 개정 반대, 국가기구 개혁 반대를 억누르면서 제도적, 법적 수준에서 자유민주주의의 이식을 수행했다. 또한 단정수립의 외적 정당성 확보를 위해 동원한 유엔한국위원회의 민주화 요구를 부분적으로 수용해야만 했다. 이 점에서 남한 국가 형성의 최종 국면에서는 자유민주주의 제도의 이식을 둘러싼 점령 당국과 극우 세력 사이의 대립이 중요하게 작용했음을 보게 된다(박찬표, 2007: 321).

분단국가의 수립을 둘러싼 북한과의 체제 경쟁에서 이기기 위해 국민을 단선과 단정 수립 과정에 적극적으로 동원해야 했던 것이다. 그 내용은 보통선거제 도입을 핵심으로 하는 자유민주주의 제도의 도입, 자유민주주의 이념에 대한 대대적 선전, 홍보 작업 등이었다.

남한 국가 형성과정의 최종 국면에서 유엔한국위원회의 개입은 우파 세력의 의도를 좌절시키면서 일체의 선거권 제한 요소를 배제한 실질적 의미의 보통평등선거권의 확립을 가져온 계기가 되었다. '입법의원선거법'에 의한 조속한 남한 단선과 조기철수라는 우파 세력과 점령 당국의 요구를 억누르고 관철된 유엔 감시하 선거라는 국무부의 대한정책이 보통평등선거제의 확립이라는 자유민주주의의 초기제도화를 가져왔다고 평가할 수 있을 것이다(박찬표, 2007: 345).

5·10선거는 총인구 약 1,995만 명 중 만 21세 이상의 유권자 984만 명의 79.7%가 등록을 하고 등록 유권자의 92.5%가 참여하였다. 정당소속별로 국회의원 당선자를 보면 무소속 85명을 제외하고는 대한독립촉성국민회 55명, 한국민주당 29명, 대동청년단 12명, 조선민족청년단 6명, 대한노동총연맹 1명, 대한독립촉성농민총연맹 2명 등 우익 세력들만이 당선되었다.

〈표 8-12〉 1948년 국회의원 선거 정당 및 사회단체별 당선자 및 득표 비율

구분 정당·단체별	당선자 수 (명)	당선 비율 (%)	득표 수	득표 비율 (%)
무소속	85	42.5	2,745,483	38.1
대한 독립 촉성 국민회	55	27.5	1,775,543	24.6
한국민주당	29	14.5	916,322	12.7
대동청년단	12	6.0	655,653	9.1
조선민족청년단	6	3.0	151,043	2.1
대한노동총연맹	1	0.5	106,629	1.5
대한독립촉성농민총연맹	2	1.0	52,512	0.7
기타	10	5.0	813,757	11.2
합계	200	100	7,216,942	100

* 자료: 중앙선거관리위원회, 『대한민국선거사』 제1집(1973). 여기서는 김석준(1996: 342)에서 재인용.

선거제도는 정당 및 의회제도와 함께 '국가권력의 구성과 통제를 위해 정치적 경쟁이 이루어지는 제도적 공간'이자 '시민사회를 국가에 매개하는 제도적 통로'인 정치사회를 구성한다(박찬표, 2007: 348). 권력의 실질적 성격에 관한 것은 아니었지만 법적, 제도적 수준에서 이루어진 자유민주주의의 도입은 이후 제도와 실제 운영 사이의 괴리를 야기했고 또한 자유민주주의에 대한 기대치를 높이는 효과를 가져옴으로써 국가권력의 자의적 행사에 저항하는 민주적 권력 운영을 요구하는 근거가 되었다. 미군정에 의해 이루어진 자유민주주의 제도의 이식 과정에 의미를 부여하는 것은 이런 점에서이다(박찬표, 2007: 354~355).[11]

이상에서 보듯이 미군정 3년 동안 이루어진 자유민주주의의 초기 제도

---

11) 한국에서 근대적 헌정체제를 탄생시키기 위한 헌법혁명은 첫째, 1895년 홍범14조와 1889년 대한국국제 둘째, 1919년 대한민국 임시정부 헌법 셋째, 1948년 대한민국헌법이라는 단계를 거쳤다. 해방 직후 헤게모니를 장악했던 좌파의 소멸 이후 헌정주의에 대한 사회적 합의는 미국의 점령보다는 오히려 한국 헌법혁명의 역사적 진화로부터 찾아야 한다는 입장이 있다. 1948년 건국헌법은 한국사회의 거시적인 헌법혁명의 귀결의 의미를 갖는다는 것이다(박명림, 2003: 115).

화는 광범위한 영역에 걸친 것이었다. 그 핵심은 복수 정당제도, 의회제도, 21세 이상 성인 남녀를 대상으로 한 보통선거제도의 도입으로 민주주의를 제도화했다. 또한 입법부, 행정부, 사법부의 삼권분립, 인권장전을 통한 기본권의 천명, 공권력의 행사를 규제하는 영장제 도입 등 인신보호제도, 사법권 독립과 삼심제를 근간으로 하는 근대적 사법체제, 지방자치제, 보통교육제도 및 교육자치제 등 광범위한 영역에 걸쳐 자유민주주의 제도의 모델이 도입되었다(박찬표, 2007: 359).

그러나 미군정에 의해 제도화된 남한 정치사회는 준경쟁적 성격을 띠었다고 할 수 있다. 보통선거제가 도입됨으로써 정치대표 선출에 참여하는 길이 광범위하게 보장되고 복수 정당 사이의 경쟁이 허용되었지만, 국가권력을 둘러싼 경쟁은 우파 집단만의 것으로 제한되었고 특히 의회를 압도하는 강력한 행정권력의 존재로 인해 의회를 통한 국가권력의 통제 및 장악에는 높은 제약이 따랐다. 이러한 준경쟁적 정치사회는 반공 체재 내에서 자유민주주의적 경쟁을 제도화한 미국의 이중적 개입의 결과물이었다.

5·10선거 이후 미군정과 단정세력의 과제는 조속히 헌법을 제정하고 이에 기초하여 정부를 수립하며 신생정부에 대한 국제사회의 승인을 획득하는 것이었다. 헌법의 역사는 기존의 제도, 또 그 제도에 의하여 형성된 현실에 대한 이념적, 가치론적 저항과 이에 기초하여 과거를 전면적 혹은 부분적으로 부인하는 새로운 이념과 가치, 그리고 제도를 법제화하는 과정의 역사이다(전광석, 2005: 3). 사회체제를 근본적으로 틀 짓는 헌법은 대립하는 힘과 이해관계의 타협의 산물이라고 할 수 있다(유진오, 1954: 131). 제헌 헌법은 단기적으로는 미군정기에 등장했던 여러 노선들의 타협의 산물임과 동시에 장기적으로는 한말 이후의 근대국가 설립 노력들의 응축으로서의 의미를 갖는 그럼으로써 이후 지속될 국민국가 대한민국의 정치와 경제의 체제방향을 설정한 정초적 존재였다(박명림, 2003: 114).

헌법 제정 및 정부 과정은 이승만과 한민당 세력, 그리고 중도파 등 세 정치집단의 관계 속에서 전개되었다(박찬표, 2007: 398). 5월 31일 개원한 국회는 6월 3일 '헌법 및 정부조직법 기초위원회'의 설치를 마치고 헌법안 작성에 착수했다. 기초위원회[12]의 헌법 초안 작성 과정에서 초점이 된 것은

정부형태와 관련된 권력구조 문제였다(서희경, 2001 ; 전광석, 2005).[13]

제헌 헌법의 가장 중요한 두 특징은 혼합정부와 균등경제체제였다. 근대 민주주의의 두 핵심원리라고 할 수 있는 직선과 간선, 국민투표주의와 의회주의 사이의 결합으로서 혼합정부에 가까운 것이었다(박명림, 2003: 118).

제헌 헌법은 그 내용만을 볼 때는 비록 권력구조에서 기형적인 면이 있었지만 기본권의 광범위한 보장, 삼권분립을 통한 권력 간 견제와 균형, 사법권 독립, 지방자치 등 근대 자유민주주의 헌법이 갖추어야 할 사항을 두루 내포한 것이었다고 평가된다. 뿐만 아니라 토지개혁, 노동 3권, 노동자의 기업 이익 분배 균점권, 반민족행위자 처벌 근거 조항 등 건국 과정에서 제기된 일반 국민의 요구를 광범위하게 수용한 것이었다고 평가할 수 있다(박찬표, 2007: 403).

한편 제헌 헌법은 사회, 경제 조항에서 자유경제체제를 원칙으로 하되 광범한 국가통제를 규정하고 있었고 노동 3권, 노동자의 이익균점권 등 균등 사회를 지향하는 민주사회주의적 요소까지 내포하고 있었다. 이는 두 가지 측면에서 이해된다. 첫째, 국가 재산의 70~80%가 적산인 신생 독립국가의 특수성이다. 일제로부터 되찾은 자산은 특정 집단이 아닌 국민 공동의 것이 되어야 했고 이것이 광범위한 국가 소유와 국가 통제, 이익균점 등을 정당화했던 것이다. 둘째, 다른 한편 사회민주주의적 내용을 담고 있는 그 조항들은 그동안 모색되어 온 새로운 국가의 이상을 일정 부분 반영한 것으로 보인다. 임시정부의 건국 이념이었던 조소앙의 삼균주의는 물론이고

---

12) 제헌국회에서 구성된 헌법기초위원회에서 헌법안 심의의 기초로 삼았던 것은 '유진오, 행정연구회 합작안(일명 유진오안)을 원안으로 법전편찬위원회안(일명 권승렬안)'을 참고안으로 하였다(이영록, 2003: 135 ; 전광석, 2005: 5).

13) 또 다른 논쟁의 하나는 영어의 'people'을 '인민'과 '국민' 가운데 어느 것으로 할 것인가 하는 점이었다. 1946년 초 국회헌법기초위원회에 제출된 헌법초안에는 일괄적으로 '인민'이란 용어가 사용되었다. 그러나 '인민'이라는 말은 공산주의자들이 쓰는 용어라 하여 제헌의원들은 결국 '국민'을 선택하였다. 이런 결정에 대해 유진오는 훗날 " '국민'은 '국가의 구성원'이라는 뜻으로 국가우월주의 냄새가 풍기는 반면 '인민'은 '국가도 함부로 침범할 수 없는 자유와 권리의 주체'를 의미한다. 공산주의자들에게 좋은 단어 하나를 빼앗겼다"고 회고했다(박영수, 1998: 276).

사회주의적 이상이나 제3의 길 등 그동안 신생국가의 이상으로서 추구되어 왔던 다양한 모색이 일정 부분 반영된 것으로도 해석될 수 있는 것이다. 국호는 1948년 6월부터 헌법기초위원회에서 논의되어 독촉국민회는 '대한민국'을, 한민당은 '고려공화국'을, 그 이외에도 '조선공화국', '한국' 등이 제기되었다. 표결결과 '대한민국'이 국호로 채택되었다(최영희, 1996: 489).

제헌 헌법은 토지개혁이라는 핵심 국가의제가 존재하는 조건에서 자유주의 시장 경제를 지향한 것이 아니라 경제에 대한 국가의 강력한 개입을 정한 사회적 시장경제나 사회민주주의 헌법에 근접하였다.[14] 제헌 헌법 경제조항에 규정된 시장에 대한 국가의 통제와 개입은 이후 한국자본주의 발전과정을 관통하는 문제인 동시에 국가와 시민사회의 관계를 규정하는 요소이기도 하다(신용옥, 2006: 3).

정부가 수립된 뒤 한미 정부 간에 정권 이양에 대한 협상이 시작되었는데 8월 24일 신정부에 경찰, 통위부, 해안경비대의 통솔권 및 통구권의 점진적 이양을 규정한 한미군사협적이 조인되었으며 9월 11일 양국 정부 간에 '재정 및 재산에 관한 최초 협정'이 체결됨으로써 정권 이양은 마무리되었다. 결국 1948년 12월 12일 유엔 총회는 대한민국의 법적 지위를 공식적으로 승인하고 정통성과 국제적 지지를 부여하는 미국 측 결의안을 최종적으로 채택했다.

3) 권위주의국가의 형성

미군정기간 동안 자유민주주의가 제도화되었다는 점에 대해서는 나름대로 평가가 필요하며 반공국가=극우독재, 반공국가=자유민주주의 이분법은 극복되어야 한다. 이런 점에서 이 시기를 한국의 역사 속에서 '냉전 자유주의와 보수적 민주주의의 기원'을 이룬 시기로 평가할 수도 있겠다(박찬표, 2007). 그러나 남한의 국가는 자유민주주의의 외형을 갖는 국가였지

---

14) 박명림은 이는 미국의 영향력이었다기보다는 대한민국 임시정부 이래의 경제에 대한 국가의 공화주의적 개입의 전통을 따른 것이었다고 본다(박명림, 2008: 450). 제헌 헌법의 역사적 기원에 대해서는 서희경(2006)의 글이 있다.

만 일반적으로 사회에 대한 권위주의국가였다고 평가된다.

해방 이후 형성된 한국국가의 기본 골격은 "사회에 대해 광범한 통제력을 행사하는 국가기구, 집행부의 상대적 우위를 보장하는 대통령제, 그리고 중앙집권적 권력구조"(한배호, 1990: 15)를 특징으로 한다는 점에서 권위주의국가였다고 할 수 있다. 이승만 정권기의 국가는[15] 국가자본화한 귀속재산의 운영과 매각, 대충자금의 운영을 매개로 국민경제형성에서 주도적 지위를 점유하여 사회발전 방향을 규정하는데 주도적 역할을 했다(신용옥, 2006: 15). 그리고 이러한 성격은 오랫동안 한국 사회를 지배해 왔으며 민주화가 진행되고 있는 현재에도 국가의 권위주의적 성격이 사라졌다고 보기는 힘들다.

팔레(Palais)가 지적하는 대로 "1948년에 민주공화국의 모든 외장을 갖추고 출발하였으나 한국정치의 실제는 이미 그 기능을 담보하고 있는 측면을 배제할 수 없다. 사회변화에 맞추어 제도의 내용을 채워가는 과정이 형성 후에 뒤따른 긴 도정"(Palais, 1973: 318)이었던 것이다. 미군정의 점령정책은 국가-사회 관계를 창출하는 것이었으며 향후 한국사회의 국가유형인 권위주의국가형성의 모태가 되었다고 볼 수 있기 때문이다. 따라서 여기서는 미군정기의 사회변동과 미군정의 점령정책의 결과를 권위주의국가의 형성과 관련지어 살펴본다.

해방 직후의 상황은 새로운 사회질서와 국가권력을 형성함에 있어서 여러 가지 새로운 가능성의 전기를 마련하였다. 그 시기는 정치사회 즉 국가권력을 둘러싼 정치적 경쟁의 장과 경쟁의 규칙이 형성되는 시기였던 것이다. 이에 실제적으로도 이데올로기적 지형의 폭이 넓었으며 근본적인 개혁을 요구하는 좌익세력의 입장이 어느 정도 대중 부문의 이익과 부합하면서 그 힘을 떨쳐나가고 있었다. 해방은 식민지적 구질서가 해체됨과 동시에 새로운 사회체제 형성의 시점이었고 당시의 분위기는 해방 직후의 정치, 사회상황으로 인해 상당히 좌경화되어 있었던 것이다. 그런데 해방 직후의 여러 가지 가능성은 미군정에 의해서 한편으로는 억압되고 다른 한편으로

---

[15] 그 외 이승만 정권의 권위주의적 성격에 대해서는 김영명(1998: 94~96)을 참조하라.

는 육성됨으로써 한국국가의 그 기본적인 틀이 미군정기를 거치면서 잡혀 왔다고 볼 수 있다. 서구와는 달리 국가가 시민사회로부터 나오지 않고 그것이 사회의 분출을 저지하면서 위로부터 형성되고 사회의 분화와 발전의 정도에 비교하여 과대성장되었기 때문이다. 또 미군정기를 거치면서 강력한 국가기구가 구축되었고 이를 이용하여 특정의 사회질서와 이념이 위로부터 부과되었기 때문이다.

미군정이 해방 후 남한의 기본적 정치구조와 지배구조를 결정짓게 되었다는 점은 경찰과 사법부, 군 등 억압적인 국가기구의 형성과정을 살펴보면 명백해 진다. 이와 같이 미군정기의 국가기구는 식민지 체험에 의한 억압적인 국가기구를 이어 받았으며 미군정기를 거치면서 시민사회를 통제함에 있어 보다 자율적인 국가구조를 성립시켰다. 이처럼 비대화와 중앙집권화를 그 특징으로 하고 있는바 결국 통치구조로서 국가기구를 보다 강화시킨 것이었고 이는 사회세력들의 관계를 재편성하는 역할을 담당하는 조직적인 강제적 자원이 되었다. 따라서 미군정은 점령정책을 통해 시민사회를 재조직하면서 재편성했다. 실제로 남한에 친미적 자본주의국가를 세우는 것은 미군정의 남한 점령정책의 주요한 목표였다. 그러면 구체적으로 미군정의 이러한 기본입장은 미군정기 점령정책에 어떻게 반영되었고 그것의 실제적 결과는 어떠한가?

우선 당시 한국사회의 경제적 기반과 지배 계급의 물적 기반은 너무나 취약한 것이었으므로 미군정은 구일본인 재산을 접수하고 관리함으로써 경제적으로는 자본주의체제를 유지하고 정치적으로는 자본주의국가를 세우는데 있어서 주요한 물적 자원을 확보하고자 하였다. 또한 그 후에는 비록 일부이기는 하나 실제적으로 귀속기업체를 매각함으로써 자본주의 사회의 지배 계급을 육성하고자 했으며 지주 계급의 자본가 계급으로의 전화를 지원하였다. 또한 미군정은 어느 정도의 경제개혁을 추진하지 않을 수 없었다. 당시 전개되었던 미군정이 지원한 좌우합작운동은 위기에 직면한 미군정이 경제개혁을 담당할 국내세력을 육성하고자 함이었다. 또한 좌익을 분열시키고 공산당을 약화, 파괴하기 위해서도 좌우합작을 지원하였다. 그러나 좌우합작운동은 냉전의식이 심화되어가는 당시 상황에서 처음부터 모순을 가질 수밖에 없었으므로 실패할 수밖에 없었다. 자본주의국가 건설이라는 목적을 달성하기 위해서는 근본적이며 철저한 민주화를 실시하는 것보다는 자본주의체제의 옹호세력인 우익 지배세력을 양성하는 것이 우선이 될 수밖에 없었던 것이다. 미군정은 남한의 보수 우익세력을 지지하면서 자본주의체제의 수호적 역할을 담당하는 세력으로 육성하고자 했다. 구체적으로 미군정에 의한 구일본인 재산의 접수와 관리는 자본주의체제의 구축을 위한 물적 기반의 확보과정이었다. 귀속재산은 미군정으로부터 정부가 접수하여 일단 국가자본화 했는데 이 국가자본의 운용방향은 경제구조를 재편하고 새로운 사회지배세력을 형성시킬 수 있는 중요한 물적 토대였으며 이에 대한 주도적 지위를 국가가 점유하고 있었다(신용옥, 2006: 14).

미군정에 의한 귀속기업체의 매각은 비록 소규모이기는 하나 단독정부 수립 바로 직전에 실시됨으로써 기존의 친일적인 자본가, 자산가를 남한 단독정부의 지배 계급으로 끌어들이고 지원하는 적극적인 역할을 수행하였던 것이다. 또 미군철수 이전에 시행된 귀속재산의 매각은 그 당시 지배적 경향이었던 국유화에 반대하고 사적 소유와 자본주의 발전을 위한 확고한 기반을 조성하기 위한 것이었다. 미국은 이러한 과정을 통해 직접적인 군사동원 없이도 지배가능한 국가를 한반도에 세움으로써 직접개입에 따른 비용과 위험을 줄이고자 한 것이다.

이 점은 미점령군의 동일한 지배를 받았던 남한과 일본을 비교하면 잘 드러난다. 사실상 동일한 미국 점령지역의 범주에 속했던 일본과 남한에 있어서 미국의 점령정책이 상이한 모습을 띠어갔던 것은 두 사회의 국가 및 사회 계급들의 구조와 성격의 차이에서도 그 이유가 있겠지만 세계체제 수준에서 두 나라가 차지하는 위치가 달랐다는 점에서 그 차이가 설명될 수 있다. 일본의 경우 미국을 정점으로 하는 자유무역의 세계 경제질서에로의 재통합이 예견되면서 전후 재건과 자본주의적 발전에 기능적으로 필요한 틀 안에서 전후개혁이 수행되었고, 전쟁재발 방지를 위한 민주화 조치들이 취해졌던데 비해 공산세력과 직접 맞부딪치는 한반도에 있어서는 자체의 붕괴를 막기 위한 기능이 우선적으로 수행되었고 대소전략적 차원에서의 현상유지, 나아가서는 대소봉쇄를 전제로 하였기 때문에 일체의 대내사회적 개혁이 지연되어 갔던 것이다(민경배, 1990 ; 최복천, 1998 ; 이혜숙, 2003). 미국의 점령정책에 있어서 일본의 경우에는 미군에 의한 민주화 개혁이 이루어졌지만 반대로 남한의 경우에는 그것이 그렇게 강력히 추진되지 못하고 대소전략적인 차원에서 이루어졌던 것이다. 한국에 있어서는 2차 대전 이후 다른 주변부 지역과 달리 미소가 직접적으로 대치하는 독특한 상황이 전개되었고 그에 따라 한반도에는 공식적인 냉전정책이 선포되기 이전부터 남북한 양 점령 당국 사이에서는 실질적인 냉전상황이 진행되었던 것이다.

그런데 남한에 있어서 해체위기에 직면한 자본주의체제의 확립과 자본주의국가의 건설을 그 최우선의 정책목표로 두었던 미국의 입장에서 볼 때 정치사회 안정을 위한 어느 정도의 경제개혁을 무시할 수 없었으며 특히 농지개혁은 이를 위한 중요한 의미를 갖는 것이었다. 농지개혁은 좌익세력에 대항할 수 있는 유력한 방법이었으며 미군이 철수하더라도 남한체제가 전복되지 않고 버텨낼 수 있도록 하는 중요한 수단이었던 것이다. 미국은 농지개혁의 실시를 통해 소작관계에서 비롯되는 정치적, 경제적, 사회적인 불공정을 해소함으로써 농민들에게 적극적인 회유책을 주고자 했던 것이다.

농민층의 정치참여 행태변화와 농민조직의 제도화 정도, 국가의 통합정도와 농촌지역의 안정, 공산주의에 대한 농민들의 반응 등 농지개혁으로 인한 이같은 농민층의 정치적 변화에 대해서는 이미 타이에 의해 연구된 바 있다(Tai, 1974). 농지개혁은 농민의 정치참여 형태를 변화시키며 농민들의 정치적 행동에 영향을 미치기 때문이다. 이처럼 농지개혁은 농민들의 정치적 결정에의 참여와 정치체제의 안정 및 제도화에 영향을 미침으로써 정치적 결과를 가져오는 것이다. 이와 같은 맥락에서 볼 때 실제로 미군정기에는 한국인 지주를 포함한 전면적인 농지개혁은 실시되지 않았고, 귀속농지만 매각되었지만 그 결과는 경제적 측면뿐 아니라 오히려 정치적·사회적으로 중요한 영향을 미쳤다고 하겠다. 정치적으로 좌익세력의 활발한 활동하에서 광범위한 농민층을 보수화시킴으로써 미군정은 공산주의에 의한 내부적 위협요소를 제거할 수 있었던 것이다. 좌익세력의 선거방해에 직면하여 5·10선거 직전에 미군정이 귀속농지를 서둘러 매각한 것도 이 때문이다.

　이러한 미군정에 의한 귀속농지의 매각과 분배는 실질적인 농업개혁에는 상당히 못 미쳤으며 단정 이후의 한국정치의 모든 정책 결정과정에서 농민의 이익표출이 철저히 소외되는 결과를 낳기도 했지만 점령지역에서 가장 안정적 요소로 작용했다는 점에서 시민사회에 대해 주요한 정치적 효과를 가져왔다고 할 수 있다(Reed, 1975: 148). 귀속농지의 매각에 대한 농민들의 반응은 좌익세력의 반대에도 불구하고 대부분 호의적이었던 것이다. 결국 농지개혁은 농촌사회의 불만을 어느 정도 해소시킴으로써 정치권력의 정통성을 강화했으며 장기적으로 농민의 정치형태를 보수화시키는 요인이 된 것이다. 또한 이러한 농촌사회 권력구조의 변화에 따른 공백에 국가권력이 쉽게 침투할 수 있었던 것이다. 이 점에 대해서는 1948년 7월 27일 워싱턴에 체재중인 미 제24군 공보관 제임스 스튜어트(Stewart)도 "미국은 조선에 있어서 …… 승리하고 있다. …… 공산주의 운동가들의 잔학무도한 전술에도 불구하고 미국식 민주주의로 착실한 발전을 하고 있다. 이는 유엔 감시하에 대한민국수립과 토지개혁안의 산물이다"(국사편찬위원회 편, 7권, 1968: 654)라고 말하고 있다. 귀속농지 매각은 소작농들을 국민으로 편입해 나간 결정적인 계기였던 것이다(최봉대, 1994: 237~238). 따라서 이승만 정권하 농민들은 전형적인 순응과 무관심을 나타냈고 1950년대 전반에 걸쳐 국가에 대한 어떤 조직적, 집단적 저항도 존재하지 않았다(김영명, 1998: 101).

　국가는 농지개혁을 통하여 국가자율성을 제도적으로 확보하는 동시에 농민에 대한 헤게모니 지배체제의 구축을 통하여 사회의 물적 자원을 추출, 전유하기 용이한 사회구조를 창출하여 국가능력을 증대시키려는 목적을 수행한 것이다. 한편 농민들은 자신들의 사회변혁에 대한 밑으로부터의 욕구를 국가가 제공하는 정치적 기회 구조와 결합시키면서 자신들의 경제적 이해 관계를 확보하는 동시에 국가가 제공하는 지배체제 내로 포섭되어 갔으며 반면 지주 계급은 농지개혁을 계기로 국가-사회의 제도적 상호작용의 틀에서 배제되면서 사회경제적 영향력을 상실하게 되었다. 결론적으로 농지개혁을 통하여 형성된 국가-사회의 연대 구조는 식민지 후반 국가-사회 관계에 그 제도적 기원을 두고 있는 것으로써 이후 근대 한국사회에서의 국가-사회 관계의 제도적 상호작용의 메커니즘을 사회적으로 확정지은 것으로 볼 수 있다(정청세, 2003: 93). 그 외 미군정은 식량공출정책 및 비료정책 등을 통해서 농촌과 농민들에 대한 국가통제력을 장악하였다.

한편 미국은 남한에 대해 경제원조를 제공하였는데 이것은 정치불안이나 경제적 위기와 혼란을 통한 공산화를 막기 위해서는 미국의 경제적 원조가 제공되어야 한다고 보고 있었기 때문이다.[16] 일본, 중국을 포함한 아시아 상황과 관련하여 모든 국민의 경제생활을 안정시키는 것이 진보세력에 대항하는 유력한 방법이라는 판단에서였다. 미국은 군사적인 면에서의 전면개입은 피하고 다만 정치경제적 지원을 통하여 미군 철수 후에도 그 지배력을 행사하려 했던 것이다. 미국은 궁극적으로 철수하면서도 공산주의의 지배를 막기 위하여 경제원조 등을 한국정부에게 제공하는 정책을 유지했던 것이다. 미국은 원조를 통하여 공산주의 정권에 대한 억제력을 강화하고 그것에 대항할 수 있는 친미적 자본주의국가를 남한에 정착시키려 노력하였던 것인데 시민사회의 재편이 견제받지 않는 국가권력을 가능케 한 탓으로 권위주의국가의 기본적인 틀이 자리잡혀져 온 것이다.

또 미군정기 3년 동안 반공노선을 정치적 입장으로 주장한 이승만을 중심으로 한 보수 우익세력이 그 국가권력의 주역이 되었다. 그런데 이것이 가능했던 것은 미군정이 물리적으로 좌익세력을 억압하면서 다른 한편 우익세력을 육성한 것에 그 기본적 원인이 있다고 하겠지만 귀속재산의 매각을 통해 자본주의국가 건설을 뒷받침 해 줄 정치사회세력을 형성하였고 농지개혁을 통해 농민을 체제 내로 포섭시킬 수 있었으며 전반적인 정치사회적 안정을 위한 경제원조가 있었기 때문이었다. 즉 자본주의국가의 형성은 미군정이 물리적으로 진보적 좌익세력을 억압하고 보수 우익세력을 육성했다는데 그 일차적 원인이 있겠지만, 또한 그것은 미군정기를 통한 한국사회 변동과정에서 자본주의국가의 물적 기반을 여러 측면에서 제공한 미

---

16) 이와 같은 점에서 임현진은 미국과 한국이라는 중심, 주변관계는 단순한 지배, 종속관계라기보다는 그 기저에 후원-수혜관계(Patron-Clint Relationship)가 줄곧 배면논리로 작용해 왔다고 보고 있다(임현진, 1987: 134).

군정 경제정책의 결과이기도 한 것이다. 이처럼 자본주의국가의 형성은 국가의 물적, 재정적 자원을 통해 가능했으며 그것은 사회에 대한 권위주의 국가의 형성을 의미하는 것이었다.

해방 직후 시민사회는 급격히 팽창되어 있었다. 그러나 해방 3년을 거치면서 계급구조가 변화되었고 국가권력에 의해 사회 계급의 재편이 주도됨으로써 당시 시민사회 내에서는 특정 계급이 헤게모니를 잡기 어려운 상황이 전개되었으며 이에 전반적으로 시민사회의 위축을 가져왔다. 노동자는 수가 적었을 뿐 아니라 그 조직면에 있어서도 국가에 거의 완전히 예속되어 있었다(김영명, 1998: 100). 또 농민은 체제에 순응했다. 토지개혁은 기본적으로 지주 계급의 해체라고 하는 결과를 가져왔으며 농민 운동조직을 파괴하는 측면을 동시에 내포하고 있었다. 귀속 농지의 매각을 통해 농민들이 체제에 흡수되었던 것이다. 또한 미군정기를 거치면서 지주 계급은 몰락하게 되었고 대중 부문과 그들의 이해를 반영해 주는 진보적인 정치세력은 억압, 배제되었으며 산업 자본가 계급이 형성, 성장하게 되었다. 그러나 그것이 국가가 의해 창출됨으로써 당시 시민 사회 내에서는 특정 계급이 헤게모니를 잡기 어려운 상황이 전개되었다(차남희, 1997: 130~132). 이러한 과정은 사회로부터 국가권력의 자율성의 확보를 의미하는 것이며 그 기초 위에서 이 통치기구를 뒷받침할 정치적, 사회적 세력기반을 창출해 내는 과정이었다.

이처럼 미군정 통치는 전체 사회에 반하여 위로부터 부과되어 고도의 강권력을 동원하는 억압적, 권위주의적 성격을 가지는 것으로 나타났으며 이 과정에서 국가는 시민사회로부터 분리되는 모습을 보여주었다. 즉 국가가 시민사회의 세력관계를 반영하는 것이 아니라 미국의 이해를 반영하는 국가가 외부로부터 이식되어 국가형성과정에서 주도적 역할을 한 것이다. 허약한 시민사회의 구조적 조건을 반영한 권위주의적 정치체제, 군부통치 등 위로부터의 지배상황이 이어지는 양상으로 나아감으로써 민주주의 이상과 현실 간의 괴리는 증폭되어 간 것이다.

한국의 경우에는 국가제도의 기능과 영향력이 기존의 사회 계급을 재편하여 새로운 사회 계급을 형성시켰던 것이다. 즉 서구적 외양의 국가를 건설하면서도 국가건설의 주체가 되어야 하는 서구식의 시민사회는 부재한 것이 한국의 모습이었던 것이다(박광주, 1992: 352). 즉 자본주의의 미숙성에 따른 계급형성의 미약, 그리고 각종 사회단체, 이익단체의 미발달로 시민사회가 독자적인 힘을 형성할 수 없었기 때문이다. 당시의 상황은 국가가 압도적인 조직적 기반으로 계급적으로나 조직적으로 미성숙한 시민사회를 지배하는 상황이었다. 국가가 사회세력을 동원하고 조직화하여 지배의 수단으로 이용한 것이다.

따라서 이러한 시민사회의 미성숙에 대한 국가부문의 강화는 사회에 대한 국가의 우위를 지속시켰다. 시민사회의 취약성이 견제받지 않은 국가권력을 가능케 한 탓에 실질적 자유민주주의가 아닌 권위주의적 통치가 나타난 것이다(박광주, 1999: 348). 따라서 민주주의적 규범과 권위주의적 실제 사이의 괴리에 기반을 둔 지배체제의 정당성을 둘러싼 대립이 계속되었다. 계급구조의 취약성, 헤게모니 계급의 부재 등으로 시민사회에 의해 제약받지 않는 국가권력은 강제와 폭력성에 의해 독자성을 행사하기가 용이한 것이며 이는 정치적 권위주의의 발생을 가져오며 강한 국가의 등장에 필요한 사회적 기반을 정비하였다. 즉 사회세력의 힘을 약화시키고 국가권력을 강화시키는 결과를 낳는 것이다.

이처럼 한국의 근대국가형성은 사회경제적 발전과 분화를 토대로 기시적 과정을 통하여 사회로부터 국가가 나온 것이 아니라 국가가 사회를 주조하는 그 역의 과정이었다. 또한 외부의 점령을 통하여 단기간에 압축적으로 이루어졌기 때문에 근대국가 형태의 최종적인 수립과 등장 역시 압축적이었다. 또 시민권의 전면적 확대는 피지배 계급을 정치의 장에 포섭함으로써 계급형성의 계기를 선취해 버리는 효과를 낳았고 그 결과 시민사회에 대한 국가의 자율성을 증대시키는 방향으로 작용하였다(전상인, 1991).

미군정 시기의 국가권력이 사회에 비해 강력한 이유를 보면 경제잉여에 대한 국가의 직접적인 전유 및 처분권이 국가자율성의 물질적 기반이 되었음을 알 수 있다. 행정부는 귀속재산을 관리했을 뿐 아니라 물자통제영단을 통해 국내의 모든 소비자 필수품 등을 분배하는 책임도 맡고 있었던 것이다. 미군정으로부터 귀속재산 처분권과 원조물자 배분권을 이양받은 이승만 정권은 사회에 대해 자율적인 관료중심의 국가권력을 수립함으로써 사회세력에 대해 통제력을 확보하고 영향력을 행사할 수 있었던 것이다. 또 일제와 미군정으로부터 경찰이나 관료기구를 물려받았다.

그러므로 이승만 정권하에서의 정치세력은 고전적 자본주의 유형과는 달리 경제적 기반을 갖춘 지배 계급이 정치권력을 장악하는 식의 국가를 형성시키지 못했으며 오히려 지배 계급은 국가기구의 산물로 등장한 것이다. 서구의 선진자본주의 국가의 경우처럼 지배 계급구조가 먼저 형성되고 다음에 그 사회적 기반 위에서 정치권력이 형성된 것이 아니고 그 반대과정을 밟았기 때문에 자본가 계급은 독자적 성장을 못하고 관료층에 예속되는 것이다(김정원, 1982: 180).

즉, 사회는 자신들의 이해관계를 정치 영역으로 집약시킬 만큼 조직화되지 못한 반면 미군정에게서 이양받은 국가는 발달된 통치구조를 지니고 있었던 것이다. 따라서 지주 계급이나 자본가 계급의 이익이 명확하지 않는 패권적 단일 계급이 존재하지 않은 상황에서 국가는 사회조직들에 대해서 높은 정도의 자율성을 유지할 수 있었다고 하겠다. 이와 같은 귀속재산의 매각, 원조의 배분, 무역의 통제를 통해 이루어진 자본축적 방식은 국가가 주도하는 한국 자본주의 발전방식의 원형을 제공하였다고도 볼 수 있다(유석춘·최복천, 1999).

또한 미군정기 남한 국가의 형성은 먼저 강력한 반공 국가기구와 이를 장악한 반공 보수세력이 미군정이라는 점령국가에 의해 위로부터 형성된 뒤 이를 시민사회와 연결하는 대의 기구로서 의회가 형성되는 과정을 밟았다. 국가 강권 기구와 행정권을 가진 강력한 국가기구가 정비되고 효과적으로 작동하기 시작한 연후에 그 틀 안에서 정당과 의회가 기능을 하기 시작한 것이다. 따라서 국가권력의 중심은 의회가 아니라 행정부였으며 행정권력이 의회 권력을 압도하고 있었다. 결국 미국이 부과한 반공이념이 시민사회 내에서 아직 헤게모니를 확보하지 못한 상태에서 남한 국가가 반공블록의 안정된 일원으로 기능하도록 미군정이 가장 주력한 것은 강력한 반공국가기구의 구축이었으며 그 결과 보통선거권과 의회를 통한 국가권력의 통제와 접근에 최대의 장애가 되었던 것도 바로 미군정이 남긴 과대성장된 행정권력, 국가 강권력이었다. 이러한 준경쟁적 정치사회는 반공체제 내에서 자유민주주의적 경쟁을 제도화한 미국의 이중적 개입의 결과물이었다(박찬표, 2007: 351).

이처럼 남한 국가형성과정은 시민사회 내의 세력 관계를 바탕으로 국가권력을 둘러싼 정치적 경쟁이 전개되고 그 결과에 따라 국가권력의 향배가 결정되는 경로를 밟지 않고 외삽국가인 미군정에 의해 국가권력의 성격이 먼저 부과되고 이를 뒷받침할 강력한 국가기구가 만들어진 이후에 이를 시민사회와 연결하는 제도적 통로인 정치사회의 틀이 형성되는 경로를 거쳤다. 즉 '시민사회-정치사회-국가'의 경로가 아니라 그 역의 경로인 '국가-정치사회-시민사회'의 순서를 밟았던 것이다. 남한 국가형성과정이 이처럼 일종의 '전도된 경로'를 밟게 된 것은 미국이라는 외생적 요인이 압도적 규정력을 발휘했기 때문이었다. 반공국가라는 남한국가의 기본 성격과 국가권력의 지향점은 일차적으로 대소반공 블록 구축이라는 미국의 정책 목표에 의해 외부에서 부과되었다. 뿐만 아니라 국가형성의 물적 기반 역시 외삽되었다.

먼저 반공체제 내에서 제도화된 민주주의는 좌파 이념과 세력을 정치사회에서 배제함으로써 정치적 경쟁의 틀을 매우 협애한 이념적 스펙트럼 내로 제한했다. '반공'이 시민사회에 대해 고도의 강권적 통제를 부과할 수 있게 해 주는 지배적 정치 이념이 된 것이다. 뿐만 아니라 점령권력에 의해 시민사회가 폭력적으로 탈동원되고 이를 바탕으로 외부로부터 주어진 국가권력의 성격에 맞추어 정치사회의 틀이 주조된 국가형성과정의 특징은 정치사회와 시민사회의 괴리 및 정치 대표 체제의 취약성 등을 낳았다(박찬표, 2007: 425~430).

이러한 비대칭적인 국가-사회 관계는 제헌 헌법의 성격에서 잘 나타난다. 국가-시장 측면에서 한국의 헌법은 제헌 당시부터 오늘날까지 국가통제적이고 개입주의적이며 사회국가적인 성격을 보이고 있다. 제헌 헌법에 규정된 사기업의 국공유화와 그 경영에 대한 통제 관리는 그 실행 여부와는 상관없이 국민경제 형성에서 국가의 역할을 한층 강화시키는 요소였다(신용옥, 2006: 14).

제헌 헌법에 내포된 계획경제와 경제통제는 국민의 공공의식과 국가에 집중되어 있는 귀속재산, 식민지시대의 경제통제 경험을 바탕으로 합리적이고 강력한 행정력이 자유민주주의와 법치주의에 입각하여 시장경제를 효율적으로 운용해가는 경제질서였다.[17]

당시의 '국회 속기록'에서 볼 수 있듯이 제헌과정에서 의원들 간의 논의는 상당한 자율성이 보장된 분위기에서 자유토론의 형식으로 진행되었다. 그러나 이런 토론도 두 가지 제약으로부터 자유로울 수 없었다. 그것은 체제선택의 문제가 이미 분단과 반공정부의 수립으로 판가름 난 전제에 위해서 진행된 논의였다. 그러나 동시에 이전까지 체제선택 문제를 둘러싸고 격렬하게 진행되었던 갈등 — 남한 내부의 좌우갈등 및 남북한 간의 경제 — 의 여파도 전혀 무시할 수 없었다. 전자가 우로부터의 제약이라면 후자는 좌로부터의 압력이었다. 제헌논의에 대한 우측에서의 압력이 주로 외부, 즉 세계체제로부터 '주어진 것'이었다면 좌측으로부터의 압력은 내부, 즉 미숙한 사회의 조숙한 분출을 반영한 측면이 많았다. 따라서 제헌논의는 반공이라는 한계를 지키면서도 동시에 아직도 사회 저변에 짙게 남아 있는 다른 체제에 대한 동경을 체제내화시키는 방향에서 이루어져야만 했다. 이런 모순은 실천가능성이 높지 않은 다수의 진보적 조항을 제헌 헌법에 삽입하는 것으로 해결되었다(김일영, 2001: 28).

국가자본의 존재와 그 운용은 국민경제형성에서 국가의 역할을 결정적인 요소로 만들었을 뿐만 아니라 제헌 헌법에 규정된 사기업의 국공유화와 그 경영에 대한 통제관리는 그 실행여부와는 상관없이 국민경제형성에서 국가의 역할을 한층 강화시킨 요소였다. 요컨대 한국 헌법은 처음부터 국가-사회관계 면에서 전자에 치우친 비대칭성을 보여주었다고 할 수 있다(김일영, 2001: 33).

제헌 헌법의 사회국가적이고 국가통제적이며 개입주의적인 경제조항은 그 후 개헌과정에서 조금 완화되기는 했지만 본질적으로 크게 변하지는 않은 채 오늘날까지 이어지고 있다. 이 점은 헌법현실의 차원에서도 마찬가

---

[17] 따라서 국가사회주의 측면보다는 국가자본주의의 성격을 내포하고 있었다(신용옥, 2006: 174).

지였다. 한국의 국가는 전략적 산업정책을 통해 시장에 깊이 개입함으로써 경제발전을 이끌었다. 따라서 국가와 시장영역의 관계는 규범과 현실 모두에서 지속적인 비대칭성을 보여주었다(김일영, 2001: 33).

그러나 이승만정권의 국가는 시민사회에 대해 확고한 우위를 차지했지만 국가의 대사회 통제력은 산만한 것이었고, 국가기구를 장악한 과두지배세력과 관료의 무능이나 내부적인 갈등, 그리고 국가의 독자적 결정을 제약하는 외부 의존관계로 인해 국가의 능력도 매우 허약했다는 평가도 있다. 이런 점에서 "강한 것 같으면서도 매우 허약한 국가"(한배호, 1990: 39)였다는 것이다. 따라서 조야한 물리력을 동원하여 권력을 장악하고 유지하려 했던 것이라는 해석도 가능할 것이다. 더욱이 이승만정권의 국가는 체제의 안정성을 확보하기 위해 시민사회를 강압적으로 통제했을 뿐 아니라 일부 시민사회 부문을 일사불란하게 재편성하려고 시도하였다. 이미 미군정 시기에 많은 진보적인 사회단체들이 해체되고 이들을 대체할 보수적인 사회단체들이 새로 구성되었지만 이승만정부는 이러한 보수적인 사회단체들도 친정부적인 단체로 정비하려고 했던 것이다(차재영, 2006: 203~204).

또한 주한미군사령관과 군정장관의 전권행사로 권력분립주의가 제기능을 발휘하지 못하고 권위주의와 강력한 중앙집권체제가 정착되었을 뿐 아니라 군정장관 등의 독단적인 권력행사는 그 후의 대통령 중심의 강력한 중앙집권체제의 형성에 지대한 영향을 미치게 되었고 최고권력자의 무한책임성이나 최고성도 일면 이에 영향받은 것이라고 평가되기도 한다(문광삼, 1988: 361).

이처럼 그 후 전개된 한국 권위주의국가의 지속은 과대성장한 국가, 지주 계급의 와해, 국가에 의존하여 성장한 자본, 좌파의 붕괴라는 미군정기 국가−시민사회 관계의 역사적 구조적 조건에 그 기원이 있는 것이다.

제9장 맺음말

1. 미군정과 점령정책

　한국의 해방이 미소의 이해관계의 절충과 대립의 소산이었다는 점은 한국의 사회변동과정을 조건 짓는 중요한 외적 요인이 되었다. 미국은 38선 이남을 군사점령하고 직접 내정까지 장악함으로써 중요한 영향력을 행사하게 되었던 것이다. 해방 이후 한국의 사회변동을 살펴봄에 있어서 미국이라는 중심부 국가의 이해를 적극적으로 고려할 수밖에 없음은 이 때문이다. 미국은 한국에 대해 구체적인 문제에 대한 세부적인 정책을 가지고 있지는 않았다고도 할 수 있지만 한반도에서 일관되게 이루어 내고자 했던 바는 분명히 있었는데 그것은 기본적으로 2차 대전 이후의 세계질서의 변화 속에서 미국의 전반적인 대외정책의 맥락에서 이해될 수 있으며 특히 중국 및 일본과 관련한 미국의 대극동정책의 맥락에서 이해될 수 있다. 한국은 중국 및 일본과 함께 동북아시아에서 공산주의 세력을 저지하기 위한 완충지대로 설정되었던 것이다. 즉 제2차 세계대전 이후 변화된 세계체제 속에서 미국을 중심으로 한 자본주의 세계체제를 사회주의의 위협으로부터 보호해 줄 수 있는 반공기지의 형성이 미국의 대한정책의 주된 목표였던 것이다.

그러므로 해방 후 남한에 진주한 미군이 한반도에서 갖는 중요한 의미는 경제적인 면보다는 세계적 차원에서 소련에 대한 방어권이라는 정치적, 군사적인 역할에 있었다. 세계체제와의 관계에서 볼 때 중남미 국가들이 중심부 자본주의에 대해 직접적인 경제적 종속하에 놓여 있었다고 한다면 2차 대전 후 한국은 대만과 함께 그 대외관계가 일차적으로 경제적 이해관계보다는 정치, 안보적 이유에 의해서 규정되는 성격이 강했던 것이다. 이와 같이 볼 때 한국이 자본주의 세계경제로 편입된 것에는 국제분업적 교환의 논리보다는 국제관계적인 힘의 논리가 보다 더 작용했음을 알 수 있다.

미국의 대한 점령정책의 기본 입장은 직접적인 수탈보다는 장기적인 지배를 위한 정치사회적 안정유지와 자본주의체제의 확립에 있었다. 미국은 자본주의 세계 전체를 사회주의체제로부터 수호한다는 목표하에 한국을 이른바 반공기지로 선정하였으며 한국으로 직접적인 민간자본을 수출함으로써 초과이윤을 획득한다기보다는 원조를 통해 한국사회 전체에 대한 지배력을 확보하는 데 주안점을 두었던 것이다. 즉 한편으로는 세계자본주의의 유지와 재편이라는 경제적 목적이 추진되면서도 정치적, 군사적 목적이 강조되었고 그러한 목적을 수행하기 위해서 무엇보다도 체제의 안정과 질서유지가 요구되었던 것이다.

미군정의 활동은 기본적으로 이러한 미국의 대한정책의 틀 내에서 이루어질 수밖에 없다. 미군정은 기본적으로 자신들의 전략적 목표를 수행해 줄 지원세력을 지배세력으로 하는 자본주의국가를 형성하고자 했으며 이러한 이들의 성격이 공산주의자 내지 좌익계 인사들의 혁신적 정책들은 받아들일 수 없었음은 충분히 짐작할 수 있다. 또한 친일파의 제거를 부르짖고 전면적 변화를 요구하는 세력과의 연합이 불가능한 것임은 너무나 당연하였다.

미국의 대한 점령정책은 미국의 대외정책과 미소관계의 변화, 남한 내부의 움직임 등과 관련한 미국의 전반적인 대한정책의 틀 내에서 이루어졌다. 미국은 군사적인 면에서의 전면개입은 피하면서 정치경제적 지원을 통해 미군철수 후에도 그 지배력을 행사하려 했던 것이다. 그러므로 미군정의 경제정책은 자유시장 경제체제의 확립을 이념으로 하면서도 실제적으로는 경제분야에 대한 정부의 간섭과 통제를 실시했다는 특징을 지닌다. 즉 미군정의 궁극적 목표가 사적 자본을 중심으로 하는 자본주의체제였고 미군정의 경제정책은 전반적으로 자본주의적 질서를 유지한다는 목적 아래 사적 소유권의 인정, 자유시장 경제의 수립이라는 원칙 속에서 출발하였지만 초기를 제외하고 미군정기 동안에는 대부분 오히려 강력한 식량공출과 함께 통제정책을 실시하고 귀속기업체 및 토지에 대한 권한을 계속 유지하고자 했다는 데 있다.

미군정은 3·1제를 공포하여 토지문제의 해결을 우선 고율소작료의 인하와 소작권의 안정에서 찾고자 했다. 3·1제는 지주적 토지소유를 전제로 하면서 해방을 맞아 위기에 선 지주들의 지배를 유지한다는 것을 명백히 한 것이라 하겠다. 그러나 미국은 자신의 점령지 일반에 있어서 봉건적 토지소유를 개혁하는 정책을 추진했는데 이는 농지개혁을 반공의 주요한 수단으로 보았기 때문이다. 이와 같은 농지개혁이 갖는 의미 때문에 미군정은 일관되게 농지개혁을 추진하고자 했다.

미군정은 한국경제의 목표를 공산주의 위협에 대항하여 자본주의체제를 확립하기 위한 민생안정과 경제안정에 두고 소비재 중심의 원조를 기초로 이를 실현하고자 하였다. 이에 미군정의 경제정책은 엄격한 식량공출과 함께 구일본인 재산의 접수, 관리와 매각이라고 하는 방향으로 이행되면서 경제안정을 찾으려 했으며 식민지체제와의 단절성이 가져온 경제적인 모순을 원조와 통제로서 해결하려고 한 것이다.

1947년 3월 미 국무부 내에서 한국문제의 처리에 대한 일련의 계획이 확정되고 사실상 단정수립이 거의 결정되자 미국은 귀속재산의 처리는 농지개혁과 함께 미군이 철수되기 이전에 완성되어야 할 것으로 보았다. 이는 귀속재산을 이후 수립될 한국정부에 이관하여 국유화하는 대신 매각을 통해 사적 자본가 계급을 형성하는 선례를 남기고 이들로 하여금 한국 자본주의체제를 유지하고 지지하는 세력으로 육성하려는 데 그 의도가 있었음을 의미한다.

미국은 생산의 사회적 관계로서의 자본주의체제를 확립하고 공산주의에 반대하는 자본주의국가를 확립한다는 것이 주요 목표였는데 이를 위해서는 남한 내에 정치적 매개세력이 필요했다. 그러나 한국사회의 경제적 기반과 지배 계급의 물적 기반은 너무나 취약한 것이었다. 따라서 미군정에 의한 귀속기업체의 매각은 비록 소규모이기는 하나 기존의 친일적인 자본가, 자산가를 남한 단독정부의 지배 계급으로 끌어들이는 적극적인 역할을 수행하였고 귀속농지 매각은 농민을 자본주의 사회체제 내로 포섭하기 위한 것이었다. 미국의 원조도 대소봉쇄의 틀 안에서 정치사회적 안정에 가장 큰 역점을 둠으로써 자본주의 질서를 재정립하고자 하는 것이었다. 이처럼 미국의 대한원조는 경제적인 성격뿐 아니라 정치군사적 성격을 갖는 것이었다. 그러므로 한미관계를 경제적 제국주의의 관점에서만 파악하고 미국의 대한원조를 경제적인 관점에서 이후의 차관이나 직접투자로 이어지는 자본운동의 전 단계로 설정하는 것은 당시의 한국의 정치적 군사적 위치를 파악하지 못하는 일면적인 이해라 하겠다. 또한 미군정은 식량정책을 통해 농촌과 농민들에 대한 국가통제력을 장악하였다.

전체적인 면에서 볼 때 미군정에 의한 귀속농지의 매각은 토지정책뿐만이 아니라 독자적인 처분권을 행사할 수 있었던 귀속재산의 처리라는 문제와도 관련이 있는 것이었는데 전반적으로 귀속재산은 자유시장 경제체제의 확립과 자본주의국가의 구축을 위한 물적 기반으로 활용되었다. 미군정의 경제정책 등을 통해 시민사회에 있어서의 여러 세력과 계급구조가 재편된 것이다.

한편 미군정은 사회통합과 지배를 유지하기 위해 공보 및 선전정책, 교육정책, 언론정책, 구호정책을 실시하였다. 미국의 정치 경제적 이해의 지속적이고 안정적인 실현을 위해서는 한국에 미국식 생활양식과 가치관의 이식이 필수적이었던 것이다. 미군정은 남한에서 미국의 장기적인 영향력을 확보하거나 미국에 유리한 새로운 지배이데올로기를 구축하기 위해 시민사회의 여러 기구들 또는 이데올로기 장치들의 재구성에 많은 노력을 기울였다. 미군정은 그 기본 목표에 부합되게 교육제도와 교육내용을 대폭 수정, 개편했으며 일련의 교육정책 수행과정은 기본적으로 미국의 대한정책의 기조에 따른 것이었는데 1945년 조선교육심의회의 구성은 교육부문에서 일종의 '공세적인' 정책이 전개됨을 의미했다. 이러한 미군정의 교육정책은 한국의 공산화를 방지하고 미국식 민주주의를 건설한다는 방향 위에서 이루어졌으며 사회통제와 질서유지, 점령의 정당성 확보를 중시했다. 이처럼 미군정은 점령목적을 교육분야에서 체계적으로 수행했으며 교육을 정치사회화를 위한 이념전쟁의 도구로서 활용한 것이다. 성인교육도 성인 문자교육 못지않게 반공교육, 정치교육이 가미되었다. 그러나 미군정은 초등단계에서의 의무교육 실시를 추진했는데 이러한 영향으로 교육에 대한 여론은 타분야에 비해서 긍정적이었다.

　외부로부터 이식된 점령국가로서 미군정의 공보선전활동은 한국인의 의식 속에 미국을 효과적으로 심기 위한 것이었다. 미군정의 공보 및 선전 프로그램들은 점령지 남한에서 세계패권 국가인 미국이 원하는 새로운 정치경제적 질서와 문화적, 이데올로기적 지형을 구축하여 동북아시아 지역에서 사회주의 혁명을 저지하고 자본주의 세계체제의 한 하위 단위를 확보하며 미국의 항구적인 영향력을 유지하려는 미국의 기본적인 점령 목표를 달성하는 데 일정하게 기여하였다.

　또 남한에서의 언론의 자유라는 것은 미군정의 정책을 비판하지 않는 범위 내에서 인정될 수 있는 것이며 그러한 자유의 허용취지 또한 미국식 민주주의를 보급시키기 위한 계도적 역할을 수행하게 하고자 하는 데 있었다. 점령지 내의 신문, 방송, 영화 등 여러 매체들에 대한 엄격한 통제를 통해 좌익 언론 활동을 봉쇄하고 우익정치세력의 발언창구를 확장시켰던 것이다. 미군정은 점령정책의 효율적 수행을 위해 언론을 강력하게 통제하거나 적극적으로 이용하는 정책을 실시하였다. 특히 신문에 대해서는 초기에 어느 정도 자유를 허용하다가 점차 통제를 강화해 나갔지만 방송에 대해서는 처음부터 직접 관리하며 적극적으로 이용하는 정책을 실시했다. 이러한 작업과 병행하여 미군정은 다양한 선전활동을 적극적으로 펼쳐나갔던 것인데 이는 사회적 통합에 실패한 국가는 존립할 수조차 없으며 정치적 지배는 이 과정과 직간접으로 연결되어 있기 때문이다.

　이처럼 미군정은 신문, 방송 등 언론매체를 직간접으로 장악하여 이를 재조직하고 미국식 자유주의이념 소개 및 미군정 정책수행의 효율성을 증대하기 위한 활동을 전개하였다. 또한 귀속재산인 언론사 시설 처리과정에서 보수우익세력의 언론활동을 지원, 강화하는 한편 미군정에 비판적인 일체의 언론에 대해서는 엄격하게 통제했다. 즉 미군정의 언론정책은 점령정책의 기본 목적을 달성하기 위한 정책의 수행과정에서 미군정에 우호적인 여론형성과 비판적인 여론봉쇄를 목적으로 하였다는 점에서 공보, 선전정책과 관련성을 갖는다.

미군정의 구호정책은 사회주의 혁명을 저지하고 반공국가를 세우는 것이 주된 목적이었기 때문에 구호를 통한 사회적 안정과 사회통합을 무엇보다 중시했다. 미군정이 당시 시행하였던 구호정책은 복지이념에 근거하여 시행되었다기보다는 물질적인 시혜를 통해 사회적 갈등을 무마하기 위한 통제정책의 성격을 지녔다. 또한 현실적으로 미군정은 구호문제를 해결하기에는 국가능력이 부족하였다. 미군정은 합리적이고 체계화된 사회복지제도들을 도입한 것이 아니라 필요할 때마다 임시방편적으로 군정법령을 공포하는 손쉬운 방법을 택했다. 이것은 미군정이 구호정책을 정치적으로 이용하는 데에 치중하고 있었음을 보여준다.

미군정기 점령정책을 총체적으로 이해하기 위해서는 미군정이 사회 자체의 통합력과 동원기제를 활용하는 방식도 검토해야 한다. 미군정기 학교교육은 이런 점에서 체제순응적인 '애국적 민주시민'의 양성을 목적으로 하고 있었으며 사회적 통합은 특정의 기준과 중심을 갖고 있어야 하는데 해방공간에서 이 기준은 민족, 좀 더 정확하게는 '건강한 민족', '정상적 민족'으로 표명되었다. 이러한 과정에서 민족담론은 중요한 역할을 했는데 예를 들면 전재민은 전염병환자, 성매매여성, 범죄자, 마약중독자 등과 함께 국가와 사회의 일정한 처리절차를 밟아야, 즉 치료와 처벌을 통해 비정상적 요소를 제거한 후에야만 민족과 사회의 '건강한' 구성원이 될 수 있었다. 각종 비정상적 존재들에 대한 이미지를 통해 사회와 국가는 효율적으로 정상적 사회를 통합하는 효과를 내었다고 할 수 있다. 결국 '민족담론'은 정상적인 건강한 민족을 통합하기 위해 비정상적 민족의 배제를 필요조건으로 하여 작동했다고 하겠다. 미군정 점령정책의 특징은 다음과 같다.

첫째, 미군정의 점령정책은 미국 본국의 대외정책과 점령 당국이 현지에서 경험하는 구체적 상황, 시민사회 내 제세력의 대응의 복합체로서 나타났으며 미국이나 미군정, 기타 국내 특정세력의 일방적 의사대로 순조롭게 진행되지는 않았다. 물론 미군정의 점령정책은 기본적으로 미국의 전후 세계 지배전략과 관련한 대한정책의 틀 내에서 이루어졌음은 더 말할 나위도 없다. 미국의 대극동 전략의 맥락에서 볼 때 한국의 상황 변화는 중요한 의미를 갖는 것이었기 때문이다. 따라서 자본의 직접적인 진출에 대한 관심보다는 전반적으로 정치사회 안정을 가져옴으로써 장기적으로 남한에 대한 지배력을 행사하려고 한 것이다. 그러나 미군정의 구체적인 대한 점령정책의 내용은 미소관계의 변화, 남한 내부의 움직임 등과 관련하여 미국의 전반적인 대외정책의 틀 내에서 변화하였다. 이러한 미군정의 점령정책의 변화에는 외적으로는 냉전체제의 형성과 미소공위의 실패가, 내적으로는 남한 내 시민사회의 사회운동의 전개가 중요한 역할을 한 것이다. 특히 점령정책의 구체적 전개과정에 작용한 중요한 요인으로 당시 미소를 둘러싼 정치상황의 변화를 들 수 있다. 한국은 2차 대전 이후 다른 주변부 지역과 달리 미소 분할점령으로 미소가 직접적으로 맞부딪치는 독특한 상황이 전개되었으며 그에 따라 체제경쟁의 의미가 강할 수밖에 없었던 것이다.

실제로 미군정의 정책은 기본적으로 미국에 대한 점령정책의 틀 내에서 이루어졌으며 당시의 정치상황의 변화와 밀접한 관련을 가지면서 전개되었는데 초기 신탁통치를 전제한 시기에서 미소공위 결렬 이후, 단정이 확실시 되는 시점에 따라 그 구체적인 내용이 달라져 왔다. 미국은 적어도 1946년 초까지는 한국에 대한 신탁통치안과 관련한 현상유지정책을 썼는데 1차 미소공위가 실패한 후 남한의 경제상황과 그에 따른 경제개혁에 관심을 갖기 시작하고 남한에 대한 적극적, 공세적인 차원에서의 기본노선이 시작되는 것이다. 또 2차 미소공위의 실패와 더불어 남한 단정구성에 관한 문제가 본격화하는 1947년 7월이 되자 경제개혁에 대한 구체적인 계획들이 토의되기 시작하였으며 교육에 대해서도 적극적인 개혁과 지원을 시작하였다. 그리고 공보, 선전 활동을 강화하였다.

우선 미군정은 법령 제33호를 공포하여 일단 일본인 재산을 접수하고 그 관리책임을 떠맡게 되었는데 이것은 이전의 군사점령의 경험에서는 유례를 찾아 볼 수 없는 것이며 정상적인 통치과정에 포함되어 있는 것도 아니었다. 그리고 주목할 만한 사실은 구일본인 재산의 접수가 국무부의 원래의 계획에 따라 취해진 조치라고 보기 어렵다는 점이다. 미국무부는 대소교섭을 전제로 하는 신탁통치안을 가지고 있었고 미소합의에 의한 임시정부 수립 때까지 남한사회의 변화를 원하지 않았던 것이다. 그러므로 미군정에 의한 구일본인재산의 접수는 당시 전국적으로 광범위하게 형성된 노동자 자주관리운동 및 소작인의 일본인 소유 농지 접수운동, 그와 함께 세력을 더해가는 진보세력에 대응한 것이라고도 할 수 있다. 결국 공산주의에 대한 공포는 미군정의 한국에 대한 정책의 확고한 기반이 된다. 귀속재산이 남한을 자본주의 사회로 재편하는 데 있어서 중요한 물적 기반이며 그것을 인수할 정권의 성격이 분명하게 될 때까지 미국의 소유권으로 확실하게 장악해야 한다는 점을 인식하게 된 것이다.

전반적으로 귀속재산 매각결정이 초기에는 미소공위에서 미국 측 입지를 강화하고자 하는 것이었고 후기에는 단정이 확실시 되는 시점에서 자본주의체제의 확립을 위한 선례를 남기기 위한 것이었다면 구체적으로 귀속농지 매각도 농지개혁을 통한 농업생산력의 증대라는 경제적 목표보다는 5·10선거를 앞두고 토지를 농민에게 분배함으로써 그들을 보수화시키고 급진세력의 기반을 허물어뜨림으로써 대중적 지지의 사회적 기반을 넓히고 정치적 안정을 가져오는 데 그 목적이 있었다. 원조의 경우도 정치사회적 안정의 유지와 동북아 안보질서의 맥락에서, 또 철군을 앞둔 상태에서 한반도에서 소련과의 이데올로기적 전쟁에서 패해서는 안된다는 관점에서 이루어졌던 것이다. 그러므로 미군정의 점령정책이 형성되는 일련의 과정은 어느 특정 세력의 이해가 처음부터 일방적으로 관철된 것이 아니라 당시의 상황 국면에 따라서 역동적으로 검토해야 함을 알 수 있다. 노동개혁정책에 있어서도 미군정 당국과 본국정부 간에 의견이 대립되어서 실행되지 못했던 것이다.

그러므로 경제정책을 통해 본 미군정 점령권력의 성격을 시민사회 내의 특정계급의 입장에서만 평가하기는 어렵다. 우선 지주와의 관계를 보면 초기 미군정은 여러 가지 제도적 장치가 미비하였고 당시 자본가 세력이 미약했기 때문에 반진보세력이라는 점에서 지주와 연합할 필요가 있었지만 농민의 토지요구를 비롯하여 북한의 사회주의정책의 수립이라는 상황 속에서 일제와는 달리 미곡수탈을 위해 굳이 지주세력을 옹호할 경제적 이유는 없었다. 한반도는 패전국의 식민지였음으로 미국의 입장에서 볼 때도 지배계급으로서의 지주와의 연계를 계속할 필요가 없었던 것이다. 다만 미군정은 지주 계급을 제거하려 했다기보다는 자본가로 전환시켜 새로운 경제적 기능을 수행하도록 의도하였다. 그러므로 미군정과 지주세력과의 관계는 언제나 연합적 관계로 보기보다는 한편으로는 연합하고 한편으로는 갈등하는 관계였다고 보는 것이 타당한 것처럼 보여진다. 이처럼 지주와 미군정의 결탁은 정치적인 의미를 지닌 것이다. 봉건적인 경제토대를 유지하겠다는 것이 아니라 해방 이후 지주를 정치적 공간에서 약화시켰을 때 농민들의 혁명적 열기를 제어할 만한 능력이 없었고 따라서 농민들의 혁명열기를 통제할 수 있는 시점까지는 미군정이 지주와 결탁할 필요가 있었던 것이다.

한편 농민과의 관계에서 보면 농민들의 농지개혁 요구가 강했고 체제위협을 경험한 10월항쟁 이후 미군정이 본격적으로 농지개혁에 관심을 가진 것은 사실이었지만 앞서 살펴보았듯이 미군정이 농지개혁을 추진하게 된 것은 경제적 측면에서 지주를 옹호할 필요가 없었고 단정을 앞둔 시점에서 농지개혁을 통한 정치사회적 안정을 가져오고자 했던 사실과도 관계가 있는 것이다.

둘째, 미군정의 개별정책은 서로 관련성을 가졌으며 전체 점령정책의 목적과 변화 속에서 봐야 한다. 미군정의 구일본인 재산의 처리와 토지개혁, 식량정책과 원조 및 무역정책 등은 서로 무관하게 전개된 것이 아니라 경제정책이라는 맥락에서 서로 상호 관련성을 가졌다. 한반도에 있어서 미군정 경제정책의 주요 목표는 해체 위기에 처한 자본주의 질서의 유지와 정치사회안정이었고 궁극적으로는 자본주의 경제체제와 자본주의국가의 확립이었다. 이에 미군정은 국제법적 관례도 없었고 당시 국내에서의 반대가 상당하였음에도 불구하고 귀속기업체를 매각하여 자본－임노동 관계를 정착시킴으로써 안정적인 자본주의 사회로 재편하려 하였고 반공의 유력한 수단이었던 농지개혁을 추진함으로써 농민들을 체제에 흡수시키고 지주

계급을 산업자본가화 하려고 했다.

또 전체적인 면에서 볼 때 미군정에 의한 귀속농지 매각은 토지정책뿐 아니라 귀속재산의 처리라는 문제와도 관련이 있는 것이었다. 귀속농지 매각은 소규모 귀속기업체 매각과 함께 이루어졌으며 사실상 소규모 귀속기업체와 귀속농지의 매각에 대해 미국은 1946년 2월 공식적인 지령을 전달하고 있었던 것이다. 그런데 초기 남북한 모두 겉으로는 신탁통치를 주장하면서도 농지개혁에 대해 논하였고 특히 북한은 1946년 초 농지개혁을 실시하였다. 이러한 농지개혁은 남북한의 사회적 체질을 이질화시킴으로써 남북한의 분단을 규정하는 물적 기반이 되었다. 남북한의 귀속농지 처리방식 내지 이를 포함한 농지개혁은 이처럼 정치적, 이데올로기적 의미를 지닌 것이었다.

그런데 이러한 귀속기업체, 귀속농지를 포함한 구일본인 재산의 처리문제는 신탁통치와 관련된 미소의 대한정책과도 밀접히 관련될 뿐 아니라 국제법, 연합국의 대일배상 문제와도 직접적으로 연결되는 복잡한 법적, 행정적 쟁점을 지닌 것이었다. 실제로 미국은 초기 이 재산을 신탁으로서 맡고 있을 뿐이라고 했으며 구일본인 사유재산의 접수와 관리, 매각은 국제법적 관례가 없었던 것인데 실시되었던 것이다. 이것은 귀속재산이 남한을 자본주의 사회로 재편하는 데 있어서 중요한 물적 자원이었기 때문이다.

사회정책과 관련하여 교육은 사회통제와 질서유지, 정치사회화나 지배의 합리화, 점령의 정당성 확보를 위한 중요한 수단이었고 이를 통해 미국식 문화를 수용토록 하였다. 이러한 교육정책은 공보정책과 밀접한 관련성을 가졌는데 이는 1947년 미국의 '대한교육 및 정보조사단'이 내한하여 활동한 것에서 잘 나타난다. 또 미군정은 성인교육프로그램에서 문교부와 공보부와의 긴밀한 협조를 언급하고 있다.

언론정책을 살펴보면 미군정은 방송을 군정정책의 홍보매체로 매우 중요시했고 정보확산에 가장 크게 기여할 수 있는 매체로 인식하여 미군정 직할로 두었다. 신문에 대해서는 초기에 어느 정도 자유를 허용하다가 이후 점차 통제를 강화해 나갔지만 방송에 대해서는 처음부터 직접 관리하며 적극적으로 이용하는 정책을 실시했다. 귀속재산의 언론관계 시설 중 미군정이 제일 먼저 접수한 것도 방송국이었다. 또 공보정책은 언론정책과도 관련이 있었다. 군정 당국은 공보활동을 통해 남한의 언론에 대한 절대적 통제권을 확보하고 남한의 언론이 미국식의 자유주의 이데올로기에 상응하는 언론활동을 펴도록 유도하고 적극적인 의미에서 언론이 미군정의 정책을 지지, 전파케 하거나 미군정 당국 스스로 언론주체가 되어 주체적으로 공보활동을 펴고자 하였다. 즉 미군정의 언론정책은 점령의 일반 목표 달성과 관련하여 효율적 점령수행을 위한 선전활동의 강화와 관련이 있었다. 그리고 미군정은 언론관련 귀속재산과 관련하여 경제적 통제를 하였으며 귀속재산 언론사의 시설을 보수언론이 활용하도록 정책적으로 지원하였다.

셋째, 구체적인 개별 점령정책의 형성과정에 대한 제계급 간의 갈등, 집행과정의 강도와 국가권력의 개입정도는 동일하지 않으며 구체적인 정책마다 차이가 있었다. 특히 토지문제는 지주와 소작인 간의 대립뿐만이 아니라 좌우익 각 정당 간의 첨예한 입장 차이를 드러내었다. 또한 귀속재산의 처리를 둘러싸고 구지배세력과 노동계급과의 갈등은 첨예했으며 자본가와 관리인들 사이에서도 이해 대립이 있었다. 그런데 집행과정의 강도와 국가권력의 개입정도를 살펴보면 미군정이 식량정책에 가장 큰 우선권을 두었음을 알 수 있다. 미군정은 무엇보다 도시 지역에서의 정치불안 해소를 중시했으며 쌀값을 통제함으로써 전반적인 물가안정을 가져오고자 한 것이다. 그러나 당시의 식량문제의 중요성은 매우 심각했으며 미군정은 이 문제에 상당한 중점을 두고 강력한 의지를 보였다.

미군정이 식량공출에 중점을 둔 것은 당시 국토의 남북분단과 미곡의 수급불균형에 의한 미가앙등 등으로 사회적 소요가 발생할 가능성이 커짐에 따라 국민의 기본식량을 안정적으로 공급함으로써 미가상승을 억제하고 사회의 안정화에 역점을 두었기 때문이다. 당시 노동운동과 농민운동은 식량문제를 중심으로 결합할 수도 있었으며 실제로 미군정의 식량공출은 도시에서의 정치불안 해소와 깊은 관계가 있었다. 그러므로 미군정은 당시의 식량문제가 단순히 농업문제의 하나로서가 아니라 체제적인 문제와 연결되는 것이라는 점을 인식하고 있었다. 정치사회 안정을 위한 식량수입에 대해서 미 본국보다 미군정이 더 적극적이었던 것도 이 때문이다. 이는 미군정이 현실적으로 노동부문에 깊은 관심을 가졌으며 좌익세력의 확장과 관련하여 도시를 중시하였다는 것을 의미한다. 미군정은 당시의 좌익세력의 활동이 농촌보다는 도시지역에 그 역량이 집중되어 있다고 이해했고 따라서 도시지역에서 발생하는 문제에 상대적으로 보다 큰 힘을 기울인 것이다. 또 식량공출을 계속 실시해야 원조로서 식량수입이 가능하고 정치적 안정을 가져올 수 있다고 보았기 때문이다. 미군정은 식량부족을 근본적인 미곡의 증산정책과 합리적인 수집방법을 수립하는 것이 아니라 엄격한 식량공출과 배급, 다량의 식량수입을 통해 해결하고자 했던 것이다. 그것은 당시의 식량문제가 단순히 식량수급의 차원을 넘어서 미군정기 사회경제체제의 정당성과 효율성을 입증하는 지표였기 때문이다. 그러므로 식량원조를 경제적인 측면만 강조하여 미 잉여 농산물의 처리문제하고만 연결시켜 해석하는 것은 무리라고 본다.

　한편 1947년이 되면서 미국은 공보, 선전 정책에 많은 비중을 두었다. 미군정은 효율적으로 정책을 수행해 나가기 위해 미군정 정책에 대한 홍보의 중요성을 강조했으며 점령기간 내내 공보활동에 관심을 기울였다. 1947년 4월에서 6월까지 미국의 '대한교육 및 정보조사단'이 내한하여 조사활동을 한 후 작성한 최종보고서의 권고사항에서 가장 강조된 것이 매스 미디어, 영화 및 출판물을 통한 대민홍보활동의 강화였다. 특히 1947년 공보원을 미군 직속으로 설치하여 다양한 선전, 공보활동을 하였는데 이는 당시의 전반적인 '한국화정책'에서 문화와 공보정책에 관한 것만은 예외로 하여 미군이 직접 운영키로 한 것이다. 이와 같이 공보기구를 계속 확장 개편한 것은 가능한 모든 매체를 동원하여 미군정의 정책을 널리 알려 한국인의 이해를 촉구시키고 미국의 이념을 주입시켜 한반도에 미국에 우호적인 정부가 수립될 수 있는 여건 조성을 만들기 위한 것이라고 할 수 있다. 이러한 활동은 특히 단정선거를 앞두고 매우 활발하게 전개되었다.

2. 미군정의 구조와 국가능력

　미군정은 시민사회 영역에서의 내재적 발전의 결과로서 정치권력이 성립된 것이 아니라 외부로부터 이식된 점령국가로서 점령군이 직접 정치에 참여하는 직접 통치의 성격을 띠었다. 따라서 미군정은 식민지 경찰 및 미군의 물리력을 토대로 일제 식민지의 국가기구를 재구축했으며 당시 사회상황의 전개과정을 통제한 중요한 행위자였다. 실제로 식민지권력인 조선총독부 국가권력이 식민지 내 사회, 정치세력 간 대립의 배경이나 단순한 개입자가 아니었듯이 미군정도 점령지 정치사회 세력을 재편성시켜 나간 중요한 결정자였으며 정책주체였던 것이다.
　이러한 점령국가는 식민지 통치와는 달리 일시성을 특징으로 하기 때문에 점령지역의 사회관계를 본국의 이해관계에 따라 재편한 후 국내 지배세력을 육성하여 그들에게 국가권력을 이양하는 것이 일반적이다. 점령국가는 기본적으로 점령시기가 끝난 이후의 점령지역의 사회구조를 일차적으로 구조화하고자 한다. 그러므로 점령국가에 의해 행해지는 정책은 기본적으로 본국의 대외정책의 틀 속에서 진행되었음은 두말할 필요도 없다. 미군정도 기본적으로 이러한 맥락에서 이해될 수 있으며 한국사회에 대한 자본주의체제의 유지와 자본주의국가의 확립이라는 그 기본입장을 반영하였다. 그런데 미군의 남한 점령은 군사점령의 관점에서 보면 독특한데 자치정부가 부정되었고 점령 당국이 이러한 역할까지 맡았기 때문이다. 이러한 미군정의 법적 지위에 대해 미군정은 주권 없는 남한에서 대리권한을 가질 수 있다고 스스로를 규정하였지만 귀속재산의 처리 등등과 관련하여 당시에도 많은 법적 쟁점이 있었다.
　해방 직후 새로운 사회질서의 형성을 둘러싸고 전개된 계급갈등기에 있어서 미군정의 입장은 한국사회가 나아갈 방향에 결정적인 영향력을 행사하게 된다. 미군정은 미 본국으로부터 온 일반적인 지침과 지령을 현지의 실제적인 조건에 적용되는 것으로 바꾸었으며 미국의 포괄적인 정책을 실제 작용될 수 있는 구체적인 법령으로 만들어 나갔다. 그런데 미군정의 점령정책이 구체적으로 실현되기 위해서는 그것의 집행을 현실적으로 가능하게 하는 실제적인 제도적 도구가 필요하다. 따라서 미군정은 모든 주요 국가활동을 광범위하게 통제하는 거대하고 복잡한 관료기구를 발달시켰다. 미군정은 그들을 지탱해 줄 권력기반을 구축하면서 통치체계를 확립해 나갔는데 이는 곧 미군정을 지원해 줄 인적, 물적 기반의 형성과정이었다. 미군정이 해방 후 남한의 기본적 정치구조와 지배구조를 결정짓게 되었다는 점은 경찰과 사법부, 군 등 억압적인 국가기구의 형성과정을 살펴보면 더욱 명백해진다. 이와 같이 미군정기의 국가기구는 식민지 체험에 의한 강권적이고 억압적인 국가기구를 이어받았으며 미군정기를 거치면서 시민사회를 통제함에 있어 보다 자율적인 국가구조를 성립시켰다. 이처럼 비대화와 중앙집권화를 그 특징으로 하고 있는바 결국 통치구조로서 국가기구를 보다 강화시킨 것이었고 이는 사회세력들의 관계를 재편성하는 역할을 담당하는 효율적인 강제적 자원이 되었다.

국가기구의 제도적 장치가 어느 정도 확립되어 있느냐 하는 것은 특정 정책의 성패와 사회에 대한 국가권력의 통제력에 영향을 미치게 된다. 실제로 미국을 중심으로 하는 세계체제 속에 남한을 묶어 두려는 미군정의 점령정책들은 이러한 억압기구의 활동과 강제적 자원의 뒷받침으로 가능했던 것이다. 미군정의 물적 자원은 조세를 포함한 세입원과 화폐발행, 귀속재산, 원조 등이었는데 조세를 중심으로 본 재정적인 물적 기반은 취약했다.

앞에서 살펴보았듯이 미군정은 자본주의 경제체제의 유지와 자본주의국가를 건설한다는 미국의 전반적인 대한정책의 맥락에서 점령정책을 실시했으며 구체적으로 경제정책을 통해 시민사회의 여러 세력과 계급구조를 재편하였다. 미군정은 미국의 포괄적인 정책을 점령지에 실제 적용될 수 있는 구체적인 법령으로 만들어 나가면서 계급관계를 재편성한 행위자였던 것이다. 실제로 미군정은 구일본인 재산의 확보를 통해 남한 사회에 대한 최소한의 통제력을 장악할 수 있었다. 국제법적 관례가 없었던 것인 데도 구일본인 사유재산을 접수하고 관리한 이유가 여기에 있다. 일제시대에서 계승된 국가기구가 그 과대성장된 행정조직을 통해 귀속재산을 장악하고 외국 원조의 매개역할 담당이라는 지위를 통해 강력한 힘을 갖게 된 것이었다.

미군정은 사회통합과 지배를 유지하고 미군정의 지배를 정당화하기 위해 다양한 사회정책을 실시했으며 다양한 제도적 기구와 하부구조적 국가기구, 다양한 위원회 등을 활용하였다. 특히 신한공사는 미군정의 가장 큰 행정력이었으며 물적 기반이었다. 미군정은 신한공사를 통해 상당수의 소작농을 통제할 수 있었으며 실제로 신한공사는 식량공출에서 중요한 역할을 담당하였다. 신한공사는 미군정 국가기구들의 사회에 대한 행정적 침투력의 취약성을 보완하였던 것이다. 이처럼 미군정은 농민들을 끊임없이 하부구조적 국가기구를 통해 통제하는 한편 국민운동과 교육을 통해 동질감과 국가에 순종하는 국민 즉, 국가의 권위 앞에서 스스로를 규율하는 존재로 만들고자 노력했다.

　따라서 점령정책의 형성과정을 살펴보면 미군정은 시민사회 내의 특정 계급의 이해관계를 단순히 반영한다기보다는 국가기구나 물적 자원을 통제함으로써 사회를 재조직하고 계급구조의 편성과 재편에 있어서 능동적인 역할을 담당하였음을 보여준다. 이와 같은 것을 기반으로 미군정은 당시 사회재편 과정에서 주도권을 행사했던 것이다. 즉 국가권력이 당시 한국 사회의 사회제세력의 힘관계를 그대로 반영한다기보다는 오히려 그것이 미국의 정책노선에 따라서 사회세력들의 관계를 변화시키고 구조화시키는 데 중요한 영향을 미친 것이다. 미군정은 점령정책을 형성하고 집행함에 있어서 주도적인 역할을 담당한 것이다.

　해방 이후 남한을 군사점령한 미군정의 활동은 미국의 세계재편 전략에 부응하여 한국에 자본주의 질서를 유지하고 진보적 좌익세력을 억압하며 나아가 한국에 대한 미국의 지배력을 확보한다는 테두리를 크게 벗어날 수는 없는 것이었다. 그러나 그렇다고 해서 해방 이후 한국사회의 변동이 외부로부터 부과된 힘에 의해서만 일방적으로 영향받아 온 것은 아니었다. 즉 이 같은 사실이 미군정기에 사회내적 동력이 없었거나 그것을 무시해 버려도 좋다는 것은 아닌 것이다.

　해방 직후의 사회 운동은 당시의 상황으로 보아 사회변혁적 요인을 포함하지 않을 수 없었으며 그것은 미국의 입장들과 모순되는 것이었다. 그러므로 미국의 세계지배 전략과 관련한 미군정의 정책이 근본적인 변화를 요구하고 있는 대중 부문과 마찰을 일으킬 것은 당연하였다. 그것이 바로 구일본인 재산의 처리문제, 토지개혁 문제, 식량문제 등 미군정 경제정책의 형성과정을 통해서 구체적으로 드러나고 있다고 하겠다.

그런데 미군정의 구체적이고 세부적인 정책이 언제나 미국의 지시대로 그대로 관철될 수 없었다는 사실에도 주목할 필요가 있다. 구일본인 재산에 대해서는 미국 당국보다 앞서 미군정이 그 처리를 요구하였고 농지개혁의 경우는 미군정 말기에 가서야 귀속농지만을 매각하였고 식량수입과 원조에 대해서도 미군정 쪽에서 더 적극적으로 요구하고 있다. 즉 미군정은 일차적으로 미국 본국의 힘을 배경으로 하고 있었지만 모든 정책이 기계적으로 미 본국의 지령에 의해 그대로 도출되지는 않았던 것이다. 현지 점령 권력은 일시적이지만 나름대로의 정치적 정당성을 확보하면서 시민사회의 움직임에 대응해야 하고 구체적인 정책을 집행할 만한 능력이 있어야 하기 때문이다. 즉 미 본국과 미군정의 견해차이는 미군정 국가권력이 현지에서 처해 있었던 현실적 조건 때문이었던 것이다.

미군정의 정책은 지침상의 혼란과 더불어 정책을 강력히 집행하여야 하는 행정인력의 부족으로 인하여 효과적으로 집행될 수 없었다. 행정요원들은 과다한 업무를 맡았고 그것도 한 가지 업무만이 아닌 여러 가지의 업무를 동시에 수행하여야 했기 때문에 그 어떤 것도 애초에 의도한 대로 수행하는 데 어려움을 겪어야만 했다(조순경 외, 1995: 134). 특히 미군정 초기에는 장기적으로 어떤 구체적인 정책을 수행하기에는 여러 가지 면에서 행정력이 미약하였다고 할 수 있다. 초기에 미군정은 그 점령을 완성하지 못했기 때문에 인원이 몹시 부족하였고 미 본국으로부터도 구체적인 정책지령을 받지 못했다. 초기 미군정 국가권력은 내적인 비효율성과 부적합성의 문제에 직면하고 있었던 것이다. 다시 말하면 이는 점령권력의 국가능력이 취약했음을 의미한다. 국가권력에 의해서 구체적인 정책이 실시되기 위해서는 시민사회에 대한 국가권력의 국가능력이 있어야 하기 때문이다. 실제로 이는 행정력 미비라는 현실적 이유로 초기 식량 통제를 할 수 없었다는 점과 1946년 초 미군정이 귀속농지의 매각을 연기했다는 데서 잘 나타난다. 귀속농지 매각의 연기에 대한 미군정의 공식적인 입장은 여론의 반대였지만 그 실제 이유는 무엇보다 당시 미군정으로서는 귀속농지를 매각할 수 없는 형편이었다는 사실에 있다. 민간행정 업무를 담당하는 미군정의 공식적 수립은 1946년 초가 되어서야 겨우 형태를 갖추었고 미군정의 행정적 침투력은 1946년 말이 되어서야 겨우 확립되었으므로 당시에는 그것을 집행할 만한 행정력이 부족했던 것이다. 그러나 곧 강력한 지방통제능력을 갖게 되었다.

따라서 결과적으로 미군정기 동안에는 해방 3년이 거의 다 지나서 농지개혁이 실시되었는데 그것도 구일본인 소유였던 귀속농지만 매각되었고 한국인 지주를 포함하는 전반적인 농지개혁은 실시하지 않았다. 미군정은 한국인 지주를 포함한 전반적인 농지개혁을 입법의원에서 논의하고자 했는데 그것이 지연되었으므로 5·10선거를 앞두고 독자적인 처분권을 행사할 수 있었던 귀속농지만 매각한 것이었다.

실제로 미군정은 원조나 재건정책을 세우기도 했지만 인적자원이나 재정적 부족 때문에 전체적으로 이행되지 못했다. 미군정의 경우 현지에서 실제 정책을 집행하기 위해서는 시민사회의 동향과 관련한 국가권력의 자율성뿐 아니라 구체적으로 그것을 실행할 수 있는 능력이 있어야 하기 때문이다. 또 미군정은 기본적으로 대소봉쇄라는 미국의 대한정책의 틀을 벗어날 수는 없었지만 세부적인 정책은 미군정 스스로 결정해야 했으며 직접 현지에서 국가권력을 유지해야 하는 점령권력으로서 일시적이지만 어느 정도의 질서유지와 정치사회적 안정을 확보해야 했다. 그러므로 점령정책의 결정은 미국의 세계전략하에서 기본적으로 도출되고 있지만 정책의 실제적인 집행은 그 지역의 역사적 조건 및 사회세력의 제약, 미군정 국가능력과 관련하여 이해되어야 한다.

미군정은 초기 국가의 조직기구나 물적 기반과 관련하여 국가능력이 취약했다. 따라서 미군정은 귀속재산의 처분과 원조물자의 배급과 관리를 맡게 됨으로써 사회로부터 자율적인 지배를 보장하고 물적 자원을 확보하고자 했다. 후기로 오면서 미군정은 사회통합과 지배를 유지하고 미군정의 지배를 정당화하기 위해 다양한 사회정책을 실시했으며 제도적 기구와 하부구조적 국가기구, 다양한 위원회 등을 활용하였다. 또 조선교육심의회처럼 각종 정책수행기구 및 단체를 '위에서부터 아래'로 조직하여 활용하였다. 즉 여러 가지 준국가기구들에 의해서 이른바 '하부구조적 권력'을 행사한 것이다. 미군정은 1946년 들어 일제가 남긴 사회경제적 통제기구를 복구 하는 등 본격적인 하부구조적 국가기구를 복원했는데 조선농회, 금융조합, 신한공사, 성인교육협회 등이 그것이다. 미군정은 농회를 가장 중요한 농촌조직으로 평가했으며 성인교육협회는 철저한 하향식 조직으로 성인교육을 위해 동원된 정책수행기구였다. 실제로 일제시대 관제 농촌기구였던 조선농회, 금융조합은 해방 이후에도 그대로 존속하여 농민들에게 막강한 영향력을 행사했다. 우익 청년단체와 같은 준군사 조직, 경찰 등이 정치적 영역에서 국가 차원으로 농촌사회를 통제한 기구들이었다면 조선농회, 금융조합과 같은 기구는 통제물자였던 생필품, 비료 등의 배급과 양곡수집 등을 담당하여 일상생활 및 생산 분야에서 농민에게 영향력을 행사하는 수단이었다.

3. 미군정기의 정치사회학적 의미

해방 이후 오랫동안 한국의 국가는 권위주의적 정치체제를 유지해 왔으며 시민사회에 대해 지배적인 위치를 유지해 왔다. 아직도 민주화가 한국사회의 중요한 과제의 하나로 인식되고 있다는 사실(최장집 외, 2007)은 진정한 의미에 있어서의 자유민주주의적 국민국가의 건설이 여전히 미완의 상태에 있음을 보여준다. 해방 이후의 한국정치가 권위주의적 통치로 점철되고 아직도 민주화담론이 논의의 중심에 위치하고 있는 것이 현실인 것이다.

국가가 시민사회 내부의 이해갈등과 맺고 있는 관계는 국가권력의 제도화 단계에 따라 다르게 나타난다. 국가권력의 자의성이나 편파성은 국가의 본질적 특성에서 유래하는 것이 아니라 권력제도화의 발전단계에서 나타나는 국가와 시민사회의 관계 속에서 나타나는 것이다. 국가-시민사회의 관계는 역사적 조건 속에서 구체적으로 규정되는 것이다.

한국국가의 성격을 이해하기 위해서는 해방 이후 국가형성과정을 살펴보아야 한다. 식민통치로부터의 해방이 곧 외형상 자유민주주의적 국민국가의 등장으로 이어지긴 했으나 실제 내용면에서 본다면 한국의 국가는 국민국가의 기본 원리들이 심각하게 훼손된 상태에서 출범한 것이다.

　미군정기 국가형성과정의 특징은 국가권력이 시민사회의 세력관계를 반영하는 것이 아니라 미국의 이해를 반영하는 국가권력이 외부로부터 부과되어 시민사회를 거꾸로 규정하게 되었다는 점이다. 즉 국가권력이 외부로부터 이식되어 국가형성을 주도하고 사회재편을 주도하게 된 것이다. 이러한 미군정 국가권력의 성격은 한반도에 자본주의체제의 유지와 반공 국가를 건설한다는 미국의 전반적인 대한정책의 맥락에서 기본적으로 파악할 수 있다. 이에 미군정은 관료 조직과 강제적, 물적 자원을 통제함으로써 사회세력들의 관계를 변화시키고 당시 사회상황의 전개과정을 주도한 행위자였으며 정책을 형성하고 집행함에 있어서 중요한 역할을 담당하였다. 즉 국가권력이 미국의 정책노선의 틀 내에서 사회세력들의 관계를 변화시키고 구조화시키는 데 중요한 영향을 미친 것이다.

　미군정기를 거치는 동안 일제 식민통치 권력이 붕괴되어 자율적으로 벌어지고 있었던 국가형성의 노력은 억압되었고, 친일적인 요소를 갖고 있다고 비판되고 있었던 한민당과 보수적인 이승만을 중심으로 한 정치세력이 국가형성의 지배세력이 되었음을 알 수 있다.

　한편 미군정기의 특징은 시민사회의 유례없는 급격한 팽창과 급격한 위축으로 설명할 수 있다. 즉 시민사회적 의식의 표출은 활발하게 나타났지만 그 뒤 지배세력에 의한 국가수립과 억압기제의 동원으로 시민사회의 성장과 발전과는 다른 성격을 보여주는 것이다. 미군정기는 시민사회의 팽창으로부터 국가의 팽창과 시민사회의 재편과 위축이라는 대역전의 과정이라 할 수 있다. 그리고 이러한 과정을 통해 시민사회 내의 이데올로기 지형은 협소하게 되었고 반공이데올로기를 내면화하는 역사적 계기가 되었다.

　결국 한국에 있어서 초기 국가형성과정과 국가, 사회관계의 구조화는 서구의 경험과는 상당히 다름을 알 수 있다. 국가, 사회의 관계의 측면에서 보면 시민사회에 대한 국가의 영향력은 과대성장된 국가기구와 국가의 물질적 기반, 피지배 계급의 배제, 지배 계급의 헤게모니의 취약성 등과 관련한 전반적인 시민사회의 재편과 위축으로 그 이후 커지게 되는 것이다. 즉 권력의 정당성을 외적인 것에서 찾을 수밖에 없는 보수적인 정치세력이 국가기구를 장악하고 국가권력의 중심 세력으로 등장하게 되었으며 시민 사회에 대한 이들의 영향력은 커졌던 것이다.

미군정기의 국가권력 구조를 이어받은 그 이후 한국의 국가는 외부적으로 매우 종속된 국가였고 내적 정당성을 지니지 못했지만 미국의 지원, 국가권력이 소유한 조직 및 강제적, 물적 자원, 시민사회의 급격한 위축으로 내부적으로 시민사회에 대한 우위를 확보하는 성격을 가지게 된 것이다. 해방 이후 한국사회에서의 국가의 우위현상과 권위주의국가, 시민사회의 저발전 등은 미군정기를 거치면서 형성된 국가-시민사회 관계의 역사적 구조화 경험과 밀접한 관련을 가지는 것이다(Hyesook Lee, 1997 ; 김호기, 1999 ; 이혜숙, 2003). 현재 시민사회의 다양한 분화와 팽창은 기존의 국가 영역이 지배, 억압해 왔던 시민사회의 영역과 시민적 권리를 되찾기 위한 과정이라 할 수 있다.

참고문헌

1. 1차 자료

1) 신문

『경향신문』, 1947.1.4~1947.12.31.
『노력인민』, 1947.6.19~1948.11.7.
『독립신보』, 1946.5.1~1947.12.30.
『동아일보』, 1945.12.1~1950.12.31.
『서울신문』, 1945.11.23~1945.12.31.
『전국노동자신문』, 1945.11.1~1947.8.29.
『조선인민보』, 1946.3.10~1946.8.30.
『조선일보』, 1945.11.22~1950.12.31.
『조선중앙일보』, 1947.7.1~1948.3.31.
『중앙신문』, 1945.11.1~1946.6.30.
『청년해방일보』, 1946.5.30~1947.9.21.
『한성일보』, 1946.2.26~1947.12.31.
『해방일보』, 1945.9.19~1946.5.18.

2) 연감, 일지

김천영(1985), 『연표 한국현대사 - 해방부터 단정수립까지』, 한울림.
농림신문사 편(1949), 『농업경제년보』.
이만열 엮음(1985), 『한국사년표』, 역민사.
조선경제사(1947), 『조선경제요람』.
조선은행조사부(1948), 『조선경제연보』.

_____(1949a), 『경제연감』.
_____(1949b), 『조선경제통계요람』.
조선통신사(1947), 『조선연감』.
_____(1948), 『조선연감』.
최영희(1996), 『격동의 해방3년』, 한림대학교 아시아문화연구소.
한국은행조사부(1955), 『경제연감』.

3) 자료집, 공식기록

국사편찬위원회(1968), 『자료대한민국사』 제1~7권, 탐구당.
김남식 편(1974), 『남로당연구 자료집』 제1~2집, 고대 아세아문제연구소.
김남식 외(1986), 『한국 현대사 자료총서』 제1~15권, 돌베개.
김성호 외(1986), 『농정사관계자료집(광복직후의 농업관계논설집: 1945.11~1947.6)』 제1집, 한국농촌경제연구원.
_____(1986), 『농정사관계자료집(광복직후의 농업관계논설집: 1947.7~1949.8)』 제2집, 한국농촌경제연구원.
_____(1987), 『농정사관계자료집(6.25동란 전후의 농업관계논설집: 1949.8~1953.9)』 제3집, 한국농촌경제연구원.
_____(1987), 『농정사관계자료집(미군정하 농업관계정보보고서 문건: 1945.10~1948.12)』 제6집, 한국농촌경제연구원.
김영진(1949), 『반민자공판기』 제1집, 한풍출판사.
남조선과도정부노동부(1948), 『남조선노동통계조사결과보고』.
남조선과도정부노동부 편(1948), 『노동관계법령집』.
남조선과도정부상공부(1947), 『상공행정년보』.
내무부(편찬)(1966), 『한국지방행정사』, 지방행정협회.
내무부 치안국(1972), 『한국경찰사』.
농수산부(1978), 『한국양정사』.
대한민국건국십년지 간행회(1956), 『대한민국건국십년지』, 대한민국건국십년지 간행회.
동양척식주식회사(昭和 19년 6월 말 현재), 『관계회사일람표』.
미군정청후생부부녀국(1948), 『새살림』 2월호.
보건사회부(1987), 『부녀행정 40년사』.
수도관구경찰청(1947), 『해방이후수도경찰발달사』, 국도인쇄국.

신복룡 편(1991), 『한국분단사자료집』 I~VI권, 원주문화사.
신한공사지적과(1946), 『신한공사사유지표』.
_____(1946), 『제 2기영업보고서』.
이길상 편(1992), 『해방전후사자료집 II-미군정 교육정책』, 원주문화사.
재무부(1958), 『재정금융의 회고-건국십주년업적』.
재정금융삽십년사 편찬위원회(1978), 『재정금융삽십년사』, 삼화인쇄주식회사.
정광현 편(1948), 『적산관계법수속편람』, 동광당.
중앙선거관리위원회(1968), 『대한민국정당사』.
한국농촌경제연구원(1984), 『신한공사문서』, 농지개혁사편찬자료 V.
_____(1986), 『농지개혁사관계자료집』 제1집(법규 및 내규편).
_____(1986), 『농지개혁사관계자료집』 제3집(통계편).
_____(1986), 『농지개혁사관계자료집』 제4집(신한공사 보고서류편).
_____(1986), 『농지개혁사관계자료집』 제5집(신문기사편).
한국법제연구회(1971), 『미군정법령집』(국문판), 여강출판사에서 복간(1983).
한국산업은행(1959), 『조사월보』 6월호 46호.
한국산업은행조사부(1955), 『한국산업경제십년사』.
한국은행(1961), 『물가총람』.
_____(1970), 『한국경제연보』.
한국학중앙연구원 편(2005), 『해방직후 한국소재 일본인 자산관련 자료』, 선인.
한림대학교 아시아문화연구소(1995), 『CIC 보고서(1945.9~1949.1)』, 미군정정보자료집 자료총서 7.
_____(1995), 『노동관련보고서(1945.9~1950.4)』, 미군정정보자료집 자료총서 8.
_____(1995), 『하지(Johan R. Hodge) 문서집(1945.6~1948.8)』, 미군정정보자료집 자료총서 9.
한백사 편집실 엮음(1989), 『분단 자료집』, 한백사.
Hodge, John R(1948.1.8), 「Comments of Report of Stewart Meacham to the Secretarty of Labor」, 『미군정기정보자료집: 노동관련보고서』, 한림대학교 아시아문화연구소.
_____(1948.1.27), 「Comments of Report of Stewart Meacham to the Secretarty of Labor」, 『미군정기정보자료집: 노동관련보고서』, 한림대학교 아시아문화연구소.
HQ, USAFIK, *History of the United States Armed Forces in Korea*, 주한미군사령부(1988), 『주한미군사』, 돌베개.
_____, 『Intelligence Summary North Korea(1945.12~1948.11)』, 한림대 아시아

문화연구소, 자료총서 4권.

HQ, USAFIK, Office of Civil Information(4 November 1947), 오유석 역(1990), 「경상남도 마산지역 5차 답사활동-1947.10.12~16」, 경남대 사회학과, 『사회연구』 제4집.

Labor Advosory Mission(18 June 1946), 「Labor Problems and Policies in Korea」, 『미군정기정보자료집: 노동관련보고서』, 한림대학교 아시아문화연구소.

Meacham, Stewart(1947), 「Korean Labor Report」, 『미군정기정보자료집: 노동관련보고서』, 한림대학교 아시아문화연구소.

U.S. Department of State(1945~1954), 김국태 옮김(1984), 『해방 3년과 미국 I: 미국의 대한정책 1945~48』(미국무성비밀외교문서), 돌베개.

United States Military Advisory Group in Korea, 『G-2 Periodic Peport』(『미 군사고문단 정보일지(1949.7~1950.6)』), 한림대 아시아문화연구소, 자료총서 3, 1~2권.

神谷不二(1977), 『朝鮮問題戰後資料』, 日本國際問題硏究所.

80th Congress 1st Session Senate Committee Print(9 September 1947), *Background Information on Far Eastern Countries Political Conditions and Economic Recovery Problems*, United States Government Printing Office, Washington.

Division of Publications Office of Public Affairs(1947), "Korea's Independence", United States Government Printing Office, Washington.

HQ, HUSAFIK(1945~1948), 『미군정정보보고서』(*G-2 Periodic Report*), 일월서각에서 복간(1986).

HQ, USAMGIK, Department of Agriculture, Lee, Hoon Koo(April 1947), "Present Agricultural Position of South Korea", Report No. 2.

HQ, USAMGIK, Department of Public Information, Bureau of Public Opinion, "Political Development in South Korea-1947", Memorandum, Seoul, Korea.

HQ, USAMGIK, National Economic Board in cooperation with U.S. Department of State(1 April 1947), "Survey of Grain Collection in South Korea 1946", Administrative Study Korea No. 2.

_____(March 1947), "Survey of Food Distribution in South Korea", Administrative Study No. 1.

Military and Securty Measures Effetive Until Completion of Withdrawl of United States Forces From Korea, "Interim Agreement between the United States of America and Korea".

Office of Strategic Service(OSS), Questions on Korean Politics and Personalities, Description(16 May 1945), "Questions Regarding Korean Attitudes toward Postwar Political Problems and toward Korean Leaders in the Postwar Period", R & A No. 3083.

Office of Strategic Services Research and Analysis Brance(8 May 1945), "Expressions of Korean Attitudes toward Post-War Problems", A Report on Possible Korean Post-war Attitudes based on Interviews with Twenty-three Persons familiar with Korean Problems. R & A No 3082.

SCAP, "Monthly Summary of Non-Military Activities in the Administration of Civil Affairs in Occupied Korea". No. 1.(September~October 1945), RG 218, Box 147.

United States Central Intelligence Agency(1947), "Korea", SR 2, Washington D.C.

U.S Congress(3 August 1950), Statement by Edwin W. Pauley with Reference to the Korean Situation, *Hearing the Committee on Armed Services*, United States Senate, Eighty-First Congress Second Sesson on the Korean Situation.

U.S. Government(March~July 1947), *The Development of the Foreign Reconstruction Policy*, U.S. Government Printing Office, Washinton.

U.S. Department of State(1969), *Korea 1945 to 1948*, A Report on Political Developments and Economic Resources with Selected Documents, Greenwood Reprinting.

_____(1987), *United States Policy Regarding Korea 1834~1950, May 1947~December 1951*, Unpublished Reserach Papers by the Division of Historical Policy Research, Edited by the Institute of Asian Culture Studies, and Published by Hallym University Press.

U.S. Department of State, Office of Public Affairs(August 1947), Foreign Affairs, Background Summary, "Korea".

_____(March 1948), "Korea's Independence: Current Developments".

U.S. Department of State, Office of Intelligence Coordination and Liasion Policy and Information Statement(1946), *Korea*, Washington, R & A Report 3709.

U.S. Department of State, Division of Research for Far East(17 August 1948), "The New Government in South Korea: its Form and Change for Survival", OIR Report No. 4734.

U.S. Department of State, Division of Reserch for Far East Office of Intelligence Reserch(6 December 1949), "Recent Inflationary Trends in South Korea".

_____(30 July 1947), "Wartime and Postwar Status of the Silk

Industry in the Far East: Korea", A Survey of Korea's Silk Industry Indicating Its Former Dependence upon Japan, Difficulties encountered by the United State Military Government in attempts to Rehabilitate the Industry, and Possiblities for Furture Expension, No. 4335.

_____(10 June 1948), "Social and Political Forces in Small Communities in South Korea", Washington, No. 4698.

U.S. Department of State, Historical Office Bureau of Public Affairs(1960), *The Record on Korean Unification 1943~1960, Narrative Summary with Principal Documents*, Department of State Publication 7084 Far Eastern Series 101.

_____(1962), *A History Summary of United States-Korean Relations With a Chronology of Important Develop- ments 1834~1962*, Department of State Publication 7446, Far Eastern Series 115.

U.S. War Department, Civil Affairs Division, Officially released by Information Branch, Civil Affairs Division, Suagee, J., T. and Major Nels W. Stalheim(January 1947), "The Impact of the War and Japanese Imperialism upon the Economic and Political Rehabilitation of Korea".

USAFIK(1948), *Selected Legal Opinions of the Department of Justice*.

USAFIK, Civil Affairs Section(November~December 1948), *Public of Korea Economic Summation*, No. 35.

_____(September~October 1948), *Public of Korea Economic Summation*, No. 36.

USAFIK, National Economic Board(June 1948), *South Korean Interim Government Activities*, No. 23.

USAMGIK(1945~1948), *Official Gazette*, 원주문화사에서 복간(1991), 『미군정청관보』.

_____(1946), *History of United States Army Military Government in Korea*, Washington D.C.

Wedemeyer, Albert C.(9 September 1947), "The Wedmeyer Report on China and Korea", Summitted to the President of the United States.

4) 개인 및 단체의 기록

광주부총무과 공보계(1946), 『해방전후회고』, 돌베개에서 복간(1989).
김양재(1947), 『노동조합교정』, 노동자사.

김종범(1946), 『조선 식량문제와 그 대책』, 창건사, 돌베개에서 복간(1984).
김종범 외(1945), 『해방전후의 조선진상』, 돌베개에서 복간(1984).
김준연(1947), 『독립노선』, 한은재단, 돌베개에서 복간(1984).
대한상공회의소(1949), 『대한상공회의소 3년사』, 남양인쇄소.
민주주의민족전선(1946a), 『조선해방1년사』, 문우인서관.
_____(1946b), 『해방조선 I』, 과학과 사상에서 복간(1988).
_____(1946c), 『해방조선 II』, 과학과 사상에서 복간(1988).
원용석(1948), 『남조선의 식량사정』, 조선생활품영단.
이재훈(1946), 『민족의식과 계급의식 - 조선의 金明日』, 동양공사출판부.
장복성(1949), 『조선공산당파쟁사』, 대륙출판사.
정시우(1946), 『독립과 좌우합작』, 삼양사.
주한경제협조처 편(1950), 『남한경제실정』, 백조사.
Lauterbach, Richard(1947), 국제신문사 출판부 옮김, 『한국미군정사』, 돌베개에서 복간(1983).

Casussen, Martin P.(eds)(1978), Assisted by Evelyn Bills Claussen C, *Numerical Catalog and Alphabetical Index for SWNCC and SANACC Case Files 1944~1949*, Scholarly Resources Inc. Wilmington, Delaware.

Friedrich, Carl et al.(1948), *American Experience in Military Government in World War II*, NY. Rinehart.

Grajdanzev, Andrew J.(1944), *Modern Korea*, International Secretariat Institute of Pacific Relations Publications Office, 1 East 54th Street, New York, Distributed by The John Day Company, New York.

Holborn, Hajo(1947), *American Military Government: Its Organization and Policies*, Washington, Infantary Journal Press.

McCune, George M(1950), *Korea Today*, Harvard University Press, Cambridge.

Meade, E. G.(1951), *American Military Government in Korea*, King's Crown Press, Columbia University, New York.

Sawer, Robert K.(1962), *Military Advisers in Korea: KMAG in Peace and War*, Office of the Chief of Military History Department of the Army, Washington. D.C.

Thorp, Willard L.(September 1947), *Problems of United States Foreign Economic Policy*, Department of State, Publication 2750, Commerical Policy Stories 104, Division of Publication Office of Public Affairs.

5) 회고록, 자서전, 전기 및 기타

박갑동(1983), 『박헌영』, 인간사.
소정자(1966), 『내가 반역자냐?』, 방아문화사.
여운홍(1967), 『몽양 여운형』, 청하각.
오일룡(1984), 「정치비라로 지샌 1945년의 해방정국」, 『신동아』 8월호.
이기형(1984), 『몽양 여운형』, 실천문학사.
이만규(1947), 『여운형선생투쟁사』, 민생문화사.
이인(1968), 「해방전후의 편편록」, 『신동아』 8월호.
이일재(1990), 「해방직후 대구지방의 조공, 전평활동과 야산대」, 역사문제연구소, 『역사비평』 여름호 계간 9호.
인촌 기념회(1976), 『인촌 김성수전』, 인촌기념회.
장택상(1969), 「위기일발의 수도청장시절」, 『월간중앙』 8월호.
정상윤(1968), 「건준천하 20일」, 『월간중앙』 8월호.
조병옥(1959), 『나의 회고록』, 민교사.
조세형(1983), 「이승만과 조병옥」, 『신동아』 1월호.

6) 미국의 국립문서보관소의 외교분과와 현대군사분과, 국립문서보관소의 분관인 워싱턴 국립사료관의 일반문서부의 자료들

(1) 국무부 십진분류 문서군의 일반 자료들(General Records of the Department of State, Decemal File 1945~1949)(RG 59)

The Foreign Service of the United States of America, Office of Advisor to the Commanding General USAFIK, A.P.O. 235(25 February 1947), "Proposed three-Year Program for the Rehabilitation on South Korea", RG 59, Box 2.

_____(25 April 1947), "Justification of Grant-in-Aid Funds", RG 59, Box 2.

The Wedemeyer Mission Presentation, "Economic Conditions in South Korea", RG 59, Box 2.

USAFIK APO 235(1 September 1947), "Rehabilitation Program for South Korea", RG 59, Box 2.

Woodall, Emery J LL.B., Ph.D. Chief Legal Advisor to American Occupation Forces in Korea, from their landing in Septmber 1945, until July, 1946, "Supporting Brief for

Proposed Interim Government for South Korea", RG 59, Box 2.

SKIG, National Food Administration, "Food Situation in South Korea As of August 1947", RG 59, Box 3.

Department of State, policy Statement(31 January 1949), "Korea", RG 59, Box 3441.

SWNCC, "Decision Amending SWNCC 265, Disposal of Japanese Property in Korea", Note by the Secretaries, RG 59, LM 54, Roll, No. 24.

Office of the Economic Advisor HQ XXIV Corps, APO 235(20 April 1946), "The Food Situation in South Korea", Seoul, Korea, RG 59, LM 80, Roll No. 7.

Office of the Economic Advisor HQ XXIV Corps, Seoul, Korea(11 March 1946), "Emergency Relief Requirement for Korea", Enclosure, "Memorandum of Import needs for South Korea", Bunce Mission Series No. 2, RG 59, LM 80, Roll No. 7.

Office of Advisor to the Commanding General USAFIK, APO. 235(May 23 1947), "Survey of Grain Collection in South Korea", RG 59, LM 80, Roll No. 11.

(2) 전쟁부 일반 참모본부 및 특수 참모본부 민간업무국의 문서들(Records of the War Department General and Special Staffs, Civil Affairs Division, 1943~1954)(RG 165)

HQ, USAMGIK, Department of Finance(3 August 1946), "Most Pressing Problems of Department of Finance, USAMGIK", Seoul, Korea, RG 165, Box 249.

USAMGIK, National Economic Board, "Summary Review and Action Program For the Economy of South Korea as of 10 December 1946", RG 165, Box 249.

Department of State, For the Press(18 January 1946), No. 41. Confidential Relese for Publication At 7:00 P.M., E.S.T., Saturday, January 19, 1946. Not to be Previously Published, Quoted from or Used in Any way, "Korea and the Far East", RG 165, Box 787.

Johnston, Percy H. Chairman, Committee Invited by the Secretary of the Army to Inquire into Economic Problems of Japan and Korea(26 April 1948), "Report on the Economic Position and Prospects of Japan and Korea and the Measure Required to improve them", U.S. Department of the Army Public Information Division Press Section, RG 165, Box 787.

"Justification For A Grant-in-and Program for Fiscal Year 1948 For the Rehabilitation of South Korea"(15 May 1947), RG 165, Box 787.

"Oriental Development Company, Ltd", RG 165, Box 787.

Politico-Military Survey Section /2971, Lt. Col. Dupuy /gb/3-E-787, OPD 091 Korea(7 June 1946), Memorandum for Record(13 June 1946), "Policy for Korea", RG 165, Box 787.
Report by SFE(14 August 1946), Serial No. 00483, ELT/elt, RG 165, Box 787.
"Report of Special Interdepartmental Committee on Korea"(7 March 1947), RG 165, Box 787.

(3) 미합동 참모본부 문서들(Records of the United States Joint Chiefs of Staff 1942~1959)(RG 218)

SANACC 176/38(24 February 1948), "United States Policy in Korea(Reference: SANACC 176/35)", RG 218, Box 24.
"Memorandum by the SFE, Directive for Military Government in Korea", RG 218, Box 144.
SWNCC 176/23(14 August 1946), "Interim Directive for Military Government in Korea (Reference: SWNCC 176/8)", RG 218, Box 144.
From CIMGENXXIV Corps Seoul Korea thru CINCAFPAC to War Department for WDSCA ES, Nr. TFYMG 3200(3 December 1946), RG 218, Box 145.
JCS 1483/44(22 September 1947), "Report by the Joint Staff Planners, (in Collaboration with the Joint Strategic Survey Committee) to the JCS on Military Importance of Korea(References: a. JCS 1483/20, b.JCS 1483/41, c. JCS 1483/43)", RG 218, Box 145.
JCS 1483/49(15 January 1948), "Note by the Secretaries to the JCS on United States Policy in Korea(Reference: JCS 1483 Series)", RG 218, Box 145.
"Memoradum for the Secretary of State the Interest of the United States in Military Occupation of South Korea From the Point of View of the Military Security of the United State", RG 218, Box 145.
SM-7532(4 February 1947), "Disposal of Japanese Property in Korea(References: a. JCS 1635, b. SM-5110, c. JCS 1635/1)", RG 218, Box 145.
SWNCC 265/1(27 September 1946), "Disposal of Japanese Property in Korea(References: a. SWNCC 176/8, b. SWNCC 176/23, c. SWNCC 265, d. SFE 153/20)", RG 218, Box 145.
SWNCC 265/3(21 January 1947), "Disposal of Japanese Property in Korea(References: a. SWNCC 265/1, b. SWNCC 265/2)", RG 218, Box 145.
SWNCC, Decision Amending SWNCC 265/1, "Disposal of Japanese Property in Korea

(References: a. SWNCC 265/1, b. SWNCC 265/2, c. SWNCC 265/3, d. Minutes 52nd, SWNCC Meeting)", RG 218, Box 145.

SWN-5102(30 January 1947), Memorandum for the Secretary, "Disposal of Japanese Property in Korea(References: a. SWNCC 265/1, b. SWNCC 176/23)", RG 218, Box 145.

To MacArthur from the Joint Chiefs of Staff, WAR 98713(27 February 1946), RG 218, Box 145.

JCS 1483/40(29 July 1947), "Note by the Secretaries to the JCS on Interim Directive for Military Government in Korea(References: a. JCS 1483/36, b. JCS 1483/37, c. JCS 1483/38)", RG 218, Box 146.

HQ, USAMGIK, Office of the Military Governnor Seoul, Korea(25 April 1946) AG 091.31 "Import-Export Program 1 July 1946 to 31 March 1947", RG 218, Box 147.

SCAP(September~October 1945), "Monthly Summary of Non-Military Activities in the Administration of Civil Affairs in Occupied Korea", No. 1, RG 218, Box 147.

SWNCC 176/4(11 September 1945), "The Basic Initial Directive to the Commander in Chief, U.S.Army Forces in the Pacific for the Administration of Civil Affairs Korea South of 38 Degrees North Latitude", RG 218, Box 658.

JCS 1483/16(24 November 1945), "United States Policy with Respsect to Korea(Reference: JCS 1483/15)", RG 218, Box 659.

JCS 1483/18(18 December 1945), "Current Situation in Korea", RG 218, Box 659.

Civil Affairs Division, Special Staff, Department of the Army, "Korea-Problems of U.S. Army in Occupation 1945~1947", RG 218, Box 787.

SM-7613(17 February 1947), "Disposal of Japanese Propertry in Korea", Memorandum for the SWNCC.

(4) 육군 참모본부 기획작전국 문서들(Records of the Army Staff Plans & Operations Division, Decimal file 1946~1948)(RG 319)

Memorandum for Mr. Patterson(23 January 1947), "Condition in Korea", RG 319, Box 37.

From CINCAFPAC Tokyo, Japan to War Department, Nr. CX 58225(26 February 1946), RG 319, Box 87.

Memorandum for the Commander in Chief in Far East(17 February 1947), "Disposal of Japanese Property in Korea", Toyko, Japan, RG 319, Box 87.

Lt Col Dupuy/2283/JA/gts(7 February 1947), Memorandum for Record, "Dosposal of

Japanese Property in Korea", RG 319, Box 87.

Memorandum of the Chief, Operations Group, Plans and Operation Division, War Department General Staff, "Disposal of Japanese Property in Korea", RG 319, Box 87.

OPD Strategic Policy 2971, LT Col, Dupuy/jmn(27 February 1946), Memorandum for Record, "Disposal of Japanese Property in Korea", RG 319, Box 87.

OPD Strategic Policy 74974, Col Bonesteel/Jmn(23 February 1946), "Disposal of Japanese Property in Korea", Momorandum for Record, RG 319, Box 87.

"Highlights of Politico-military Organization for Occupied Areas in Japan & Korea"(15 November 1947), RG 319, Box 117.

(5) 1942~1952년의 태평양 미육군 극동사령부 및 연합군 최고 사령부 문서들(Records of the Supreme Commander or the Allied Powers(SCAP)(RG 331)

President, New Korea Company(31 January 1947), "Report of the Director to the Military Governor USAMGIK", New Korea Company, LTD, RG 331, Box 183.

"Report of Audit(Drafts and Work Papers filed in Other Cabinet)", RG 331, Box 183.

"Audit New Korea Company", Sam Wha Mining Company, Translated from the Korea by Tong and Kim, RG 331, Box 186.

"Audit of New Korea Company"(December 1946), Translated from the Korean by Mr. P. S. Park, RG 331, Box 186.

"History of the New Korea Company, Limited", RG 331, Box 186.

"New Korea Company"(30 December 1946), TIP(Troop Information Program, Volume 1, Number XIX), RG 331, Box 186.

"각농장관리구역 일람표", RG 331, Box 186.

(6) 미국의 전 전투지역, 2차 대전, 주한 미육군 제24군단, G-2 역사과 문서들(Records of U.S. Theaters of War, World War II, USAFIC, 24th Corps, G-2 Historical Section)(RG 332)

HQ, USAFIK APO 235, "Schesule for Visit of General Wedemeyer and Group", RG 332, Box 4.

Incoming Message 121805/I(August 47), RG 332, Box 4.

"History of Vested Business Office", RG 332, Box 13.

"History of the National Price Administration", RG 332, Box 15.

From National Food Administration, Draft of "Information for Use in Rice Collection

Program", RG 332, Box 17.

"Korean Agriculture and Some of its Problems", RG 332, Box 17.

"The Rice Problem", RG 332, Box 17.

HQ, USAMGIK(March 1947), "Survey of Food Distribution In South Korea", Prepared by National Economic Board in Cooperation with U.S. Department of State Administrative Study No. 1, RG 332, Box 18.

"Narative History of the National Food Administration for the Period September '45 to September '48"(October 1948), RG 332, Box 18.

SKIG, National Food Administration, "Food Report for South Korea as of March 1948", Seoul, Korea, RG 332, Box 18.

"History of the National Economic Board", RG 332, Box 22.

"Joint Korean American Conference", RG 332, Box 27.

"Orientation for Undersecretary of the Army, Draper, and Party by Lt. Gen Hodge at 0900"(23 September 1947), RG 332, Box 29.

"Report on the Occupation Area of South Korea Since Termination of Hostilities"(September 1947), Part One, Political, RG 332, Box 29.

HQ, USAMGIK, Bureau of Public Information(9 March 1946), "Press Conference", Seoul, Korea, RG 332, Box 37.

_____(15 March 1946), "Special Press Release", Seoul, Korea, RG 332, Box 37.

HQ, USAMGIK, Office of the Military Government(7 May 1946), "Cretion of the New Korea Company Limited", Ordinance, Number 80, Seoul, Korea, RG 332, Box 37.

Message(21 September 1945) From CINCAFPAC ADV ECH (CA 52133) to CG XXIV CORPS, RG 332, Box 37.

Radios(Outgoing, 1946), "Korean Situation", RG 332, Box 37.

_____(Incoming), "Japanese Property", RG 332, Box 37.

From Washington(Joint Chiefs Staff) to CINCFE(MacArthur) CG XXIV Corps(February 1947), W92156(170632/Z), RG 332, Box 38.

HQ, USAMGIK, National Economic Board(March 1947), "Vested Property in Korea", Seoul, Korea, RG 332, Box 38.

Main Office, The Federation of Financial Associations of Korea(10 November 1946), "Distribution of Incentive Goods", Seoul, Korea, RG 332, Box 38.

"Office of the Property Custodian", RG 332, Box 38.

Sweeney, Robert T.(20 July 1946), "A Survey of the Assets and Organization of the New Korea Company", RG 332, Box 38.
"History of the Office of Property Custody, Its Divisions and Branch Offices From 1 October 1945 to 30 June 1948", RG 332, Box 40.
"General Wedemeyer's Visit, G-2 Estimate the Situation", RG 332, Box 44.
HQ, XXIV Corps, APO 235(19 August 1947), RG 332, Box 44.
"Verbatim Transcript of General Hodge's Discussion With Wedemeyer Mission"(27 August 1947), RG 332, Box 44.
Bunce, Arthur C. "Can Korea be Free?", RG 332, Box 51.
CIC Area Study(August 1945), "Korea", RG 332, Box 51.
HQ, USAFIK, Office of the Military Governor, Bureau of Mining and Industry, Seoul, Korea(16 November 1945), "Labor Section Policy", RG 332, Box 62.
The Korean Economic Mission, Department of State in Collaboration with National Economic Board and Department of South Korea Interim Government, "The Economic Potential of an Independent Korea", RG 332, Box 62.
The Historical Section, A C of S, G-2, XXIV Corps, "Brief History of Korean Political Developments", RG 332, Box 83.

2. 2차 자료

1) 일반논문

K기자(1948), 「미곡수집과 농촌여론」, 『민주조선』 1월호.
강만길(1978), 「독립운동 과정의 민족국가 건설론」, 『한국 민족주의론 I』, 창비사.
_____(1983), 「좌우합작운동의 경위와 그 성격」, 『한국민족주의론 II』, 창비사.
_____(1985), 「김규식과 좌우합작」, 『월간조선』 8월호.
_____(1986), 「한국 근, 현대사를 어떻게 볼 것인가?」, 『신동아』 8월호.
_____(1987), 「8.15해방의 민족사적 단계」, 『한길역사강좌 3』, 한길사.
강문구(1991), 「한국군부의 창설, 변천과정」, 『한국전쟁과 남북한 사회의 구조적 변화』, 경남대 극동문제연구소.
강민(1989), 「한국 국가이론의 재조명-국가정책의 이론적 위상」, 『한국정치학회보』 제23집 2호.

강성재(1946), 「현단계의 조선 토지문제」, 『과학전선』, 2월호.
강이수(1999), 「미군정기 공창제폐지와 여성운동」, 한림대학교 아시아문화연구소, 『미군정기 한국의 사회변동과 사회사 II』.
강인철(1998), 「미군정기의 인구이동과 정치변동」, 한신대학교 출판부, 『한신논문집』 제15권 2호.
강일국(2002), 「해방이후 초등학교의 교육개혁운동과 반공교육의 전개과정」, 『교육사회학연구』 제12권 제2호.
강정구(1988), 「현대사 연구방법론의 방향」, 『문학과 사회』 제1권 제4호, 문학과 지성사.
강준식(1989), 「해방정국, 미군정의 이승만 옹립드라마」, 『신동아』 1월호.
강철준(1948), 「조선공업의 현상과 중요산업 국유화의 중요성」, 『조선경제』 1월호.
견학필(1983), 「미군정기에 있어서 미국의 대한정책에 관한 연구 – 초기 상황을 중심으로」, 『부산 산업대 논문집 – 자연과학예술교육편』 3월호.
고바야시 소메이(2007), 「미군정기 통신검열체제의 성립과 전개」, 『한국문화』, 제39권.
고지훈(2000), 「주한미군정의 점령행정과 법률심의국의 활동」, 서울대학교 국사학과, 『한국사론』.
고현진(1985), 「미군정기의 노동운동」, 송건호 외, 『해방 40년의 재인식』, 돌베개.
공제욱(1989), 「1950년대 한국사회의 계급구성」, 한국산업사회연구회 편, 『경제와 사회』, 이론과 실천사.
_____(1990), 「8.15이후 관료적 독점자본가의 형성」, 역사문제연구소, 『역사비평』 계간 9호 여름호.
관영자(1987), 「미군정하에 있어서 한국인의 교육재건 노력」, 『해방 후 한국의 교육개혁 – 미군정기를 중심으로』, 한국연구원.
권병탁(1984), 「농지개혁의 과정과 경제적 기여」, 『농업정책연구』 제11권 1호.
구해근(1983), 「한국과 대만의 경제발전에 대한 정치경제학적 접근」, 박현채(외), 『한국사회의 재인식 I』, 한울.
김광식(1984), 「해방전후 농민운동에 대한 일고찰」, 『연세』 19호.
_____(1985), 「미군정과 분단국가의 형성」, 『한국현대사 I』, 열음사.
_____(1986), 「분단고착과 민족통일의 논리」, 『신동아』 8월호.
_____(1987a), 「분단과 통일을 어떻게 볼 것인가」, 『신동아』 8월호.
_____(1987b), 「8.15 직후의 사회성격 논쟁, 변혁 단계론을 중심으로」, 『산업 사회 연구』 제2집, 한울.

_____(1987c), 「8.15직후 한국사회와 미군정의 성격」, 역사문제연구소, 『역사비평』 가을호 제1집.
_____(1987d), 「분단국가의 성격과 민족문제」, 『외대학보』 10월호 제473호.
김광욱(1998), 「해방 직후 미군정의 유일정부적 권위의 확립과정(1945.9~1946.2)」, 『한국근현대사연구』 제9집.
김균(2000a), 「미군정기 대남한 공보정책」, 『미국은 우리에게 무엇인가-한미관계의 역사와 우리안의 미국주의』, 백의.
_____(2000b), 「미국의 대외 문화정책을 통해 본 미군정 문화정책」, 『한국언론학보』 제44-3호, 한국언론학회.
_____(2001), 「해방공간에서의 의식통제-미군정기 언론·공보정책을 중심으로」, 『언론문화연구』 제17집, 서강대학교 언론문화연구소.
김기원(1986), 「미군정의 경제정책에 관한 연구」, 『한국방송통신대학 논문집』.
_____(1989), 「미군정기의 한국공업의 동향」, 이수인 엮음, 『한국현대정치사』, 실천문학사.
김낙중(1984), 「한국농민운동소사」, 박현채 외, 『한국농업문제의 새로운 인식』, 돌베개.
김남식(1985), 「박헌영과 8월테제」, 『해방전후사의 인식 2』, 한길사.
_____(1986), 「박헌영의 역사인식과 대미관」, 『박헌영 노선비판』, 세계.
_____(1988a), 「9월 총파업과 대구 폭동사건」, 『현대 한국을 뒤흔든 60대 사건』(신동아 1월호 별책 부록), 동아일보사.
_____(1988b), 「박헌영, 남로당의 통일전선론」, 『역사비평』 봄호.
김대상(1980), 「8.15직후의 정치 현상-건국준비위원회에 대한 재조명」, 『변혁시대의 한국사』, 동평사.
김동구(1989), 「중앙교육훈련소의 교원재교육과 새교육 운동에 관한 연구」, 『논문집』 Vol. 23.
김동노(1998), 「미 군정기의 농민 조직과 농민 운동-민중의 사회세력화와 그 좌절」, 『사회와역사』 통권 제54집, 한국사회사학회.
김두섭(1999), 「미군정기 남한인구의 재구성」, 『미군정기 한국의 사회변동과 사회사 I』, 한림대학교 아시아문화연구소.
김득중(2000), 「이승만 정부의 여순사건 왜곡과 국회논의의 한계」, 『역사연구』 제7호, 아세아문화사.
김문현(1988), 「남로당 지방당 조직의 활동상을 밝힌다」, 『역사비평』 겨울호, 역사문제연구소.

김미숙(2001), 「미군정기 남녀공학정책: 성별학교조직과 성통제양식」, 『교육학연구』 Vol. 39, No. 4.
김민환(2006), 「미군정기 신문의 주요 의제에 대한 논설 내용분석」, 『광복과 한국 현대 언론의 형성』, 국사편찬위원회.
김병태(1981), 「농지개혁의 평가와 반성」, 『한국경제의 전개과정』, 돌베개.
_____(1986), 「농지개혁의 재평가」, 『우리시대 민족운동의 과제』, 한길사.
김복수(2006), 「미군정 언론정책과 언론통제」, 『광복과 한국 현대 언론의 형성』, 국사편찬위원회.
김석주(1947), 「적산불하문제」, 『건국공론』 10월호.
김성국(1984), 「세계체제론과 국가」, 『현대사회』 겨울호.
_____(1985), 「세계체제와 한국의 정치, 경제」, 『한국사회의 재인식 1』, 한울.
_____(1986), 「세계체제론적 국가론을 위한 예비적 고찰」, 『사회구조와 사회사상』, 심설당.
김성민(1986), 「분단고착화 내적요인 분석 – 해방 3년 좌익운동 비판」, 『연세』 제24호, 연세대학교.
김성보(2008), 「평화공존의 관점에서 본 남북국가의 초기 성격과 상호경쟁」, 『역사비평』 여름, 역사비평사.
김수자(1999), 「여성의 첫 참정권 행사 1948년 5.10선거」, 이배용 외, 『우리나라 여성들은 어떻게 살았을까 2』, 청년사.
_____(2005), 「해방직후 미 군정부대의 지방 배치와 활동」, 『이화사학연구』, 이화사학연구소, 최소자·김염자교수 정년기념특집호.
김승제(2004), 「미군정 시기의 민간우편검열(1)」, 『우표』 제40권 제5호(통권 460호), 한국우취연합.
김승철(1986), 「미군정의 구조와 성격(1945~1948)」, 『녹두서평』 1, 녹두.
김신웅 외(1987), 「현대 한국 경제의 역사적 기반 형성 1945~1948」, 『현대 한국경제사』, 한국정신문화원.
김양식(1999), 「미군정기 충북지역의 사회경제 변동」, 단국사학회, 『사학지』 32권.
_____(2000), 「충북지역사회의 역사적 성찰: 미군정기 사회상」, 『충북리포트』 제7권 1호.
김양재(1947), 「飯米 획득투쟁과 실업자의 조직」, 『노동조합 교정』, 노동자사.
김양화(1985), 「미국의 대한원조와 한국의 경제구조」, 『한국 40년의 재인식 1』, 돌베개.
김영규(1992), 「미군정의 금융통화정책」, 유광호 외 공저, 『미군정시대의 경제정책』,

한국정신문화연구원.
김영달(1965), 「미군정이 남긴 유산」, 『사상계』 13권 9호(9월호).
김영명(1989), 「남한 단정수립의 현실주의적 분석」, 『아시아 문화』 제5호, 한림대 아시아문화연구소.
김영철(1984), 「인공의 성립과 해체과정」, 『고대문화 23』 1월호.
김영태(1971), 「도큐멘타리 노동운동 20년 소사」, 노동문제연구소, 『노동공론』 11월호.
＿＿＿(1972a), 「도큐멘타리 노동운동 20년 소사」, 노동문제연구소, 『노동공론』 1월호.
＿＿＿(1972b), 「도큐멘타리 노동운동소사」, 노동문제연구소, 『노동공론』 2월호.
＿＿＿(1972c), 「도큐멘타리 노동운동 20년소사」, 노동문제연구소, 『노동공론』 3월호.
김영환(1987), 「해방후 한국사회 정치상황」, 『연세』 여름호.
김영희(2005), 「미군정기 농촌주민의 미디어 접촉 양상」, 『한국언론학보』 49권 1호.
＿＿＿(2006), 「미군정기 미디어 접촉의 성격과 영향」, 『광복과 한국 현대 언론의 형성』, 국사편찬위원회.
김왕배(1999), 「'은둔의 왕국': 한국학의 맹아와 선구자들」, 『정신문화연구』 제22권 제3호 가을호(통권 76호).
김운태(1982), 「미군정 시대」, 『한국 정치론』, 박영사.
＿＿＿(2001), 「한국 행정 근대화 100년의 회고: 미군정의 과도기를 중심으로」, 『한국행정학보』 제35권 제2호 여름.
김원호(1946), 「조선의 토지문제」, 『大潮』 7월호.
김응규(2004), 「미군정청과 표현이 자유: 법무국, 사법부의 유권해석선집 분석을 중심으로」, 국제헌법학회, 『세계헌법연구』 제10호.
김익진(2005), 「운동노선을 통해 한국의 노동운동(I)」, 김금수 외, 『한국노동운동론 1』, 미래사.
김익환(1988), 「8.15직후 남한에서의 민족, 민주주의 문제에 대한 노선과 실제」, 김은성 외 지음, 『한국 민족문제의 인식』, 공동체.
김인곤(1985), 「남북분단의 경위」, 『한국정치학회보』 제19집.
김일영(2001a), 「농지개혁을 둘러싼 신화의 해체」, 한국정치학회 김유남 엮음, 『한국정치연구의 쟁점과 과제』, 한울.
김일영(2001b), 「한국헌법과 '국가-사회' 관계」, 『한국정치와 헌정사』, 한울.
김재훈(2006), 「해방 후 양곡유통체계의 재편」, 한국사회경제학회, 『사회경제평론』 제26호.
김점숙(1995), 「미군정기 경제정책의 연구현황과 과제」, 『역사와 현실』 16.
＿＿＿(1996), 「미군정의 민간 물자보급계획」, 『역사와 현실』 22.

_____(1999), 「공창은 폐지되었는데 사창은 급증」, 이배용 외, 『우리나라 여성들은 어떻게 살았을까 2』, 청년사.
_____(2000), 「미군정의 식량정책과 소비실태」, 『사학연구』 61.
_____(2005), 「해방 이후 미국 지식인의 한국 인식 — Far Eastern Quartely, Far Eastern Survey, Pacific Affairs」, 『역사와 현실』 통권 58호.
김정(2000), 「해방직후 반공이데올로기의 형성과정」, 『역사연구』 제7호, 아세아문화사.
김정원(1982), 「해방이후 한국의 정치과정(1945~48)」, 『한국현대사의 재조명』, 돌베개.
김종성(2000), 「미군정 행정조직의 경로의존성」, 『한국 사회와 행정 연구』 제11권 제1호.
김준희(1985), 「분단 국가이론에서 본 한반도의 장래」, 『민족 통일론의 전개』, 형성사.
김지민(2002), 「해방 전후 랭던의 한국문제인식과 미국의 정부수립정책」, 한국사연구회, 『한국사론』.
김창진(1985), 「해방후 농민운동」, 『고대신문』 1029호.
_____(1987), 「8.15직후 광주지방에서의 정치투쟁」, 『역사비평』 제1집 가을호, 역사문제연구소.
김철범(1986), 「6.25전 주한미군 철수의 내막」, 『신동아』 8월호.
김태일(1990), 「농촌사회의 구조변화와 농민정치」, 한배호 편, 『한국현대정치론 1』, 나남.
김학준(1976), 「38선 획정에 관한 논쟁의 분석」, 『한국정치학회보』 제10집.
_____(1979), 「분단의 배경과 고착화 과정」, 『해방전후사의 인식 1』, 한길사.
_____(1983a), 「해방전후 시기에 대한 미국의 연구경향과 자료 — 미국 국립기록 보관원의 자료를 열람하고」, 『한국 민족주의의 통일논리』, 집문당.
_____(1983b), 「미국의 대한점령초기 2개월」, 『한국민족주의의 통일논리』, 집문당.
_____(1985), 「여운형과 건국준비위원회」, 『월간조선』 5월호.
_____(1986a), 「해방3년의 시기에 있어서의 남북한 과도지도자들의 공산주의관」, 『동아연구』 No. 7.
_____(1986b), 「한반도의 분단과정」, 『국책연구』 봄호, 민주정의당 국책연구소.
김형균(1990), 「민족문제와 국가권력 — 제3세계 국가론의 비판적 인식과 그 대안적 연구방법론의 모색」, 『민족문제논총』 제1집.
김호기(1999), 「미군정기 지배구조와 시민사회」, 『미군정기 한국의 사회변동과 사회사 II』, 한림대학교 아시아문화연구소.
김홍락 외(1985), 「워싱턴 소재 미국정부 문서자료와 제2차대전 후 한국연구」, 『정신문화』 10월호 6호.
김홍상(1986), 「8.15이후 한국농업의 전개과정과 소작제-한국 자본주의의 발전과 관련해서」, 『한국 자본주의와 농업문제』, 아침.
나인균(2003), 「한반도 점령정책의 국제법적 고찰: 연합국에 의한 한반도점령의 법적 성격을 중심으로」, 『국제법학회논총』, 대한국제법학회.
노계현(1963), 「한국분할안에 관한 역사적 고찰」, 『대한국제법학회 논총』 13호.
노동상(1948a), 「도탄에 빠진 남조선의 민생문제」, 『조선경제』 4월호.
_____(1948b), 「적산불하와 군정」, 『조선경제』 제6월호.
노동선(1948), 「도탄에 빠진 남조선의 민생문제」, 『조선경제』, 4월호.
노용석(2004), 「해방이후 국가형성 과정에 대한 지방민의 인식」, 『동향과 전망』 가을·겨울호.
노재붕(1982), 「'안'과 '밖': 국제정치이론의 방법론연구」, 『서울대 국제문제 연구소 논문집』 제7호.
노중기(1989), 「1950년대 한국사회에 미친 원조의 영향에 관한 고찰」, 『현대 한국의 자본축적과 민중생활』, 한국사회사연구회논문집 제16집, 문학과 지성사.
농민운동사분과(1990), 「해방정국과 전국농민조합총연맹 2」, 『농어촌사회』 9, 한국 농어촌사회연구소.
류기덕(2000), 「미군정기 한국기업의 무역활동과 자본축적에 관한 연구」, 『사회과학논총』 19권 1호, 계명대학교 사회과학연구소.
류상영(1986), 「분단문제 과학화를 위한 제논의」, 『연세』 제24집.
_____(1989), 「8.15 이후 좌, 우익 청년단체의 조직과 활동」, 『해방전후사의 인식 4』, 한길사.
모리 요시노부(1989), 「한국 반공주의이데올로기 형성과정에 관한 연구-그 국제정치사적 기원과 제특징」, 『한국과 국제정치』 제5권 2호 가을호.
문광삼(1988), 「미군정기 헌법사」, 한태연 외(1988), 『한국헌법사』 상, 한국정신문화연구원.
문승익(1983), 「해방 3년 자유사상의 굴절」, 『정경문화』 8월호.
문준영(2005), 「미군정기 법원조직법의 입법과정-미국립문서관 법원조직법관계문서철의 소개와 분석」, 『법사학연구』 제32호.
_____(2007), 「미군정 법령체제와 국방경비법」, 『민주법학』, 민주주의법학연구회.
문지영(2004), 「한국에서의 자유주의와 자유주의 연구: 문제와 대안적 시각이 모색」, 『한국정치학회보』 제38집 2호, 한국정치학회.
_____(2005), 「한국의 근대국가 형성과 자유주의: 민주화의 기원과 전망에 대한 재

고찰」,『한국정치학보』, 한국정치학회.
문현아(2007),「페미니즘, 제도화를 넘어 아래로부터 정치세력화를 지향하자,『진보평론』 34호, 현장에서 미래를.
민병천(1983),「한국전직전의 내외정치환경과 충격」,『국제문제』 8월호.
박광작(1998),「미군정과 한국정부의 귀속재산 민영화정책에 대한 일 평가: 체제전환 경제의 민영화정책과의 비교적 관점」,『비교경제연구』, 한국비교경제학회.
박광주(1984),「자본주의 국가와 정당성문제」,『현대사회』, 겨울호.
_____(1986),「한국현대사와 국가의 성격논쟁 – 국가론 비판을 중심으로」,『현대사회』 겨울호 제6권 4호, 극동문제연구소.
_____(2000),「국가와 시민사회 : 한국의 경험」,『국제지역문제연구』, 제18권 제1호.
박명림(1995),「한국의 국가형성, 1945~48」,『한국정치학회보』 제29집 1호.
_____(1996),「한국의 국가형성, 1945~48: 미시적 접근과 해석」,『한국정치외교사논총』, 한국정치외교사학회.
_____(1998),「1950년대 한국의 민주주의와 권위주의: 민주주의 '제도'와 권위주의 '실천'의 역사적 조선」, 역사문제연구소 편,『1950년대 남북한의 선택과 굴절』, 역사비평사.
_____(2000),「국가와 시민사회 : 한국의 경험」,『국제지역문제연구』, 제18권 제1호.
_____(2003),「한국의 초기 헌정체제와 민주주의: '혼합정부'와 '사회적 시장경제'를 중심으로」, 한국정치학회,『한국정치학회보』 제37집.
_____(2008a),「헌법, 국가의제, 그리고 대통령 리더십: '건국 헌법'과 '전후 헌법'의 경제조항 비교를 중심으로」, 한국국제정치학회,『국제정치논총』 제48집 1호.
_____(2008b),「이승만의 한국문제, 동아시아, 국제관계 인식과 구상: 악마화와 신화화, 건국담론과 분단담론의 대립을 넘어」,『역사비평』, 역사비평사.
박보영(2005),「미군정 구호정책의 성격과 그 한계: 1945~1948」,『사회연구』 통권 제9호, 사회연구사.
박봉식(1967),「미국의 외교정책과 한국 민족주의」,『국제정치논총』 제6집.
박상필(2003),「시민사회」, 강수택(외),『21세기 지식키워드 100』, 한국출판마케팅.
박싱기(1986),「미국의 대한 점령정책에 관한 연구」,『동래여자전문대학 논문집』 제5집.
박성진(2001),「미군정의 전략적 선택과 배제, 1945~1948),『법정』 제14집.
_____(2002),「한국의 국가형성과 미군정기 식량정책」, 한국사회조사연구소,『사회연구』 가을호.
박순성(2007),「한반도분단과 대한민국」, 참여사회연구소 기획, 이병천 외 엮음,『다시 대한민국을 묻는다』.
박영기 외(1999), 「미군정기 노동관계와 노동운동(1945~1948)」, 『한국노동운동사』, 지식마당.
박영진(1987), 「해방 3년사에 대한 인식」, 정용욱 외, 『남북한 역사인식 비교강의 - 근현대편』, 일송정.
박용규(2000), 「한국 초기 방송의 국영화 과정에 관한 연구: 1945년부터 1953년까지를 중심으로」, 『한국언론학보』 제44-2호.
_____(2006), 「미군정기 미디어 보급과 미디어 접촉 현상」, 『광복과 한국 현대 언론의 형성』, 국사편찬위원회.
_____(2007), 「미군정기 언론인 단체들의 특성과 활동」, 한국언론학회, 『한국언론학보』.
박종철(1988), 「1공화국의 국가형성과 농지개혁」, 『한국과 국제정치』 제4권 1호 봄호, 경남대 극동문제연구소.
박지향(2006), 「한국의 노동 운동과 미국, 1945~1950」, 『해방전후사의 재인식』, 책세상.
박진희(1996), 「미군정 노동정책의 전개과정과 성격변화」, 이화여자대학교 사학회, 『이대사원』.
박태균(1998), 「미국의 대한경제부흥정책의 성격(1948~1950), 『역사와 현실』 27.
_____(2001), 「8.15직후 신국가 건설을 위한 정책대안의 성격과 특징 - 경제정책을 중심으로」, 『인본주의 참여문화전통과 21세기 한국사회 1』.
_____(2008), 「미국의 기대보다 더 잘하는 한국」, 『역사비평』, 역사비평사.
박택 외(1971), 「대한노총 결성전후」, 『노동공론』 12월호, 노동문제연구소.
박헌영(1946), 「10월 인민항쟁」, 김남식 외(편저)(1986), 『박헌영노선비판』, 세계.
박현채(1986), 「한반도에 있어서 국가권력의 제양상」, 『오늘의 책 12』 겨울호, 한길사.
박혜숙(1987), 「미군정기 농민운동과 전농의 운동노선」, 박현채 외, 『해방전후사의 인식 3』, 한길사.
반성집(1958), 「농지개혁 이후의 농지 이동의 실증적 고찰」, 『농업경제연구』 제1집.
방선주(1986a), 「미국의 한국관계 현대사 자료」, 한국사학회 편, 『한국현대사론』, 을유문화사.
_____(1987), 「미국 제24군 G-2군사실 자료 해제」, 『아시아 문화』 제3호, 한림대 아시아문화연구소.
_____(1988), 「해설」, 『주한미군정보일지』, 한림대 아시아문화연구소.
_____(1991), 「미 군정기의 정보자료: 유형 및 의미」, 『한국현대사와 미군정』, 한림대학교 아시아문화연구소.

_____(1999), 「한반도에 있어서의 미, 소 군정의 비교」, 『미군정기 한국의 사회변동과 사회사』, 한림대학교 아시아문화연구소.
백남수(1946), 「조선경제문제 관견」, 『民鼓』 5월호.
백일(1988), 「남로당 혁명노선 재검토」, 『민족지성』 1월호.
부완혁(1960), 「미국의 대한원조사(상)」, 『사상계』 11월호.
_____(1964), 「미군정의 공과 — 군정유산의 재평가와 그 문제점」, 『사상계』 12권 8호(통권 137호).
서경석(2007), 「자율적 헌법의 민주적 정당성」, 한국헌법학회, 「헌법학연구」 제13권 제3호.
서임특(1971), 「미군정과 한민당의 출발」, 『세대』 3월호.
서중석(1969), 「전후처리와 전후체제 수립을 위한 연합국 회의」, 『경희대 논문집』 제6집.
_____(1989), 「일제시기, 미군정기의 좌우대립과 토지문제」, 『한국사연구』 67.
서희경(2003), 「대한민국 건국헌법의 기초와 수정 — 정부형태에 관한 논의를 중심으로」, 한국공법학회, 『공법연구』 제31집 제4호.
_____(2006), 「대한민국 건국헌법의 역사적 기원(1998~1919): 만민공동회, 3.1운동, 대한민국임시정부헌법의 '민주공화'정체 인식을 중심으로」, 한국정치학회, 『한국정치학회보』 제40집 제5호.
석임정(1948), 「식량문제와 공출」, 『조선경제』 1월호.
성한표(1984), 「8.15직후의 노동자 자주관리운동」, 『한국사회연구2』, 한길사.
_____(1989), 「기관지에 비친 '전평'의 노동운동(상)」, 『말』 3월호(통권 33호).
손경희(2000), 「1946~1948년 경북지역 신한공사의 농업경영」, 『대구사학』 제59집.
손영원(1985), 「분단의 구조」, 『국가이론과 분단한국』, 한울.
_____(1987), 「분단의 세계체제론적 성격」, 『한국 현대사를 어떻게 볼 것인가』, 열음사.
손호철(1989), 「브루스 커밍스의 한국현대사 연구비판」, 『실천문학』 가을호(통권 15호), 실천문학사.
손희두(2001), 「미군정의 입법제도와 법령의 성격」, 『한국정치와 헌정사』, 한울.
송건호(1977), 「이승만과 김구의 민족노선」, 『한국현대사론』, 지식산업사.
_____(1979), 「해방의 민족사적 인식」, 『해방전후사의 인식 1』, 한길사.
_____(1982), 「8.15후의 한국민족주의」, 『한국민족주의론』, 창작과 비평사.
_____(1985a), 「민족 통일국가 수립의 실패와 분단시대의 개막」, 『해방 40년의 재인식1』, 돌베개.

_____(1985b), 「탁치안의 제의와 찬반탁 논쟁」, 『분단시대와 한국사회』, 까치.
_____(1986), 「해방직후 사회운동의 분출과 그 양상」, 『한국사회연구 4』, 한길사.
송광성(1989), 「8.15는 해방의 날이 아니다」, 『역사비평』 계간 6호 가을호.
송기춘(2006), 「미군정하 한국인에 대한 군정재판 – 미군 점령통치기의 주한미군사령부 문서를 중심으로」, 『법학논총』 제30권 제1호.
송남헌(1983), 「김구, 김규식은 왜 38선을 넘었나?」, 『신동아』 9월호.
_____(1988), 「남북분단과 통일운동」, 『민족지성』 1월호.
송병권(1997), 「미군정기의 세제개편과 대중과세」, 『한국사학보』 제2호.
송인재(1986), 「한반도의 분단을 전후한 H.Truman정권의 대한정책과 국제환경」, 『성신여자대학 연구논문집』 제23집.
신광영(1989), 「남한과 일본에서의 미점령군의 노동정책 비교연구」, 한국산업사회연구회 편, 『경제와 사회』, 이론과 실천.
_____(1995), 「시민사회 개념과 시민사회 형성」, 『시민사회와 시민운동』, 한울.
신기현(1988), 「미군정기 정당, 사회단체의 토지 개혁 인식」, 『해방직후의 민족문제와 사회운동』, 한국사회사연구회 논문집 제13집, 문학과 지성사.
신병식(1988a), 「토지개혁을 통해 본 미군정의 국가성격」, 『역사비평』 여름호, 역사문제 연구소.
_____(1988b), 「한국과 대만의 토지개혁 비교연구」, 『한국과 국제정치』 제4권 2호 가을호, 경남대 극동문제연구소.
_____(1989), 「동아시아와 라틴아메리카 토지개혁의 비교」, 『한국과 제 3세계의 민주변혁』, 경남대 극동문제연구소.
신상준(1976), 「미군정하 한국행정조직에 관한 분석」, 『한국사회사업대 논문집』 제6집.
_____(1992), 「주한미군정청의 복지정책기조」, 『복지행정논총』, 한국복지행정학회 제2권.
_____(1994), 「주한미군정청의 해외귀환동포 및 월남민에 대한 구호행정」, 한국복지행정학회, 『복지행정논총』.
신용숙(1959), 「한국독립을 圍繞한 미국외교정책 연구」, 『대한국제법학회 논총』 제9호.
신용옥(2004), 「대한민국 제헌헌법의 주권원리와 경제질서」, 『한국사학보』, 고려사학회.
신용하(1984), 「민족형성의 이론」, 『한국사회학연구』, 한울.
_____(1986a), 「19세기 한국의 근대국가 형성문제와 입헌공화국 수립운동」, 한국사

회사연구회 논문집,『한국의 근대국가형성과 민족문제』제23집, 문학과 지성사.
_____(1986b),「일제 식민지시대의 성격과 유산」,『신동아』8월호.
_____(1987),「8.15해방전후 한국인의 역사의식」,『현대사를 어떻게 볼 것인가』, 동아일보사.
신종대(1992),「부산. 경남지방 인민위원회의 결성과 와해과정」,『한국과 국제정치』 제8권 1호.
신현 외(1990),「해방직후 남한의 변혁운동과 자주국가 건설의 과제」,『역사비평』 계간 8호 봄호, 역사비평사.
심지연(1985a),「해방정국과 민족주의 논쟁」,『민족주의 논쟁과 통일정책』, 한울.
_____(1985b),「송진우와 한민당」,『월간조선』5월호.
_____(1986a),「해방후 주요 정치집단의 통치구조와 정책구상에 대한 분석 - 미소 공동위원회 답신안을 중심으로」,『한국정치학회보』제20집 2호.
_____(1986b),「한민당이 주무른 과도입법의원」,『월간조선』, 4월호.
_____(1987),「우익 정당의 정치체제 구상과 현실과정 - 한독당과 한민당을 중심으로」,『아시아 문화』, 한림대 아시아문화 연구소.
안몽필(1989),「한반도의 분단과 연합국의 구상」,『신동아』5월호.
안병영(1985),「해방 40년, 민족, 민주, 통일」,『신동아』8월호.
안병직(1981),「식민지경제의 성격과 분단의 경제적 의의」, 김병태 외,『한국경제의 전개과정』, 돌베개.
_____(1987),「일제식민지의 경제적 유산과 민족해방의 의의」,『한국경제론』, 까치.
안소영(2006),「태평양 전쟁기 미 국무성의 전후 극동정책 형성과정에 관한 일고찰 - 일본전문가 볼튼(H. Borton)의 '한국문제' 처리안을 중심으로」,『일본연구논총』, 현대일본학회.
안용식(1973),「미군정기의 인사행정제도」,『연세행정논총』제1집, 연세대 행정대학원.
안진(1989),「분단고착세력의 권력장악과 미군정」,『역사비평』계간 6호 가을호.
양기웅(1999),「미국의 남한점령과 일본점령 비교연구 - 일본단독점령과 조선분할 점령의 연계성」,『미군정기 한국의 사회변동과 사회사 I』, 한림대학교 아시아문화연구소.
양동숙(2001),「해방 후 공창제 폐지과정 연구」, 역사학연구소,『역사연구』.
양승태 · 전재호(2007),「미군정기(1945~1948) 한국의 자유주의: 이승만의 '반공적' 자유주의」,『한국철학논집』, 한국철학사연구회.
여현덕(1987),「8.15직후 민주주의 논쟁」,『해방전후사의 인식 3』, 한길사.

오금숙(1988), 「4.3을 통해 바라본 여성인권 피해 사례」, 제주 4.3연구소 엮음, 『동아시아의 인권과 평화』, 역사비평사.
오석홍(1965), 「미군정기 1945~48의 우리나라의 인사행정제도」, 『행정논총』 Vol. III, No. 1.
오연호(1988), 「미국의 '남원학살'」, 『말』 12월호, 민주언론운동협의회.
_____(1989a), 「미군의 화순탄광노동자 학살」, 『말』 1월호, 민주언론운동협의회.
_____(1989b), 「미군정 신한공사와 하의도 7.7항쟁」, 『말』 2월호(통권 32호), 민주언론운동협의회.
_____(1989c), 「미군정의 분열조작 '신탁통치파동'」, 『말』 3월호(통권 33호), 민주언론운동협의회.
오유석(2001), 「전후 1950년대 한국 민주주의 출발의 조건과 제약」, 『동향과 전망』 여름호(통권 제49호).
오재완(1988), 「한국전쟁에 관한 B.커밍스의 해석」, 『민족지성』 1월호.
오향미(2005), 「분할 점령통치와 분단과정 속에서의 남한의 국가건설: 서독의 국가건설과의 비료를 중심으로」, 『국제정치논총』, 한국국제정치학회.
원구환(2003), 「미군정기 한국관료제의 소극적 대표성」, 『행정논총』 제41권 제4호.
원기연·김경호(1999), 「미군정기의 복지수요와 복지정책」, 『부산여자대학 논문집』 제20집.
원시연(2007), 「한국 여성정책의 변천에 관한 제도주의 연구」, 『한국정치연구』, 서울대학교 한국정치연구소.
유석렬(1983), 「정부수립 이전의 한국이익단체의 역할」, 『한국정치학회보』 제17집, 한국정치학회.
유석춘·최복천(1999), 「미군정기의 지배구조와 자본축적」, 『미군정기 한국의 사회변동과 사회사 II』, 한림대학교 아시아문화연구소.
유수현(1967), 「해방1년의 정치정세와 그 성격」, 부산대학교, 『법학연구』 제9권.
유숙란(2005), 「광복 후 국가건설과정에서의 성불평등구조 형성: 보통선거법과 제헌헌법 작성과정을 중심으로」, 한국정치학회, 『한국정치학회보』.
_____(2006), 「미군정/점령기 한국과 일본에서의 성평등구조 형성과정 비교」, 『미군정/점령기 한일 양국의 젠더사, 젠더체제 형성 연구』, 숙명여자대학교 아시아여성연구소.
유영준(1987), 「제정치집단의 동향과 정부수립」, 『현대사를 어떻게 볼 것인가 1』, 동아일보사.
유인호(1980), 「해방후 농지개혁의 전개과정과 성격」, 『해방전후사의 인식』, 한길사.

유재일(1992), 「한국전쟁과 반공이데올로기의 정착」, 『역사비평』 계간 16호.
유팔무(1993), 「한국의 시민사회론과 시민사회 분석을 위한 개념틀의 모색」, 경남대 극동문제연구소(편), 『한국의 정치·사회의 새흐름』, 나남.
유한성(2000), 「미군정기 경제상황과 재정구조에 관한 연구」, 『재정논집』 제14집 제2호, 한국재정학회.
윤경호(1988), 「일제하 민족해방운동과 민족문제 인식」, 김은성 외, 『한국 민족문제의 인식』, 공동체.
윤민재·김한샘(2001), 「해방직후 미군정기 귀속농지정책의 정치사회학적 의미 - 경북지역의 귀속농지 불하 사례를 중심으로」, 지역사회학회 편, 『지역사회학』, 나눔의 집.
윤선자(2007), 「해방 직후(1945년 8월~1950년 6월) 여성지에 나타난 여성문화와 여가에 관한 담론」, 『호서사학』, 호서사학회.
윤충로(1999), 「과잉국가와 저발전의 시민사회」, 동국대학교 대학원, 『대학원연구논집』 Vol. 29.
_____(2001), 「탈식민국의 식민잔재와 혁명: 1945년 해방 후 한국과 베트남을 중심으로」, 『경제와 사회』(봄호 특별부록), 한울.
윤해동(1989), 「여운형 암살과 이승만, 미군정」, 『역사비평』 계간 6호 가을호.
윤형섭(1974), 「미군정의 정책결정에 관한 발전론적 연구」, 『연세논총』 제11집, 사회과학 편.
_____(1985), 「해방정국의 정당, 정치인」, 『신동아』 10월호.
윤황지(2005), 「미군정기의 귀속재산에 관한 일고찰」, 『부동산학보』 제24집.
이경남(1977), 「미군정 3년」, 『중앙』 10월호.
이경숙(1986), 「한국농지개혁결정과정에 관한 재검토」, 『한국자본주의와 농업문제』, 아침.
이경주(2003), 「미군정사료와 헌정사」, 『공법연구』 제31집 제4호, 한국공법학회.
이관형(1948a), 「남조선 무역의 최근동향」, 『조선경제』 4월호.
_____(1948b), 「적산불하와 남조선 경제」, 『개벽』 8월호.
이광호(1985), 「미군정의 교육정책」, 『해방전후사의 인식 2』, 한길사.
이국운(2005), 「해방공간에서 사법기구의 재편과정에 관한 연구」, 『법과 사회』, 법과 사회이론학회.
이길상(1998), 「해방 전후의 여론과 교육」, 『정신문화연구』 72, 한국정신문화연구원.
_____(2003), 「미군정기 초등교육의 변화」, 『한국교육사학』 제25권 제2호(Vol. 25, No. 2).

이나영(2007), 「금지주의와 국가규제 성매매 제도의 착종에 관한 연구 – 남한의 미군정기 성매매정책을 중심으로」, 『사회와 역사』 가을(통권 제75집), 한국사회사학회.
이대근(1983), 「미군정하 귀속재산 처리에 대한 평가」, 『한국사회연구 1』, 한길사.
＿＿＿(1985), 「한국자본주의의 성격에 관하여 – 국가독점자본주의론에 붙여」, 『창작과 비평』 57, 창비사.
＿＿＿(1987), 「남북분단과 미군정 경제정책의 성격」, 『한국경제론』, 까치.
＿＿＿(1988), 「한국전쟁의 사회경제적 의미」, 『민족지성』 1월호.
＿＿＿(1989a), 「한국전쟁과 세계자본주의의 부흥」, 역사문제연구소, 『역사비평』 계간 9호 여름호.
＿＿＿(1989b), 「해방 후 귀속사업체의 실태와 그 처리과정」, 안병직 외, 『근대조선의 경제구조』, 비봉출판사.
이대위(1947), 「민주주의 노동정책」, 김남식 엮음(1986), 『동광』 4월호.
이미숙(1989), 「박헌영, 남로당에 대한 비판을 비판한다」, 『역사비평』 계간 5호 여름호.
이배용(1996a), 「미군정기 여성생활의 변모와 여성의식, 1945~1948」, 『역사학보』 150, 역사학회.
이배용 외(1996b), 「한국 여성사 정립을 위한 여성인물 유형연구 IV」, 『여성학논집』 제13집, 이화여자대학교 한국여성연구원.
이병천(1986), 「해방이후 한국자본주의의 전개과정」, 지방사회연구회 제1회 심포지엄 자료집, 『지방사회 현실의 실천적 인식』, 지방사회 연구회.
이삼성(1989), 「한국현대사와 미국의 대외정책 연구방법론」, 『사회와 사상』 제15호, 한길사.
이상두(1985), 「박헌영과 남로당」, 『월간조선』 8월호.
이상록(2000), 「미군정기 새교육운동과 초등학교 규율 연구 – 일제말기 초등학교 규율과의 비교를 중심으로」, 『역사와현실』 제35호, 한국역사연구회.
이상민(1994), 「미국의 문호개방정책과 미군정기 국무성의 대한 경제정책의 형성」, 『한국과 국제정치』 Vol. 10. No. 2, 경남대학교 극동문제연구소.
이선이(2007), 「냉전기 동아시아의 '성'관리 정책: 중국과 한국의 '폐창정책' 비교 분석」, 『여성학논집』 제24집 1호.
이성균(1989), 「미 군정기 노동운동의 전개과정에 관한 일연구」, 『한국 근현대의 민족문제와 노동운동』, 한국사회사연구회 논문집 제15집, 문학과 지성사.
이성근(1985), 「해방직후 미군정치하의 여론동향에 관한 분석」, 『국제정치논총』 제

25집.
이승우(2007), 「건국헌법 이전의 한국헌정사」, 『헌법학연구』 제13권 제2호.
이영록(2003), 「'권승렬안'에 관한 연구」, 법과사회이론학회, 『법과 사회』.
이영환(1989), 「미군정기의 구호정책」, 하상락 편, 『한국사회복지사론』, 박영사.
이완범(1987), 「해방직후 민족통일운동에 관한 일 연구, 임정, 인공간 합작 노력과 4당 행동통일회를 중심으로 1945.12.31~1946.1.16」, 『원우론집』 제15집 1호, 연세대학원학생회.
_____(1988), 「신탁통치와 탁치논쟁의 재론」, 『민족지성』 1월호.
_____(1989), 「해방전후사 연구 10년의 현황과 자료」, 최장집 외, 『해방전후사의 인식 4』, 한길사.
_____(1990), 「우리에게 유엔이란 무엇인가」, 역사문제연구소, 『역사비평』 계간 9호 여름호.
_____(1995), 「미국의 38선 확정 과정과 그 정치적 의도-1945년 8월 10일~15일」, 『한국정치학회보』 제29집 1호.
_____(1999), 「미국 내쇼날아카이브 소장 자료를 통해서 본 38선 확정의 진실」, 『한국민족운동사연구』, 한국민족운동사연구회.
_____(2007), 「1940년대 NARA 한국관련 자료의 활용현황 및 과제」, 『미국소재 한국사자료조사보고 V』, 국사편찬위원회.
이용기(2000), 「미군정기의 새로운 이해와 '사회사'적 접근의 모색」, 한국역사연구회, 『역사와 현실』 35호.
이용희(1983), 「38선 획정신고」, 『분단전후의 현대사』, 일월서각.
이우재(1989), 「8.15직후 농민운동 연구」, 한국 농어촌사회연구소 편, 『한국 농업 농민 연구 II』, 연구사.
이원덕(1990), 「한국전쟁 직전의 주한미군철수」, 하영선 편, 『한국전쟁의 새로운 접근』, 나남.
이원설(1987), 「미군정 3년과 대한민국 수립」, 『현대사를 어떻게 볼 것인가?』, 동아일보사.
이유동(1988), 「한국 현대사 자료의 정리현황과 의미」, 『민족지성』 1월호.
이윤희(1989), 「미군정기 인천에서의 좌.우 투쟁의 전개」, 『역사비평』 계간 4호 봄호, 역사문제연구소.
이인수(1988), 「이승만 노선과 대한민국 정부수립」, 『민족지성』 1월호.
이일재(1990), 「해방직후 대구지방의 조공, 전평활동과 야산대」, 역사문제연구소, 『역사비평』 계간 9호 여름호.

이임하(2004), 「미군의 동아시아 주둔과 섹슈얼리티－미군정기의 매매춘 문제를 중심으로」, 진재교·박의경(편집), 『여성의 발견, 동아시아와 근대』, 성균관대학교 동아시아 유교문화권 교육연구소, 청어람 미디어.
_____(2005), 「해방 뒤 국가건설과 여성노동」, 『역사연구』 제15호, 역사학연구소.
이재의(1989), 「광주와 미국, 45년 9월과 80년」, 민주언론운동협의회, 『말』 5월호(통권 35호).
이정식(1969), 「한국현대정치사연구에 있어서의 문제점」, 『한국정치학회보』 제3집.
_____(1985), 「해방 3년 분단의 고착화 과정」, 『신동아』 12월호.
_____(1987), 「여운형, 김규식의 좌우 합작」, 『현대사를 어떻게 볼 것인가?』, 동아일보사.
이종구(1987), 「일본에서의 노동개혁과 급진적 노동운동의 전개 1945~50」, 『아시아문화』 제3호, 한림대 아시아문화 연구소.
이종영(1986), 「미군정기 사회사연구－10.1폭동의 사회적 배경과 결과」, 『사회구조와 사회사상』, 심설당.
이종훈(1980), 「미군정 경제의 역사적 성격」, 『해방전후사의 인식 1』, 한길사.
_____(1981), 「한국자본주의 형성의 특수성」, 『한국경제의 전개과정』, 돌베개.
이준식(1994), 「논평: 해방정국기 혁명과 반혁명의 총체적 이해」, 『경제와 사회』 겨울호(통권 제24호).
_____(1999), 「해방 정국기 청년운동」, 『미군정기 한국의 사회변동과 사회사 II』, 한림대학교 아시아문화연구소.
이창희(2006), 「10.1사건의 배경과 의미－복수주권, 폭력과 국가건설, 지방정치－」, 『21세기정치학회보』 제16집 1호.
이치용(1947), 「신한공사론」, 『과학전선』 제2권 5호.
이헌창(1984), 「8.15의 사회경제사적 인식」, 이대근 외, 『한국자본주의론』, 까치.
이현경(2005), 「해방후 남한 정치세력의 외국군에 대한 인식과 양군철퇴논쟁」, 『한국정치외교사논총』, 한국정치외교사학회.
이현주(2006), 「조선공산당의 권력구상과 '조선인민공화국'」, 『한국근현대사연구』, 한국근현대사학회.
이혜숙(1986), 「미군정기 노동운동의 성격과 전개과정」, 『현상과인식』, 한국인문사회과학회.
_____(1988), 「미 군정기 농민운동의 성격과 전개과정」, 『해방직후의 민족문제와 사회운동』, 한국사회사논문집, 문학과 지성사.
_____(1990), 「근대국가의 형성과정에 대한 연구」, 『경상대 논문집(사회계 편)』 제

29집 제1호.
_____(1992), 「국가정책연구를 위한 종합적 연구-국가능력이론을 중심으로」, 『사회과학연구』 제10집, 경상대 사회과학연구소.
_____(1995), 「미군정의 구조와 성격-조직과 자원을 중심으로」, 『해방 후 정치세력과 지배구조』 제45집, 한국사회사학회, 문학과지성사.
_____(1997), 「전후 미국의 대일 점령정책-경제정책을 중심으로」, 한국사회사학회, 『사회와 역사』 제52집 가을호.
_____(2001), 「한국 국가연구의 현황과 과제」, 한국사회학비평 편집위원회, 『한국사회학비평』 창간호.
_____(2003), 「미군정기 한국의 정치사회적 변동: 국가-시민사회 관계의 역사적 구조화」, 김필동·지승종 외, 『한국사회사연구』, 나남출판.
_____(2004), 「미군정기 여성운동과 여성정책」, 정진성·안진 외, 『한국현대여성사』, 한울.
_____(2006), 「남한과 일본에서의 미군정기 점령정책 비교: 경제정책을 중심으로」, 『사회과학연구』 제24집 제1호, 경상대학교 사회과학연구원.
이혜원·이영환·정원오(1998), 「한국과 일본의 미군정기 사회복지정책 비교연구」, 『한국사회복지학』 통권 제36호, 한국사회복지학회.
이호룡(2004), 「미군정 경제정책의 기본 성격」, 『한국민족운동사연구』, 한국민족운동사학회.
이호재(1986), 「해방 3년을 어떻게 볼 것인가?」, 『신동아』 8월호.
_____(1988), 「모스크바 삼상회의와 신탁통치안」, 『현대 한국을 뒤흔든 60대 사건』, 신동아 1월호 별책 부록, 동아일보사.
이호철(1987), 「미군정기 농업정책과 농지개혁 연구의 재검토」, 『지역사회와 민족운동』 10월호, 지방사회연구회, 한길사.
이희수(1997), 「미군정기 농민 정치교육 소사-공보부의 활동을 중심으로」, 『한국교육사학』 제19집.
임병직(1968), 「이승만, 하지중장 뿌리치다」, 『월간중앙』 8월호.
임종명(1996), 「조선민족청년단(1946.10~1949.1)과 미군정의 '장래 한국의 지도세력' 양성정책」, 『한국사회』 95.
_____(2007), 「탈식민지 시기(1945~1950) 남한의 국토 민족주의와 그 내재적 모순」, 『역사학보』, 역사학회.
임채성(2004), 「미군정하 신 국가 건설과 한국철도의 재편」, 『경제사학』, 경제사학회.
임현진(1986), 「한국에서의 국가자율성」, 『현대 한국 정치와 국가』, 법문사.

_____(2004), 「한국의 국가능력과 시민참여: 사회통합을 위한 새로운 거버넌스 모색」, 김우식, 『21세기 한국의 국가관리와 리더십』, 연세대 국가관리연구원.
임현진 외(1984), 「국가와 국제정치, 경제체제」, 『한국사회학연구 7』, 한울.
임홍빈(1983), 「이승만, 김구, 하지, 미국측 '극비자료'를 토대로 한 입체분석」, 『신동아』 11·12월호.
장명국(1986), 「해방후 한국노동의 발자취」, 『한국노동운동론』, 미래사.
장상환(1985), 「농지개혁 과정에 관한 실증적 연구」, 『해방전후사의 인식 2』, 한길사.
_____(1986), 「해방후 대미의존적 경제구조의 성립과정」, 『해방 40년의 재인식 1』, 돌베개.
_____(1988), 「농지 개혁」, 『현대 한국을 뒤흔든 60대 사건』, 신동아 1월호 별책 부록, 동아일보사.
_____(1991), 「미국에 의한 한국사회의 재편성」, 장상환 외 지음, 『제국주의와 한국사회』, 한울.
장영민(2001), 「미군정기 미국의 대한선전정책」, 한국근현대사학회, 『한국근현대사연구』 제16집.
_____(2007), 「미국공보원의 5.10총선거 선전에 관한 고찰」, 한국근현대사학회, 『한국근현대사연구』 제41집.
장화수(1982), 「주한미군정청(정부)의 점령경제정책」, 『중앙대논문집』 제26호.
전광석(2005), 「제헌의회의 헌법구상」, 『법학연구』 제15권 제4호, 연세대 법학연구소.
전상인(1991), 「한국의 국가, 그 생성과 역사적 추이」, 『사회비평 5』, 나남.
전운성(1993), 「일본의 농지개혁」, 『쟁점 한국근현대사』, 한국근대사연구회 제3호 (통권 3호).
전한(1948), 「신한공사 토지개혁에 대하여」, 『조선경제』 6월호.
전형민(1986), 「해방직후 정치세력의 독립국가수립에 대한 인식」, 『정신문화 연구원 논문집』.
전호성(2004), 「미군정시대의 구호정책에 대한 역사적 고찰」, 『신학과 신앙』 Vol. 15.
정근식(1985), 「미군정기 자본가집단의 사회인식」, 사회과학 편, 『전남대학교논문집』 제30집.
정병준(1994), 「미국내 한국현대사 관련자료의 현황과 이용법 – 미 국립문서기록관리청을 중심으로」, 『역사와 현실』, 한국역사연구회.
_____(1996), 「남한진주를 전후한 주한미군의 대한정보와 초기점령정책의 수립」, 한국사학회, 『사학연구』 제51호.
_____(2002), 「총설」, 『미국소재 한국사 자료 조사보고 1』, 국사편찬위원회.

정승국(1986), 「세계체제이론과 한국사회」, 『제3세계와 한국의 사회학』, 돌베개.
정영일(1967), 「전후 한국농지개혁에 관한 일고찰」, 『경제논집』 Vol. 6, No. 2.
정영태(1991), 「해방직후 한국정치와 사회민주주의」, 『한국과 국제정치』 제7권 제12호 가을호.
_____(1999), 「미군정기 노동운동과 노동조직」, 『미군정기 한국의 사회변동과 사회사』, 한림대학교 아시아문화연구소.
정용욱(2000), 「미군정기 웨드마이어 사절단의 방한과 미국의 대한정책 변화」, 『동양학』, 30권 단일호, 단국대학교동양학연구소.
_____(2007a), 「해방 직후 주한미군 방첩대의 조직 체계와 활동」, 『한국사론』, 서울대학교 국사학과.
_____(2007b), 「모호한 출발, 저당 잡힌 미래, 발목 잡힌 역사: 21세기에 되돌아 본 해방 전후사의 역사인식」, 참여사회연구소 기획, 이병천 외 엮음, 『다시 대한민국을 묻는다』, 한울.
정일준(2007), 「탈수정주의를 넘어서 한국 근현대사 이해하기: 공간의 다층성, 시폭의 중층성, 그리고 시각의 다원성」, 『한국사회』 제8집 2호, 한국사회연구소.
정진아(2008), 「이승만 정권의 자립경제론, 그 지향과 현실」, 『역사비평』, 역사비평사.
정창현(1997), 「1945~1946년 민중운동에 대한 연구」, 『한국사론』, 경인문화사.
정천구(1985), 「한반도 분단의 배경과 그 구조적 성격」, 『통일논총』 제5권 2호, 국토통일원.
정태석·김호기·유팔무(1995), 「한국의 시민사회와 민주주의 전망」, 유팔무·김호기 엮음, 『시민사회와 시민운동』, 한울.
정태수(1988), 「미군정기 한국교육행정의 기구와 요원의 연구-미군측 사료를 중심으로」, 『교육행정학연구』 Vol. 6, No. 1.
정해구(1987), 「해방직후 대구지방 정치의 전개과정」, 『역사비평』 제1집 가을호, 역사문제연구소.
_____(1989), 「미군정과 좌파의 노동운동」, 한국산업사회연구회 편, 『경제와 사회』 제2권 제1호 봄호.
정호기(2008), 「국가의 형성과 광장의 정치-미군정기의 대중동원과 집합행동」, 『사회와 역사』 통권 제77집, 한국사회사학회.
정환규(1999), 「미 군정 교육정책의 정치사회적 성격」, 『새교육 542』.
조미숙(2006), 「반공주의와 국어교과서-1차 교과서를 중심으로 한 교과서의 선택과 배제 양상」, 한국국어교육학회, 『새국어교육』.
조석준(1966), 「미군정과 제1공화국의 수반관리기구에 관한 연구」, 서울대 행정대학원, 『행정논총』, 4권 2호.
조성권(1997), 「해방 후 우익청년단체에서 활동한 폭력조직의 성격: 1945~1953」, 한국정치학회 1997년 4월 월례발표회.
조소영(2003), 「미군정의 점령정책으로서의 언론정책과 언론법제의 고찰」, 『법과 사회』, 법과사회이론학회.
_____(2004), 「미 군정청 사법부(The Department of Justice)의 기능과 역할에 관한 실증적 연구 – 사법부 유권해석선집(Selected Legal Opinions of the Department of Justice) 제1부의 정리와 자료를 중심으로」, 한국법사학회, 『법사학연구』.
조순승(1985), 「한국분단의 기원」, 『한국현대사 1』, 열음사.
진덕규(1979), 「미군정의 정치사적 인식」, 송건호 외, 『해방전후사의 인식』, 한길사.
_____(1985a), 「미군정 초기 미국의 대한 점령정책」, 『해방 40년의 재인식 1』, 돌베개.
_____(1985b), 「해방정국의 공산당 운동」, 『신동아』 11월호.
_____(1985c), 「김구와 한독당」, 『월간조선』 8월호.
_____(1986), 「민족 운동과 사회주의운동의 갈등」, 『신동아』 8월호.
_____(1987a), 「제2차 세계대전과 한국의 해방」, 『한국현대사의 제문제 2』, 을유문화사.
_____(1987b), 「한국민족주의의 이념과 성격」, 『한국현대사와 역사의식』, 한길사, 역사강좌 3.
_____(1987c), 「2차대전 종결기 한국의 신정치체제 구상에 관하여 – 상해임정과 국내좌파를 중심으로」, 『아시아문화』 제3호, 한림대 아시아문화연구소.
_____(1987d), 「이승만의 군정론과 한민당」, 『현대사를 어떻게 볼 것인가 1』, 동아일보사.
_____(1991), 「한국 현대정치사에서 분단체제 형성에 대한 민족주의적 인식 – 시민사회와 민족국가형성을 중심으로」, 『한국문화연구원논총』, 이화여자대학교 한국문화연구원.
_____(1992), 「미군정시대 정치의 시민사회적 함의성에 대하여」, 한국사회학회·한국정치학회 편, 『한국의 국가와 시민사회』, 한울.
진석용(1971), 「38선 획정과 미국」, 『민족통일론의 전개』, 형성사.
_____(1985), 「분단사의 재조명, 일본학계의 한 연구」, 『사회과학과 정책연구』 제7권 제1호 7월호.
_____(1986), 「38선은 누가 그었는가?」, 『한국사회연구 4』, 한길사.
차기벽(1987), 「2차대전 종전기 동아시아의 국제정세와 국내동향」, 『아시아문화』 3호, 한림대 아시아문화연구소.

차병권(1980), 「일제하의 경제적 유산과 미군정기의 초기조건에 대한 고찰」, 『경제논집』 제19권 2호 6월호.
차상철(1988), 「1941~1945년 미국의 한국정책」, 『현상과 인식』 제12권 1호 봄호(통권 42호).
차재영(1994), 「주한 미점령군의 선전활동 연구」, 『언론과 사회』 가을호(통권 제5호).
_____(2006), 「한국 정부의 수립과 현대 언론의 정착」, 『광복과 한국 현대 언론의 형성』, 국사편찬위원회.
차철욱(1998), 「미군정기 한일무역의 성격」, 『부대사학』 제22집.
채원호(2000), 「군정기 한국의 관료제 형성에 관한 연구-전후 점령기 일본과의 비교를 중심으로」, 『한국행정논집』 제12권 제3호.
최경옥(2003), 「제헌국회의 성립사-미군정 법령과 관련하여」, 『공법연구』 제31집 제5호, 한국공법학회.
_____(2005), 「미군정하의 사법부와 제헌헌법의 성립과정: Ernst Frankel의 논평과 관련하여」, 『공법연구』 제34권 제2호.
최민지(1979), 「한국 여성운동소사」, 이효재 엮음, 『여성해방의 이론과 현실』, 창작과비평.
최봉대(1988), 「전후 미국의 대한반도정책과 분단체제의 구축」, 『해방직후의 민족문제와 사회운동』, 한국사회사연구회 논문집 제13집, 문학과 지성사.
_____(1994), 「미군정의 농민정책에 관한 연구-농민층 통합과 한국 국가의 기반 형성과정을 중심으로」, 『경제와사회』 겨울호(통권 제24호).
_____(1996), 「미군정의 식량공출정책과 한국의 국가형성 문제-식량공출 관련법규와 지주제의 연관성을 중심으로」, 상지대학교 사회과학연구소, 『사회과학논총』 제12집.
최상룡(1983a), 「미군정의 초기 점령정책 연구」, 『고대문화 22』 2월호.
_____(1983b), 「미군정기 한국, 아시아 냉전의 초점」, 『한국사회연구』, 한길사.
_____(1986), 「분할점령과 신탁통치-해방한국의 두가지 외압」, 한국정치학회 편, 『현대한국정치론』, 법문사.
최수철(1961), 「농지개혁과 한국농업」, 『사상계』 5월호.
최연희(1989), 「'친미정권의 모태' 육군사관 학교」, 『말』 8월(통권 38호).
최영묵(1996), 「미군정의 식량정책과 수급정책」, 『역사와 현실』 22.
_____(1997), 「미군정의 신한공사 설립과 조직운영」, 건국대학교 사학회, 『건대사학』.
최은봉(1995), 「미군정하의 정치사회변동과 교육정책」, 『한국현대정치사』, 한국정치학회 편, 법문사.
최장집(1985a), 「과대성장국가의 형성과 정치균열의 구조」, 『한국사회연구』, 한길사.
_____(1985b), 「해방 40년의 국가, 계급구조, 정치변화에 대한 서설」, 『한국현대사 1』, 열음사.
_____(1987), 「한국의 초기 국가형성의 성격과 구조」, 『산업사회연구』 제2집, 한울.
_____(1988), 「5.10총선과 남북한 단정수립」, 『현대 한국을 뒤흔든 60대 사건』(신동아 1월호 별책부록), 동아일보사.
_____(1989), 「한국국가와 그 형태변화에 대한 이론적 접근」, 한국산업사회연구회 편, 『경제와 사회』 겨울호(통권 제4호), 이론과 실천.
_____(1991), 「'가능의 정치'로서의 해방후사 연구」, 『역사비평』 14호 가을호.
키미야 타다시(2007), 「한국현대사연구에 있어서의 미국 국립공문서관 소장자료의 이용」, 『미국소재한국사자료조사보고 V』, 국사편찬위원회.
하연섭(1999), 「역사적 제도주의」, 『신제도주의연구』, 대영문화사.
하영선(1986a), 「냉전과 한국」, 『서울대 국제문제연구소 논문집』 제10호.
_____(1986b), 「냉전체제, 제3세계, 한국」, 『제 3세계와 한국의 사회학』, 돌베개.
_____(1988), 「한국 전쟁」, 『현대 한국을 뒤흔든 60대 사건』, 신동아 1월호 별책 부록, 동아일보사.
한국사회경제학회현대사분과(1990), 「한국현대사연구의 현황과 과제−1945~60년의 한국경제를 중심으로」, 『사회경제평론 2』, 한울.
한상구(1989), 「남로당 지방당조직 어떻게 와해되었나−'10월 인민항쟁' 3.22, 2.7, 5.10에서 투쟁한 남로당 수원군당 부위원장 김시중의 증언」, 『역사비평』 봄호, 역사문제연구소.
한홍구(2002), 「한국의 시민사회, 역사는 있는가」, 「시민과 세계』 창간호, 당대.
허수열(2003), 「해방 시점에 있어서 조선의 일본인 자산에 대한 분석−경상남도 지역의 귀속사업체을 중심으로」, 『지역사회연구』, 한국지역사회학회.
허원구(1992), 「미군정시대의 복지행정에 관한 연구」, 『복재행정논총』 제2권, 한국복지행정학회.
허은(1997), 「미군정의 식량 증산정책과 농촌통제−비료 수급 문제를 중심으로」, 『한국사학보』 제2호.
_____(2003), 「실험대 위의 토끼와 의사−미군정기(1945~48) 대미인식」, 『내일을 여는 역사』 제12호, 서해문집.
_____(2005), 「좌절과 희망의 역사: 통일 민족국가 수립좌절과 남북 통일방안 정립」, 『내일을 여는 역사』 제21호.

____(2006),「국가의 농촌통제: 조세 징수에서 가족계획까지」,『내일을 여는 역사』 제23호.
____(2007),「미 점령군 통치하 '문명과 야만'의 교차」,『한국근현대사연구』제42집, 한국근현대사학회.
허재영(1988),「8.15직후 민족통일국가 수립의 길」,『민족지성』 1월호.
홍성만·염재호·최흥석(2007),「한국 중앙재정기구의 형성과 변화과정: 미군정이후 조직적 기제의 기능변화를 중심으로」,『정부학연구』제13권 2호.
홍성하(1969),「미군정 경제정책의 허실」,『월간중앙』 8월호.
홍진기(1950),「귀속재산에 대한 법적 과제 – 귀속성의 불식의 시급성 – 」,『신천지』 제5권 44호.
황남준(1987),「여순항쟁과 반공국가의 성립」,『연세』 여름호.
황병주(2000),「미군정기 전재민구호운동과 '민족담론'」,『역사와현실』제35호, 한국역사연구회.
황유성(2004),「미군정기의 언론 및 방송정책에 대한 고찰」,『동서언론』제15호.
황정미(1999),「발전국가와 모성」, 심영희 외 공편,『모성의 담론과 현실 – 어머니의 성, 사람, 정체성』, 나남출판.
_____(2001),「해방 후 초기 국가기구 형성과 여성(1946-1960)」,『한국학보』제28권 4호.
황한식(1985),「미군정하 농업과 토지개혁정책」,『해방전후사의 인식 2』, 한길사.
新納豊(1985),「해방후 한국경제의 구조」, 최장집 편,『한국현대사 I』.
橫田安司(1989),「한반도의 분단과 일본의 책임」,『전망』 12월호, 대륙연구소.
Cumings, B.(ed)(1983), *Child of Conflict*, 박의경 옮김(1987),『한국전쟁과 한미관계』, 청사.
Fraenkel, Ernest,「점령 당국의 법적 지위」[C. Leonard Hoag(1970)에 수록], 신복룡·김원덕 옮김(1992),『한국분단보고서』, 풀빛.
Iriye, Akira(1983),「얄타체제의 붕괴와 냉전의 출현」,『분단전후의 현대사』, 일월.
Kolko, J.(1982),「미국과 한국의 해방」,『한국현대사의 재조명』, 돌베개.
Matray, James(1990),「미국은 왜 한국에서 극우세력을 지지했는가? – 트루만의 대한 정책에 대한 실증적 검토」,『사상』 봄호, 사회과학원.
Saunders, Jack(1983),「1945~1950년대의 미국립문서처의 한국관계자료」, 최장집 편,『한국현대사 I』, 열음사.

谷浦孝雄(1967),「南朝鮮の農地改革」,『朝鮮史硏究會論文集 3』.

金三洙(1990), 「韓國資本主義國家の成立とその特質, 1945~53년－政治제制, 勞動運動, 勞動政策を中心として－」, 東京大學 大學院 博士論文.

山名酒喜男(1956), 「朝鮮總督府終戰記錄(1)－終戰前後朝鮮事情概要－」, 友邦協會.

宋蓮玉(1985), 「朝鮮婦女總東盟－八・一五解放直後の女性運動」, 『朝鮮民族運動研究』 2, 青丘文庫.

櫻井浩(1967), 「軍政および過渡政府下における穀物供出制について」, 『アジア經濟』, 8券 7號 アジア經濟研究所.

_____, 「韓國の土地改革と朝鮮戰爭」, アジア經濟研究所, 地域研究部.

吳忠根(1982.7~9), 「朝鮮半島をめぐる米ソ關係－ソ連對日參戰を中心に」, 『共産主義と國際政治』, Vol. 7 No. 2.

佐佐木隆雨(1968), 「第二次大戰後の南朝鮮解放鬪爭における土地改革の要求について」, 『朝鮮史研究會論文集』, 極東書店.

中尾美知者(1984), 「米軍政, 全評, 大韓勞總－朝鮮'解放'大韓民國軌跡－」, 『經濟學論集』.

中川信夫(1985), 「8.15解放直後の朝鮮の左翼－朝鮮共産黨北部5道黨責任者, 熱誠者大會を中心に」, 『アジア經濟』 XXVI-1.

Alavi, Hamza(July~August. 1972), "The State in Post-Colonial Soceities: Pakistan and Bangladesh", *New Left Review*, No. 74.

Angus, W.(20 November 1946), "American Policy in Korea: Two Views", *Far Eastern Survey*.

Baldwin, Frank(1973), "Intorduction", *Without Parallel: The American-Korean Relationship Since 1945*, Pantheon Books, a Division of Random House, New York.

Baldwin, Roger N.(2 August 1947), "Our Blunder in Korea", *The Nation*.

Bix, Herbert P.(1973), "Regional Integration: japan and South Korea in America's Asian Poicy", *Without Parallel: The American-Korean Relationship Since 1945*, Pantheon Books, a Division of Random House, New York.

Bunce, A.(19 April 1944a), "The Future of Korea: Part I", *Far Eastern Survey*, Vol. XIII, No. 8.

_____(17 May 1944b), "The Future of Korea: Part II", *Far Eastern Survey*, Vol. XIII, No. 10.

Buss, Claude, A.(1982), "The United States and the Republic of Korea Background for Policy", *Hoover International Studies*, Stanford University, Stanford, California.

Cardoso, F. Henrique(1979), "On the Characterization of Authoritarian Regime in Latin America" David Collier(ed), *The New Authoritatianism in Latin America*, Princeton University Press, Princeton, New Jersey.

Choy, Bong Youn(1984), "A History of the Korean Reunification Movement: Its Issues and Prospects, Research Committee of Korean Unification", *Institute of International Studies*, Bradley University Peoria, Illinois.

Cohen, Jerome, B.(23 June 1948), "Japan: Reform VS. Recovery", *Far Eastern Survey*, Vol. XVII. No. 12.

_____(21 Setember 1949), "Asia's Economic Problem", *Far Eastern Survey*, Vol. XVIII, No. 19.

Cumings, B.(February 1985), "The Northeast Asian Political Economy Under two Hegemonies", Vol. 90. No. 1.

Deane, Hugh(Oct 1948), "Economic Deterioration in South Korea", *China Weekly Review*.

Dorner, Peter and Don Kanel(June 1970), "The Economic Case for Land Reform", *Agency for International Development Spring Review of Land Reform*, Second Edition, Volume XI, Analytical Papers.

Dovring, Folke(June 1970), "Economic Results of Land Reform", Analytical Papers, Agency for International Development. *Spring Review of Land Reform*, Second Edition, Volume XI.

Em, Henry H.(1991), "Civil Affairs Training and the U. S. Military Government in Korea", Bruce Cumings, *Chicago Occasional Paper on Korea*, Select Papers Volume No. 6, The Center For East Asian Studies, The University of Chicago, Chicago, Illinois.

Friedrich, Carl, J. and Douglas G. Haring(14 February 1945), "Military Government For Japan", *Far Eastern Survey*.

Gaddis, John Lewis(January 1974), "Was the Truman Doctirine a real Turning Point", *Foreign Affairs* 52.

_____(April 1984), "The american conception of Aational Security and the Beginnings of the cold War, 1945~48: Comments", *The American Historical Review*, Vol. 89, No. 2.

Goldstone Jack A.(1998), "Initial Conditions, General Laws, Path Dependence, and Explanation in Historical Sociology, *American Journal of Sociology*, 104-3.

Gordenker, Leon(September 1958), "The United Nations, the United States Occupation and the 1948 Election in Korea", *Political Science Quarterly*, Vol. 73. No. 3.

Grajdanzev, Andrew J(10 October 1945), "Korea Divided", *Far Eastern Survey*, Vol. XIV, No. 20.

Haggard, S. and Chung-In Moon(1983), "The South Korean State in the International Economy: The Antinomies of Interdependence", New York, Columbia Univ. Press.

Hamilton, Thomas, J.(6 September 1947), "Washington and the United Nations", *The Nation*.

Hamlin, Will(1 March 1947), "Korea: An American Tragedy", *The Nation*.

Held and J. Keane(1984), "In a Fit State", *New Socialist*, Vol. 1.

Henning, C., N.(17 November 1945), "Korea's Foreign Trade-Prewar Trends Foreshadow Future Potentialities", *Journal of International Economy*.

Immergut, e. M.(1998), "The Theoretical core of the New Institutionalism", *Politics & Society*, Vol. 26, No. 1.

Kim, Ron(1991), "Korea and Austria Between Great Powers", Bruce Cumings, *Chicago Occasional Paper on Korea*, Select Papers Volume No. 6, The Center For.

Kim, Yongjeung(5 May 1948), "The Cold War: Korean Elections", *Far Eastern Survey*, Vol. XVII, No. 9.

Kirchwey, Freda(22 March 1947a), "Manifest Destiny", *The Nation*.

_____(3 May 1947b), "What America Wants", *The Nation*.

Koo, Hagen(1993), "Strong State and Contentious Society", *State and Soceity in Contemporary Korea*, Hagen Koo(ed), Cornell University Press, Ithaca and London.

Kotch, John Bary(January 1976), "The Origins and Evolution of American Involvement and the Emergence of a National Security Commitment", *United States Security Policy Toward Korea 1945~1953*.

Krasner, Stephen D.(1978), "Defending the National Interest: Raw Materials Investments and U.S. Foreign Policy", Princeton, Princeton Univ. Press.

Lachman, Alexis E.(June 1970), "What is Land Reform?", Analytical Papers. Agency for International Develoment, *Spring Review of Land Reform*, Second edition. Vol. XI. PPC/ AID / Washington.

Lee, Hyesook(1997), "State Formation and Civil Society under American Occupation: The Case of South Korea", *Korea Journal of Population and Development*, Vol. 26. No. 2, Seoul National University.

Lee, Na Young(Fall 2007), "The Construction of Military Prostitution insouth Korea during the U.S. Military Rule, 1945~1948", *Feminist Studies* 33, no. 3.

Leffler, Nelvyn(april 1984a), "The America conception of National Security and the Beginnings of the Cold War, 1945~48", *The American Historical Review*, Vol. 89, No. 2.

Lerch, Archer, L.(June 1946), "New Military Government for Korea", *Korea Economic Digest*, January Vol. III, No. 1.

Liem, Channing(6 April 1949), "United States Rule in Korea", *Far Eastern Survey*.

Long. Erven J.(May 1961), "The Economic Basis of Land Reform in Underdeverloped Economics", *Land Economics*.

Lyman, Priveeron N. and Ferome T. French(June 1970), "Political Results of Land Reform", Analytical Papers, *Spring Review of Land Reform,* Second Edition, Volume XI. Ageancy for International Development, PPC/AID. Washington.

Matray, J. I(1983), "Korea: Test Case of Containment in Asia", B. Cumings(ed), *Child of Conflict: The Korean-American Relationship, 1943~1953*, University of Washington Press, Seattle and London.

McCune, George M.(6 January 1946), "Essential Unity of Korean Economy", *Korea Economic Digest*, a Publication of the Korea Economics Society Vol. III, No. 1.

_____(13 February 1946), "Occupation Politics in Korea", *Far Eastern Survey*, Vol. XV, No. 3.

_____(March 1947a), "Korea: The First Year of Liberation", *Pacific Affairs*.

_____(15 October 1947b), "The Occupation of Korea", *Foreign Policy Reports*.

_____(8 September 1948), "The Korean Situation", *Far Eastern Survey*, Vol. XVII, No. 17.

McGovern, William Montgomery(March 1948), "Economic and Political Condition in the Far East: Japan, China, Korea", United States Government Printing Office, Washington.

Meyer, J. W.(1980), "The World Policy and the Authority of the Nation-State", A. Bergesen(ed), *Studies of the Modern World-Ststem*, New York: Academic Press.

Miller, Agnes Roman(3 May 1950), "American Investments in the Far East", *Far Eastern Survey*, Vol. XIX, No. 9.

Mitchell, C. Clyde(30 April 1948a), "Final Report and History of the New Korea Company", HQ. HSAMGIK, *National Land Administration Apo. 235*, Unit 2.

_____(October 1948b), "South Korean Tenants Become Landowners",

Foreign Agriculture 12.

_____(November 1948c), "Korean Farm Tenant Purchase Program", *Land Economics*.

_____(1952), "Land Reform in Asia", National Planning Assiciation, *Planning Pamphlet*, No 78. February.

Modelski, G.(1978), "The Long Cycle of Global Politics and the Nation-State", *Comparative Studies in Society*, 20.

MuCune, George M.(November 1947), "Post-War Government and Politics of Korea", *The Journal of Politics*, Vol. 9. No. 4.

Nettl, J. P.(1994), "The State as a Conceptual Variable", J. A. Hall(ed), *The State: Critical Concepts*, Vol. 1. London, Routledge.

Offe, Claus(1975), "The Theory of the Capitalist State and the Problem of Policy Formation", L. Lindberg et al.(eds.), *Stress and Contradiction in Modern Capitalism*, Lexington. Mass, Heath.

Palais, James(1973), "Democracy's in South Korea: 1945~1972", Baldwin, Frank(ed), *Without Parallel: The American-Korean Relationship Since 1945*, Pantheon Books, a Division of Random House, New York.

Reed, Edward(December 1975), "The Impact of Politically Motivated Land Tenure Reform: The Case of South Korea", *Paper for Political Science* 668. 2.

Reeve, W. D.(1963), "Issued under the Auspices of the Royal Institute of International Affairs", *The Republic of Korea—A Political and Economic Study*, Oxford University Press, London, New York, Toronto.

Reubens, Edwon P.(23 March 1949), "Asia and Truman's Fourth Point", *Far Eastern Survey*, Vol. XVIII, No. 6.

Rueschemeyer, D. and Peter Evans(1985), "The State and Economic Transformation", P. B. Evans et al.(eds), *Bring the State Back In*, Cambridge University Press, Cambridge.

Sarafan, Bertram D.(20 November 1946), "Military Government: Korea", *Far Eastern Survery*, Vol. XV, No. 23.

Saunders, Jack(1983), "Records n the National Archives Relating to Korea, 1945~1950", B. Cumings(ed), *Child of Conflict*, Univ of Washington.

Skocpol, T.(1985), "Bringing the State Back In: Strategies of Analysis in Current Research", Evans, P. B. et al.(eds), *Bring the State Back In*, Cambridge University

Press.

Snow, Edgar(1958), "We Stop a Revolution", *Journey to the Beginning*, N.Y., Random House.

Tayler, Philip H.(1948), "Administration and Operation of Military Government", Carl Friedrich, et al., *American Experience in Military Government in World War II*, NY. Rinehart.

Thelen, K. and S. Sven(1992), "Historical Institutionalism in Comparative Politics", Sven Steinmo, K. Thelen and F. Longstreth(eds), *Sturcturing Politics: Historical Institutionalism in Comparative Politics*, Cambridge: Cambridge University Press.

Tilly, Charles(1975a), "Food Supply and Public Order in Modern Europe", C. Tilly(ed.), *The Formation of National States in Western Europe*, Princeton: Princeton University Press.

_____(1975b), "Reflections on the History of European State-making", *The Formation of National States in Western Europe*, Princeton New Jersey, Princeton Univ. Press.

Vinacke, Harold M.(1 March 1951), "The Eastern Policy of the United States", *Foreign Policy Reports*, Vol. XXVI, No. 20.

Weems, Benjamin(23 June 1948), "Behind the Korean Election", *Far Eastern Survey*, Vol. XVII, No. 12.

Yoo, Sookran(Fall 2006), "A Study on Resturcturing of Gender Inequality during the U.S, Occupation Period in Korea and Japan", *Asian Women*, Vol. 22, No. 2.

Zolberg, A.(1981), "Origins of the Modern World System: A Missing Link", *World Politics* 33.

2) 단행본

강만길(1984), 『한국현대사』, 창작과 비평사.
_____(1987), 『한국현대사와 역사의식』, 한길역사강좌 3.
강정구(1987), 『좌절된 사회혁명-미군정하의 남한, 필리핀, 북한연구』, 열음사.
강준만(2004), 『한국 현대사 산책 1940년대편-8·15해방에서 6·25전야까지』 2권, 인물과 사상사.
견학필(1985), 『한국현대정치사』 1, 대왕사.
계훈모(1987), 『한국언론연표 II 1945~1950』, 관훈클럽신영연구기금.
고영민(1987), 『해방정국의 증언: 어느 혁명가의 수기』, 사계절.

공병훈 외(1990), 『한미관계의 재인식 1』, 두리.
김기원(1990), 『미군정기 경제구조』, 푸른산.
김낙중(1982), 『한국노동운동사: 해방후편』, 청사.
김남식(1984), 『남로당 연구』, 돌베개.
김남식 외(1986), 『박헌영 노선비판』, 세계.
김대래(2005), 『해방직후 부산, 경남지역의 공업』, 신지서원.
김대환 외(1987), 『한국현대사를 어떻게 볼 것인가? 1945~1960』, 열음사상총서 14.
김동구(1995), 『미군정기의 교육』, 문음사.
김동춘 엮음(1988), 『한국현대사연구』, 이성과 현실사.
김민환(1991), 『미군정 공보기구의 언론활동』, 서강대언론문화연구소.
＿＿＿(1996), 『한국언론사』, 사회비평사.
＿＿＿(2001), 『미군정기 신문의 사회사상』, 나남출판.
김석준(1996), 『미군정 시대의 국가와 행정: 분단 국가의 형성과 행정 체제의 정비』, 이화여자대학교 출판부.
김성호 외(1989), 『농지개혁사연구』, 한국농촌경제연구원.
김영명(1998), 『고쳐 쓴 한국현대정치사』, 을유문화사.
김용일(1999), 『미군정하의 교육정책 연구－교육정치학적 접근』, 고려대학교 민족문화연구원.
김일영 외(2001), 『한국정치와 헌정사』, 한울.
김정원 외(1982), 『한국 현대사의 재조명』, 돌베개.
김종규(1987), 『한국 근현대사의 이데올로기』, 논장.
김종훈(1983), 『한국정당사』, 고시학회.
김행선(2004), 『해방정국 청년운동사』, 선인.
김혁동(1970), 『미군정하 입법위원』, 법문사.
김홍명 외(1985), 『국가이론과 분단한국－국가, 헤게모니, 세계체제, 분단』, 한울.
농협중앙회(1965), 『한국농정20년사』.
대한방직협회(1957), 『방협창립 십주년 기념지』.
대한상공회의소(1976), 『상공회의소 90년사』 상권.
도진순(1997), 『한국민족주의와 남북관계: 이승만, 김구 시대의 정치사』, 서울대학교출판부.
마산상공회의소 편(1987), 『마산상공회의소90년사』, 마산시 상공회의소.
문정창(1961), 『한국농촌단체사』, 일조각.
문제안 외(2005), 『8.15의 기억: 해방공간의 풍경, 40인의 역사체험』, 한길사.

문창주(1979), 『한국 정치론』, 일조각.
민전사무국(1946), 『조선해방1년사』.
민주주의민족전선(1946), 『해방조선 I: 자주적 통일민족국가수립투쟁사』, 과학과사상사에서 복간(1988).
민중운동사 연구회(1990), 『해방후 한국변혁운동사 1945~1953』, 녹진.
박광주(1992), 『한국권위주의국가론』, 인간사랑.
박명규(1997), 『한국근대국가형성과 농민』, 문학과 지성사.
박명림 외(1989), 『해방전후사의 인식 6 - 쟁점과 과제』, 한길사.
박문옥(1968), 『한국정부론』, 박영사.
박세길(1988), 『다시 쓰는 현대사』, 돌베개.
박영기·김정한(2002), 『한국노동운동사』, 고려대 노동문제연구소.
박영수(1998), 『다큐멘터리 한국근현대사: 갑신정변에서 대한민국 건국까지』, 바다출판사.
박일원(1984), 『남로당의 조직과 전술』, 세계.
박재규(1976), 『미국의 대아시아정책(I) - 제 2차 세계대전 중 전시외교의 연구-』, 법문사.
박지향 외(2006), 『해방 전후사의 재인식』 1·2, 책세상.
박찬표(1997), 『한국의 국가형성과 민주주의 - 미군정기 자유민주주의의 초기제도화』, 고려대학교 출판부.
_____(2007), 『한국의 국가형성과 민주주의: 냉전 자유주의와 보수적 민주주의의 기원』, 후마니타스.
박현채 외(1987), 『해방전후사의 인식 3』, 한길사.
박환(2001), 『20세기 한국 근현대사 연구와 쟁점』, 국학자료원.
방선주 외(1991), 『한국현대사와 미군정』, 한림대 아시아문화연구소.
보건사회부(1987), 『부녀행정40년사』.
서울대 인문대학 한국현대사 연구회(1987), 『해방정국과 민족통일전선』, 세계.
서울대학교 한국정치연구소 편(1993), 『한국의 현대정치 1945~1948년』, 서울대학교 출판부.
서중석(1996), 『한국현대민족운동연구 2: 1948~1950 민주주의·민족주의 그리고 반공주의』, 역사비평사.
_____(2002), 『비극의 현대지도자 - 그들은 민족주의자인가 반민족주의자인가』, 성균관대학교 출판부.
손인수(1992), 『미군정과 교육정책』, 한국사회학연구소, 민영사.

손호철 외(1991), 『한국전쟁과 남북한 사회의 구조적 변화』, 경남대 극동문제연구소.
송남헌(1976), 『해방 30년사』, 성문각.
_____(1980), 『한국 현대 정치사 1』, 성문각.
송덕수(1996), 『광복교육 50년: 미군정기편』, 대한교원공제회 교원복지신보사.
식산은행조사부(1950), 『식은조사월보』 제5권 제3호.
신복룡(2001), 『한국분단사연구』, 한울.
신상준(1997), 『미군정의 남한행정체제』, 한국복지행정연구소.
신용하(1990), 『한국현대사와 민족문제』, 문학과 지성사.
심지연(1982), 『한국민주당연구』, 풀빛.
_____(1984), 『한국현대정당론』, 창작과 비평사.
_____(1986), 『해방정국논쟁사』 제1권, 한울.
_____(1988), 『조선신민당연구』, 동녘.
_____(1989), 『미, 소공동위원회연구』, 청계연구소.
_____(1991a), 『대구 10월항쟁연구』, 청계연구소.
_____(1991b), 『인민당연구』, 경남대 극동문제연구소.
아부양(阿部 洋) 편(1987), 『해방후 한국의 교육개혁: 미군정기를 중심으로』, 한국연구원.
안종철(1991), 『광주전남지방 현대사연구-건준 및 인민위원회를 중심으로』, 한울.
안진(1996), 『미군정기 억압기구연구』, 한울.
_____(2005), 『미군정과 한국의 민주주의』, 한울.
안태정(2002), 『조선노동조합전국평의회』, 현장에서 미래를.
양동안(2001), 『대한민국건국사: 해방3년의 정치사』(개정신판), 현음사.
양동안 외(1987), 『현대한국정치사』, 한국정신문화연구소.
역사문제연구소(1989), 『해방3년사 연구입문』, 까치.
오기영(2002), 『진짜 무궁화: 해방경성의 풍자와 기개』, 성균관 대학교 출판부.
우리사회연구회(1994), 『성과 현대사회』, 파란나라.
유종호(2004), 『나의 해방전후』, 민음사.
유진오(1954), 『헌법의 기초이론』, 일조각.
윤민재(2004), 『중도파의 민족주의운동과 분단국가』, 서울대학교출판부.
윤충로(2005), 『베트남과 한국의 반공독재국가형성사: 응오딘지엠과 이승만 정권 비교』, 선인.
윤형섭(1988), 『한국 정치론』, 박영사.
이경남(1989a), 『분단시대의 청년운동』 상, 삼성문화개발.

_____(1989b), 『분단시대의 청년운동』 하, 삼성문화개발.
이경모(1980), 『격동기의 현장』, 눈빛의 사진2.
이기하(1961), 『한국정당발달사』, 의회정치사.
이대근(1987), 『한국전쟁과 1950년대의 자본축적』, 까치.
_____(2002), 『해방후, 1950년대의 경제-공업화의 사적 배경연구』, 삼성경제연구소.
이동원·조성남(1997), 『미군정기의 사회이동: 배경, 특성, 그리고 그 영향』, 이화여자대학교 출판부.
이동현(1990), 『한국신탁통치연구』, 평민사.
이병석(1988), 『제3세계 토지개혁과 정치발전』, 영광출판사.
이수인 엮음(1989), 『한국현대정치사-미군점령시대의 정치사』, 실천문학사.
이승희(1994), 『여성운동과 정치이론』, 녹두.
이완범(2001), 『삼팔선 획정의 진실』, 지식산업사.
이이화 외(1988), 『한국 근현대연구입문』, 역사비평사.
이정식(2006), 『대한민국의 기원: 해방 전후 한반도 국제정세와 민족지도자 4인의 정치적 궤적』, 일조각.
이혜숙(2003), 『일본현대사의 이해-전후 일본사회와 미국의 점령정책』, 경상대학교 해외지역연구센터.
이효재(1980), 『한국의 여성운동: 어제와 오늘』, 정우사.
인정식(1948) 『조선농촌문제사전』, 신학사.
인천상공회의소(1979), 『인천상공회의소90년사』.
일월서각편집부 편(1983), 『분단전후의 현대사』, 일월서각.
임송자(2007), 『대한민국 노동운동의 보수적 기원: 1945년 해방~1961년까지』, 선인.
임영태(편)(1985), 『식민지시대 한국사회와 운동』, 사계절.
장병순(1973), 『한국세정사』, 보성사.
재무부(1979), 『한국세제사』 상.
전국 경제인연합회 편(1975), 『한국경제정책 30년사』, 사회사상사.
전남일보 광주전남현대사 기획위원회(1991), 『광주전남 현대사』 1·2, 실천문학사.
전사편찬위원회(1967), 『한국전쟁사: 해방과 건국』 제1권.
전상인(2001), 『고개 숙인 수정주의-한국현대사의 역사사회학』, 전통과 현대.
전운성(1999), 『세계의 토지제도와 식량-한국과 세계 각국의 토지제도사 비교』, 한울.
정병준(2005), 『우남 이승만 연구-한국 근대국가의 형성과 우파의 길』, 역사비평사.

정용욱(2002), 『「주한미군사」와 미군정기 연구』, 백산서당.
_____(2003a), 『미군정자료연구』, 선인.
_____(2003b), 『해방 전후 미국의 대한정책』, 서울대학교출판부.
_____(2003c), 『존 하지와 미군 점령통치 3년』, 중심.
정태수 편저(1992), 『미군정기 한국교육사자료집(상)(1945~1948)』, 홍지원.
정해구(1988), 『10월 인민항쟁연구』, 열음사.
조규하 외(1972), 『남북의 대화』, 한얼문고.
조기안(2003), 『미군정기의 정치행정체제』, 아람.
조순경·이숙진(1995), 『냉전체제와 생산의 정치: 미군정기 노동정책과 노동운동』, 이화여자대학교 출판부.
조순승(1982), 『한국분단사』, 형성사.
조용중(1990), 『미군정하의 한국정치현장』, 나남.
진덕규 외(1981), 『1950년대의 인식』, 한길사.
차상철(1991), 『해방전후 미국의 한반도정책』, 지식산업사.
최상룡(1988), 『미군정과 한국 민족주의』, 나남.
최상룡 외(1987), 『현대한국정치와 국가』, 한국정치학회 편.
최장집(1989), 『한국현대정치의 구조와 변화』, 까치.
_____(1993), 『한국민주주의의 이론』, 한길사.
_____(1996), 『한국민주주의 조건과 전망』, 나남.
_____(2007), 『어떤 민주주의인가』, 후마니타스.
최장집 외(1989), 『해방전후사의 인식 4』, 한길사.
최장집 편(1985), 『한국현대사 1』, 열음사.
하성수(1986), 『남로당사』, 세계.
하영선(1990), 『한국전쟁의 새로운 접근 – 전통주의와 수정주의를 넘어서 –』, 사회비평신서 7.
한국교육개혁10년사간행회(1960), 『한국교육십년사』, 풍문사.
한국노동조합총연맹(1979), 『한국노동조합운동사』.
한국농촌경제연구원(1986), 『농지개혁사관계자료집』 제4집(신한공사보고서류편).
한국부인회총본부(1986), 『한국여성운동약사: 1945~1963년까지 인물중심』, 한밤의 소리사.
한국사 연구협의회 편(1988), 『한국현대사의 전개』, 탐구당.
한국사학회 편(1987), 『한국 현대사의 제문제』 1·2, 을유문화사.
한국일보사(1981), 『재계회고 2』.

한국정신문화연구원 편(2001), 『해방 전후 미국의 '대한인식' 자료』(근현대사자료총서 9), 선인.
_____ 편(2002a), 『해방전후사 사료 연구 I』, 선인.
_____ 편(2002b), 『해방전후사 사료 연구 II』, 선인.
한국정신문화연구원 한민족문화연구소 편(2001), 『내가 겪은 해방과 분단』, 선인.
한배호 편(1990), 『한국현대정치론1 − 제 1공화국의 국가형성, 정치과정, 정책』, 나남.
한승조 외(1988), 『한국국가의 기본성격과 과제』, 한국정신문화연구원.
_____ 외(1990), 『해방전후사의 쟁점과 평가』, 1·2, 형설출판사.
한태수(1961), 『한국정당사』, 신태양사.
허재일 외(1991), 『해방전후사의 바른 이해』, 평민사.
홍성유(1964), 『한국경제의 자본축적과정』, 고대 아세아문제연구소.
홍성찬 편(2001), 『농지개혁 연구』, 연세대학교 출판부.
林建彦(1986), 최현 옮김, 『한국현대사』, 삼민사.
梶村秀樹 외, 김동춘 엮음, 『한국현대사연구 1』, 이성과 현실사.
小此木政夫, 현대사 연구실 역(1986), 『한국전쟁−미국의 개입과정』, 청계연구소.
Alfred Stephan(1971), 이수훈 외 공역(1989), 『군부정치』, 열음사.
Badie & Birnbaum(1983), 차남희 옮김(1987), 『국가사회학』, 학문과 사상사.
Baldwin, Frank 편(1973), 편집부 역(1984), 『한국현대사』, 사계절.
Cumings, B(1981), 김주환 옮김(1986), 『한국전쟁의 기원』 상·하, 청사.
Gayn, Mark(1981), 편집부 옮김(1986), 『해방과 미군정』, 까치.
Matray, James I.(1985), 구대열 옮김(1989), 『한반도의 분단과 미국』, 을유문화사.
Robinson, Richard D.(1947), 정미옥 옮김(1988), 『미국의 배반: 미군정과 남조선』, 과학과 사상.
Smith, A. D.(1983), 박은구 옮김(1982), 『제 3세계의 국가와 민족』, 삼영사.
Stephan, A.(1971), 이수훈 외 공역(1989), 『군부정치』, 열음사.
Strayer, J. R.(1970), 박은구 옮김(1982), 『근대국가의 기원』, 탐구당.
Sullivan, John & Roberta Foss 외(eds.)(1987), 최봉대 역(1988), 『두 개의 한국, 하나의 미래』, 청계연구소.

高峻石(1972), 『朝鮮 1945~1950 革命史への證言』, 東京: 三日書房.
森田芳夫(1964), 『朝鮮終戰の記錄』, 東京: 嚴南堂.
李慶憙(2002), 『米國の占領政策に關する硏究』, 國士館大學大學院.
伊藤正二 編(1983), 『發展途上国の財閥』, アジア經濟硏究所.

Alford, Robert R.(1985), *Powers of Theory-Capitalism, The State, and Democracy*, Cambridge University Press.
Anderson, James(ed)(1986), *The Rise of the Modern State*, Harvester Press.
Anderson, P.(1974), *Lineages of the Absolute States*, London, New Left Books.
Baldwin, Frank(ed)(1973), *Without Parallel: The American-Korean Relationship Since 1945*, New York, Pantheon Books.
Benjamin, Roger & Stephen L. Elkin(ed)(1985), *The Democratic State*, University Press of kansas.
Bentry, Arthur F.(1980), *The Process of Government*, Chicago, University of Chicago Press.
Benvenisti, Eyal(1993), *The International Law of Occupation*, Princeton University Press.
Berger, Carl(1957), *The Korea Knot: A Military-Political History*, University of Pennsylvania Press.
Cumings, B(ed)(1983), *Child of Conflict — The Korean-American Relationship, 1943~1953*, University of Washington Press, Seattle and London.
Dahl, R. A.(1963), *Who Governs?* New Haven, Yale Univ. Press.
Department of The Army and Navy(October, 1947), *United States Army and Navy Manual of Civil Affairs Military Government*, FM 27-5, OPNAV P22-1115.
Department of the Army(May 1957), *Civil Affairs Military Government Operations*, FM 41-10, Department of The Army Field Manual.
Dobbs, C. M.(1981), *The Unwanted Symbol: American Foreign Policy, the Cold War, the Korea, 1945~1950*, Kent, The Kent State University Press.
Downs, W. Findlay(1949), *Report NO. 5002 to His Excellency Syngman Rhee, President of the Condition, Rehabilitation, and Futher Development of Certain Elements in the Industry of the Republic of Korea*, Day & Zimmermann, Inc, Engineers.
Dyson, K. H.(1980), *The State Tradition On Western Europe*, Martin Robertson.
Economic Cooperation Administration(1949, May), *Korea: the Economy of South Korea: Basic Survey*.
Etzold, Thomas H. and Johan Lewis Gaddis(1978), *Containment: Documents of American Policy and Strategy, 1945~1950*, New York, Columbia University Press.
Gaddis, J. Lewis · Yönosuke Nagai · Akira Iriye(ed), *The Origins of the Cold War in Asia*, Columbia University Press, University of Tokyo Press.
_____(1972), *The United States and the Origins*

of the Cold War: 1941~1947, Columbia University Press, New York and London.

Giddens, Anthony(1972), *Politics and Sociology in the Thought of Max Weber*, Printed In Great Britain by the Anchor Press Ltd, Tiptree, Essex.

_____(1979), *Central Problems in Social Theory: Action, Structure and Contradiction in Social Analysis*, London, Macmillian.

_____(1987), *The Nation-State and Violence*, Los Angeles, University of Califonia.

Glahn, Gerhard von(1957), *The Occupation of Enemy Territory: A Commentary on the Law and Practice of Belligerent Occupation*, The University of Minnesota Press, Minneapolis.

Goodrich, Leland M.(1956), *Korea: A Study of U. S. Policy in the United Nations*, Council on Foreign Relations, 58 East 68the Street, New York.

Gunther, John(1950), *The Riddle of MacArthur—Japan, Korea and the Far East*, Harper & Brothers, New York.

Guttmann, Allen(ed)(1972), *Korea Cold War and Limited War*, Second Edition D.C. Health and Company, Lexigton, Massachusetts Toronto, London.

Hall, Petrer A.(1986), *Governing the Economy*, Oxford University Press, New York.

Held, D et al(eds)(1983), *States and Societies*, New York, The Open Univ. Press.

Henderson, Gregory(1968), *Korea, The Politics of the Vortex*, Cambridge. Mass., Harvard University Press.

Hoag, C. Leonard(1970), *American Military Government in Korea: War Policy and the First Year of Occupation. 1945~1946*, Draft Manuscript prepared under the Auspices of the Chief of Military History. Dept. of the Army.

Kihl, Young Whan(1984), *Politics and Policies in Divided Korea Regimes in Contest*, Westview Press, Boulder and London.

Kim, Hyung-Kook(1995), *The Division of Korea and the Alliance Making Process: Internationalization of Internal Conflict and Internalization of International Struggle, 1945~1948*, University Press of America, Ins, Lanham, New York, London.

Kim, Se-jin and Chang-hyun Cho(ed)(1976), *Korea: A Divided Nation*, The Research Institute on Korean Affairs, Silver Spring, Maryland.

Klein, Sidney(1958), *The Pattern of Land Tenure Reform in East Asia After World War II*, Bookman Associates, New York.

Kolko, Gabriel(1968), *The Politics of War: The World and United States Foreign Policy, 1943~1945*, Pantheon Books, New York.

Kolko, Joyce and Gabriel(1972), *The Limits of Power: the World and United States Foreign Policy, 1945~1954*, Happer & Row, Publishers, New York, Evanston, San Francisco, London.

Krasner, Stephen D.(1978), *Defending the National Interest: Row Materials Investments and U. S. Foreign Policy*, Princeton, Princeton Univ. Press.

Labasz. H.(ed)(1964), *The Development of the Modern State*, The Macmillan Company, New York.

Lauterbach, Richard E.(1946), *Danger From The East*, Harper & Brothers Publishers, New York and London.

Lowe, Peter(1986), *The Origins of the Korean War*, Longman, London and New York.

Mann, M.(1986), *The Sources of Social Power: A History of power from the beginning to A.D. 1760*, Cambridge University Press.

_____(1993), *The Sources of Social Power ; the Rise of Classes and Nation-state, 1760~1914*, Vol. II, Cambridge: Cambridge University Press.

McCune, George M.(1950), *Korea Today*, Harvard University Press, Cambridge.

McCune, Shannon(1956), *Korea's Heritage: A Regional and Social Geography*, Charles E. Tuttle Company.

_____(1966), *Korea: Land of Broken Calm*, D. Van Nostrand Company, Inc.

Meade, E. Grant(1951), *American Military Government in Korea*, New York: Columbia Univ.

Miliband, R.(1969), *The State in Capitalist Society*, New York, Basic Book.

Moore, Ray A, Donald L, Robinson(2002), *Partners for Democracy: Crafting the New Japanese State under MacArthur*, Oxford University Press.

Nordlinger, E.(1981), *On the Autonomy of the Demorcratic State*, Cambridge Mass, Harvard University Press.

Oh Bonnie B. C(ed)(2002), *Korea Under the American Military Government, 1945~1948*, Praeger, Westport, Connecticut, London.

Olson, Gary L.(1974), *U.S Foreign Policy and the Third World Peasant Land Reform in Asia and Latin America*, Praeger Publishers. Inc.

Poggi, G.(1978), *The Development of the Modern State*, Stanford Califonia, Stanford Univ. Press.

Poulantzas, N.(1973), *Political Power and Social Class*, London, New Left Books.

Reeve, W. D.(1963), *The Republic of Korea: A Political and Economic Study*, Oxford

University Press, London New York Toronto.
Rose, Lisle A.(1976), *Roots of Tragedy: The United States and the Struggle for Asia, 1945~1953*, Greenwood Press, Westport, Connecticut, London, England.
Schaller, Michael(1985), *The American Occupation of Japan, The Origins of the Cold War in Asia*, New York, Oxford, Oxford University Press.
Schindler, Dietrich and Jiri Toman(1981), *The Laws of Armed Conflicts: a Collection of Conventions, Resolutions and Other Documents*, Sijthoff & Noordhoff, Alphen aan den Rijn, The Netherlands, Rockville, Maryland, U.S.A.
Tivey, L.(ed)(1981), *The Nation-State: The Formation of Modern Politics*, Martin Robertson, Oxford.
Vinacke, Harold M.(1950), *The United States and The Far East*, United States Paper No 1. American Institute of Pacific Relations.
Wallerstein, I.(1974), *The Modern World System I*, New York, Academic Press.
Weber, M.(1968), *Economy and Society*, Roth. G. S Claus Wittich(eds.), Bedminster Press, New York.

3) 학위논문

강인호(1987), 「미군정하 농민운동의 전개과정 - 농촌 계급관계와 토지개혁을 중심으로」, 고려대학교 사회학과 석사논문.
견학필(1984), 「미군정과 한국의 정치발전에 관한 연구」, 동아대학교 정치학과 박사논문.
공제욱(1992), 「1950년대 한국 자본가의 형성과정」, 서울대학교 사회학과 박사논문.
김경만(2003), 「미군정교육정책과 보통교육체제의 수립」, 연세대학교 교육대학원 석사논문.
김기원(1989), 「미군정기 귀속재산에 관한 연구 - 기업체의 처리를 중심으로」, 서울대학교 경제학과 박사논문.
김명기(1981), 「한국 정부수립 과정에 관한 연구 - 국제연합의 역할을 중심으로」, 경희대학교 정치학과 박사논문.
김재영(2000), 「미군정의 점령정책과 남한의 국가형성에 관한 연구」, 연세대학교 사회학과 석사논문.
김재호(1988), 「미군정기의 식량공출에 관한 연구」, 서울대학교 경제학과 석사논문.
김재홍(1987), 「한국의 좌우익 이념과 해방후 정당활동에 관한 연구」, 서울대학교 정치학과 박사논문.
김점숙(2000), 「미군정기와 대한민국 초기(1945~50) 물자수급정책연구」, 이화여자대학교 사학과 박사논문.
김정부(1994), 「미군정기의 한국보건의료행정에 관한 연구」, 경남대학교 행정학과 박사논문.
김종성(1999), 「한국행정제도의 지속성에 관한 연구-미군정과 건국정부를 중심으로」, 서울대학교 박사논문.
김진형(1995), 「미군정기 우익 청년단체의 조직과 활동에 관한 연구」, 한양대학교 교육대학원 석사논문.
남기정(1991), 「남한과 일본에서의 미국의 점령정책 비교연구: 점령초기(1945~1946.4) 대정당정책을 중심으로」, 서울대학교 석사논문.
문경란(1989), 「미군정기 한국여성 운동에 관한 연구」, 이화여자대학교 석사논문.
민경배(1990), 「미군정의 한일 점령정책 비교연구」, 고려대학교 사회학과 석사논문.
박명규(1991), 「한국과 일본의 근대국가형성과정에 관한 비교사적 연구-19세기 후반 정치변혁과정을 중심으로」, 서울대학교 사회학과 박사논문.
박범용(2001), 「미군정기 미국 교육론의 도입과 교육정책」, 연세대학교 석사논문.
박성진(2002), 「미군정하 식량정책의 형성과 변화」, 건국대학교 석사논문.
박일종(1996), 「미군정 초기의 남한과 일본의 교육개혁 비교연구(군정 초기의 지령을 중심으로」, 한국교원대학교 석사논문.
부미선(2002), 「1945~46년 미군정의 미곡시장 자유정책」, 서강대학교 석사논문.
서희경(2000), 「대한민국 건국기의 정부형태와 정부운영에 관한 논쟁 연구: 제헌국회의 특별회기(1948.5.31~12.19)를 중심으로」, 서울대학교 정치학과 박사논문.
성문주(1998), 「미군정의 농업정책과 농민」, 한림대학교 석사논문.
성보용(2001), 「한국 보수 정치세력의 형성과정에 관한 연구-해방과 제1공화국의 시기를 중심으로」, 경희대학교 박사논문.
손희두(1993), 「미군정의 대한정책과 의회제도에 관한 연구」, 한국정신문화연구원, 박사논문.
송보영(1997), 「미군정기 식량통제정책과 농민운동연구」, 이화여자대학교 정치외교학과 석사논문.
신병식(1983), 「대한민국 정부수립 과정에 관한 연구」, 서울대학교 정치학과 석사논문.
신용옥(2006), 「대한민국 헌법상 경제질서의 기원과 전개(1945~54)」, 고려대학교 박사논문.

신현옥(1999), 「국가개발정책과 농촌지역 여성조직에 관한 연구 : 1960~70년대 마을부녀조직의 역할과 활동을 중심으로」, 연세대학교 사회학과 박사논문.
안진(1990), 「미군정기 국가기구 형성과정에 대한 연구」, 서울대학교 사회학과 박사논문.
안태정(2001), 「남조선노동조합전국평의회 연구」, 성균관대학교 박사논문.
양동숙(1998), 「해방후 한국의 공창제 폐지과정에 대한 연구」, 한양대학교 석사논문.
오유석(1988), 「미군정 하의 우익 청년단체에 관한 연구: 1945~1948」, 이화여자대학교 사회학과 석사논문.
오일환(1977), 「한일 양국에서의 미군점령정책의 비교연구: 점령초기의 대좌익정책을 중심으로」, 한국정신문화연구원 석사논문.
유동현(1986), 「해방후 토지소유관계의 재편성과 그 성격」, 부산대학교 경제학과 석사논문.
윤민재(1999), 「한국의 현대 국가형성과정에서 중도파의 위상에 관한 연구, 1945~1950」, 서울대학교 사회학과 박사논문.
이승억(1993), 「8.15후 남한에서의 금융조합 재편과정(1945~1958)」, 한양대학교 석사논문.
이승활(2005), 「미군정기 식량공출정책의 고찰」, 경남대학교 교육대학원 석사논문.
이승희(1991), 「한국여성운동사연구 – 미군정기 여성운동을 중심으로」, 이화여자대학교 정치학과 박사논문.
이정희(1995), 「미군정기 한일 군정무역에 관한 연구」, 경북대학교 대학원 석사논문.
이혜숙(1992), 「미군정의 경제정책에 대한 정치사회학적 연구」, 서울대학교 사회학과 박사논문.
이희수(1996), 「미군정기 성인교육의 정치 사회화 기능」, 중앙대학교 박사논문.
임상오(1990), 「한국재정의 구조와 성격(1945~1960)」, 고려대학교 경제학과 박사논문.
정광정(1999), 「미군정하 GHQ의 대한, 일 신문정책에 관한 비교연구 ; '검열'과 '언론지도'를 중심으로」, 한양대학교 신문방송학과 석사논문.
정다운(2005), 「주한미군의 선전활동과 '농민주보'」, 서강대학교 석사논문.
정용욱(1996), 「1942~47년 미국의 대한정책과 과도정부형태 구상」, 서울대학교 국사학과 박사논문.
정청세(2003), 「해방 후 농지개혁의 사회적 조건과 형성 과정 – 제도적 행위자로서 국가, 지주, 농민」, 연세대학교 사회학과 석사논문.
정해구(1987), 「10월 인민항쟁의 전개과정과 성격에 관한 연구 – 경북 지역을 중심으로」, 고려대학교 정외과 석사논문.
조기안(1997), 「미군정기 정치행정체제의 구조분석: 조직, 법령, 및 자원을 중심으로」, 성균관대학교 행정학과 박사학위논문.
조혜정(1997), 「미군정기 영화정책에 관한 연구」, 중앙대학교 박사논문.
진덕규(1978), 「한국 정치 사회의 권력구조 연구」, 연세대학교 정외과 박사논문.
최복천(1998), 「남한과 일본에서의 미군정기 점령정책 비교 연구-토지개혁을 중심으로」, 연세대학교 사회학과 석사논문.
최영묵(2004), 「미군정기 신한공사 연구」, 건국대학교 사학과 박사논문.
키타무라 카오루(2005), 「전후 미국의 대일본, 대한국 점령정책의 비교-좌익정책을 중심으로」, 한양대학교 석사논문.
한용원(1982), 「한국군의 창군과정과 미군의 역할」, 고려대학교 정외과 박사논문.
허수(1995), 「1945~1946 미군정의 생필품 통제정책」, 서울대학교 국사학과 석사논문.
홍기태(1986), 「해방후 헌법구상과 1948년 헌법성립에 관한 연구」, 서울대학교 법학과 석사논문.
홍인숙(1984), 「건국준비위원회에 관한 연구」, 이화여자대학교 정외과 석사논문.
황세철(1962), 「재한 구일본인 사유재산의 처리와 그 반환청구권문제」, 서울대학교 경제학과 석사논문.
황유성(2004), 「일제 및 미 군정기 방송의 특성에 관한 연구」, 한국외국어대학교 신문방송학과 박사논문.
황윤억(1992), 「미군정의 언론정책에 관한 연구」, 중앙대학교 신문방송대학원 석사논문.

Kang, Han Mu(1970), "The United States Military Government in Korea 1945~1948: An Analysis and Evaluation of its Policy", Ph D. Dissertation, University of Cincinnati.
Kim, Jin Wung(August 1983), "American Policy and Korean Independence: An Appraisal of Ameraican Military Occupation Policy in South Korea", Ph D. Dissertation, Brigham Young University.
Lee, Na Young(2006), "The Consturction of US. Camptown Prostitution in South Korea Transformation and Resistance", Dissertation submitted to the Faculty of the Graduate School of the University of Maryland, College Park, in partial fulfillment of the requirements for the degree of Doctor of Philosophy.
Lee, Sangmin(1991), "The Political Economy of Occupation: United State Foreign Economic Policy in Korea, 1945~1949", Department of History, Northern Illinois

University.

Lucas, Graham J.(June 1947), "Economic Problem and Developments Under Local Military Government in Korea September 1945~February 1946", Georgetown University Graduate School.

Mitchell, C. Clyde(June 1949), "Land Management and Tenancy Reform in Korea Against a Background of United States Army Occupation, 1945~1948", Ph D. Dissertation, Harvard University Cambridge, Massachusetts.

Park, Hong Kyu(May 1981), "American-Korean Relations, 1945~1953: A Study in United States Diplomacy", Ph D. Dissertation, North Texas State University.

Song, Kwang Sung(1989), "The Impact of U.S. Military Occupation on the Social Development of Decolonized South Korea, 1945~1949", Ph D. Dissertation, University of Califonia, Los Angeles.

Zeon, Young Cheol(May 1973), "The Politics of Land Reform in South Korea", Ph D. Dissertation, University of Missouri.

찾아보기

【ㄱ】

가우스(Gauss, C. E.) 66
감사과 209
건국농정위원회 316
건국담론 25, 26
건국동맹 316
건국부녀동맹 509
건국부녀동맹결성준비위원회 509
건국준비위원회 544, 559
건국치안대 496
건준 316
검열정책 382
검열체제 384
경성방송 401
경성방송국 381, 406
경성방직 220
경성일보사 187, 381, 483
경성전기 187, 194
경영참가권 249
경제고문회의 324
경제구조 529
경제원조 83, 581
경제재건 프로그램 75
경제정책 26
경제통제법 178
경찰 120, 151, 383

계급구조 520
고등교육 413, 416
고문관제도 214, 222
고문회의 568
공공구호 428
공보과 336, 394
공보국 388
공보부 376, 384, 388
공보선전활동 390
공보원 397, 399, 414, 600
공보프로그램 387
공보활동 389, 401
공산주의 391
공유재산 183
공창문제 440
공창제 폐지 437, 451
공창제폐지법 439, 441
과대성장국가론 21
과도입법의원 79, 304, 515, 568
관리인 211, 213, 249, 382, 527
관리인제도 214, 531
관방 115
관영무역 364, 536, 541
관재령 제2호 166, 187
관재령 제3호 254
관재령 제8호 222

관재령 제9호 223
관재령 제10호 223
광공국 209
광장의 정치 101, 495, 545, 549
교육기본법 418
교육방침 408, 409
교육원조추진심의회 420
교육자치 3법 421
교육정책 407
교화교육 422
9월 총파업 356, 502, 551, 566
구호운동 435
구호정책 424, 594
구호행정 431
국가 19, 24, 28, 30, 43, 44
국가-시민사회 관계 24, 25
국가권력 46
국가기구 36
국가능력 38, 40, 44, 48, 430, 580, 594, 605
국가다원주의 21
국가성(stateness) 44
국가안보회의 68, 98
국가의 자율성 21
국가자본 526
국가자율성 38, 580
국가정책 32
국가중심적 국가론 35, 36
국가통제력 581
국가형성 29
국내공보 402
국대안 416, 419

국무부 64, 66, 67, 80, 83, 85, 94, 97, 147, 192, 227, 228, 229, 239, 294, 314, 408
국민 27, 435
국민국가 26
국민당 191
국방경비대 148
국방부 68
국영방송제도 386
국영방송체제 388
국외공보 402
국제부흥개발은행 62
국제부흥구제위원회 344
국제식량위원회 339
국제정보문화국 408
국제통화기금 62
국호 575
군대 146
군사적 편의주의 65
군사점령 124
군정법령 제19호 375, 376
군정법령 제72호 375
군정법령 제88호 375
군정법령 제90호 274
군정법령 제93호 361
군정법령 제118호 295
군정청뉴스 387
군주주권 128
권승렬 242
권위주의 587
권위주의국가 19, 22, 25, 44, 46, 576, 581, 608

귀농알선사업 430
귀속공장 200, 214, 218, 219
귀속기업체 216, 244, 520, 527, 578
귀속농지 167, 313, 460, 520
귀속사업국 207
귀속사업체 167, 200
귀속재산 96, 165, 167, 183, 200, 205, 248, 286, 381, 493, 520, 530, 578, 592, 599, 602
귀속재산 처분권 583
귀속주택 430
귀속회사 194
귀환동포 108, 285, 425
귀환전재민 425, 428
그리이스 84
극동소위원회 67, 236
극동정책 63, 67, 89, 91
근대국가 20, 22, 28, 29, 31, 37
근민당 232
금융조합 173, 176, 273, 554, 606
금융조합연합회 304, 325, 348
기업경영 참가제도 249
긴급 구호프로그램 366
김구 107, 208, 500, 505
김규식 83, 208, 305, 505
김성수 107
김일성 567

【ㄴ】

나라 28
남녀공학 418
남녀평등 510
남로당 456, 497
남북협상안 505
남조선과도입법의원 142, 305, 568
남조선과도정부 116, 140, 420, 439
남조선과도정부법령 122
남조선과도정부법률 121
남조선민주여성동맹(남조선여맹) 512
남조선총파업회원 투쟁위원회 485
남한과도입법의원 268
내무국 395
냉전 93
냉전 자유주의 575
냉전상황 132
냉전체제 61, 347
노동 3권 357
노동계급 104
노동관계협의회 350
노동국 352
노동소위원회 352, 353
노동운동 472
노동자 108, 582
노동자 자주관리운동 189, 211
노동자계급 528
노동자자치위원회 213
노동쟁의 341
노동정책 354
노동조정위원회 198, 351
노정과방침 351
농감 257, 265
농무부 257, 267, 268, 308
농민 108, 454, 582, 597
농민운동 284, 453

농민조직　454
농민조합　175, 253, 320, 333, 454, 457, 555
농민주보　400, 404
농민주보과　404
농상부령 제1호　283
농장사무소　257
농지개혁　95, 277, 280, 285, 295, 299, 305, 314, 458, 520, 522, 525, 579, 580, 591, 596, 597
농지개혁위원회(Land-Reform Committee)　269
농회　273, 325, 348, 554

【ㄷ】

다원주의 국가이론　34
단독선거　401
단독정부　79, 94, 489, 513
단정　96, 99, 564, 597
단정노선　566
단정수립　80
담론　27
대극동정책　589
대만　250, 590
대미종속　541
대소봉쇄　66, 416, 578
대일배상 문제　200, 598
대일점령정책　80
대중정치　101
대한교육 및 정보조사단　414, 419, 420, 598, 600
대한노동총연맹　471

대한노총　488, 489, 490
대한농총　471
대한독립청년당(독청)　502
대한독립촉성전국청년단체총연맹　500, 501
대한민국　575
대한민주청년동맹(대한민청)　502
대한식량공사　178
대한원조　592
대한정책　46, 70
도 재산관리관　206
도 재산관리소　207
독립국가　41, 543
독립촉성애국부인회(독촉애부)　513
독립촉성여자청년단　446
독립촉성중앙부인단　513
독립촉성중앙청년회　501
독립촉성청년연합회　501
독일　386, 408
독재정권　25
독촉국민회　232, 555
독촉애부　446
독촉후원비　465
동경　230
동맹통신사 경성지국　381
동북아시아　390
동아시아　67, 91
동아일보　381
동양척식주식회사　168, 202, 251, 259, 466
동척관리위원회　252
등록제　384

찾아보기 671

딘(Dean) 115, 310

【ㄹ】

라디오 406
랭던 95
러취(Lerch) 115, 235, 238, 245, 254,
　　268, 286, 287, 289, 297, 438
로버트(R. Roberts) 392
루즈벨트 563

【ㅁ】

마르크스주의 국가이론 32, 34
마샬(Marshall) 82, 85, 90, 565
마샬 플랜 85
마틴 346
만(Mann) 40
매일신보사 381
맥아더(MacArthur) 58, 130, 147, 188,
　　192, 226, 227, 228, 230, 241, 291,
　　293, 295, 324, 420, 468
맥아더 포고령 2호 375
맥퍼슨(Mcpherson) 354
면공업 219
면방직공업 운영부 220
모스크바삼상회의 72, 79, 485, 500,
　　501, 505, 563
무상매상 무상몰수안 296
무역정책 360, 536
무역협회 245
문교부 411
물자통제영단 171, 210
물자통제회사 179, 322

물적 자원 36, 154
미곡수집 반대투쟁 467
미곡수집 촉성회 334
미곡수집 프로그램 261
미곡수집사정위원회 335
미곡수집소 284
미곡통제 326
미국 61
미국 기근방지위원회 344
미국교육사절단 418
미국교육원조추진심의회 411
미국교육정보조사단 397
미국무부 40
미국식 민주주의 407, 410
미군고문단 136
미군정 26, 40, 111, 515, 549, 568
미군정기 20, 23
미군정법령 121, 122
미군정청법령 122
미소공동위원회(미소공위) 72, 74, 75,
　　76, 80, 87, 93, 95, 141, 147, 185,
　　227, 230, 235, 292, 302, 369, 460,
　　478, 479, 489, 553, 565, 595
미잉여 농산물 339
미첨 359
미첼 290, 306, 313, 528
민간검열계획 382
민간물자공급처 368
민간물자보급계획 171, 179, 367
민간업무국 67
민간통신검열대 384
민영공장 214, 218

민전   185, 456, 460
민정장관   140
민족   28, 30, 436
민족공동체   30
민족국가   30, 548
민족담론   436
민족의식   416
민족자본가   108
민족형성   29
민주의원   141, 568
민주주의   25
민주주의교육   422

【ㅂ】

박문규   456
박순천   509, 516
박승호   516
박헌영   107
박현숙   516
반공   285, 525, 585
반공정책   131
반공교육   424
반공국가   410, 425, 594
반공기지   590
반공노선   581
반공이념   584
반공이데올로기   153, 416, 493, 501, 556, 607
반공주의   385
반공체제   23, 25
반미(飯米)획득투쟁   480, 482
반탁운동   516

방송   386, 593
방송국   386
방송정책   388
방송통제   388
방직협회   245
방첩대   120
배급대행기관   222
배상   199
배상위원회   230
번스(Bunce)   78, 83, 119, 139, 286, 287, 288, 296, 308, 317, 366
번스안   289, 292, 308
법령 제2호   185, 189, 212, 361, 386
법령 제9호   281, 283
법령 제19호   139, 350, 351
법령 제21호   451
법령 제25호   431
법령 제32호   394
법령 제33호   166, 187, 189, 191, 193, 194, 199, 226, 251, 595
법령 제34호   198, 351
법령 제47호   394
법령 제52호   168, 202, 253
법령 제53호   274
법령 제64호   394
법령 제68호   376
법령 제70호   438, 441
법령 제71호   376
법령 제73호   206
법령 제80호   254
법령 제88호   384
법령 제97호   354, 355, 484

법령 제136호　376
법령 제165호　175, 349
법령 제175호　448
법률심의 489호　197
법률심의 1038호　197
법률심의국　125, 126, 145, 238, 377
법무국　186
법무부　268, 308
법원　142
베버　35, 38
보건후생부　431
보수적 민주주의　575
보수정권의　567
보통선거　424
보통선거권　556
보통선거법　449
보통선거제　569
볼드윈(Baldwin)　91, 297
봉건사회　31
봉쇄정책　131
부녀계몽교육　437, 451
부녀교육　444
부녀국　437, 442, 443, 451, 452
부녀국지방조직 실행위원회　442, 446
부녀정책　442, 452
부녀행정　437
부령　121
부처간특별위원회　84, 86
북조선 노동당　567
북조선 인민위원회　567
북조선 임시위원회　567
북한　512

분단국가　30
분단담론　25, 26
분할점령　102, 531, 595
불교여성총연맹　446
브레튼 우드 회의　62
비료수입 프로그램　344
비상국민회　241
비숍(Bishop)　264
빈민　425
빈센트(Vincent)　82, 565

【ㅅ】

사법부　142, 144
사법체계　144
4·3항쟁　499
사상교육　424
사유재산　183
사유재산권　188
사회계급　107
사회운동　549
사회적 통합　27
사회중심적 국가론　32, 33, 36
산업노동위원회　305
산업자본　523
산업자본가　523
삼권분립　574
삼부조정위원회　63, 67, 71, 81, 87, 147, 189, 192, 230, 236, 350, 357, 409
삼부조정위원회 극동소위원회　226
3·1제　282, 300, 523, 524, 591
3·1제 소작료　301

3·1제 소작제 281
3·7제 461
3·7제 투쟁 458
38도선 46, 65, 86, 112, 114
38선 분할 70
상공회의소 222, 288
상무부 207, 209, 216
상해 임시정부 110, 119
새살림 406, 444, 446
생산위원회 209
생필품회사 322
생활품관리원 178, 325
생활품영단 322
생활필수품영단 273
서무과 205
서북청년단 120
서북청년회(서청) 154, 502
서울 230
선거 570
선거계몽교육 422
선거권 556
선거제도 567, 572
선전 401
선전정책 389
선전프로그램 401
성인교육 421, 593
성인교육국 422, 424
성인교육중앙협회 180
성인교육프로그램 598
성인교육협회 606
성인교육협회(Adult Education Associations) 180, 424

세계경제체제 37
세계국가체제(International States-System) 37
세계신보 404
세계자본주의 65, 67, 590
세계체제 36, 43, 44, 61, 590
세계체제론 36
세계체제론적 국가 21
세제개혁위원회 164
소련 61, 66, 91
소비재 보상 프로그램 323
소작권 338
소작농 524
소작료 261
소작료 3·7제 281
소작료 불납투쟁 459
소작쟁의 304, 453
송고실업 220
송진우 107
수입-수출 프로그램 I 367
수정주의적 시각 61
수집할당 333
쉬트 350
스노우(Snow) 109
스카치폴(Skocpol) 35, 38
스탠치휠드(Stanchfield) 354
스튜어트(J. Stewart) 392, 398
스트롱 286
시 재산관리처 207
시민사회 19, 21, 24, 27, 28, 31, 34, 36, 43, 44, 106, 111, 145, 172, 529, 542, 545, 554, 555, 582, 604

시민사회의 재편　607
시민사회의 저발전　608
시민사회의 팽창　607
10월항쟁　151, 297, 333, 335, 464, 468, 487, 499, 502, 551, 552, 564, 566, 597
식량공출　168, 264, 328, 330, 466, 549
식량공출제　321, 523
식량관리제도　329, 467
식량대책위원회　316, 326
식량대책중앙위원회　483
식량수집 유세대　334
식량수집 프로그램　333
식량영단　173, 177
식량영단 임시운영위원회　316
식량정책　315, 342, 599
식민주의　63
식민지국가　29, 34, 36, 41, 105, 543
식민지권력　47
신교육연구협회　411
신문　593
신생활연구위원회　182
신전술　499, 564
신진당　241
신탁통치　63, 65, 72, 229, 485, 595
신탁통치논쟁　460
신탁통치안　70, 228
신한공사　168, 178, 202, 210, 257, 261, 267, 268, 273, 291, 304, 308, 320, 325, 337, 466, 528, 603, 606
실업자　425

【ㅇ】

아놀드(Anold)　115, 147, 178, 186, 188, 321, 350
아이젠하워(Eisenhower)　230
안재홍　312
안정화 계획　75
안트(C. O. Arndt)　420
애국적 민주시민　416
앤더슨　37, 286
얄타 회담　63
양곡매입법　343
양국장제도　140
어머니학교　444
억압기구　146
언더우드(Horace H. Underwood)　417
언론　390
언론정책　373
언론통제　374
에치슨(Acheson)　78, 85, 229
여론계　394
여론국　394
여론조사　185, 289, 291, 294, 467, 469
여맹　232
여성단체　445, 508
여성정책　437
여성참정권　437, 448, 451
여운형　78, 107
여자국민당　516
여자기독교청년회　446
역사제도주의　48, 50
연합군　106
연합군 총사령관　114

영화 406
영화정책 406
오건일 187
오스트리아 124
5·10선거 307, 313, 446, 491, 449, 472, 504, 516, 518, 566, 568, 569, 571, 596, 605
5·10선거반대투쟁 153
5·8남조선단정반대총파업 489
올리버(Oliver) 79
왈레스타인(Wallesatein) 36
외삽국가(外揷國家) 41, 585
우익청년단체 501
워싱턴 230
원조 170, 339, 365, 541, 596
원조물자 배분권 583
원조정책 365, 536
원조프로그램 88
월남동포 425
웨드마이어(Wedemeyer) 90, 94, 95, 297
윌손(Wilson) 317
유각경 509
유럽 92
유상매상 유상분배안 296
유상매상 무상분배안 296
유상몰수 유상분배안 309
유억겸 182
유엔 83, 89, 94, 401, 566, 575
유엔한국위원회 570, 571
유영준 509
유진산 500

6-3-3-4학제 413, 415
응급구호 428
의무교육 415, 593
의식통제 375, 390
의회 97
의회제도 556, 567
이구훈 456
이데올로기 장치 27
이동교육단 400, 407
이승만 25, 26, 208, 384, 491, 500, 517, 555, 561, 566, 567, 573, 576, 581, 583, 587
이승만 세력 107
이익균점권 493
이익균점제 249
이익집단론 33
이인 232
이재구호 428
이재민 425
이철원 384
2차 대전 589
2·7투쟁 153, 489, 499, 566
이탈리아 124, 408
이훈구 254, 287
인공지지세력 496
인민공화국(인공) 108, 151, 185, 316, 350, 552, 559
인민위원회 39, 108, 132, 151, 175, 252, 253, 316, 320, 454, 456, 458, 459, 552, 559
인플레이션 105, 171, 213, 219, 248, 272, 319, 321, 331, 339, 341, 369,

524, 530, 541, 548
일반명령 제71호 395
일본 30, 63, 66, 80, 82, 89, 91, 124, 132, 297, 386, 408, 418, 438, 439, 553, 578, 581, 589
일본 제국주의 100, 104, 165
일본총독부 106
임대차 제도 224, 226
임영신 448, 516
임정세력 107
임정지지세력 496
입법위원 298, 465
입법의원 141, 299, 439
잉여농산물 535, 542

【ㅈ】

자문기구 141
자본가 계급 520
자본주의 세계경제 37
자유민주주의 22, 99, 556, 567
자유민주주의 이념 401, 571
자유민주주의 제도 407, 569, 570, 572
자유시장 318, 322
자유주의 25
자유주의 이데올로기 398
자유주의적 다원론 33
자주관리운동 473, 528
장택상 152
재건계획 83
재무국 205
재무부 257, 268, 308, 325
재산관리과(Property Custody Section) 206
재산관리관 197, 223
재산관리처 198, 206, 223
재산처분부 208
재정적자 160
적산(敵産) 183
적산 구매자격 심사평가위원회의 240
적산관리 198
적산관리국 186
적산관리재판소 186
적산기업체 구매자 자격 심사위원회 240
적산기업체 평가위원회 240
적산불하자문위원회 239
적산주택 구매자 자격 심사위원회 240
적자재정 159
전국부녀단체 대표자대회 513
전국여성단체총연맹(여총) 515
전국청년단체총동맹(청총) 498
전근대민족 30
전농 291, 320, 453, 458, 470, 545, 552, 562
전술군 114, 119
전술지휘관 206
전시검열제도 374
전재실업자 425
전쟁부 작전국 68
전제적 권력(despotic power) 40, 172
전진한 500
전통국가 30
전통주의적 시각 61
전평 353, 360, 475, 488, 491, 545, 552, 562

전평노동운동 477
전평상임위원회 485
전후 계획위원회 67
절대권력 31
점령국가 21, 31, 32, 34, 36, 39, 41, 42, 48, 390, 424, 551, 560, 568, 584, 593, 601
점령군 40
점령권력 20, 27, 47, 119
점령정책 20, 23, 24, 36, 43, 47, 119, 577, 602
접수회사 194
정당정치 549, 556
정보공보과 394
정보국 394
정보부(G-2) 119, 136
정읍 발언 564
정책분석 26
정치교육 406, 424
정치사회 572
정치사회적 변동 20, 24
정치사회화 407
정치이데올로기 396
정치적 안보국가 22
제24군 112, 114
제국주의 29
제주4·3항쟁 153
제헌 헌법 449, 574, 585, 586
제헌국회 249
조미토지개혁 연락위원회 305, 306
조병옥 152, 505
조선건국준비위원회 109, 496

조선경제자문위원회 272
조선공산당(조공) 185, 456, 458, 459, 497, 512
조선공산주의청년동맹(공청) 498
조선공업협회 194
조선과도입법의원 439
조선과학자동맹 412
조선교육심의회 411, 415, 592
조선교육연구회 412
조선교육연합회 419
조선교육위원회 411
조선교육자협회 410, 412, 419
조선구호령 427
조선국군준비대 496
조선국방경비대 146
조선농회 173, 257, 267, 325, 606
조선물자통제회사 173, 272, 466
조선민족청년당(족청) 502
조선민주애국청년동맹(민애청) 499
조선민주여성동맹 513
조선민주주의청년동맹(민청) 498
조선방송협회 388
조선부녀총동맹(부총) 509
조선상공회의소 245, 331
조선생활품영단 173, 177, 178, 261, 320, 466
조선서적인쇄주식회사 194, 381
조선석유통제회사 173, 272
조선석탄통제회사 173, 272
조선수입품통제공사 466
조선식량영단 322
조선식품회사 466

찾아보기 679

조선신문기자회 465
조선어학회 411
조선여자국민당 446, 448
조선은행 160, 186, 194, 257
조선인민중앙위원회 190
조선인쇄주식회사 381
조선일보 381
조선재산관리인연합회 250
조선재외전재동포구제회 435
조선총독부 47, 186
조선학도대 496
조선학병동맹 496
조선학술원 412
조세 158
족청 503
좌우합작 78, 79, 80
좌우합작 7원칙 296
좌우합작운동 577
좌우합작위원회 232
좌익 청년단체 497
좌익사상 543
좌익세력 462, 488, 552, 576
좌익헤게모니 543
주간신보 404
주권 20, 127
주변부사회 30
주택구호사업 430
준국가기관 424
준행정기구 413
중국 63, 66, 89, 91, 553, 581, 589
중도 정치세력 80, 83
중도파 79

중심부 국가 30, 43, 46
중앙가격행정처 271, 272
중앙경제위원회 164, 257, 267, 268, 272, 308, 369, 432
중앙경제자문위원회 273
중앙교육훈련소 421
중앙물자행정처 368, 369
중앙식량규칙 제1호 325
중앙식량행정처 173, 178, 257, 271, 272, 276, 325, 337, 432
중앙재산관리처 207
중앙정보국 68
중앙직할 기업체 208
중앙집권체제 587
중앙집권화 139
중앙토지행정처 268, 308
중등교육협회 410
지구서 207
지방관할 기업체 208
지방인민위원회 544, 555
지배이데올로기 27
지역통합전략 92
지주 520, 523
진단학회 411

【ㅊ】

참모장(Chief of Staff) 136
철군 84, 596
청년돌격대 496
청년운동 495, 496
청우당 232
초등교육건설회 410

총독부   113, 115, 136, 544
총선캠페인   400
최초 기본훈령   374
취로사업   430
치안비   160, 164
치안유지운동   495

【ㅋ】
카이로 선언   195
카이로 회담   185
키니   286, 307

【ㅌ】
타이(Tai)   579
터어키   84
토지 매각 프로그램   267
토지문제   599
토지방매   303
토지자본   523
통제무역   362, 364
통제정책   323, 374, 530, 591, 594
통치기구   28
통화증발   163
트루먼(Truman)   72, 77, 83, 84, 199, 237, 255, 392
트루먼 독트린   84
특별치안대   465
특수공보   402
특수보고국   395

【ㅍ】
팔레(Palais)   576

8월 보완문서   382
8월 테제   185, 456
팜플렛   390, 401
패터슨(Patterson)   83, 85
포고 제1호   188
포고령 제2호   376
포스터   390, 401
포츠담 선언   126
폴리(Pauley)   77, 166, 199, 237, 241, 255, 392
표현자유권   380
프랭켈(Fraenkel)   126
필리핀   523

【ㅎ】
하부구조적 국가기구   603
하부구조적 권력(infrasturctural power)   40, 172, 555, 606
하지   81, 83, 94, 119, 130, 147, 185, 188, 245, 316, 359, 468, 502
학교제도   414
학무국   411
학생운동   496
한국관계정보분과   394
한국광복청년회(광청)   502
한국교육문화협회   411
한국교육위원단   420
한국국가   20, 22
한국대학협의회   419
한국독립당   241
한국민주당   110, 191
한국애국부인회   513

찾아보기 **681**

한국인 자본가　520
한국임시정부　235
한국특별위원회　87, 96
한국화정책　411, 419, 420, 600
한독당　232
한민당　140, 141, 152, 246, 292, 300, 302, 317, 331, 501, 545, 560, 567, 573
합동고문단(Joint Advisory Body)　223
합동참모본부　67, 85, 147, 189, 226, 228
해방　100, 184, 543
해외귀환동포　432
해외잉여물자원조　368
행정명령　121
행정위원회제도　140
향보단　570
허가제　384
헌법 제18조　249
헤이그 육전법규　166, 194
헤이그 조약　124, 194, 197
헬믹(Helmick)　76, 240, 342, 429
현물소작료　263
현상유지정책　530
홍보　392, 600
홍보활동　414
홍성하　218
홍익인간　413
화학비료공업　220
화학비료공장　219
황신덕　509
황현숙　516

후생국보 3호　426
후생국보 3A호　426
후생국보 3C호　426
후생행정　431

【기타】

CIA 보고서　92
GARIOA 원조　155, 171, 339, 346, 349, 368, 369, 371, 421, 432, 537
NSC-8　98

저자소개

■ 이혜숙

- 학력 및 경력
  이화여자대학교 사회학과 졸업
  서울대학교 사회학과 석사 및 박사
  경상대학교 사회학과 전임강사, 조교수, 부교수 역임
  미국 UCLA, 워싱턴대학교(UW) 사회학과 방문교수
  현 경상대학교 사회학과 교수

- 주요 저서
  『여성의 눈으로 본 한일근현대사』(2005)(공저)
  『여성과 사회』(2005)
  『한국현대여성사』(2004)(공저)
  『일본현대사의 이해』(2003)

- 주요 논문
  「지방분권과 지역여성의 전망」(2006)
  「지역사회운동의 성격과 전개」(2004)
  「지역여성운동의 형성과 전개」(2002)
  「한국 국가연구의 현황과 과제」(2001)
  「전후 미국의 대일점령정책」(1997)
  「미군정의 구조와 성격」(1995)

- E-mail: hsl@gnu.ac.kr
- Homepage: http://nongae.gsnu.ac.kr/~hsl